메가쌤 교육학

출제 이론 공략서

필수편 & 확인편

2023 중등교원 임용시험 대비

메가스터디가 만든 교원임용 전문브랜드 메가쌤

메가쌤

집필
메가쌤 임용연구소
이봉수 선생님 (덕성여자고등학교, 고려대학교 사범대학 교육학과)

검수
메가쌤 임용연구소 (이은경, 이성진)

발행 초판 1쇄 2022년 5월 30일
펴낸곳 메가쌤
편집기획 한영미 이채현
디자인 메가스터디DES
판매영업 순아람 오지은 박종규 최득수

출판등록 2007년 12월 12일 제322-2007-000308호
주소 (06657) 서울시 서초구 반포대로 81, 4층 (서초동, 영림빌딩)
문의 1661-7391
홈페이지 www.megassam.co.kr
ISBN 978-89-6634-167-2 (13370)
정가 32,000원

Copyright ⓒ 메가엠디(주)
- 이 책에 대한 저작권은 메가엠디(주)에 있습니다.
- 이 책은 저작권법에 따라 보호받는 저작물이므로 무단전재와 무단복제 및 배포를 금지하며 책 내용의 전부 또는 일부를 이용하려면 반드시 저작권자와 출판권자의 서면동의를 받아야 합니다.
- 메가쌤은 메가엠디(주)의 교원임용 전문 브랜드입니다.

PREFACE

모든 순간이 헛되지 않도록

지난 여름, 임용고시 브랜드 론칭을 위해 모인 회의실은 오래도록 불이 꺼지지 않았습니다. 콘텐츠 개발, 투자 방향, 서비스 우선순위까지 무엇 하나 쉽게 결정되는 것이 없었습니다. 흔한 자랑으로 들리겠지만 메가스터디는 다양한 수험 분야에서 합격 서비스를 구현해 내는 일에 익숙했고 그 시간이 오래 걸리지 않았기에 오래도록 꺼지지 않는 회의실 불은 고통스러운 숙고의 시간들이었습니다.

그렇게 계절이 지나 봄이 왔을 즈음, 우리는 메가쌤의 첫걸음을 선보였습니다. 그것은 강의도 강사도 학원도 아닌 교육학 교재였습니다. 방대한 이론·서술형 답안·정답이 아닌 문제 해결 능력을 요구하는 시험의 특성상 제대로 된 교재가 합격의 첫걸음이라는 결론에 이르렀고, 통상 1년 이상이 소요되는 오랜 고시 공부 기간이 헛되지 않기 위해서는 더더욱 체계적인 교재 라인업을 구성하는 것이 필요하다고 판단했습니다.

이런 맥락에서 우리 교재에는 '빠른 합격', '단기 완성', '족집게 문제'와 같은 수식어가 없습니다. 어쩌면 '호시우보[虎視牛步](범처럼 노려보고 소처럼 걷는다는 뜻으로, 예리한 통찰력으로 꿰뚫어보고 성실하게 노력한다)'와 같은 오랜 격언이 더 어울릴지도 모르겠습니다. '통합 이론서 - 출제 이론 공략서 - 기출 공략서 - 개념 인출서'로 이어지는 메가쌤 교재 라인업은 매 순간 최선을 다하는 수험생의 모든 순간을 올곧이 결실로 만들겠다는 높은 자부심을 가지고 있습니다.

메가쌤 교육학 출제 이론 공략서는 최신 출제 경향에 맞는 필수·핵심 이론을 이해하기 쉽도록 설명하였고, 마인드맵 · 출제 정보 · 합격선배 Tip 등 상세 학습 정보를 제공하여 보다 효과적으로 학습할 수 있도록 구성하였습니다. 특히, 최신 출제 유형에 맞춰 개념과 교육 현장을 접목한 실전 적용 문제와 기출 변형 O/X 문제를 통해 학습한 이론을 마무리 점검한다면 방대한 교육학 이론을 더욱 확실하게 잡을 수 있을 것입니다. 완전무결한 책이라 단언할 수는 없겠지만, 적어도 우리 콘텐츠로 학습하는 모든 순간은 헛되지 않을 것이라 자부합니다.

우리의 교재가 예리하고 정확한 호랑이의 눈이 되어, 소처럼 우직하게 걸어가는 누군가의 발걸음을 모두 빛나게 해주길- 진심으로 바라봅니다.

메가쌤 임용연구소

C/O/N/T/E/N/T/S

- 중등교원 임용시험 정보   6p
- 교육학 과목 정보   8p
  학년도별 출제 경향 분석 | 효율적인 교육학 학습법
- 메가쌤 출제 이론 공략서 구성   10p
- 메가쌤 출제 이론 공략서 활용법   12p

PART 01 교육과정
- CHAPTER 1 교육과정 개발   20p
- CHAPTER 2 교육과정 유형   32p
- CHAPTER 3 교육과정 운영과 실제   44p
- 확인편   50p

PART 02 교육행정
- CHAPTER 1 교육행정의 이해와 발달 과정   78p
- CHAPTER 2 동기 이론   86p
- CHAPTER 3 학교조직론   91p
- CHAPTER 4 지도성 이론   102p
- CHAPTER 5 장학행정   107p
- CHAPTER 6 의사결정과 의사소통   111p
- CHAPTER 7 교육기획과 교육재정   116p
- CHAPTER 8 학교·학급 경영   120p
- 확인편   124p

PART 03 교육공학 및 교육 방법
- CHAPTER 1 교육공학   166p
- CHAPTER 2 교수설계 모형   170p
- CHAPTER 3 교수 방법   175p
- CHAPTER 4 교수·학습 이론   185p
- 확인편   204p

PART 04 교육평가
- CHAPTER 1 교육평가의 유형   240p
- CHAPTER 2 교육평가 모형   257p
- CHAPTER 3 평가 방법 선정과 개발   263p
- CHAPTER 4 평가 결과의 활용   269p
- 확인편   274p

PART 05 교육심리
- CHAPTER 1 학습자의 인지적 특성   302p
- CHAPTER 2 학습자의 정의적 특성(동기)   310p
- CHAPTER 3 학습자의 발달   316p
- CHAPTER 4 학습 이론   324p
- CHAPTER 5 적응과 부적응   335p
- 확인편   338p

PART 06 생활지도 및 상담
- CHAPTER 1 생활지도와 상담의 이해   366p
- CHAPTER 2 상담 이론   370p
- CHAPTER 3 진로 이론   381p
- 확인편   388p

PART 07 교육사회학
- CHAPTER 1 교육사회학 이론   408p
- CHAPTER 2 교육과 사회   419p
- CHAPTER 3 평생 교육과 다문화 교육   425p
- 확인편   430p

PART 08 교육사 및 교육철학
- CHAPTER 1 한국 교육사   454p
- CHAPTER 2 서양 교육사   459p
- CHAPTER 3 교육철학   465p
- 확인편   474p

- 확인편 정답 및 해설   487p

중등교원 임용시험 정보

▶ '응시자격', '시험 과목 및 유형', '시험 일정'은 지역별로 차이가 있으니, 반드시 응시하고자 하는 지역 시·도교육청 홈페이지에서 안내를 확인하시기 바랍니다.

시험명 공립(국, 사립) 중등학교교사 임용후보자 선정경쟁시험

응시자격 선발예정 표시과목의 중등학교 준교사 이상 교원자격증 소지자 및 부전공 표시과목 교원자격증 소지자(차년도 2월 해당 과목 교원자격증 취득 예정자 포함)
※ 2013년부터 한국사능력검정시험(국사편찬위원회) 3급 이상 합격자에 한해 교원 임용시험 응시 자격을 부여하고 있음

시험 과목 및 유형

• 제1차 시험

시험 과목 및 유형			문항 수	배점		시험 시간
교육학	1교시	논술형	1문항	20점		09:00~10:00 (60분)
전공	전공 A	2교시	기입형	4문항	8점	40점	10:40~12:10 (90분)
			서술형	8문항	32점		
	전공 B	3교시	기입형	2문항	4점	40점	12:50~14:20 (90분)
			서술형	9문항	36점		
	소계		23문항	80점		
합계(배점)			**24문항**	**100점**		

• 제2차 시험

시험 과목	시험 시간
교직적성 심층면접, 교수·학습 지도안 작성, 수업능력 평가(수업실연, 실기·실험)	시·도교육청 결정

※ 제2차 시험은 시·도별, 과목별로 다를 수 있음

시험 일정

사전 예고문	시험 공고	원서 접수	제1차 시험		제2차 시험	최종 합격자 발표
			시험	합격자 발표	시험	
6~8월	10월	10월	11월	12월	1월 실기·시험평가 교수·학습 지도안 작성/수업실연 교직적성 심층면접	2월

시험 관리 기관	• 시·도교육청: 시행공고, 원서 교부·접수, 문답지 운송, 시험 실시, 합격자 발표 • 한국교육과정평가원: 제1차 시험 출제 및 채점, 제2차 시험 출제
출제 원칙	• 중등학교(특수학교 포함) 교사에게 필요한 전문 지식과 자질을 종합적으로 평가함 • 학교 교육 현장에서 실제적으로 적용할 수 있는 지식, 기능, 소양을 종합적으로 평가함 • 지식, 이해, 적용, 분석, 종합, 평가, 문제해결, 창의, 비판, 논리적 기술 등을 종합적으로 평가하기 위해 다양한 문항 유형으로 출제함 • 중등학교 교사 양성기관의 교육과정을 충실히 이수한 자면 풀 수 있는 문항을 출제함 • '중등교사 신규임용 시·도공동관리위원회'가 발표한 『표시과목별 교사 자격 기준과 평가 영역 및 평가 내용 요소』를 참고하여 출제함
교육학 출제 범위	• 교육학 문항 수는 1개이나 보통 그 안에 4개 안팎의 세부 내용으로 나눠고, 이것을 하나의 주제로 묶어 묻는 형식 • 배점은 대체로 20점 중 5점을 형식 및 주제 연계성에 할당하고, 세부 내용별로 각각 4점 또는 3점을 부여

구분	출제 범위 및 내용	배점 예시
논술의 내용 [총 15점]	교육부 고시 제2017-126호(2017.8.30.)의 부칙 제3조(경과조치) 제13호에 근거한 교육부 고시 제2016-106호(2016.12.23.)의 [별표2] '교직과목의 세부 이수기준'에 제시된 교직이론 과목 교육학개론, 교육철학 및 교육사, 교육과정, 교육평가, 교육방법 및 교육공학, 교육심리, 교육사회, 교육행정 및 교육경영, 생활지도 및 상담 ※ 특수(중등) 과목, 비교수 교과도 동일하게 적용	4
		4
		4
		3
논술의 구성과 표현 [총 5점]	논술의 내용과 주제의 연계 및 논리적 형식	3
	표현의 적절성	2
합계		20

채점기준 및 방법	• 중등교사 임용시험 문항의 '모범답안'과 '채점기준'은 비공개를 원칙으로 함 • 채점은 채점위원 3인의 독립 채점으로, 확정된 채점기준에 따라 하나의 답안에 대하여 3인이 독립적으로 채점 후 평균 점수를 산출함

교육학 과목 정보

단순 이론 암기를 넘어,
교육 현장에 접목하는 **입체적 학습이 필수!**

교육학은 교사로서 전문적인 능력을 측정하는 시험으로 지식, 이해, 적용, 분석, 종합, 평가, 문제 해결, 창의, 비판, 논리적 기술 등을 종합적으로 평가합니다.

교육학 출제 경향은 이론의 단순 암기 수준을 확인하기보다는 실제 교육 현장에서 교사에게 필요한 역량과 결부하여 관련 이론을 활용할 준비가 되었는지를 묻는 방향으로 변화하고 있습니다. 질문에 대한 답을 인출하는 것을 기본으로 하되, 관련 개념을 현장에 적용한 사례는 어떤 모습일지, 문제가 있다면 어떻게 보완할 수 있을지 등을 사고하며 문제를 풀어야 합니다. 이렇듯 교직 사례에 대한 구체적인 조건을 제시하며 지식의 활용을 묻는 열린 문제가 늘어남에 따라 내용 이해를 바탕으로 이를 교육 현장에 적용할 수 있는 문제 해결 능력이 요구되고 있습니다.

▶ 학년도별 출제 경향 분석

구분	주제	출제영역		
		교육사 및 교육철학	교육과정	교육심리학
2022	학교 내 교사 간 활발한 정보 공유를 통한 교육의 내실화		수직적 연계성	
2021	학생의 선택과 결정의 기회를 확대하는 교육		교육과정 운영 관점	
2020	토의식 수업 활성화 방안, 초연결 사회에서의 소통과 협력		영 교육과정	인지 발달 이론(비고츠키)
2019	수업 개선을 위한 교사의 반성적 실천, 모둠 활동		학습 경험 조직 원리 잠재적 교육과정	지능 이론(가드너)
2018	학생의 다양한 특성을 고려하는 교육, 학생의 학업 특성 결과		개발 모형(워커)	
2017	2015개정 교육과정의 실질적 구현 방안, 단위학교 차원		내용 조직 원리	
2016	교사가 갖추어야 할 역량		경험 중심 교육과정	발달 이론 - 인지(반두라), 비인지(에릭슨)
2015 상반기	다양한 요구에 직면한 학교 교육에서의 교사의 과제			
2015	학교 교육 문제 확인 및 개선 방안 모색	자유교육	백워드 교육과정 설계	
2014 상반기	학교 부적응 행동, 수업 효과성		학문 중심 교육과정	
2014	수업 시 소극적 행동 및 학습 동기 유발		잠재적 교육과정	

• 효율적인 교육학 학습법

교육학 과목의 전반적인 이해	효율적인 학습을 위한 필수 이론 체득	개념 인출 및 현장 사례를 적용한 실전형 인출 연습	본고사와 유사한 환경 및 문항을 통한 실전 경험 체득
이론 학습	**출제 이론 체득**	**인출 연습**	**실전 연습**

기출 학습

| 출제 경향 분석 | 기출문제 상세 분석 | 기출 변형 문제 연습 | 기출형 실전 문제 연습 |

출제영역					제시문 형식
생활지도 및 상담	교육공학 및 교육방법	교육평가	교육행정	교육사회학	
	딕과 캐리의 체제적 교수설계 모형	총평관	학교 중심 연수		교사 2인 대화
	구성주의 학습 웹/ 자원 기반 학습	자기 평가	의사결정 이론/모형		대학 친구에게 편지
	구성주의 학습 (토의법, 정착 수업)	평가의 유형 평가 도구의 양호도	학교조직론(조직문화)		교사 협의회 4인
		준거 참조 평가, 능력 참조 평가, 성장 참조 평가	지도성		성찰 메모
	PBL	내용 타당도	장학		교사 2인 대화
	구성주의 학습 환경 설계 (조나센)	형성평가	교육기획		신문기사, 교장 1인과 교사 3인
		준거 지향 평가	학교조직론(비공식조직)		자기개발 계획서
	일반적 교수체제설계		학교조직 (관료제, 이완결합체제)	기능론적 관점	학교장 특강
	켈러 ARCS 모형		학습조직		워크숍 분임 토의 결과
행동 중심 상담, 인간 중심 상담			장학	차별 접촉 이론, 낙인 이론	교사 성찰 일지
	협동 학습	형성평가	지도성 이론 (허시와 블렌차드)	문화실조	교사 대화

메가쌤 출제 이론 공략서 구성

→ 출제 가능성이 높은 필수 이론을 확실하게 이해하고
실전 적용, 기출 변형 O/X 문제로 학습 내용을 확인함으로써
보다 효과적으로 학습할 수 있도록 구성하였습니다.

- 출제 경향에 맞는 필수·핵심 이론을 보다 쉽고 자세하게 설명
- 마인드맵 & 출제 정보 & 합격선배 Tip 등 상세 학습 정보 제공
- 최신 출제 유형에 맞춰 개념과 교육 현장을 접목한 실전 적용 문제 구성
- 학습한 이론을 확실하게 점검하기 위한 기출 변형 O/X 문제 구성

• **메가쌤과 함께하는 교육학** 효율적인 교육학 학습을 위한 메가쌤 교육학 시리즈

메가쌤 통합 이론서 (상)/(하)	메가쌤 출제 이론 공략서 필수편 & 확인편	메가쌤 개념 인출서 인출 연습문제 & 모범답안	메가쌤 전국모의고사 온/오프라인 시행 메가쌤 채움모의고사 봉투 모의고사 & 온라인 시행

교육학 과목의 전반적인 이해	효율적인 학습을 위한 필수 이론 체득	개념 인출 및 현장 사례를 적용한 실전형 인출 연습	본고사와 유사한 환경 및 문항을 통한 실전 경험 체득
이론 학습	**출제 이론 체득**	**인출 연습**	**실전 연습**

메가쌤 기출 공략서
인출편 & 실전편

기출 학습

| 출제 경향 분석 | 기출문제 상세 분석 | 기출 변형 문제 연습 | 기출형 실전 문제 연습 |

STEP 1 필수편
핵심 키워드 마인드맵, 필수·핵심 이론, 실전 적용 문제

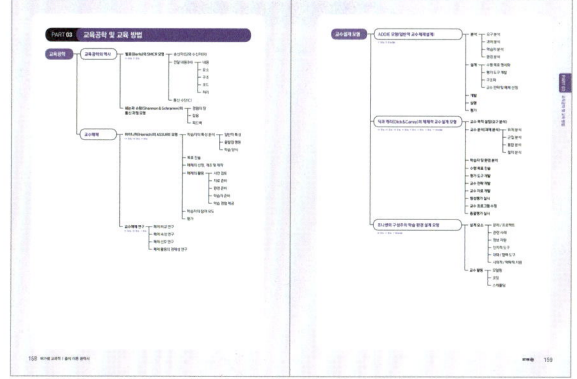

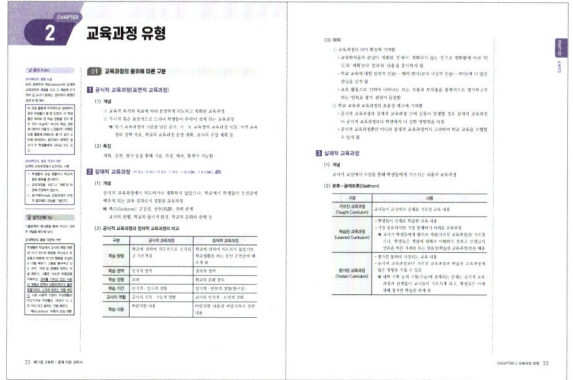

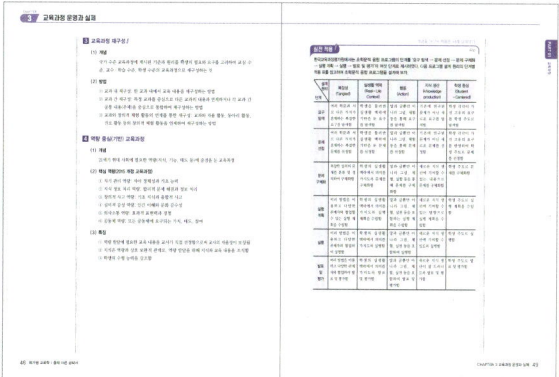

STEP 2 확인편
기출 변형 O/X 문제, O/X 정답 및 해설

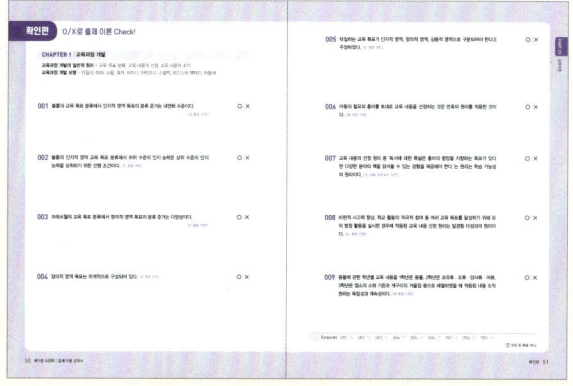

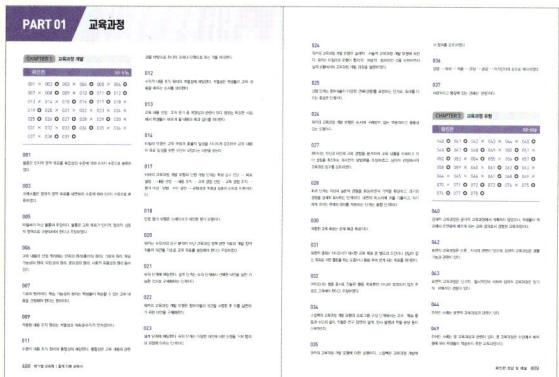

메가쌤 출제 이론 공략서 활용법

STEP 1 필수편
- 출제 키워드 중심의 마인드맵으로 개념을 구조화하고 출제 정보·합격선배 Tip 등 주어진 상세 학습 정보를 활용하여 효과적으로 학습하기
- 개념과 교육 현장을 접목한 실전 적용 문제를 통한 사고 확장하기

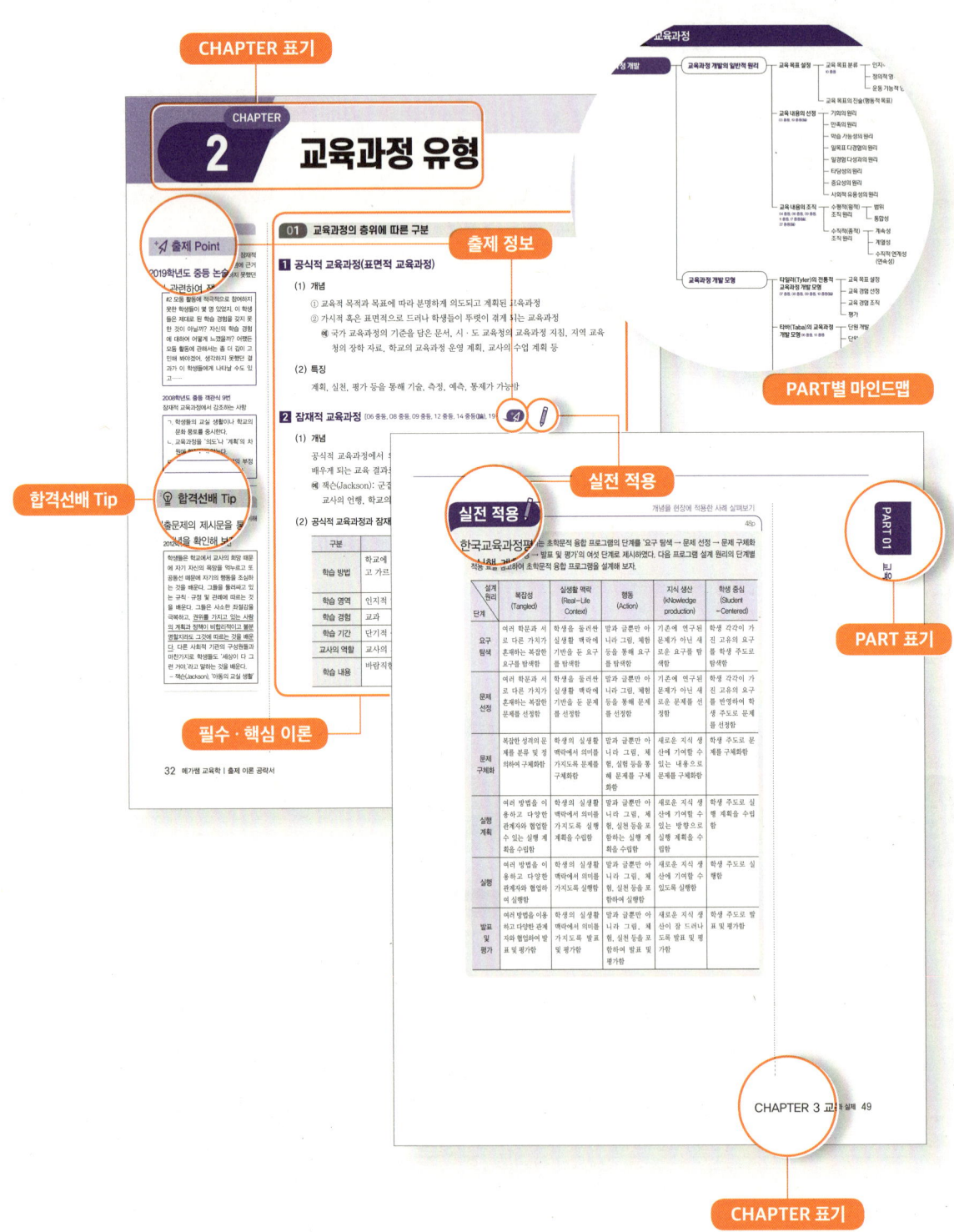

STEP 2 확인편

- 출제 이론 중심으로 객관식/논술형 기출문제를 변형하여 개발한 O/X 문제로 학습한 이론을 확실하게 점검하기

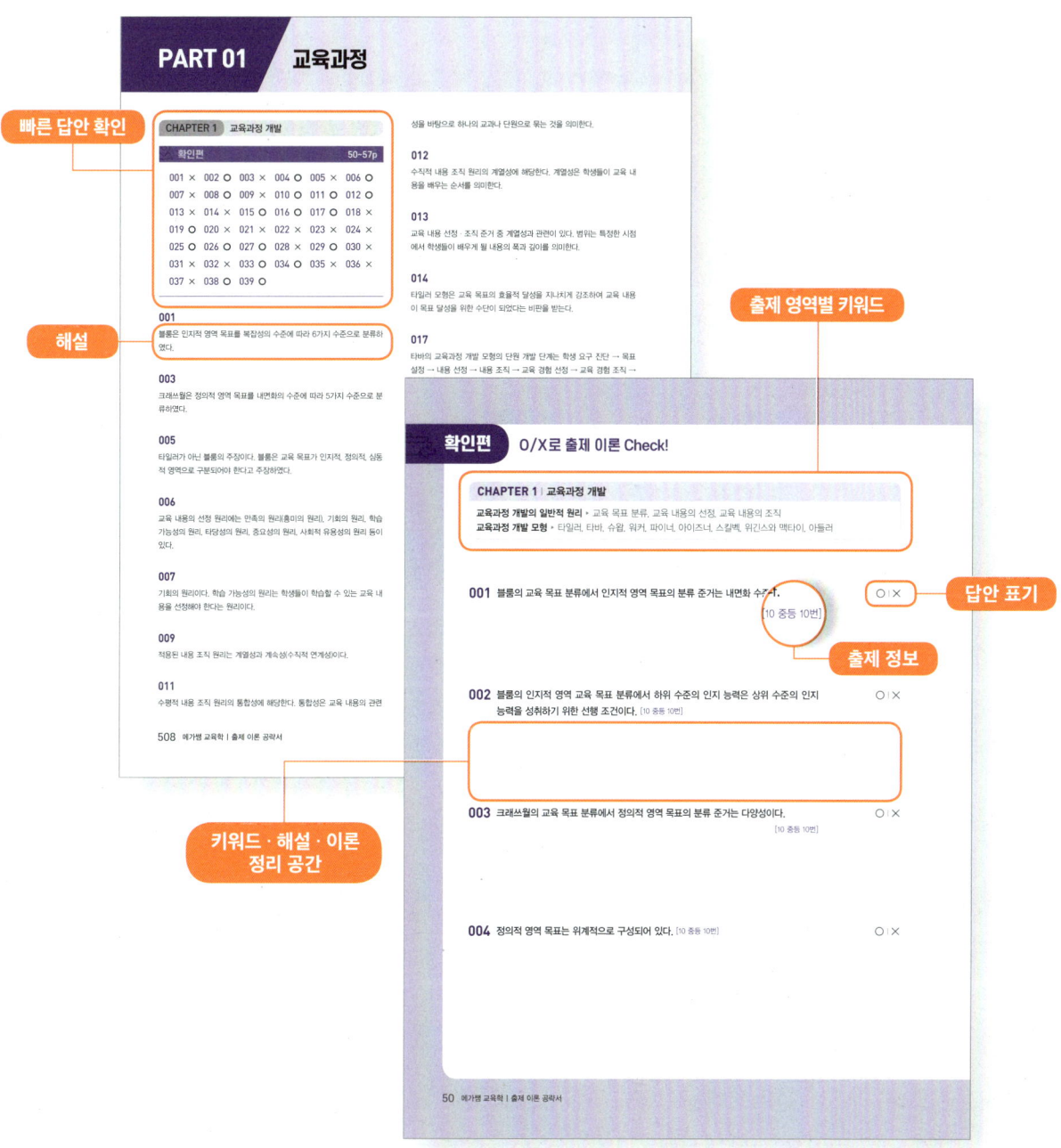

메가쌤
교육학 출제 이론 공략서
필수편 & 확인편

PART 01

교육과정

CHAPTER 1 | 교육과정 개발
CHAPTER 2 | 교육과정 유형
CHAPTER 3 | 교육과정 운영과 실제
확인편

PART 01 교육과정

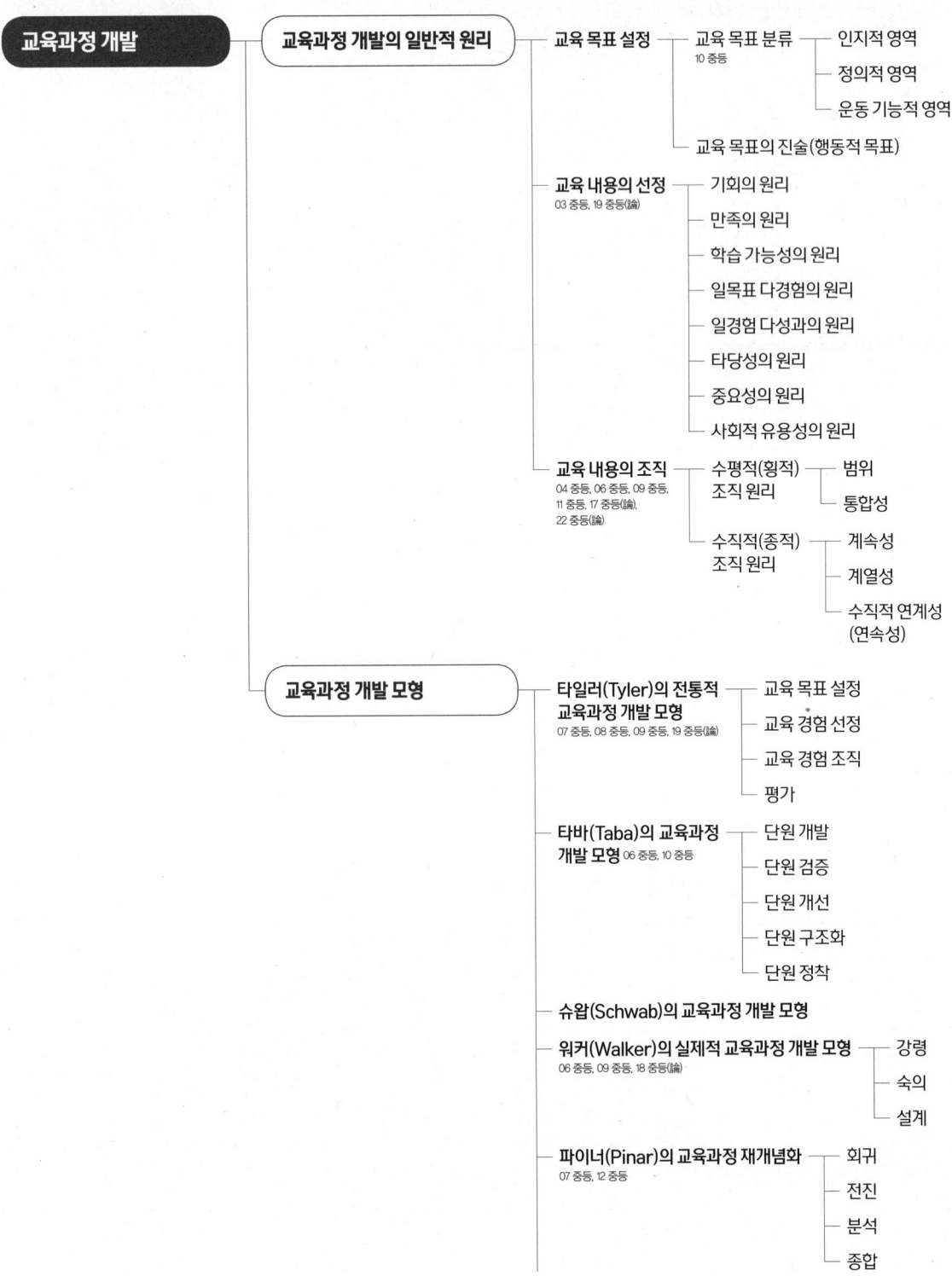

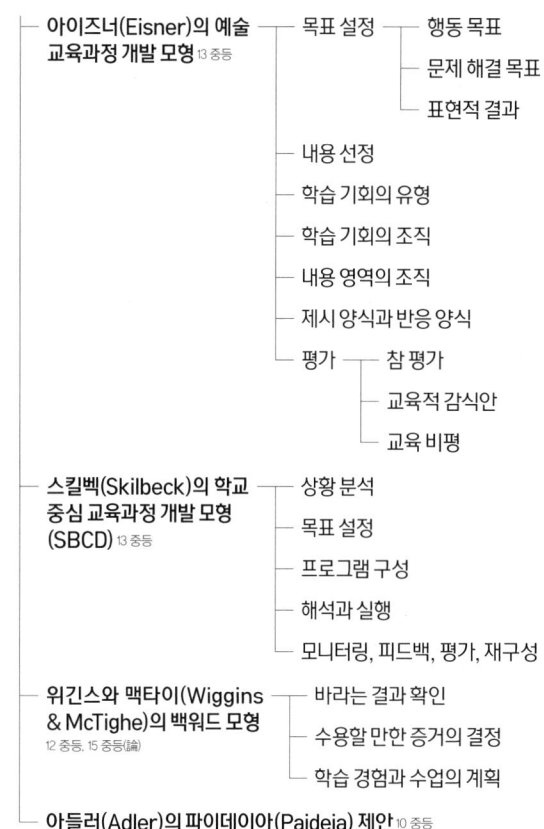

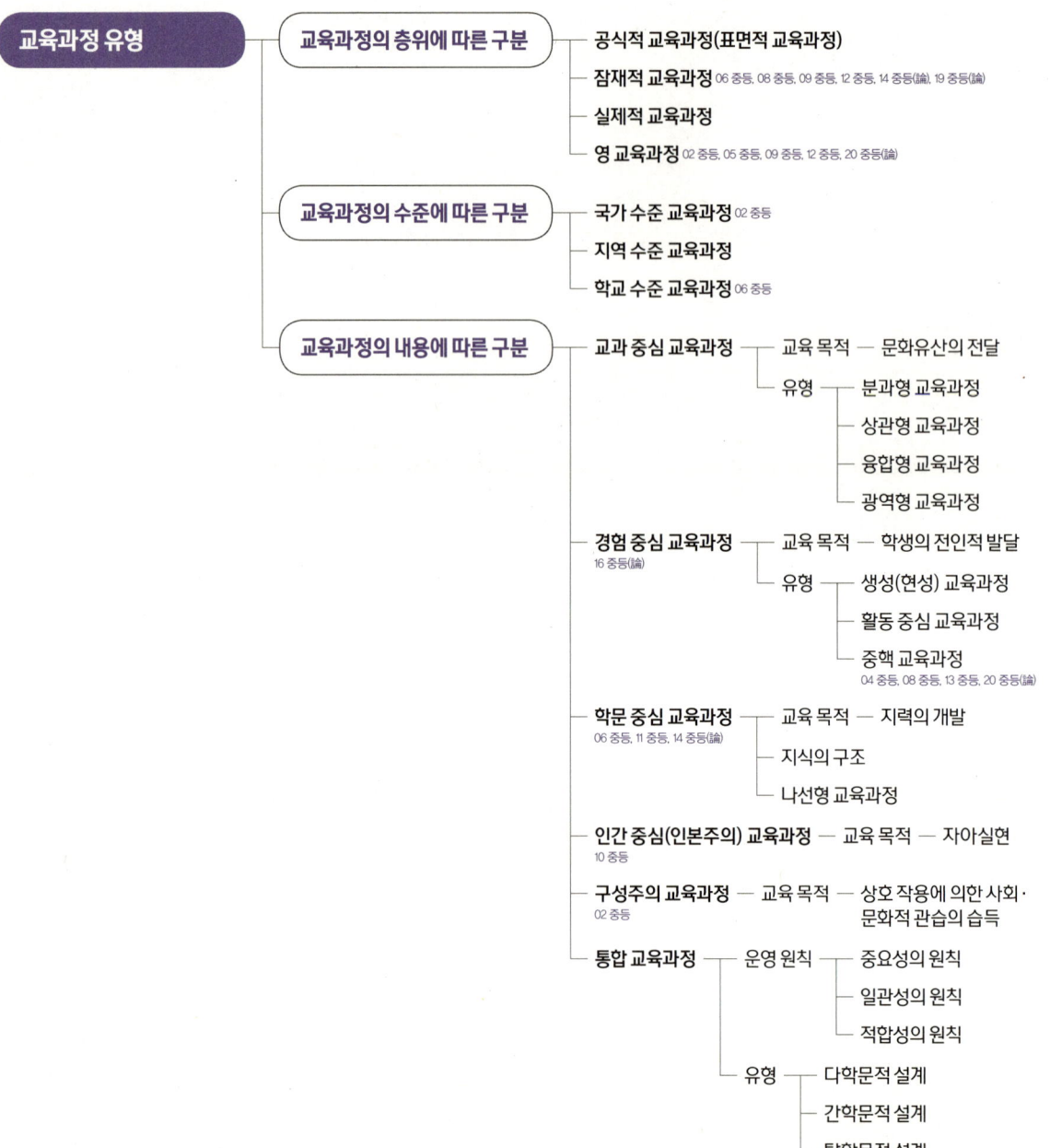

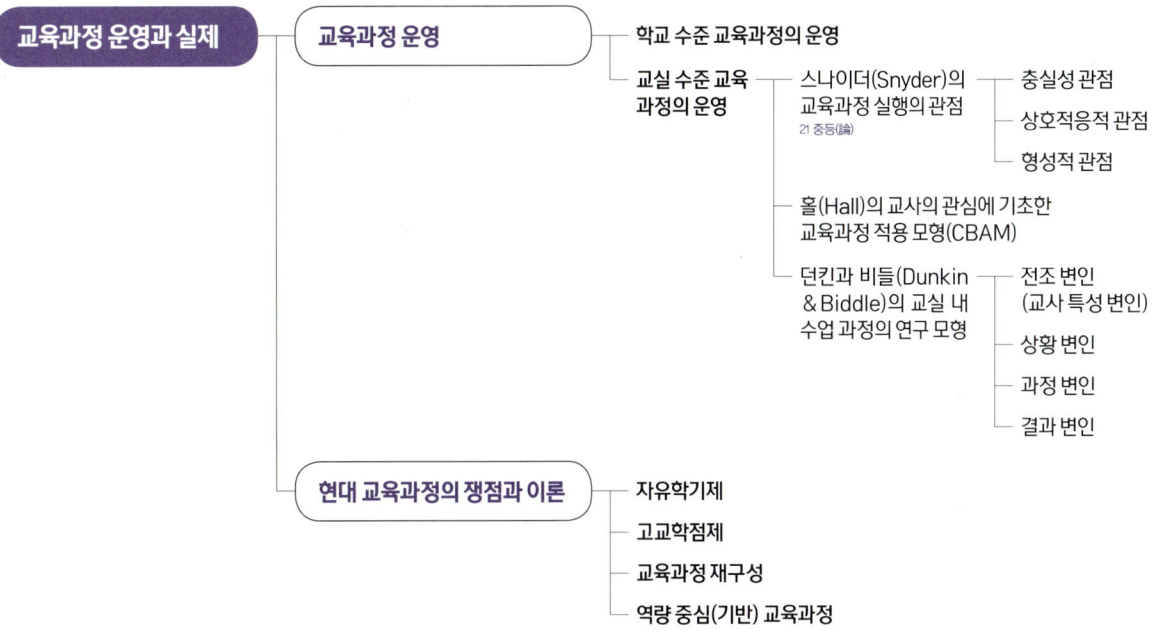

CHAPTER 1 교육과정 개발

> **출제 Point**
>
> 2010학년도 중등 객관식 10번
> 블룸(Bloom)의 인지적 영역 교육 목표 분류와 크래쓰월(Krathwohl) 등의 정의적 영역 교육 목표 분류에 대한 설명
> ① 인지적 영역 목표의 분류 준거는 복잡성이다.
> ② 하위 수준의 인지 능력은 상위 수준의 인지 능력을 성취하기 위한 선행 조건이다.
> ③ 정의적 영역 목표는 위계적으로 구성되어 있다.

01 교육과정 개발의 일반적 원리

1 교육 목표 설정

(1) 교육 목표 분류 [10 중등]

① 인지적 영역: 블룸(Bloom)은 복잡성(복합성)의 수준에 따라 6가지 수준으로 분류함

수준	내용
지식	사실, 개념, 원리 등 독립된 정보의 회상을 요구함 예) 할로겐족의 구성 원소는 무엇인가?
이해	지식을 바탕으로 정보 간의 관계 파악을 요구함 예) 연령별 투표 결과를 나타낸 도표로 알 수 있는 것은 무엇인가?
적용	학습한 정보를 다른 상황에 적용하도록 요구함 예) 기호를 사용하여 백만 명 이상의 인구 도시를 지도에 표시하라.
분석	현상을 부분으로 나누어 검토하고 추론함으로써 전체 현상을 이해하도록 요구함 예) 정량·정성 분석 기법을 사용하여 주어진 화학 약품이 무엇인지 파악하라.
종합	내용의 각 요소를 모아 새로운 전체를 만들도록 요구함 예) 창의적인 단편 소설을 쓰라.
평가	규준에 비추어 판단하도록 요구함 예) 논리적 오류의 기준을 바탕으로 주어진 글을 비판하라.

② 정의적 영역: 크래쓰월(Krathwhol)은 내면화의 수준에 따라 5가지 수준으로 분류함

수준	내용
수용 (감수)	자극이나 활동에 주의를 기울이고 그것을 기꺼이 수용함 예) 클래식 음악을 주의 깊게 들음
반응	자극이나 활동에 적극적으로 참여하여 만족을 얻음 예) 클래식 음악을 들으며 만족감을 느낌
가치화	활동에 대해 가치를 추구하고 행동으로 나타냄 예) 친구에게 클래식 음악을 듣도록 권함
조직화	서로 다른 활동에 대한 가치를 비교·종합하여 가치관을 형성함 예) 클래식 음악을 다른 음악과 비교한 후 가장 뛰어난 음악이라고 생각함
인격화	내면화된 가치관이 개인의 행동과 생활의 기준이 됨 예) 클래식 음악 감상을 취미로 삼고, 클래식 음악을 작곡하는 작곡가가 되어야겠다고 다짐함

③ 운동 기능적(심동적) 영역: 심슨(Simpson)은 5가지 수준으로 분류함

수준	내용
지각	감각 기관을 통하여 대상의 특징과 대상 간의 관계 등을 파악함 예 배구에 관심을 갖고 관찰함
태세	신체적 준비 자세로, 특정한 행동에 필요한 준비를 의미함 예 배구를 배우기 위해 복장 등을 준비함
인도된 반응	타인의 지도나 조력을 받아 나타나는 외현적 동작을 의미함 예 배구공을 네트 위로 넘기기 위한 동작을 배움
기계화	특정 동작에 대한 숙련과 자신감의 향상으로 몸에 익힘 예 습득한 동작을 익혀 안정감을 얻음
복합적 외현 반응	복잡한 동작을 최소한의 노력과 시간으로 자연스럽고 효과적으로 표현함 예 최소의 힘으로 배구공을 정확하게 넘김

+⚐ 출제 Point

2003학년도 중등 객관식 12번
비판적 사고력 향상, 학교 활동에의 적극적 참여 등 여러 가지 교육 목표를 달성하기 위하여 '모의 법정' 활동을 실시하기로 하였다. 이 경우에 적용한 교육 내용 선정 원리는?
④ 동경험 다성과의 원리

💡 합격선배 Tip

운동 기능적(심동적) 영역의 경우 타당성과 실용성에 많은 의문이 제기되고 있으므로 인지적 영역과 정의적 영역 중심으로 학습하자.

(2) 교육 목표의 진술(행동적 목표)

① 교육 목표는 관찰 가능한 학생의 행동을 규명하여 이를 행위 동사로 진술한 것을 의미함
② 교육 목표는 구체적일수록 교육 활동의 내용과 이를 통해 달성해야 할 것들을 분명히 밝혀줄 수 있음
③ 행동적 목표의 장단점

장점	단점
• 교수 내용, 교수 방법, 평가에 대한 분명한 방향을 제시함 • 학부모와 학생과의 분명한 의사소통을 가능하게 함	• 수업을 통해 기대되는 결과를 제한된 교육 목표로 구체화하기 어려움 • 의도하지 않은 결과는 사전에 구체화된 목표로 진술될 수 없음 • 미술, 문학 등의 특정 교과 영역에는 적합하지 않음

2 교육 내용의 선정 [03 중등, 19 중등(論)]

(1) 기회의 원리

교육 목표 달성에 필요한 경험의 기회를 제공해야 함

(2) 만족의 원리

학생들이 만족을 느낄 수 있어야 함

(3) 학습 가능성의 원리

학생들이 현재 수준에서 성공적으로 학습할 수 있어야 함

(4) 일목표 다경험의 원리

하나의 교육 목표를 달성하기 위해 다양한 경험을 할 수 있어야 함

CHAPTER 1 교육과정 개발

> **출제 Point**
>
> **2022학년도 중등 논술**
> 송 교사가 언급한 교육과정의 수직적 연계성이 학습자 측면에서 갖는 의의 2가지, 송 교사가 계획하는 교육과정 재구성의 구체적인 방법 2가지
>
> > 송 교사: 정말 감사합니다. 그동안은 교과 간 통합에 주로 관심을 가져왔는데, 김 선생님의 특강을 들어 보니 이전 학습 내용과 다음 학습 내용이 자연스럽게 연결되어야 한다는 수직적 연계성도 중요한 것 같더군요. 그래서 이번 학기에는 교과 내 단원의 범위와 계열을 조정할 계획입니다. 선생님께서는 교육과정을 어떻게 재구성하시는지 함께 이야기할 수 있을까요?
>
> **2017학년도 중등 논술**
> 교육과정 내용 조직의 원리 2가지(연계성 제외) 제시
>
> **2009학년도 중등 객관식 10번**
> 교육과정 내용 선정과 조직의 원리에서 '수평적 내용 조직'의 특징을 가장 잘 보여주는 것은?
> ④ 중학교 1학년에서 환경을 주제로 과학 교과 내용과 기술·가정 교과 내용을 서로 긴밀히 관련지어 조직한다.
>
> **2004학년도 중등 객관식 2번**
> 관악기의 종류에 관한 음악과 수업 계획안을 작성할 때, 범위(Scope), 계열성(Sequence), 중요성의 원리, 기회의 원리 등의 교육 내용 선정·조직 준거 중 '범위'와 가장 관련이 깊은 것은?
> ③ 관악기의 종류 가운데 어떤 것까지 다룰 것인지 검토한다.

(5) 일경험 다성과의 원리
하나의 학습 경험을 통해 다양한 결과를 산출할 수 있어야 함

(6) 타당성의 원리
교육의 일반적 목표 달성에 도움을 주는 것이어야 함

(7) 중요성의 원리
학문을 구성하는 가장 본질적인 것들을 교육 내용으로 삼아야 함

(8) 사회적 유용성의 원리
사회의 유지와 변혁에 도움을 주는 것이어야 함

3 교육 내용의 조직 [04 중등, 06 중등, 09 중등, 11 중등, 17 중등(論), 22 중등(論)]

(1) 수평적(횡적) 조직 원리
① 범위(Scope): 특정한 시점에서 학생들이 배우게 될 내용의 폭과 깊이
② 통합성
 • 교육 내용의 관련성을 바탕으로 하나의 교과나 단원으로 묶는 것
 • 관련 있는 내용을 동시에 혹은 비슷한 시간대에 배열하는 것

(2) 수직적(종적) 조직 원리
① 계속성: 동일한 교육 내용이 계속 반복되도록 조직하는 것
② 계열성(Sequence)
 • 학생들이 학습 내용이나 경험을 접하게 되는 순서로, 어떤 내용을 먼저 배우고 어떤 내용을 나중에 배우는가를 결정하는 것
 • 동일한 내용의 질적 심화와 양적 확대를 통해 폭과 깊이를 더해 가도록 조직하는 것
 • 계열화 방법: 연대순(시간의 흐름) 방법, 주제별 방법, 단순에서 복잡으로의 방법, 전체에서 부분으로의 방법, 논리적 선행 요건 방법, 추상성의 증가에 의한 방법, 학생들의 발달에 의한 방법
③ 수직적 연계성(연속성)
 • 특정한 학습의 종결점이 다음 학습의 출발점과 잘 맞물리도록 교육 내용을 조직하는 것
 • 학교급 간, 학년 간, 단원 간의 교육 내용 연결

02 교육과정 개발 모형

1 타일러(Tyler)의 전통적(합리적) 교육과정 개발 모형

[07 중등, 08 중등, 09 중등, 19 중등(論)]

(1) 개념

교육과정 개발을 위해 '교육 목표 설정, 교육 경험(학습 경험) 선정, 교육 경험(학습 경험)의 조직, 평가'의 절차적 순서를 따르는 합리적 모형

(2) 특징

① 합리적 모형: 논리적·절차적 순서를 따름
② 목표 중심 모형: 교육 목표는 가장 먼저 결정되어야 하며, 이후의 절차를 밟는 기준이 됨
③ 평가 중심 모형: 설정한 교육 목표가 어느 정도 달성되었는지에 중점을 둠
④ 처방적 모형: 교육과정 개발자가 따라야 할 절차를 제시함
⑤ 연역적 모형: 교과에서 단원으로 개발을 진행함
⑥ 순차적 모형: 목표에서 평가로 진행하는 일정한 방향을 지님

(3) 절차

절차	내용

교육 목표 설정	• 학습자, 사회, 교과 전문가를 고려하여 잠정적 교육 목표 설정
	• 교육철학과 학습심리학을 통한 구체적 목표로의 정련(거름체)
	  – 교육철학: 잠정적 교육 목표의 바람직성과 우선순위 결정
	  – 학습심리학: 학습 가능성과 교수 가능성을 밝힘으로써 구체적 교육 목표 수립
	• 분명하고 명확한 행동 목표로 구체적 교육 목표 진술

교육 경험 (학습 경험) 선정	교육 경험 선정 원리: 기회의 원리, 만족의 원리, 학습 가능성의 원리, 일목표 다경험의 원리, 일경험 다성과의 원리
교육 경험 (학습 경험) 조직	교육 경험 조직 원리: 계속성, 계열성, 통합성
평가	객관적 평가 도구를 사용하여 행동의 변화를 파악하고, 이를 통해 교육 목표의 달성도를 평가함

(4) 장단점

장점	단점
• 어떤 교과, 어떤 수업 수준에서도 활용·적용할 수 있는 유용성이 있음 • 논리적·합리적인 일련의 절차로써 교육과정 개발자나 수업 계획자가 따라 하기 쉬움 • 학생의 교육 경험과 행동 변화를 강조함으로써 평가에 광범위한 지침을 제공함	• 교육 목표의 실질적 내용과 우선적으로 선정되어야 하는 이유를 밝히지 못함 • 목표를 미리 분명하고 자세하게 설정하여 수업 진행 과정 중에 새롭게 생겨나는 부수적·확산적·생성적 목표의 중요성을 간과함

출제 Point

2019학년도 중등 논술
타일러(Tyler)의 학습 경험 선정 원리 중 기회의 원리로 첫째 물음을 설명하고, 만족의 원리로 둘째 물음을 설명하기

2009학년도 중등 객관식 9번
타일러(Tyler) 모형: 사회, 학습자 및 교과의 필요를 계획적으로 조사하여 교육 목표를 미리 설정한다.

2008학년도 중등 객관식 12번
타일러(Tyler)의 교육과정 개발 모형에 대한 비판
① 교육과정 개발을 지나치게 단순화해서 파악한다.
② 교육 내용 선정에 대하여 직접적인 답을 제공하지 못한다.
③ 교육과정 개발에 개입되는 정치적 이해관계에 관심을 기울이지 않는다.

2007학년도 중등 객관식 12번
타일러(Tyler)의 「교육과정과 수업의 기본원리」(1949)에 제시한 교육 목표에 대한 주장

> ㄱ. 교육 목표에 기초하여 교육 경험(학습 경험)을 선정, 조직해야 한다.
> ㄴ. 교육 목표에는 학생이 성취해야 할 행동, 그리고 삶의 내용 또는 영역이 포함되어야 한다.

CHAPTER 1 교육과정 개발

> **출제 Point**
>
> **2010학년도 중등 객관식 11번**
> 타바(Taba)의 교육과정 개발 모형
> > ㄱ. 귀납적 접근 방법을 사용하였다.
> > ㄴ. 요구 진단 단계를 설정하였다.
> > ㄷ. 내용과 학습 경험을 구별하여 개발 단계를 설정하였다.
>
> **2006학년도 중등 객관식 4번**
> 타바(Taba): 귀납적 탐구 과정과 교육과정 개발에서 교사의 역할을 강조하였으며, 사회과의 '단원' 구성법을 제시하였다.

- 교육과정과 수업을 구분하지 않고, '교육 목표, 교육 경험 선정, 교육 경험 조직, 평가'를 통합적으로 포괄하는 종합성을 지님
- 경험적·실증적으로 교육 성과를 연구하는 경향을 촉발함
- 목표를 내용보다 우위에 두어 내용을 목표 달성을 위한 수단으로 전락시킴
- 가시적이고 평가 가능한 행동에만 초점을 둠
- 교육과정 개발 절차를 지나치게 절차적·체계적·합리적·규범적으로 처방함에 따라 교육과정의 실천(운영과 수업 등)은 상대적으로 취약함

2 타바(Taba)의 교육과정 개발 모형 [06 중등, 10 중등]

(1) 개념

교사에 의한 교육과정 개발을 강조하고, 주로 사회과의 단원 수준에서 교육과정 개발을 설명하는 모형

(2) 특징

① 교사 중심 모형: 교육과정이 교사에 의해 개발됨
② 역동적 모형: 요구 진단을 통해 교육과정 요소들의 상호 작용을 강조함
③ 처방적 모형: 교육과정 개발자가 따라야 할 절차를 제시함
④ 귀납적 모형: 단원에서 교과로 개발을 진행함

(3) 절차

절차	내용
단원 개발	교사의 시험 단원 개발이 8개의 하위 단계(학생 요구 진단, 목표 설정, 내용 선정, 내용 조직, 교육 경험 선정, 교육 경험 조직, 평가 대상·방법·수단 결정, 균형성과 계열성 검증)에 따라 순차적으로 이루어짐
단원 검증	하나 이상의 학년 수준과 다른 교과 영역으로 확대될 수 있는 교육과정을 창출하기 위한 단계로, 단원의 교수 가능성과 타당성을 검증하기 위해 다른 수준의 학년이나 교과 영역에 적용해 봄
단원 개선	단원이 다양한 교실 상황에서 사용되기 위해서는 서로 다른 학생들의 요구와 능력, 교육 자원(시설, 설비, 재정), 교수 형태에 맞게 수정되어야 하므로 개발된 단원들을 수정하고 통합하여 모든 유형의 학급에 잘 맞는 보편화된 교육과정을 개발함
단원 구조화	여러 개의 단원을 구조화하여 전체 범위와 계열성을 검증하는 단계로, 단원 개발 이후 교육과정 개발자들은 횡적 범위화 종적 계열의 적절성을 시험해야 함
단원 정착	새로 개발된 단원을 적용하고 보급하는 단계로, 새 단원을 교실 수업에 정착시키기 위해 교육 행정가들은 교사에 대한 현직 연수를 확산해 나가야 함

3 슈왑(Schwab)의 교육과정 개발 모형

(1) 개념

교육과정의 실제적 특성에 주목하여 교육과정 개발 과정을 교과 전문가, 교사, 학생 등 집단적·체계적 논의로서의 숙의를 통해 최선의 대안을 창출하는 과정으로 설명하는 모형

(2) 특징

① 실제적 모형: 교육과정을 실제의 문제로 인식함
② 숙의 과정 강조: 실제적 문제를 해결하기 위한 과정으로 숙의를 강조함

4 워커(Walker)의 실제적 교육과정 개발 모형(자연주의적 모형, 숙의 모형)

[06 중등, 09 중등, 18 중등(論)]

(1) 개념

실제 상황에서 교육과정이 어떻게 개발되는지를 설명하는 모형

(2) 특징

① 서술적 모형: 실제 교육과정 개발자들의 개발 절차를 서술함
② 과정 중심 모형: 교육과정 개발의 의사결정 과정이나 절차를 중시함
③ 비선형적·역동적 모형: 각 단계는 비선형적·역동적이며, 타협과 조정을 강조함

(3) 절차

절차	내용
강령 (토대 다지기, Platform)	교육과정 개발 참여자들이 다양한 견해(강령)를 주장하는 단계로, 참여자들이 지닌 지식과 신념 체계의 강령은 다음 숙의 단계를 위한 자원이 됨
숙의 (Deliberation)	다양한 대안에 대한 논쟁을 거쳐 합의의 과정에 이르는 단계로, 집단적·체계적 논의 과정을 거치면서 목적 달성과 문제 해결을 위한 최선의 대안을 선택함
설계 (Design)	숙의 단계에서 선택한 대안을 실천 가능한 것으로 구체화하는 단계로, 교육 프로그램을 상세화함

(4) 장단점

장점	단점
• 교육과정 계획 측면을 상세하게 제시하여 교육과정 참여자들이 처음부터 서로 다른 토대와 입장에서 출발했을 때 어떻게 교육과정 개발이 진행되는지를 보여줌	• 교육과정 설계가 완성된 뒤의 실행 및 평가는 언급하지 않은 채, 설계까지의 과정에 대해서만 상세하게 제시함 • 교육과정에 관한 의사결정을 어떻게 효과적으로 전개할 수 있는가에만 초점을

출제 Point

2018학년도 중등 논술
박 교사가 제안하는 워커(Walker)의 교육과정 개발 모형의 명칭, 이 모형을 교육과정 개발에 적용하는 이유 3가지

> 박 교사: 그렇습니다. 그런데 교육과정을 개발하는 과정에서 학생의 개인별 특성을 중시하는 의견과 교과를 중시하는 의견 간에 차이가 있습니다. 이를 조율하기 위해서는 시간이 걸리겠지만 적절한 논쟁을 거쳐 합의에 이르는 심사숙고의 과정이 필요합니다.

2009학년도 중등 객관식 9번
워커(Walker)의 교육과정 개발 모형 설명
② 실제 상황 속에서 참여자들의 논의를 거쳐 최선의 대안을 자연스럽게 구체화한다.

CHAPTER 1 교육과정 개발

> **출제 Point**
>
> **2012학년도 중등 객관식 10번**
> 다음은 파이너(Pinar)의 쿠레레(Currere) 방법 4단계이다. (가)와 (나)의 특징을 〈보기〉에서 고른 것은?
>
> (가) → (나) → 분석 → 종합
>
> 〈보기〉
> ㄹ. 자신의 실존적 경험을 회상하면서 기억을 확장하고, 과거의 경험을 상세히 묘사한다.
> ㄱ. 자유 연상을 통해 아직 현실화되지 않은 미래의 모습을 상상한다.
>
> **2007학년도 중등 객관식 11번**
> 파이너(Pinar)에 의하여 1970년대부터 추진되어 온 교육과정 '재개념화'(Reconceptualization)의 특징에 해당되는 사항
>
> ㄷ. 개인적 교육 체험의 자서전적 서술 방법 도입
> ㄹ. 역사적, 정치적, 심미적 텍스트로서의 교육과정 탐구

- 참여자들이 서로 다른 입장에 반응하고 숙의하기 위해 의견 조정에 상당한 시간을 보내고 있음을 보여 줌
- 교육과정을 계획하는 동안 실제로 일어나는 과정을 정확하게 묘사해 줌

둘 뿐, 숙의 과정과 설계 과정에서 해당 내용을 가르쳐야 하는 이유에 대해서는 의문을 제기하지 않음

5 파이너(Pinar)의 교육과정 재개념화 [07 중등, 12 중등]

(1) 개념

교육과정을 교사나 학생이 살아오면서 겪은 체험들을 자신의 존재 의미와 관련 지어 해석함으로써 자기 반성적인 삶을 살아가도록 하는 과정으로 봄

(2) 특징

① 인간의 실존적 해방: 교육과정의 목적을 인간의 실존적 해방으로 보고, 교육과정은 사회적 맥락 속에서 개인의 고유한 경험이 되도록 재개념화되어야 한다고 주장함
② 학교 교육의 비판: 기술공학적 논리가 지배하는 학교 교육이 학생들에게 무의미한 교육을 제공했다고 비판함

(3) 쿠레레(Currere) 방법론

교육 경험의 본질을 분석하여 실존적 의미를 찾는 방법

절차	내용
회귀(소급, Regression)	과거의 경험을 최대한 생동감 있게 묘사함으로써 과거를 현재화하는 단계
전진(Progression)	자유 연상을 통해 미래를 상상하는 단계
분석(Analysis)	과거, 미래, 현재의 복잡한 관계를 분석하는 단계
종합(Synthesis)	현실로 돌아와 내면의 목소리에 귀를 기울이고, 자신에게 주어진 현재의 의미를 다시 묻는 단계

(4) 자서전적 방법론

자신과 타인의 교육 경험을 분석하여 교육 상황을 이해하고 자아 성찰을 촉진하는 방법

절차	내용
자신의 교육 경험 표현	자신의 교육 경험을 자서전 방식으로 표현하는 단계
교육 경험의 비판적 성찰	교사나 동료 학생들과의 대화를 통해 자신의 교육 경험을 논리적·비판적으로 성찰하는 단계
타인의 교육 경험 분석	타인의 교육 경험을 분석함으로써 교육의 기본 구조를 이해하고 공감하는 단계

6 아이즈너(Eisner)의 예술 교육과정 개발 모형 [13 중등]

(1) 개념
교육과정은 자체의 내재적 원리에 따라 실제적 기예가 발휘되는 구체적 실천의 총합으로, 교육과정 개발을 교육적 상상력을 발휘하는 과정으로 설명하는 모형

(2) 특징
① 교사에 의한 개발: 교육과정 개발은 교사의 교육적 상상력을 통해 이루어지므로 교사가 숙의와 실행의 전면에 나섬
② 순환적·반복적 과정: 교육과정 계획, 개발 과정을 끊임없이 계속되는 과정으로 묘사함

(3) 절차

절차	내용		
목표 설정	• 명백한 교육 목표뿐만 아니라 정의되지 않은 목표(표현적 결과)도 고려해야 함 • 목표의 중요성(우선순위)을 토의하는 과정에서 심사숙고할 필요가 있음 • 교육 목표의 3가지 형태		
	교육 목표	개념	특징
	행동 목표	행동 동사로 진술된 목표	• 정답이 미리 정해져 있음 • 학생이 행위 주체가 됨 • 순위와 상벌 매김이 가능함
	문제 해결 목표	주어진 조건을 만족시키면서 문제를 해결하는 목표	• 정답이 정해져 있지 않음 • 일정한 조건 아래 다양한 정답이 있음
	표현적 결과	활동 도중이나 종결 후에 얻게 되는 목표	• 조건이 없음 • 정답이 없음
내용 선정	개인, 사회, 교과의 세 자원과 영 교육과정을 고려한 내용 선정		
학습 기회의 유형	교사의 교육적 상상력(실제 학생들에게 의미 있고 만족스러운 다양한 학습 기회를 제공할 수 있도록 교육 목표와 교육 내용을 적절한 형태로 변형하는 능력)을 통한 학습 활동의 변형		
학습 기회의 조직	비선형적 접근 방법		
내용 영역의 조직	다양한 교과를 꿰뚫는 내용 조직		
제시 양식과 반응 양식	다양한 의사소통 양식의 사용		
평가	• 참 평가: 실제 생활에서 의미 있고 유용한 과제의 수행에 대한 평가 • 교육적 감식안: 학생들의 수행 사이의 미묘한 차이를 구별할 수 있는 전문적 능력 • 교육 비평: 학생의 수행 결과와 과정의 미묘한 차이를 비전문가(학생, 학부모)가 이해할 수 있도록 언어로 표현하는 것		

출제 Point

2013학년도 중등 객관식 8번
교육 활동을 시작하기 전에 교육의 목적을 명확하게 설정하기 곤란한 경우가 있다. 대표적으로 예술 교육이 여기에 해당한다. 이 경우에는 교사가 사전에 예측할 수 없는 수많은 변인이 교육 활동에 작용하며, 교사는 교육을 하는 과정에서 학습자의 요구에 맞게 반응해야 한다. 교육 활동이 수행된 후에 가지게 되는 학습 경험을 교육의 목적이라고 할 때, 아이즈너(Eisner)는 이 목적을 '표현적 결과'라고 불렀다.

CHAPTER 1 교육과정 개발

> **출제 Point**
>
> 2013학년도 중등 객관식 10번
> 스킬벡(Skilbeck)의 모형(SBCD)에 따른 학교 교육과정 개발의 단계
>
> 상황 분석 → 목표 설정 → 프로그램 구성 → 해석과 실행 → 모니터링, 피드백, 평가, 재구성

(4) 장단점

장점	단점
• 교육과정 개발의 융통성과 신축성을 강조함 • 영 교육과정에 주목하여 교육 내용의 점검과 수정·보완이 가능하도록 함 • 교육적 상상력을 통한 교사의 전문성을 강조함	• 교육과정에 대한 합리주의적 접근을 적절히 비판하고는 있으나, 대안 제시가 미흡함 • 교육과정 개발에 구체적으로 어떻게 활용될 수 있는지 분명하지 않음

7 스킬벡(Skilbeck)의 학교 중심 교육과정 개발 모형(SBCD; School Based Curriculum Development) [13중등]

(1) 개념

학교에서 학습 프로그램을 기획, 설계, 적용, 평가하는 모형으로, 전통적 교육과정 개발 모형의 경직성과 비현실성을 비판하면서, 교사들이 융통성 있게 교육과정 개발에 참여할 수 있도록 허용함

(2) 특징

① 학교 상황에 따른 교육과정: 학교가 처한 상황 분석에서 교육과정 개발을 시작함
② 학교 특성에 따른 교육과정: 학교, 교사, 학생 등 학교의 개별적 특성을 고려함
③ 개방적 상호 작용 모형: 교사, 학생, 학부모, 지역 사회의 요구와 필요에 따라 발전적으로 수정이 가능함
④ 시작의 융통성: 일정한 순서와 상관없이 상황 및 판단에 따라 어느 단계에서나 모형을 시작할 수 있음

(3) 절차

절차	내용
상황 분석	• 외적 요인: 사회·문화적 변화, 교육 제도, 교과의 성격, 교사 지원 체제, 사회의 이데올로기 등 • 내적 요인: 학생의 적성 및 능력, 교사의 인지적·정의적 특성, 교사의 태도와 가치관, 학교풍토, 학교 시설 등
목표 설정	상황 분석에 기초하여 교사와 학생의 행동을 구체화하는 목표 설정
프로그램 구성	교수·학습 활동과 수단의 설계, 적절한 연구 장면의 설계, 인사 발령과 역할 분담, 학습 시간표 및 규정 등을 구성
해석과 실행	교육과정 변화에 따라 나타날 수 있는 문제의 예측·판단·실행
모니터링, 피드백, 평가, 재구성	지속적인 모니터링, 피드백, 평가의 수행과 교육과정 재구성

(4) 장단점

장점	단점
• 교사의 참여를 통해 자율성과 전문성을 신장시킴 • 학교의 특성을 고려하므로 학교에서 활용하기 적합함 • 학교, 교사, 학생의 다양한 특성을 고려하므로 교육의 다양성을 추구함	• 교육과정 개발 방향이 일정하지 않음 • 상황 분석을 강조하는 반면, 목표 설정을 소홀히 함

8 위긴스와 맥타이(Wiggins & McTighe)의 백워드 모형 [12 중등, 15 중등(論)]

(1) 개념

교사 수준에서의 활용을 염두에 둔 것으로, 교사들이 해왔던 기존 순서와 반대되는 순서인 '바라는 결과', 즉 목표나 기준으로부터 교육과정에 접근해야 한다고 보는 모형

(2) 특징

① 목표 강조: 목표를 먼저 확인하고, 목표에 비추어 수업을 계획함
② 평가 계획 강조: 학습 경험이나 수업 활동을 계획하기 전 평가에 대한 구체적 계획을 세움
③ 결과 중심 모형: 교육과정을 결과에 도달하기 위한 수단으로 봄

(3) 절차

절차	내용	
바라는 결과 확인 (목표 설정)	• 목표와 기준의 확인: 학생이 반드시 알아야 하고, 이해해야 하며, 할 수 있어야 하는 것이 무엇인가를 밝힘 • 목표 설정: 국가 혹은 지역 수준의 기준을 확인하고, 기준에 따라 교육과정 단원에서의 목표를 설정함 • 영속적 이해 결정: 영속적 이해란 학문의 중심부에 있는 기본적이고 중요한 아이디어, 개념, 원리로, 영속적 이해를 이끌 수 있는 교육 내용을 선정해야 함	
	이해의 종류	**내용**
	설명	사건이나 아이디어를 '왜' 그리고 '어떻게'를 중심으로 서술하는 능력
	해석	의미를 제공하는 서술이나 번역
	적용	지식을 새로운 상황이나 다양한 맥락에 효과적으로 사용하는 능력
	관점	비판적이고 통찰력 있는 견해
	공감	타인의 감정과 세계관을 수용할 수 있는 능력
	자기인식	자신의 무지를 아는 지혜 혹은 자신의 사고와 행위를 반성할 수 있는 능력

출제 Point

2015학년도 중등 논술
교육과정 설계 방식의 특징 3가지 설명

교육과정 설계 방식 측면에서, 종전의 방식은 평가 계획보다 수업 계획 중심으로 설계되어 있어서 교사가 교과의 학습 목표에 비추어 학생들이 배우는 내용을 올바르게 이해하였는지를 확인하는 데 한계가 있었습니다. 교사는 계획한 진도를 나가기에 급급한 나머지, 학생들의 학습 결손을 예방하지 못하였습니다. 내년에는 학생들의 학습 목표 달성 정도를 확인하는 데 유용한 교육과정 설계를 하고자 합니다.

2012학년도 중등 객관식 9번
위긴스와 맥타이(Wiggins & McTighe)의 백워드 설계(Backward Design)에서 학교 교육의 목표가 되는 6가지 이해에 관한 진술에서 (가) 가장 낮은 수준의 이해와 (나) 가장 높은 수준의 이해를 바르게 짝지은 것은?

ㄷ. 사건과 아이디어들을 '왜' 그리고 '어떻게'를 중심으로 서술하는 능력(설명)이다.
ㅂ. 자신의 무지를 아는 지혜 혹은 자신의 사고와 행위를 반성할 수 있는 능력(자기지식)

CHAPTER 1 교육과정 개발

수용할 만한 증거의 결정 (평가 계획)	학생들이 바라는 결과를 달성했는지를 판단하기 위한 평가를 계획하는 단계	
학습 경험과 수업의 계획 (수업 활동 계획)	• 앞의 두 단계에 근거하여 수업 활동을 계획하는 단계 • WHERETO 원리에 따라 목표를 안내하고, 주의 집중시키며, 경험 및 탐구하도록 하고, 재고의 기회를 제공하며, 함축적 의미를 평가하도록 하고, 개별화하여 조직함	

원리	내용
단원의 방향과 목적 (Where and Why)	어떻게 아이들에게 목표와 방향을 안내할 것인가?
주의 환기 및 흥미 유지 (Hook and Hold)	어떻게 아이들의 관심을 불러일으키고 유지할 것인가?
경험하고 탐구하기 (Equip, Experience, Explore)	– 어떻게 아이들이 중요한 개념과 본질적 질문을 탐구하게 할 것인가? – 기대되는 수행 과제에 대해서 어떻게 아이들을 준비시킬 것인가?
재고, 반성, 교정하기 (Rethink, Reflect, Revise)	아이들이 다시 생각하고 수정하도록 어떻게 도울 것인가?
작품과 향상도 평가하기 (Evaluate)	아이들이 자기 평가를 하고 자기 학습을 돌아보게 할 방법은 무엇인가?
개별화하기(Tailor)	학습을 어떻게 다양한 요구, 관심, 스타일에 맞춰서 조정하는가?
효과적인 학습을 위한 내용 조직 및 계열화 (Organize)	어떻게 학습을 재조직하고 순서를 세울 것인가?

(4) 장단점

장점	단점
• 도착점에 대한 분명한 이해로부터 시작되므로 어디로 가고 있는지, 지금 어디에 있는지를 이해할 수 있음 • 국가 교육과정의 기준이 반영되므로 국가 교육과정 기준과 현장의 수업이 일치되고, 교육과정 중심의 수업으로 전환됨 • 목표와 내용, 평가가 일치하는 교육과정 설계가 가능함	• 교육과정을 설정된 기준이나 목표를 효율적으로 달성하기 위한 수단 정도로 이해함 • 기준이나 목표로서 설정되지 않은 학습 경험들이 무시될 수 있으며, 설정된 기준이나 목표가 당연시될 가능성이 있음 • 수업 계획을 세우기 이전에 평가 계획을 수립하도록 함으로써 평가 의존적인 수업 활동이 전개될 수 있음 • 목표는 주로 학문적인 지식에 기반한 내용의 이해에 있으므로 학생들의 관심사나 흥미를 고려하지 못할 수도 있음

9 아들러(Adler)의 파이데이아(Paideia) 제안 [10 중등]

(1) 개념

항존주의를 바탕으로 모든 학생을 위해 동일한 수준의 학교 교육을 실현해야 한다고 주장함

(2) 파이데이아 제안

① 모든 학생은 양적인 교육의 기회 균등과 질적인 교육의 기회 균등을 가질 권리가 있음
② 학교 교육은 교과의 조직화된 지식 습득, 인지 기능의 계발, 개념과 가치의 이해 확장을 목표로 함
③ 학교는 모든 학생이 적절한 생계를 유지하고, 스스로 훌륭한 삶을 설계하도록 준비시켜야 함

출제 Point

2010학년도 중등 객관식 9번
1980년대 미국 교육과정에서 나타난, 주지주의 교육으로의 복고 경향과 관련이 깊은 것

ㄷ. 파이데이아 제안서(Paideia Proposal) 의 발표
ㄹ. 조직화된 지식 습득과 지적 기능 계발의 강조

CHAPTER 2 교육과정 유형

출제 Point

2019학년도 중등 논술
#2와 관련하여 잭슨(Jackson)의 잠재적 교육과정의 개념을 쓰고 그 개념에 근거하여 김 교사가 말하는 '생각하지 못했던 결과'의 예 제시

> #2 모둠 활동에 적극적으로 참여하지 못한 학생들이 몇 명 있었지. 이 학생들은 제대로 된 학습 경험을 갖지 못한 것이 아닐까? 자신의 학습 경험에 대하여 어떻게 느꼈을까? 어쨌든 모둠 활동에 관해서는 좀 더 깊이 고민해 봐야겠어. 생각하지 못했던 결과가 이 학생들에게 나타날 수도 있고……

2008학년도 중등 객관식 9번
잠재적 교육과정에서 강조하는 사항

> ㄱ. 학생들의 교실 생활이나 학교의 문화 풍토를 중시한다.
> ㄴ. 교육과정을 '의도'나 '계획'의 차원에 한정하지 않는다.
> ㄷ. 공식적(Formal) 교육과정의 부정적 결과에도 관심을 기울인다.

합격선배 Tip
기출문제의 제시문을 통해 자신이 이해한 개념을 확인해 보자.

2012학년도 중등 객관식 11번
> 학생들은 학교에서 교사의 희망 때문에 자기 자신의 욕망을 억누르고 또 공동선 때문에 자기의 행동을 조심하는 것을 배운다. 그들을 둘러싸고 있는 규칙·규정 및 관례에 따르는 것을 배운다. 그들은 사소한 좌절감을 극복하고, 권위를 가지고 있는 사람의 계획과 정책이 비합리적이고 불분명할지라도 그것에 따르는 것을 배운다. 다른 사회적 기관의 구성원들과 마찬가지로 학생들도 '세상이 다 그런 거야.'라고 말하는 것을 배운다.
> – 잭슨(Jackson), '아동의 교실 생활'

01 교육과정의 층위에 따른 구분

1 공식적 교육과정(표면적 교육과정)

(1) 개념
① 교육적 목적과 목표에 따라 분명하게 의도되고 계획된 교육과정
② 가시적 혹은 표면적으로 드러나 학생들이 뚜렷이 겪게 되는 교육과정
　예) 국가 교육과정의 기준을 담은 문서, 시·도 교육청의 교육과정 지침, 지역 교육청의 장학 자료, 학교의 교육과정 운영 계획, 교사의 수업 계획 등

(2) 특징
계획, 실천, 평가 등을 통해 기술, 측정, 예측, 통제가 가능함

2 잠재적 교육과정 [06 중등, 08 중등, 09 중등, 12 중등, 14 중등(論), 19 중등(論)]

(1) 개념
공식적 교육과정에서 의도하거나 계획하지 않았으나, 학교에서 학생들이 은연중에 배우게 되는 교육 결과로서 경험된 교육과정
　예) 잭슨(Jackson): 군집성, 상찬(賞讚), 권력 관계
　　　교사의 언행, 학교의 물리적 환경, 학교의 문화와 관행 등

(2) 공식적 교육과정과 잠재적 교육과정의 비교

구분	공식적 교육과정	잠재적 교육과정
학습 방법	학교에 의하여 의도적으로 조직되고 가르쳐짐	학교에 의하여 의도되지 않았지만, 학교생활을 하는 동안 은연중에 배우게 됨
학습 영역	인지적 영역	정의적 영역
학습 경험	교과	학교의 문화 풍토
학습 기간	단기적·일시적 경향	장기적·반복적 경향(항구성)
교사의 역할	교사의 지적·기능적 영향	교사의 인격적·도덕적 감화
학습 내용	바람직한 내용	바람직한 내용과 바람직하지 못한 내용

(3) 의의

① 교육과정의 의미 확장에 기여함
- 교육학자들의 관심이 '계획된 것'에서 '계획되지 않는 것'으로 변화함에 따라 '의도'와 '계획'보다 '결과'와 '산출'을 중시하게 됨
- 학교 교육에 대한 당위적 진술(~해야 한다)보다 사실적 진술(~하다)에 더 많은 관심을 갖게 됨
- 교육 활동으로 인하여 나타나는 모든 작용과 부작용을 총체적으로 평가하고자 하는 '탈목표 평가' 관점이 등장함

② 학교 교육과 교육과정의 효율성 제고에 기여함
- 공식적 교육과정과 잠재적 교육과정 간에 갈등이 발생할 경우 잠재적 교육과정이 공식적 교육과정보다 학생에게 더 강한 영향력을 미침
- 공식적 교육과정뿐만 아니라 잠재적 교육과정까지 고려하여 학교 교육을 수행할 수 있게 됨

3 실제적 교육과정

(1) 개념

교사가 교실에서 수업을 통해 학생들에게 가르치는 내용의 교육과정

(2) 분류 – 글래트혼(Glatthorn)

구분	내용
가르친 교육과정 (Taught Curriculum)	교사들이 교실에서 실제로 가르친 교육 내용
학습된 교육과정 (Learned Curriculum)	• 학생들이 실제로 학습한 교육 내용 • 가장 중요하지만 가장 통제하기 어려운 교육과정 ⑩ 교사가 학생들에게 함수의 개념(가르친 교육과정)을 가르쳤으나, 학생들은 개념에 대해서 이해하지 못하고 선생님의 말씀을 바른 자세로 듣는 참을성(학습된 교육과정)만을 배움
평가된 교육과정 (Tested Curriculum)	• 평가를 통하여 사정되는 교육 내용 • 공식적 교육과정보다 가르친 교육과정과 학습된 교육과정에 많은 영향을 끼칠 수 있음 ⑩ 대학 수학 능력 시험(수능)에 출제되는 문제는 공식적 교육과정과 관계없이 교사들이 가르치게 되고, 학생들은 이에 대해 철저한 학습을 하게 됨

CHAPTER 2 교육과정 유형

+ 출제 Point

2020학년도 중등 논술
영 교육과정이 교육 내용 선정에 주는 시사점 1가지 제시하기

2009년 중등 객관식 8번
ⓒ에 해당하는 교육과정

> 김 선생님이 말한 경우는 ⓒ 당연히 발생해야 할 학습 경험이 학교의 의도 때문에 일어나지 않은 것으로 해석할 수도 있겠네요.

③ 영(Null) 교육과정

2005학년도 중등 객관식 11번
B교사가 근거하고 있는 교육과정

> • A교사: 고고학은 정말 중요한 학문인데, 우리나라 고등학교에서는 왜 안 가르치는지 모르겠어요.
> • B교사: 어떤 것을 가르친다는 것은 다른 것을 가르치지 않는다는 것을 의미하지요. 제한된 여건 때문에 모든 것을 동시에 다 가르칠 수는 없지요.

③ 영 교육과정(Null Curriculum)

4 영 교육과정 [02 중등, 05 중등, 09 중등, 12 중등, 20 중등(論)]

(1) 개념

학교에서 소홀히 하거나 공식적으로 가르치지 않는 내용으로, 수업에서 배제되어 학생들이 학습하지 못한 교육과정

예) 일본의 역사 교과서에서 의도적으로 배제한 한국 침략의 내용 등

(2) 특징

① 교육과정은 선택의 결과로 인한 포함과 배제의 산물이므로 영 교육과정은 공식적 교육과정의 필연적 산물에 해당함
② 국가의 정치 및 경제 체제, 종교, 사회, 문화 분야 등에서 더 가치 있다고 여겨지는 것이 덜 가치롭다고 여겨지는 것을 삭제, 폐지, 배제, 무효화, 소홀히 함
③ 교육과정을 인본주의적·심미적 관점에서 보려는 시도로, 학교에서 소홀히 하는 예술, 철학, 심미적 측면을 중시함

(3) 의의

① 공식적으로 가르치지 않거나 소홀히 되는 영역이 시대와 사회가 변하면서 더 중요해지기도 함
② 특정 정치(이념), 경제, 문화(종교) 세력에 의해 금기시된 교육 내용을 새롭게 조명함으로써 공식적 교육과정의 내용이 풍부해질 수 있음

02 교육과정의 수준에 따른 구분

1 국가 수준 교육과정 [02 중등]

(1) 개념

교육에 대한 국가의 의도를 담은 문서 내용
- 예) 국가의 교육 목적·내용 기준·성취 기준, 교육 기관 및 교육 행정 기관의 교육과정 운영 기준 등

(2) 장점

① 정치적·사회적·문화적 통합과 국가의 시대적·사회적 요구를 충족시킴
② 전문 인력, 막대한 비용, 장시간의 투자로 질 높은 교육과정을 개발할 수 있음
③ 교육과정의 표준화로 학교 교육의 질 관리가 용이함
④ 학생들의 진학이나 전학 시 교육과정의 일관성과 연속성을 보장할 수 있음

(3) 단점

① 각 지역이나 학교의 특성을 반영하지 못함
② 너무 구체적이거나 상세하게 규정되면 지역이나 학교의 자율성과 교사의 전문성을 해칠 수 있음
③ 교육과정 운영의 획일화를 가져올 수 있으며, 권위주의적 교육 풍토가 형성될 수 있음

2 지역 수준 교육과정

(1) 개념

교육에 대한 지역의 의도를 담은 문서 내용으로, 국가 수준의 기준과 학교의 교육과정을 연결하는 교량 역할을 함
- 예) 지역의 특성, 필요, 요구, 교육 기반, 여건 등의 모든 요인을 조사·분석하여 국가 수준 교육과정을 조정하고 보완하며, 그 결과를 학교 교육과정에 반영함

(2) 장점

① 지역의 특수성을 반영하여 다양한 교육과정을 운영할 수 있음
② 지역 교육청의 교육 관련 문제 해결 능력과 전문성을 신장시킴

(3) 단점

① 시간, 인력, 비용 등의 부족으로 수준 높은 교육과정의 개발이 어려움
② 지역 간의 교육 격차가 심화될 수 있음

CHAPTER 2 교육과정 유형

3 학교 수준 교육과정 [06 중등]

(1) **개념**

학교의 실태를 반영하고, 학부모와 학생들의 특성과 요구를 고려하여 교육에 대한 의도를 담은 문서 내용

(2) **장점**

① 국가 수준의 교육과정을 학교 실정에 맞게 운영함으로써 학교 교육의 효율성·적합성을 제고할 수 있음

② 교사들을 교육과정 편성·운영에 참여시킴으로써 교사의 자율성·전문성을 신장시킴

③ 학생의 요구, 흥미 등을 수용한 교육과정을 운영함으로써 학생 중심의 교육을 실현할 수 있음

03 교육과정의 내용에 따른 구분

1 교과 중심 교육과정(1920년대 이전)

(1) 개념

학교의 지도하에 학생들이 배우는 모든 교과

(2) 특징

① 교육 목적: 문화유산의 전달
② 교육 내용
  - 문화유산을 논리적으로 조직한 것(영구적·확정적·객관적 사실, 개념, 법칙, 가치, 기능)
  - 교과 내용(교육받은 사람이라면 누구나 알아야 하는 사실, 기본 지식과 기능, 전통적 가치 등)
③ 교수 방법: 강의법과 암송법 중심의 교사 중심 수업
④ 평가 방법: 사실, 기능, 가치 등이 학생들에게 효과적으로 전달되었는지를 판단함

(3) 장단점

장점	단점
• 교과의 체계적 조직으로 문화유산과 지식의 전달이 용이함 • 교사 중심의 학습으로 교수·학습 활동에 대한 통제가 용이함 • 객관적 기준에 따라 평가 및 측정이 용이함 • 초임 교사의 운영이 용이함	• 학생들의 흥미와 요구를 간과함 • 교사 중심의 수업으로 학생들의 수동적 학습 태도를 형성함 • 지식의 암기를 강조하여 고등 정신 능력 함양이 어려움 • 상대평가로 경쟁적 풍토를 조장함 • 실생활과 분리된 비실용적 지식을 전달함

(4) 유형

구분	분과형 교육과정	상관형 교육과정	융합형 교육과정	광역형 교육과정
개념	각 교과마다 교과의 선을 유지하며, 교과 간 연관 없이 독립적으로 조직하는 교육과정 예) A 물리 B 화학	교과의 선은 유지하되, 유사 과목을 상호 관련하여 조직하는 교육과정 예) A 물리 ↔ B 화학	각 교과의 성질을 유지하되, 교과 간의 공통 요인을 추출하여 재조직하는 교육과정 예) 식물학, 동물학, 생리학의 공통 요인을 추출하여 생물학 조직	유사한 교과들을 포괄하여 하나의 과목으로 통합·조직하는 교육과정 예) 음악, 미술, 체육 교과를 예체능 과목으로 통합

CHAPTER 2 교육과정 유형

> **출제 Point**
>
> **2016학년도 중등 논술**
> '수업 구성'에 나타난 교육과정 유형의 장점 및 문제점 각각 2가지
>
> - 학생의 경험을 중시하는 교육과정을 실행할 것
> - 학생의 흥미, 요구, 능력을 토대로 한 활동을 증진할 것
> - 학생이 관심을 가지는 수업 내용을 찾고, 그것을 조직하여 학생이 직접 경험하게 할 것
> - 일방적 개념 전달 위주의 수업을 지양할 것

특징	• 교과의 특성에 따라 구성하므로 타 교과와의 관련성이 없음
	• 교과 간의 경계선이 뚜렷하고, 분절된 시간표에 따라 운영됨
		• 교사에게 인접 교과에 대한 지식을 갖출 것을 요구함
		• 상관의 종류
		  - 사실의 상관
		  - 원리의 상관
		  - 규범의 상관
			• 교과의 선이 완전히 없어지는 과도기적 형태를 취함
			• 간학문적 통합: 공통되는 개념, 원리, 주제, 탐구 방법을 중심으로 교과 간 경계를 허물며 서로 결합하는 형태
				• 교과목의 통합을 추진함
				• 다학문적 통합: 유사하거나 인접한 학문을 모아 하나의 교과를 구성하는 방식

장점	교과의 조직성과 체계성	교과 간 중복, 상반, 누락의 방지	종합적 문제 해결 능력 배양	주제에 대한 개괄적 이해와 통합적 학습
단점	• 통합성의 부족 • 교과 간의 중복	인공적·조작적 상관	• 각 학문의 개별적 성격 약화 • 체계적 학습의 어려움	• 교과의 개략적·추상적 지식 학습 • 논리성 및 체계성 결여

> **합격선배 Tip**
>
> 경험 중심 교육과정은 기존의 교과 중심 교육과정을 비판하기 위해 등장한 것이므로 교과 중심 교육과정과 반대의 성격을 가지고 있음에 주목하여 특징을 비교하여 이해하자.

2 경험 중심 교육과정(1920~1950년대) [16 중등(論)]

(1) 개념
학교의 지도하에 학생들이 가지게 되는 모든 경험

(2) 특징
① 교육 목적: 학생의 전인적 발달
② 교육 내용: 일상생활의 경험을 학생의 흥미와 관심을 바탕으로 심리적으로 조직한 것
③ 교수 방법: 소집단별 협동적인 학습 분위기를 강조하는 학생 중심의 수업
④ 평가 방법: 현실 세계 속의 실제 과제를 처리할 수 있는 능력을 확인하는 평가

(3) 장단점

장점	단점
• 학생의 자발적인 활동을 촉진함 • 실제 생활 문제를 통해 실제적 문제 해결 능력을 함양시킴 • 공동의 과제를 협동하여 해결하는 과정을 통해 협동성, 사회성 등을 함양시킴	• 체계적인 지식 습득의 어려움으로 기초학력이 저하될 수 있음 • 경험 위주의 수업으로 운영에 많은 시간이 소요됨 • 미숙한 초임 교사는 운영하기 어려움 • 경험을 통해 얻은 원리는 새로운 장면에 적용하기 어려움

(4) 유형

구분	생성(현성) 교육과정	활동 중심 교육과정	중핵 교육과정 [04 중등, 08 중등, 13 중등, 20 중등(論)]
개념	교육 현장에서 교사와 학생의 협력을 통해 구성하는 교육과정	학생의 활동을 중시하는 교육과정	중핵 과정과 주변 과정이 결합된 교육과정
특징	사전에 계획되지 않음	학생의 흥미나 요구를 바탕으로 학습 경험을 선정하고 조직함	• 중핵 과정은 사회 문제나 쟁점 혹은 생활, 경험들이 중심을 차지함 • 학생의 흥미와 관심을 끄는 활동, 목적 달성이나 해결에 도움이 되는 학습 활동을 강조함 • 전통적인 교과의 구분을 없앰
장점	자유와 융통성	생활 경험에 관련된 기능적 학습	• 지식의 상호 관련성 • 개인의 통합적 성장
단점	유능한 교사만 운영 가능	다인수 학급에서의 낮은 실현 가능성	• 체계적 학습의 어려움 • 수업 준비에 많은 시간이 소요됨

출제 Point

2020학년도 중등 논술
B교사가 말한 교육 내용 조직 방식의 명칭과 이 조직 방식이 토의식 수업에서 가지는 장점과 단점 각각 1가지

> B교사: 교육 내용 조직과 관련해서는 생활에 필요한 문제를 토의의 중심부에 놓고 여러 교과를 주변부에 결합하는 방식을 활용할 필요가 있다.

2013학년도 중등 객관식 9번
김 교사가 동료교사들과 개발한 교육과정의 유형

> 사회과 김 교사는 남대천이 흐르는 도시의 어느 중학교에서 근무하고 있다. 김 교사, 주민, 그리고 학생들은 지역 사회의 가장 큰 문제가 남대천의 잦은 범람이라는 데 생각을 같이 하고 있다. 김 교사는 과학과, 기술·가정과 교사와 협력하여 '남대천의 범람'을 주제로 한 교육과정을 개발하여 '창의적 체험활동' 시간에 운영하기로 하였다. 김 교사는 남대천의 범람 원인과 지역 사회의 피해 정도를 세부 주제로 그 교육과정 전체의 핵심이 되는 한 개의 과정을 설계하였다. 그리고 과학과와 기술·가정과 교사는 지구 온난화가 환경에 미치는 영향, 범람을 막기 위해 실천 가능한 방안과 소요 비용 산출, 방안 실천 시 기술·과학적 고려사항 등을 세부 주제로 '주변 과정' 5가지를 설계하였다.

⑤ 중학 교육과정

2004학년도 중등 객관식 1번
학생의 흥미나 요구를 중심으로 하여 교육 내용을 통합하되 통합 이전 교과의 구분이 안전히 사라진 채 조직되는 통합 유형

② 중핵형

CHAPTER 2 교육과정 유형

출제 Point

2014학년도 중등 논술
최 교사가 수업 효과성을 높이기 위하여 선택한 방안 중 학문 중심 교육과정 이론에 근거한 수업 전략

> 학교에서 배우는 기초 지식이나 원리가 직업 활동의 근간이 되기도 한다는 것을 어떻게 아이들이 깨닫게 할 수 있을까? 내가 일일이 다 설명해 주지 않아도 아이들이 스스로 교과의 기본 원리를 찾을 수 있게 하려면 어떤 종류의 과제와 활동이 좋을까?

2011학년도 중등 객관식 8번
교육과정의 관점을 반영하여 교육 내용을 조직하는 방법

> 어떤 교과든지 그 교과를 특징적으로 교과답게 해 주는 골간(骨幹)으로서 구조가 있다. 교과의 구조란 각 교과가 모태로 삼고 있는 학문 분야의 기본적인 아이디어나 개념 및 원리를 말한다. 이러한 구조는 기본적이고 일반적이므로 단순하다. 그래서 어린 나이에도 지식의 구조 학습이 가능하며 나아가서는 새로운 문제에 대한 적용 범위도 넓다. 그리고 구조 학습을 통해 초보 수준의 지식과 고등 수준의 지식 간의 간극을 좁힐 수 있다.

⑤ 기본 개념을 반복하면서 폭과 깊이를 확대·심화시켜 조직한다.

2006학년도 중등 객관식 1번

> • 과학 교과에서는 초등학교에서 배운 광합성의 원리를 중등학교에서도 심화·반복한다.
> • 경제 단원에서 자원의 희소성, 수요와 공급 등의 기본 개념과 원리를 교과 구조 속에서 강조한다.
> • 교사가 결과적 지식을 먼저 제시하기보다 학생들로 하여금 탐구 과정을 통해 일반화된 원리를 발견하게 한다.

② 학문 중심 교육과정

2010학년도 중등 객관식 8번
인본주의 교육과정(Humanistic Curriculum)의 관점과 관련이 깊은 것

> ㄱ. 개인의 잠재적 능력 계발과 자아실현을 지향한다.
> ㄷ. 교사와 학습자 간의 관계에서 존중, 수용, 공감적 이해를 중시한다.

3 학문 중심 교육과정(1950~1960년대) [06 중등, 11 중등, 14 중등(論)]

(1) 개념
학문에 내재된 지식의 구조와 지식 탐구 과정의 조직

(2) 특징
① 교육 목적: 지력의 개발
② 교육 내용: 지식의 구조(학문을 구성하고 있는 기본 개념, 주제, 원리 등을 논리적 구조에 따라 체계적으로 조직한 것)
③ 교수 방법: 학생의 능동적인 탐구와 발견(발견 학습)
④ 평가 방법: 학생들이 실제 탐구 행위를 경험하였는지를 평가함
⑤ 나선형 교육과정: 학생의 발달 단계를 고려하여 교육 내용의 깊이와 폭을 확대·심화되도록 조직함

(3) 장단점

장점	단점
• 기본 개념과 원리를 학습하므로 학습 내용을 이해하기 쉽고, 오래 기억하며, 새로운 사태에 전이가 쉬움 • 탐구를 통해 내재적 동기를 유발하고 교육 효과를 높임 • 초보 지식과 고등 지식의 간극을 좁힐 수 있음	• 학문적이고 지적인 교육에 치중하여 학생의 정서적 교육에 소홀함 • 실생활과 분리된 순수 지식만을 강조하므로 실용성이 낮음 • 소수 엘리트 학생에게 유리한 교육으로, 비민주화 현상을 초래할 수 있음 • 교과 간의 통합성이 결여됨

4 인간 중심(인본주의) 교육과정(1960년대 이후) [10 중등]

(1) 개념
학생들이 학교생활을 하는 동안 겪게 되는 의도적·비의도적 경험

(2) 특징
① 교육 목적: 자아실현
② 교육 내용: 잠재적 교육과정과 통합 교육과정
③ 교수 방법: 학생에 대한 교사의 존중, 수용, 공감적 이해
④ 평가 방법: 자율적 자기 평가

(3) 장단점

장점	단점
• 전인 교육을 통해 인간의 성장 가능성을 조화롭게 발달시킬 수 있음 • 학생의 긍정적 자아개념 형성에 도움이 됨 • 교육과 교육 환경의 인간화에 기여함 • 학생의 개별적인 자기 성장을 조장할 수 있음	• 교육의 인간화가 보장되지 않으면 실현되기 어려움 • 교육과 사회와의 관계를 경시할 수 있음 • 개념과 이론이 모호하고 미비함

5 구성주의 교육과정 [02 중등]

(1) 개념

개인의 인지적 작용과 사회적 상호 작용에 의해 습득·형성되는 것

(2) 특징

① 교육 목적: 상호 작용에 의한 사회·문화적 관습의 습득
② 교육 내용: 실제 생활과 관련된 문제
③ 교수 방법: 동료와의 협동적 탐구 학습, 문제 중심 학습 등 학생 중심의 수업
④ 평가 방법: 과정 중심 평가

(3) 장단점

장점	단점
• 자기주도적 학습과 협동 학습을 강조함 • 학생 중심의 교육 환경을 조성하여 현실 문제에 대한 해결 방안을 학습할 수 있음 • 학습 과정 중심의 평가와 실제 문제 상황에 의한 수행평가를 강조함	• 기존과 다른 교사의 역할을 기대함에 따라 교사의 이해가 부족할 수 있음 • 구성주의 교육에 대한 경험적 연구 결과가 부족함 • 학생의 인지적 능력에 대한 가치 부여를 소홀히 할 수 있음

+ 출제 Point
2002학년도 중등 객관식 11번
• 학생이 주체적으로 학습에 참여하게 한다.
• 학생은 자신이 속한 역사적·문화적·사회적 상황을 바탕으로 하여 의미와 지식을 만들어 간다.
• 학생은 교사의 도움을 받아 가며 동료들과 협동적으로 탐구한다.

① 구성주의

6 통합 교육과정

(1) 개념

① 학생의 관심이나 흥미, 주제, 개념, 이슈 등을 중심으로 교육 내용을 통합하여 조직하는 것
② 국가 수준 교육과정에서 명확히 구분하고 있는 교과들을 수업의 장면에서 다양한 방식으로 상호 연관을 지어서 계획하고 가르치며 평가하는 활동
  예 중학교 3학년 사회과의 한국사 영역(대한민국의 발전)과 일반사회 영역(정치 생활과 민주주의)을 연관 짓기

(2) 운영 원칙

① 중요성의 원칙: 각 교과의 중요한 내용이 반영되어야 함
② 일관성의 원칙: 통합 단원에 포함되는 내용과 활동은 단원의 목표 달성을 위하여 고안된 수업 전략과 부합되어야 함
③ 적합성의 원칙: 통합 단원은 학생의 개성과 수준에 맞으며, 학생의 전인격적 성장을 목표로 해야 함

CHAPTER 2 교육과정 유형

(3) 장단점

장점	단점
• 교과별로 상호 관련되는 내용을 묶어 제시함으로써 필수적인 교육 내용을 선정하는 데 도움을 줌 • 중복된 내용을 줄임으로써 필수적 교육 내용의 학습 시간을 확보해 줌 • 교과 간의 관련성을 파악하는 데 도움을 주고, 교과 학습과 생활과의 연관성을 높여 교과 학습의 의미를 삶과 관련 지어 인식할 수 있게 해 줌 • 현대 사회의 쟁점을 파악하는 데 도움을 주고, 현대 사회의 복잡한 문제를 해결하는 능력을 길러 줌 • 학생들의 흥미와 관심을 반영하기 쉽고, 학생들의 학습 선택권이 확대됨 • 학생의 적극적인 참여를 유도하여 학습 동기를 높이고 학습에 대한 책임감을 갖게 함 • 교과에 흩어진 정보를 관련 짓는 그물망 형성 습관을 길러 줌	• 통합 교육과정을 구성하기 어려움 • 각 교과에 대한 이해를 요구하므로 교사의 부담이 가중되고 오히려 교육의 질이 떨어질 수 있음 • 문제, 주제 등을 중심으로 구성되므로 학생들에게 혼란을 줄 수 있음

> **합격선배 Tip**
>
> 통합 교육과정은 경험 중심 교육과정의 하위 개념으로, 중핵 교육과정은 통합 교육과정의 하위 개념으로 볼 수 있다.
>
>

(4) 유형

구분	다학문적 설계	간학문적 설계	탈학문적 설계
도식	예술, 기술, 국어, 수학 → 주제/이슈	예술, 기술, 국어, 수학 → • 주제 • 범교과 성취 기준 • 21세기 기능 • 핵심 개념	실생활 맥락 • 문제 중심 • 질문자로서의 학습자 • 연구자로서의 학습자
개념	교과의 독립성을 유지하면서 하나의 주제에 대해 여러 교과의 관점에서 다룰 수 있도록 교육과정을 조직하는 것	교과 간의 경계를 허물고 여러 교과에 공통적으로 들어 있는 주제, 개념 등을 중심으로 교육과정을 조직하는 것	교과 간의 경계가 완전히 없어지며, 실제 세계와 관련된 주제를 중심으로 교육과정을 조직하는 것
초점	교과의 지식과 기능	학생의 역량 개발	실제 사회의 복잡한 문제 해결
특징	• 교과 간의 결합 정도가 가장 낮음 • 각 교과가 서로 영향을 미치지 않음	• 교과 간 연계성을 고려함으로써 통합이 강조됨 • 교과 간 경계를 구분 짓기 어려움	• 독립된 개별 교과가 사라지고, 새로운 형태의 통합 교과가 형성됨 • 교과 간의 결합 정도가 가장 높음

장점	• 교과의 개별적 성격이 유지되면서 교과의 통합이 촉진됨 • 주제와 관련된 교과의 지식, 기능, 가치 습득이 쉬움	• 학생의 학습 동기를 유발하고 이해와 흥미를 높일 수 있음 • 종합적 문제 해결 능력을 배양할 수 있음	• 학생들에게 의미 있는 학습 경험을 촉진함 • 지식의 상호 관련성을 이해시키고, 개인의 통합적 성장을 촉진함
단점	• 교과의 전문 지식 자체를 학습하는 데 그칠 수 있음 • 학습 내용의 깊이가 부족함	• 각 교과의 개별적 성격이 약화됨 • 교과별 지식의 체계적 학습이 어려우므로 기초 교육이 저해될 수 있음	• 특정 교과의 지식을 체계적으로 학습하기 어려움 • 교사의 수업 준비에 많은 시간이 소요됨

개념을 현장에 적용한 사례 살펴보기

실전 적용

국가 수준 교육과정 확인하기

1) 검색창에서 'NCIC 국가교육과정 정보센터'를 입력한다.
2) 'NCIC 국가교육과정 정보센터' 홈페이지(ncic.re.kr)에서 '교육과정 자료실'을 클릭한다.
3) 2015년 개정시기 ▶ 학교급(중학교/고등학교) ▶ 교과 순으로 클릭한다.
4) 교육과정 자료를 다운로드 받은 후 '일러두기'의 교육과정 목차를 확인해 본다.

CHAPTER 3 교육과정 운영과 실제

01 교육과정 운영

1 학교 수준 교육과정의 운영

(1) 개념

국가 수준 교육과정 기준과 시·도 교육청의 교육과정 편성·운영 지침을 근거로, 지역의 특수성과 학교의 실정 및 실태에 알맞게 학교별로 마련한 의도적인 교육 실천 계획

(2) 필요성

① 교육의 효율성: 국가 수준 교육과정을 학교 실정에 맞게 재구성함으로써 교육의 효율성을 높일 수 있음
② 교육의 적합성: 지역이나 학교의 특수성, 학생·교사·학부모의 요구와 필요 등을 반영하여 학교 교육과정을 운영함으로써 학교 교육의 적합성을 높일 수 있음
③ 교원의 자율성과 전문성 신장: 학생들의 능력과 욕구를 가장 잘 이해하고 학교의 지역적인 특수성을 잘 아는 교사들이 교육과정 편성·운영 과정에 적극적으로 참여함으로써 자율성과 전문성을 신장할 수 있음
④ 교육의 다양성: '교육과정 중심의 학교 교육 체제'로 전환됨으로써 학생 개개인의 적성을 고려한 개별 교육을 실천할 수 있음
⑤ 학생 중심의 교육 구현: 학생 개인의 특기, 관심, 흥미를 담은 새로운 영역과 내용을 설정함으로써 학생 중심의 교육과정이 융통성 있고 탄력적으로 운영될 수 있음

(3) 교육과정 편성·운영 원리

① 타당성의 원리: 학교가 설정한 교육 목표가 타당한지, 학교 교육과정이 목표를 달성하기 위한 효과적 수단인지를 살펴야 함
② 적법성의 원리: 학교는 교육과정과 관련하여 법적인 책무와 권한을 분명히 하고, 범위 내에서 의사결정 권한을 행사할 수 있음
③ 전체성의 원리: 교육과정 편성·운영 시 교육과정의 핵심 요소를 확인하여 요소 간의 연관성을 높이는 방향으로 진행해야 하며, 학교의 제반 요소를 종합적으로 고려해야 함
④ 민주성의 원리: 학교 교육에 관여하는 모든 집단의 광범위한 참여를 보장하고, 그들의 의사가 공정하게 처리되도록 하며, 권한의 이양을 통하여 독선과 전횡을 막아야 함
⑤ 전문성의 원리: 학교 교육과정의 운영을 전담하는 연구 조직과 실행 조직을 구성해야 하며, 교직원은 관련된 전문적인 지식과 기술을 가져야 함
⑥ 현실성의 원리: 학생에 대한 이해, 지역 사회의 요구, 교사 조직의 특성, 학교의 물리적 환경, 외부 기관의 지원과 통제 등을 알아야 함

2 교실 수준 교육과정의 운영

(1) 스나이더(Snyder)의 교육과정 실행의 관점 [21 중등(論)]

구분	충실성 (Fidelity) 관점	상호적응적 (Mutual Adaptation) 관점	형성(생성)적 (Curriculum Enactment) 관점
개념	교육과정 실행의 성격을 기존에 계획되어 있는 교육과정을 원래의 의도대로 이행하는 것으로 규정하는 관점	교육과정의 계획과 실행은 하향식의 일방적 관계로 존재하지 않고 서로 영향을 주고받는 상호적 관계에 있다는 관점	교육과정 실행의 성격을 교사와 학생이 함께 만들어 나가는 교육 경험으로 규정하는 관점
교육과정	교사가 수행해야 할 구체적인 것으로, 미리 계획된 것	교사에 의해 실제로 전개된 것	교사와 학생들에 의해 만들어진 것
교사 역할	계획된 교육과정의 전달자	계획된 교육과정의 적극적인 재구성자	교육과정 개발자이자 창안자
특징	• 계획된 교육과정 강조 • 계획된 교육과정의 실행에 관심을 둠	• 교육과정은 교사에 의해 조정될 수 있음 • 실제 상황적 맥락에서의 실행에 관심을 둠	• 지속적인 성장과 발달이 가능한 교육과정을 운영해야 함 • 학교와 교실의 환경에 맞추어 교육과정을 운영해야 함

+ 출제 Point

2021학년도 중등 논술
교육과정 운영 관점을 스나이더 외 (Snyder, Bolin & Zumwalt)의 분류에 따라 설명할 때, 김 교사가 언급한 자신의 기존 관점의 장점과 단점 각각 1가지, 새롭게 관심을 가지게 된 관점에 적합한 교육과정 운영 방안 2가지

> 학생의 선택과 결정의 기회를 확대하기 위해 우리 학교가 학교 운영 계획을 전체적으로 다시 세우고 있어. 그 과정에서 나는 교육과정 운영, 교육 평가 방안, 온라인 수업 설계 등을 고민했고 교사 협의회에도 참여했어. 그동안의 교육과정 운영을 되돌아보니 운영에 대한 나의 관점이 달라진 것 같아. 교직 생활 초기에는 국가 교육과정의 내용을 있는 그대로 실행하는 관점으로 교육과정을 운영해 왔어. 그런데 최근 내가 새롭게 관심을 가지게 된 관점은 교육과정을 교사와 학생이 함께 생성하는 교육적 경험으로 보는 거야. 이 관점으로 교육과정을 운영하는 방안을 찾아봐야겠어.

(2) 홀(Hall)의 교사의 관심에 기초한 교육과정 적용 모형(CBAM; Concerns Based Adoption Model)

① 개념: 교사의 관심 수준에 기초하여 교육과정의 실행 과정을 이해하는 모형
② 관심 단계

구분	내용
지각 단계	새 교육과정에 관심이 전혀 없음
정보 단계	새 교육과정에 대해 알고 있으며, 더 많이 알고자 함
개인 단계	새 교육과정이 자신과 주변에 미치는 영향에 관심이 있음
운영 단계	새 교육과정의 운영과 관리에 관심이 있음
결과 단계	새 교육과정이 학생들에게 미칠 영향에 대해 관심이 있음
합동 단계	새 교육과정의 운영을 위해 다른 사람들과 협동하는 데 관심이 있음
강화 단계	새 교육과정을 보완하거나 수정하여 더욱 큰 효과를 얻는 데 관심이 있음

③ 장단점

장점	단점
교육과정 실행에 대한 교사의 관심 수준을 밝힘으로써 실행 수준의 향상 방안을 찾는 데 도움을 줌	교사의 태도와 행동을 지나치게 강조하여 학교조직의 특성뿐만 아니라 학교가 존재하는 사회적 맥락을 경시함

(3) 던킨과 비들(Dunkin & Biddle)의 교실 내 수업 과정의 연구 모형

변인	내용
전조 변인 (교사 특성 변인)	교사의 인구학적 요인(성, 연령, 건강, 신체적 특징), 성격적 요인(성품, 가치관, 태도), 사회적 요인(학력, 출신) 등 교사의 특성과 관련된 모든 변인
상황 변인	수업에서 전조 변인(교사 특성 변인)과 상호 작용할 것으로 예상되는 모든 종류의 변인(학생의 흥미, 학교 분위기, 학부모의 관심 등)
과정 변인	수업 활동 시 교사가 나타내 보이는 모든 관찰 가능한 행동(수업 활동, 칭찬과 꾸중 등의 교사 행동 등)
결과 변인	교육과정의 결과로 학생에게 나타날 수 있는 인지적·정의적·심동적 영역의 변화

02 현대 교육과정의 쟁점과 이론

1 자유학기제

(1) 개념

중학교 과정 중 한 학기 동안 학생들이 시험 부담에서 벗어나 꿈과 끼를 찾을 수 있도록 토론, 실습 등의 학생 참여형으로 수업을 운영하고, 진로 탐색 활동 등 다양한 체험 활동이 가능하도록 교육과정을 유연하게 운영하는 제도

(2) 운영 방법

① 협동 학습, 토의·토론 학습, 프로젝트 학습 등 학생 참여형 수업을 강화함
② 진로 탐색 활동, 동아리 활동, 예술·체육 활동 등 다양한 체험 중심의 활동을 운영함
③ 중간·기말고사 등의 지필평가는 실시하지 않으며, 과정 중심의 평가를 실시함

2 고교학점제

(1) 개념

① 진로에 따라 다양한 과목을 선택하는 제도
② 목표한 성취 수준에 도달했을 때 과목을 이수하는 제도
③ 누적 학점이 기준에 도달한 경우 졸업이 가능한 제도

(2) 필요성

① 학생의 과목 선택권을 보장하는 학생 맞춤형 교육을 통해 학습 동기 유발
② 미래 사회에 필요한 진로 개척 역량과 자기주도적 학습 습관 계발
③ 학생 선택형 교육과정 운영을 통해 학생 개개인의 다양성 지원

(3) 운영 방법

과정	내용
교육과정	학생의 과목 선택권이 보장되는 학점 기반의 교육과정 편성
수강 신청	• 학생의 학업 설계 결과와 수요 조사를 반영하여 개설 가능한 과목 확정 • 개설된 과목 중 원하는 과목을 선택하여 개인 시간표 작성
수업 운영	학생의 개인 시간표에 따른 수업 참여
평가 (이수/미이수)	교사는 학생의 성취 정도를 평가하여 과목 이수 여부 결정
학점 취득	이수한 과목에 대한 학점 취득
졸업	누적 학점이 졸업 기준에 도달 시 고등학교 졸업

CHAPTER 3 교육과정 운영과 실제

3 교육과정 재구성

(1) 개념
국가 수준 교육과정에 제시된 기준과 원리를 학생의 필요와 요구를 고려하여 교실 수준, 교수·학습 수준, 학생 수준의 교육과정으로 재구성하는 것

(2) 방법
① 교과 내 재구성: 한 교과 내에서 교육 내용을 재구성하는 방법
② 교과 간 재구성: 특정 교과를 중심으로 다른 교과의 내용과 연계하거나 각 교과 간 공통 내용(주제)을 중심으로 통합하여 재구성하는 방법
③ 교과와 창의적 체험 활동의 연계를 통한 재구성: 교과와 자율 활동, 동아리 활동, 진로 활동 등의 창의적 체험 활동을 연계하여 재구성하는 방법

4 역량 중심(기반) 교육과정

(1) 개념
21세기 현대 사회에 필요한 역량(지식, 기능, 태도 등)에 중점을 둔 교육과정

(2) 핵심 역량(2015 개정 교육과정)
① 자기 관리 역량: 자아 정체성과 기초 능력
② 지식 정보 처리 역량: 합리적 문제 해결과 정보 처리
③ 창의적 사고 역량: 기초 지식과 융합적 사고
④ 심미적 감성 역량: 인간 이해와 문화 감수성
⑤ 의사소통 역량: 효과적 표현력과 경청
⑥ 공동체 역량: 모든 공동체에 요구되는 가치, 태도, 참여

(3) 특징
① 역량 발달에 필요한 교육 내용을 교사가 직접 선정함으로써 교사의 자율성이 보장됨
② 지식은 역량과 상호 보완적 관계로, 역량 발달을 위해 지식과 교육 내용을 조직함
③ 학생의 수행 능력을 강조함

실전 적용

개념을 현장에 적용한 사례 살펴보기

48p

한국교육과정평가원에서는 초학문적 융합 프로그램의 단계를 '요구 탐색 → 문제 선정 → 문제 구체화 → 실행 계획 → 실행 → 발표 및 평가'의 여섯 단계로 제시하였다. 다음 프로그램 설계 원리의 단계별 적용 표를 참고하여 초학문적 융합 프로그램을 설계해 보자.

설계 원리 단계	복잡성 (Tangled)	실생활 맥락 (Real-Life Context)	행동 (Action)	지식 생산 (kNowledge production)	학생 중심 (Student-Centered)
요구 탐색	여러 학문과 서로 다른 가치가 혼재하는 복잡한 요구를 탐색함	학생을 둘러싼 실생활 맥락에 기반을 둔 요구를 탐색함	말과 글뿐만 아니라 그림, 체험 등을 통해 요구를 탐색함	기존에 연구된 문제가 아닌 새로운 요구를 탐색함	학생 각각이 가진 고유의 요구를 학생 주도로 탐색함
문제 선정	여러 학문과 서로 다른 가치가 혼재하는 복잡한 문제를 선정함	학생을 둘러싼 실생활 맥락에 기반을 둔 문제를 선정함	말과 글뿐만 아니라 그림, 체험 등을 통해 문제를 선정함	기존에 연구된 문제가 아닌 새로운 문제를 선정함	학생 각각이 가진 고유의 요구를 반영하여 학생 주도로 문제를 선정함
문제 구체화	복잡한 성격의 문제를 분류 및 정의하여 구체화함	학생의 실생활 맥락에서 의미를 가지도록 문제를 구체화함	말과 글뿐만 아니라 그림, 체험, 실험 등을 통해 문제를 구체화함	새로운 지식 생산에 기여할 수 있는 내용으로 문제를 구체화함	학생 주도로 문제를 구체화함
실행 계획	여러 방법을 이용하고 다양한 관계자와 협업할 수 있는 실행 계획을 수립함	학생의 실생활 맥락에서 의미를 가지도록 실행 계획을 수립함	말과 글뿐만 아니라 그림, 체험, 실천 등을 포함하는 실행 계획을 수립함	새로운 지식 생산에 기여할 수 있는 방향으로 실행 계획을 수립함	학생 주도로 실행 계획을 수립함
실행	여러 방법을 이용하고 다양한 관계자와 협업하여 실행함	학생의 실생활 맥락에서 의미를 가지도록 실행함	말과 글뿐만 아니라 그림, 체험, 실천 등을 포함하여 실행함	새로운 지식 생산에 기여할 수 있도록 실행함	학생 주도로 실행함
발표 및 평가	여러 방법을 이용하고 다양한 관계자와 협업하여 발표 및 평가함	학생의 실생활 맥락에서 의미를 가지도록 발표 및 평가함	말과 글뿐만 아니라 그림, 체험, 실천 등을 포함하여 발표 및 평가함	새로운 지식 생산이 잘 드러나도록 발표 및 평가함	학생 주도로 발표 및 평가함

CHAPTER 1 | 교육과정 개발

교육과정 개발의 일반적 원리 ▶ 교육 목표 분류, 교육 내용의 선정, 교육 내용의 조직
교육과정 개발 모형 ▶ 타일러, 타바, 슈왑, 워커, 파이너, 아이즈너, 스킬벡, 위긴스와 맥타이, 아들러

001 블룸의 교육 목표 분류에서 인지적 영역 목표의 분류 준거는 내면화 수준이다. ○ | ×
[10 중등 10번]

002 블룸의 인지적 영역 교육 목표 분류에서 하위 수준의 인지 능력은 상위 수준의 인지 능력을 성취하기 위한 선행 조건이다. [10 중등 10번] ○ | ×

003 크래쓰월의 교육 목표 분류에서 정의적 영역 목표의 분류 준거는 다양성이다. ○ | ×
[10 중등 10번]

004 정의적 영역 목표는 위계적으로 구성되어 있다. [10 중등 10번] ○ | ×

005 타일러는 교육 목표가 인지적 영역, 정의적 영역, 심동적 영역으로 구분되어야 한다고 주장하였다. [07 중등 12번] ○ | ✕

006 아동의 필요와 흥미를 토대로 교육 내용을 선정하는 것은 만족의 원리를 적용한 것이다. [99 초등 11번] ○ | ✕

007 교육 내용의 선정 원리 중 '독서에 대한 폭넓은 흥미의 함양을 지향하는 목표가 있다면 다양한 분야의 책을 읽어볼 수 있는 경험을 제공해야 한다.'는 원리는 학습 가능성의 원리이다. [00 서울 초등보수 52번] ○ | ✕

008 비판적 사고력 향상, 학교 활동의 적극적 참여 등 여러 교육 목표를 달성하기 위해 모의 법정 활동을 실시한 경우에 적용된 교육 내용 선정 원리는 일경험 다성과의 원리이다. [03 중등 12번] ○ | ✕

009 동물에 관한 학년별 교육 내용을 1학년은 동물, 2학년은 포유류·조류·양서류·어류, 3학년은 염소의 소화 기관과 개구리의 겨울잠 등으로 배열하였을 때 적용된 내용 조직 원리는 독립성과 계속성이다. [06 중등 03번] ○ | ✕

Answer 001. ✕ 002. ○ 003. ✕ 004. ○ 005. ✕ 006. ○ 007. ✕ 008. ○ 009. ✕

010 교육과정 설계에 관하여 이 교사가 '중학교 3년 동안 배워야 할 교과목 수가 너무 많아 학생들의 학습 부담이 크다.'는 문제를 제기하였을 때, 이를 해결하기 위한 가장 적합한 전략은 계열 조정이다. [11 중등 09번]   ○ | ×

011 중학교 1학년 교육과정에서 환경을 주제로 과학 교과와 기술·가정 교과 내용을 서로 긴밀히 관련지어 조직하는 것은 교육과정 내용 조직의 원리에서 '수평적 내용 조직'의 특징을 잘 보여준다. [09 중등 10번]   ○ | ×

012 수학 교과에서 비율의 개념을 가르친 후 사회 교과에서 축척의 개념을 가르치는 것은 교육과정의 수직적 내용 조직의 원리에 따른 것이다. [05 초등 28번]   ○ | ×

013 관악기의 종류에 대한 음악과 수업계획안을 작성할 때, '음 높이의 순서로 제시할 것인지, 크기의 순서로 제시할 것인지'를 결정하는 것은 교육 내용 선정·조직 준거 중 '범위'와 관련이 있다. [04 중등 02번]   ○ | ×

014 타일러의 교육과정 개발 모형은 학습 경험의 조직을 지나치게 강조하여 교육 목표의 효율적 달성을 소홀히 다룬다. [08 중등 12번]   ○ | ×

015 타일러는 교육 목표에 기초하여 교육 경험(학습 경험)을 선정·조직해야 하며, 교육 목표에는 학생이 성취해야 할 행동, 삶의 내용과 영역이 포함되어야 한다고 주장하였다. [07 중등 12번]   ○ | ✕

016 타일러의 교육과정 개발 모형은 사회, 학습자 및 교과의 필요를 계획적으로 조사하여 교육 목표를 미리 설정한다. [09 중등 09번]   ○ | ✕

017 타바의 교육과정 개발 모형에서는 내용과 학습 경험을 구별하여 개발 단계를 설정하였다. [10 중등 11번]   ○ | ✕

018 타바는 교육과정 개발 모형으로 반응 평가 모형을 제시하였다. [10 중등 11번]   ○ | ✕

019 타바는 귀납적 탐구 과정과 교육과정 개발에서 교사의 역할을 강조하였으며, 사회과의 '단원' 구성법을 제시하였다. [06 중등 04번]   ○ | ✕

Answer 010. ○ 011. ○ 012. ○ 013. ✕ 014. ✕ 015. ○ 016. ○ 017. ○ 018. ✕ 019. ○

020 워커는 교육 수요자의 요구 분석에 기초하여 교육 목표를 설정하고, 체계적 절차를 따르는 교육과정 개발 모형을 제안하였다. [06 중등 04번] ○ | ×

021 워커의 교육과정 개발 모형에서 여러 대안 중 가장 현실적인 대안을 찾아내는 단계는 '설계' 단계이다. [06 초등 03번] ○ | ×

022 워커의 교육과정 개발 모형은 참여자들의 의견을 수렴하기 전에 개발의 순서와 절차를 처방한다. [09 중등 09번] ○ | ×

023 교육과정을 구성하는 교과의 선정, 수업 방법이나 자료 등을 확정하며, 이를 위한 행정적·재정적 지원 절차 등을 계획하는 것은 워커의 교육과정 개발 모형의 '숙의' 단계에 해당한다. [12 초등 16번] ○ | ×

024 워커가 제안한 교육과정 개발 모형은 합리적·처방적 교육과정 개발 모형에 속한다. [09 초등 10번] ○ | ×

025 워커의 교육과정 개발 모형에서 개발 참여자들의 기본 입장이 제시되는 단계는 '강령' 단계이다. [09 초등 10번] ○ | ×

026 워커의 교육과정 개발 모형은 어느 단계에서도 개발을 시작할 수 있다. [09 초등 10번] ○ | ×

027 파이너에 의해 추진되어 온 교육과정 재개념화는 개인적 교육 체험의 자서전적 서술 방법 도입, 심미적 텍스트로서의 교육과정 탐구라는 특징이 있다. [07 중등 11번] ○ | ×

028 파이너의 쿠레레 방법 4단계에서 '회귀' 단계는 내면의 목소리에 귀를 기울이고, 자기에게 주어진 현재의 의미를 자문하는 단계이다. [12 중등 10번] ○ | ×

029 파이너의 쿠레레 방법 4단계에서 '전진' 단계는 자유 연상을 통해 아직 현실화되지 않은 미래의 모습을 상상하는 단계이다. [12 중등 10번] ○ | ×

Answer 020. × 021. × 022. × 023. × 024. × 025. ○ 026. ○ 027. ○ 028. × 029. ○

정답 및 해설 488~489p

030 아이즈너가 제시한 교육 목표 중 다음 교육 활동에 적합한 유형의 목표는 '행동 목표' 이다. [07 초등 15번]   ○ | ✕

- 몸이 불편한 친구를 돕기 위한 방법을 찾아낸다.
- 한정된 예산으로 학습 효과를 최대화할 수 있는 책들을 구입한다.

031 아이즈너가 말한 '표현적 결과'는 수업 결과로 나타나는 목표를 의미하는 것으로, 수업 전에 미리 정해져 있다. [09 초등 12번]   ○ | ✕

032 아이즈너는 모든 목표가 관찰 가능한 행동적 용어로 진술되어야 한다고 주장하였다.   ○ | ✕
[06 초등 04번]

033 아이즈너는 구체적인 목표를 미리 설정할 수 없는 교육 활동이 존재한다고 보았다.   ○ | ✕
[06 초등 04번]

034 스킬벡의 교육과정 개발 모형의 프로그램 구성 단계에서는 교수·학습 활동에 대한 설계가 이루어진다. [13 중등 10번]   ○ | ✕

035 스킬벡은 교육과정 개발에서 강령을 중요한 요소로 삼았다. [07 초등 12번]   ○ | ✕

036 위긴스와 맥타이의 백워드 설계에서는 영속적 이해를 '설명 → 해석 → 관점 → 적용 → 공감 → 자기인식'의 순으로 제시하였다. [12 중등 09번]   ○ | ✕

037 위긴스와 맥타이는 백워드 설계에서 영속적 이해의 종류로 비판적이고 통찰력 있는 견해의 '적용'을 제시하였다. [12 중등 09번]   ○ | ✕

038 위긴스와 맥타이의 백워드 모형에서는 교육과정을 목표 설정 → 평가 계획 → 수업 활동 계획 순으로 설계한다. [10 초등 48번]   ○ | ✕

039 아들러의 파이데이아 제안서의 발표는 1980년대 미국 교육과정에서 나타난 주지주의 교육으로의 복고 경향과 관련이 있다. [10 중등 09번]   ○ | ✕

Answer   030. ✕   031. ✕   032. ✕   033. ○   034. ○   035. ✕   036. ✕   037. ✕   038. ○   039. ○

정답 및 해설 488~489p

CHAPTER 2 | 교육과정 유형

교육과정의 층위 ▶ 공식적 교육과정, 잠재적 교육과정, 실제적 교육과정, 영 교육과정
교육과정의 수준 ▶ 국가 수준 교육과정, 지역 수준 교육과정, 학교 수준 교육과정
교육과정의 내용 ▶ 교과 중심 교육과정, 경험 중심 교육과정, 학문 중심 교육과정, 인간 중심 교육과정, 구성주의 교육과정, 통합 교육과정

040 수업 시간에 배운 한자를 30번씩 써 오라는 숙제 때문에 한문을 싫어하게 되었다는 학생의 사례는 잠재적 교육과정으로 설명할 수 있다. [06 중등 02번]   ○ | ✕

041 다음 내용이 가리키는 교육과정의 유형은 잠재적 교육과정이다. [07 영양 01번]   ○ | ✕

> 학교가 의도하지는 않았지만 학생이 학교에서 생활을 하는 동안 은연중에 배우게 되는 내용으로, 바람직한 것뿐 아니라 바람직하지 못하다고 판단되는 것도 포함된다.

042 표면적 교육과정이 생활 기능과 관련이 있다면, 잠재적 교육과정은 이론 · 지식과 관련이 있다. [00 서울 초등보수 10번]   ○ | ✕

043 표면적 교육과정은 장기적 · 반복적인데 비하여 잠재적 교육과정은 단기적 · 일시적인 경향이 있다. [00 서울 초등보수 10번]   ○ | ✕

044 계발 활동에서 문예반을 선택하여 소설을 읽고 현대 소설의 특징을 이해한 학생의 사례는 잠재적 교육과정과 관계가 있다. [06 중등 02번]   ○ | ×

045 공부를 잘하는 아이가 대접받는 것을 당연하게 생각하고 학급 친구들을 경쟁 상대로 보는 것은 잠재적 교육과정과 관련이 있다. [99 중등 27번]   ○ | ×

046 다음 내용에 부합하는 교육과정은 잠재적 교육과정이다. [12 중등 11번]   ○ | ×

> 학생들은 학교에서 교사의 희망 때문에 자기 자신의 욕망을 억누르고 또 공동선 때문에 자기의 행동을 조심하는 것을 배운다. — 잭슨, 『아동의 교실생활』

047 잠재적 교육과정에서는 학생들의 교실 생활이나 학교의 문화 풍토를 중시하며, 공식적(Formal) 교육과정의 부정적 결과에도 관심을 기울인다. [08 중등 09번]   ○ | ×

048 실제적 교육과정에서는 교육과정을 교사가 해석하여 교육 사태에서 재구성하는 것으로 본다. [08 중등 09번]   ○ | ×

Answer 040. ○ 041. ○ 042. × 043. × 044. × 045. ○ 046. ○ 047. ○ 048. ○

049 북한 초등 교육 기관에서 의도적으로 종교에 관한 내용을 배제하는 사례는 잠재적 교육과정과 관련이 있다. [09 초등 11번] ○ | ×

050 당연히 발생해야 할 학습 경험이 학교의 의도 때문에 일어나지 않은 것은 '영 교육과정'에 해당한다. [09 중등 08번] ○ | ×

051 다음 내용에 부합하는 교육과정은 잠재적 교육과정이다. [12 중등 11번] ○ | ×

> 나는 우리가 학교에서 몇몇 교과를 다른 대안적인 교과에 대한 면밀한 검토 없이 그저 전통적으로 가르쳐 온 교과이므로 계속 가르치고 있다고 생각한다. 그 과정에서 우리는 종종 학생들에게 매우 유용하다고 입증된 교과를 가르치지 않는다. – 아이즈너, 『교육적 상상력』

052 다음 내용과 관련이 있는 학자는 아이즈너이다. [00 초등 34번] ○ | ×

- 영 교육과정이라는 개념을 사용하였다.
- 교육과정을 평가하기 위한 방법으로 심미안과 비평이라는 개념을 도입하였다.
- 교육과정을 이해하는 데 있어서 의도와 결과 분석의 중요성을 강조하였다.

053 교육과정을 지방 자치적으로 운영하던 나라들이 국가 수준 교육과정을 채택하게 된 이유는 교사의 전문성과 자율성을 향상시킬 수 있기 때문이다. [02 중등 14번] ○ | ×

054 국가 수준 교육과정은 교육의 책무성 강화를 통해 국가 경쟁력을 높일 수 있고, 학생의 거주지 이동에 관계없이 교육의 계속성을 보장할 수 있다는 장점이 있다. [02 중등 14번]　　○ | ✕

055 학교 수준 교육과정의 편성에서 가장 중요하게 고려해야 할 것은 교과서 중심의 진도 계획 작성이다. [00 중등 21번]　　○ | ✕

056 국가 수준 교육과정은 교사 배제 교육과정이라는 비판을 받는다. [09 초등 13번]　　○ | ✕

057 지역 수준 교육과정은 지역 인재를 양성하여 국가 발전에 기여할 수 있고, 지역 실정에 적합한 교육과정을 편성·운영할 수 있다는 장점이 있다. [06 초등 06번]　　○ | ✕

058 지역 수준 교육과정 개발 체제를 통해 교육과정 운영의 획일성을 감소할 수 있다. [98 초등 04번]　　○ | ✕

Answer　049. ✕　050. ○　051. ✕　052. ○　053. ✕　054. ○　055. ✕　056. ○　057. ○　058. ○

정답 및 해설 489~490p

059 교과 중심 교육과정과 학문 중심 교육과정은 지식의 구조를 중심으로 교육 내용을 조직한다는 공통점이 있다. [00 서울 초등보수 04번] ○ | ×

060 초등학교에서 역사, 지리, 정치, 경제 등의 내용을 '사회'로 통합하여 가르치듯이, 여러 과목 중에서 서로 유사하고 관련성이 큰 과목들을 한데 묶음으로써 교육 내용과 활동을 재조직하는 통합 유형은 분과형 교육과정이다. [00 대구·경북 초등보수 56번] ○ | ×

061 경험 중심 교육과정에서는 수업 전에 학습 내용을 미리 선정·조직하지 않고, 학습의 장에서 결정한다. [00 대구·경북 초등보수 44번] ○ | ×

062 경험 중심 교육과정은 개인의 흥미와 개인차를 고려한다. [00 대구·경북 초등보수 44번] ○ | ×

063 경험 중심 교육과정의 유형 중 활동 중심 교육과정은 학생의 요구를 중심으로 교사와 학생이 협력하여 구성하고 실천하는 교육과정이다. [08 초등 13번] ○ | ×

064 상관형 교육과정은 사전에 계획하지 않고, 교사와 학생들이 학습 현장에서 학습 주제를 정하고 내용을 계획하여 교육이 이루어지는 교육과정이다. [00 서울 초등보수 47번]   ○ | ✕

065 광역형 교육과정은 학생의 흥미나 요구를 중심으로 하여 교육 내용을 통합하되 통합 이전 교과의 구분이 완전히 사라진 채 조직된다. [04 중등 01번]   ○ | ✕

066 중핵 교육과정은 개별 교과의 기본 논리 혹은 구조를 파악하기에 용이하다. [08 중등 08번]   ○ | ✕

067 중핵 교육과정은 특정 주제를 중심으로 여러 교과의 내용을 결합할 수 있다.
[08 중등 08번]   ○ | ✕

068 경제 단원에서 자원의 희소성, 수요와 공급 등의 기본 개념과 원리를 교과 구조 속에서 강조하는 것은 학문 중심 교육과정과 관련이 있다. [06 중등 01번]   ○ | ✕

Answer 059. ✕   060. ✕   061. ○   062. ○   063. ✕   064. ✕   065. ✕   066. ✕   067. ○   068. ○

정답 및 해설 490p

069 교사가 결과적 지식을 먼저 제시하기보다 학생들로 하여금 탐구 과정을 통해 일반적인 원리를 발견하게 하는 것은 인간 중심 교육과정과 관련이 있다. [06 중등 01번] ○ | ✕

070 학문 중심 교육과정은 사회가 당면한 문제나 학생이 흥미를 갖는 주제에 관심이 많다. [04 초등 02번] ○ | ✕

071 학문 중심 교육과정은 학년이 올라감에 따라 동일 주제가 심화·확대되면서 교과 내용이 지나치게 어려워질 가능성이 있다. [04 초등 02번] ○ | ✕

072 인간 중심 교육과정은 개인의 잠재적 능력 계발과 자아실현을 지향한다. [10 중등 08번] ○ | ✕

073 인간 중심 교육과정은 잠재적 교육과정을 중시하고, 학생의 학습 선택권을 최대한 보장한다. [00 서울 초등보수 30번] ○ | ✕

074 인간 중심 교육과정의 관점에 따르면 학생은 자신이 속한 역사적·문화적·사회적 상황을 바탕으로 의미와 지식을 만들어 간다. [02 중등 11번] ○ | ✕

075 구성주의 교육과정에서는 실제적 과제를 제시하는 통합 수업 자료와 학생의 자아 성찰과 사회적 참여를 요구하는 과제의 개발을 강조한다. [05 초등 26번] ○ | ✕

076 구성주의 교육과정에서는 지식이란 인간이 주도적으로 형성해가는 것임을 강조한다.
[07 영양 02번] ○ | ✕

077 구성주의 교육과정은 학습자의 능동적 참여를 유도하는 교육 내용으로 조직된다.
[07 영양 02번] ○ | ✕

078 구성주의 교육과정은 지식의 사회적·문화적 성격을 강조한다. [03 초등 04번] ○ | ✕

Answer 069. ✕   070. ✕   071. ○   072. ○   073. ○   074. ✕   075. ○   076. ○   077. ○   078. ○

CHAPTER 3 | 교육과정 운영과 실제

학교 수준 교육과정의 운영
교실 수준 교육과정의 운영 ▶ 스나이더의 교육과정 실행의 관점, 홀의 교사의 관심에 기초한 교육과정 적용 모형, 던킨과 비들의 교실 내 수업 과정의 연구 모형

079 학교 수준에서 교육과정을 탄력적으로 운영하기 위해, 학생의 요구와 교사의 판단에 따라 연간 수업 시수를 감축하여 운영할 수 있다. [02 초등 39번]   ○ | ×

080 학교 수준에서 교육과정을 탄력적으로 운영하기 위해 교과서에 제시된 내용 순서를 필요에 따라 적절히 바꾸어 가르칠 수 있다. [02 초등 39번]   ○ | ×

081 학교 수준에서 교육과정을 탄력적으로 운영하기 위해 특정 교과의 수업을 특정 요일에 블록 타임제로 운영할 수 있다. [02 초등 39번]   ○ | ×

082 스나이더의 교육과정 실행의 형성적 관점에서는 교육과정을 교사와 학생에 의해 공동으로 만들어지는 교육 경험이라고 본다. [07 상담 09번]   ○ | ×

083 스나이더의 교육과정 실행의 충실도 관점에서는 외부에서 만들어진 교육과정 자료와 프로그램 수업 전략 등이 도구로서의 의미를 지닌다. [07 상담 09번]   ○ | ✕

084 스나이더의 교육과정 실행의 형성적 관점에서는 국가가 정한 교육과정에 얽매이기보다는 교사가 창의적으로 교육 내용을 만들어서 가르치는 것이 중요하다고 본다.   ○ | ✕
[10 초등 10번]

085 스나이더의 교육과정 실행의 충실성 관점에서는 교사가 수업을 임의로 해서는 안 되고, 교육과정에서 정한 목표와 내용을 중심으로 가르쳐야 한다고 본다. [10 초등 10번]   ○ | ✕

086 스나이더의 교육과정 실행의 상호적응적 관점에서는 국가 교육과정뿐만 아니라 교실 상황, 학습자 수준, 교사의 요구 등을 함께 고려하여 교육과정을 운영해야 한다고 본다. [10 초등 10번]   ○ | ✕

087 홀의 교사의 관심에 기초한 교육과정 적용 모형에서 교사의 가장 높은 단계의 관심 수준은 새 교육과정을 수정·보완하여 더 나은 결과를 가져올 방안에 대한 관심의 결과 단계이다. [08 초등 14번]   ○ | ✕

Answer 079. ✕   080. ○   081. ○   082. ○   083. ✕   084. ○   085. ○   086. ○   087. ✕

정답 및 해설 490~491p

088 홀의 교사의 관심에 기초한 교육과정 적용 모형에 따르면, 새 교육과정을 적용하는 것이 자신과 주변에 어떤 영향을 끼치는지에 대한 관심 수준은 새 교육과정의 운영을 위한 정보와 자원을 효율적으로 배분하는 데 대한 관심 수준보다 낮은 단계에 해당한다. [08 초등 14번]   O | X

089 던킨과 비들이 제시한 '교실 내 수업 과정의 연구 모형'에서 전조 변인은 교사의 특성 및 훈련 경험 등 교사와 관련된 요인들이다. [08 초등 38번]   O | X

090 던킨과 비들이 제시한 '교실 내 수업 과정의 연구 모형'에서 상황 변인은 교사와 학습자의 교실 행동 요인들이다. [08 초등 38번]   O | X

091 학습자의 특성과 경험 등을 의미하는 학습자 요인들은 던킨과 비들이 제시한 '교실 내 수업 과정의 연구 모형'에서 상황 변인에 해당한다. [08 초등 38번]   O | X

092 학교 및 지역 사회의 특징을 포함하는 물리적 환경 요인들은 던킨과 비들이 제시한 '교실 내 수업 과정의 연구 모형'에서 전조 변인에 해당한다. [08 초등 38번]   O | X

Answer 088. ×   089. ○   090. ×   091. ○   092. ×

메가쌤
교육학
출제 이론 공략서
필수편 & 확인편

PART 02

교육행정

CHAPTER 1 | 교육행정의 이해와 발달 과정
CHAPTER 2 | 동기 이론
CHAPTER 3 | 학교조직론
CHAPTER 4 | 지도성 이론
CHAPTER 5 | 장학행정
CHAPTER 6 | 의사결정과 의사소통
CHAPTER 7 | 교육기획과 교육재정
CHAPTER 8 | 학교·학급 경영
확인편

PART 02 교육행정

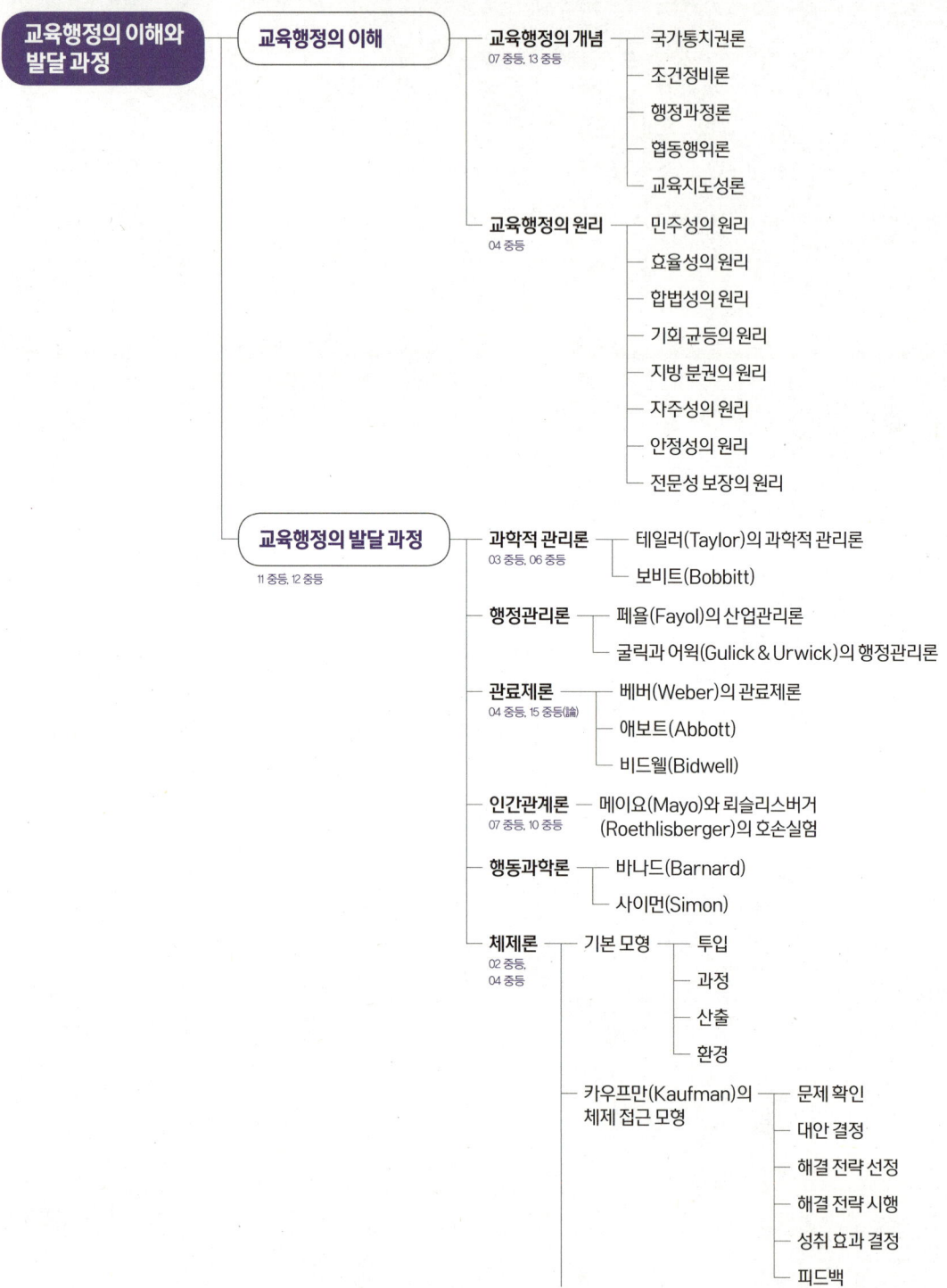

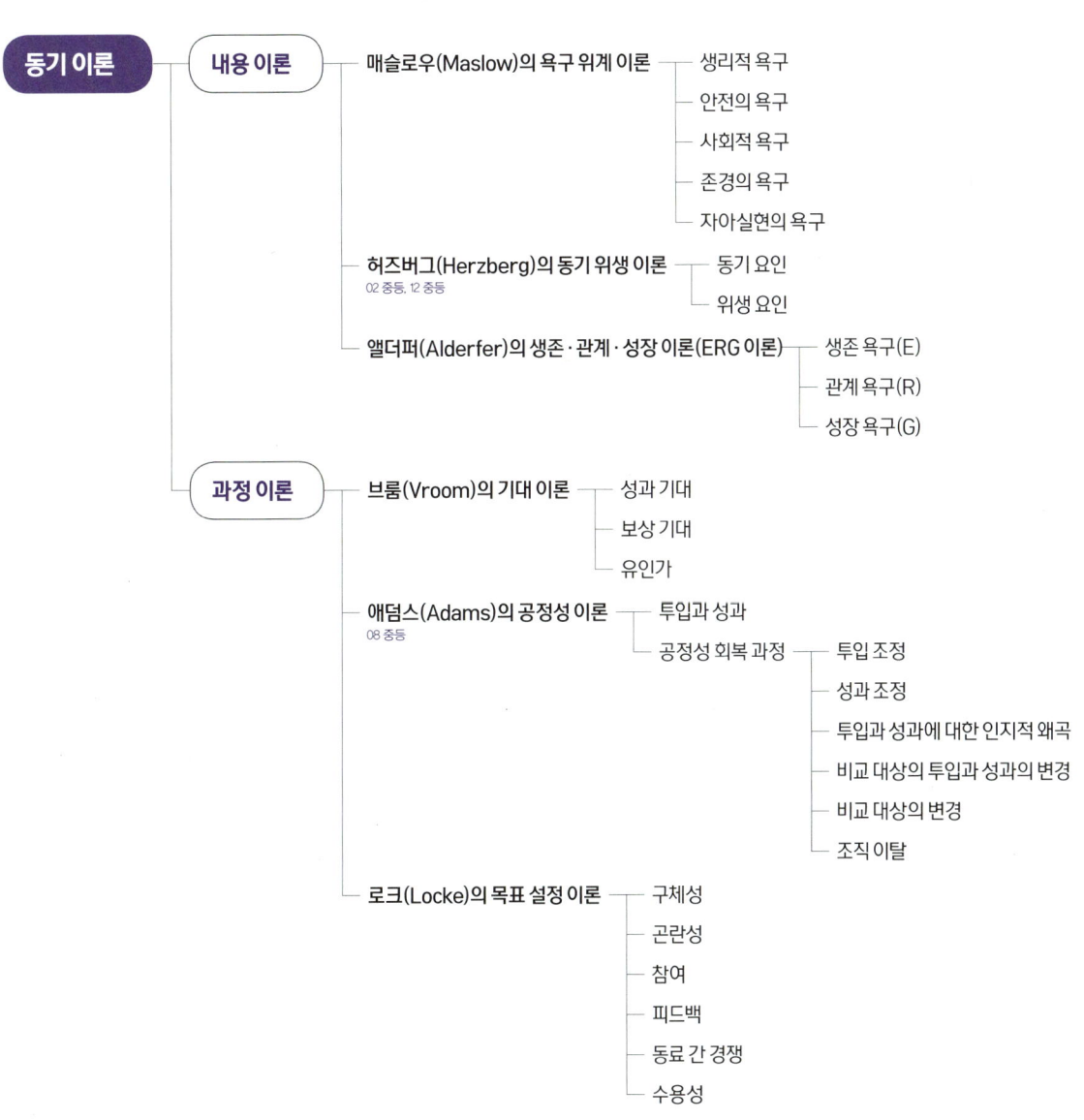

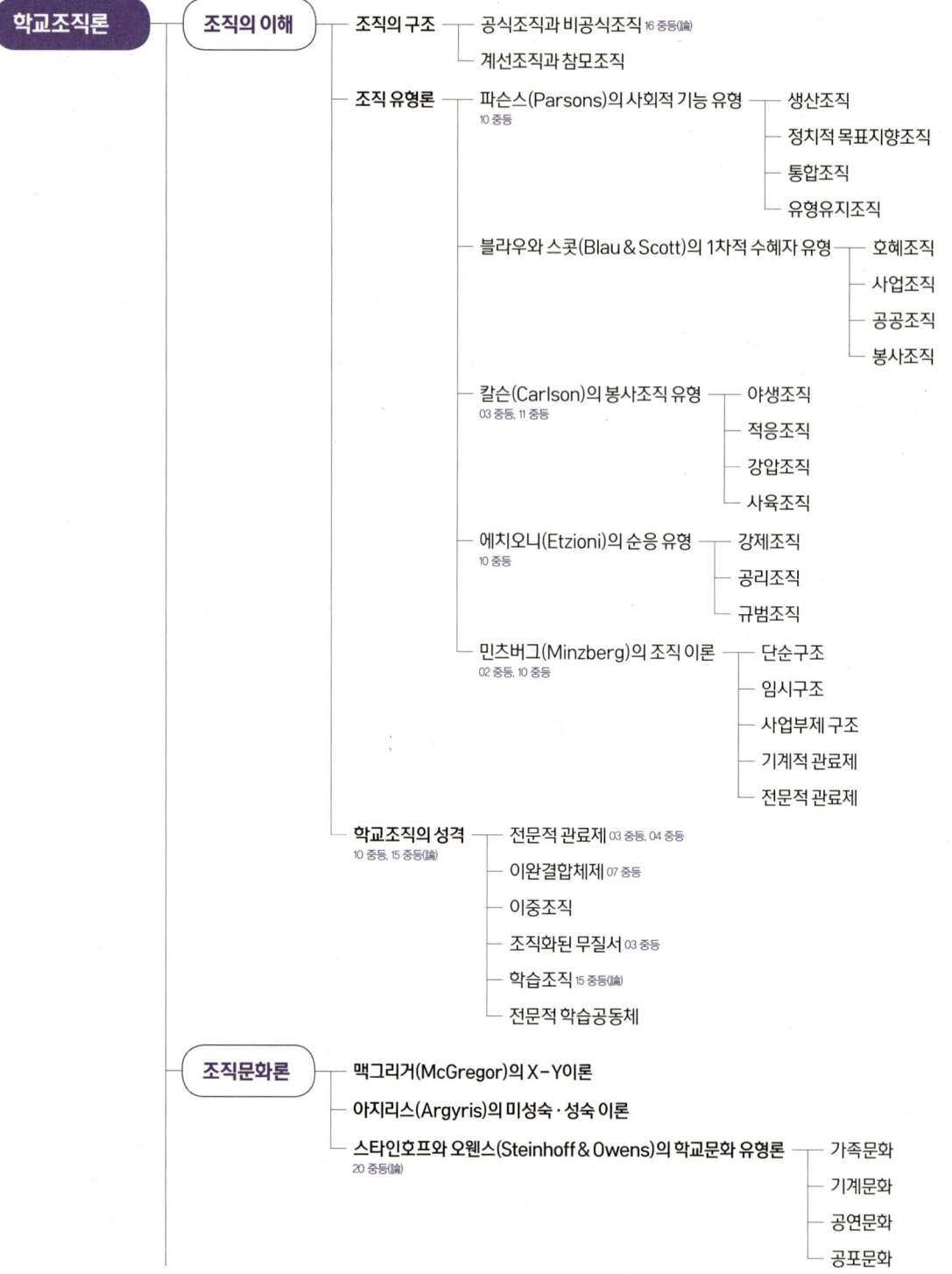

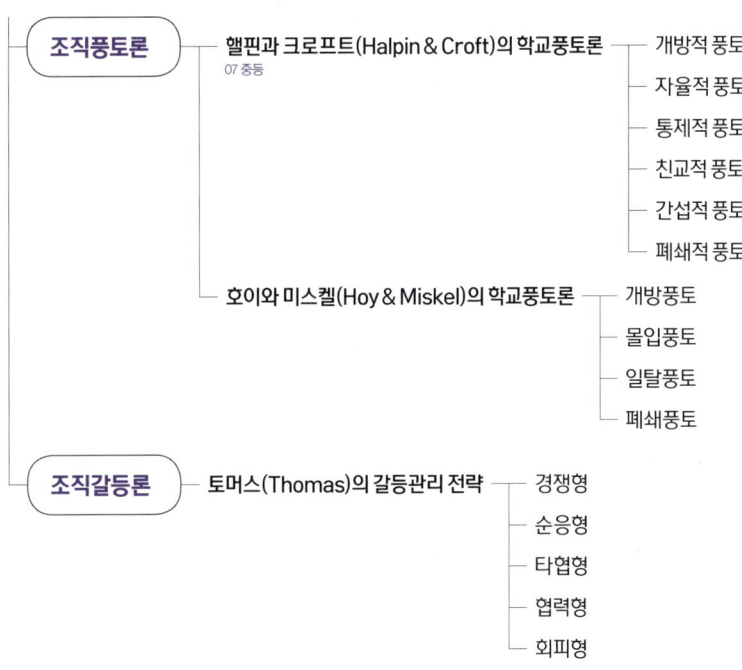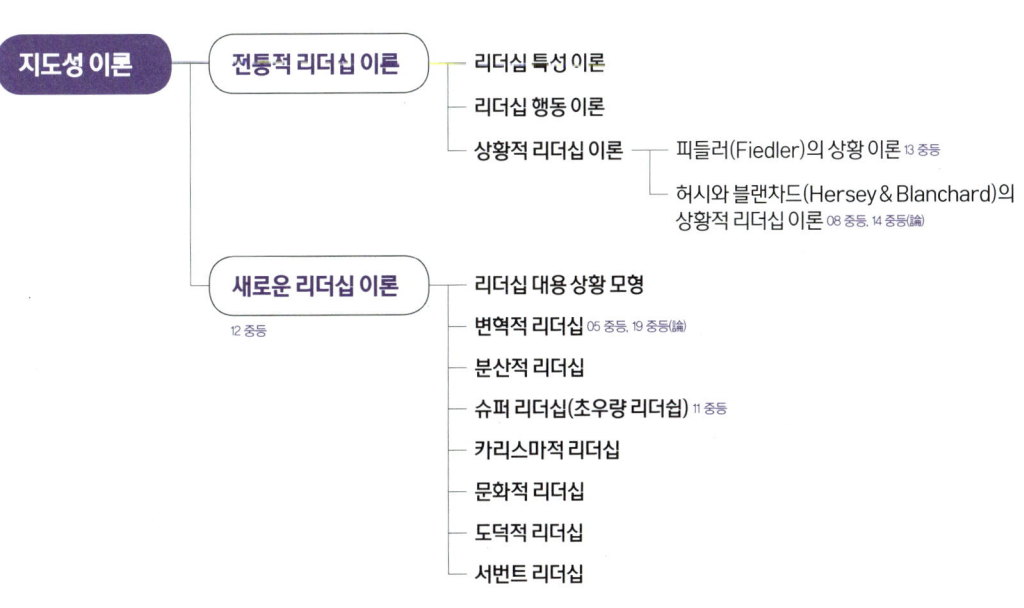

장학행정

- **장학의 이해**
  - 장학의 발달 과정 05 중등
    - 관리장학
    - 협동장학
    - 수업장학
    - 발달장학
- **장학의 유형** 12 중등, 14 중등(論)
  - 교내장학 22 중등(論)
    - 임상장학 04 중등
    - 동료장학 18 중등(論)
    - 약식장학 07 중등
    - 자기장학
  - 컨설팅장학
  - 기타 장학
    - 인간자원장학
    - 선택장학
    - 발달장학
    - 마이크로티칭
    - 멘토링장학

의사결정과 의사소통

- **의사결정**
  - 의사결정의 네 가지 관점 04 중등
    - 합리적 관점
    - 참여적 관점
    - 정치적 관점
    - 우연적 관점
  - 의사결정 모형 13 중등, 21 중등(論)
    - 합리 모형
    - 만족 모형
    - 점증 모형
    - 혼합 모형
    - 최적 모형
    - 쓰레기통 모형
  - 의사결정 참여 모형
    - 브리지스(Bridges)의 참여적 의사결정 모형
    - 호이와 타터(Hoy & Tarter)의 참여적 의사결정 모형 09 중등
      - 민주적 상황
      - 갈등적 상황
      - 이해관계자 상황
      - 전문가 상황
      - 비협조적 상황
- **의사소통**
  - 의사소통의 원칙 — 명료성 / 일관성 / 적시성 / 분포성 / 적량성 / 적응성 / 통일성
  - 의사소통의 기법 04 중등
    - 조하리의 창
      - 개방적 영역(민주형)
      - 맹목적 영역(독단형)
      - 잠재적 영역(과묵형)
      - 미지적 영역(폐쇄형)

교육기획과 교육재정

- **교육기획**
  - 교육기획의 이해 17 중등(論)
  - 교육기획의 접근 방법
    - 사회 수요에 의한 접근 방법
    - 인력 수요에 의한 접근 방법 08 중등
    - 수익률에 의한 접근 방법
    - 국제 비교에 의한 접근 방법
- **교육재정**
  - 교육재정의 운영 원리 02 중등, 05 중등, 13 중등
    - 확보 단계
      - 충족성
      - 자구성
      - 안정성
    - 배분 단계
      - 효율성
      - 균형성
      - 공정성
    - 지출 단계
      - 자율성
      - 투명성
      - 적정성
    - 평가 단계
      - 효과성
      - 책무성
  - 교육예산 편성 기법
    - 품목별 예산제도(LIBS) 11 중등
    - 성과주의 예산제도(PBS)
    - 기획예산제도(PPBS)
    - 영 기준 예산제도(ZBBS) 09 중등
    - 단위학교 예산제도(SBBS) 03 중등, 04 중등

학교·학급 경영

- **학교 경영**
  - 학교 자율 경영
    - 단위학교 책임경영제(SBM) 09 중등
    - 학교운영위원회 06 중등, 08 중등, 13 중등
  - 학교 경영 기법
    - 목표관리기법(MBO) 10 중등
    - 과업평가계획기법(PERT)
    - 정보관리체제(MIS)
    - 조직개발기법(OD)
    - 총체적 질 관리(TQM)
- **학급 경영**
  - 학급 경영의 영역 02 중등
    - 교과지도
    - 창의적 체험 활동 지도
    - 생활 지도
    - 환경 및 시설 관리 지도
    - 사무 관리
    - 가정 및 지역 사회와의 관계 관리
  - 학급 경영의 원리 05 중등 — 자유 / 협동 / 창조 / 노작 / 흥미 / 요구 / 접근 / 발전의 원리

CHAPTER 1 교육행정의 이해와 발달 과정

✈ 출제 Point

2013학년도 중등 객관식 36번
다음 제도 개혁의 취지에 부합하는 '교육행정에 대한 관점'을 설명한 내용

최근 지방 교육행정 조직에서 '지역교육청'의 명칭을 '교육지원청'으로 변경하고 그 역할에 있어서도 변화를 꾀하였다. 이를 통해 행정의 기능을 종래의 '관리·점검' 중심에서 '일선학교의 교육 활동에 대한 지원 강화' 중심으로 새롭게 정립하고자 하였다.

⑤ 교육행정을 교육 목표의 효과적 달성에 필요한 조건을 정비·확립하는 수단적 활동으로 보는 입장이다.

2007학년도 중등 객관식 45번
- 교육행정은 교육자와 학생 간에 이루어지는 교육 활동을 지원하기 위한 보조적 활동이다.
- 교육행정은 근본적으로 교육의 기본 목표를 보다 능률적으로 달성토록 하기 위한 일련의 지원 활동이다.
- 교육행정은 그 자체에 목적이 있는 것이 아니라 교수·학습을 통해 교육 목표를 달성하도록 돕는 수단이다.

② 조건정비론

01 교육행정의 이해

1 교육행정의 개념 [07 중등, 13 중등]

(1) 국가통치권론

국가 행정의 관점에서 교육행정을 국가 행정 작용 중 '교육에 대한 행정'으로 보는 입장

(2) 조건정비론

교육행정을 교육 목표를 효율적으로 달성하기 위한 모든 인적·물적 조건을 정비·확립하는 수단적·봉사적 활동으로 보는 입장

(3) 행정과정론

행정이 이루어지는 순환적 경로(과정)에 초점을 두고, 교육행정을 행정이 이루어지는 과정으로 보는 입장

(4) 협동행위론

교육행정을 합리적으로 계획된 과정과 절차에 따라 교육 목적을 최대한 효과적으로 달성하기 위해 교육 활동과 관련된 제반 조직과 조건을 체계적으로 정비하고 조성하는 협동적 행위로 보는 입장

(5) 교육지도성론

교육행정을 교육 목적을 효과적으로 달성하기 위해 교육지도성을 발휘하는 활동, 즉 인간(Man), 물자(Materials), 재정(Money)의 3M을 효과적으로 확보·배분·활용하는 활동으로 보는 입장

2 교육행정의 원리 [04 중등]

(1) 민주성의 원리

국민의 의사를 행정에 반영하고, 국민을 위한 행정을 해야 함
예) 교직원회·협의회·연구회 등을 통하여 의사소통의 길을 개방하고, 일방적인 명령이나 지시보다는 협조와 이해를 토대로 사무를 집행해 나가는 것

(2) 효율성의 원리

효율성이란 능률성과 효과성을 동시에 표현하는 용어로, 가장 능률적인 방법으로 최대의 목표를 달성해야 함

(3) 합법성의 원리

교육행정의 모든 활동은 합법적으로 제정된 법령·규칙·조례 등을 따라야 함

(4) 기회 균등의 원리

모든 국민은 능력에 따라 균등하게 교육받을 권리를 가짐

(5) 지방 분권의 원리

교육은 외부의 부당한 지배를 받지 않고, 주민의 적극적인 참여와 공정한 통제에 의해 실시되어야 함

(6) 자주성의 원리

교육의 본질을 추구하기 위하여 교육을 일반 행정에서 분리·독립하고, 정치와 종교로부터 중립성을 유지해야 함

(7) 안정성의 원리

국민적 합의 과정을 거쳐 수립·시행되는 교육 정책이나 프로그램은 계속성·일관성을 유지해야 함

(8) 전문성 보장의 원리

교육 활동은 전문적 활동이므로 교육을 관리하는 교육행정가는 교육에 대한 전문적 지식과 기술을 반드시 구비하고 있어야 함

출제 Point

2004학년도 중등 객관식 51번
교육행정의 기본 원리 중에서 '민주성의 원리'와 관련이 깊은 것은?
④ 정책 결정 과정에 국민의 참여 기회 확대

CHAPTER 1 교육행정의 이해와 발달 과정

출제 Point

2006학년도 중등 객관식 38번
테일러(Taylor)의 과학적 관리론을 따르거나 중시하는 학교 관리자가 취할 가능성이 가장 높은 행동 특성
① 학교 관리에 있어 비용-편익의 효율성을 강조한다.

2003학년도 중등 객관식 51번
과학적 관리론이 근거하고 있는 인간관
② 인간은 금전적 보상이나 처벌의 위협에서 일할 동기를 얻는다.

02 교육행정의 발달 과정 [11 중등, 12 중등]

1 과학적 관리론 [03 중등, 06 중등]

(1) 테일러(Taylor)의 과학적 관리론
  ① 개념: 작업 과정을 분석하여 과학적으로 관리하면 조직의 능률과 생산성을 극대화할 수 있다는 이론
  ② 인간관: 인간은 경제적인 요인만으로도 과업 동기가 유발되고, 생리적 요인에 의해 성과를 제한받으므로 인간을 효율적 기계와 같이 프로그램화하면 생산성을 향상시킬 수 있음
  ③ 과학적 관리의 원리: 최대의 1일 작업량, 표준화된 조건, 성공에 대한 높은 보상, 실패에 대한 책임, 과업의 전문화

(2) 교육행정에의 적용 – 보비트(Bobbitt)
  ① 개념: 학교 관리와 장학 행정 등 교육행정에의 과학적 관리론 최초 도입(「교육에서의 낭비 제거」)
    • 가능한 모든 시간에 교육 시설을 최대로 활용함
    • 교직원의 작업 능률을 최대한 유지함
    • 교직원의 수를 최소로 감축함
    • 교육에서의 낭비를 최대한 제거함
    • 교원은 학생을 가르치는 데 전념함
    • 별도의 행정가가 학교 행정을 책임져야 함
  ② 인간관: 학교를 공장에 비유하여 학생은 원료에, 교사는 노동자에, 학교 행정가는 이들을 감독하는 관리자에 비유함

(3) 장단점

장점	단점
• 교육의 능률성을 높일 수 있음 • 학교 업무의 분업화·전문화에 따라 교사의 전문성을 향상시킬 수 있음	• 교육의 비인간화를 촉진할 수 있음 • 교육 내용, 교육 방법 등의 규격화·획일화로 학생의 개성과 다양성이 상실될 수 있음

2 행정관리론

(1) 페욜(Fayol)의 산업관리론
  ① 개념: 행정은 조직 구성원의 협력과 협조에 의해 이루어지는 것으로, 관리 과정의 과학적 접근 방법을 제시한 이론
  ② 행정과정: 기획(Planning), 조직(Organizing), 명령(Commanding), 조정(Coordinating), 통제(Controlling)

(2) 굴릭과 어윅(Gulick & Urwick)의 행정관리론
① 개념: 페욜(Fayol)의 행정과정을 확장·발전시킨 행정과정(POSDCoRB)을 제시한 이론
② 행정과정(POSDCoRB): 기획(Planning), 조직(Organizing), 인사 배치(Staffing), 지휘(Directing), 조정(Coordinating), 보고(Reporting), 예산 편성(Budgeting)

(3) 교육행정에의 적용
① 시어즈(Sears): 페욜(Fayol)의 행정과정 개념을 교육행정에 적용하여 교육행정 과정을 기획(Planning), 조직(Organizing), 지시(Directing), 조정(Coordinating), 통제(Controlling)의 5단계로 구분하여 제시함
② 미국 교육 행정가 협회(AASA; American Association of School Administrators): 교육행정 과정을 기획(Planning), 배분(Allocating), 자극(Stimulating), 조정(Coordinating), 평가(Evaluating)의 5단계로 구분하여 제시함
③ 그레그(Gregg): 교육행정 과정을 의사결정(Decision-making), 기획(Planning), 조직(Organizing), 의사소통(Communicating), 영향(Influencing), 조정(Coordinating), 평가(Evaluating)의 7단계로 구분하여 제시함

3 관료제론 [04 중등, 15 중등(論)]

(1) 베버(Weber)의 관료제론
① 개념: 조직의 형태나 구조에 관심을 갖고, 최소의 인적·물적 자원으로 조직의 목적을 달성하고자 하는 이론
② 관료제의 특징

특징	내용	장점	단점
분업과 전문성	구성원의 책무로서 과업이 공식적으로 배분됨	전문성 향상	권태감 누적
몰인정성	원리·원칙이 엄격하게 적용됨	합리성 증진	사기 저하
권위의 위계	부서의 수직적 배치로, 하위 부서는 상위 부서의 통제와 감독을 받음	순응과 원활한 조정	의사소통 장애
규정과 규칙	규정과 규칙 체계를 통해 활동이 일관성 있게 규제됨	계속성과 통일성 확보	경직과 목표 전도
경력 지향성	연공이나 업적을 통한 승진 제도를 갖추고 있으며, 구성원의 직무 경력을 중요하게 여김	동기 유발	실적과 연공의 갈등

(2) 교육행정에의 적용
① 애보트(Abbott): 학교조직의 관료제적 특징 제시
  • 학교는 효율적인 교육을 위한 전문화와 분업의 체제를 갖춤
    예 초·중등학교의 분리, 교과지도와 생활 지도 활동의 구분, 수업과 행정의 분리 등

출제 Point

2015학년도 중등 논술
학교조직의 관료제적 특징 2가지

학교에 대한 사회의 요구에 효율적으로 대응하기 위해서 학교장을 포함한 모든 학교 구성원들은 서로의 행동 특성을 이해해야 합니다. 이를 위해서 학교조직의 특징을 먼저 파악해야 합니다. 학교라는 조직을 합리성의 측면에서만 파악하면 분업과 전문성, 권위의 위계, 규정과 규칙, 몰인정성, 경력 지향성의 특징을 갖는 일반적 관료제의 틀로 설명할 수 있습니다.

2004학년도 중등 객관식 52번
학교조직이 관료제적 특성을 지니고 있다는 설명
① 학교조직에는 직제상 명확하고 엄격한 권위의 위계가 있다.
② 학교는 효율적인 교육을 위해 전문화와 분업의 체제를 갖추고 있다.
④ 학교조직은 교직원의 행동을 일관되게 통제하기 위하여 규칙과 규정을 제정·활용한다.

CHAPTER 1 교육행정의 이해와 발달 과정

> **출제 Point**
>
> **2010학년도 중등 객관식 35번**
> - 교육행정의 민주화에 공헌하였다.
> - 비공식 집단의 중요성을 강조한다.
> - 인간은 경제적 유인보다는 사회적·심리적 요인으로 동기 유발된다.
>
> ㄴ. 동료 교사 간의 인간관계와 교사의 개인적 사정에 대한 배려를 중시한다.
> ㄹ. 교장은 의사결정 과정에 교사 친목회, 교사 동호회의 의견을 반영한다.
>
> **2007학년도 중등 객관식 46번**
> 메이요(Mayo)와 뢰슬리스버거(Roethlisberger)가 호손(Hawthorne) 공장에서 수행한 실험연구를 통해 정립된 이론에 근거하여 학교 행정을 설명
> ② 학교 행정가는 구성원의 참여를 보장하고 교직원의 사기와 인화를 촉진해야 한다.

- 학교조직의 관계에서 몰인정성의 원리를 폭넓게 적용함
- 학교조직은 명확하고 엄격하게 규정되어 있는 권위의 위계를 가짐
- 학교조직은 구성원의 행동 통제와 과업 수행의 통일성을 위해 규정과 규칙을 제정·활용함
- 교사의 승진은 연공 서열과 업적에 의해 결정되고, 교사는 경력에 따라 일정한 급여를 받음

② 비드웰(Bidwell): 학교의 관료제적 특징과 전문적 특징 제시

4 인간관계론 [07 중등, 10 중등]

(1) 개념

조직 구성원을 인간으로서 존중하고 사회적·심리적·정서적 요인을 충족시켜 주면, 구성원의 생산 능력이 향상된다고 보는 이론

(2) 메이요(Mayo)와 뢰슬리스버거(Roethlisberger)의 호손실험

① 조직의 생산성은 인간의 정서적·심리적 요인에 의해 영향을 받음
② 조직의 생산성은 비공식조직의 영향을 받음

(3) 인간관계론과 과학적 관리론의 공통점

① 인간을 자체의 목적보다는 생산성 향상을 위한 수단으로 취급함
② 행정을 조직 내의 문제로만 파악하여 조직과 환경의 상호 작용에 대해 관심을 두지 않음

(4) 장단점

장점	단점
• 학교 경영자의 대인관계 능력을 향상시킴 • 학교 경영의 민주화에 공헌함	• 인간의 경제적 동기를 과소평가함 • 공식 조직의 중요성을 간과함 • 인간의 사회적 욕구를 지나치게 강조함

5 행동과학론

(1) 개념

과학적 관리론과 인간관계론의 장점을 통합하여 구성원의 성취감과 함께 조직의 생산성을 향상시켜야 한다는 이론

(2) 교육행정에의 적용

① 바나드(Barnard): 행정에 대한 행동과학적 접근 최초 시도
② 사이먼(Simon): 조직 균형에 관한 개념 정립, 효과적 의사결정을 위한 행정적 인간형 제안

6 체제론 [02 중등, 04 중등]

(1) 개념
학교 사회를 하나의 체제(System)로 보고, 학교 사회를 구성하는 요소들과 그것의 구조와 기능을 파악하여 학교를 체계적으로 이해하려는 접근 방법

(2) 기본 모형(투입-산출 모형)

구분	내용
투입(Input)	체제의 목적을 달성할 수 있도록 체제의 밖에서 안으로 들어가는 요소
과정(Process)	체제가 목적 달성을 위해 여러 자원과 정보를 활용하여 산출로 만듦으로써 가치를 창조하는 과정
산출(Output)	체제가 환경이나 인접한 체제로 내보내는 자원과 정보로, 의도적이거나 의도 없이 생산하는 모든 것
환경(Environment)	체제와 일정한 접촉을 유지하고 그것에 일정한 영향을 주는 경계 밖의 주변 조건이나 상태

(3) 카우프만(Kaufman)의 체제 접근 모형

① 개념: 문제 해결을 위해 여러 대안으로부터 최적의 해결 방안을 얻어내고, 이를 실천하고 평가하는 일련의 과정

② 체제 접근 모형
- 1단계(문제 확인): 요구 분석을 통해 문제를 확인하는 단계로, 문제 해결을 위한 요건을 구체적으로 서술함
- 2단계(대안 결정): 현 상태에서 요구되는 단계로 갈 때까지 목표관리기법(MBO)을 사용하여 대안(목표)을 모색하고 결정함
- 3단계(해결 전략 선정): 투입 산출 분석, 기획예산제도(PPBS) 등을 활용하여 앞 단계에서 결정된 대안(목표)을 실행할 수 있는 해결 전략을 모색하고 결정함
- 4단계(해결 전략 시행): 과업평가계획기법(PERT) 등의 망 분석 기법을 활용하여 해결 전략과 도구를 실제로 실행하고, 그에 맞는 실행 자료를 수집함
- 5단계(성취 효과 결정): 문제가 얼마나 해결되었는지의 성과를 평가함
- 6단계(피드백): 5단계에서 성과가 있는 것으로 평가되면 체제 접근의 단계가 끝나지만, 성과가 없다면 필요에 따라 언제든지 수정할 수 있음

출제 Point

2004학년도 중등 객관식 55번
학교 현장에서 직면한 문제 해결을 위해 카우프만(Kaufman)의 '체제 접근'을 시도하고자 한다. 체제 접근의 '문제 확인' 단계에서 활용하기에 적합한 것
② 요구 분석

2002학년도 중등 객관식 53번
사회 체제 이론에 대한 설명

ㄱ. 사회 체제는 여러 하위 체제로 구성되어 있다.
ㄹ. 사회 체제는 목표 달성, 적응, 통합 등 기본적 기능을 수행한다.

(4) 겟젤스와 구바(Getzels & Guba)의 사회 과정 이론
① 개념: 사회 체제를 개인들의 집합으로 이루어진 사회적 단위로 보고, 사회 체제 속에서 인간이 어떠한 행동을 보이는가에 대해 연구한 이론
② 역할과 인성의 상호 작용 모형

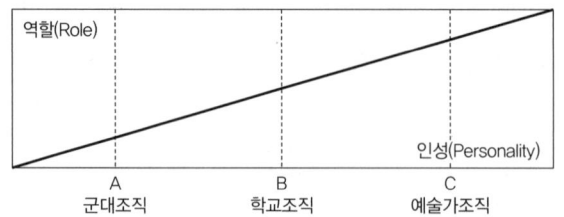

- 사회 체제 내의 인간 행위를 역할과 인성의 상호 작용으로 봄

$$B(\text{사회적 행동}) = f(R(\text{역할}) \times P(\text{인성}))$$

- 역할과 인성의 상호 작용은 집단의 성격에 따라 큰 차이를 나타냄
  - 군대조직: 역할이 더 많은 영향을 미침
  - 예술가조직: 인성이 더 많은 영향을 미침
  - 학교조직: 역할과 인성이 골고루 영향을 미침

③ 사회 과정 모형

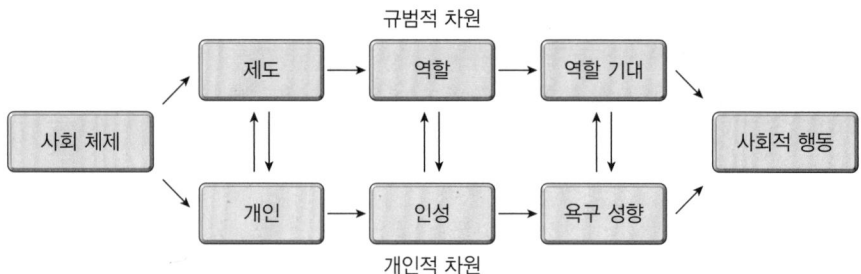

- 사회 체제 속에서 이루어지는 인간의 행동은 규범적(조직적) 차원과 개인적(심리적) 차원의 상호 작용의 결과로 나타남
  - 규범적(조직적) 차원: 제도, 역할, 역할 기대
  - 개인적(심리적) 차원: 개인, 인성, 욕구 성향
- 사회 체제 속에 위치한 구성원은 부여된 역할을 수행하는 과정에서 서로 영향을 주고받는 사회적 상호 작용을 하며, 그에 알맞은 행동을 보이게 됨

(5) 겟젤스와 텔렌(Getzels & Thelen)의 수정 모형

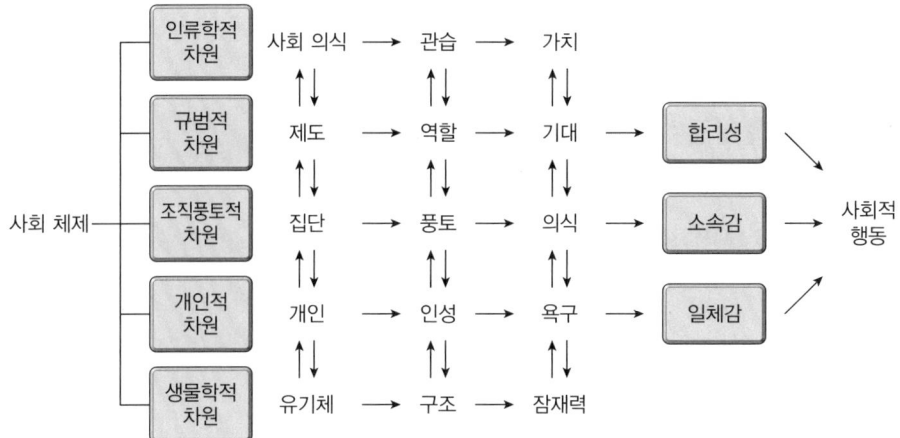

① 개념: 겟젤스와 구바(Getzels & Guba)의 모형에 인류학적·조직풍토적·생물학적 차원을 추가한 모형
② 인류학적·조직풍토적·생물학적 차원
  • 인류학적 차원: 사회 의식에 내재된 관습과 가치
  • 조직풍토적 차원: 집단의 풍토와 의식
  • 생물학적 차원: 유기체로서 인간의 신체 구조와 잠재력

CHAPTER 2 동기 이론

01 내용 이론

1 매슬로우(Maslow)의 욕구 위계 이론

(1) 개념

인간의 욕구는 보편적이며 위계적인 순서로 배열되어 있고, 하위 단계의 욕구가 먼저 충족된 후에 상위 단계의 욕구가 나타난다는 이론

(2) 욕구 단계

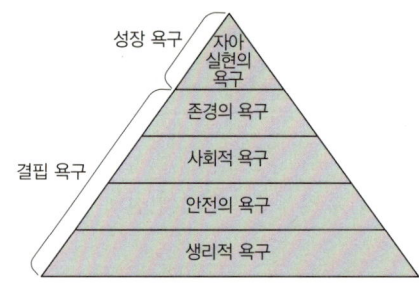

단계	내용
생리적 욕구	욕구 단계의 출발점으로, 인간이 생존하는 데 필요한 기본적인 욕구 ㉮ 기본 급여, 근무 조건
안전의 욕구	위험한 상황에서 자신을 보호하고, 불안으로부터 벗어나고자 하는 욕구 ㉮ 신분 보장, 직업 안정
사회적 욕구	가족·친구·집단과 친밀한 관계를 맺고자 하는 욕구 ㉮ 집단에의 소속감
존경의 욕구	타인으로부터 인정받고자 하는 욕구 ㉮ 승진, 직책
자아실현의 욕구	잠재적인 능력을 실현하며 일생의 목표를 성취하고자 하는 욕구 ㉮ 일의 성취, 도전적 직무

(3) 한계

① 인간의 욕구가 반드시 위계적으로 나타나는 것은 아님
② 인간의 행동은 여러 욕구가 상호 복합적으로 작용하여 결정되기도 함
③ 자율성의 욕구를 경시함

(4) 시사점

① 학교 행정가들은 교사의 특성과 욕구를 잘 이해하고 적절하게 충족시켜 주어야 함
② 교사 개인의 특성과 학교 환경에 따라 필요로 하는 욕구가 다르므로 특성과 상황 요인을 함께 고려해야 함

2 허즈버그(Herzberg)의 동기 위생 이론 [02 중등, 12 중등]

(1) 개념
별개의 차원으로 존재하는 동기 요인과 위생 요인은 각각 작업 만족과 불만족에 기여한다는 이론

(2) 동기 요인과 위생 요인

요인	내용
동기 요인	• 직무 자체와 관련된 것으로, 직무에 대한 만족감과 긍정적 직무 태도를 갖게 하는 요인 ㉮ 성취, 성취에 대한 인정, 일 자체, 책임, 승진 등 • 충족되면 개인의 직무 만족을 증가시켜 주지만, 충족되지 않는다고 해서 반드시 직무 불만족을 가져오는 것은 아님 • 동기 추구자: 주로 성취, 인정, 책임, 발전 등의 측면에서 생각하고, 상위 욕구에 관심을 둠
위생 요인	• 직무 환경과 관련된 것으로, 직무 불만족을 초래하고 부정적 직무 태도를 갖게 하는 요인 ㉮ 상급자와 동료와의 인간관계, 회사의 정책과 경영, 작업 조건, 급여 등 • 충족되면 직무에 대한 불만족을 감소시켜 주지만, 충족된다고 해서 반드시 직무 만족을 가져오는 것은 아님 • 위생 추구자: 주로 보수, 근무 조건, 감독, 지위, 직업 안정, 사회적 관계 등의 측면에서 생각하고, 하위 욕구에 관심을 둠

(3) 동기화 전략
① 직무 풍요화: 교사들에게 직무 수행상의 권한을 대폭 이양하고, 자율성과 책임감을 부여하여 능력을 발휘하며 성장할 기회를 갖도록 직무 내용을 재편성하는 것
② 수석교사제: 교사의 직무를 수직적으로 확장해 승진 기회를 제공하고, 교사의 동기를 촉진시키기 위한 제도

(4) 한계
① 직무에 대한 만족 요인과 불만족 요인의 구분이 명확하지 않으며, 개인에 따라 만족 요인과 불만족 요인이 동시에 나타날 수 있음
② 개인차를 무시하고, 구체적인 동기 향상 방안이 결여됨

출제 Point

2012학년도 중등 객관식 40번
내용에 부합하는 이론과 제도

- 교사가 더 큰 내적 만족을 얻을 수 있도록 직무를 재설계하는 방법을 모색한다.
- 교사의 동기는 보수 수준이나 근무 조건의 개선보다 가르치는 일 그 자체의 성취감 등을 통해 더욱 강화된다.
- 교사에게 직무 수행상의 책임을 증가시키고, 자신의 능력을 발휘할 수 있도록 기회와 재량권을 부여하여 심리적 보상을 얻게 한다.

④ 동기 위생 이론, 수석교사제

2002학년도 중등 객관식 52번
허즈버그(Herzberg)의 동기 위생 이론에 비추어 볼 때 충족되는 경우에 교사의 직무만족감 증진에 가장 크게 기여하는 것
③ 학생의 존경

CHAPTER 2 동기 이론

3 앨더퍼(Alderfer)의 생존·관계·성장 이론(ERG 이론)

(1) 개념
매슬로우(Maslow)의 욕구 위계 이론을 바탕으로 인간의 욕구를 생존 욕구(Existence), 관계 욕구(Relatedness), 성장 욕구(Growth)로 구분하는 이론

(2) 생존·관계·성장 욕구

욕구	내용
생존 욕구 (Existence)	• 인간이 생존을 위하여 필요로 하는 욕구 예) 보수, 직업 안정, 근무 조건 등 • 매슬로우의 생리적 욕구, 안전의 욕구
관계 욕구 (Relatedness)	• 사회적 존재로서 타인과 인간관계를 맺고자 하는 욕구 예) 상사, 동료 등과의 대인관계 • 매슬로우의 안전의 욕구, 사회적 욕구, 존경의 욕구
성장 욕구 (Growth)	• 인간이 성장하고 발전하며 자신의 잠재력을 최대한으로 발휘하고자 하는 내적 욕구 • 매슬로우의 존경의 욕구, 자아실현의 욕구

(3) 매슬로우의 욕구 위계 이론과의 비교

구분	매슬로우의 욕구 위계 이론	앨더퍼의 생존·관계·성장 이론
공통점	하위 수준의 욕구가 충족되면, 상위 수준의 욕구가 동기 유발의 힘을 얻음	
차이점	• 하위 수준의 욕구가 충족되어야 다음 단계의 욕구가 나타남	• 하위 수준의 욕구가 충족되지 않더라도 상위 수준의 욕구가 나타날 수 있음
	• 하나의 욕구만이 동기 요인으로 작용함	• 두 가지 이상의 욕구가 동시에 나타날 수 있음
	• 충족된 욕구는 더 이상 동기 요인이 될 수 없음	• 상위 수준의 욕구가 충족되지 않거나 좌절될 경우 낮은 수준의 욕구로 귀환함

02 과정 이론

> **출제 Point**
>
> 2008학년도 중등 객관식 46번
> 동기 부여에 관한 애덤스(Adams)의 '공정성 이론'에서 가장 중시하는 인간의 욕구
> ② 타인과의 비교를 통한 형평의 욕구

1 브룸(Vroom)의 기대 이론

(1) 개념

인간의 동기는 노력의 결과로 얻을 성취 수준에 대한 성과 기대와 성과로 인해 얻을 보상에 대한 보상 기대 간의 함수로, 개인이 느끼고 있는 유인가에 의해 조정된다는 이론

(2) 기대 이론 모형

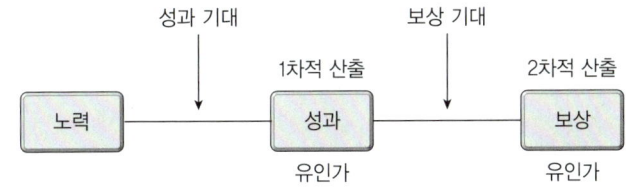

구분	내용
성과 기대	• 노력과 성과의 연계 • 노력이 어떤 수준의 성과를 가져올 것인가에 대한 신념의 강도
보상 기대	• 성과와 보상의 연계 • 과업 수행의 결과로 성과를 내면 보상을 받을 것이라고 지각하는 확률
유인가	• 목표 매력성 • 개인의 노력에 대한 결과로서 받게 될 보상이 무엇인가에 대한 주관적 인식 혹은 만족 정도

2 애덤스(Adams)의 공정성 이론 [08 중등]

(1) 개념

개인이 타인에 비해 얼마나 공정한 대우를 받는가에 초점을 둔 사회적 비교 이론의 하나로, 개인은 자신의 투입·성과 비율을 타인과 비교하여 동등하다고 느낄 때 직무에 만족을 느낀다는 이론

(2) 투입과 성과

① 투입: 특정인이 과업을 수행하기 위하여 기여하는 모든 것
   예) 교육, 경험, 훈련, 개인적 특성, 노력, 태도 등
② 성과: 특정인이 과업을 수행한 결과로 받게 되는 것
   예) 보수, 승진, 직업 안정, 부가적 혜택, 근무 조건, 인정 등

(3) 공정성 회복(불공정성 감소) 과정

① 투입 조정: 과대 보상 시 투입을 증가시키거나 과소 보상 시 투입을 감소시킴
② 성과 조정: 투입의 증가 없이 보수, 근무 조건, 노동 시간의 개선을 요구함
③ 투입과 성과에 대한 인지적 왜곡: 자신 또는 타인이 투입이나 성과를 인지적으로 왜곡시킴

CHAPTER 2 동기 이론

> ㉠ 타인이 자신보다 높은 성과를 받을 경우, 자신보다 많은 직무 지식이나 높은 지능을 가지고 있는 것으로 추론함으로써 자신의 지각을 왜곡시킴

④ 비교 대상의 투입과 성과의 변경: 비교 대상이 되는 타인에게 투입을 감소하거나 조직을 떠나도록 압력을 가함
⑤ 비교 대상의 변경: 비교 대상을 다른 대상으로 변경함
⑥ 조직 이탈: 부서를 옮기거나 조직을 완전히 떠남

3 로크(Locke)의 목표 설정 이론

(1) 개념

개인이 목표를 어떤 형태로 설정하는가에 따라 목표를 추진하고자 하는 동기가 달라진다는 이론

(2) 좋은 과업 목표의 특징

① 구체성: 구체적 목표는 모호성을 감소시키고, 행동의 방향성을 명확하게 제시하므로 성과를 높일 수 있음
② 곤란성: 다소 어려운 목표는 도전감을 주고, 문제 해결에 많은 노력을 집중하도록 자극하므로 성과를 높일 수 있음
③ 참여: 구성원이 목표 설정 과정에 참여하면 직무 만족도가 높아지므로 성과를 높일 수 있음
④ 피드백: 노력에 대한 피드백이 주어질 때 성과를 높일 수 있음
⑤ 동료 간 경쟁: 동료들 간의 경쟁이 성과를 높일 수 있으나, 지나친 경쟁은 오히려 해가 될 수 있음
⑥ 수용성: 구성원이 자발적으로 수용한 목표가 성과를 높일 수 있음

(3) 시사점

① 구체적이고 도전적이며 달성 가능한 목표는 과업 수행 전략의 개발뿐만 아니라 동기를 증진시킬 수 있음
② 목표 달성 과정에서 제공되는 피드백은 주의력, 노력, 지속성을 강화시키고, 나아가 목표 달성 전략을 재정립하고 변경할 수 있는 정보를 제공함

CHAPTER 3 학교조직론

01 조직의 이해

1 조직의 구조

(1) 공식조직과 비공식조직 [16 중등(論)]

① 공식조직: 조직도에 공식적으로 나타나는 조직
② 비공식조직: 구성원들 간의 소속감과 정서적 유대 등에 의해 조직 속에서 형성되는 자연 발생적 조직

장점(순기능)	단점(역기능)
• 원활한 의사소통과 융통성 • 공식조직의 경직성 완화 • 구성원 간의 협조와 지식 및 경험의 공유 • 구성원의 심리적 욕구 불만의 해소처로 안정감 부여	• 구성원 간의 갈등과 소외 • 비공식조직 간의 적대 감정 유발 • 파벌 조성 • 공식조직에 대한 왜곡된 정보 등으로 구성원의 사기 저하

③ 공식조직과 비공식조직의 비교

구분	공식조직	비공식조직
발생	인위적	자연 발생적
성격	외면적·가시적	내면적·비가시적
강조점	조직의 체계적 측면	구성원의 사회 심리적 측면
형태	합리성에 의한 대규모 형태	인간관계에 의한 소규모 형태

(2) 계선조직과 참모조직

① 계선조직: 상하 위계의 지휘와 명령 계통에 따라 움직이는 수직적 조직
② 참모조직(막료조직): 계선조직의 목표 달성을 위해 연구·정보 제공·자문 등을 지원·보조해 주는 수평적 조직

구분	계선조직	참모조직
형태	계층적·수직적 조직	횡적 지원의 측면 조직
기능	실제 집행	지원·보조
능력	일에 대한 권한과 책임	지식·기술·경험 등의 전문성
태도	현실적·실제적·보수적	이상적·이론적·비판적·개혁적
장점	• 권한과 책임의 명확한 한계로 업무 수행의 효율성 제고 • 신속한 정책 결정 • 간편한 업무 처리 • 강력한 통솔력	• 기관장의 통솔범위 확대 • 전문적인 지식과 경험을 활용한 합리적 의사결정 • 수평적인 업무의 조정과 협조 • 조직의 신축성

출제 Point

2016학년도 중등 논술
'학교 내 조직 활동'에 나타난 조직 형태가 학교조직과 구성원에 미치는 순기능 및 역기능 각각 2가지

학교 내 조직 활동	• 학교 내 공식조직 안에서 소집단 형태로 운영되는 다양한 조직 활동을 파악할 것 • 학교 구성원들의 욕구 충족을 위한 자발적 모임에 적극 참여할 것 • 활기찬 학교생활을 위해 학습조직 외에도 나와 관심이 같은 동료 교사들과의 모임 활동에 참여할 것

CHAPTER 3 학교조직론

+🔍 출제 Point

2010학년도 중등 객관식 37번
학교조직에 대한 학자들의 설명
④ 파슨스(Parsons)의 사회적 기능에 따른 조직 분류에 의하면, 학교는 유형유지 조직에 속하며 체제의 문화를 유지하고 새롭게 하는 기능을 수행한다.

단점	• 지도자의 업무량 과중 • 지도자의 주관적·독단적 결정 • 전문가의 지식과 경험 활용 불가 • 조직의 경직성 초래	• 조직의 복잡성으로 구성원이나 부서 간 갈등·불화 • 조직 운영을 위한 과다한 경비 • 계선과 참모 간의 책임 전가 • 의사 전달과 명령 계통의 혼란

③ 보조조직: 계선조직과 별개로 내외부에서 계선조직의 기능을 부분적으로 심화·보조하는 조직

2 조직 유형론

(1) 파슨스(Parsons)의 사회적 기능 유형 [10 중등]

① 개념: 조직이 수행하는 사회적 기능에 따라 조직을 4가지 유형으로 분류함
② 유형

구분	내용
생산조직	사회의 적응 기능을 수행하는 조직 예 민간 기업 등
정치적 목표지향조직	사회의 공동 목표를 설정하고 달성하는 기능을 수행하는 조직 예 정부, 정당, 은행 등
통합조직	구성원 간의 결속과 통일을 유지하는 사회 통합의 기능을 수행하는 조직 예 법원, 경찰 등
유형유지조직	사회의 문화를 유지하고 새롭게 하는 기능을 수행하는 조직 예 공립 학교, 대학, 교회, 박물관 등

(2) 블라우와 스콧(Blau & Scott)의 1차적 수혜자 유형

① 개념: 조직의 1차적 수혜자를 기준으로 조직을 4가지 유형으로 분류함
② 유형

구분	내용
호혜조직	조직의 1차적 수혜자가 조직 구성원인 조직 예 노동 조합, 정당, 전문가 단체, 종교 단체 등
사업조직	조직의 1차적 수혜자가 조직의 소유자인 조직 예 산업체, 도매상, 소매상, 은행 등
공공조직	조직의 1차적 수혜자가 일반 대중 전체인 조직 예 군대, 경찰, 소방서 등과 같은 공공 조직
봉사조직	조직의 1차적 수혜자가 조직을 이용하는 고객인 조직 예 학교, 병원, 사회사업 기관, 형무소, 정신 건강 진료소 등

(3) 칼슨(Carlson)의 봉사조직 유형 [03 중등, 11 중등]

① 개념: 조직과 고객이 서로 선택할 수 있는 정도에 따라 봉사조직을 4가지 유형으로 분류함

② 유형

	고객의 참여 선택권 유	고객의 참여 선택권 무
조직의 고객 선발권 유	유형 I 야생조직 (사립 학교, 개인 병원 등)	유형 III 강압조직
조직의 고객 선발권 무	유형 II 적응조직 (주립 대학)	유형 IV 사육조직 (공립 학교, 정신 병원, 형무소 등)

구분	내용
유형 I (야생조직)	조직과 고객이 독자적인 선택권을 가지고 있는 조직으로, 살아남기 위해 경쟁을 해야 함 예 사립 학교, 사립 대학, 개인 병원 등
유형 II (적응조직)	조직이 고객을 선발할 권리는 없고, 고객이 조직을 선택할 권리만 있는 조직 예 미국의 주립 대학 등
유형 III (강압조직)	조직은 고객 선발권을 가지지만, 고객은 조직 선택권이 없는 조직으로, 이론적으로만 가능할 뿐 실제로는 존재하지 않음
유형 IV (사육조직, 온상조직)	조직과 고객 모두 선택권을 갖지 못하는 조직으로, 법적으로 존립을 보장받음 예 공립 학교, 정신 병원, 형무소 등

(4) 에치오니(Etzioni)의 순응 유형 [10 중등]

① 개념: 지도자가 구성원에게 행사하는 권력과 그로 인해 구성원이 조직에 참여하는 수준을 기준으로 조직을 분류함

② 유형

행사 권력 \ 참여 수준	소외적	타산적	헌신적
강제적	1 강제조직	2	3
보상적	4	5 공리조직	6
규범적	7	8	9 규범조직

출제 Point

2011학년도 중등 객관식 39번
칼슨(Carlson) 모형을 적용할 때, 우리나라 평준화 지역에서의 교육 정책 예시 중 II 또는 IV 영역에서 I 영역으로 전환한 경우

	고객의 참여 선택권 유	고객의 참여 선택권 무
조직의 고객 선발권 유	I 영역	III 영역
조직의 고객 선발권 무	II 영역	IV 영역

④ 사립 일반계 고등학교에서 자립형 사립 고등학교로 전환

2003학년도 중등 객관식 56번
고교평준화 지역의 공립 고등학교를 가장 잘 나타내고 있는 칼슨(Carlson)의 조직 유형
④ 온상조직(Domesticated Organization)

2010학년도 중등 객관식 37번
학교조직에 대한 학자의 설명
③ 에치오니(Etzioni)의 순응에 기반한 조직 분류에 의하면, 학교는 규범적 권력을 사용하여 구성원들의 높은 헌신적 참여를 유도하는 규범조직이다.

CHAPTER 3 학교조직론

> **출제 Point**
>
> 2002학년도 중등 객관식 57번
> 민츠버그(Mintzberg)의 조직 이론에 비추어 볼 때, 학교의 조직 형태
>
> 학교장은 민주적인 방식으로 학교를 운영하고 있으며, 교직원들은 교육과정 운영 및 제반 학교 운영 관련 업무를 권한과 책임을 가지고 처리하고 있다.
>
> ③ 전문적 관료제

구분	내용
강제조직	통제 수단으로 물리적 제재나 위협을 사용하며, 구성원은 소극적으로 참여함 예 형무소, 정신 병원 등
공리조직	물질적 보상 체제를 사용하여 조직을 통제하며, 구성원은 타산적으로 참여함 예 일반 회사, 공장 등
규범조직	규범적 권력을 사용하여 구성원의 헌신적 참여를 유도함 예 종교 단체, 종합 병원, 학교 등

(5) 민츠버그(Minzberg)의 조직 이론 [02 중등, 10 중등]

① 개념: 조직의 구성 요소(최고관리층, 지원부서층, 중간관리층, 기술구조층, 핵심운영층)와 조정 기제(직접 감독, 상호 조절, 산출의 표준화, 작업 과정의 표준화, 기술의 표준화)를 기준으로 조직을 5가지 유형으로 분류한 이론

② 유형

구분	내용
단순구조	최고관리층이 조직의 핵심 부분이며, 직접 감독이 주요 조정 기제인 소규모 조직 예 소규모 기업, 소규모 학교 • 최고관리층: 조직을 전반적으로 책임지고 관리하는 최고경영층 • 직접 감독: 상사가 직접 지시를 내리고 행동을 감시하여 조정해 나가는 방법
임시구조	지원부서층이 조직의 핵심 부분이며, 상호 조절이 주요 조정 기제인 수평적 전문 조직 예 광고 회사, 컨설팅 회사 등 • 지원부서층: 조직의 기본적 과업 외에 발생하는 문제에 대해 간접적 지원을 하는 직원 • 상호 조절: 구성원들이 비공식적 의사소통을 통해 행동을 조절하는 방법
사업부제 구조	중간관리층이 조직의 핵심 부분이며, 산출의 표준화가 주요 조정 기제인 대규모 조직 예 대학교, 대기업 등 • 중간관리층: 전략 부문과 핵심운영 부문을 연결시키는 중간관리자 • 산출의 표준화: 산출의 종류와 양을 표준화하여 조정해 나가는 방법
기계적 관료제	기술구조층이 조직의 핵심 부분이며, 작업 과정의 표준화가 주요 조정 기제인 대규모 조직 예 행정직 공무원 • 기술구조층: 기술적 문제를 전문적으로 다루는 전문가 • 작업 과정의 표준화: 직무의 내용을 프로그램화함으로써 조정해 나가는 방법

전문적 관료제	핵심운영층이 조직의 핵심 부분이며, 기술의 표준화가 주요 조정 기제인 전문적 조직 • 핵심운영층: 현장에서 실제로 제품이나 서비스를 생산해 내는 직원 • 기술의 표준화: 직무에 대한 교육·연수 등을 통해 간접적으로 조정해 나가는 방법	

3 학교조직의 성격 [10 중등, 15 중등(論)]

구분		내용
전문적 관료제 [03 중등, 04 중등]	관료적 특성	• 분업과 전문화 • 몰인정지향성(무사지향성) • 권위의 계층 • 규칙과 규정 강조 • 경력 지향성
	전문적 특성	• 자율성 • 의사결정의 참여 • 통일되지 않은 직무 수행
이완결합체제 (이완조직) [07 중등]		• 개념: 부서들 간에 상호 관련성은 있지만, 구조적으로 느슨하게 결합되어 있어 각각 독립성을 유지하고 있는 조직 • 특징 　- 구성원에게 자유재량권과 자기결정권 부여 　- 각 부서 및 학년 조직의 국지적 적응 허용 　- 이질적 요소의 공존 허용
이중조직		교수 활동의 측면에서 느슨한 결합 구조를 가지고 있지만, 행정 관리의 측면에서는 엄격한 결합 구조(관료제적 특성)를 지닌 조직
조직화된 무질서 (무정부) [03 중등]		• 개념: 참여가 유동적이고, 목적과 교수·학습 기술이 불분명한 상태 • 특징 <table><tr><th>구분</th><th>내용</th></tr><tr><td>목표의 모호성</td><td>목표가 구체적이지 않음</td></tr><tr><td>불분명한 과학적 기법</td><td>목표 달성 방법이 과학적으로 분명하지 않음</td></tr><tr><td>유동적 참여</td><td>학생, 교사, 행정가가 고정적이지 않고 유동적으로 참여함</td></tr></table>

출제 Point

2015학년도 중등 논술
학교조직의 관료제적 특징과 이완결합체제적 특징 각각 2가지만 제시

학교조직의 특징을 먼저 파악해야 합니다. 학교라는 조직을 합리성의 측면에서만 파악하면 분업과 전문성, 권위의 위계, 규정과 규칙, 몰인정성, 경력 지향성의 특징을 갖는 일반적 관료제의 틀로 설명할 수 있습니다. 그러나 교사들의 전문성이 강조되는 교수·학습의 측면에서 보면 학교조직은 질서 정연하게 구조화되거나 기능적으로 분명하게 연결되어 있지 않은 이완결합체제(Loosely Coupled System)의 특징을 지닙니다. 따라서 우리는 관료제적 관점과 이완결합체제의 관점으로 학교조직의 특징을 이해할 필요가 있습니다.

2010학년도 중등 객관식 37번
학교조직에 대한 학자들의 설명
② 민츠버그(Mintzberg)에 의하면, 학교는 전문적 성격이 강하지만 관료적 성격도 동시에 지니는 전문적 관료제 조직이다.
⑤ 와익(Weick)에 의하면, 학교는 조직 구조 연결이 자체의 정체성과 독립성을 가지고 있어서 다른 조직에 비해서 구조적으로 느슨하게 결합되어 있는 조직이다.

2007학년도 중등 객관식 47번
학교조직에 대한 관점

• 학교 구성원들에게 더 많은 자유재량과 자기결정권을 부여한다.
• 각 부서 및 학년 조직의 국지적(局地的) 적응을 허용하고 인정한다.
• 환경 변화에 적응하기 위해 학교조직에서 이질적인 요소들이 공존하는 것을 허용한다.

② 이완조직(Loosely Coupled System)

2003학년도 중등 객관식 55번
코헨과 마치(Cohen & March)가 주장한 교육조직의 '조직화된 무질서(Organized Anarchy)'의 특징
① 학교 구성원들의 참여가 유동적이고 간헐적이다.
② 교육조직의 목적은 구체적이지도 명료하지도 않다.
④ 학교 운영 기술뿐만 아니라 교수·학습 기술이 분명하지 않다.

CHAPTER 3 학교조직론

출제 Point

2015학년도 중등 논술
학습조직의 구축 원리 3가지 설명

이 일의 성공 여부는 교사가 변화의 주체로서 자발적인 노력을 얼마나 기울이느냐에 달려 있습니다. 그래서 우리 학교는 교사 모두가 교육 활동에 능동적으로 참여하여, 지식과 학습 정보를 서로 공유하면서 지속적으로 변화해 가는 학습조직(Learning Organization)을 구축하고자 합니다.

학습조직 [15 중등(論)]

- 개념: 교사들이 지식과 정보를 공유하고 협력적인 학습 활동을 전개하며, 지속적으로 새로운 지식을 창출하여 학교의 환경 변화에 적응해 나가는 조직
- 특징

구분	내용
개인적 숙련	개인적 역량을 지속적으로 넓히고 심화시키는 행위
정신 모델	주변에서 발생하는 현상들을 이해하기 위한 인식 체계
공유 비전	조직이 추구하는 방향성과 그것의 중요한 이유에 대해 모든 구성원이 공감대를 형성하는 것
팀 학습	팀을 이루어 학습하는 것
시스템 사고	현상을 이해하고, 이를 문제 해결의 수단으로 이용하는 것

전문적 학습공동체

- 개념: 교사들이 전문 지식과 교육 실천 경험, 교육과정 운영에서 겪는 어려움 등을 서로 공유하며, 반성적 사고, 공동 탐구, 집단 창의성 발휘를 통해 개인과 공동체가 동시에 성장하는 집단
- 특징

구분	내용
가치와 비전 공유	구성원 모두 조직이 추구하는 가치·방향·비전에 대해 합의하고 공감대를 형성함
협력적 학습	학생의 학업 증진을 위해 함께 연구하고 실천함으로써 문제를 해결함
개인적 경험 공유	교사들은 서로의 교실을 방문해 수업 결과를 공유하고 자신의 행동을 반성함
분산적 지도성	공동의 지도성과 책임을 통해 조직의 효율과 개인의 전문성 및 역량을 극대화함
지원적 상황	민주적 결정을 위해 인적·물적 환경을 제공함

02 조직문화론

1 맥그리거(McGregor)의 X-Y이론

(1) 개념

두 가지 인간관에 따른 경영 전략의 차이를 X-Y이론으로 제시한 이론

(2) X이론과 Y이론의 비교

구분	X이론	Y이론
기본 가정	• 부정적 인간관: 인간은 선천적으로 일하기를 싫어함 • 수동적 인간관: 인간은 지시받기를 좋아하고, 책임을 회피함 • 외적 요인을 통한 동기 부여: 돈은 인간에게 동기를 부여할 수 있는 유일한 수단임	• 긍정적 인간관: 인간은 일을 자연스럽게 받아들임 • 능동적 인간관: 인간은 자기지시와 자기통제가 가능하며, 책임을 맡아 일하기를 좋아함 • 내적 요인을 통한 동기 부여: 자기 만족과 자기실현을 통해 동기화됨
경영 전략	과학적 관리론적 접근 • 적극적 방법: 권위적·강압적인 리더십 행사 • 온건한 방법: 인간관계나 민주적·온정적 행정을 통한 설득	인간관계론적 접근 • 구성원의 사회·심리적 욕구 충족을 통한 동기 유발 • 조직의 조건과 운영 방법의 정비

2 아지리스(Argyris)의 미성숙·성숙 이론

(1) 개념

관료적 가치 체제(X이론에 기초한 조직)와 인간적 가치 체제(Y이론에 기초한 조직)를 비교 연구한 이론

(2) 특징

미성숙한 인간과 조직은 성숙한 인간과 조직으로 연속적으로 발전해 감

구분	내용
미성숙 조직풍토	관료적 가치 체제를 따르는 조직: 의심 많은 인간관계가 형성되어 대인관계 능력을 저하시키고, 집단 간 갈등을 야기하여 조직의 문제 해결 능력을 저하시킴
성숙 조직풍토	인간적 가치 체제를 따르는 조직: 신뢰하는 인간관계가 형성되어 대인관계 능력을 향상시키고, 집단 간 협동·융통성이 증가되어 조직의 효과성이 증대됨

CHAPTER 3 학교조직론

출제 Point

2020학년도 중등 논술
스타인호프와 오웬스(Steinhoff & Owens)가 분류한 학교문화 유형에 따를 때 D교사가 우려하는 학교문화 유형의 명칭과 학교 차원에서 그러한 학교문화를 개선하는 방안 2가지

- 학교문화 개선은 토의식 수업 활성화를 위한 토대가 됨
- 우리 학교의 경우, 교사가 학생의 명문대학 합격이라는 목표 달성에 필요한 수단으로 간주되는 학교문화가 형성되어 있어 우려스러움
- 이런 학교문화에서는 활발한 토의식 수업을 기대하기 어려움

3 스타인호프와 오웬스(Steinhoff & Owens)의 학교문화 유형론 [20 중등(論)]

(1) 개념
공립학교의 4가지 특유한 문화 형질을 통해 학교문화를 4가지 유형으로 분류한 이론

(2) 학교문화의 유형

구분	비유	내용
가족문화	가정(Home), 팀(Team)	애정적 · 우정적 · 협동적 · 보호적
기계문화	기계(Machine)	교장과 교사의 기계적 관계(기계공 – 기계)
공연문화	공연장(Cabaret)	• 훌륭한 교장의 지도하에 탁월한 가르침 추구 • 청중으로서의 학생 반응 중시
공포문화	전쟁터, 악몽	• 비난, 고립감, 적대적 관계 • 교장은 교사를 제물로 이용함

03 조직풍토론

1 핼핀과 크로프트(Halpin & Croft)의 학교풍토론 [07 중등]

(1) 개념

교사와 교장의 행동 특성에 대한 교사의 지각을 바탕으로 한 조직풍토기술척도(OCDQ)를 개발하여 학교풍토를 6가지 유형으로 분류한 이론

(2) 교사의 행동 특성

특성	내용
장애 (Hindrance)	교사들이 교장을 자기 일을 방해하는 사람으로 지각하는 정도
친밀 (Intimacy)	교사들이 업무 외에 다른 교사들과 우호적인 인간관계를 유지하며 사회적 욕구를 충족시키는 정도
방임 (Disengagement)	교사들이 주어진 업무에 헌신하지 않고 이탈하려는 정도
사기 (Esprit)	교사들이 과업 수행에서 욕구 충족과 성취감을 느끼는 정도

(3) 교장의 행동 특성

특성	내용
과업 (Production Emphasis)	교장이 일에 대한 지시와 감독을 철저히 하는 정도
냉담 (Coldness)	교장이 공식적이고 엄정한 행동을 나타내는 정도
인화 (Consideration)	교장이 따뜻하고 친절한 행동을 보이는 정도
추진 (Thrust)	교장이 학교를 역동적으로 운영해 나가는 정도

(4) 학교풍토의 유형

구분	내용
개방적 풍토	교사가 자발적으로 목표 달성에 헌신하며, 사회적 욕구를 충족시키는 활기차고 생기 있는 풍토
자율적 풍토	교장은 냉담하지만 과업을 강조하지 않고, 교사는 자유롭게 업무를 수행하며 사회적 욕구를 충족하는 자유 보장적 풍토
통제적 풍토	교장은 과업을 강조하지만, 교사는 이를 방해로 느끼면서 교사의 사회적 욕구 충족이 소홀히 되는 풍토
친교적 풍토	교장과 교사 간 우호적 태도가 형성되고, 사회적 욕구가 잘 충족되지만, 조직의 목적 달성을 위한 집단 활동이 부족한 풍토

출제 Point

2007학년도 중등 객관식 44번
핼핀(Halpin)과 크로프트(Croft)가 교장과 교사의 행동 특성을 결합하여 제시한 학교조직풍토 유형

교사들의 사기와 교장의 추진력 지수는 높고, 방관(Disengagement), 방해(Hindrance) 등의 지수는 낮으며, 친밀성과 인화(Consideration) 지수는 보통 수준을 유지한다. 교장은 매사에 융통성을 보이며, 교사들이 자발적으로 협동하면서 만족감을 갖고 어려움을 극복하도록 격려한다.

① 개방적 풍토(Open Climate)

간섭적 풍토	교장은 과업을 강조하지만, 공정성이 결여되어 교사의 과업 성취와 욕구 충족에 부적합한 풍토
폐쇄적 풍토	교장은 불필요한 일을 강조하고, 교사는 업무에 무관심하여 만족감을 느끼지 못하는 비효율적인 풍토

2 호이와 미스켈(Hoy & Miskel)의 학교풍토론

(1) 개념
개정된 조직문화풍토척도(OCDQ-RE)를 사용하여 학교풍토를 4가지로 분류한 이론

(2) 교사의 행동 특성

구분	내용
협동적 (Collegial)	교사들 간에 이루어지는 지원적·전문적인 상호 작용의 정도
친밀적 (Intimate)	학교 안팎에서 교사들 간에 형성된 개인적 관계의 정도
일탈적 (Disengaged)	교사들 간에 조성된 소외감·격리감의 정도

(3) 교장의 행동 특성

구분	내용
지원적 (Supportive)	교사들에게 진실한 관심을 보이고 지원하는 정도
지시적 (Directive)	교사들의 개인적 욕구에 전혀 관심을 두지 않는 엄격한 과업 지향의 정도
제한적 (Restrictive)	교사들이 업무를 수행할 때 장애를 주는 정도

(4) 학교풍토 유형

구분	내용
개방풍토	구성원 간 협동·존경·신뢰가 형성됨으로써 교장은 교사의 제안을 경청하고 전문성을 존중하고, 교사는 높은 협동성과 친밀성을 유지하며 과업에 헌신하는 풍토
몰입풍토	교장의 통제는 비효과적이지만, 교사는 높은 협동성과 친밀성을 바탕으로 전문적 업무를 수행하는 풍토
일탈풍토	교장은 개방적이고 교사에게 관심이 많으며 지원적이지만, 교사는 교장을 무시하거나 비협조적인 태도를 보이고, 교사 간 불화가 발생하여 헌신적이지 않은 풍토
폐쇄풍토	교장은 일상적이거나 불필요한 잡무만을 강조하고, 교사는 교장과 불화를 일으키고 업무에 대한 관심과 책임감이 없어 헌신적이지 않은 풍토

04 조직갈등론

■ 토머스(Thomas)의 갈등관리 전략

(1) 개념

갈등관리 방식을 타인의 이익을 충족시키려는 정도의 협조성과 자신의 이익을 충족시키려는 정도의 독단성을 기준으로 5가지로 분류한 이론

(2) 갈등관리 유형

구분	전략	적절한 상황
경쟁형 (Competing)	상대방을 희생시키고 자신의 갈등을 해소하는 전략으로, 한쪽이 이익을 얻는 반면, 다른 한쪽은 손해를 보는 전략	• 신속한 결정이 요구되는 긴급한 경우 • 중요한 사항이지만 인기 없는 조치가 요구되는 경우 • 조직의 성장에 매우 중요한 문제일 경우
순응형 (Accomodating)	좋은 인간관계를 유지하기 위해서 자신의 욕구 충족은 포기하고, 상대방의 갈등이 해소되도록 노력하는 전략	• 자신이 잘못한 것을 알게 된 경우 • 보다 중요한 문제를 위해 좋은 관계를 유지해야 하는 경우 • 조화와 안정이 특히 중요한 경우 • 패배가 불가피하여 손실을 극소화해야 하는 경우
타협형 (Compromising)	다수의 이익을 위해 양측이 상호 교환과 희생을 통해 부분적 만족을 취함으로써 갈등을 해소하는 전략, 즉 양측이 조금씩 양보하여 절충안을 찾으려는 전략	• 복잡한 문제에 대한 일시적인 해결책을 얻고자 하는 경우 • 당사자들의 주장이 서로 대치되는 경우 • 목표 달성에 따른 잠재적인 문제가 큰 경우
협력형 (Collaborating)	양측 모두에게 이익을 주는 최선의 전략	• 합의와 헌신이 필요한 경우 • 양측의 관심사가 매우 중요하여 통합적인 해결책만이 수용될 수 있는 경우 • 관계 증진에 장애가 되는 감정을 다루어야 하는 경우
회피형 (Avoiding)	자신뿐만 아니라 상대방의 관심사마저 무시하는 것으로, 갈등이 없었던 것처럼 행동하여 이를 의도적으로 피하는 전략	• 사소한 쟁점인 경우 • 효과보다 해결에 들어가는 비용이 큰 경우 • 한 문제가 해결되면 다른 문제도 자연스럽게 해결될 수 있는 경우 • 사태를 진정시키고자 하는 경우

개념을 현장에 적용한 사례 살펴보기

실전 적용!

95p

학교조직에 대한 비판적 이해

학교조직은 기구표·직제표상 명확하고 엄격한 위계의 관료제적 특성을 지닌다. 최근에는 다양성을 중시하는 교육의 변화로 이러한 학교조직에 대한 개편의 요구가 증가하고 있다. 회사의 네트워크형 조직, 팀제 등 변화하는 다양한 조직 유형을 참고하여 학교조직의 개편 방안을 구상해 보자.

CHAPTER 4 지도성 이론

출제 Point

2013학년도 중등 객관식 40번
다음 송 장학사의 진술에서 피들러(Fiedler)의 상황적 지도성 모형에 근거할 때, '상황' 요소에 해당하는 내용

송 장학사는 A중학교의 학교 경영 컨설팅 의뢰에 따라 학교를 방문하여 학교 현장을 분석하고 그 결과를 다음과 같이 진술하였다. A중학교는 ㉠ 교장과 교사가 서로 신뢰하며 존중하고 있었다. ㉣ 교사들이 학교에서 하는 업무들은 구조화·체계화되어 있었고, ㉤ 교장이 교사들에게 행사할 수 있는 지위 권력 수준은 낮은 편이었다.

01 전통적 리더십 이론

1 리더십 특성 / 행동 이론

(1) 리더십 특성 이론

지도자는 선천적으로 타고난 특성이 있다고 보고, 지도자의 특성과 자질을 분석한 이론

(2) 리더십 행동 이론

성공적인 지도자의 행동 방식을 알아내기 위한 방법으로, 효과적인 지도자와 비효과적인 지도자의 행동을 비교하여 지도자의 행동 양식을 유형화한 이론

2 상황적 리더십 이론

(1) 피들러(Fiedler)의 상황 이론 [13중등]

① 개념: 지도자의 효과적인 리더십은 '상황의 호의성'에 따라 결정된다는 이론
② 상황의 호의성: 지도자가 집단에 대하여 영향력을 행사할 수 있는 상황의 정도

상황 요인	내용
지도자와 구성원의 관계	지도자와 구성원 간 관계의 질 (구성원에 대한 신뢰, 지도자에 대한 존경도)
과업 구조	과업의 특성으로, 과업이 명확하게 규정되고 수행 방법이 체계화되어 있는 정도
지위 권력	지도자가 합법적·보상적·강압적 권력을 가지고 구성원의 행위에 영향을 줄 수 있는 능력을 소유한 정도

③ 리더십 유형: 가장 싫어하는 동료 척도(LPC) 점수에 따라 구분

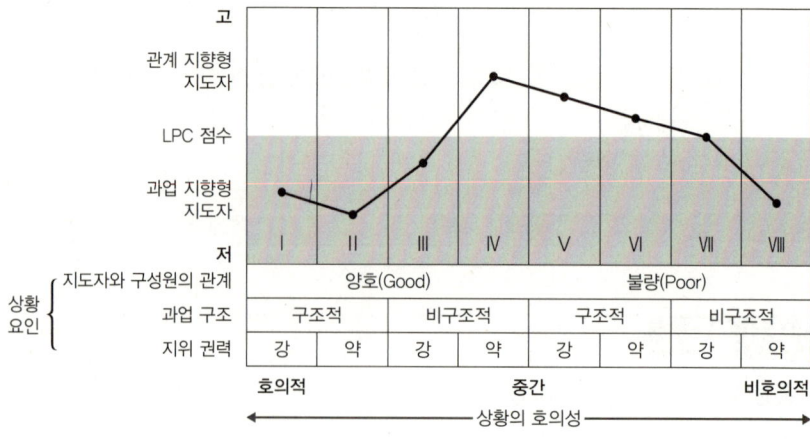

구분	내용
과업 지향형 지도자	LPC 점수가 낮고, 지도자의 권력이 대단히 크거나 작은 극단적인 상황(상황의 호의성 점수: '상' 또는 '하')에 효과적인 유형
관계 지향형 지도자	LPC 점수가 높고, 지도자의 권력이 중간 정도인 상황(상황의 호의성 점수: '중')에 효과적인 유형

(2) 허시와 블랜차드(Hersey & Blanchard)의 상황적 리더십 이론 [08 중등, 14 중등(論)]

① 개념: 효과적인 리더십은 조직 구성원의 욕구 충족에 달려 있다고 보고, 조직 구성원의 성숙도에 따라 지도성 유형을 설명한 이론

② 구성원의 성숙도
  • 직무 성숙도: 교육과 경험의 영향을 받는 개인적 직무 수행 능력
  • 심리적 성숙도: 성취 욕구와 책임 의지를 반영한 개인적 동기 수준

③ 지도성 행위
  • 과업 중심 행동: 지도자가 구성원에게 무슨 과업을 언제, 어떻게 수행해야 하는지를 일방적으로 설명하는 것
  • 관계 중심 행동: 지도자가 구성원에게 심리적 위로를 제공하고, 일을 촉진할 수 있도록 여건을 조성해 주는 것

④ 지도성 유형

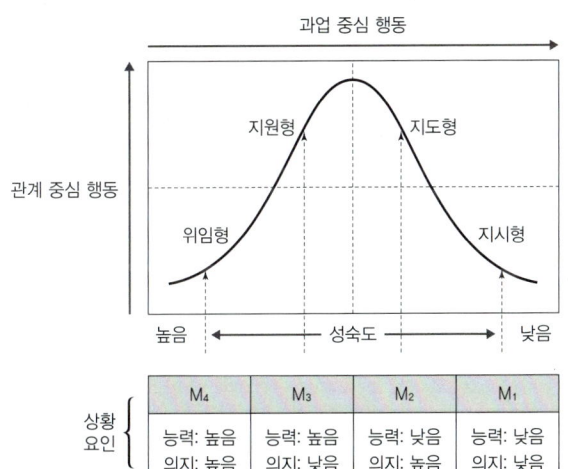

구분	내용
지시형	구성원의 능력과 동기가 낮을 경우에 효과적인 높은 과업 중심 행동, 낮은 관계 중심 행동의 유형 ⑩ 구성원들의 역할을 규정하고, 행동을 지시함
지도형	구성원이 능력은 낮으나 적절한 동기를 갖는 경우에 효과적인 높은 과업 중심 행동, 높은 관계 중심 행동의 유형 ⑩ 지도자는 구성원과의 쌍방향적 의사소통을 통해 방향을 제시함

CHAPTER 4 지도성 이론

지원형	구성원이 적절한 능력을 갖되 낮은 동기를 갖는 경우에 효과적인 낮은 과업 중심 행동, 높은 관계 중심 행동의 유형 예 구성원들을 의사결정에 참여시킴
위임형	구성원의 능력과 동기가 높을 경우에 효과적인 낮은 과업 중심 행동, 낮은 관계 중심 행동의 유형 예 구성원에게 과업을 위임함으로써 신뢰를 나타냄

02 새로운 리더십 이론 [12 중등]

1 리더십 대용 상황 모형: 케르와 제메르(Kerr & Jermier)

(1) 개념

지도자의 리더십이 상황에 따라 대체되거나 억제될 수 있다는 이론

(2) 상황의 유형

구분	내용
대용 상황	지도자의 능력을 대신하거나 감소시키는 상황적 측면 예) 구성원의 전문성으로 지도자의 리더십이 필요하지 않은 상황
억제 상황	지도자가 특정한 방식으로 행동하지 못하게 하거나 지도자 행동의 영향력을 무력화시키는 상황적 측면 예) 지도자가 제공하는 보상에 구성원의 관심이 없는 상황

(3) 리더십 대용 상황으로 작용할 수 있는 상황 변인

구분	내용
구성원 특성	구성원의 능력, 훈련, 경험, 지식, 전문 지향성, 보상에 대한 무관심 등
과업 특성	구조화된 일상적 과업, 내재적 만족을 주는 과업, 과업에 의해 제공하는 피드백 등
조직 특성	역할과 절차의 공식화, 규정과 정책의 신축성, 작업집단의 응집력, 행정가와 구성원 사이의 공간적 거리 등

2 변혁적 리더십: 바스(Bass) [05 중등, 19 중등(論)]

(1) 개념

구성원의 성장 욕구를 자극하여 동기화시킴으로써 태도와 신념을 변화시키고, 새로운 비전과 장기 계획을 수립하여 개인과 조직의 발전을 동시에 추구하는 리더십

(2) 특징

특징	내용
이상적인 완전한 영향력	• 높은 기준의 윤리적·도덕적 행위 • 타인의 욕구를 배려하고, 조직의 이익을 위해 행동 • 구성원의 존경과 신뢰로 이상적인 영향력 행사
감화력	• 조직의 비전 공유 • 발전에 대한 기대와 도전감으로 구성원 동기화
지적인 자극	• 일상적 생각에 대한 의문 제기와 문제 재구조화 • 새로운 방식을 통해 구성원들의 혁신적·창의적 사고 자극
개별적인 배려	• 구성원들의 개인적 성장 욕구에 대한 관심 • 새로운 학습 기회 제공으로 구성원의 잠재력 계발 배려

출제 Point

2012학년도 중등 객관식 36번
지도성 이론에 관한 설명
② 변혁적 지도성(Transformational Leadership): 구성원의 개인적 성장에 관심을 보이며, 비전을 공유하고 지적 자극을 촉진한다.
③ 초우량 지도성(Super Leadership): 지도자의 특성이나 능력보다 구성원 스스로가 지도자로서의 능력을 계발하고 활용할 수 있도록 한다.
④ 카리스마적 지도성(Charismatic Leadership): 지도자의 비범한 능력과 개인적 매력 등을 통해 구성원의 헌신적 복종과 충성을 이끌어낸다.
⑤ 문화적 지도성(Cultural Leadership): 가치와 의미 추구 욕구를 만족시킴으로써 구성원을 조직의 주인으로 만들고 조직의 제도적 통합을 가능하게 한다.

2019학년도 중등 논술
#4에 언급된 바스(Bass)의 지도성의 명칭, 김 교사가 학교 내에서 동료 교사와 함께 이 지도성을 신장할 수 있는 방안 2가지

#4 더 나은 수업을 위해서 새로운 지도성이 필요하겠어. 내 윤리적·도덕적 기준을 높이고 새로운 방식으로 학생들을 대하자. 학생들의 혁신적·창의적 사고에 자극제가 될 수 있을 거야. 학생들을 적극 참여시켜 동기와 자신감을 높이고 학생 개개인의 욕구에 특별한 관심을 가지며 잠재력을 계발시켜야지. 독서가 이 지도성의 개인적 신장 방안이 될 수 있겠지만, 동료 교사와 함께 하는 방법도 찾아보면 좋겠어.

2005년 중등 객관식 44번
A교장의 지도성 행위를 가장 잘 설명해 주는 이론

• 교사들에게 학교 경영의 비전을 제시하고 사명감을 고취시킨다.
• 교사 개인의 능력, 배경, 필요에 대해 민감하고 세심한 관심을 기울인다.
• 일상적 수업, 생활 지도, 학급 경영의 의미를 새롭게 해석해 보도록 지적으로 자극한다.
• 근무 평정과 성과급 등 보상을 통한 교환 관계를 초월하여 인격적 감화를 통해 영향력을 행사한다.

④ 변혁적 지도성 이론

CHAPTER 4 지도성 이론

출제 Point

2011학년도 중등 객관식 40번
학교장의 지도성 이론

- 학교조직 내의 모든 교원을 각각 지도자로 성장시킨다.
- 교원들이 자신을 스스로 이끌 수 있는 능력을 개발하도록 한다.
- 교원들이 자율적으로 팀을 형성하고 협력적으로 직무를 수행할 수 있는 조직문화를 만든다.

④ 초우량(Super) 지도성

3 분산적 리더십

(1) 개념
지도자·구성원·상황 간의 상호 작용에 의해 리더십이 분산되어 발휘되는 것

(2) 특징

특징	내용
공동 실행	다수의 지도자(지도자와 구성원 모두)가 네트워크를 형성하여 신뢰와 협력을 기반으로 지도성을 공동으로 실행함
집단 지도성	조직 내 다수의 공식적·비공식적 지도자들은 공통의 목표를 위해 상호 작용하면서 지도성을 실행함
공동 책임	중요한 의사결정에 함께 참여하고, 결정에 대한 공동 책임을 수행함

4 다양한 리더십

구분	내용
슈퍼 리더십 (초우량 리더십) [11 중등]	지도자가 조직 구성원 개개인을 지도자로 성장시킴으로써 모든 구성원을 지도자로 변혁시키는 리더십
카리스마적 리더십	탁월한 비전, 가능성 있는 해결책, 압도하는 인간적 매력을 소유한 지도자가 구성원의 헌신적인 복종과 충성을 바탕으로 나타내는 강력한 리더십
문화적 리더십	구성원의 의미 추구 욕구를 만족시킴으로써 구성원을 조직의 주인으로 만들고, 조직의 제도적 통합을 가능하게 하는 리더십
도덕적 리더십	지도자의 도덕성과 구성원의 자율성을 바탕으로 구성원 각자를 '셀프 리더'가 되도록 자극하여 도덕적·효과적인 조직을 형성하는 리더십
서번트 리더십	지도자의 솔선수범과 헌신적인 봉사를 강조하는 리더십

CHAPTER 5 장학행정

01 장학의 이해

■ 장학의 발달 과정 [05 중등]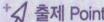

장학 형태	장학 방법	사회적 분위기	관련 이론
관리장학	• 과학적 장학 • 관료적 장학	• 공교육 제도의 확립 • 분업 및 기술적 전문화 • 조직 규율의 강조	과학적 관리론
협동장학	협동적 장학	• 진보주의 운동 • 교사 중심의 장학 • 자유방임적 분위기	인간관계론
수업장학	• 교육과정 개발 • 임상장학	• 스푸트니크 쇼크 사건 • 교육과정 개발 • 수업 효과의 증진 기대	행동과학론
발달장학	• 경영으로서의 장학 • 인간자원 장학 • 지도성으로서의 장학 • 선택적 장학	협동장학의 새로운 대안	• 일반체제론 • 인간자원론 • 공공선택론

> **출제 Point**
>
> **2005학년도 중등 객관식 45번**
> 장학에 대한 설명
> ② 장학은 크게 보아 관리장학-협동장학-수업장학-발달장학으로 개념이 변해 왔다.

CHAPTER 5 장학행정

출제 Point

2014학년도 중등 논술
교사 전문성 개발을 위한 장학 활동 논의

> 이런 생각들로 머릿속이 복잡하던 중에, 오후에 있었던 교과협의회에서 수업 전문성 개발을 위한 장학 활동을 몇 가지 소개받았다. 이제 내 수업에 대해 차근차근 점검해 봐야겠다.

2012학년도 중등 객관식 37번
세 교사가 언급하고 있는 장학지도 유형

> 김 교사: 금년에 발령받은 최 교사는 수업의 질이 낮아 학생과 학부모의 불만이 많습니다. 그의 수업 전문성을 향상시키기 위해서는 전문성을 갖춘 교내 교원의 개별적 도움이 필요합니다. 최 교사의 수업을 함께 계획하고, 실제 수업을 관찰, 분석, 피드백 해줄 필요가 있습니다.
> 박 교사: 김 선생님, 저도 초임 때는 그런 경험이 있었어요. 이제 중견 교사가 되고 보니 그동안의 노력과 경험으로 수업에 대한 자신감이 생기긴 했어요. 그래도 더 좋은 수업을 위해 제가 필요하다고 생각하면 대학원에도 다니고 각종 연수에도 적극 참여하려고 합니다.
> 이 교사: 부족한 부분을 채워야 하겠다는 자발적 의지가 중요해요. 학교에서 일상적으로 이루어지는 장학 활동보다는 내가 모르는 것을 교·외의 유능한 전문가에게 의뢰하고 체계적인 도움을 받았으면 해요. 때로는 누군가가 전문가를 소개해 주었으면 해요.

③ 김 교사: 임상장학, 박 교사: 자기장학, 이 교사: 컨설팅장학

2022학년도 중등 논술
학교 중심 연수의 종류 1가지, 학교 중심 연수를 활성화하기 위해 학교 차원에서 지원할 수 있는 구체적인 방안 2가지 제시

2018학년도 중등 논술
김 교사가 언급하는 교내장학 유형의 명칭과 개념, 그 활성화 방안 2가지

> 김 교사: 그런데 저 혼자서 학생의 다양한 특성을 고려해서 교육과정을 개발하고 수업을 설계하고 평가하는 것은 힘들어요. 선생님과 저에게 이 문제가 공동 관심사이니, 여러 선생님과 경험을 공유하고 협력해서 피드백을 주고받는 것이 좋겠어요.

02 장학의 유형 [12 중등, 14 중등(論)]

1 교내장학 [22 중등(論)]

(1) 임상장학 [04 중등]

① 개념: 교실 내에서 장학담당자가 교사의 실제 교수 상황을 직접 관찰하고, 대면적 상호 작용을 통해 교사의 전문적 자질과 수업의 질을 향상시키고자 하는 장학

② 특징
- 교사의 수업 기술 향상을 주된 목적으로, 수업 분석 강조
- 교사와 장학담당자 간의 쌍방적 동료 관계 지향
- 교사와 장학담당자 간의 친밀한 인간관계 강조
- 교사의 자발적 노력 강조

③ 단계

단계	주요 활동
관찰 전 (계획)협의회	장학담당자와 교사가 친밀한 관계를 맺고, 장학에 대한 구체적 활동을 공동으로 계획하는 단계
수업 관찰·분석	계획을 바탕으로 장학담당자가 학급에 방문하여 실제 수업을 관찰하고, 객관적인 자료를 수집·분석하는 단계
관찰 후 (피드백)협의회	장학을 위한 협의가 본격적으로 이루어지는 단계로, 교사에게 수업에 대한 새로운 통찰 기회와 수업 방법의 개선을 위한 정보를 제공하는 피드백이 이루어지는 단계

(2) 동료장학 [18 중등(論)]

① 개념: 둘 이상의 동료 교사가 서로 수업을 관찰한 후 결과에 대해 상호 조언하며 함께 연구하는 장학

② 특징
- 교사들의 자율성과 협동성 기초
- 교사들 간의 동료적인 관계 속에서 서로 가르치고 배우는 활동
- 학교의 형편이나 교사들의 필요와 요구에 기초하여 다양하고 융통성 있는 운영
- 교사들의 전문적·개인적 발달, 학교의 조직적 발달 도모

③ 유형

구분	내용
수업 연구 중심 동료장학	경력 교사와 초임 교사가 짝을 이루어 상호 수업을 공개·관찰하고 의견을 교환함으로써 수업 방법 개선을 도모하거나, 동료 교사 간 팀티칭을 통해 서로 도와 협력하는 형태
협의 중심 동료장학	동료 교사 간 공식적이거나 비공식적인 일련의 협의를 통하여 주제에 관해 서로 경험, 정보, 아이디어, 도움, 충고, 조언 등을 교환하거나, 공동 과제와 관심사를 협의하는 형태
연수 중심 동료장학	연수를 계획·추진·평가할 때 공동 연구자로서 서로 경험, 정보, 아이디어를 교환하거나, 강사나 자원 인사로서 공동으로 협력하는 형태

④ 장점
- 장학에 대한 전문적인 지식이 없어도, 복잡한 형식과 절차를 거치지 않고 동료 교사 간 서로 유용한 정보 제공 가능
- 동료 교사 간 개방과 협동으로 협동적 조직풍토 형성

(3) **약식장학** [07 중등]

① 개념: 단위학교의 교장이나 교감이 교사들의 수업 및 학급 경영 활동을 관찰하고, 이에 대해 교사들에게 지도·조언을 제공하는 장학

② 특징
- 학교 행정가인 교장이나 교감의 계획과 주도하에 전개
- 간헐적이고 짧은 시간 동안의 학급 순시나 수업 참관 중심 활동
- 다른 장학 형태에 대한 보완적·대안적 성격

(4) **자기장학**

① 개념: 교사 개인이 자신의 전문적 발달을 위하여 스스로 체계적인 계획을 세우고 실천하는 장학

② 특징
- 교사 자신의 자율성과 자기발전 의지 및 능력 기초
- 제반 전문적 영역에서 교사 자신의 성장·발달 도모
- 교사 스스로 계획을 세우고 실천하며, 그 결과에 대하여 자기반성을 하는 활동

③ 방법: 자신의 수업을 녹음 또는 녹화 후 분석·평가, 대학원 진학, 연수 및 학회 참여 등

출제 Point

2007학년도 중등 객관식 49번
교내자율장학의 유형

- 교장이나 교감이 학교 교육 전반의 정보를 파악하는 데에 도움이 된다.
- 교장이나 교감이 간헐적으로 학급을 순시하거나 수업을 참관하는 것이다.
- 교장이나 교감이 교사들의 평상시 수업 및 학급 경영 활동을 관찰하고 지도·조언한다.

① 약식장학

CHAPTER 5 장학행정

2 컨설팅장학

(1) 개념
교원의 자발적 의뢰를 바탕으로, 교수·학습과 관련된 전문성 개발을 위해 교내외의 전문성을 갖춘 사람들이 조언을 제공하는 활동

(2) 특징(원리)

특징	내용
전문성	학교 경영·교육에 대한 전문적 지식과 기술 체계를 갖춘 사람에 의해 진행되어야 함
자발성	교장이나 교사 등 의뢰인의 자발적인 요청에 기초해야 함
자문성	본질은 자문 활동으로, 의뢰인을 대신해 교육을 담당하거나 학교를 경영해서는 안 됨
독립성	의뢰인과 컨설턴트의 관계는 상호 동등한 독립적 관계이어야 함
일시성	의뢰인과 컨설턴트의 관계는 특정 과제 해결을 위한 일시적인 관계이어야 함
교육성	컨설턴트는 의뢰인에게 문제 해결에 필요한 정보를 제공하고, 교육이나 훈련을 실시해야 함

3 기타 장학

유형	내용
인간자원장학	교사를 학교의 의사결정 과정에 참여시킴으로써 학교 효과성과 교사의 직무 만족도를 증대시키는 장학
선택장학	교사가 여러 장학 방법 중 자신에게 맞는 장학 방법을 선택하는 장학
발달장학	교사의 발전 정도에 따라 다른 장학 방법을 적용하여 발전 수준을 높여 나가는 장학
마이크로티칭	수업 시간, 학생 수, 수업 내용을 축소하여 교수 방법 향상에 초점을 둔 연습 수업
멘토링장학	신규 교사와 경력 교사와의 역할을 분담해 교수·학습 방법, 생활 지도, 학생 상담 등 교사의 전문성 구축에 초점을 두는 장학

CHAPTER 6 의사결정과 의사소통

01 의사결정

1 의사결정의 네 가지 관점 [04 중등]

구분	합리적 관점	참여적 관점	정치적 관점	우연적 관점
개념	목표 달성을 위한 수많은 대안 중 최적의 대안을 선택하는 것	관련 당사자 간의 논의를 통한 합의의 결과	이해집단 간 타협의 결과	수많은 요소가 우연히 동시에 한곳에 모여서 이루어진 것
조직 형태	관료제, 중앙 집권적 조직	전문적 조직	다수의 이익집단이 존재하고 협상이 용이한 조직	목표가 불분명한 조직
특징	규범적		기술적	

2 의사결정 모형 [13 중등, 21 중등(論)]

구분	내용
합리 모형	• 개념: 의사결정을 위해 필요한 모든 지식과 정보를 수집하고, 이를 객관적으로 분석·종합하여 최적의 대안을 선택하는 모형 • 단점 　- 모든 정보와 가능한 대안에 대한 검토 불가능 　- 이상적·규범적 모형으로, 사실 상황에 적용하기 어려움
만족 모형	• 개념: 의사결정을 통하여 문제에 대한 최선의 해결책보다 만족스러운 해결책을 찾는 모형 • 장단점
		장점	단점
		합리 모형의 한계 극복	- 주관적인 만족의 정도 - 의사결정자의 개인적 차원 강조
점증 모형	• 개념: 기존의 정책이나 의사결정을 점진적으로 수정해 나가는 모형 • 장단점
		장점	단점
		- 안정적인 정책 결정 가능 - 실현 가능성이 높은 대안 선택 가능	- 개혁적·혁신적 의사결정에 부적절함 - 보수적·소극적

출제 Point

2004학년도 중등 객관식 53번
의사결정의 관점

- 의사결정을 이성적 판단보다는 관련 당사자 간의 논의를 통한 합의의 결과로 본다.
- 관료제적 조직보다는 의사결정 관련자의 능력과 자율이 인정되는 전문적 조직에 더 적합하다.

③ 참여적 관점

2021학년도 중등 논술
A안과 B안에 해당하는 의사결정 모형의 단점 각각 1가지, 김 교사가 B안에 따라 학생들의 요구를 반영하기 위해 제안할 수 있는 구체적인 방안 1가지

교사협의회에서는 학교 운영에 학생들의 요구를 반영하는 방안에 대해 논의했어. 다양한 의사결정 방식들이 제안되었는데 그중 A안은 문제를 확인한 후에 목적과 세부 목표를 설정하고, 가능한 대안들을 모두 탐색하고, 각 대안에 따른 결과를 예측하고 비교해서 최적의 방안을 찾는 방식이었어. B안은 현실적인 소수의 대안을 검토하고 부분적으로 수정해서 현재의 문제 상황을 조금씩 개선해 나가는 방식이었어. 많은 논의를 거친 끝에 B안으로 결정했어. 나는 B안에 따른 구체적인 방안을 다음 협의회 때 제안하기로 했어.

2013학년도 중등 객관식 35번
교육 정책 결정 모형에 대한 설명

ㄱ. 쓰레기통 모형(Garbage-can Model)은 조직화된 무질서(Organized Anarchies) 상태에서 정책 결정이 우발성에 기초하여 이루어지고 있음을 강조한 모형이다.
ㄴ. 점증 모형(Incremental Model)은 합리 모형의 비현실성을 극복하기 위해 제안된 것으로, 기존의 정책 틀을 기반으로 하여 현재보다 다소 개선된 수준의 대안을 선택해 나가는 모형이다.
ㄷ. 최적 모형(Optimal Model)은 정책 결정이 합리성에만 근거해서 이루어지는 것은 아니며, 때때로 직관 등 초합리성이 개입되어 이루어짐을 주장한 모형이다.

CHAPTER 6 의사결정과 의사소통

혼합 모형	• 개념: 정책이나 기본적인 방향은 합리 모형에 의해 결정하고, 기본 방향이 설정된 후의 세부적인 문제에는 점증 모형을 적용하는 모형 • 장단점 <table><tr><th>장점</th><th>단점</th></tr><tr><td>- 현실적이고 바람직한 방향 제시 - 복잡하고 불확실한 상황에 대한 실용적 접근 가능</td><td>- 불분명한 의사결정 과정 - 점증 모형과 크게 다르지 않음 (이론적 독자성이 낮음)</td></tr></table>
최적 모형	• 개념: 합리성과 초합리성(직관적 판단, 창의력, 상상력 등)을 동시에 고려하여 최적치(Optimality)를 추구하는 규범적 모형 • 장단점 <table><tr><th>장점</th><th>단점</th></tr><tr><td>창의적·혁신적 의사결정 가능</td><td>비현실적·이상적</td></tr></table>
쓰레기통 모형	• 개념: 의사결정은 비합리적이고 우연적인 선택으로 이루어진다는 모형 • 장단점 <table><tr><th>장점</th><th>단점</th></tr><tr><td>문제가 해결되지 않는 이유 설명 가능</td><td>조직화된 무질서 조직에서만 일어나는 의사결정</td></tr></table>

3 의사결정 참여 모형

(1) 브리지스(Bridges)의 참여적 의사결정 모형

① 개념: 적절성과 전문성을 기준으로 조직 구성원들이 의사결정의 수용 영역 범위 안에 있는가 혹은 밖에 있는가에 따라 의사결정에의 참여 여부를 검토하는 모형
② 의사결정의 수용 영역: 구성원이 상급자의 의사결정을 기꺼이 받아들이는 영역
  • 적절성: '의사결정에 구성원이 개인적 이해관계를 가지고 있는가'
  • 전문성: '의사결정에 구성원이 유용한 공헌을 할 수 있는 전문성을 가지고 있는가'
③ 의사결정 형태

구분		적절성	
		O	×
전문성	O	〈상황 I (수용 영역 밖)〉 초기 단계부터 구성원을 자주 적극적으로 참여시킴	〈상황 II (수용 영역 한계 조건)〉 최종 대안을 선택할 때 구성원을 가끔 제한적으로 참여시킴
	×	〈상황 III (수용 영역 한계 조건)〉 대안 제시나 결과 평가 단계에서 구성원을 가끔 제한적으로 참여시킴	〈상황 IV (수용 영역 안)〉 구성원을 참여시키지 않음

(2) 호이와 타터(Hoy&Tarter)의 참여적 의사결정 모형 [09 중등]

① 개념: 브리지스(Bridges)의 참여적 의사결정 모형을 발전시켜 구성원의 신뢰, 상황, 의사결정 구조, 지도자의 역할 변인을 추가한 모형

② 의사결정 모형

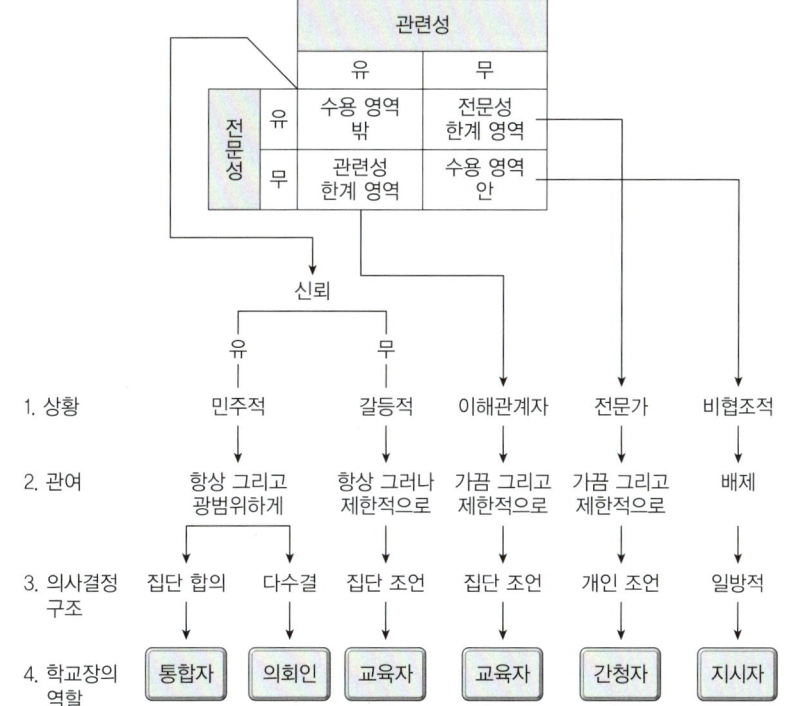

구분	내용
민주적 상황	수용 영역 밖에 있고 구성원이 신뢰성을 갖는 경우로, 구성원을 의사결정 과정에 최대한 참여시킴(통합자, 의회인)
갈등적 상황	수용 영역 밖에 있고 구성원이 신뢰를 갖지 않는 경우로, 구성원의 참여를 제한함(교육자)
이해관계자 상황	구성원이 관련성은 있으나 전문성이 없는 경우로, 구성원을 가끔씩 제한적으로 참여시킴(교육자)
전문가 상황	구성원이 관련성은 없지만 전문성을 갖는 경우로, 구성원을 가끔씩 제한적으로 참여시킴(간청자)
비협조적 상황	구성원이 관련성과 전문성을 가지고 있지 않은 경우로, 구성원의 참여를 배제함(지시자)

출제 Point

2009학년도 중등 객관식 39번
호이와 타터(Hoy&Tarter)가 제시한 참여적 의사결정의 규범 모형에서 교장은 특정 사안에 대한 교사의 관련성과 전문성을 확인하여 해당 교사가 속한 수용 영역(Zone of Acceptance)을 판단하며, 이에 따라 의사결정에 대한 교사의 참여 정도를 다양하게 결정한다. ㉠, ㉡, ㉢의 경우에 해당하는 학교장의 역할

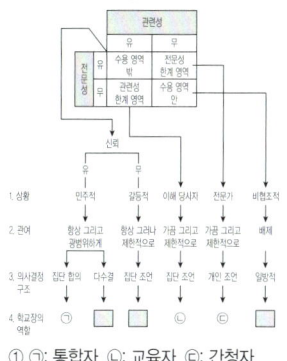

① ㉠: 통합자, ㉡: 교육자, ㉢: 간청자

CHAPTER 6 의사결정과 의사소통

출제 Point

2004학년도 중등 객관식 56번
타인과 의사소통을 할 때 영향을 주는 네 가지 유형의 정보를 나타내는 '조하리 창'(Johari Window)에서 교사가 속한 영역

	자신에 관한 정보가 자신에게 알려짐	자신에 관한 정보가 자신에게 알려지지 않음
자신에 관한 정보가 타인에게 알려짐	I 영역	II 영역
자신에 관한 정보가 타인에게 알려지지 않음	III 영역	IV 영역

- 자기 이야기는 많이 하면서 상대방의 이야기에는 귀를 기울이지 않는다.
- 인간관계 개선을 위하여 다른 사람들로 하여금 자신에 대한 생각과 감정을 노출시키도록 격려할 필요가 있다.

② II 영역

02 의사소통

1 의사소통의 원칙

원칙	내용
명료성	전달하는 내용이 명확해야 함
일관성(일치성)	전달되는 정보에 모순이 없어야 함
적시성	의사소통은 적절한 시기에 이루어져야 함
분포성(배포성)	전달하는 내용이 모든 대상에게 골고루 전달되어야 함
적량성	과다하거나 과소하지 않은 적당량의 정보를 전달해야 함
적응성(융통성)	전달하는 내용은 구체적인 상황에 적응 가능한 현실 적합성을 가져야 함
통일성	조직 전체 입장에서 동일하게 수용되는 표현이어야 함

2 의사소통의 기법: 조하리의 창(Johari's Window) [04 중등]

(1) 개념

마음의 창을 통해 본 인간관계 영역

(2) 4개의 창

	피드백 → 자신에게 알려진 영역	자신에게 알려지지 않은 영역	
자기노출 ↓	개방적 영역 – 민주형 (Open)	맹목적 영역 – 독단형 (Blind)	타인에게 알려진 영역
	잠재적 영역 – 과묵형 (Hidden)	미지적 영역 – 폐쇄형 (Unknown)	타인에게 알려지지 않은 영역

구분	내용
개방적 영역 – 민주형 (Open Area)	• 스스로에 관한 정보 중 자신이나 타인에게 잘 알려진 부분 • 서로 잘 알고 있는 개방적인 상호 작용을 하므로 효과적인 의사소통이 가능함 • 자기노출과 피드백을 통해 영역 확장이 가능함
맹목적 영역 – 독단형 (Blind Area)	• 타인에게는 잘 알려져 있지만, 스스로는 잘 모르는 부분 • 의사소통에서 자신의 주장을 앞세우고, 타인의 의견은 불신·비판하여 수용하지 않음 • 타인으로부터 피드백을 받지 못할 때 영역이 확장됨
잠재적 영역 – 과묵형 (Hidden Area)	• 스스로는 잘 알지만, 타인에게는 알려지지 않은 부분 • 자신에 대한 타인의 반응을 예측할 수 없으므로 타인에게 방어적인 태도를 취하게 됨 • 자신의 의견이나 감정을 표출하지 않고, 타인으로부터 정보를 얻으려 함

미지적 영역-폐쇄형 (Unknown Area)	• 자기 스스로와 타인 모두에게 알려지지 않은 부분 • 의사소통 시 자신에 대한 견해를 표명하지 않으며, 타인으로부터 피드백을 받지 않음 • 일상적 의사소통이 어려우며, 자기폐쇄적으로 되기 쉬움

CHAPTER 7 교육기획과 교육재정

> **출제 Point**
>
> **2017학년도 중등 논술**
> A교장이 강조하고 있는 교육기획의 개념과 그 효용성 2가지
>
> ◆ 교육기획의 중요성 부각
> A교장은 단위학교에서 새 교육과정이 체계적으로 운영되도록 돕는 교육기획(Educational Planning)을 강조하였다.

01 교육기획

1 교육기획의 이해 [17 중등(論)]

(1) 개념

미래의 교육 활동에 대비하여 교육 목표 달성을 위한 효과적인 수단과 방법을 제시함으로써 교육 정책 결정의 효율성과 안정성을 보장해 주는 지적·합리적 과정

(2) 장단점

장점	단점
• 교육 정책의 수행과 교육행정의 안정화에 기여함 • 교육행정 혹은 교육 경영의 효율성과 타당성을 제고할 수 있음 • 한정된 재원을 합리적으로 배분할 수 있도록 함 • 교육 개혁과 교육적 변화를 촉진하는 역할을 수행함	• 교육기획 수립 시 각종 예측과 추정을 위해 여러 가지 상황을 가정하지만, 그 변화를 예상하기 어려움 • 정확하고 적절한 정보와 자료의 취득에 한계가 있음 • 시간·비용·노력의 제약이 있고, 정치적·사회적 압력이 발생할 수 있음 • 교육 운영의 경직성으로 인하여 개인의 창의성이 위축될 우려가 있음

2 교육기획의 접근 방법

구분	내용
사회 수요에 의한 접근 방법	• 개념: 교육을 받고자 하는 모든 사람에게 교육의 기회를 제공해야 한다는 원칙하에서 이루어지는 접근 방법 • 장단점 <table><tr><th>장점</th><th>단점</th></tr><tr><td>- 단기적으로 사회적·정치적 안정에 기여 가능 - 인구 성장률을 활용하여 비교적 손쉬운 교육 계획 수립 가능</td><td>- 사회적 필요와 동떨어진 교육 계획 수립 - 재정적 제약 조건 등을 고려하지 않을 경우 교육의 질적 수준 저하 가능성</td></tr></table>

인력 수요에 의한 접근 방법 [08 중등]	• 개념: 경제 성장에 필요한 인적 자본의 중요성에 대한 인식을 바탕으로 경제 성장을 뒷받침하는 인력 수요를 예측하여, 이를 충족시킬 수 있도록 교육적 측면의 공급을 조절해 나가는 접근 방법 • 절차: 기준 연도와 추정 연도의 산업 부문별·직종별 인력 변화 추정 → 인력 수요 자료의 교육 수요 자료로의 전환 → 교육 자격별 노동력의 부족분 계산 → 학교 수준 및 종류(학과)별 적정 양성 규모 추정 • 장단점 <table><tr><th>장점</th><th>단점</th></tr><tr><td>– 교육과 취업, 교육과 경제 성장을 보다 긴밀하게 연결한 교육기획 수립 – 교육 운영에서 낭비를 줄임으로써 교육의 효율성 제고</td><td>– 교육과 취업은 반드시 일대일의 대응 관계를 갖지 않음 – 사회의 급변화로 교육 수요나 인력 수요의 추정이 어려움 – 경제 성장을 위한 인력 공급이라는 외적 목적에 초점을 맞춤으로써 기본적 교육 본질 훼손</td></tr></table>
수익률에 의한 접근 방법	• 개념: 교육을 투자로 보고, 투자에 대한 경제적 효과를 분석하는 방법으로 특정 단계 혹은 분야의 교육·제도·운영 방법 등에 대한 경제적 수익률을 측정하여, 비교 수익률이 높은 부문이나 방식을 채택하는 접근 방법 • 장단점 <table><tr><th>장점</th><th>단점</th></tr><tr><td>– 교육 운영의 경제적 효율성 제고 – 비용·수익 분석을 통해 교육 투자의 합리성 제고</td><td>– 교육 투입과 산출에 대한 다양한 계산 방식으로 측정이 어려움 – 과거의 소득으로 미래의 소득을 추정하는 기법의 문제가 발생하므로 수익률 계산이 어려움</td></tr></table>
국제 비교에 의한 접근 방법	• 개념: 선진국 혹은 경제와 교육의 발전이 유사한 다른 국가의 경험을 비교·연구함으로써 자국의 교육 발전을 위한 방향과 전략을 수립하는 접근 방법 • 장단점 <table><tr><th>장점</th><th>단점</th></tr><tr><td>– 외국의 경험 모방으로 교육기획 과정의 단순화 – 기획이 쉽고, 문제 예측이나 효율적인 처치 가능</td><td>– 국가마다 교육 제도와 운영 방식이 다름 – 각 나라의 전통, 사회·문화적 배경, 삶의 양식, 가치 체계 등이 다름</td></tr></table>

> **출제 Point**
>
> 2008학년도 중등 객관식 47번
> '인력 수요 접근법(Manpower Approach)'에 의한 교육 계획의 수립 절차
>
> ㄹ. 기준 연도와 추정 연도의 산업 부문별, 직종별 인력 변화 추정 → ㄴ. 인력 수요 자료의 교육 수요 자료로의 전환 → ㄱ. 교육 자격별 노동력의 부족분 계산 → ㄷ. 학교 수준 및 학교 종류(학과)별 적정 양성 규모 추정

CHAPTER 7 교육기획과 교육재정

출제 Point

2013학년도 중등 객관식 39번
교육재정의 운영은 재정의 '확보 → 배분 → 지출 → 평가'의 과정으로 이루어진다. 확보, 배분, 지출, 평가의 각 단계에는 중요하게 요구되는 원리가 있다. '확보' 단계에서 요구되는 원리 중 충족성의 원리는 교육 활동을 운영하는 데 필요한 재원을 충분히 확보해야 한다는 것이고, '배분' 단계에서 요구되는 원리 중 효율성의 원리는 최소한의 재정 투자로 최대한의 교육 성과를 이룰 수 있도록 교육재정을 사용해야 한다는 것이다. '평가' 단계에서 요구되는 원리 중 책무성의 원리는 사용한 경비에 대해서는 납득할 만한 이유를 제시할 수 있고 책임을 질 수 있어야 한다는 것이다.

2005학년도 중등 객관식 48번
교육재정 운영을 확보-배분-지출-평가 단계로 구분할 때, 지출 단계에서 상대적으로 더 중시되는 준거
③ 자율성과 투명성

2002학년도 중등 객관식 54번
학생들의 개인차 또는 프로그램의 교육비 수준에 따라 차등적으로 재정 지원을 할 때 적용한 교육재정 배분 기준
② 공정성

2011학년도 중등 객관식 37번
- 차기 예산을 편성하는 데 필요한 정보를 얻는다.
- 세출 예산에 대한 엄격한 사전·사후 통제가 가능하다.
- 회계 책임을 분명하게 하고, 예산 담당자의 자유 재량 행위를 제한한다.
- 지출 대상을 인건비, 시설비, 운영비 등과 같이 세분화하여 금액으로 표시한다.

② 품목별 예산제도

02 교육재정

1 교육재정의 운영 원리 [02 중등, 05 중등, 13 중등]

구분		내용
확보 단계	충족성	교육 활동을 운영하는 데 필요한 재원이 충분히 확보되어야 함
	자구성	지방 자치 단체 스스로 필요한 재원을 확보하기 위한 노력이 필요함
	안정성	교육 활동의 장기적인 일관성·영속성을 유지하기 위하여 안정적인 재원이 확보되어야 함
배분 단계	효율성	최소한의 재정으로 최대한의 교육 효과를 이루어야 함
	균형성 (평등성)	경비의 배분에 있어서 개인·지역 간 균형을 이루어야 함
	공정성 (공평성)	학생의 개인차, 교육 환경의 차이, 교육 프로그램 등에 따라 차등적으로 재정 지원을 해야 함
지출 단계	자율성	단위 기간의 자율성이 보장되어야 함
	투명성	운영 과정이 대중에게 공개되어야 함
	적정성	의도한 교육 결과를 산출하는 데 적절한 지원을 제공해야 함
평가 단계	효과성	투입된 재원이 설정된 교육 목표의 달성과 교육의 질적 향상을 가져오도록 해야 함
	책무성	사용한 경비에 관하여 책임을 질 수 있어야 함

2 교육예산 편성 기법

구분	내용
품목별 예산제도 (LIBS) [11 중등]	• 개념: 지출 대상을 품목별로 세분화하여 예산을 편성하는 제도 • 장단점 | 장점 | 단점 | |---|---| | - 세밀하게 작성된 예산 내역 통한 정보 습득 가능 - 예산의 낭비와 부정 방지 가능 - 분명한 회계 책임 | - 자유 재량의 제한으로 예상치 못한 사태에 신축성 있게 대응하기 어려움 - 사업의 전체적 개요 파악이 어려움 - 예산의 성과에 대한 소홀한 분석 |
성과주의 예산제도 (PBS)	• 개념: 예산 항목을 사업 계획별·활동별로 분류한 후 각 세부 사업별로 단위 원가에 업무량을 곱하여 예산액을 표시하고, 성과를 측정·분석하여 재정을 통제하는 제도

	• 장단점	
	장점	단점
	– 사업별 예산 편성으로 기관의 사업을 쉽게 이해 가능 – 정책이나 계획 수립에 용이	– 예산 통제가 어렵고, 회계 책임이 불분명 – 예산 관리에 치중하여 계획을 소홀히 할 가능성

> **출제 Point**
>
> **2009학년도 중등 객관식 37번**
> 학교 예산 편성 과정에 활용한 예산 편성 기법
>
> 올해 9월 A중학교에 부임한 김 교장은 금년도 예산에 구애 받지 않고 모든 사업과 활동을 전면적으로 재검토하여 내년도 사업계획안을 마련하였다. 그리고 교직원 회의를 거쳐 사업의 우선순위를 결정한 다음, 김 교장은 이에 근거하여 한정된 예산을 우선순위에 따라 배분하는 내년도 예산안을 편성하여 학교운영위원회의 심의를 거쳐 확정하였다.
>
> ④ 영 기준 예산제도

기획 예산제도 (PPBS)	• 개념: 장기적 기획과 단기적 예산 편성을 결합시켜 한정된 재원을 합리적으로 배분하는 제도 • 장단점	
	장점	단점
	– 학교 목표의 우선순위에 따른 자원의 합리적 사용으로 예산 절약과 지출 효율화 – 학교 목표, 교육 프로그램, 예산의 체계적 연결 가능	– 최고 의사결정자에게 정보가 집중됨에 따라 예산 운영의 집권화 조장 – 학교 교육의 교수·학습 체계의 지나친 단순화

영 기준 예산제도 (ZBBS) [09 중등]	• 개념: 전년도 사업을 그대로 인정하지 않고 학교 목표에 따라 새롭게 재평가함으로써 우선순위를 정하고, 한정된 예산을 우선순위별 사업에 배분하여 결정하는 제도 • 장단점	
	장점	단점
	– 학교 경영에 전 교직원의 참여 유도 가능 – 모든 사업을 전면적으로 재검토하므로 합리적 예산 배분 가능 – 학교 경영 계획과 실행 예산의 일치	– 시간과 노력의 부담 과중 – 교직원들의 시행착오 가능성 – 사업이 기각되거나 평가절하될 경우 비협조적 풍토 발생

| 단위학교
예산제도
(SBBS)
[03 중등, 04 중등] | • 개념: 교육부에서 일반적으로 관장하던 재정권을 단위학교에 이양함으로써 단위학교의 자율성·책무성·효과성을 향상시키고자 하는 제도
• 특징
  – 학교 회계연도: 학년도와 일치(3월 1일부터 이듬해 2월 말일)
  – 예산 배부 방식: 일상경비와 도급경비의 구분 없이 표준교육비 기준으로 총액 배부
  – 예산 배부 시기: 학교 회계연도 개시 50일 전 일괄적 통보
  – 세출 예산 편성: 학교 실정에 따른 자율적 편성
  – 학교 시설 사용료, 수수료 수입: 학교 자체 수입으로 처리
  – 회계 장부: 학교 회계로 통합 및 단일화
  – 잔액: 다음 회계연도로 이월 가능
• 장점
  – 세입과 세출의 일원화로 학교 재정의 효율적 운영
  – 교사와 학부모의 예산 편성 과정 참여로 학교 재정 운영의 투명성과 신뢰성 제고
  – 자율적인 예산 운영으로 교육의 질적 수준 제고 |

CHAPTER 8 학교·학급 경영

출제 Point

2009학년도 중등 객관식 35번
현행 우리나라의 학교 단위 책임경영제도에 대한 설명

ㄱ. 단위학교의 자율성·창의성·책무성을 강조한다.
ㄴ. 학교운영위원회를 설치하여 단위학교 내 의사결정의 분권화를 추구하고 있다.
ㄹ. 교육청에 의한 규제와 지시 위주의 학교 경영 방식을 지양하고, 학교 경영에 대한 권한을 단위학교에 부여한다.

2013학년도 중등 객관식 38번
중학교의 학교운영위원회 구성·운영 사례

학교의 교원 대표, 학부모 대표 및 지역 사회 인사로 학교운영위원회를 구성하였다. 교장을 제외한 교원위원은 교직원 전체 회의에서 선출되었고, 학부모위원은 학부모 전체 회의에서 직접 선출되었으며, 학부모위원 및 교원위원이 지역위원을 선출하였다. 이번 회의의 주요 안건은 학칙의 개정에 관한 사항이었고, 이를 심의하였다. 다음 회의에는 학교발전기금에 관한 사항을 심의·의결하기로 하였다.

2006학년도 중등 객관식 40번
우리나라의 학교운영위원회 구성에 관한 설명
① 학교장은 학교운영위원회의 당연직 위원이다.

01 학교 경영

1 학교 자율 경영

(1) 단위학교 책임경영제(SBM) [09 중등]

① 개념: 단위학교의 자율성 및 책무성을 강조하기 위해 학교의 운영을 단위학교에 위임하여 자율적으로 학교를 운영할 수 있게 한 제도
② 구체적 실천 방안
- 학교운영위원회: 학부모, 교원, 지역 인사가 공동으로 참여하는 학교운영위원회 설치 및 운영
- 초빙교장제(교장공모제): 교장이나 교사를 초빙하여 학교 실정에 맞는 교육 운영
- 도급경비제: 예산을 총액으로 지급하여 학교에 재량권 부여
- 학교회계제도: 세입과 세출을 일원화하여 학교가 자율적으로 예산 편성 및 운영

(2) 학교운영위원회 [06 중등, 08 중등, 13 중등]

학생과 학부모 및 지역 사회의 요구를 학교 교육에 적극적으로 반영하여 학교 운영에 대한 정책 결정의 민주성·합리성·투명성을 제고하고, 학교의 자율성과 책무성을 강화하는 제도

2 학교 경영 기법

구분	내용	
목표관리기법 (MBO) [10 중등]	• 개념: 조직 구성원들이 공동으로 참여하여 목표를 설정하고, 목표를 달성하기 위해 역할을 분담하며, 기준에 따라 성과를 평가한 후 보상하는 관리 기법 • 장단점	
	장점	단점
	– 목표에 집중된 교육 활동으로 교육의 효율성 제고 – 교직원의 참여 의식 제고 – 교직원 간의 의사소통 활성화 – 학교의 관료화 방지와 교직의 전문성 제고	– 단기적·구체적 목표 달성에 치중 – 측정 가능한 목표를 설정함으로써 교육의 질적 요인 저해 – 교직원의 업무 부담 가중
과업평가 계획기법 (PERT)	• 개념: 과업 달성을 위한 세부 과업을 수행 단계와 단계에 따른 활동으로 나누어 인과 관계를 분석한 후, 과업 추진 공정을 플로 차트(Flow Chart)로 그려 합리적·체계적으로 과업을 수행하는 기법 • 장단점	
	장점	단점
	– 구성원의 작업 과정 참여로 참여 의식 제고 – 효율적인 예산 통제로 최저 비용으로 일정 단축 가능 – 작업 요소별 명확한 책임 부서를 통해 원만한 작업 수행 가능	– 계획에 필요한 모든 자료에 대한 세밀한 검토 필요 – 고도의 훈련 필요
정보관리체제 (MIS)	조직이 수행하는 주요 기능과 관련되는 의사결정, 기획과 통제, 관리와 운영에 필요한 정보를 제공하는 하나의 하위 체제	
조직개발기법 (OD)	행동과학적인 지식과 기술을 활용하여 조직의 목적과 개인의 욕구를 결부시킴으로써 조직 전체의 변화와 발전을 도모하려는 계획적·체계적 조직 관리 기법	
총체적 질 관리 (TQM)	조직의 생산성과 효율성을 제고하기 위하여 구성원 전원이 참여하여 고객의 욕구와 기대가 충족되거나 증가되도록 지속적으로 개선해 나가는 활동	

> **출제 Point**
>
> 2010학년도 중등 객관식 40번
> 학교 경영 관리 기법
> • 드러커(Drucker)가 소개하고, 오디온(Odiorne)이 체계화하였다.
> • 조직 구성원의 전체적인 참여와 합의를 중시한다.
> • 활동의 과정과 결과에 대해 평가하며 수시로 피드백 과정을 거친다.
> • 학교 운영의 분권화와 참여를 통해 관료화를 방지할 수 있다.
>
> ③ 목표관리기법(Management by Objectives)

CHAPTER 8 학교·학급 경영

출제 Point

2005학년도 중등 객관식 40번
민주적으로 학급을 운영하고자 하는 교사가 학생들에게 자율적으로 청소를 하게 할 때 교사가 해야 할 일로 가장 중요한 것
② 청소와 관련된 규칙을 만들 때부터 학생들이 참여하도록 한다.

02 학급 경영

1 학급 경영의 영역 [02 중등]

영역	내용
교과지도	교과지도, 특수아 지도, 가정 학습 지도
창의적 체험 활동 지도	학급 활동, 클럽 활동, 단체 활동, 학교 행사 조직
생활 지도	인성 지도, 교우 관계 지도, 진로 상담 지도, 출결석 지도
환경 및 시설 관리 지도	교실 환경 게시, 학급 시설 및 비품의 유지 관리, 청소 지도
사무 관리	학생부 기록, 각종 장부 관리, 성적 관리
가정 및 지역 사회와의 관계 관리	학부모 면담, 가정 방문, 지역 사회 협조 유도, 봉사활동

2 학급 경영의 원리 [05 중등]

원리	내용
자유의 원리	학생의 인격을 존중하고, 개성을 발전시켜야 함
협동의 원리	학급 집단의 안전과 이익을 위하여 협동 생활을 할 수 있도록 지도해야 함
창조의 원리	학급 생활에서 과학적 사고 활동, 공작 활동, 흥미 본위의 자기 활동 등을 할 수 있도록 기회를 제공해야 함
노작의 원리	학습 활동, 특별 활동 등에서 스스로 자신의 목표를 실현할 수 있도록 기회를 제공해야 함
흥미의 원리	학생이 흥미를 갖도록 생활 환경을 새롭게 마련하고, 성취감을 갖도록 지도하며, 다음 학습에 대한 준비 태세를 갖출 수 있도록 하여 자율적인 활동을 적극적으로 권장해야 함
요구의 원리	이끌고 도와주는 교사의 입장과 이끌리고 활동하는 학생의 입장을 동시에 고려하여 학생·가정·지역 사회의 요구 등을 교육적인 내용으로 충족시켜야 함
접근의 원리	학급은 교사와 학생의 상호 작용의 장으로, 교사와 학생 또는 학생 상호 간의 의사소통과 인격적 접근으로 개인과 학급 전체가 발전하도록 지도해야 함
발전의 원리	학급 경영 활동에 대한 지속적인 점검·반성·평가 등을 통해 학급을 보다 발전적인 방향으로 변화시켜야 함

개념을 현장에 적용한 사례 살펴보기

실전 적용 120p

교장공모제 논란

교장공모제는 '승진 중심의 교직 문화를 개선하고, 능력 있는 교장의 공모로 학교 자율화와 책임경영을 실현한다.'는 취지 아래 2007년 도입되었다. 교육행정의 민주성의 원리, 효율성의 원리, 기회 균등의 원리에 비추어 볼 때 교장공모제의 장단점을 정리해 보자.

Note

확인편 O/X로 출제 이론 Check!

CHAPTER 1 | 교육행정의 이해와 발달 과정

교육행정의 개념 ▶ 국가통치권론, 조건정비론, 행정과정론, 협동행위론, 교육지도성론

교육행정의 원리 ▶ 민주성의 원리, 효율성의 원리, 합법성의 원리, 기회 균등의 원리, 지방 분권의 원리, 자주성의 원리, 안정성의 원리, 전문성 보장의 원리

교육행정의 발달 과정 ▶ 과학적 관리론, 행정관리론, 관료제론, 인간관계론, 행동과학론, 체제론

---

093 다음 제도 개혁의 취지에 부합하는 교육행정에 대한 관점은 국가통치권론이다. ○ | ×
[13 중등 36번]

> 최근 지방 교육행정 조직에서 '지역교육청'의 명칭을 '교육지원청'으로 변경하고 그 역할에 있어서도 변화를 꾀하였다. 이를 통해 행정의 기능을 종래의 '관리·점검' 중심에서 '일선 학교의 교육 활동에 대한 지원 강화' 중심으로 새롭게 정립하고자 했다.

094 행정과정론은 교육행정을 교수·학습을 통해 교육 목표를 달성하도록 돕는 수단으로 보는 관점이다. [07 중등 45번] ○ | ×

095 행정행위론은 교육행정을 교육 체제에 작용하는 여러 변인을 합리적으로 조정하는 활동으로 보는 관점이다. [04 초등 52번] ○ | ×

096 교육행정의 규범과 원리 중에서 효율성의 원리란 학교나 교육행정 기관이 자율적으로 운영되는 것을 말한다. [00 대구·경북 초등보수 10번]   ○ | ✕

097 교육 정책을 수립하는 데 있어서 관련 집단의 참여를 통하여 공정한 민의를 반영하고, 결정된 교육 정책의 집행 과정에서는 권한 이양을 통하여 교육행정 기관의 독단과 전제를 막는 것을 기본으로 하는 교육행정의 원리는 민주성의 원리이다. [99 중등 추가 35번]   ○ | ✕

098 경제적 여건이 어려운 학생들이 학교에 다닐 수 있도록 무상 의무 교육을 실시하거나 장학금을 지급하는 것은 교육행정의 원리 중 기회 균등의 원리에 해당한다. [07 상담 43번]   ○ | ✕

099 정책 결정 과정에 국민의 참여 기회를 확대하는 것은 교육행정의 원리 중 민주성의 원리에 해당한다. [04 중등 51번]   ○ | ✕

Answer   093. ✕   094. ✕   095. ○   096. ✕   097. ○   098. ○   099. ○

[100~103]

> ㄱ. 효과적인 의사결정을 위해 제한된 합리성을 토대로 하는 행정적 인간형이 필요하다는 주장과 더불어 교육행정의 이론화에 크게 영향을 주었다.
> ㄴ. 교직원들의 사회적·심리적 여건과 비공식 집단의 사회 규범이 생산성에 중요하게 영향을 미친다는 주장과 더불어 교육행정의 민주화에 크게 공헌하였다.
> ㄷ. 작업 과정의 표준화를 통해 교직원의 작업 능률을 최대한 유지하면서 학교의 비효율과 낭비를 제거하여야 한다는 주장과 더불어 교육행정의 효율화를 극대화하였다.

100 교육행정 이론의 시대적 변천 순으로 올바르게 배열한 것은 ㄷ → ㄴ → ㄱ 이다. ○ | ×
[11 중등 35번]

101 ㄱ에 해당하는 교육행정 이론은 과학적 관리론이다. [11 중등 35번] ○ | ×

102 ㄴ에 해당하는 교육행정 이론은 인간관리론이다. [11 중등 35번] ○ | ×

103 ㄷ에 해당하는 교육행정 이론은 체제이론이다. [11 중등 35번] ○ | ×

104 테일러의 과학적 관리론을 따르거나 중시하는 학교 관리자는 학교 운영에 관한 모든 일을 교사 및 학생들과 긴밀하게 협의하여 결정할 가능성이 높다. [06 중등 38번] ○ | ×

105 과학적 관리론에서는 교직원의 작업 능률을 최대한으로 유지하며, 교직원의 수를 최소로 감축하여야 한다고 주장한다. [08 초등 43번] ○ | ×

106 과학적 관리론에서는 인간을 스스로 동기 부여와 자기 규제를 할 수 있는 존재로 본다. [03 중등 51번] ○ | ×

107 인간관계론에서는 인간이 사회적·심리적 요인으로 동기 유발된다고 본다.
[10 중등 35번] ○ | ×

108 체제론에서는 동료 교사 간의 인간관계와 교사의 개인적 사정에 대한 배려를 중시한다. [10 중등 35번] ○ | ×

Answer 100. ○ 101. × 102. ○ 103. × 104. × 105. ○ 106. × 107. ○ 108. ×

109 메이요와 뢰슬리스버거가 호손 공장에서 수행한 실험 연구를 통해 정립된 이론에 근거할 때, 학교 행정가는 구성원의 참여를 보장하고 교직원의 사기와 인화를 촉진해야 한다. [07 중등 46번]   ○ | ×

110 메이요의 호손 실험 결과가 학교조직의 운영에 대해 시사하는 것 중 핵심적인 것은 학교 교실 환경의 중요성이다. [00 중등 06번]   ○ | ×

111 인간관계론은 민주적 교육행정의 가치를 가장 중시하는 이론이다. [01 중등 12번]   ○ | ×

112 과학적 관리론과 인간관계론은 조직 외부 환경과의 상호 작용보다 조직 내부 문제에 더 관심을 갖는다는 공통점이 있다. [12 중등 38번]   ○ | ×

113 인간관계론에서는 학교 구성원들이 역할과 인성의 상호 작용을 통해 행동하고, 학교는 지역 사회의 가치, 정치 및 역사 등에 의해 영향을 받는다고 본다. [09 초등 40번]   ○ | ×

114 사회 체제는 여러 하위 체제로 구성되어 있으며, 목표 달성·적응·통합 등 기본적 기능을 수행한다. [02 중등 53번] ○|×

CHAPTER 2 | 동기 이론

내용 이론 ▸ 매슬로우의 욕구 위계 이론, 허즈버그의 동기 위생 이론, 앨더퍼의 생존·관계·성장 이론(ERG 이론)
과정 이론 ▸ 브룸의 기대 이론, 애덤스의 공정성 이론, 로크의 목표 설정 이론

[115~117]

	허즈버그의 요인 이론	매슬로우의 욕구 이론	엘더퍼의 ERG 이론
고차적 욕구 ↕ 기본적 욕구	동기 요인	자아실현 욕구	ㄴ
		ㄷ	
		소속 욕구	관계 욕구
	ㄱ	안전 욕구	생존 욕구
		생리적 욕구	

115 ㄱ에 해당하는 것은 위생 요인이다. [01 초등 36번] ○|×

116 ㄴ에 해당하는 것은 만족 욕구이다. [01 초등 36번] ○|×

117 ㄷ에 해당하는 것은 존중 욕구이다. [01 초등 36번] ○|×

Answer 109. ○ 110. × 111. ○ 112. ○ 113. × 114. ○ 115. ○ 116. × 117. ○

118 다음 연구 결과와 관련된 동기 이론은 허즈버그의 동기 위생 이론이다. [06 초등 58번]   ○ | ×

> 직무 만족과 불만족은 연속선상의 양극단에 위치하는 일차원적인 개념이 아니라, 별개로 존재하는 상호 독립적인 개념이다. 그래서 조직 생활에서 만족 요인이 많으면 만족감이 커지지만, 그것이 없다고 해서 불만족감이 높아지는 것은 아니다. 또한, 불만족 요인이 많으면 불만족감이 높아지지만, 그것이 없다고 해서 만족감이 높아지는 것은 아니다.

119 허즈버그의 동기 위생 이론에서 만족 요인은 동기 요인, 불만족 요인은 위생 요인에 해당한다. [06 초등 58번]   ○ | ×

120 허즈버그의 동기 위생 이론에 비추어 볼 때, 충족되는 경우에 교사의 직무 만족감 증진에 가장 크게 기여하는 것은 보수이다. [02 중등 52번]   ○ | ×

[121~122]

- 교사가 더 큰 내적 만족을 얻을 수 있도록 직무를 재설계하는 방법을 모색한다.
- 교사의 동기는 보수 수준이나 근무 조건의 개선보다 가르치는 일 그 자체의 성취감 등을 통해 더욱 강화된다.
- 교사에게 직무 수행상의 책임을 증가시키고, 자신의 능력을 발휘할 수 있도록 기회와 재량권을 부여하여 심리적 보상을 얻게 한다.

121 위와 관련된 이론은 동기 위생 이론이다. [12 중등 40번]　　　　　　　　　　　　　　○ | ✕

122 위와 관련된 제도로는 수석교사제가 있다. [12 중등 40번]　　　　　　　　　　　　　○ | ✕

123 다음 내용에 부합하는 동기 이론은 목표 설정 이론이다. [12 초등 41번]　　　　　　○ | ✕

- 최 교장은 교사들이 노력만 하면 성과를 낼 수 있다는 믿음을 주기 위해서 훈련 프로그램, 안내, 지원, 후원, 참여 등을 강화하였다.
- 최 교장은 교사들의 성과와 보상의 연결 정도를 분명히 하였다.
- 최 교장은 교사들이 생각하는 보상에 대한 유인가를 증진시키기 위해 교사들이 더 매력적으로 생각하는 보상 내용을 파악하고 그들이 바라는 보상을 적절히 제공하였다.

124 애덤스의 공정성 이론에서 가장 중시하는 인간의 욕구는 조직의 목표 설정에 대한 참여의 욕구이다. [08 중등 46번]　　　　　　　　　　　　　　　　　　　　　　○ | ✕

Answer　118. ○　119. ○　120. ✕　121. ○　122. ○　123. ✕　124. ✕

CHAPTER 3 | 학교조직론

조직의 구조 ▸ 공식조직과 비공식조직, 계선조직과 참모조직
조직 유형론 ▸ 파슨스의 사회적 기능 유형, 블라우와 스콧의 1차적 수혜자 유형, 칼슨의 봉사조직 유형, 에치오니의 순응 유형, 민츠버그의 조직 이론
학교조직의 성격 ▸ 전문적 관료제, 이완결합체제, 이중조직, 조직화된 무질서, 학습조직, 전문적 학습공동체
조직문화론 ▸ 맥그리거의 X-Y이론, 아지리스의 미성숙·성숙 이론, 스타인호프와 오웬스의 학교문화 유형론
조직풍토론 ▸ 핼핀과 크로프트의 학교풍토론, 호이와 미스켈의 학교풍토론
조직갈등론 ▸ 토머스의 갈등관리 전략

125 학교 내에서 교사들의 비공식조직은 합리적 의사결정의 순기능을 갖는다. ○ | ×
[99 초등 추가 21번]

126 계선조직은 이상적, 참모조직은 현실적 업무를 추진한다. [00 대구·경북 초등보수 52번] ○ | ×

127 계선조직은 신축적이고, 참모조직은 안정적이다. [00 대구·경북 초등보수 52번] ○ | ×

128 계선조직보다 참모조직에서 강력한 통솔력을 발휘할 수 있다. [00 대구·경북 초등보수 52번] ○ | ×

129 계선조직은 집행, 참모조직은 조언 기능을 수행하는 데 적합하다. ○ | ✕

[00 대구·경북 초등보수 52번]

130 계선조직의 형태는 수직적이고, 참모조직의 형태는 수평적이다. ○ | ✕

[00 대구·경북 초등보수 52번]

131 칼슨의 봉사조직 유형에서 유형 Ⅳ(사육조직)는 이론적으로는 가능하지만 실제로는 ○ | ✕
존재하기 어렵다. [05 초등 53번]

132 칼슨의 봉사조직 유형에서 고교 평준화 지역의 공립 고등학교를 가장 잘 나타내는 조 ○ | ✕
직 유형은 적응조직이다. [03 중등 56번]

133 칼슨의 봉사조직 유형을 적용할 때, 우리나라 평준화 지역에서의 교육정책 중 사립 일 ○ | ✕
반계 고등학교에서 자립형 사립 고등학교로 전환한 사례는 Ⅱ(적응조직) 또는 Ⅳ(사육
조직) 영역에서 Ⅰ(야생조직) 영역으로 전환한 경우에 해당한다. [11 중등 39번]

Answer 125. ✕   126. ✕   127. ✕   128. ✕   129. ○   130. ○   131. ✕   132. ✕   133. ○

134 사립 초·중학교는 온상조직으로서, 야생조직보다 비생산적이며 학교의 존립이 법적으로 보장되어 있다. [07 영양 18번]

135 에치오니가 조직에서 사용되는 권력의 유형과 조직원의 참여 유형을 기준으로 조직을 다음과 같이 분류하였을 때, 학교조직에 가까운 유형은 E이다. [93 중등 26번]   ○ | ✕

권력 \ 참여	소외적	타산적	도의적 (헌신적)
규범적	A	D	G
보상적	B	E	H
강제적	C	F	I

136 학교장은 민주적인 방식으로 학교를 운영하고, 교직원들이 권한과 책임을 가지고 교육과정 운영 및 제반 학교 운영 관련 업무를 처리하는 학교조직의 형태는 전문적 관료제이다. [02 중등 57번]   ○ | ✕

137 다음과 관련된 민츠버그의 조직 구조 기본 유형은 기계적 관료제이다. [07 초등 43번]   ○ | ✕

- 조직의 주요 부분은 핵심 작업층이다.
- 조직의 주요 조정 기제는 기술의 표준화이다.
- 조직의 설계에서는 훈련과 수평적 직무 전문화가 주요하게 고려된다.
- 조직의 구조는 복잡하면서도 안정적인 환경이나 비구체적 환경에 적합하다.

138 관료제의 규정과 규칙의 측면에 대한 역기능적 결과로 목표 전도 현상이 일어날 수 있다. [00 대구·경북 초등보수 16번]

139 다음 내용은 학교조직을 조직화된 무질서로 보는 관점과 관련이 있다. [07 중등 47번]

- 학교 구성원들에게 더 많은 자유재량과 자기결정권을 부여한다.
- 각 부서 및 학년 조직의 국지적 적응을 허용하고 인정한다.
- 환경 변화에 적응하기 위해 학교조직에서 이질적인 요소들이 공존하는 것을 허용한다.

140 공장의 생산 과정과 달리 투입과 산출의 인과 관계를 분명하게 파악할 수 없는 교육의 속성 때문에 나타나는 학교조직의 유형은 이완조직이다. [00 중등 49번]

141 학교는 효율적인 교육을 위해 전문화와 분업의 체제를 갖추고 있다는 점에서 학교조직이 관료제적 특성을 지니고 있다고 설명할 수 있다. [04 중등 52번]

Answer 134. × 135. × 136. ○ 137. × 138. ○ 139. × 140. ○ 141. ○

정답 및 해설 493p

142 학교는 독립된 조직 단위로 운영되고, 교사의 주요 교육 활동은 교실에서 이루어진다는 점에서 학교조직이 관료제적 특징을 가지고 있다고 설명할 수 있다. [04 중등 52번] ○ | ×

143 교수·학습 활동에 대한 행정적 통제의 곤란성은 학교조직의 전문적 특성에 해당한다. [00 서울 초등보수 21번] ○ | ×

144 민츠버그에 의하면, 학교는 전문적 성격이 강하지만 관료적 성격도 동시에 지니는 전문적 관료제 조직이다. [10 중등 37번] ○ | ×

145 코헨 등에 의하면, 학교는 구성원의 참여가 고정적이고 조직의 목표와 기술이 명확한 조직이다. [10 중등 37번] ○ | ×

146 에치오니의 순응에 기반한 조직 분류에 의하면, 학교는 규범적 권력을 사용하여 구성원들의 높은 헌신적 참여를 유도하는 규범조직이다. [10 중등 37번]

147 파슨스의 사회적 기능에 따른 조직 분류에 의하면, 학교는 유형유지조직에 속하며 체제의 문화를 유지하고 새롭게 하는 기능을 수행한다. [10 중등 37번]

148 와익에 의하면, 학교는 조직 구조 연결이 자체의 정체성과 독립성을 가지고 있어서 다른 조직에 비해서 구조적으로 느슨하게 결합되어 있는 조직이다. [10 중등 37번]

149 위계적 조직의 학교에서 교사는 개별 교실에서 교육과정, 교수 방법, 교육평가 등에서 상당한 자유재량권을 행사하는 전문가라는 점에서 학교조직을 조직화된 무질서 조직으로 볼 수 있다. [12 초등 39번]

Answer 142. × 143. ○ 144. ○ 145. × 146. ○ 147. ○ 148. ○ 149. ×

정답 및 해설 493p

150 교직원의 잦은 인사 이동, 학생들의 졸업과 입학, 학부모와 지역 사회 관계자의 유동적 참여 등의 학교 조직의 특성을 고려해 볼 때, 학교 구성원 모두가 동의하는 학교 경영 목표가 명확하게 설정되기 어렵고 그 해석 또한 서로 상이하여 일사불란하게 실행되기 어렵다는 점에서 학교조직을 유형은 야생조직으로 볼 수 있다. [12 초등 39번]   ○ | ✕

151 교육 조직의 목적이 구체적이지도 않고, 학교 운영 기술과 교수·학습 기술이 분명하지 않다는 점은 코헨과 마치가 주장한 교육 조직의 조직화된 무질서의 특징과 관련이 있다. [03 중등 55번]   ○ | ✕

152 핼핀과 크로프트가 교장과 교사의 행동 특성을 결합하여 학교 조직풍토 유형을 여섯 가지로 제시하였을 때, 다음에서 설명하는 학교 조직풍토 유형은 자율적 풍토 유형이다. [07 중등 44번]   ○ | ✕

> 교사들의 사기와 교장의 추진력 지수는 높고, 방관·방해 등의 지수는 낮으며, 친밀성과 인화 지수는 보통 수준을 유지한다. 교장은 매사에 융통성을 보이며, 교사들이 자발적으로 협동하면서 만족감을 갖고 어려움을 극복하도록 격려한다.

153 호이와 미스켈의 학교풍토 유형의 몰입풍토는 학교장의 관리가 비효율적이지만, 교사들의 업무 수행은 효율적으로 이루어지는 풍토이다. [11 초등 42번]   ○ | ✕

154 호이와 미스켈의 학교풍토 유형의 일탈풍토는 교사에 대한 학교장의 관심과 지원이 미흡하여 교사들이 업무 수행을 태만하게 하는 풍토이다. [11 초등 42번]

155 학교장이 Y이론에 입각한 인간관을 가졌을 때, 교사들이 미성숙한 상태에 있다고 전제하고 그들을 관리하는 데 역점을 두는 학교경영 전략을 취할 수 있다. [98 중등 33번]

156 맥그리거의 X이론에 따르면 학교 운영에 있어서 교사들의 자율적 협의를 통한 건의가 수용될 때 교사들은 교수·학습 활동의 효율화에 보다 능동적으로 참여하게 되고, 교무에 대한 만족감을 느낄 수 있다. [95 중등 22번]

157 다음 사례와 관련된 스타인호프와 오웬스의 학교문화 유형은 가족문화이다.
[07 상담 44번]

> B고등학교 교장은 학생들을 일류 대학교에 많이 진학시키는 것을 학교경영 목표로 하고 있다. 이를 위해 교장은 교사가 학생들을 열심히 가르치고 지도하기를 기대한다. 성적이 올라가는 학급의 담임 교사에게는 포상을 주어 학급 성적을 계속 향상시키도록 독려한다.

Answer 150. ✗ 151. ○ 152. ✗ 153. ○ 154. ✗ 155. ✗ 156. ✗ 157. ✗

158 토머스의 갈등관리 전략 중 학교조직에서 부서 및 구성원 간에 발생하는 갈등을 관리하는 방식 중 부서에서의 의견이나 이해관계를 공동선의 입장에서 모두를 만족시켜 줌으로써 갈등을 관리·처리하는 방식은 순응형이다. [99 중등 추가 53번] O | X

159 다음 그림 중 학교조직에서 구성원이나 부서 간에 발생하는 갈등을 해결할 때, 자신이나 자기 부서의 관심사에 대해 양보하고 타인이나 타 부서의 관심사를 충족시켜 주는 방식은 '나'의 협력형이다. [02 초등 59번] O | X

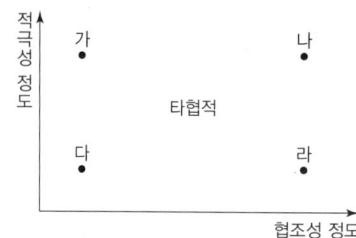

160 토머스의 갈등관리 유형 중 다음 상황에 효과적인 전략은 경쟁형이다. [00 초등 37번] O | X

- 갈등의 쟁점이 사소한 것일 때
- 갈등 사태를 진정시키고자 할 때
- 갈등을 해결하고자 하는 비용이 너무 클 때
- 다른 사람들이 문제를 더 효과적으로 해결할 수 있을 때

CHAPTER 4 | 지도성 이론

상황적 리더십 이론 ▸ 피들러의 상황 이론, 허쉬와 블랜차드의 상황적 리더십 이론
새로운 리더십 이론 ▸ 리더십 대용 상황 모형, 변혁적 리더십, 분산적 리더십, 슈퍼 리더십, 카리스마적 리더십, 문화적 리더십, 도덕적 리더십, 서번트 리더십

161 다음 중 피들러의 상황 이론의 '상황'요인에 해당하는 것은 ㉠, ㉣, ㉤이다. [13 중등 40번]

> A중학교는 ㉠ 교장과 교사가 서로 신뢰하며 존중하고 있었다. ㉡ 교사들은 교육에 대한 열의가 높았고, 업무 능력도 탁월했다. 또한 ㉢ 교사들의 관계도 좋은 편이었다. ㉣ 교사들이 학교에서 하는 업무들은 구조화·체계화되어 있었고, ㉤ 교장이 교사들에게 행사할 수 있는 지위 권력 수준은 낮은 편이었다.

162 피들러의 상황 이론의 상황 요인에는 지도자가 구성원으로부터 수용되고 존경받는 정도, 과업 수행을 목적으로 조직이 지도자에게 부여하는 권한 정도 등이 포함된다.
[07 초등 46번]

163 다음 대화에서 두 교장 선생님이 공통적으로 적용하고 있는 교육 지도성 이론은 상황 이론이다. [01 중등 33번]

> 김 교장: 요즘 우리 학교 선생님들은 인화를 강조하는 저의 지도 방식에 불만을 가지고 있습니다. 때문에 저는 선생님들에게 교사로서의 과업을 강조하는 지도성을 발휘하려 애쓰고 있습니다.
> 박 교장: 우리 학교 선생님들은 전반적으로 성숙도 수준이 매우 높은 것으로 판단됩니다. 그래서 저는 요즘 위임적인 지도성을 발휘하려고 노력하고 있습니다.

Answer 158. × 159. × 160. × 161. ○ 162. ○ 163. ○

[164~166]

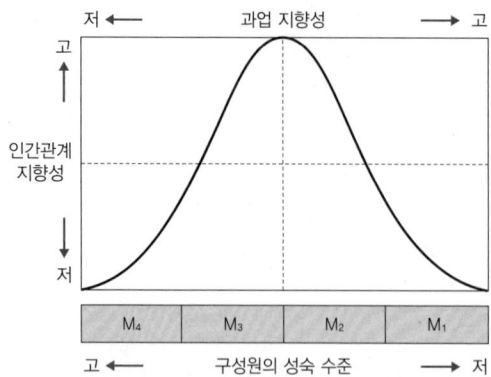

164 허시와 블랜차드의 상황적 리더십 이론에 따르면 교사들의 성숙 수준이 향상될수록 교장은 과업 지향성을 점점 낮추어가는 지도력을 발휘하는 것이 좋다. [08 중등 50번]   ○ | ×

165 허시와 블랜차드의 상황적 리더십 이론에서 구성원의 성숙 수준이 보통보다 조금 낮은 경우(M2) 높은 과업 중심, 낮은 관계 중심의 행동 유형이 효과적이다. [08 초등 47번]   ○ | ×

166 허시와 블랜차드의 상황적 리더십 이론에서 구성원의 성숙 수준이 보통보다 조금 높은 경우(M3) 낮은 과업 중심, 높은 관계 중심의 행동 유형이 효과적이다. [08 초등 47번]   ○ | ×

167 다음 상황을 설명할 수 있는 리더십 이론은 슈퍼 리더십 이론이다. [11 초등 40번]   ○ | ×

> 김 교장은 9월에 새로운 학교로 전보 발령을 받았다. 이전 학교에서는 리더십이 뛰어나 학교를 크게 발전시켰다는 평을 들었으나, 중진 교사들이 대부분인 새로운 학교에서는 리더십을 발휘해도 별다른 성과를 거두지 못했다. 교사들이 "몇 년 후에 승진해야 하는데 교장이 내게 해줄 수 있는 것이 아무것도 없다."라고 하면서, 김 교장의 지시를 따르지 않고 승진 점수를 취득하는 일에만 몰두했기 때문이다. 그의 리더십도 승진 앞에서는 무용지물이 되어버린 것이다.

168 상황적 리더십 이론에 따르면 교장은 학교의 여건과 실정에 맞는 학교경영보다 주어진 여건을 뛰어넘는 경영 능력을 발휘해야 한다. [05 초등 52번]   ○ | ✕

169 교사들에게 보상을 대가로 일정한 노력을 요구하기보다는, 교사들의 의식을 변화시키고 지적 자극을 주어 학교조직의 변화를 도모하려는 리더십은 변혁적 리더십이다.   ○ | ✕
[10 초등 38번]

170 다음 설명에 해당하는 리더십은 변혁적 리더십이다. [05 중등 44번]   ○ | ✕

- 교사들에게 학교경영의 비전을 제시하고 사명감을 고취시킨다.
- 일상적 수업, 생활지도, 학급 경영의 의미를 새롭게 해석해 보도록 지적으로 자극한다.
- 근무 평정과 성과급 등 보상을 통한 교환 관계를 초월하여 인격적 감화를 통해 영향력을 행사한다.

171 슈퍼 리더십은 지도자의 특성이나 능력보다 구성원 스스로가 지도자로서의 능력을 계발하고 활용할 수 있도록 한다. [12 중등 36번]   ○ | ✕

172 분산적 리더십은 인간관계, 동기화 능력 등을 강조하고, 참여적 의사결정을 통해 구성원의 사기를 높인다. [12 중등 36번]   ○ | ✕

Answer 164. ○   165. ✕   166. ○   167. ✕   168. ✕   169. ○   170. ○   171. ○   172. ✕

173 변혁적 리더십은 구성원의 개인적 성장에 관심을 보이며, 비전을 공유하여 지적 자극을 촉진한다. [12 중등 36번]   ○ | ×

174 카리스마적 리더십은 지도자의 비범한 능력과 개인적 매력 등을 통해 구성원의 헌신적 복종과 충성을 이끌어낸다. [12 중등 36번]   ○ | ×

175 문화적 리더십은 가치와 의미 추구 욕구를 만족시킴으로써 구성원을 조직의 주인으로 만들고 조직의 제도적 통합을 가능하게 한다. [12 중등 36번]   ○ | ×

176 다음 특징을 가진 학교장의 리더십은 관계 지향 리더십이다. [11 중등 40번]   ○ | ×

- 학교조직 내의 모든 교원을 각각 지도자로 성장시킨다.
- 교원들이 자신을 스스로 이끌 수 있는 능력을 개발하도록 한다.
- 교원들이 자율적으로 팀을 형성하고 협력적으로 직무를 수행할 수 있는 조직 문화를 만든다.

CHAPTER 5 | 장학행정

장학의 발달 과정 ▶ 관리장학, 협동장학, 수업장학, 발달장학
장학의 유형 ▶ 임상장학, 동료장학, 약식장학, 자기장학, 컨설팅장학, 인간자원장학, 선택장학, 발달장학, 마이크로티칭, 멘토링장학

177 장학은 크게 보아 관리장학 – 협동장학 – 수업장학 – 발달장학으로 개념이 변해 왔다. [05 중등 45번]

178 임상장학은 학교가 직면하고 있는 문제에 대한 전문적 진단과 처방에 초점을 둔다.
[05 중등 45번]

179 자기장학은 교사와 장학담당자 간의 대면적인 관계와 상호 작용을 중시하고, 수업에 대한 객관적인 피드백을 제공하고 문제 진단과 해결에 조력하는 장학이다.
[00 서울 초등보수 50번]

Answer 173. ○ 174. ○ 175. ○ 176. × 177. ○ 178. × 179. ×

정답 및 해설 494p

180 약식장학은 교장이나 교감이 간헐적으로 학급을 순시하거나 수업을 참관하고, 교사들의 평상시 수업 및 학급 경영 활동을 관찰하고 지도·조언하는 장학이다. [07 중등 49번]   O | X

181 동료장학은 원칙적으로 교장이나 교감의 계획과 주도하에 전개된다는 특징이 있다.   O | X
[07 초등 40번]

182 다음은 발달장학에 대한 설명이다. [01 초등 35번]   O | X

- 대다수의 교사는 주어진 직무 이상으로 책임감을 발휘할 수 있다.
- 학교 의사결정에 교사가 참여함으로써 학교 효과성이 증대되고, 그 결과 교사의 직무 만족이 증대된다.
- 학교경영자의 기본 과제는 교사들이 학교의 목표 달성에 능력을 최대한 발휘할 수 있는 환경을 조성하는 일이다.

183 선택적 장학에 따르면, 교직 경력이 6개월이고 수업 기술의 개선에 필요한 도움을 전문가로부터 받고자 하는 교사에게 적합한 장학 유형은 임상장학이다. [04 중등 54번]   O | X

184 컨설팅장학은 교원의 의뢰에 따라 전문성을 갖춘 장학 요원들이 교원들의 직무상 문제를 진단하고 해결을 위한 대안 마련 및 실행 과정을 지원한다. [08 초등 49번]

185 약식장학은 더 좋은 수업을 위해 교사 스스로 대학원에 다니거나 각종 연수에 참여하는 장학이다. [12 중등 37번]

186 임상장학은 교사의 자발적 의지로 학교에서 일상적으로 이루어지는 장학 활동 외에 교내·외의 유능한 전문가에게 의뢰하여 체계적인 도움을 받는 장학이다. [12 중등 37번]

Answer 180. ○   181. ×   182. ×   183. ○   184. ○   185. ×   186. ×

정답 및 해설 494~495p

CHAPTER 6 | 의사결정과 의사소통

의사결정의 네 가지 관점 ▶ 합리적 관점, 참여적 관점, 정치적 관점, 우연적 관점
의사결정 모형 ▶ 합리 모형, 만족 모형, 점증 모형, 혼합 모형, 최적 모형, 쓰레기통 모형
의사결정 참여 모형 ▶ 브리지스의 참여적 의사결정 모형, 호이와 타터의 참여적 의사결정 모형
의사소통의 원칙 ▶ 명료성, 일관성, 적시성, 분포성, 적량성, 적응성, 통일성
의사소통의 기법 ▶ 조하리의 창

187 의사결정의 합리적 관점은 의사결정을 이성적 판단보다는 관련 당사자 간의 논의를 통한 합의의 결과로 본다. [04 중등 53번]   ○ | ×

188 대입제도 개선에 있어 다음과 같은 접근을 취하였을 때, 정책 결정의 이론적 모형은 합리성 모형에 해당한다. [00 서울 초등보수 08번]   ○ | ×

- 전문가로 하여금 장기적이고 체계적인 정책 연구를 수행하게 한다.
- 대입제도와 관련된 모든 가능한 대안을 비교 · 분석 · 검토한다.
- 대입제도의 지엽적 문제보다 중요하고 근본적인 문제로부터 접근해 나간다.
- 대입제도 본연의 기능을 지향하며 이상적인 대안을 선택한다.

189 수학여행의 장소 결정에 앞서 교장은 수학여행과 관련된 모든 정보에 기초하여 가능한 모든 대안을 마련하고, 우선순위에 따라 이상적인 장소로 경주를 결정했다면, 이때 교장이 선택한 의사결정 모형은 점증 모형이다. [99 초등 추가 50번]   ○ | ×

190 의사결정 모형의 만족 모형은 합리성의 한계를 전제하는 현실적 모형이다. [06 초등 52번]   ○ | ×

191 다음과 같은 특징을 지닌 의사결정 모형은 합리 모형이다. [02 초등 56번]   ○ | ✕

- 현재 처해 있는 상황이나 현실을 인정한다.
- 현재보다는 다소 향상된 대안을 모색한다.
- 제한된 합리성, 매몰 비용, 정책 실현 가능성을 고려한다.

192 다음과 같은 특징을 지닌 의사결정 모형은 점증 모형이다. [07 초등 47번]   ○ | ✕

- 대안의 탐색은 현존하는 상황에 관련된 것으로 제한한다.
- 대안의 예상 결과에 대한 분석은 현존 상황과의 차이에 초점을 둔다.
- 목적 설정과 대안 개발이 동시에 이루어지므로 목적-수단 분석은 적절하지 않은 것으로 간주한다.
- 현존 상황과 관련된 소수의 대안과 그 예상 결과들에 대한 계속적인 비교를 통해 행동 방안을 결정한다.

193 점증 모형은 정책 결정이 합리성에만 근거해서 이루어지는 것은 아니며, 때때로 직관 등 초합리성이 개입되어 이루어짐을 주장한 모형이다. [13 중등 35번]   ○ | ✕

194 점증 모형은 합리 모형의 비현실성을 극복하기 위해 제안된 것으로, 기존의 정책 틀을 기반으로 하여 현재보다 다소 개선된 수준의 대안을 선택해 나가는 모형이다.

[13 중등 35번]   ○ | ✕

195 쓰레기통 모형은 조직화된 무질서 상태에서 정책 결정이 우발성에 기초하여 이루어지고 있음을 강조한 모형이다. [13 중등 35번]   ○ | ✕

Answer 187. ✕ 188. ○ 189. ✕ 190. ○ 191. ✕ 192. ○ 193. ✕ 194. ○ 195. ○

196 혼합 모형은 정책 결정을 기본적인 결정과 세부적인 결정으로 나누고 전자는 합리 모형을, 후자는 만족 모형을 활용하는 모형이다. [13 중등 35번]   ○ | ×

197 다음 내용과 관련된 의사결정 모형은 최적 모형이다. [11 초등 43번]   ○ | ×

- 정책 결정이 항상 합리적으로 이루어지는 것은 아니다.
- 부족한 자원, 불충분한 정보, 불확실한 상황 등이 정책의 합리성을 제약한다.
- 때때로 직관이나 초합리적인 생각도 정책을 결정하는 데 중요한 요인이 된다.
- 창의적인 정책 결정에 도움을 주지만, 너무 이상에만 치우칠 수 있다는 비판을 받는다.

198 의사결정 참여 모형에 따르면 교사들의 개인적인 이해와 관련이 높을 경우 참여에 대한 관심은 낮아진다. [99 중등 추가 24번]   ○ | ×

199 의사결정 참여 모형에 따르면 교사들이 결정할 사항에 대해 재량권을 갖지 못할 경우 좌절을 겪게 된다. [99 중등 추가 24번]   ○ | ×

200 다음 박 교사가 교장에게 기대하는 교육 조직에서의 의사소통의 원칙은 분포성의 원칙이다. [10 초등 39번]

> 교장 선생님은 중요한 일을 부장 선생님에게 말씀하시고는 저를 보자마자 지난번에 말한 일은 어떻게 됐냐고 하시지 뭐예요. 그렇게 중요한 일이면 저에게도 알려주셨어야죠.

201 다음 최 교사가 교장에게 기대하는 교육 조직에서의 의사소통의 원칙은 명료성의 원칙이다.

> 저는 지난 주 운동회 진행하느라 정신없이 바쁜데, 교장 선생님께서 다음 달에 있을 학교평가를 앞두고 준비할 일을 자세하게 말씀하셔서 힘들었어요. 그런 일이면 조용할 때 교장실에서 말씀하시면 좋잖아요.

202 다음 '조하리 창'에서 자기 이야기는 많이 하면서 상대방의 이야기는 귀를 기울이지 않는 교사가 속한 영역은 Ⅳ 영역이다. [04 중등 56번]

	자신에 관한 정보가 자신에게 알려짐	자신에 관한 정보가 자신에게 알려지지 않음
자신에 관한 정보가 타인에게 알려짐	Ⅰ영역	Ⅱ영역
자신에 관한 정보가 타인에게 알려지지 않음	Ⅲ영역	Ⅳ영역

Answer 196. × 197. ○ 198. × 199. ○ 200. ○ 201. × 202. ×

CHAPTER 7 | 교육기획과 교육재정

교육기획의 접근 방법 ▶ 사회 수요에 의한 접근 방법, 인력 수요에 의한 접근 방법, 수익률에 의한 접근 방법, 국제 비교에 의한 접근 방법
교육재정의 운영 원리 ▶ 확보, 배분, 지출, 평가
교육예산 편성 기법 ▶ 품목별 예산제도, 성과주의 예산제도, 기획 예산제도, 영 기준 예산제도, 단위학교 예산제도

203 인력 수요 접근법에 의한 교육 계획의 수립 절차에 따르면 교육 자격별 노동력의 부족분을 가장 먼저 계산해야 한다. [08 중등 47번]   O | X

204 교육재정의 운영은 재정의 '확보 → 지출 → 배분 → 평가'의 순으로 이루어진다.   O | X
[13 중등 39번]

205 교육재정 운영의 확보 단계에서 요구되는 원리 중 자구성의 원리는 교육 활동을 운영하는 데 필요한 재원을 충분히 확보해야 한다는 것이다. [13 중등 39번]   O | X

206 교육재정 운영 중 배분 단계에서 요구되는 원리 중 효과성의 원리는 최소한의 재정 투자로 최대한의 교육 성과를 이룰 수 있도록 교육재정을 사용해야 한다는 것이다.   O | X
[13 중등 39번]

207 교육재정 운영 중 평가 단계에서 요구되는 원리 중 책무성의 원리는 사용한 경비에 대해서는 납득할 만한 이유를 제시할 수 있고 책임을 질 수 있어야 한다는 것이다.

[13 중등 39번]

208 다음 대화에 나타난 교장의 생각과 일치하는 예산 편성 기법은 성과주의 예산제도(PBS)이다. [05 초등 54번]

> 송 교사: 내년에는 우리 학교 학생들이 일본의 자매 학교를 방문할 계획이 있는데……
> 정 교사: 그런 돈이 어디에 있어? 올해 예산을 잘 봐.
> 송 교사: 교장 선생님이 올해 예산은 생각하지 말고 내년 계획을 세우라고 하셨어.
> 정 교사: 그래? 그럼 올해 예산은 참고할 필요가 없네.

209 다음 내용과 관련된 예산 편성 기법은 기획 예산제도(PPBS)이다. [11 중등 37번]

- 차기 예산을 편성하는 데 필요한 정보를 얻는다.
- 세출 예산에 대한 엄격한 사전·사후 통제가 가능하다.
- 회계 책임을 분명하게 하고 예산 담당자의 자유 재량 행위를 제한한다.
- 지출 대상을 인건비, 시설비, 운영비 등과 같이 세분화하여 금액으로 표시한다.

210 학교 교육 계획에 의해 지출 계획을 수립하고 이를 기초로 학교 예산을 편성하는 예산 편성 기법은 표준 교육비이다. [00 초등 25번]

Answer 203. ✕ 204. ✕ 205. ✕ 206. ✕ 207. ○ 208. ✕ 209. ✕ 210. ✕

CHAPTER 8 | 학교 · 학급 경영

학교 자율 경영 ▶ 단위학교 책임경영제, 학교운영위원회
학교 경영 기법 ▶ 목표관리기법, 과업평가계획기법, 정보관리체제, 조직개발기법, 총제적 질 관리
학급 경영의 영역 ▶ 교과 지도, 창의적 체험 활동 지도, 생활지도, 환경 및 시설 관리 지도, 사무 관리, 가정 및 지역 사회와의 관계 관리
학급 경영의 원리 ▶ 자유의 원리, 협동의 원리, 창조의 원리, 노작의 원리, 흥미의 원리, 요구의 원리, 접근의 원리, 발전의 원리

211 단위학교 책임경영제(SBM)에서는 분권화, 자율, 참여, 책무성이 중요시된다. ○ | ×
[99 초등 20번]

212 현행 우리나라의 단위학교 책임경영제는 학교운영위원회를 설치하여 단위학교 내 의사결정의 분권화를 추구하고 있다. [09 중등 35번] ○ | ×

213 학교운영위원회는 학부모 위원과 지역 사회 위원으로 구성된다. [98 초등 16번] ○ | ×

214 정보관리체제는 활동의 과정과 결과에 대해 평가하며 수시로 피드백 과정을 거친다. ○ | ×
[10 중등 40번]

215 다음 내용과 관련된 학교 경영 기법은 목표관리기법이다. [01 초등 31번]

- 집단 간의 역동적인 상호 작용 중시
- 행동 과학적 지식과 기술을 주로 활용
- 학교조직의 구조, 가치, 신념을 변화시키기 위한 교육 전략 활용
- 학교의 목적과 개인의 욕구를 결부시켜 학교 전체의 변화 도모

216 김 교사는 과업평가계획기법을 채택하여 행사를 일정에 맞게 차질 없이 추진하기 위해 행사와 관련된 세부적인 작업 활동과 단계 및 상호 관계, 소요 시간과 경비 등을 검토하여 플로 차트(Flow Chart)를 작성하고 이에 따라 업무를 추진하였다. [04 초등 60번]

217 과업평가계획기법은 작업 과정의 전모를 파악할 수 있기 때문에 작업 추진에 앞서 애로사항을 파악할 수 있다. [07 초등 48번]

218 다음 내용과 관련된 학교 경영 기법은 목표관리기법(MBO)이다. [02 초등 52번]

- 수요자 중심
- 지속적인 개선
- 학교장의 강력한 지도성
- 학교 구성원의 헌신
- 총체적 참여

219 교사가 민주적으로 학급을 운영하고자 할 때, 학생들에게 자율적으로 청소를 하게 하기 위해서는 청소와 관련된 규칙을 만들 때부터 학생들이 참여하도록 해야 한다.
[05 중등 40번]

Answer 211. ○ 212. ○ 213. × 214. × 215. × 216. ○ 217. ○ 218. × 219. ○

메가쌤
교육학 출제 이론 공략서
필수편 & 확인편

PART 03

교육공학 및 교육방법

CHAPTER 1 | 교육공학
CHAPTER 2 | 교수설계 모형
CHAPTER 3 | 교수 방법
CHAPTER 4 | 교수·학습 이론
확인편

PART 03 교육공학 및 교육 방법

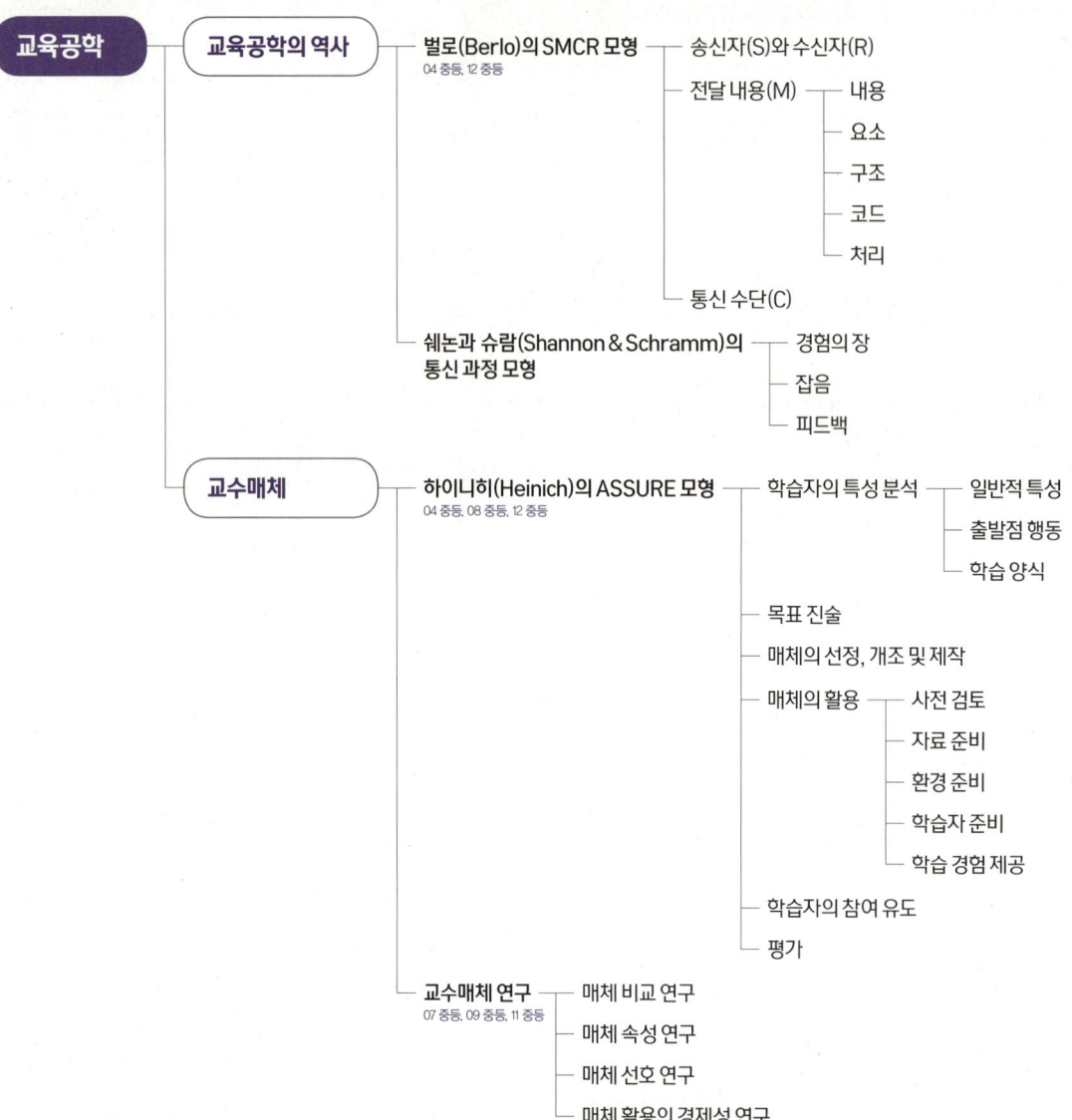

교수설계 모형

- **ADDIE 모형(일반적 교수체제설계)**
  12 중등, 15 중등(論)
  - 분석
    - 요구 분석
    - 과제 분석
    - 학습자 분석
    - 환경 분석
  - 설계
    - 수행 목표 명세화
    - 평가 도구 개발
    - 구조화
    - 교수 전략 및 매체 선정
  - 개발
  - 실행
  - 평가

- **딕과 캐리(Dick&Carey)의 체제적 교수설계 모형**
  06 중등, 07 중등, 09 중등, 10 중등, 11 중등, 12 중등, 13 중등, 22 중등(論)
  - 교수 목적 설정(요구 분석)
  - 교수 분석(과제 분석)
    - 위계 분석
    - 군집 분석
    - 통합 분석
    - 절차 분석
  - 학습자 및 환경 분석
  - 수행 목표 진술
  - 평가 도구 개발
  - 교수 전략 개발
  - 교수 자료 개발
  - 형성평가 실시
  - 교수 프로그램 수정
  - 총괄평가 실시

- **조나센의 구성주의 학습 환경 설계 모형**
  08 중등, 12 중등, 17 중등(論)
  - 설계 요소
    - 문제 / 프로젝트
    - 관련 사례
    - 정보 자원
    - 인지적 도구
    - 대화 / 협력 도구
    - 사회적 / 맥락적 지원
  - 교수 활동
    - 모델링
    - 코칭
    - 스캐폴딩

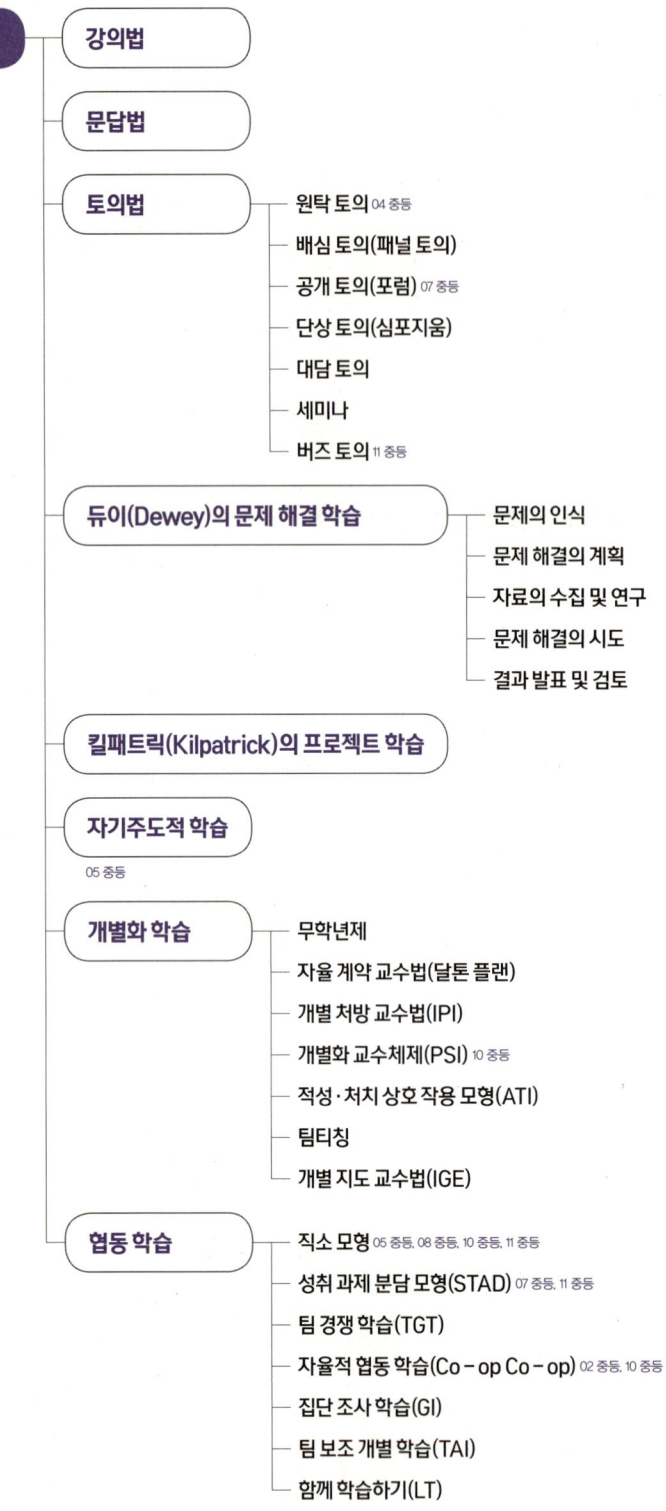

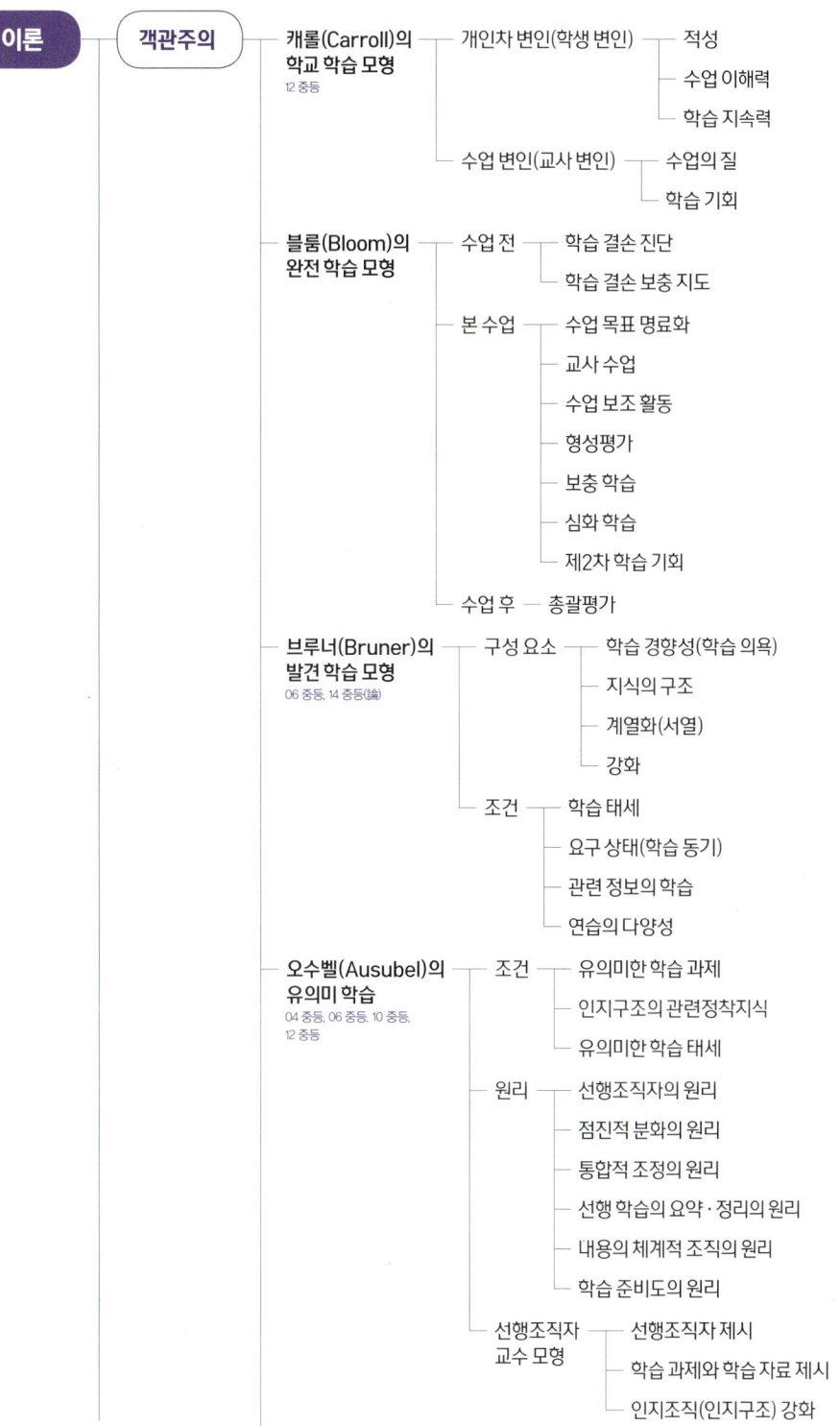

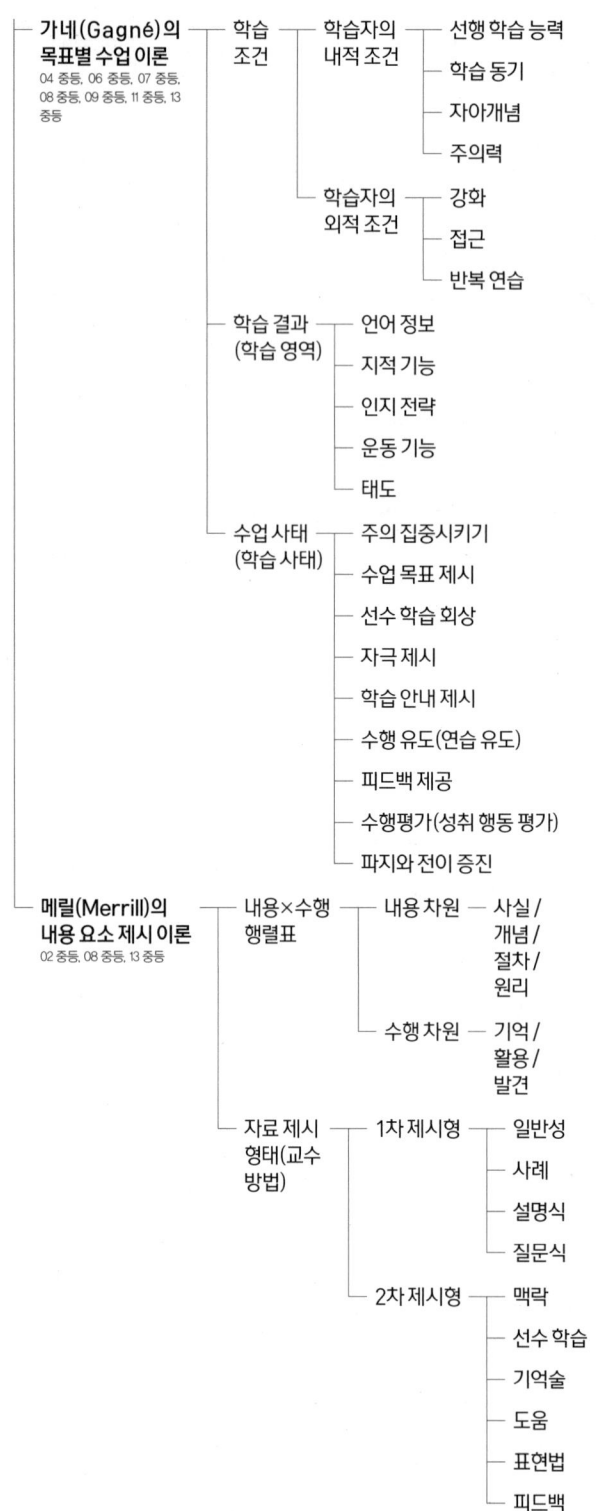

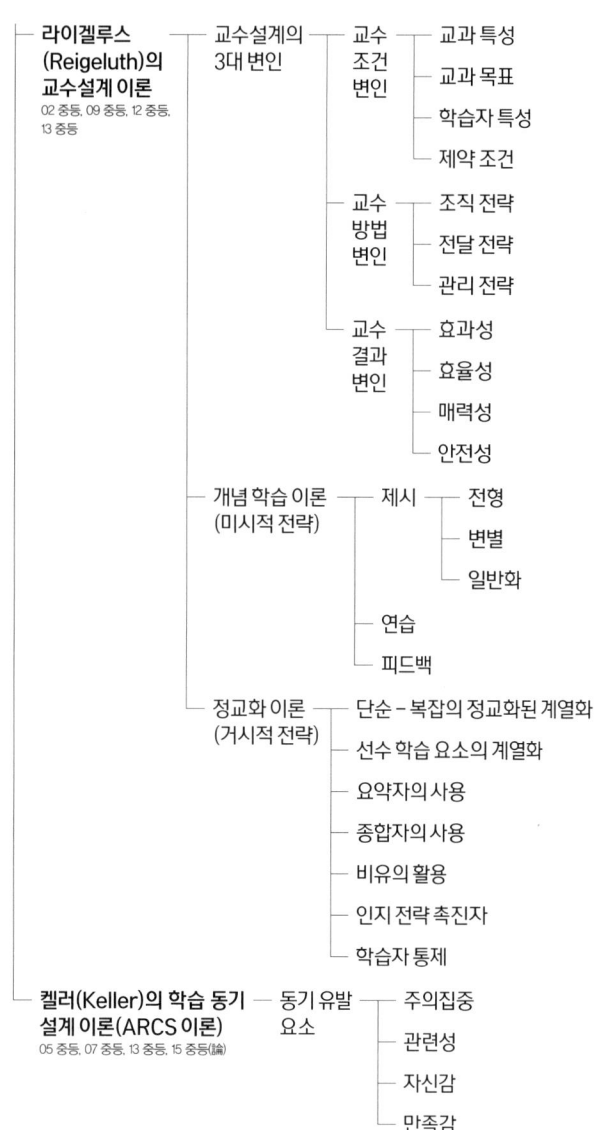

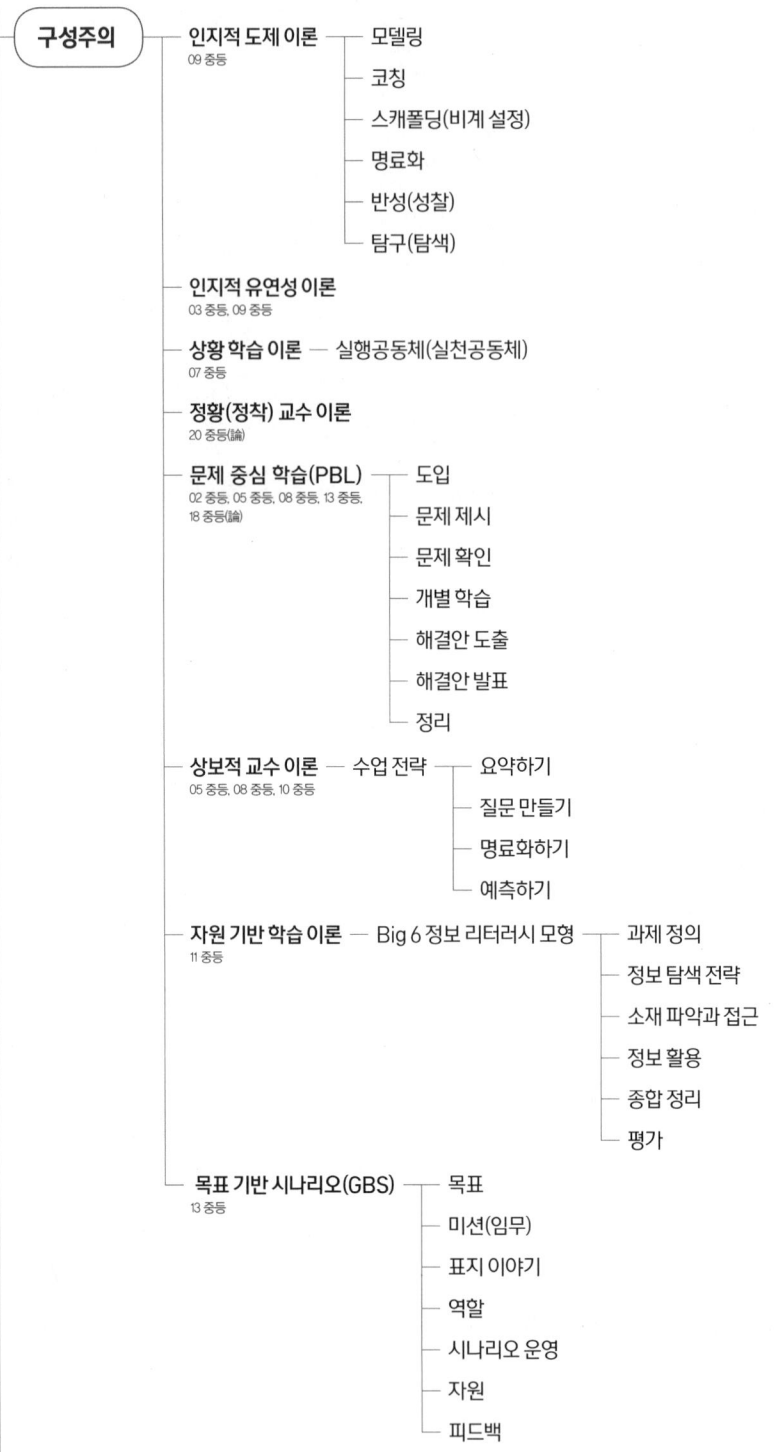

CHAPTER 1 교육공학

> **출제 Point**
>
> **2012학년도 중등 객관식 19번**
> 의사소통 모형인 벌로(Berlo)의 SMCR 모형에 기초하여 김 교사와 학생의 수업 과정을 분석할 때, M단계의 하위 요소에 해당하는 것
>
> 김 교사는 학생의 흥미와 수준을 고려하여 ㉠ 가르칠 내용의 순서에 따라 설명하기 때문에 학생도 수업의 흐름을 놓치지 않고 잘 따라온다. 김 교사의 수업이 쉽고 지루하지 않은 것은 설명이 명확해서이기도 하지만, ㉡ 비언어적 표현, 즉 몸짓, 눈 맞추기, 표정 등을 적절히 활용하기 때문이다.
>
> **2004학년도 중등 객관식 27번**
> 벌로(Berlo)의 SMCR 모형에 관한 설명
> ④ 송신자는 통신 기술, 지식 수준, 사회 체제, 문화 양식에 의해 영향을 받는다.

01 교육공학의 역사

1 벌로(Berlo)의 SMCR 모형 [04 중등, 12 중등]

(1) 개념

통신 수단을 통해 송신자의 메시지가 수신자에게 전달되는 통신 과정에서 요소 간의 상호 관계를 나타내는 모형

(2) 통신 과정

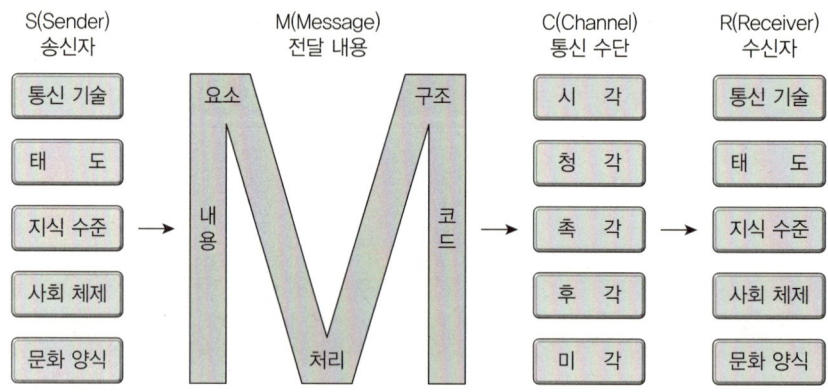

구분		내용
송신자(S)와 수신자(R)		통신 기술, 태도, 지식 수준, 사회 체제, 문화 양식 등의 영향을 받음
전달 내용 (M)	내용	전달하고자 하는 내용
	요소	전달 내용 중 어떤 내용을 선택할 것인가와 관련된 것
	구조	선택된 내용을 어떤 순서로 어떻게 조직하여 전달할 것인가와 관련된 것
	코드	언어적 코드와 비언어적 코드로 이루어지는 것
	처리	선택된 코드와 내용을 어떤 방법과 형식으로 전달할 것인가와 관련된 것
통신 수단(C)		송신자와 수신자의 오감을 통한 전달 통로

2 쉐논과 슈람(Shannon&Schramm)의 통신 과정 모형

(1) 개념

송신자와 수신자 사이의 의사소통 과정을 경험의 장, 잡음, 피드백의 개념을 사용하여 설명한 모형

(2) 통신 과정

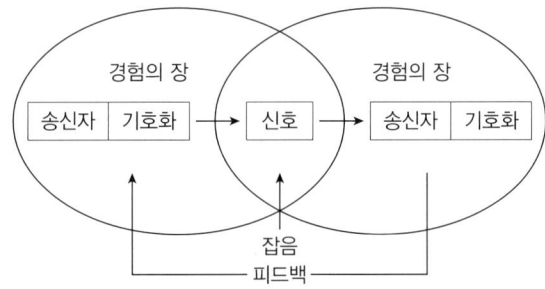

구분	내용
경험의 장	언어, 문화적 배경, 교육 등 개인이 인식하거나 지각하는 모든 사건
잡음	교실 안팎의 소음 등 통신을 방해하는 요소
피드백	메시지에 대한 수신자의 반응이 송신자에게 다시 전달되는 과정

CHAPTER 1 교육공학

출제 Point

2012학년도 중등 객관식 21번
ASSURE 모형에 대한 설명

> ㄱ. ASSURE 모형은 학교 수업에 활용하도록 만들어졌으며, 모형 자체에는 과제 분석(교수 분석) 단계가 포함되지 않는다.

2008학년도 중등 객관식 24번
매체 선정 및 활용을 위한 ASSURE 모형에 관한 설명

> ㄴ. 학습자가 수업 중에 경험하게 될 일련의 학습 활동을 수업 목표로 제시한다.
> ㄷ. 수업 목표 달성을 위한 교수 방법과 매체를 선택하고, 그에 따라 구체적인 교수·학습 자료를 선정한다.

2004학년도 중등 객관식 26번
ASSURE 모형을 활용하여 교수매체를 사용하고자 할 때, 다음에 제시된 교사의 활동 단계

> • 수업 자료가 학습자와 학습 목표에 적절한가를 사전에 검토한다.
> • 교수매체를 이용할 교실의 주변 환경을 점검한다.
> • 학습자에게 학습 준비를 위해 학습 내용과 교수매체에 관한 정보를 제공한다.
>
> ④ 매체와 자료의 활용

02 교수매체

1 하이니히(Heinich)의 ASSURE 모형 [04 중등, 08 중등, 12 중등]

(1) 개념

교수매체를 효과적·체계적으로 활용하기 위한 수업 설계 모형

(2) 단계

단계	내용
학습자의 특성 분석 (Analyze Learners)	• 개념: 학습자의 특성 파악 및 분석 • 학습자 특성 | 특성 | 내용 | |---|---| | 일반적 특성 | 연령, 성별, 적성, 인성, 흥미 등 | | 출발점 행동 | 선수 지식, 기능, 태도 등 | | 학습 양식 | 학습자의 동기, 지각적 선호 등 |
목표 진술 (State Objective)	• 개념: 학습자가 도달해야 할 학습 목표의 구체적 진술 • 목표 진술 기법: 수업이 끝난 후 학습자가 무엇을 할 수 있는가를 관찰 가능한 행위 동사로 진술

매체의 선정, 개조 및 제작 (Select, Modify or Design Materials)	• 개념: 학습자의 특성과 목표 진술을 바탕으로 과제 수행에 적절한 매체 선정
	• 방법
	  – 기존의 적합한 매체 선정
	  – 기존 매체가 적합하지 않을 경우 기존 매체를 재편집·재구성
	• 선정 기준
	  – 교육과정과의 일치 여부
	  – 흥미 유발 여부
	  – 학습자의 참여 유발 여부

매체의 활용 (Utilizing Materials)	• 개념: 선정한 매체를 실제 수업에서 효과적으로 제시하는 방법 계획 • 5가지 단계 | 단계 | 내용 | |---|---| | 사전 검토 | 수업 자료가 학습자와 학습 목표에 적절한지 사전 검토 | | 자료 준비 | 매체의 제시 순서 또는 방법의 결정 | | 환경 준비 | 매체를 이용할 주변 환경 점검 | | 학습자 준비 | 학습 내용과 교수매체에 관한 정보 제공 | | 학습 경험 제공 | 매체를 활용한 수업 진행 |

학습자의 참여 유도
(Require Learners Participation)
	• 개념: 학습자의 반응을 유도하기 위한 방법 모색
	• 참여 유도 방법
	  – 학습자에게 습득한 지식이나 기능의 연습 기회 제공
	  – 학습자의 반응에 즉각적인 피드백 제공

평가 (Evaluation)	수업이 끝난 후 수업의 효과, 학습자의 학습 목표 달성 정도의 평가 및 수정

2 교수매체 연구 [07 중등, 09 중등, 11 중등]

구분	내용
매체 비교 연구	행동주의 패러다임에 근거한 매체 연구로, 서로 다른 매체 간의 효과성을 비교하는 연구
매체 속성 연구	인지주의 패러다임에 근거한 매체 연구로, 매체가 가진 속성이 학습자의 인지 과정에 미치는 영향에 관한 연구
매체 선호 연구	매체 활용에 대한 학습자의 태도에 관한 연구
매체 활용의 경제성 연구	매체의 비용(돈, 시간, 노력) 대비 효과에 관한 연구

출제 Point

2011학년도 중등 객관식 18번
교사들의 연구 관심사에 해당하는 교육매체 연구의 유형에 대한 설명

> (가) 김 교사: 상이한 매체 간의 효과를 비교하고 싶습니다. 디지털 교과서를 활용한 컴퓨터 기반 수업이 서책형 교과서를 활용한 전통적 수업보다 학생들의 학업 성취도에 더 효과가 있는지 알아보고 싶습니다.
> (나) 홍 교사: 디지털 교과서의 속성들이 학생들의 학업 성취에 어떠한 영향을 주는지 관심이 있습니다. 그래서 영어 디지털 교과서에서 그림과 글을 활용한 연습 방식과 동영상을 활용한 연습 방식이 특히 영어 점수가 낮은 학생들의 말하기와 듣기 향상에 효과가 있는지 알아보고 싶습니다.

① (가)와 같은 유형은 특정 매체가 다른 매체에 비해 일관되게 효과를 보인다고 가정한다.
② (가)와 같은 유형은 학업 성취도가 새로운 매체만의 효과인지 다른 영향 때문인지 증명하기 어렵다는 비판을 받는다.
③ (나)와 같은 유형은 매체의 상징 체계가 학습자의 인지적 처리 과정에 영향을 줄 것이라고 가정한다.
⑤ (가)와 같은 유형은 행동주의 패러다임을, (나)와 같은 유형은 인지주의 패러다임을 토대로 연구되기 시작하였다.

2009학년도 중등 객관식 22번
교육매체 연구에 관한 설명

> ㄴ. 교육매체 속성 연구에서는 매체의 물리적 속성이 학습자의 인지적 과정에 어떤 영향을 미치는지 연구한다.
> ㄷ. 교육매체 비교 연구에서는 새로운 매체의 사용으로 인한 흥미 유발 등의 신기성 효과(Novelty Effect)가 비교 결과에 섞여 들어갈 수 있다.
> ㄹ. 교육매체 비교 연구에서는 흔히 새로운 매체가 효과적이라고 결론을 내리는데, 새로운 매체는 교수법의 변화를 수반하는 경우가 많아 매체만의 효과를 가려내기 어려운 경우가 있다.

2007학년도 중등 객관식 25번
교수매체의 효과적이고 효율적인 활용 방안을 모색하고자 하는 다양한 연구가 진행되어 왔다. 다음 중 '매체 비교 연구'에 대한 진술
② 상이한 매체 유형이 학업 성취도에 미치는 효과를 탐색한다.

실전 적용

개념을 현장에 적용한 사례 살펴보기
168p

학교 현장 교수매체 활용 수업의 구상

코로나19 이후 학교 현장의 교수매체에는 다음과 같은 변화가 나타났다. 다음을 참고하여 다양한 교수매체를 활용한 교과 수업을 구상해 보자.

1) 중학교 1학년부터 순차적으로 전 학생에게 태블릿 지급
2) 교실 내 스마트 TV 및 전자칠판 확대
3) 교실 AP망 구축
4) 클라우드 기반의 공공·민간 LMS(Learning Management System) 보편화

CHAPTER 2 교수설계 모형

출제 Point

2015학년도 중등 논술
일반적 교수체제설계에서 분석 및 설계 과정의 주요 활동 각각 2가지만 제시

> 다양한 교수체제설계 이론과 모형이 있지만 분석, 설계, 개발, 실행, 평가의 과정은 일반적이라고 생각합니다. 이 중 분석과 설계는 다른 과정의 기초가 되기 때문에 중요합니다. 수업 요소들이 서로 어떻게 관련되어 있는지 파악하여 여러분의 수업에 적용해 보시기 바랍니다.

2012학년도 중등 객관식 21번
ADDIE 모형, 딕과 캐리 모형(Dick & Carey)에 대한 설명

> ㄷ. ADDIE 모형과 딕과 캐리 모형은 모두 형성평가나 파일럿 테스트를 실시하고 교수 프로그램을 수정하도록 한다.

1 ADDIE 모형(일반적 교수체제설계) [12 중등, 15 중등(論)]

(1) 개념

교수체제설계(ISD)의 기본적인 과정인 분석(Analysis), 설계(Design), 개발(Development), 실행(Implementation), 평가(Evaluation)의 5단계로 이루어지는 교수설계 모형

(2) 단계

단계	내용	
분석 (Analysis)	목표 설정을 위해 학습과 관련된 요인들을 분석하는 단계	
설계 (Design)	분석 과정에서 나온 결과를 종합하여 구체적인 교육 계획서를 설계하는 단계	
	분석 요소	**내용**
	요구 분석	현재의 상태와 원하는 상태 간의 격차를 규명·확인하는 것
	과제 분석	최종 교수 목적 달성을 위해 필요한 지식, 기능, 태도 등이 무엇인지 위계적으로 분석하는 것
	학습자 분석	일반적 특성, 출발점 행동 등 학습자의 특성을 파악하는 것
	환경 분석	교수·학습에 영향을 미치는 제반 환경을 분석하는 것
개발 (Development)	설계 단계에서 결정된 설계 명세서에 따라 실제 수업에 사용할 교수 자료나 교수 프로그램을 제작하고, 형성평가를 실시하여 수정·보완하는 단계	
	고려 사항	**내용**
	수행 목표 명세화	수업 후 학습자에게 기대되는 성과를 구체적인 행동 용어로 진술
	평가 도구 개발	수행 목표를 준거로 수업 후 학습자의 성취 기준을 평가할 수 있는 준거 지향 평가 문항 개발
	구조화	학습 내용이나 학습 활동의 제시 순서 계열화
	교수 전략 및 매체 선정	수행 목표를 효과적으로 달성하기 위한 교수 전략과 교수매체 선정
실행 (Implementation)	완성된 최종 산출물인 교수 자료나 프로그램을 실제 현장에 적용하고 관리하는 단계	

| 평가
(Evaluation) | 최종적인 총괄평가를 통해 교수 프로그램이 의도한 목적을 달성하였는지를 평가하는 단계 |

2 딕과 캐리(Dick&Carey)의 체제적 교수설계 모형

[06 중등, 07 중등, 09 중등, 10 중등, 11 중등, 12 중등, 13 중등, 22 중등(論)]

(1) 개념
체제적 교수설계의 대표적 모형으로, 효과적인 교수 프로그램을 개발하는 데 필요한 단계들의 역동적 상호 작용에 초점을 둔 모형

(2) 단계

구분	내용
교수 목적 설정 (요구 분석)	• 개념: 기대 수준과 실제 수행 수준 간의 차이를 분석함으로써 불확실한 문제의 본질을 규명하고, 가장 적절한 문제 해결 방안을 찾는 단계 • 절차: 학습자의 바람직한 수행 상태 결정 → 학습자의 현재 수행 상태 측정 → 요구의 크기 계산(차이 분석) → 요구의 우선순위 결정 → 요구 발생의 원인 분석 → 교수 프로그램 개발 • 기법 - 자원 명세서 조사: 학습자 집단의 특성 조사 및 가능한 유형의 교육 파악 - 사용 분석: 기존 교수 프로그램의 사용 정도와 효용성 조사 - 설문 조사: 관련 집단의 견해 조사
교수 분석 (과제 분석)	• 개념: 교수 내용에 관한 정보를 제공하기 위해 가르쳐야 할 모든 종류의 지식이나 기능을 분석하는 단계 • 단계 - 목표 유형 분석: 학습 목표가 어떤 학습 유형에 속하는지를 규명하는 것 - 하위 기능 분석: 목표와 관련된 기능의 관계를 분석하는 것 • 절차: 수업 목표의 확인과 진술 → 학습 요소의 추출 → 학습 요소의 구조도 작성 → 학습 요소의 수업 순서 결정 • 기법 | 분석 요소	내용
위계 분석	과제를 달성하기 위해 필요한 여러 기능을 상위 기능과 하위 기능으로 분석하는 기법(지적 기능, 운동 기능)
군집 분석	과제를 군집별로 묶는 기법(언어 정보)
통합 분석	위계 분석과 군집 분석을 동시에 활용하는 기법(태도)
절차 분석	과제를 수행하기 위한 순서를 분석하는 기법(운동 기능)	
학습자 및 환경 분석	교수 전략에 영향을 주는 학습자 특성과 환경을 분석하는 단계

출제 Point

2022학년도 중등 논술
송 교사가 교실 수업을 위해 개발해야 할 교수 전략 2가지 제시

> 송 교사: 네, 알겠습니다. 이제 교실 수업에서 사용할 교수 전략을 개발해야 하는데 딕과 캐리(Dick&Carey)의 체제적 교수설계 모형을 적용하려고 해요. 이 모형의 교수 전략 개발 단계에서 개발해야 할 교수 전략이 무엇인지 생각 중이에요.

2013학년도 중등 객관식 19번
딕과 캐리(Dick&Carey)의 수업체제설계 모형에 따라 수업을 설계할 때, 다음에 제시된 절차에 해당하는 것

> '학습자는 순환마디로만 이루어진 순환소수를 분수로 변환할 수 있다.'는 수업 목표를 '지적 기능'으로 분류한 후, 정보처리 분석과 위계 분석을 수행하였다. 다음 그림은 그 결과의 일부이다.
>
>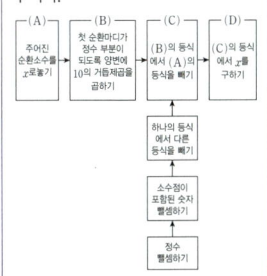

① 교수 분석

2012학년도 중등 객관식 21번
ADDIE 모형, 딕과 캐리 모형(Dick & Carey)에 대한 설명

> ㄴ. 딕과 캐리 모형에서는 독립된 단계로서의 교수 실행이 설정되어 있지 않다.

2011학년도 중등 객관식 20번
딕과 캐리(Dick&Carey)의 교수설계 모형에 대한 설명
① 교수 프로그램을 설계 및 개발하기 위해 체계적인 접근을 한다.
② 딕과 캐리의 교수설계 모형에는 ADDIE 모형의 실행 단계(I)가 생략되어 있다.
④ 수행 목표 진술 단계에서는 학습이 끝났을 때 학습자가 할 수 있는 것으로 기대되는 목표를 구체적으로 진술한다.
⑤ 교수 분석 단계에는 목표를 학습 영역(Learning Outcomes)에 따라 분류하고 수행 행동의 주요 단계를 파악하는 활동이 포함된다.

CHAPTER 2 교수설계 모형

출제 Point

2009학년도 중등 객관식 19번
딕과 캐리(Dick&Carey)의 체제적 교수설계에서 제시하는 학습 과제 분석에 대한 설명

ㄱ. 최소공배수를 구하는 학습 과제는 위계 분석을 한다.
ㄹ. 다항식의 덧셈을 하는 학습 과제는 상위 목표에서부터 하위 목표로 분석해 나간다.

2007학년도 중등 객관식 24번
체제적 수업설계 과정 중 요구 분석에 대한 진술

ㄱ. 요구 분석은 불확실한 문제의 본질을 규명하고자 실시된다.
ㄴ. 요구 분석에서 요구란 최적의 수행 수준과 실제 수행 수준 사이의 격차(Discrepancy)를 뜻한다.

2006학년도 중등 객관식 23번
딕과 캐리(Dick&Carey)의 체제적 교수설계 모형에서 학습 과제 분석(또는 교수과제 분석)의 결과와 그 활용에 관한 설명

① 분석된 모든 목표와 하위 기능을 수행목표(또는 성취목표)로 진술한다.
② 분석된 학습 목표들을 고려하여 연습문제, 형성평가 및 총합평가 도구를 개발한다.
④ 분석 결과에 따라 하위 기능을 먼저 가르치고, 그 다음 관련된 상위 목표를 달성하도록 수업 순서를 정한다.

수행 목표 진술	• 개념: 수업 후 학습자에게 기대되는 성과를 명시적으로 진술하는 것으로, 메이거(Mager)의 목표 진술 방식에 따라 도착점 행동, 조건, 준거가 포함되어야 함 • 수행 목표의 진술 방식

구분	내용
타일러 (Tyler)	내용(학습 내용)+행동(도착점 행동) 예 일차방정식(내용)을 풀 수 있다(행동).
메이거 (Mager)	학습자(A)의 도착점 행동(B)+조건(C)+준거(D)의 ABCD 진술 예 운동장에서 50m를(조건) 10초 이내에(준거) 달릴 수 있다(행동).
그론룬드 (Gronlund)	일반적 수업 목표와 명세적 수업 목표를 구분하여 먼저 일반적 수업 목표를 진술한 후 명세적 수업 목표를 진술

평가 도구 개발	수행 목표를 준거로 수업 후 학습자의 성취 수준을 판단할 수 있는 준거 지향 평가를 개발하는 단계
교수 전략 개발	최종 목표를 달성하기 위한 동기 유발 전략, 학습 내용 제시 전략 등의 교수 전략을 개발하는 단계
교수 자료 개발	교수 전략에 근거하여 교수 자료를 개발하는 단계
형성평가 실시	개발한 교수 자료를 실제 수업에서 사용하기 전에 시범적으로 적용해 보는 단계
교수 프로그램 수정	형성평가의 결과를 토대로 교수 프로그램을 수정·보완하는 단계
총괄평가 실시	개발한 교수 프로그램의 효과와 가치를 외부 평가자에게 의뢰하여 평가하는 단계

3 조나센(Jonassen)의 구성주의 학습 환경 설계 모형 [08 중등, 12 중등, 17 중등(論)]

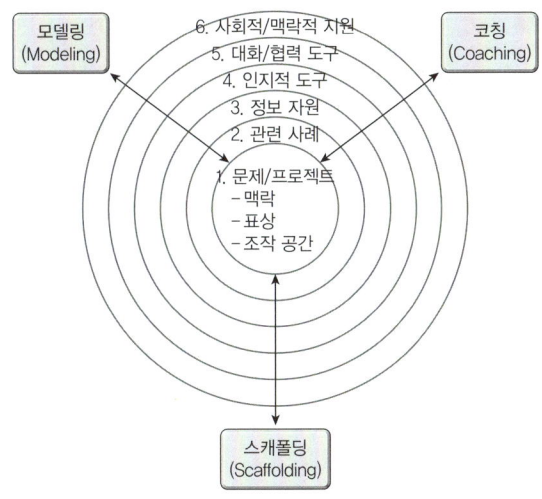

(1) 개념

지식은 학습자의 경험을 통해 구성된다는 구성주의 학습 환경을 설계하는 데 고려해야 할 6개의 설계 요소와 학습자의 학습 활동을 지원하는 3개의 교수 활동을 제안한 모형

(2) 설계 요소(학습 지원 도구·자원)

구분	내용

문제/프로젝트	• 학습을 주도하는 것으로, 학습 환경 설계 시 가장 우선적으로 고려해야 함
	• 문제는 복잡하고 비구조적이어야 하며, 정답은 한정되지 않고 다양한 관점을 통해 해결될 수 있어야 함
	  – 맥락: 문제를 둘러싼 물리적, 사회·문화적, 조직적 맥락과 사람들의 가치, 믿음, 사회적 기대 등의 맥락이 함께 제시되어야 함
	  – 표상: 문제를 제시하는 방법으로, 문제는 학습자의 관심을 끌고, 몰입할 수 있게 표현되어야 함
	  – 조작 공간: 문제 해결을 위한 작동 공간으로, 학습자가 활동에 참여하여 문제를 조작하고 그 결과가 나타나도록 해야 함

관련 사례	학습자가 직면한 문제 상황과 관련된 사례로, 이를 충분히 제공함으로써 학습자의 기억을 촉진하며 인지적 융통성을 제고함
정보 자원	문제 해결에 활용할 수 있는 정보로, 학습자는 가설 설정과 검증 등에 정보를 활용함으로써 자신의 지식 구조를 정교화해 나감
인지적 도구	학습자가 문제를 원활하게 해결할 수 있도록 학습자의 인지 활동을 지원하고 촉진하는 것으로, 시각화 도구, 조직화 도구, 수행 지원 도구, 정보 수집 도구 등을 활용할 수 있음
대화/협력 도구	학습자 상호 간에 이루어지는 학습 활동을 지원하는 수단
사회적/맥락적 지원	학습자의 학습 과정과 관련된 학습의 사회적·맥락적 요인

출제 Point

2017학년도 중등 논술
C교사가 실행하려는 구성주의 학습 활동을 위한 학습 지원 도구·자원과 교수 활동 각각 2가지 제시

◆ 학생 참여 중심 수업 운영
C교사는 학생 참여 중심의 교수·학습을 준비하기 위해서 교사 연수 프로그램에 참여하고 있다고 말했다. "저는 구성주의 학습 환경 설계에 관한 연수에 참여하고 있습니다. 문제 중심이나 프로젝트 중심의 학습 활동을 실행하기 위해서는 적합한 학습 지원 도구나 자원을 학생들에게 제공해야 한다는 것을 알게 되었고, 학습 활동 중에 교사가 수행해야 할 역할에 대해서도 이해하게 되었습니다."

2008학년도 중등 객관식 27번
조나센(Jonassen)의 구성주의 학습 환경 설계 모형이다. □안에 들어갈 교수자의 교수 활동

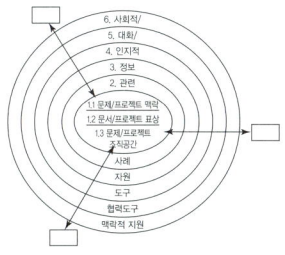

① 코칭(Coaching)
③ 모델링(Modeling)
④ 비계 설정(Scaffolding)

합격선배 Tip

그림에서 요소의 숫자나 원의 넓이가 설계 단계를 의미하는 것처럼 보이지만, 모형상 설계의 순서나 절차가 정해져 있지 않으므로 순서와 관계없이 암기하도록 하자.

CHAPTER 2 교수설계 모형

(3) 교수 활동

구분		내용
학습 활동	탐색	학습 목표를 분명히 하기 위해 가설을 설정하고, 자료를 수집하는 활동
	명료화	학습 내용을 분명히 하기 위해 실제로 적용해 보는 활동
	반성적 사고	학습한 내용을 다시 돌이켜 확인하는 활동
교수 활동	모델링	전문가가 과제를 수행하는 행동을 직접 보여주는 활동
	코칭	학습자의 과제 수행을 관찰하면서 도움을 제공하는 활동
	스캐폴딩	학습자가 자신의 능력 수준을 넘어서는 수행을 할 수 있도록 임시적 틀(발판)을 제공하는 활동

CHAPTER 3 교수 방법

01 강의법 & 문답법 & 토의법

1 강의법

(1) 개념

교사의 해설이나 설명에 의해 이루어지는 교사 중심의 수업 방식

(2) 수업의 적용

적합한 경우	적합하지 않은 경우
• 지식의 전수를 주된 교육 목적으로 삼을 때 • 다음 단계의 학습에 필요한 기본적 정보를 제공할 때 • 교과서와 참고서에 없는 사실이나 어려운 내용을 전달할 때 • 학습 과제에 대한 전반적인 정보나 방향을 제시할 때	• 지식 이외의 수업 목표가 강조될 때 • 장기적인 파지가 필요한 과제일 때 • 학생의 지적 능력이 떨어질 때

(3) 장단점

장점	단점
• 교사가 지닌 지식과 기능의 체계적·논리적 전달 가능 • 정해진 시간 내에 여러 가지 지식을 많은 학생에게 동시에 전달 가능 • 교사의 열정·논리·유머·온화함 등을 통해 학습 동기 유발	• 학생들의 수동적 사고와 학습 초래 • 수동적·기계적 학습으로 학습 내용의 장기적 파지 곤란 • 학생들의 개별적 수준에 맞는 수업 곤란

2 문답법

(1) 개념

강의법과 함께 과거부터 사용되어 온 전통적 교수법으로, 교사와 학생 간의 질문과 대답을 통해 학습 활동이 전개되는 수업 방식

CHAPTER 3 교수 방법

> **출제 Point**
>
> **2004학년도 중등 객관식 22번**
> 토의 학습 유형
>
> 김 교사는 토의 학습을 위해 7~8명의 학생을 학습 집단으로 편성하였다. 토의 학습에 참여한 모든 학생이 상호 대등한 관계 속에서 자유롭게 의견을 교환하도록 하였다. 각 집단은 주제에 관련된 사전 지식이 있는 학생을 사회자로 선출하고 기록자도 선정하였다. 김 교사는 구성원 모두가 발언할 수 있는 기회를 가질 수 있도록 안내하였다.
>
> ② 원탁 토의

(2) 장단점

장점	단점
• 적극적인 흥미와 동기 유발로 학생의 적극적 참여 유발 • 학생 스스로 문제를 해결할 기회 제공 • 습득한 내용의 정리와 정착에 효과적 • 교사와 학생 간 원활한 의사소통	• 학생들의 능력이 떨어질 경우 교사 중심의 수업이 될 수 있음 • 우수 학생 중심의 수업 진행 • 학습 속도의 지연

3 토의법

(1) 개념

교사와 학생, 학생과 학생 간의 상호 작용을 통해 결론을 이끌어 내는 수업 방식

(2) 유형

구분	개념		
원탁 토의 (Round Table Discussion) [04 중등]	상호 대등한 관계 속에서 5~10명의 참가자가 주제에 대해 자유롭게 의견을 교환하는 좌담 방식		
	장점	단점	
	• 민주적 태도 학습 • 모두가 만족하는 효율적인 학습 효과 기대 • 집단 의식, 공동체 의식 함양 • 집단 학습 효과	• 의사소통의 문제로 갈등 발생 • 토론의 내용이 지나친 사견으로 흐를 수 있음	
배심 토의 (패널 토의, Panel Discussion)	주제에 대하여 서로 의견을 달리하는 3~6명의 전문가들이 사회자의 진행에 따라 청중 앞에서 토의하는 방식		
	장점	단점	
	• 문제나 쟁점에 대한 총체적 안목 함양 • 합리적 문제 해결과 의사결정 • 전문적 식견을 지니지 않은 청중의 효과적 학습 • 집단의 규모에 관계 없이 활용 가능	• 대화 중심의 진행으로 논리 정연한 지식이나 정보 제시의 어려움 • 패널의 선정이 학습 효과에 결정적 영향을 미침 • 준비되지 않은 청중은 수동적 자세를 취하거나 흥미를 잃을 수 있음	

유형	설명		
공개 토의 (포럼, Forum) [07 중등]	1명 이상의 전문가가 청중을 대상으로 공개 연설한 후, 청중과 질의응답하며 토의를 진행하는 방식		
	장점	단점	
	• 적극적·능동적 탐구 자세를 통한 효과적 학습 가능 • 청중의 욕구와 필요 반영 • 청중의 다양한 의견 수렴	• 다수의 청중을 동시에 효과적으로 상대할 수 있는 유능한 전문가의 필요 • 산만하고 비체계적인 진행 • 개인별 충분한 발언 시간 확보의 어려움	
단상 토의 (심포지움, Symposium)	특정 주제에 대해 다양한 의견을 가진 2~5명의 전문가가 강연식으로 각자의 전문적인 견해를 발표한 후 발표자 간 좌담 토론을 하는 방식		
	장점	단점	
	• 체계적·전문적 정보와 지식을 비교적 짧은 시간에 깊이 있게 학습 가능 • 주제나 문제에 대한 다양한 관점 제시로 총체적 안목 함양 • 간접 참여를 통한 학습 효과	• 심도 있는 논의의 어려움 • 발표 내용의 중복 • 상호 작용에 의한 의견 수렴과 판단의 기회가 적음 • 청중에게 직접적인 참여 기회가 제공되지 않음	
대담 토의 (Colloquy)	주제에 대해 3~4명의 청중 대표와 3~4명의 전문가 대표가 청중 앞에서 사회자의 진행에 따라 토의하는 방식		
	장점	단점	
	• 청중에게 직접적인 참여 기회를 제공함으로써 학습 동기와 흥미 향상 • 전문가의 다양한 관점과 의견 파악 • 청중들의 의문과 문제점의 신속한 해결	• 사회자의 능력에 따라 토의의 질이 좌우됨 • 청중 대표나 청중은 핵심적 질문에 대한 이해 능력 필요	
세미나 (Seminar)	해당 주제에 관한 전문적 식견을 갖춘 5~30명 정도의 권위 있는 전문가에 의한 토의 방식		
	장점	단점	
	• 토의 주제에 대한 심층적 연구와 전문 연수의 기회 제공 • 전문적이고 다양한 내용을 통해 참석자들의 관심과 흥미 유발, 전문성 제고 • 집단 구성원들의 적극적이고 능동적인 참여	• 전문적 식견이 없는 집단의 경우 활용 불가 • 일반 대중은 이해하기 어려움	

출제 Point

2007학년도 중등 객관식 22번
김 교사가 활용한 토의식 수업의 유형

김 교사는 환경 오염에 대한 수업 시간에 환경전문가인 강 박사를 초청하였다. 김 교사는 수업 방식 및 주제에 대하여 간단히 안내하였다. 강 박사는 학생들에게 약 15분간 지역의 환경 오염 방지 방안을 설명하였다. 이후 김 교사의 사회로 학생들은 설명 내용에 대하여 30분간 강 박사와 질의응답 시간을 가졌다.

① 포럼(Forum)

CHAPTER 3 교수 방법

출제 Point

2011학년도 중등 객관식 16번
교사의 요구에 가장 부합하는 토의법

이 교사: 발표자 중심의 교실 전체 토의 수업에서는 나머지 학생들의 참여와 상호 작용이 저조한 경우가 많아요. 소집단 토의처럼 학생들이 청중이 아닌 토론의 주체가 되어 활발하게 상호 작용하면 좋겠습니다.

② 이 교사: 버즈 토의(Buzz Discussion)

버즈 토의 (Buzz Discussion) [11 중등]	전체 집단을 몇 개의 소집단으로 나누어 분과 형태의 토의를 진행하고, 최종적으로 집단 구성원 전체가 다시 모여 분과 토의 결과를 종합·정리하여 결론을 도출하는 방식(6명씩 구성, 6분씩 토론)	
	장점	단점
	• 학생 모두에게 직접 토의에 참여할 기회 제공 • 역동적 상호 작용을 통한 공동체 의식과 협동심 함양 • 창의적이고 다양한 의견의 개진 • 민주적 의사결정 능력 함양	• 복잡한 주제를 토의하기엔 부적절함 • 통제의 어려움 • 소집단 주제가 대토론 주제와 직결되지 않을 경우 토론이 불분명해짐

(3) 장단점

장점	단점
• 민주적 태도와 가치관 함양 • 비판적 사고력, 문제 해결력 등 고등 정신 능력의 습득 가능 • 학습자의 자발적·적극적 참여로 학습 동기와 흥미 유발 • 스스로 사고하는 능력과 의사 표현 능력의 함양	• 준비와 계획 단계뿐만 아니라 진행 과정에서도 많은 시간이 소요됨 • 토의가 몇몇 학생에 의해 주도될 때 나머지 학생들은 토의 과정을 방관하거나 무관심한 상태로 빠질 위험 존재 • 토의가 원래의 목적에서 벗어나 산만하고 빈약한 대화를 하거나 초점을 잃은 채 무의미한 것으로 전락할 가능성

02 문제 해결 학습 & 프로젝트 학습 & 자기주도적 학습

1 듀이(Dewey)의 문제 해결 학습

(1) 개념

학생이 생활하는 현실적인 장면에서 당면하는 여러 문제를 해결해 나가는 과정에서 지식, 기능, 태도, 기술 등을 종합적으로 획득하도록 하는 학습 방법

(2) 절차

① 문제의 인식: 학생이 선택한 문제나 학생에게 제시된 문제에 대하여 자세히 검토하고, 그 본질을 정확하게 인식함
② 문제 해결의 계획: 문제를 어떤 방법이나 절차로 해결할 것인가를 개인별 혹은 소집단별로 연구함
③ 자료의 수집 및 연구: 문제 해결을 위해 필요한 자료를 수집하여 연구함
④ 문제 해결의 시도: 수집된 자료의 조사, 관찰, 비교 등을 통해 문제의 해결을 시도함
⑤ 결과 발표 및 검토: 결과를 정리하여 발표하고, 이를 검토함

(3) 장단점

장점	단점
• 학생의 자발적 학습 • 학생의 구체적인 경험을 통한 학습 • 실제 생활에 적용 가능한 종합적 능력 함양 • 사고력·창의력 등의 고등 정신 기능 함양 • 민주적 생활 태도 배양	• 기초 학력 저하 • 교과의 체계적 학습 불가 • 노력과 시간에 비해 비능률적인 지적 성장

2 킬패트릭(Kilpatrick)의 프로젝트 학습(구안법)

(1) 개념

실제 생활과 관련된 주제를 학생 스스로 선정하여 수행하면서 구체적인 결과물을 만들어 내는 학습 방법

(2) 절차

① 목표 설정: 학생 스스로 학습 주제나 학습 문제 선택
② 계획: 목표 달성을 위한 방법 설계
③ 실행: 학생은 계획에 맞춰 수행하고, 교사는 학생의 창의성 존중과 원활한 학습 환경 조성
④ 평가: 결과물에 대한 자기 평가, 상호 평가, 교사 평가 실시

CHAPTER 3 교수 방법

출제 Point

2005학년도 중등 객관식 19번
노울즈(Knowles)의 자기주도적 학습 (Self-directed Learning)에 대한 설명
① 초인지 학습 전략을 적용한다.
② 성인을 위한 학습 전략으로 시작되었다.
③ 개별 학습 또는 협동 학습 방법을 사용한다.

(3) 장단점

장점	단점
• 학교 생활과 실제 생활의 결부 • 창조적·구성적 태도 함양 • 자발적·능동적 학습 활동 촉구 • 주도성과 책임감 함양	• 계획 및 실천 능력이 부족한 학생의 경우 학습의 어려움 • 수업의 무질서 • 교재의 논리적 체계 무시

3 자기주도적 학습 [05 중등]

(1) 개념

학생 스스로 학습 과정을 관리하는 것으로, 수업 목표를 설정하고, 학습 자원을 확인하며, 중요한 학습 전략을 선택하고, 학습 결과를 평가하는 일련의 작업을 수행하는 과정

(2) 특징

① 자기주도성: 학생이 학습의 주도권을 갖고 능동적·적극적인 자세로 학습을 수행함
② 자기 관리: 목표 설정, 자원 선택, 계획, 실천, 평가 등 학생 스스로 자신의 학습 과정을 관리함
③ 자기 통제와 자기 조절: 학습 과정을 스스로 성찰하면서 행동과 사고를 통제함
④ 학습의 개인차: 학생은 자신의 능력에 따라 학습 속도를 조절할 수 있음
⑤ 자기 평가: 학습 결과에 대한 책임은 학생에게 부여됨

03 개별화학습

구분	개념
무학년제	학년의 구분 없이 개별 학생의 능력(수준별 교육과정)에 맞게 학습이 이루어지는 교수 방법
자율 계약 교수법 (달톤 플랜, Dalton Plan)	교사와 학생 간의 학습 계약을 근간으로 이루어지는 개별화 교수법
개별 처방 교수법 (IPI; Individually Prescribed Instruction)	스키너의 프로그램 학습법에 기초하여 학생들의 개인차에 적합한 학습 프로그램을 제시함으로써 개별화 학습 효과를 극대화하고자 하는 교수법
개별화 교수체제 (PSI; Personalized System of Instruction) [10 중등]	• 스키너의 프로그램 학습법을 발전시켜 다인수 학급에 적용하고자 한 것으로, 학생 개인의 역량에 따라 수업 목표를 달성하도록 하는 미시적 접근의 수업 체제 • 자기 진도에 따른 개별 학습 → 한 단원 학습 후 평가(평가를 통과하지 못하면 보충 학습 실시) → 학습 보조원(우수한 동료 학습자) 활용 → 필요 시 강의 실시
적성·처치 상호 작용 모형 (ATI; Aptitude Treatment Interaction)	학생 개인의 적성에 따라 서로 다른 교수 방법을 처방함으로써 교수 효과를 극대화하려는 방법
팀티칭 (Team Teaching)	두 명 이상의 교사가 동일한 학습 집단의 수업을 협동적으로 계획·지도·평가하는 방법
개별 지도 교수법 (IGE; Individually Guided Education)	전통적인 학년제를 철폐하여 각 교과 영역별로 무학년제를 실시하고, 팀티칭 방식의 수업으로 진행하는 개별화 교수체제

출제 Point

2010학년도 중등 객관식 19번
켈러(Keller)의 개별화 교수체제(Personalized System of Instruction, 일명 Keller Plan) 모형을 적용하여 e-러닝과 교실 수업을 혼합한 블렌디드 러닝(Blended Learning)을 설계한 것

> 학생들의 수학 교과 기초 능력 결손을 보완하기 위해 김 교사는 개별화 교수체제 원리를 토대로 보충 수업을 설계하였다. 김 교사는 (ㄱ) 전체 학습 과제를 소단위로 나누어 단계적으로 학습하도록 e-러닝 콘텐츠를 설계하였다. 학생들은 인터넷을 통해 가정에서 (ㄴ) 자신의 학습 속도에 맞게 e-러닝을 진행하였다. 각 소단위 학습을 마치면 곧바로 해당 단위에 대한 온라인 평가가 실시되고, (ㄷ) 해당 소단위 목표를 달성한 경우에만 다음 단계의 소단위 학습을 할 수 있었다. (중략) (ㅁ) 김 교사는 학생들에게 학습 동기 유발이나 학습의 전이를 촉진할 필요가 있다고 판단될 때, 이를 위해 교실에서 강의식 수업을 간단하게 실시하였다.

합격선배 Tip

에듀테크의 발달과 코로나19로 인한 교육 격차의 심화로 개별화 학습이 중요해졌다. 개념과 실제 현장에서 적용 가능한 사례들을 함께 공부하자.

CHAPTER 3 교수 방법

출제 Point

2014학년도 중등 논술
수업에 소극적인 학생들의 학습 동기를 유발하기 위한 협동 학습 실행 측면에서의 동기 유발 방안

> 박 교사: 그럼 수업에 소극적인 학생들을 적극적으로 참여시킬 수 있는 동기 유발 방안을 고민해 보아야겠네요. 이를테면 수업 방법 차원에서 학생들끼리 서로 도와 가며 학습하는 형태로 수업을 진행하면 어떨까요?
> 최 교사: 그거 좋은 생각이네요. 다만 학생들끼리 함께 학습을 하도록 할 때는 무엇보다 서로 도와주고 의존하도록 하는 구조가 중요하다는 점을 유의해야겠지요. 그러한 구조가 없는 경우에는 수업 활동에 열심히 참여하지 않는 학생들이 많아진다는 문제가 발생할 수 있어요.

2004학년도 중등 객관식 24번
협동 학습에 대한 설명

> ㄱ. 학습 과정에서 리더십, 의사소통 기술과 같은 사회적 기능들을 직접 배운다.
> ㄴ. 협동 기술은 청취 기술, 번갈아 하기, 도움주기, 칭찬하기 등이 있다.

04 협동 학습

1 협동 학습의 이해 [04 중등, 14 중등(論)]

(1) 개념

동일한 학습 목표를 달성하기 위해 학습 능력이 다른 학습자들로 소집단을 구성하여 (이질적 팀 구성) 공동으로 활동하는 수업 방법

(2) 특징

① 긍정적 상호 의존성: 집단의 성공을 위해 자신뿐만 아니라 동료도 함께 성공해야 한다는 것
② 개별 책무성: 과제를 숙달해야 하는 책임이 개개인에게 있다는 것으로, 무임 승객 효과와 봉 효과를 방지함
③ 대면적 상호 작용: 집단의 공동 목표 달성을 위해 구성원이 다른 구성원들의 노력을 격려하고 촉진시켜 주는 것
④ 사회적 기술: 집단 구성원들이 서로 배려하고 존중하면서 상호 작용할 수 있도록 갈등 관리, 리더십, 의사소통과 같은 사회적 기술을 가르쳐야 한다는 것
⑤ 집단 과정: 집단의 공동 목표 달성을 위해 집단 구성원의 노력과 행위에 대한 토론과 평가가 필요하다는 것

(3) 협동 학습과 전통적 소집단 학습의 비교

협동 학습	전통적 소집단 학습
구성원 간의 긍정적인 상호 의존성 강조	상호 의존성이 없음
이질 집단의 구성	동질 집단의 구성
개인적 책무성 강조	집단에 대한 개인적 책무성이 없음
구성원 간 지도력의 공유	능력 있는 학생의 지도력 독점
상호 책임성의 공유	자신에게만 책임을 짐
교사의 적극적인 관찰과 개입	교사의 집단 기능 무시

2 협동 학습의 유형

구분	개념		
직소 (Jigsaw) 모형 [05 중등, 08 중등, 10 중등, 11 중등]	집단 내 동료 구성원들이 서로 가르치고 배우는 모형		
	구분	내용	
	직소 Ⅰ (Jigsaw Ⅰ)	• 5~6명의 이질적 학생들로 소집단을 구성하여 학습 단원을 나누어 할당하고, 같은 부분을 맡은 학생들끼리 전문가 집단을 형성하여 학습한 후 기존의 소속 집단으로 돌아와 구성원에게 설명하고, 개별 시험(퀴즈)을 통해 개인별로 성적을 부여하는 (개별 보상) 모형 • 과제 해결의 상호 의존성은 높으나, 보상의 상호 의존성이 낮음	
	직소 Ⅱ (Jigsaw Ⅱ)	• 직소 Ⅰ 모형에 집단 보상을 추가한 모형 • 집단 구성원 개개인의 향상된 점수를 합산하여 팀 점수를 산정함(집단 보상)으로써 집단 구성원들 간 보상의 상호 의존성을 높임	
	직소 Ⅲ (Jigsaw Ⅲ)	• 직소 Ⅱ 모형에 개별 시험(퀴즈)을 대비할 수 있는 학습 정리 시간을 부여한 모형 • 학습 내용을 정리하도록 일정한 평가 유예 기간을 제공함	
	직소 Ⅳ (Jigsaw Ⅳ)	• 직소 Ⅲ 모형에 전체 수업 내용을 소개하는 도입 단계와 전문가 집단에서의 전문 과제에 대한 평가, 기존 집단 구성원의 전체 학습 과제에 대한 평가를 추가한 모형 • 개별 평가 이후 전체 학습 과제에 대한 재교육이 필요할 경우 선택적 재교육을 실시함	
성취 과제 분담 모형 (STAD) [07 중등, 11 중등]	• '집단 보상, 개별적 책무성, 성취 결과의 균등 분배'의 협동 전략을 통해 개인의 성취가 팀의 성취로 분담되도록 하는 협동 학습 모형 • 교사의 수업 안내 → 소집단 조직(역할 분담) → 소집단 학습 → 개인별 시험(퀴즈)을 통한 개인 점수를 과거의 점수와 비교하여 개인별 향상 점수 부여 → 개인별 향상 점수의 합을 평균하여 팀별 점수 부여 → 팀 점수와 개인 점수를 게시하여 최고 득점자(개인 보상)와 최고 득점 팀(집단 보상)에게 보상 제공		
팀 경쟁 학습 (TGT)	STAD의 개인별 시험(퀴즈)을 토너먼트식 게임으로 대체하여 팀 간의 경쟁을 유도하는 협동 학습 모형		
자율적 협동 학습 (Co-op Co-op) [02 중등, 10 중등]	학급 전체의 과제를 소주제로 나누고, 같은 소주제를 선택한 학생들끼리 팀을 구성하여 팀별로 학습한 후 동료 및 교사에 의해 다면적 평가(팀 동료에 의한 팀 기여도 평가, 교사에 의한 소주제 학습 기여도 평가, 전체 학급 동료에 의한 팀 보고서 평가)를 실시하는 모형		
집단 조사 학습 (GI)	전체 학습 과제를 주제별로 나누어 소집단별로 학습한 후 이를 발표하도록 함으로써 평가하는 학습 방법으로, 학생의 자발적 협동과 논의로 학습이 진행되는 개방적 협동 학습 모형		

출제 Point

2011학년도 중등 객관식 16번
교사의 요구에 가장 부합하는 협동 학습 방법

> 장 교사: 저는 협동 학습에서 무임승차하는 학생들이 더 문제라고 봅니다. 집단 보상 시에 개인의 성취 결과를 집단 점수에 반영하여 모든 학생들이 책무성을 갖도록 하면 좋겠습니다.
> 김 교사: 토의법이나 협동 학습에서 학생들은 무엇을 어떻게 해야 할지 몰라서 시간을 낭비하는 경우가 종종 있지요. 토의나 협동 학습의 주제, 형식과 절차 및 구성원의 역할 분담이 명확하게 제시되면 좋겠습니다.

② 장 교사: 성취 과제 분담(STAD),
 김 교사: 과제 분담학습 Ⅱ(Jigsaw Ⅱ)

2010학년도 중등 객관식 18번
(가)와 (나)에 해당하는 협동 학습 모형

> (가) 교사는 단원을 몇 개의 소주제로 나누어 원집단에 질문의 형식으로 제시한다. 원집단의 구성원들은 소주제를 하나씩 나누어 맡는다. 각 구성원은 원집단에서 나와, 같은 소주제를 맡은 다른 집단의 구성원들과 전문가 집단을 형성하여 맡은 과제를 집중적으로 학습한다. 학습이 끝나면 원집단으로 돌아가 습득한 전문 지식을 다른 구성원에게 가르친다. 마지막으로 단원 전체에 대해 개별 시험을 치른 후, 집단 보상을 받는다.
> (나) 교사와 학생들이 토의를 통해서 학습 과제를 선택한 후, 이것을 다시 소주제로 분류한다. 학생들은 각자 학습하고 싶은 소주제를 선택하고, 같은 소주제를 선택한 학생들끼리 팀을 구성한다. 팀 구성원들은 소주제를 더 작은 미니 주제(Mini-topics)로 나누어 개별 학습한 후, 그 결과를 팀 내에서 발표한다. 팀별로 보고서를 작성한 후, 학급 전체에서 발표한다.

② (가) 과제 분담 학습 Ⅱ(Jigsaw Ⅱ),
 (나) 자율적 협동 학습(Co-op Co-op)

CHAPTER 3 교수 방법

출제 Point

2008학년도 중등 객관식 23번

교수·학습 모형을 교사 주도-학습자 주도 차원과 개별 학습-집단 학습 차원으로 구분하여 제시할 때 직소(Jigsaw) 모형이 위치할 곳

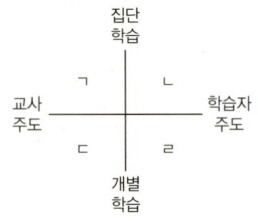

② ㄴ

2007학년도 중등 객관식 21번

김 교사가 진행한 협동 학습 유형

- 전체 학생들에게 기본적인 학습 내용을 설명한 후, 학습 능력 등을 고려하여 이질적인 4명씩으로 팀을 구성하였다.
- 팀별로 나누어준 학습지의 문제를 협동 학습을 통하여 해결하도록 하였다.
- 팀별 활동이 끝난 후, 모든 학생들에게 퀴즈를 실시하여 개인 점수를 부여하였고, 이를 지난 번 퀴즈의 개인 점수와 비교한 개선 점수를 주었다.
- 개선 점수의 합계를 근거로 우수 팀을 선정하였다.

④ 성취 과제 분담 학습(Student Teams-Achievement Division)

2005학년도 중등 객관식 20번

과제의 상호 의존성은 높고 보상 의존성은 낮은 협동 학습 모형

④ 과제 분담 학습 I(Jigsaw I)

2002학년도 중등 객관식 28번

학생들의 불만을 해소하면서, 김 교사가 추구했던 목적도 달성할 수 있는 교수·학습 방법

경쟁의식이 지나쳐 학생들이 학습에 필요한 정보도 서로 교환하지 않는 교실 문화에서 김 교사는 학생들의 협동심을 길러주기 위해 소집단 학습을 시도하였다. 그러나 몇몇 성적이 우수한 학생들이 자기 분단에서 열심히 참여하지 않은 학생들이 있음에도 모두 같은 점수를 받는 것이 공정하지 않다고 불만을 털어놓았다.

④ 자율적 협동 학습(Co-op Co-op)

팀 보조 개별 학습 (TAI)	개별 학습과 협동 학습이 혼합된 구조로, 개별 보상과 협동 보상을 함께 제공하는 모형
함께 학습하기 (어깨동무 학습, LT)	• 주어진 과제를 집단별로 수행하고 집단별로 보상을 부여하는 모형 • 개별 시험에서 소속된 집단의 평균 점수를 부여하므로 집단 내 다른 학생의 성취 점수가 개인의 성취 점수에 영향을 줌

3 협동 학습의 장단점

장점	단점
• 수행 능력이 낮은 학생은 우수한 학생으로부터 학습 전략을 배우고, 수행 능력이 높은 학생은 설명하는 과정에서 학습 내용을 정교화함으로써 학업 성취도 향상 • 배려·존중·협동 등 사회적 관계 기술의 발달 • 자신감과 자아 존중감 향상	• 집단의 목표 달성 강조로 과정보다 결과 중시 • 집단 구성원 전체가 잘못 이해한 내용을 옳은 것으로 오해 가능 • 학습보다 집단의 응집성 강조 • 능력이 떨어지는 학생의 모멸감·수치심

CHAPTER 4 교수·학습 이론

01 객관주의 교수·학습 이론

1 캐롤(Carroll)의 학교 학습 모형 [12 중등]

(1) 개념

적성, 수업 이해력, 학습 지속력의 개인차 변인과 수업의 질, 학습 기회의 수업 변인을 조절함으로써 학교 학습의 효과를 극대화할 수 있다는 완전 학습 모형

(2) 학교 학습 모형

$$학습의\ 정도 = f\left(\frac{학습에\ 사용한\ 시간}{학습에\ 필요한\ 시간}\right) = f\left(\frac{학습\ 지속력,\ 학습\ 기회}{적성,\ 수업\ 이해력,\ 수업의\ 질}\right)$$

구분		내용
개인차 변인 (학생 변인)	적성	최적의 수업 조건에서 주어진 과제를 완전히 학습하는 데 필요한 시간
	수업 이해력	학습해야 할 과제의 내용이나 학습 절차를 이해하는 학습자의 능력
	학습 지속력	학습자가 스스로 인내력을 발휘하여 보다 많은 학습 시간을 할당하려는 의욕과 태도
수업 변인 (교사 변인)	수업의 질	교사가 학습 과제를 학생들에게 효과적으로 구성하여 제시하는 정도
	학습 기회	일정한 학습 과제를 학습할 수 있도록 학습자에게 허용된 시간

(3) 교육적 의의

① 학습에 필요한 시간을 줄이고, 학습에 사용한 시간을 늘리면 학습의 정도를 최대한으로 높일 수 있음
② 수업의 질을 높이면 학습자의 수업 이해력도 상승하므로 학습에 필요한 시간을 줄일 수 있으며, 학습 기회를 충분히 허용하면 학습에 사용한 시간이 늘어나므로 적성이 낮은 학습자도 완전 학습에 이를 수 있음

2 블룸(Bloom)의 완전 학습 모형

(1) 개념

학습자 개인의 능력과 학습 속도에 맞게 구조화된 학습 자료와 적절한 학습 기회가 충분히 제공된다면 완전 학습이 가능하다는 모형

+ 출제 Point

2012학년도 중등 객관식 17번
캐롤(Carroll)의 학교 학습 모형을 올바르게 이해한 것

$$학습의\ 정도$$
$$= f\left(\frac{학습에\ 사용한\ 시간}{학습에\ 필요한\ 시간}\right)$$
$$= f\left(\frac{학습\ 기회,\ (가)}{적성,\ 수업\ 이해력,\ (나)}\right)$$

ㄱ. '학습에 사용한 시간'을 계산하기 위해 김 교사는 학생이 학습에 소비한 총 시간과 능동적으로 학습에 몰두한 시간을 구분할 수 있는 수업 관찰 기법을 공부하였다.

ㄴ. (가)를 개선하는 한 방법으로, 김 교사는 우선 학생의 학습 동기를 유발하고 유지하는 방법을 집중적으로 다루는 교수설계 기법에 관한 연수를 받았다.

ㄹ. (나)와 관련해서, 김 교사는 학습 활동의 계열화, 학습 단서의 제공, 피드백과 학습 교정 활동 등 수업의 질적 수준 향상을 위해 수업 후 협의회, 마이크로티칭, 동료장학, 수업 컨설팅 등의 활동에 참여하였다.

CHAPTER 4 교수·학습 이론

출제 Point

2014학년도 중등 논술
최 교사가 수업 효과성을 높이기 위하여 선택한 방안(학문 중심 교육과정 이론에 근거한 수업 전략)

> 학교에서 배우는 기초 지식이나 원리가 직업 활동의 근간이 되기도 한다는 것을 어떻게 아이들이 깨닫게 할 수 있을까? 내가 일일이 다 설명해 주지 않아도 아이들이 스스로 교과의 기본 원리를 찾을 수 있게 하려면 어떤 종류의 과제와 활동이 좋을까?

2006학년도 중등 객관식 19번
브루너(Bruner)의 발견 학습 이론에 근거한 교사의 행동
① 외재적 보상보다 내재적 보상을 강조한다.
② 다양한 학습 자료를 준비하여 제시한다.
③ 어떤 사건의 원인과 결과를 찾도록 한다.

---

(2) 완전 학습 모형

구분		내용
수업 전	1단계	학습 결손 진단: 진단평가를 실시하여 기초 학력을 진단함
	2단계	학습 결손 보충 지도: 프로그램 학습을 사용하여 결손 학습을 보충함
본 수업	3단계	수업 목표 명료화: 구체적인 수업 목표를 명료화하여 제시함
	4단계	교사 수업: 실제적 교수·학습 활동을 전개함
	5단계	수업 보조 활동: 학습자의 흥미와 동기를 유발하기 위해 실험, 실습, 시청각 교재 등 다양한 자료를 제시함
	6단계	형성평가: 형성평가를 통해 보충 학습이 필요한 학습자와 심화 학습이 필요한 학습자를 구분함
	7단계	보충 학습: 보충 학습이 필요한 학습자를 대상으로 프로그램 학습을 통해 보충 학습을 시행함
	8단계	심화 학습: 심화 학습이 필요한 학습자를 대상으로 프로그램 학습을 통해 심화 학습을 시행함
	9단계	제2차 학습 기회: 자율 학습, 협력 학습 등의 기회를 제공함
수업 후	10단계	총괄평가: 수업을 마친 후 학업 성취도를 평가함

(3) 교육적 의의

① 적성, 수업 이해력, 수업의 질을 높여 학습에 필요한 시간을 줄이고, 보충 학습을 통해 학습 기회를 충분히 제공하여 학습에 사용된 시간을 늘리면 완전 학습을 이룰 수 있음
② 학습에 어려움을 느끼는 학습자는 철저한 개별화 수업을 통한 보충 학습을 제공하면 완전 학습을 이룰 수 있음
③ 형성평가를 통해 학습자의 적성과 수업 이해력을 파악하여 보충 학습과 심화 학습의 기회를 제공하면 완전 학습을 이룰 수 있음

3 브루너(Bruner)의 발견 학습 모형 [06 중등, 14 중등(論)]

(1) 개념

관찰, 토론 등을 통해 학습자 스스로 학습 과제의 최종 형태를 찾아내게 하는 모형

(2) 구성 요소

구분	내용
학습 경향성 (학습 의욕)	학습하고자 하는 의욕·경향·동기로, 교사는 구체적인 경험과 적절한 수준의 불확실성을 가진 문제를 제시하여 학습자의 학습 경향성을 극대화할 수 있음
지식의 구조	학문을 구성하고 있는 기본 개념, 명제, 원리, 법칙들을 체계적으로 조직한 것으로, 학습자 수준에 따라 작동적·영상적·상징적으로 표현될 수 있음

계열화(서열)	학습자가 학습 내용을 이해·변형·전이하는 데 도움이 될 수 있도록 학습자의 학습 경험, 발달 단계 등에 따라 학습 과제를 순서대로 조직하여 제시함
강화	학습 결과에 대해 보상을 주는 것으로, 효과적인 학습을 위해서는 학습자 스스로의 내적 보상이 중요함

(3) 특징

① 학문을 구성하는 핵심 아이디어, 즉 지식의 구조에 대한 학습을 강조함
② 학습자 스스로 개념이나 원리를 발견해 내는 능동적 학습을 강조함
③ 학습의 결과보다 학습의 과정이나 방법을 강조함
④ 기본 원리에 의한 학습의 전이를 강조함

(4) 조건

구분	내용
학습 태세	학습자가 학습 상황에서 정보 간의 관계를 찾으려는 내적 경향성으로, 교사는 발견 학습을 촉진하기 위해 학생 스스로 발견할 기회를 충분히 제공해야 함
요구 상태 (학습 동기)	학습자의 학습 동기 수준으로, 너무 높거나 낮은 동기 수준보다 보통의 동기 수준이 학습에 더 도움이 됨
관련 정보의 학습	학습자가 관련된 구체적 정보를 알고 있는 정도로, 관련된 구체적인 정보를 많이 가지고 있을 때 발견이 잘 일어남
연습의 다양성	같은 정보라고 하더라도 정보에 접촉하는 사태가 다양할수록 정보를 조직할 수 있는 분류 체계의 개발이 용이해짐

(5) 장단점

장점	단점
• 내재적 동기 유발 • 학습자의 자발적 수업 참여 유도 • 고등 정신 능력의 증진 • 지식의 파지력과 전이력 증진	• 방만한 수업 • 개념과 원리 발견에 많은 시간 소요 • 지적 능력이 낮은 학습자의 소외 • 모든 지식을 학생 스스로 발견 불가능

CHAPTER 4 교수·학습 이론

출제 Point

2012학년도 중등 객관식 15번
오수벨(Ausubel)의 선행조직자 교수 모형의 (가) 단계에서 교사가 수행하는 대표적인 교수 활동

> 선행조직자 제시 → 학습 과제와 자료 제시 → (가)

> ㄷ. 학습자가 학습 자료의 내용을 다른 시각에서 살펴보거나 숨겨져 있는 가정이나 추론 등에 대해 도전하게 한다.
> ㄹ. 학습 자료에 제시된 여러 가지 개념이나 명제들 사이의 공통점과 차이점을 학습자의 선행 학습 내용에 근거해서 비교·설명하게 한다.

2010학년도 중등 객관식 17번
박 교사는 오수벨(Ausubel)의 유의미 수용 학습 이론에 따라 수업을 하고자 한다.

> 박 교사는 학생들에게 먼저 수업 목표를 명확히 제시하고, 수업 내용을 쉽게 이해하도록 하기 위해 수업 내용을 포괄하는 예를 설명조직자로 제시하였다. 박 교사는 설명조직자가 학생들의 인지구조 내에서 새로운 학습 내용을 포섭하여 의미 있는 수용 학습이 이루어지도록 촉진할 것이라고 기대하였다. 그 이유는 수업 내용을 학습하기 전에 수업 내용에 관한 포괄적인 예를 제시하면 그것이 정착 아이디어의 역할을 수행하여 학습의 정교화를 촉진할 것이기 때문이다.

2006학년도 중등 객관식 17번

- 새로운 지식이나 정보와 선행 학습 내용의 통합을 강조한다.
- 학습자의 인지구조에 알맞게 포섭·동화되도록 학습 과제를 제시한다.
- 일반적이고 포괄적인 지식을 먼저 제시하고, 그 다음에 세부적이고 상세한 지식을 제시한다.

② 오수벨(Ausubel)의 유의미 학습 이론

4 오수벨(Ausubel)의 유의미 학습 [04 중등, 06 중등, 10 중등, 12 중등]

(1) 개념
새로운 지식을 학습자의 기존 인지구조에 의미 있게 연결하는 학습

(2) 조건

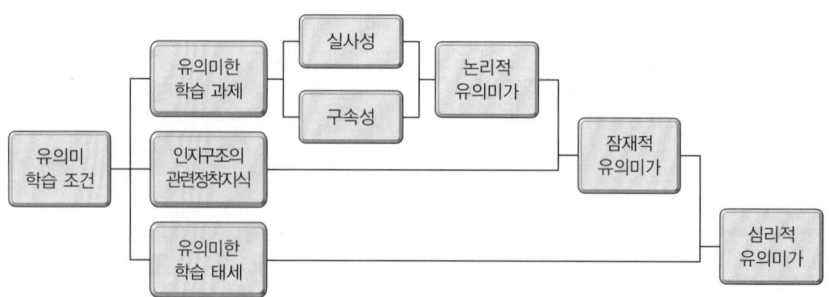

구분	내용
유의미한 학습 과제	유의미한 학습 과제는 논리적 유의미가를 지닌 과제로, 학습 과제가 실사성과 구속성을 지닐 때 논리적 유의미가를 가짐 • 실사성: 학습 과제가 표현될 때마다 의미가 변하지 않는 본질적 속성 • 구속성: 임의적으로 맺어진 관계가 하나의 관습으로 굳어지면 다시 임의적으로 변하지 않는 속성
인지구조의 관련정착지식	관련정착지식은 논리적 유의미가를 갖는 학습 과제를 포섭하는 포섭자 역할을 하며, 학습자의 인지구조 속에 관련정착지식이 있을 때 그 학습 과제는 잠재적 유의미가를 가짐
유의미한 학습 태세	학습 과제를 인지구조에 포섭하려는 학습자의 성향 또는 의도로, 학습 과제가 잠재적 유의미가를 갖고 학습자가 학습 태세를 갖추고 있을 때, 학습 과제는 학습자에 대해 심리적 유의미가를 가짐

(3) 포섭

① 개념: 새로운 학습 내용을 학습자의 기존 인지구조에 통합·일체화하는 과정
② 유형

구분	내용
하위적 포섭	기존 인지구조가 새로운 지식보다 포괄적인 경우 새로운 학습 과제가 기존 인지구조의 하위에 포섭되는 것 • 파생적 포섭: 새로운 학습 과제가 기존 인지구조의 구체적 사례에 해당하거나 파생적 내용일 경우 발생하는 포섭으로, 피아제(Piaget)의 '동화'에 해당함 • 상관적 포섭: 새로운 학습 과제로 인해 기존 인지구조를 수정·확장·정교화하는 포섭으로, 피아제(Piaget)의 '조절'에 해당함
상위적 포섭	새로운 학습 과제가 기존 인지구조보다 포괄적인 경우 새로운 학습 과제가 기존 인지구조의 상위에 포섭되는 것
병위적 포섭 (병렬적 포섭)	새로운 학습 과제가 기존 인지구조와 수평적 관계에 있는 경우 발생하는 포섭

(4) 원리

구분	내용		
선행조직자의 원리	• 수업의 도입 단계에서 새로운 학습을 제시하기 전에 선행조직자를 앞서 제시해야 함 • 선행조직자: 새로운 학습 과제를 학습하기 전에 미리 제시하는 추상적·일반적·포괄적 도입 자료로, 새로운 정보와 이전 학습을 연결하는 장치		
	종류	내용	
	설명 선행조직자	학습자의 인지구조에 학습 과제와 관련된 선행 지식이 없을 때 제공되며, 학습 과제를 학습자의 인지구조 속에 끌어들이기 위한 발판으로 사용됨	
	비교 선행조직자	학습자의 인지구조에 학습 과제와 유사한 선행 지식이 있을 때 제공되며, 학습자에게 친숙한 학습 과제일 경우 개념의 혼동을 막기 위해 유사점과 차이점을 비교할 수 있도록 도움	
점진적 분화의 원리	포괄적이고 일반적인 지식을 먼저 제시하고, 점차 구체적이고 세부적인 지식을 제시해야 함		
통합적 조정의 원리	새로운 학습 과제를 기존의 인지구조와 연결되어 통합되도록 제시해야 함		
선행 학습의 요약·정리의 원리	학습 촉진을 위해 새로운 학습을 진행할 때 현재까지 학습한 내용을 요약하고 정리해야 함		
내용의 체계적 조직의 원리	학습 효과를 극대화하기 위해 학습 과제의 내용을 계열적·체계적으로 조직해야 함		
학습 준비도의 원리	학습 과제는 학습자의 인지구조를 포함한 발달 수준에 맞게 제공되어야 함		

+✍ 출제 Point

2004학년도 중등 객관식 25번
교수·학습 활동과 가장 관련이 있는 이론

학습 목표는 '지구의 내부 구조를 이해한다.'이다. 교사는 학습 내용을 체계적이고 계열적으로, 포괄적인 내용에서 점차 세부적인 내용으로 조직하였다. 먼저 파워포인트를 이용하여 지난 시간에 학습한 지구와 관련된 내용을 요약해 주고, 지구 내부의 구조보다 더 포괄적인 내용을 제시하였다. 학습자의 학습 동기 유발을 위해 학습자들이 잘 알고 있는 사례를 활용하였다.

② 오수벨(Ausubel)의 설명식 수업 이론

(5) 선행조직자 교수 모형

구분	내용
선행조직자 제시	수업 목표를 명료화하고 선행조직자를 제시하여 학습자의 사전 지식과 경험을 학습 과제와 연결시킬 수 있도록 도움
학습 과제와 학습 자료 제시	학습 과제와 자료를 실사성과 구속성 있게 조직화·계열화하여 점진적 분화의 원리에 따라 제시함
인지조직 (인지구조) 강화	통합적 조정의 원리를 적용하여 학습자의 능동적인 수용 학습을 촉진함

CHAPTER 4 교수·학습 이론

출제 Point

2013학년도 중등 객관식 15번
교수 활동과 가네(Gagné)의 수업 사태의 단계

(가) 부호화(Encoding)를 촉진하기 위해 문자가 같은 항끼리 더하는 데 도움이 되는 그림이나 단서를 제공해 준다. (나) 학생이 다항식 덧셈의 각 단계를 밟아 놀이공원 입장료를 계산하도록 한다. (다) 마지막으로 다항식 덧셈 절차를 노트에 적어 가며 복습하고, 배운 것을 다양한 형태의 다항식 덧셈 문제에 일반화하도록 한다.

④ (가) 학습 안내 제시하기, (나) 수행 유도하기, (다) 파지 및 전이 향상시키기

2011학년도 중등 객관식 19번
가네(Gagné)의 교수·학습 이론에 대한 진술

ㄴ. 학습 영역(Learning Outcomes)을 언어 정보, 지적 기능, 운동 기능, 태도, 인지 전략으로 나눈다.
ㄷ. 학습자의 내적 학습 과정을 지원하기 위한 9가지 외적 교수 사태(Events of Enstruction)를 제안한다.
ㄹ. 학습 영역(Learning Outcomes)을 세분화하여 제시한 메릴(Merrill)의 내용 요소 제시 이론(Component Display Theory)의 토대가 되었다.

2009학년도 중등 객관식 16번
가네(Gagné)의 9단계 수업 사태에서 ⓔ (피드백 제공)에 해당하는 교사의 수업 활동에 대한 설명

ⓔ 성공적 수행에 대해서는 강화를 제공하고, 잘못된 수행은 교정할 수 있도록 정보를 제공하였다.

2008학년도 중등 객관식 25번
가네(Gagné)의 수업 사태(Events of Instruction)에 관한 진술

① 학습자의 내적 학습 과정을 지원하는 일련의 외적 교수 활동이다.
② 교실 수업을 계획할 때 수업 사태의 순서를 변경하거나 생략할 수 있다.
④ '파지와 전이 촉진' 단계에서는 학습자에게 다양한 종류의 새로운 과제를 제시하여 학습의 전이가 잘 일어날 수 있도록 지원한다.

5 가네(Gagné)의 목표별 수업 이론

[04 중등, 06 중등, 07 중등, 08 중등, 09 중등, 11 중등, 13 중등]

(1) 개념

학습 결과의 유형에 따라 수업 목표를 설정하고, 수업 목표에 따라 수업 방법(학습 조건)을 다르게 설계해야 한다는 수업 이론

(2) 학습 조건

구분	내용
학습자의 내적 조건	• 선행 학습 능력: 이전에 학습한 내적 능력 • 학습 동기: 학습하고자 하는 능동적 자세의 내재적 동기 • 자아개념: 학습에 대한 자신감, 긍정적 자아개념 • 주의력: 학습에 대한 주의집중
학습자의 외적 조건	• 강화: 행동에 대한 보상으로, 새로운 행동에 대한 보상이 주어질 때 학습이 잘 일어남 • 접근: 자극과 반응의 시간적 근접성으로, 근접할 때 학습이 잘 일어남 • 반복 연습: 반복 연습을 하면 학습이 증진되고 파지가 잘 일어남

(3) 학습 결과(학습 영역)

구분	내용	학습 방법
언어 정보	사실, 개념, 원리 등을 언어로 표현할 수 있는 능력	유의미 수용 학습 (선행조직자)
지적 기능	언어, 숫자 등의 상징적 기호를 사용하여 환경과 상호작용할 수 있는 능력 • 변별 학습: 대상 간의 차이를 구별하는 능력 • 개념 학습: 사물 간의 공통적인 속성을 기준으로 사물을 분류하는 능력 • 원리 학습: 두 개 이상의 개념을 사용하여 현상에 내재된 규칙 • 법칙을 파악하는 능력 • 문제 해결 학습: 하나 이상의 원리를 사용하여 문제의 해결 방법을 찾는 능력	위계 학습
인지 전략	학습자가 개인의 학습, 기억, 사고, 행동 등 총체적인 인지 과정을 제어하고 통제하는 능력	연습
운동 기능	특정 동작을 수행하는 능력	반복 연습
태도	행동을 선택하는 데 영향을 주는 학습자의 내적·정신적 경향성	보상, 대리 강화

(4) 수업 사태(학습 사태)

구분	수업 사태	교사의 활동	학습 사태	학습자의 활동
학습 준비	주의 집중 시키기	학습자의 주의를 집중시키고 학습 동기를 유발함	주의 집중	외부 자극을 수용할 수 있도록 준비함
학습 준비	수업 목표 제시	수업을 통해 학습할 수 있는 능력을 제시하여 기대감을 심어주고, 효율적인 인지 전략을 선택할 수 있도록 도움	기대	학습 결과에 대한 기대감을 갖게 됨
학습 준비	선수 학습 회상	새로운 정보를 습득하는 데 필요한 선수 학습 내용을 떠올리도록 도움	인출	선수 학습 내용을 장기 기억에서 단기 기억으로 재생함
획득과 수행	자극 제시	수업 내용을 시청각적 매체나 모델링 등 적합한 자극의 형태로 제시함	선택적 지각	자극 제시에 따라 선택적으로 지각하고, 작동 기억에 일시적으로 파지함
획득과 수행	학습 안내 제시	이전 정보와 새로운 정보를 통합시켜 장기 기억에 저장할 수 있도록 돕는 통합 교수를 실시함	의미론적 부호화	통합된 정보를 유의미하게 부호화하고 장기 기억에 저장함
획득과 수행	수행 유도 (연습 유도)	학습 내용을 실제로 실행할 수 있는지를 확인하기 위한 연습 기회를 제공하며, 연습문제 제시, 질문, 실습 등을 통해 단기 기억의 지식이 장기 기억에 저장되었는지를 확인함	재생과 반응	장기 기억에 저장된 학습 내용을 재생함
획득과 수행	피드백 제공	수행 정도에 따라 적절한 피드백을 제공하여 수행을 강화함	강화	수행에 대한 피드백을 통해 강화됨
재생과 전이	수행평가 (성취 행동 평가)	학습 목표에 도달했는지 판단하기 위한 평가로, 성취 행동이 목표에 도달했다면 다음 단계의 학습이 가능하지만, 그렇지 않을 경우 보충 학습이 필요함	단서에 의한 인출	단서를 통해 장기 기억에서 정보를 인출함
재생과 전이	파지와 전이 증진	학습한 내용을 새로운 상황에 적용하거나 일반화할 수 있도록 파지와 전이력을 높임	일반화	학습한 내용을 여러 상황에 일반화하여 학습 전이력을 높임

출제 Point

2007학년도 중등 객관식 26번
가네(Gagné)가 제시한 인간의 학습된 능력(학습 결과: Learning Outcomes)과 그에 해당하는 사례
① 언어 정보: 중학생인 영훈이는 삼각형의 넓이를 구하는 공식을 회상하여 진술할 수 있다.
② 지적 기능: 초등학생인 민아는 부모님에 대한 고마움을 적절한 비유법에 맞게 글로 표현할 수 있다.
④ 운동 기능: 학령 전 아동인 윤아는 연필을 사용하여 낱글자 쓰기를 포함하여 특정한 종류의 그리기를 할 수 있다.

2006학년도 중등 객관식 15번
가네(Gagné)의 수업 모형에서 〈보기〉에 해당하는 수업 사태

- 학습 내용의 적용 예를 설명한다.
- 학습 내용의 핵심 요소를 설명한다.
- 학습 내용과 관련된 영상 자료를 보여준다.

④ 자극 자료 제시

2004학년도 중등 객관식 23번
교수설계 이론에 대한 설명
① 가네(Gagné)는 교수 목표에 따라 학습 조건은 달라져야 한다고 주장하였다.

CHAPTER 4 교수·학습 이론

출제 Point

2013학년도 중등 객관식 16번
'학습 과제'와 '메릴(Merrill)의 수행·내용 행렬표 상의 범주'
③ 현미경을 조작하는 순서를 말할 수 있다. – 절차 기억

2008학년도 중등 객관식 26번
메릴(Merrill)의 내용 요소 제시 이론에 대한 설명

> ㄱ. 인지적 영역의 수업을 설계하는 데 효과적이다.
> ㄴ. 목표를 분류하고 이에 따른 교수 전략을 구체적으로 처방하는 데 활용할 수 있다.

2002학년도 중등 객관식 24번

- 학습 결과의 범주를 이차원적인 수행–내용 행렬표로 제시하고 있다.
- 일차적 자료 제시 형태는 일반성과 사례, 설명식과 탐구식으로 이루어져 있다.
- 이차적 자료 제시 형태는 맥락, 선수 학습, 암기법, 도움말, 표현법, 피드백을 포함한다.

③ 내용 요소 제시 이론(Component Display Theory)

6 메릴(Merrill)의 내용 요소 제시 이론 [02 중등, 08 중등, 13 중등]

(1) 개념

학습 결과의 범주를 내용×수행 행렬표로 구분하여 사실, 개념, 절차, 원리와 같은 인지적 내용 요소를 교수하는 방법을 구체적으로 제시한 미시적 교수설계 이론

(2) 내용×수행 행렬표

수행 차원					
발견		발견×개념 포유류의 동물들을 몇 가지 특징으로 분류할 수 있다.	발견×절차 다양한 물질을 현미경으로 관찰하는 방법을 찾을 수 있다.	발견×원리 직각 삼각형의 여러 속성을 발견할 수 있다.	
활용		활용×개념 생활 속 환경오염의 사례를 제시할 수 있다.	활용×절차 현미경을 조작하여 아메바의 세포 구조를 관찰할 수 있다.	활용×원리 피타고라스의 정리를 활용하여 상자의 높이를 잴 수 있다.	
기억	기억×사실 서울은 대한민국의 수도이다.	기억×개념 포유류의 특성을 설명할 수 있다.	기억×절차 심폐소생술의 절차를 설명할 수 있다.	기억×원리 자동차가 움직이는 원리를 설명할 수 있다.	
	사실	개념	절차	원리	

내용 차원

구분		내용
내용 차원	사실	임의적이고 단편적인 이름이나 기호
	개념	공통적인 속성을 지닌 이름이나 기호들의 집합
	절차	문제를 해결하기 위한 단계를 순서화한 계열
	원리	사건이나 현상을 설명하고 이해하기 위해 사용한 인과 관계나 상관관계
수행 차원	기억	사실, 개념, 절차, 원리 등의 언어 정보를 기억하고 그대로 재생하는 것
	활용	개념, 절차, 원리를 실제 상황에서 사용하는 것
	발견	새로운 개념, 절차, 원리를 찾아내는 것

(3) 자료 제시 형태(교수 방법)

① 1차 제시형: 학습 목표 도달을 위한 가장 최소한의 기본적인 자료 제시 형태

구분	설명식 (E: Expository)	질문식 (I: Inquisitory)
일반성 (G: Generality)	EG (법칙)	IG (회상)
사례 (eg: Instance)	Eeg (예시)	Ieg (연습)

구분	내용
일반성(G)	개념, 절차, 원리를 추상적으로 진술한 것
사례(eg)	개념, 절차, 원리를 특정한 예시를 제시하여 구체적으로 진술한 것
설명식(E)	학습 내용을 설명식으로 제시한 것으로, 말하고, 보여주고, 설명하고, 시범을 보여주는 것 • 법칙(EG): 개념, 절차, 원리 등 일반적인 내용을 설명해 주는 것 • 예시(Eeg): 일반성이 적용된 특정 사례를 설명해 주는 것
질문식(I)	학습 내용을 질문식으로 제시한 것 • 회상(IG): 일반적인 내용을 완성형으로 질문하는 것 • 연습(Ieg): 일반성이 적용된 특정 사례를 찾도록 요구하는 것

② 2차 제시형: 1차 제시형의 자료 학습이 쉽게 이루어지도록 지원하기 위한 부가적인 자료 제시 방법

구분	내용
맥락	교수 내용에 사회적·역사적 맥락을 제시하여 정교화하는 방법
선수 학습	새로운 학습을 위해 필요한 선수 지식을 함께 제시하는 방법
기억술	기억의 촉진을 위해 법칙이나 공식 등 암기 방법을 함께 제시하는 방법
도움	학습자의 학습을 돕기 위해 화살표 등을 함께 제시하여 주의를 집중시키는 방법
표현법	일반적인 내용을 공식, 표, 그림 등으로 표현하여 학습을 정교화하는 방법
피드백	학습자가 수행한 내용에 대해 도움을 주거나 정답에 대한 정보를 제공하여 학습을 정교화하는 방법

CHAPTER 4 교수·학습 이론

7 라이겔루스(Reigeluth)의 교수설계 이론 [02 중등, 09 중등, 12 중등, 13 중등]

(1) 교수설계의 3대 변인

변인	하위 전략	내용
교수 조건 변인	교과 특성	교과가 포함하고 있는 지식과 지식의 구조
	교과 목표	교과를 통한 학습자의 변화에 대한 거시적 목적의식
	학습자 특성	학습자의 적성, 흥미, 태도, 학습 동기 등의 현재 상태
	제약 조건	교수·학습 자료, 시설, 인원 등 교수 상황의 여러 요인
교수 방법 변인	조직 전략	교과 내용을 구조와 학습자 수준에 맞게 조직하는 방법
	전달 전략	조직한 내용을 학습자에게 효과적·효율적으로 전달하는 방법
	관리 전략	조직 전략과 전달 전략의 활용 방법을 결정하는 방법
교수 결과 변인	효과성	학습자가 학습 목표를 달성한 정도
	효율성	목표를 달성하는 데 소요된 노력, 비용, 시간 등
	매력성	학습자가 계속해서 학습하고자 하는 경향
	안정성	학습자의 물리적·정서적 안정

(2) 개념 학습 이론(미시적 전략)

① 개념: 조직 전략의 미시 전략에 해당하는 이론으로, 개념, 절차, 원리 등의 단일 아이디어를 가르치는 교수 설계 전략

② 절차

절차	내용
제시	• 전형: 전형적 사례를 통한 개념의 본질적 속성 학습 • 변별: 사례의 공통된 결정적 속성 학습을 통한 변별 • 일반화: 개념의 가변적 특성을 통한 적용
연습	개념의 정확한 이해 여부를 판단하기 위해 발산적 사례를 다양하게 제시하여 새로운 사례에 개념을 적용하도록 함
피드백	학습자가 개념을 적용하는 과정에서 피드백을 제공하고, 칭찬이나 격려를 통해 학습 동기를 유발함

(3) 정교화 이론(거시적 전략)

① 개념: 조직 전략의 거시 전략에 해당하는 이론으로, 수업 내용을 선택하고 계열화하고 종합하고 요약하기 위해 적절한 교수 방법을 제공하는 교수설계 전략

② 줌(Zoom)렌즈의 비유: 수업의 전체 개요 제시(Zoom-out) → 개요를 세분화한 상세 내용 제시(Zoom-in) → 학습 내용의 요약과 종합을 통한 전체 개요의 정교화(Zoom-out)

출제 Point

2013학년도 중등 객관식 20번
라이겔루스(Reigeluth)가 제시한 교수의 3가지 변인 중 '조건' 변인에 해당하는 것

(중략) 모든 교사는 그 교육과정에 따라 수업을 진행해야 한다. 따라서 ㉠ 나는 정해진 수업 목표와 교육 내용을 바꿀 수 없었다.

2012학년도 중등 객관식 18번
라이겔루스(Reigeluth)가 교수의 3대 변인 사이의 관계를 도식화한 모형에 대한 설명

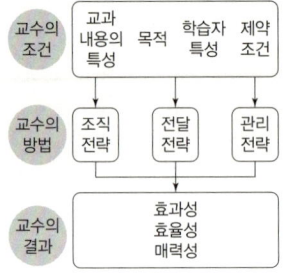

ㄴ. '교수의 방법'이란 서로 다른 조건 하에서 의도한 학습 결과를 성취하기 위하여 사용되는 다양한 교수 전략을 의미한다.
ㄷ. '조직 전략'에는 하나의 아이디어를 가르칠 때의 교수 전략인 미시적 조직 전략과 복합적인 여러 아이디어를 가르칠 때의 교수 전략인 거시적 조직 전략이 있다.
ㄹ. '교수의 결과' 중 매력성(Appeal)이란 학습자가 교수·학습 활동과 학습 자료 등에 매력을 느껴 학습을 더 자주 하려 하고, 습득한 지식이나 기능을 사용하려는 성향을 의미한다.

2002학년도 중등 객관식 23번
라이겔루스(Reigeluth)의 정교화 이론(Elaboration Theory)에 대한 설명

② 정교화에는 개념적 정교화, 절차적 정교화, 이론적 정교화의 세 유형이 있다.
③ 종합자는 아이디어들을 서로 연결시키고 통합시키기 위하여 사용되는 전략 요소이다.
④ 요약자는 학습자가 학습한 것을 망각하지 않도록 하기 위해 체계적으로 복습하는 데 사용되는 전략 요소이다.

③ 7가지 기본 전략

구분	내용
단순-복잡의 정교화된 계열화	학습 내용을 단순하고 일반적인 내용부터 복잡하고 세부적인 내용으로 계열화하여 조직하는 원리 • 개념적 정교화: 일반적·포괄적 개념으로부터 세부적 개념 순으로 계열화하는 방법 • 이론적 정교화: 기초적인 원리부터 세부적이고 복잡한 원리의 순으로 계열화하는 방법 • 절차적 정교화: 학습 내용을 위해 거쳐야 할 일련의 절차나 과정을 계열화하는 방법
선수 학습 요소의 계열화	새로운 내용을 학습하기 전 반드시 학습해야 하는 선수 학습 요소를 순서화하여 가르치는 원리
요약자의 사용	학습한 내용을 체계적으로 복습하기 위해 사용하는 전략
종합자의 사용	학습한 내용을 연결하고 통합시키기 위해 사용하는 전략
비유의 활용	새로운 학습 내용을 친숙한 내용과 관련지어 쉽게 이해할 수 있도록 돕는 전략
인지 전략 촉진자	학습자가 사용하는 인지 전략을 보다 활성화할 수 있도록 돕는 전략
학습자 통제	학습 내용, 학습 속도, 학습 전략, 인지 전략을 선택하고 계열화하여 어떻게 공부할 것인가를 스스로 결정하는 전략

8 켈러(Keller)의 학습 동기 설계 이론(ARCS 이론)

[05 중등, 07 중등, 13 중등, 15 중등(論)]

(1) 개념

학습 동기를 유발하고 지속시키기 위한 체계적이고 세부적인 방법을 제시하는 모형

(2) 동기 유발 요소

구분	하위 전략	내용
주의집중 (Attention)	지각적 주의 환기 전략	시청각 매체, 비일상적 내용이나 사건 등을 통해 학습자의 주의와 흥미를 유발하고 유지시킴
	탐구적 주의 환기 전략	질의응답, 지적 갈등을 유발하는 과제 등을 통해 호기심과 정보 탐구 행동을 자극함
	다양성 전략	다양한 교수 방법이나 교수 자료의 변화 등 수업 요소를 변화시켜 학습자의 흥미를 유지시킴
관련성 (Relevance)	친밀성 전략	학습자와 관련된 개념이나 예시를 활용하여 수업과 학습자의 경험을 친밀하게 연결함
	목표 지향성 전략	실용적 목표, 실제적 과제 등을 통해 수업에서 학습자의 목적을 충족시킴
	필요나 동기와의 부합성 전략	다양한 수준의 목표를 제시하여 선택하도록 함으로써 수업을 학습자의 동기와 관련시킴

출제 Point

2015학년도 중등 논술
학습 동기 향상을 위한 학습 과제 제시 방안 3가지 설명

> 또한 수업 전략 측면에서 볼 때, 수업에 흥미를 잃어 가는 학생들이 있음에도 불구하고 교사는 학생들의 학습 동기를 높일 수 있는 전략을 적극적으로 사용하는 데 소홀했습니다. 수업 상황에서 학생들이 배워야 할 학습 과제 그 자체는 학생들에게 흥미로울 수도 있고 그렇지 않을 수도 있습니다. 교사가 수업에 흥미를 잃은 학생들에게 학습 과제를 어떻게 제시하느냐에 따라 학습 동기를 높일 수 있습니다. 내년에는 이들의 학습 동기를 향상할 수 있는 학습 과제 제시 방안을 마련하는 데 관심을 기울이고자 합니다.

2013학년도 중등 객관식 18번
켈러(Keller)의 학습 동기 설계 이론(ARCS) 중 '만족감' 요소

> 혜민: (중략) ⓒ 학습 목표에 맞게 가르치고, 가르친 대로 시험 문제도 출제하시기 때문에, 선생님 말씀을 따라서 공부하면 국어 성적이 높아져서 좋아.

2007학년도 중등 객관식 23번
켈러(Keller)가 제안한 동기 설계에 관한 ARCS 모형에 대한 설명
① 학습 동기 유발을 위한 동기 요소에는 주의집중, 관련성, 자신감, 만족감이 있다.
② 교사 주도 수업뿐만 아니라 컴퓨터보조 수업이나 e-러닝 콘텐츠 설계에도 활용 가능한 모형이다.
③ 학습 동기를 유발하고 지속시키기 위하여 학습 환경의 동기적 측면을 설계하는 문제 해결 접근이다.

2005학년도 중등 객관식 25번
다음의 수업 전략에 부합하는 것

> A교사는 학생들에게 새로운 사례를 제시하여 지적 호기심을 유발한다. 수업 내용이 장래 사회생활에 꼭 필요한 것이고, 선생님의 지도에 따라 열심히 노력하면 좋은 성적을 받을 수 있다고 강조한다. 또한 도전감을 느낄 수 있는 문제를 제시하고, 이를 해결했을 때 기분 좋게 느끼도록 한다.

② 켈러(Keller)의 ARCS 모형

CHAPTER 4 교수·학습 이론

자신감 (Confidence)	학습자의 필요 조건 제시 전략	수업의 목표와 구조를 분명하게 제시하는 등 학습의 필요 조건과 평가 기준을 제시하여 성공 가능성을 짐작할 수 있도록 함으로써 성공 기대감을 높임
	성공 기회 제시 전략	성공을 경험할 수 있도록 적절한 수준의 과제를 제시함
	개인적 통제감 증대 전략	학습 속도를 조절할 기회를 제공함으로써 학습자가 자신을 조절하거나 통제하도록 함
만족감 (Satisfaction)	자연적 결과 강조 전략	학습자의 내적 동기를 유지시키기 위해 습득한 지식을 실제 상황에 적용해 보는 기회를 제공함
	긍정적 결과 강조 전략	바람직한 행동을 유지시키기 위해 강화와 피드백을 제공함
	공정성 강조 전략	수업의 목표와 내용 구조를 일관성 있게 조직하는 등 공정하게 대우받고 있다고 느끼도록 함

02 구성주의 교수·학습 이론

1 인지적 도제 이론 [09 중등]

(1) 개념

비고츠키(Vygotsky)의 이론에 근거한 교수·학습 방법으로, 초보자(학습자)가 전문가의 실제 과제 수행 과정을 직접 관찰하고 모방하여 특정 지식과 기능을 익히는 방법

(2) 절차

절차	내용
모델링 (Modeling)	전문가인 교사가 과제 수행의 시범을 보이고, 학습자가 이를 관찰함
코칭 (Coaching)	학습자가 과제를 수행하는 동안 교사가 학습자를 관찰하고 도움을 주며 피드백을 제공함
스캐폴딩 (비계 설정, Scaffolding)	학습자의 과제 수행 과정에서 교사가 도움(발판)을 제공하는 것으로, 구체적이고 간접적인 도움을 제공하되, 학습자가 과제 수행에 익숙해지면 점차 도움을 감소시켜 나가야 함
명료화 (Articulation)	학습자가 구성한 지식과 수행 기능을 설명하도록 하는 것으로, 교사는 질문을 통해 명료화를 유도함
반성 (성찰, Reflection)	학습자는 자신이 수행하고 있는 문제 해결 과정을 전문가인 교사의 방법과 비교하여 반성적으로 검토함
탐구 (탐색, Exploration)	교사는 학습자에게 새로운 문제 상황을 제공하여 학습자가 지식·기능·태도를 자유자재로 사용할 수 있는 방향을 스스로 탐색하도록 함

2 인지적 유연성 이론 [03 중등, 09 중등]

(1) 개념

복잡하고 비구조화된 과제와 학습 환경을 제공하여 복잡하고 다차원적인 개념의 지식을 재현하도록 함으로써 상황에 맞게 지식을 재구성하는 인지적 유연성을 획득하도록 하는 방법

(2) 교수 원칙(교수 방법)

① 상황 의존적 스키마 연합체 형성을 위해 주제 중심의 학습을 진행함
② 상황과 맥락에 효율적·유동적으로 대처할 수 있도록 복잡성을 지닌 과제를 세분화하여 제시함
③ 실제 상황에 맥락적으로 적용하기 위해 다양한 소규모의 사례를 제시함
④ 비순차적 학습 순서를 따르며, 임의적 접근 학습을 위해 하이퍼 미디어 프로그램을 활용함

출제 Point

2009학년도 중등 객관식 18번
인지적 도제 모형에 기초한 수업 단계의 단계별 수업 활동에 관한 설명

> 1단계: 실제적인 문제 해결 과제 제시
> 2단계: 시범 제공
> 3단계: 코칭과 지원 제공
> 4단계: 동료 학생들과의 협력 지도
> 5단계: 일반적 원리로 초점을 옮겨가도록 지도

① 1단계: 학생들이 자신의 삶에 활용할 수 있는 지식을 구성해 나가는 데 도움이 되는 실제적인 문제를 제시한다.
② 2단계: 학생들이 스스로 문제를 해결하도록 교사는 문제를 풀어 나가는 자신의 사고 과정에 대한 설명 없이 시범을 보인다.
③ 3단계: 수업 후반부로 갈수록 도움을 점차 감소시켜 학생들 스스로 과제를 수행하는 능력을 길러 나가도록 한다.
⑤ 5단계: 학생들이 특정 상황을 넘어 관련된 다른 상황에 적용할 수 있는 보편적 지식을 습득하게 한다.

2009학년도 중등 객관식 17번
학생들에게 복잡하고 비구조화된 개념을 가르치기 위하여, 스피로(Spiro)의 인지적 유연성 이론에 기초하여 개발된 동영상 수업 자료를 활용하고자 할 때 수업 시간에 보여 줄 동영상 형태

⑤ 해당 개념이 각기 다른 관점에서 여러 사례에 적용된 1분 안팎의 동영상 5~6개

2003학년도 중등 객관식 23번

- 대부분의 지식은 복잡하고 다원적인 개념으로 형성되어 있다.
- 지식을 단순화·구조화하여 제시하는 것은 고차적 지식 습득을 오히려 방해한다.
- 지식의 전이는 지식을 단순히 기억해내는 것이 아니라 즉각적으로 재구성하는 것이다.
- 적용 사례들을 제시해 줌으로써 다양한 형태의 지식을 다각도로 체험하게 한다.

④ 인지적 융통성 이론(Cognitive Flexibility Theory)

CHAPTER 4 교수·학습 이론

출제 Point

2007학년도 중등 객관식 27번
상황 학습(Situated Learning)에 대한 설명

① 상황 학습에서 활용되는 평가 방법에는 포트폴리오(Portfolio) 평가가 있다.
② 상황 학습은 실제적인 문제를 포함하는 환경에서 이루어지는 문화 적응 과정이다.
③ '실행공동체'(Community of Practice)와 '정당한 주변적 참여'(Legitimate Peripheral Participation)는 상황 학습의 주요 개념이다.

2020학년도 중등 논술
C교사의 의견에서 제시된 토의식 수업을 설계할 때 활용할 수 있는 정착 수업의 원리 2가지

수업 방법 측면에서는 학생이 함께 다양한 관점에서 문제를 탐색하며 해답을 찾아가는 데 있어서 정착 수업(Anchored Instruction)을 활용할 수 있음

3 상황 학습 이론 [07 중등]

(1) 개념
실생활에서 다루어지는 과제를 실제 사용되는 맥락과 함께 제시하여 지식이 일상생활에 적용되고 전이될 수 있도록 하는 학습 방법

(2) 설계 원리
① 학습 내용 설계
  • 실제적 과제를 제시해야 함
  • 지식이나 기능은 상황이나 맥락과 함께 제시해야 함
  • 실제적 과제는 전문가의 수행과 사고 과정을 반영해야 함
  • 특정한 맥락과 관련된 구체적이고 다양한 사례를 활용해야 함
② 교수 방법 설계
  • 인지적 전략의 시연과 관찰의 기회를 제공해야 함
  • 교사는 코칭(Coaching)과 스캐폴딩(Scaffolding)을 통해 학습 촉진자의 역할을 해야 함
  • 협동 학습, 반성적 사고, 명료화의 기회를 제공해야 함
③ 평가 설계
  • 학습에 통합되어 자연스럽게 진행되어야 함
  • 실제적인 지식과 기능을 평가해야 함
  • 문제 해결의 다양성과 다양한 시각을 반영한 평가를 진행해야 함

(3) 실행공동체(실천공동체)
공동의 주제 및 목적을 가진 사람들이 자발적으로 모여 서로 간의 신뢰를 바탕으로 열정을 공유하고 상호 작용하면서 배우고 성장하는 공동체로, 학습은 실행공동체에 참여함으로써 이루어지며, 정당한 주변적 참여의 과정을 통해 발생함

4 정황(정착) 교수 이론 [20 중등(論)]

(1) 개념
상황 학습을 구현하는 구체적인 학습 방법으로, 비디오, 컴퓨터 등의 매체를 활용하여 실제 상황을 모사한 이야기 형태의 문제를 제공하고, 학습자 스스로 문제를 해결하도록 함으로써 현실 상황에서 활용 가능한 지식을 학습하는 방법

(2) 특징
① 학생들의 관심사와 관련된 주제, 이야기, 사례 등과 같은 정황 중심으로 학습이 이루어짐
② 실제 상황을 모사한 영상 매체의 이야기를 통해 테크놀로지 중심의 학습이 이루어짐
③ 과제를 해결하는 데 필요한 정보와 단서가 함축된 친숙한 이야기 형태의 과제가 제공됨

5 문제 중심 학습(PBL; Problem Based Learning)

[02 중등, 05 중등, 08 중등, 13 중등, 18 중등(論)]

(1) 개념
실제 생활과 관련된 비구조화된 문제를 협동 학습과 자기주도적 학습을 통해 스스로 해결해 나가는 과정에서 문제 해결력 및 관련 지식과 기능을 학습하는 방법

(2) 특징
① 문제: 비구조화된 실제적 문제 제시
② 학습자: 협동 학습과 자기주도적 학습을 통한 문제 해결
③ 교사: 팀 구성 지도 및 다양한 학습 자원 제공 등 촉진자의 역할 수행
④ 환경: 학습자 중심의 학습 환경 제공
⑤ 평가: 과정 중심의 성찰적 평가 강조

(3) 절차

절차	내용
도입	학습 목표 설명 및 수업 분위기 조성
문제 제시	실제적 문제 제시 및 최종 학습 내용 설명
문제 확인	그룹별 협동 학습을 통한 문제 확인 및 해결 방안을 찾기 위한 방법 모색
개별 학습	자기주도적 학습을 통한 효과적 정보 수집 및 분석
해결안 도출	팀별로 모여 학습 결과를 종합하여 최적의 해결안 도출
해결안 발표	최종 학습 결과 발표 및 팀별 아이디어 비교
정리	학습 결과 정리 및 평가 실시

출제 Point

2018학년도 중등 논술
박 교사가 언급하는 PBL(문제 중심 학습)에서 학습자의 역할 2가지, PBL에 적합한 문제의 특성과 그 특성이 주는 학습 효과 1가지

> 박 교사: 우리 학교 학생에게는 학습 흥미와 수업 참여를 높이는 수업이 필요할 것 같아요. 제가 지난번 연구 수업에서 문제를 활용한 수업을 했는데, 수업 중에 학생들이 무엇을 해야 하는지 모르는 것 같았어요. 게다가 제가 문제를 잘 구성하지 못했는지 별로 흥미를 보이지 않더라고요. 문제를 활용하는 수업에서는 학생의 역할을 안내하고 좋은 문제를 개발하는 것이 중요하다는 것을 알게 되었어요.

2008학년도 중등 객관식 19번
문제 기반 학습에서 교사의 단계별 행동

ㅁ. 학생들에게 탐구할 과제와 그 요건을 설명하고 학생들이 과제를 선택하여 문제 해결 활동에 참여하도록 안내한다.
ㄴ. 학생들이 문제 해결을 위한 연구 과제를 구체적으로 정의하도록 돕는다.
ㄷ. 학생들이 적절한 자료를 수집하고 실험하여 원인과 해결책을 찾도록 지도한다.
ㄹ. 학생들이 보고서, 비디오, 모형 등 적절한 결과물을 만들어서 발표하게 한다.
ㄱ. 학생들에게 자신의 탐구 능력과 사고 과정을 반성하게 한다.

2005학년도 중등 객관식 22번
문제 중심 학습(Problem Based Learning)에 대한 설명
① 문제는 복잡하고 비구조적이며 실제적인 특성을 지닌다.
③ 상대주의적 인식론인 구성주의에 이론적 근거를 둔다.
④ 학습 방식은 자기주도적 학습과 협동 학습으로 이루어진다.

합격선배 Tip

문제 해결 학습과 헷갈린다면 둘의 강조점이 다르다는 것을 알아두자. '문제' 중심 학습은 말 그대로 문제를 강조하는 학습으로, 교사의 비구조화된 문제 제시를 중시한다. 문제 '해결' 학습은 실생활의 문제를 학습자 스스로 해결하는 과정에서의 학습을 중시한다.

CHAPTER 4 교수·학습 이론

출제 Point

2010학년도 중등 객관식 15번
다음의 교수·학습 방법에서 강조하는 교사의 역할

- 팰린사(Palincsar)와 브라운(Brown)이 독해력 지도를 위해 제안하였다.
- 교사는 독해력을 지도할 때 질문하기, 요약하기, 명료화하기, 예견하기의 4가지 인지 전략을 사용한다.
- 리더 역할은 경우에 따라 교사나 학생이 모두 수행할 수 있다.

② 학생에게 현재 수준에 맞는 피드백과 조언을 제공한다.
③ 학생이 능동적으로 지식을 구성하도록 교사가 격려한다.
④ 사회적 상호 작용을 통해 학생의 사고 발달을 교사가 촉진한다.
⑤ 도입 단계에서 교사는 학생에게 인지 전략을 설명하고 시범 보인다.

2008학년도 중등 객관식 21번
교수·학습 방법

- 학생이 읽은 내용을 깊이 이해하고 생각하도록 도와주는 것이 목적이다.
- 학생으로 하여금 자신이 읽은 내용을 요약하고, 의문을 제기하고, 이해가 어려운 부분을 명료화하고, 후속 내용을 예측하게 한다.
- 과제의 난이도와 학생의 능력을 고려하여, 학습의 주도권이 교사로부터 학생에게 점진적으로 옮겨가게 한다.

② 상호 교수(Reciprocal Teaching)

2011학년도 중등 객관식 17번
자원 기반 학습 중 하나인 Big 6 Skills 모형에 근거하여 조선시대의 문학을 주제로 수업을 하려고 한다. 다음 (가) 단계에서의 활동으로 가장 적합한 것

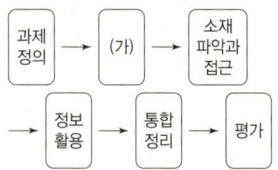

⑤ 사용 가능한 정보원의 형태와 종류를 파악하고 최적의 정보원을 선택한다.

6 상보적 교수 이론 [05 중등, 08 중등, 10 중등]

(1) 개념
비고츠키(Vygotsky)의 사회적 구성주의 이론을 바탕으로 개발된 독서 지도 이론으로, 교사와 학습자, 학습자 간의 대화를 통해 독해 전략을 배우는 방법

(2) 수업 전략

구분	내용
요약하기	읽은 글의 내용을 학습자 스스로 자신의 용어로 요약함
질문 만들기	교사와 학생, 학생과 학생이 서로 번갈아 가며 질문을 만들고 대답함
명료화하기	대답에 근거하여 요약을 명료화함
예측하기	다음에 이어질 내용을 예측함

7 자원 기반 학습 이론 [11 중등]

(1) 개념
학습자 스스로 다양한 학습 자원과 직접적인 상호 작용을 통해 최종 결과물을 만들어 내는 학습자 중심의 학습 방법

(2) 설계 원리

구분	내용
상황 맥락적 문제 상황 제시	학습자 개개인이 다양한 관점에서 문제 상황을 조사할 수 있도록 상황 맥락적 관점에서 문제 상황을 제시해야 함
자원	학습을 지원하는 다양한 자료를 제공해야 함
학습 도구	정보가 있는 장소를 찾아내고 접근하고 조작하고, 정보의 효용성을 해석하고 평가하는 것을 지원함
스캐폴딩	학습을 도와주는 스캐폴딩을 적절히 제공하여 학습자가 자신의 학습을 주도해 나갈 수 있도록 지원함

(3) Big 6 정보 리터러시 모형

① 개념: 인지적 영역의 단계를 적용하여 문제 해결의 과정에서 요구되는 정보 활용 기술을 제시한 교수 설계 모형

② 절차

구분	내용
과제 정의	해결할 과제의 요점과 과제 해결에 필요한 정보 유형을 파악함
정보 탐색 전략	사용 가능한 정보원을 파악하여 최적의 정보원을 선택함
소재 파악과 접근	정보원의 소재를 파악하고, 정보원을 이용해 정보를 찾음
정보 활용	찾아낸 정보를 읽고 보면서 적합한 정보를 가려냄
종합 정리	가려낸 정보를 체계적으로 정리하여 최종 결과물을 만듦
평가	결과의 유효성과 과정의 효율성을 평가함

8 목표 기반 시나리오(GBS; Goal Based Scenarios) [13 중등]

(1) 개념

학습자를 특정 목표 중심으로 설정된 상황(시나리오)에 배치하여 시나리오에 따른 역할을 수행하도록 하는 과정에서 목표를 성취하도록 하는 학습 방법

(2) 구성 요소

구분	내용
목표	학습자가 획득하기를 원하는 지식과 태도
미션(임무)	설정된 목표를 성취하기 위해 수행해야 하는 과제
표지 이야기	미션과 관련된 상황 맥락을 이야기 형식으로 설명하는 것
역할	학습자가 표지 이야기 속에서 맡게 되는 인물
시나리오 운영	학습자가 미션을 수행하는 모든 구체적 활동
자원	학습자가 미션을 수행할 때 필요한 정보
피드백	학습자가 미션을 수행하는 과정에서 겪는 어려움을 해결하는 데 필요한 교사의 도움

(3) 설계 원리

① 학습 목표는 내용 지식의 목표와 과정 지식의 목표를 구분하여 제시함
② 내용 지식과 과정 지식이 모두 포함된 실제적 사례를 바탕으로 시나리오를 제작함
③ 실제 사례 현장에서 발생한 이슈를 분석하여 학습자의 미션을 제작함
④ 학습자의 주요 활동을 기록하여 추후 업무에 적용할 수 있도록 지원함
⑤ 학습자에게 개별적·주관적·질적 평가를 실시함

출제 Point

2013학년도 중등 객관식 21번
생크(Schank)의 '목표 기반 시나리오(Goal Based Scenarios)'에 따라 멀티미디어 수업 프로그램을 설계하였다. 이 프로그램의 학습 목표와 학습자의 임무(Mission)는 다음과 같다. '표지 이야기(Cover Story)'에 해당하는 내용

> 학습 목표: 조선시대 말기 운양호 사건을 둘러싸고 이루어진 정치적 의사결정 과정에 가상적으로 참여하는 경험을 통해 비판적·합리적 사고능력을 기른다.
> 학습자의 임무: 운양호 사건 당시에 고종의 조정 대신으로 중요한 직책을 맡아 조선의 운명을 긍정적으로 변화시킨다.

① 운양호 사건 발생 당시의 국내외 정치 상황과 주요 인물들을 소개하고, 조정 대신들이 그 사건에 대해 의논하는 장면을 제시한다.

CHAPTER 4 교수·학습 이론

출제 Point

2006학년도 중등 객관식 21번
하이퍼미디어(Hypermedia) 활용 수업에 관한 설명
① 학습자가 비선형적(Nonlinear)으로 정보를 탐색할 수 있다.
② 학습자가 멀티미디어 요소를 활용하여 지식을 구성할 수 있다.
③ 학습자의 방향감 상실이나 인지 과부하(Cognitive Overload)를 야기할 수 있다.

2002학년도 중등 객관식 27번
멀티미디어의 교육적 특성
① 컴퓨터와 학습자 간의 상호 작용이 매우 높다.
③ 다양한 유형의 교수·학습 환경을 구현하기에 적합하다.
④ 학습 자료는 문자, 그래픽, 음성, 영상 등 다양한 매체 형태로 이루어져 있다.

2021학년도 중등 논술
김 교사가 온라인 수업을 위해 추가로 파악하고자 하는 학생 특성과 학습 환경의 구체적인 예 각각 1가지, 김 교사가 하고자 하는 수업에서 토론 게시판을 활용하여 학생을 지원할 수 있는 구체적인 방안 2가지

> 요즘 온라인 수업을 하게 되었어. 학기 초에 학생의 일반적인 특성과 상황은 조사를 했는데 온라인 수업과 관련된 학생의 특성과 학습 환경에 대해서도 추가로 파악해야겠어. 그리고 학생이 자신만의 학습 목표를 설정하고 학습의 주체가 되는 수업을 어떻게 온라인에서 지원할 수 있을지 고민하다가, 학습 과정 중에 나와 학생뿐만 아니라 학생들 간에도 소통이 이루어지도록 토론 게시판을 활용하려고 해.

2002학년도 중등 객관식 46번
원격 교육의 특징
① 다양한 통신 매체를 사용한다.

03 이러닝, 온라인 교수·학습 이론

1 멀티미디어 [02 중등, 06 중등]

(1) 개념

컴퓨터를 중심으로 문자, 그림, 사진, 영상, 애니메이션 등이 디지털 방식으로 통합되어 상호 작용이 이루어지는 복합 다중 매체

(2) 하이퍼미디어(Hypermedia)

초월을 의미하는 'Hyper'와 매체를 의미하는 'Media'의 합성어로, 비선형적 정보를 통해 언제든지 원하는 곳으로 건너뛰어 볼 수 있는 매체나 시스템

(3) 교육적 의의

① 프로그램과 학습자, 교사와 학습자, 학습자와 학습자 간의 상호 작용
② 개인차를 고려한 개별화 학습 가능
③ 시간과 공간을 초월한 원격 교육 가능
④ 다양한 매체를 통해 풍부한 학습 환경 제공

2 원격 교육 [02 중등, 21 중등(論)]

구분	내용
이러닝 (E-learning) [10 중등]	멀티미디어, 웹 등의 정보 통신 기술을 활용하여 시간과 공간의 제약 없이 교육이 가능한 온라인 학습 체제
유비쿼터스 러닝 (U-learning)	단말기 등 컴퓨터 관련 정보화 기기들이 무선 네트워크에 연결되어 어디에서든 존재하는 컴퓨팅 환경이 가능한 유비쿼터스 컴퓨팅 기술을 활용하는 학습 체제
모바일 러닝 (M-learning)	• 휴대 가능한(Mobility) 무선 매체들을 활용하는 이러닝 교육 • 무선 인터넷 및 위성 통신 기술을 기반으로 태블릿 PC, 스마트폰 등을 활용하는 학습 체제

3 액션 러닝

(1) 개념

'행동을 통해 배운다'는 학습 원리를 기반으로 실제적인 문제를 팀의 구성원들과 함께 해결하는 과정에서 학습이 이루어지는 교육 방식

(2) 특징

① 학습자 개인의 학습 역량과 학습팀, 집단 전체의 역량 향상
② 학습자의 자발적·민주적 참여로 진행
③ 동료 팀으로부터 다양한 관점을 공유함으로써 최적의 해결 방안 도출

(3) 교육적 의의

① 실제적 문제를 해결하는 과정에서 문제 해결력 향상
② 자기주도적 학습에 따라 스스로 리더십을 발휘함으로써 미래 지향적 리더십 함양
③ 협업과 팀워크를 통한 강한 결속력으로 뛰어난 성과 기대
④ 자생적 학습 조직 구축 가능

4 블렌디드 러닝(혼합 교육, Blended Learning) [07 중등]

(1) 개념

학습 효과를 극대화하기 위해 두 가지 이상의 학습 방법을 결합한 것으로, 주로 온라인 학습과 오프라인 학습이 혼합된 교육 방식

(2) 교육적 의의

① 학습자의 특성에 맞는 다양한 방법을 혼합하여 제공함으로써 학습 효과 극대화
② 개인의 요구에 따른 개별화 학습을 촉진함으로써 자기주도적 학습 능력 신장
③ 오프라인 학습의 시간적·공간적 제약에서 벗어나 다양한 교육 정보를 활용한 교육 가능
④ 온라인 활동을 통해 오프라인 학습에서의 결손을 보충함으로써 지속적 학습 가능

5 플립드 러닝(거꾸로 학습, Flipped Learning)

(1) 개념

기존 방식을 '뒤집는(Flip)' 학습으로, 교실 수업 전에 온라인으로 제공되는 강의 영상을 통해 학습자 스스로 학습하고, 교실 수업에서는 토론이나 교사의 도움을 통해 심화된 학습 활동을 수행하는 방법

(2) 교육적 의의

① 교실에서의 학습 시간이 늘어나므로 학습자 중심의 수업 운영 가능
② 학습자의 수준과 특성에 맞는 수업을 전개함으로써 학습의 효율성 증진
③ 사전에 학습한 내용을 교실 수업에서 다루므로 학습에 대한 자신감 고취

출제 Point

2007학년도 중등 객관식 19번
다음과 같은 방식으로 진행한 학습 체제

> 학생들은 학급 홈페이지에 교사가 게시한 학습 내용을 수업 시간 전에 스스로 학습하였다. 교실 수업 시간에는 교사의 안내에 따라 그 학습 내용을 토대로 토론을 진행하였다. 수업이 끝난 후에는 교사가 제시한 토의 주제에 대하여 홈페이지 게시판에 의견을 제시하였다.

① 블렌디드 학습(Blended Learning)

확인편 — O/X로 출제 이론 Check!

CHAPTER 1 | 교육공학

교육공학의 역사 ▸ 벌로의 SMCR 모형, 쉐논과 슈람의 통신 과정 모형
교수매체 ▸ 하이니히의 ASSURE 모형, 교수매체 연구

220 벌로의 SMCR 모형에서 전달 내용(메시지)은 내용, 요소, 처리, 해독으로 구성된다. ○ | ×
[04 중등 27번]

221 벌로의 SMCR 모형에서 송신자는 통신 기술, 지식 수준, 사회 체제, 문화 양식에 의해 영향 받는다. [04 중등 27번] ○ | ×

222 김 교사가 수업 과정에서 학생의 흥미와 수준을 고려하여 가르칠 내용의 순서에 따라 설명하였을 때, 이는 벌로의 SMCR 모형의 M 단계 하위 요소 중 처리에 해당한다. ○ | ×
[12 중등 19번]

223 쉐논과 슈람의 통신 모형을 수업 과정으로 해석하면, 교사가 교육 내용을 전달하는 방식은 교사의 경험의 장에 영향을 받는다. [11 초등 22번] ○ | ×

224 쉐논과 슈람의 통신 모형을 수업 과정으로 해석하면, 교사와 학생의 의사소통 과정에 불필요한 잡음이 개입될 수 있다. [11 초등 22번]   ○ | ✕

225 쉐논과 슈람의 통신 모형을 수업 과정으로 해석하면, 교사와 학생 사이에 공통된 경험의 장이 없더라도 효과적인 의사소통이 이루어진다. [11 초등 22번]   ○ | ✕

226 교수매체를 활용하고자 할 때, 가장 먼저 최적의 교수매체와 자료를 선정해야 한다.   ○ | ✕
[01 중등 53번]

227 ASSURE 모형에서는 학습자의 특성 분석 시 요구 사정 및 학습 양식 분석을 실시한다. [08 중등 24번]   ○ | ✕

Answer 220. ✕   221. ○   222. ✕   223. ○   224. ○   225. ✕   226. ✕   227. ✕

정답 및 해설 497p

228 ASSURE 모형의 목표 진술 단계에서는 학습자가 수업 중에 경험하게 될 일련의 학습 활동을 수업 목표로 제시한다. [08 중등 24번] ○ | ✕

229 ASSURE 모형에서 매체의 선정 및 제작 단계는 수업 자료가 학습자와 학습 목표에 적절한가를 사전에 검토하는 단계이다. [04 중등 26번] ○ | ✕

230 ASSURE 모형의 매체의 활용 단계에서는 수업을 하려는 장소가 매체를 사용하기에 적절한지 점검하고 수업 환경을 적절하게 준비한다. [09 초등 38번] ○ | ✕

231 ASSURE 모형의 학습자의 참여 유도 단계에서는 학생들에게 수업 내용에 대한 개요를 소개하거나 학습 목표를 알려줌으로써 수업에 대한 기대감을 갖게 한다. [09 초등 38번] ○ | ✕

232 매체 비교 연구는 특정 매체가 다른 매체에 비해 일관되게 효과를 보인다고 가정한다. [11 중등 18번] ○ | ✕

233 매체 비교 연구는 학업 성취도가 새로운 매체만의 효과인지 다른 영향 때문인지 증명하기 어렵다는 비판을 받는다. [11 중등 18번] ○ | ✕

234 매체 속성 연구는 매체의 상징 체계가 학습자의 인지적 처리 과정에 영향을 줄 것이라고 가정한다. [11 중등 18번] ○ | ✕

235 매체 비교 연구에서는 새로운 매체의 사용으로 인한 흥미 유발 등의 신기성 효과가 비교 결과에 섞여 들어갈 수 있다. [09 중등 22번] ○ | ✕

236 매체 선호 연구에서는 매체 개발의 경제적 비용이 개발 콘텐츠의 질에 어떤 영향을 미치는지 연구한다. [09 중등 22번] ○ | ✕

Answer 228. ✕ 229. ✕ 230. ○ 231. ✕ 232. ○ 233. ○ 234. ○ 235. ○ 236. ✕

CHAPTER 2 | 교수설계 모형

교수설계 모형 ▶ ADDIE 모형, 딕과 캐리의 체제적 교수설계 모형, 조나센의 구성주의 학습 환경 설계 모형

237 일반적 교수체제 설계 모형의 평가 단계에서는 교수 자료와 교육 프로그램의 효과성과 효율성을 검증하고, 해당 자료나 프로그램의 문제점 파악 및 수정 사항을 결정한다. [07 영양 47번]   O | X

238 일반적 교수체제 설계 모형(ADDIE)의 분석 단계에서는 요구 분석, 학습자 분석, 환경 분석, 직무 및 과제 분석을 수행한다. [09 초등 36번]   O | X

239 타일러의 행동적 수업 목표 진술에 따르면 기대되는 학습자 행동은 충분히 세분화되어야 한다. [01 초등 52번]   O | X

240 메이거의 목표 진술 기준에 따르면 가르칠 사람의 입장에서 가르칠 내용이 진술되어야 한다. [92 중등 20번]   O | X

241 메이거의 목표 진술 기준에 따르면 목표 달성 여부를 평가할 수 있는 수락 기준이 포함되어야 한다. [92 중등 20번]

242 딕과 캐리의 교수설계 모형은 교수 프로그램을 설계 및 개발하기 위해 체계적인 접근을 한다. [11 중등 20번]

243 딕과 캐리의 교수설계 모형에는 ADDIE 모형의 실행 단계(I)가 생략되어 있다. [11 중등 20번]

244 딕과 캐리의 교수설계 모형에서는 교수 프로그램 설계 및 개발 과정을 주도한 교수 설계자가 총괄평가를 실시할 것을 권한다. [11 중등 20번]

Answer 237. ○ 238. ○ 239. ○ 240. × 241. ○ 242. ○ 243. ○ 244. ×

정답 및 해설 497p

245 '학습자는 순환마디로만 이루어진 순환소수를 분수로 변환할 수 있다.'는 수업 목표를 '지적 기능'으로 분류한 후 정보 처리 분석과 위계 분석을 수행하였을 때, 이는 딕과 캐리의 체제적 교수설계 모형의 교수 분석 단계에 해당한다. [13 중등 19번]   O | X

246 딕과 캐리의 체제적 교수설계 모형에서는 과제 분석을 통해 분석된 학습 목표들을 고려하여 연습문제, 형성평가 및 총합평가 도구를 개발한다. [06 중등 23번]   O | X

247 딕과 캐리의 체제적 교수설계 모형에서는 과제 분석의 결과에 따라 하위 기능을 먼저 가르치고, 그 다음 관련된 상위 목표를 달성하도록 수업 순서를 정한다. [06 중등 23번]   O | X

[248~250]

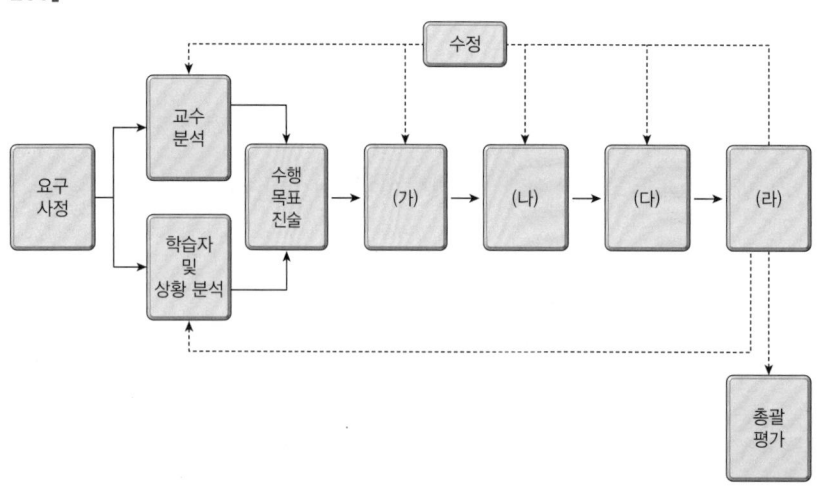

248 딕과 캐리의 체제적 교수설계 모형의 (가)에서는 사용할 매체의 유형을 결정한다.   O | X
[09 초등 35번]

249 딕과 캐리의 체제적 교수설계 모형에서 (나)는 교수 전략 개발 단계, (다)는 형성평가 실시 단계에 해당한다. [04 초등 34번]   O | X

250 딕과 캐리의 체제적 교수설계 모형의 (라)에서는 개발된 프로그램을 정해진 수업 시간 내에 실행할 수 있는지 확인하기 위해 학습자를 대상으로 현장 평가를 실시한다. [11 초등 24번] ○ | ×

251 딕과 캐리의 교수 목적 하위 기능 분석 방법으로, 가네의 학습 영역 중 언어 정보를 분석하기 위해 위계 분석을 사용해야 한다. [07 상담 27번] ○ | ×

252 딕과 캐리의 체제적 교수설계에서 학습 과제 분석 시 최소공배수를 구하는 학습 과제는 위계 분석을 한다. [09 중등 19번] ○ | ×

253 딕과 캐리의 체제적 교수설계에서 학습 과제 분석 시 시간을 잘 지키는 태도를 기르는 학습 과제는 군집 분석을 한다. [09 중등 19번] ○ | ×

254 딕과 캐리의 체제적 교수설계에서 학습 과제 분석 시 각 나라와 그 수도를 연결하여 암기하는 학습 과제는 통합 분석을 한다. [09 중등 19번] ○ | ×

Answer 245. ○ 246. ○ 247. ○ 248. × 249. × 250. ○ 251. × 252. ○ 253. × 254. ×

[255~256]

요구 분석 단계	요구 분석 활동
직무 수행의 바람직한 상태 설정	여러 자료를 토대로 직무별로 바람직한 교사의 수행 상태를 설정하였다.
교사의 현재 직무 수행 상태 측정	동료 교사와의 인터뷰, 관찰 등을 토대로 교사의 직무별 현재 수행 상태를 측정하였다.
요구의 크기 계산	직무별로 '바람직한 직무 수행 상태'와 '교사의 현재 직무 수행 상태'간의 차이를 계산하였다.
요구 우선순위 결정	(가)
요구 발생 원인 분석	(나)
직무 연수 프로그램 개발 대상 요구 선정	위의 (나)에서 선정된 요구 중 우선순위가 가장 높은 요구를 충족시키기 위해 직무 연수 프로그램을 개발하기로 결정하였다.

255 체제적 교수설계 모형의 (가)에서는 직무별 요구의 크기와 직무 중요도에 따라 요구들의 우선순위를 결정한다. [10 중등 21번]   O | X

256 체제적 교수설계 모형의 (나)에서는 요구 발생 원인을 분석하여 교사의 업무 분장 및 업무량 문제로 초래된 요구를 선정한다. [10 중등 21번]   O | X

[257~258]

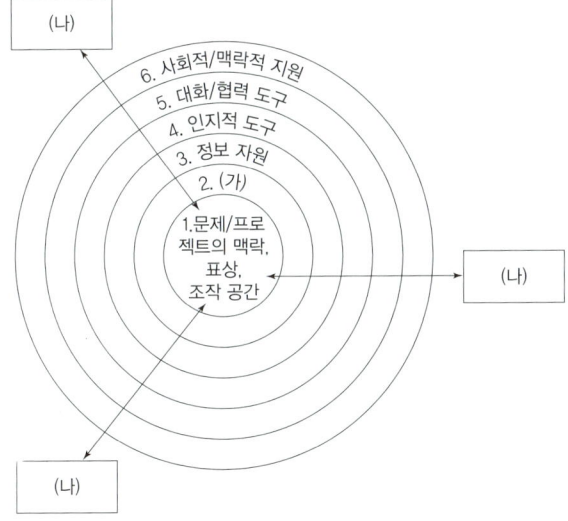

257 조나센의 구성주의 학습 환경 설계 모형의 (가)에는 성찰하기 도구와 개념도 그리기 도구가 포함된다. [12 중등 20번]   ○ | ✕

258 조나센의 구성주의 학습 환경 설계 모형의 (나)는 비계 설정, 모델링, 통찰의 교수 활동을 의미한다. [08 중등 27번]   ○ | ✕

Answer 255. ○   256. ✕   257. ✕   258. ✕

정답 및 해설 498p

CHAPTER 3 | 교수 방법

강의법 & 문답법
토의법 ▶ 원탁 토의, 배심 토의(패널 토의), 공개 토의(포럼), 단상 토의(심포지움), 대담 토의, 세미나, 버즈 토의
듀이의 문제 해결 학습
킬패트릭의 프로젝트 학습
자기주도적 학습
개별화 학습 ▶ 무학년제, 자율 계약 교수법(달톤 플랜), 개별 처방 교수법(IPI), 개별화 교수체제(PSI), 적성·처치 상호 작용 모형(ATI), 팀티칭, 개별 지도 교수법(IGE)
협동 학습 ▶ 직소 모형, 성취 과제 분담 모형(STAD), 팀 경쟁 학습(TGT), 자율적 협동 학습(Co-op Co-op), 집단 조사 학습(GI), 팀 보조 개별 학습(TAI), 함께 학습하기(LT)

259 다음에서 김 교사가 활용한 토의식 수업의 유형은 버즈 토의이다. [07 중등 22번]   O | X

> 김 교사는 환경 오염에 대한 수업 시간에 환경 전문가인 강 박사를 초청하였다. 김 교사는 수업 방식 및 주제에 대하여 간단히 안내하였다. 강 박사는 학생들에게 약 15분간 지역의 환경 오염 방지 방안을 설명하였다. 이후 김 교사의 사회로 학생들은 설명 내용에 대하여 30분간 강 박사와 질의응답 시간을 가졌다.

260 원탁 토의는 전문적 식견을 가진 50명 이하의 참석자 전원이 발표자의 발제 내용에 대하여 공개적으로 질의·토론을 하는 방식이다. [01 초등 20번]   O | X

261 대담 토의는 사회자의 진행에 의해 특정 주제에 관해 3~6명의 토론자가 청중들 앞에서 유목적적인 대화의 형태로 토론을 하는 방식이다. [01 초등 20번] ○ | ×

262 다음 내용과 관련된 토의 유형은 버즈 토의이다. [12 초등 25번] ○ | ×

- 여러 개의 소집단이 열띠게 토의하는 과정을 비유해 토의 유형의 이름이 붙여졌다.
- 3~6명으로 편성된 소집단들이 주어진 주제에 대해 6분 정도 토의하는 형태로 시작된다.
- 사회자가 비슷한 결론을 내린 소집단들을 점점 합쳐가며 토의를 진행하고, 최종적으로 전체가 모여 토의의 결론을 내린다.

263 강의법은 교재의 논리적 체계가 무시될 수 있다. [99 중등 15번] ○ | ×

264 프로젝트 학습은 비판력, 분석력, 창의력 등의 고등 정신 능력 획득에 적합하다. ○ | ×
[01 중등 08번]

Answer 259. ×   260. ×   261. ×   262. ○   263. ×   264. ○

265 문제 해결 학습은 노울즈가 제시한 것으로, 학습자가 과제의 선택, 학습 계획의 수립과 수행, 학습 과정 및 결과의 점검을 스스로 수행해 나가는 학습 활동이다.

[00 초등 55번]

○ | ✕

266 노울즈의 자기주도적 학습에서는 학습자가 학습의 주도권을 가지나 평가는 교사가 한다. [05 중등 19번]

○ | ✕

267 노울즈의 자기주도적 학습에서는 초인지 학습 전략을 적용하고, 개별 학습 또는 협동 학습 방법을 사용한다. [05 중등 19번]

○ | ✕

268 켈러의 개별화 교수체제에서는 개별 학습 시 별도의 학습 조력자 없이 학생들이 개별적으로 전체 학습을 진행한다. [10 중등 19번]

○ | ✕

269 적성·처치 상호 작용 모형에 따르면 이전 학교에서 효과적이었던 수업 방법이 새로운 학교에서 별다른 효과를 보지 못할 수 있다. [02 초등 29번]   O | X

270 적성·처치 상호 작용 모형에 따르면 교수 방법은 학생의 특성에 기초해야 한다.
[94 중등 12번]   O | X

271 협동 학습의 유형 중 직소 I(Jigsaw I) 모형은 과제의 상호 의존성은 높고 보상 의존성은 낮다. [05 중등 20번]   O | X

Answer 265. ✗   266. ✗   267. ○   268. ✗   269. ○   270. ○   271. ○

272 다음 설명과 관련된 협동 학습의 유형은 직소(Jigsaw) 모형이다. [07 상담 21번]   O | X

- 전체 학습자에게 학습 방법을 안내하고 자료를 제시한 후, 전체 학생을 6명씩 6개 모둠으로 조직한다.
- 각 모둠 구성원은 6개로 분류된 학습 주제 중에서 하나를 선택하고, 동일 주제를 선택한 학생들끼리 전문가 집단을 구성하여 협동 학습을 한다.
- 해당 주제를 학습한 후 학습자는 최초 자신의 모둠으로 가서 다른 구성원들에게 자신이 맡은 부분에 대해 가르친다.

273 직소 Ⅰ(Jigsaw Ⅰ) 모형은 다음의 학습 절차에 따라 진행된다. [12 초등 24번]   O | X

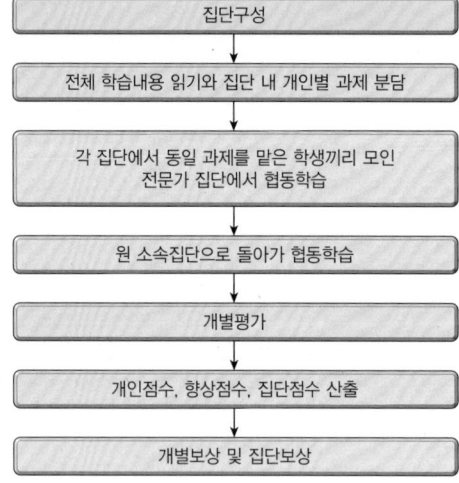

274 다음과 같은 방식에 따라 진행한 협동 학습의 유형은 성취 과제 분담 모형(STAD)이다. [07 중등 21번]   O | X

- 전체 학생들에게 기본적인 학습 내용을 설명한 후, 학습 능력 등을 고려하여 이질적인 4명으로 팀을 구성하였다.
- 팀별로 나누어 준 학습지의 문제를 협동 학습을 통하여 해결하도록 하였다.
- 팀별 활동이 끝난 후, 모든 학생에게 퀴즈를 실시하여 개인 점수를 부여하였고, 이를 지난번 퀴즈의 개인 점수와 비교한 개선 점수를 주었다.
- 개선 점수의 합계를 근거로 우수 팀을 선정하였다.

275 다음과 같은 교수·학습 절차가 적용되는 교수·학습 모형은 함께 학습하기(LT) 모형이다. [04 초등 29번] ○ | ×

- 사전 진단 검사를 통해 능력 수준이 각기 다른 학생들을 4~5명씩으로 하여 팀을 구성한다.
- 각자의 수준에 맞는 학습 과제를 교사의 도움 아래 개별적으로 학습한다.
- 단원 평가 문제를 각자 풀게 한 후, 팀 구성원들을 두 명씩 짝지어 교환 채점을 하게 한다.
- 일정 성취 수준에 도달하면, 그 단원의 최종적인 개별 시험을 보게 한다.
- 개별 점수를 합하여 각 팀의 점수를 산출한다.
- 미리 설정해 놓은 팀 점수를 초과한 팀에게 보상을 한다.

[276~277]

경쟁의식이 지나쳐 학생들이 학습에 필요한 정보도 서로 교환하지 않는 교실 문화에서 김 교사는 학생들의 협동심을 길러주기 위해 소집단 학습을 시도하였다. 그러나 몇몇 성적이 우수한 학생들이 자기 분단에서 열심히 참여하지 않은 학생들이 있음에도 모두 같은 점수를 받는 것이 공정하지 않다고 불만을 털어놓았다.

276 위의 사례와 같이 소집단 학습에서는 무임 승객 효과와 봉 효과의 부작용이 발생할 수 있다. [02 중등 28번] ○ | ×

277 위의 사례에서 김 교사는 자율적 협동 학습(Co-op Co-op)을 활용하여 학생의 불만을 해결하고, 추구한 목적도 달성할 수 있다. [02 중등 28번] ○ | ×

Answer 272. ○   273. ×   274. ○   275. ×   276. ○   277. ○

CHAPTER 4 | 교수 · 학습 이론

객관주의 교수 · 학습 이론 ▶ 캐롤의 학교 학습 모형, 블룸의 완전 학습 모형, 브루너의 발견 학습 모형, 오수벨의 유의미 학습, 가네의 목표별 수업 이론, 메릴의 내용 요소 제시 이론, 라이겔루스의 교수 설계 이론, 켈러의 학습 동기 설계 이론(ARCS 이론)

구성주의 교수 · 학습 이론 ▶ 인지적 도제 이론, 인지적 유연성 이론, 상황 학습 이론, 정황(정착) 교수 이론, 문제 중심 학습(PBL), 상보적 교수 이론, 자원 기반 학습 이론, 목표 기반 시나리오(GBS)

이러닝 · 온라인 교수 · 학습 이론 ▶ 멀티미디어, 원격 교육, 액션 러닝, 블렌디드 러닝(혼합 교육), 플립드 러닝(거꾸로 학습)

278 캐롤의 학교 학습 모형에서 학습에 사용한 시간에는 학습 기회와 수업 이해력이 포함된다. [03 초등 48번] ○ | ×

279 오수벨의 유의미 학습 이론에서 학습 태세란 주어진 학습 과제를 자신의 인지구조에 의미 있게 관련시키려는 학습자의 성향을 의미한다. [05 초등 29번] ○ | ×

280 오수벨의 선행조직자 교수 모형의 인지조직 강화 단계에서는 학습 자료에 제시된 여러 가지 개념이나 명제들 사이의 공통점과 차이점을 학습자의 선행 학습 내용에 근거해서 비교 · 설명하게 할 수 있다. [12 중등 15번] ○ | ×

281 가네의 교수 · 학습 이론에서는 학습 영역을 언어 정보, 지적 기능, 운동 기능, 태도, 인지 전략으로 나눈다. [11 중등 19번] ○ | ×

282 가네는 학습자의 내적 학습 과정을 지원하기 위한 9가지 외적 교수 사태를 제안하였다. [11 중등 19번]   ○ | ✕

283 가네의 교수·학습 이론은 학습 영역을 세분화하여 제시한 메릴의 내용 요소 제시 이론의 토대가 되었다. [11 중등 19번]   ○ | ✕

284 가네가 제시한 인간의 학습 영역 중 지적 기능은 학습자가 언어, 숫자 등 상징을 이용해 환경과 상호 작용하는 능력이다. [09 초등 39번]   ○ | ✕

285 선언적 지식, 혹은 '~에 관한 지식'은 가네가 제시한 인간의 학습 영역 중 지적 기능에 해당한다. [09 초등 39번]   ○ | ✕

Answer 278. ✕   279. ○   280. ○   281. ○   282. ○   283. ○   284. ○   285. ✕

정답 및 해설 499p

286 가네가 제시한 학습 영역 중 인지 전략은 학습이나 사고에 대한 통제 및 관리 능력으로, 비교적 오랜 기간에 걸쳐 습득되는 창조적 능력이다. [07 초등 26번] ○ | ×

287 가네는 교수 목표에 따라 학습 조건은 달라져야 한다고 주장하였다. [04 중등 23번] ○ | ×

288 가네의 수업 사태는 학습자의 내적 학습 과정을 지원하는 일련의 외적 교수 활동이다. [08 중등 25번] ○ | ×

289 가네의 수업 사태 중 '학습 안내 제시' 단계에서는 학습을 위한 적절한 자극 자료를 제시하고, 교재나 보조 자료의 구성과 활용 방법을 안내한다. [08 중등 25번] ○ | ×

290 가네의 수업 사태에서 교실 수업을 계획할 때 수업 사태의 순서를 변경하거나 생략할 수 있다. [08 중등 25번]

291 다음 밑줄 친 내용과 관련된 가네의 수업 사태 단계는 학습자 수행 유도 단계이다. [01 초등 04번]

> 최 교사는 교통 안전 교육을 위해 교통 표지판의 개념과 식별 방법에 대해 교육하였다. 그 후 다양한 모양의 표지판을 여러 상황과 관련지어 제시하면서 학습자로 하여금 교통 안전과 관련한 실제 상황에 적용할 수 있는 연습의 기회를 제공하였다.

292 가네의 수업 사태 중 자극 제시 단계의 수업 활동이 촉진하고자 하는 학습 활동은 의미론적 부호화이다. [12 초등 28번]

293 다음 내용과 관련된 교수·학습 이론은 메릴의 내용 요소 제시 이론이다. [02 중등 24번]

> • 학습 결과의 범주를 이차원적 내용X수행 행렬표로 제시하고 있다.
> • 일차적 자료 제시 형태는 일반성과 사례, 설명식과 탐구식으로 이루어져 있다.
> • 이차적 자료 제시 형태는 맥락, 선수 학습, 암기법, 도움말, 표현법, 피드백을 포함한다.

Answer 286. ○ 287. ○ 288. ○ 289. × 290. ○ 291. ○ 292. × 293. ○

294 메릴의 내용X수행 행렬표상의 범주에서 '포유류의 정의를 말할 수 있다.'는 '개념 활용'에 해당한다. [13 중등 16번]   ○ | ×

295 메릴의 내용 요소 제시 이론은 인지적 영역의 수업을 설계하는 데 효과적이며, 목표를 분류하고 이에 따른 교수 전략을 구체적으로 처방하는 데 활용할 수 있다. [08 중등 26번]   ○ | ×

296 메릴의 내용 요소 제시 이론은 개방적 체제로 구성되어서 지식의 전체적 · 통합적 이해를 용이하게 한다. [08 중등 26번]   ○ | ×

[297~298] 다음은 조나센의 구성주의 학습 환경 설계 모형이다.

	설명	탐구식 질문
일반성	(가)	회상
사례	예시	(나)

297 메릴의 내용 요소 제시 이론의 1차 제시형에서 (가)는 연습을 의미한다. [08 초등 39번]   ○ | ×

298 메릴의 내용 요소 제시 이론의 1차 제시형에서 (나)는 시범을 의미한다. [08 초등 39번]   ○ | ×

[299~301]

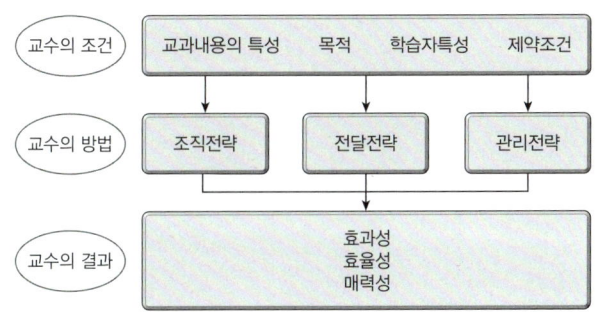

299 라이겔루스가 교수의 3대 변인 사이의 관계를 도식화한 모형에서 '교수의 방법'은 서로 다른 조건하에서 의도한 학습 결과를 성취하기 위하여 사용되는 다양한 교수 전략을 의미한다. [12 중등 18번]   ○ | ×

300 라이겔루스가 교수의 3대 변인 사이의 관계를 도식화한 모형에서 '교수의 조건'은 교수 설계자나 교사가 통제할 수 있는 것으로, 가네의 학습 조건 중 외적 조건과 같은 의미이다. [12 중등 18번]   ○ | ×

301 라이겔루스가 교수의 3대 변인 사이의 관계를 도식화한 모형에서 '조직 전략'에는 하나의 아이디어를 가르칠 때의 교수 전략인 미시적 조직 전략과 복합적인 아이디어를 가르칠 때의 교수 전략인 거시적 조직 전략이 있다. [12 중등 18번]   ○ | ×

302 라이겔루스의 개념 학습 이론에서 '포유류와 다른 개념들을 비교하여 분석하게 하거나, 포유류의 특성이 환경에 적응하는 데 어떻게 영향을 미치는지 파악하게 한다.'는 연습 단계에 해당한다. [09 중등 20번]   ○ | ×

Answer 294. × 295. ○ 296. × 297. × 298. × 299. ○ 300. × 301. ○ 302. ○

303 라이겔루스의 정교화 이론에서 정교화에는 개념적 정교화, 절차적 정교화, 이론적 정교화의 세 유형이 있다. [02 중등 23번] ○│×

304 라이겔루스의 정교화 이론에서 종합자는 학습자가 학습한 것을 망각하지 않도록 하기 위해 체계적으로 복습하는 데 사용되는 전략 요소이다. [02 중등 23번] ○│×

305 켈러의 ARCS 이론은 학습 동기를 유발하고 지속시키기 위하여 학습 환경의 동기적 측면을 설계하는 문제 해결 접근이다. [07 중등 23번] ○│×

306 다음에 제시된 수업 전략과 관련된 이론은 켈러의 ARCS 모형이다. [05 중등 25번] ○│×

> A교사는 학생들에게 새로운 사례를 제시하여 지적 호기심을 유발한다. 수업 내용이 장래 사회 생활에 꼭 필요한 것이고, 선생님의 지도에 따라 열심히 노력하면 좋은 성적을 받을 수 있다고 강조한다. 또한 도전감을 느낄 수 있는 문제를 제시하고, 이를 해결했을 때 기분 좋게 느끼도록 한다.

307 강 교사가 새로운 학습 내용을 제시하기에 앞서 학생들의 사전 지식과 경험을 활성화하여 동기를 유발하였을 때, 켈러의 ARCS 이론 중 강 교사가 사용한 수업 전략은 주의집중이다. [06 초등 47번] ○ | ×

308 켈러의 학습 동기 설계 이론에서 자신감 범주의 하위 전략으로 학생에게 학습 속도를 스스로 조절할 수 있는 기회를 제공할 수 있다. [11 중등 21번] ○ | ×

309 켈러의 학습 동기 설계 이론에서 자신감 범주의 하위 전략으로 학생이 새롭게 습득한 지식이나 기능을 실제 상황에 적용해 볼 수 있는 기회를 제공할 수 있다. [11 중등 21번] ○ | ×

310 인터넷을 이용한 인지적 도제 수업을 설계할 때, 학생들에게 과제 수행에 필요한 자료를 인터넷으로 조사하게 하는 것은 모델링 단계에 해당한다. [11 초등 25번] ○ | ×

Answer 303. ○ 304. × 305. ○ 306. ○ 307. × 308. ○ 309. × 310. ×

311 인지적 도제 모형의 스캐폴딩의 단계에서는 교사가 수업의 주체가 되어 학생들에게 지원을 제공한다. [09 중등 18번]   O | X

312 다음 내용과 관련 있는 이론은 인지적 도제 이론이다. [06 초등 44번]   O | X

- 실제 사례를 '있는 그대로' 학습하도록 한다.
- 영화 등 하이퍼미디어를 활용하는 것이 효과적이다.
- 맥락을 벗어난 지식은 지나친 단순화와 일반화의 오류에 빠지기 쉽다.
- 동일한 자료를 다른 시기에 다른 목적과 관점으로 검토함으로써 다양한 차원에서 지식을 이해하게 한다.

313 상황 학습은 실제적인 문제를 포함하는 환경에서 이루어지는 문화 적응 과정이다.   O | X
[07 중등 27번]

314 실행공동체와 정당한 주변적 참여는 상황 학습의 주요 개념이다. [07 중등 27번]   O | X

315 상황 학습 이론을 적용하여 지식이나 기능이 사용되는 구체적 맥락을 제시하거나 매체를 활용하여 구체적 사례들을 다양하게 제시할 수 있다. [02 초등 27번] ○ | ✕

316 다음과 관련된 교수·학습 모형은 정착 수업이다. [07 초등 23번] ○ | ✕

- 읽기 능력이 낮은 학생들에게 효과적인 방법이다.
- 문제를 해결하기 위하여 학생들 간 협력을 필요로 한다.
- 실제 상황과 관련한 흥미로운 문제 해결이 중심이 된다.
- 실제 상황을 묘사한 영상 매체의 이야기를 통해 수학 문제를 제시한다.

317 박 교사가 수업에 적용한 이론은 정착 수업 이론이다. [12 초등 27번] ○ | ✕

박 교사는 수학 교과는 실제적인 맥락에서 학습되어야 한다고 생각한다. 그래서 그는 수학 교과의 내용을 적용하여 실제적인 문제를 해결해 가는 이야기를 담은 동영상을 제작하고 이를 수업 시간에 제시하였다. 문제가 발생되는 장면에서 동영상을 멈추고 학생들에게 이야기 속에 암시된 여러 단서를 찾아 스스로 문제를 해결해 보도록 하였다. 그런 다음 멈추었던 동영상을 다시 틀어 문제가 해결되는 과정을 보여주었다.

318 문제 중심 학습(Problem Based Learning)에서 평가는 과정 중심적이라기보다는 결과 중심적이다. [05 중등 22번] ○ | ✕

Answer 311. ✕   312. ✕   313. ○   314. ○   315. ○   316. ○   317. ○   318. ✕

319 문제 중심 학습은 행동주의와 인지주의 학습 이론을 중심으로 교육한다. [01 초등 01번]　　○ | ×

320 문제 중심 학습에서 학습자에게 제시되는 문제는 일상에서 접하게 되는 수준의 복잡성과 실제성을 가지는 것이 좋다. [11 초등 18번]　　○ | ×

321 배로우즈의 문제 중심 학습 방법에서 학생들은 가설 연역적 방법을 활용하여 문제를 해결한다. [07 초등 28번]　　○ | ×

322 다음 내용과 관련된 교수·학습 방법은 구안법이다. [08 중등 21번]   O | X

> • 학생이 읽은 내용을 깊이 이해하고 생각하도록 도와주는 것이 목적이다.
> • 학생으로 하여금 자신이 읽은 내용을 요약하고, 의문을 제기하고, 이해가 어려운 부분을 명료화하고, 후속 내용을 예측하게 한다.
> • 과제의 난이도와 학생의 능력을 고려하여, 학습의 주도권이 교사로부터 학생에게 점진적으로 옮겨가게 한다.

323 생크의 목표 기반 시나리오의 구성 요소에는 목표, 임무, 표지 이야기 등이 있다.   O | X
[13 중등 21번]

324 자원 기반 학습 중 하나인 Big 6 정보 리터러시 모형에 근거하여 조선시대의 문학을 주제로 수업을 하려고 할 때, (가)에서는 조선시대의 문학에 대한 정보를 읽고 적합한 정보를 가려내는 활동을 할 수 있다. [11 중등 17번]   O | X

(가) → 코칭 → 스캐폴딩 → 명료화 → 성찰 → 탐색

325 멀티미디어를 활용한 학습 자료는 문자, 그래픽, 음성, 영상 등 다양한 매체 형태로 이루어져 있다. [02 중등 27번]   O | X

Answer 319. ×   320. ○   321. ○   322. ×   323. ○   324. ×   325. ○

326 멀티미디어는 정보가 선형적으로 제공되므로 모든 사용자가 동일한 정보를 얻는다. ○ | ✕

[06 초등 50번]

327 교사가 멀티미디어를 교수매체로 선정할 때는 개별 학습자의 능동적인 참여를 유도할 ○ | ✕
수 있는지의 여부를 고려해야 한다. [97 중등 19번]

328 하이퍼미디어 활용 수업에서는 학습자가 비선형적으로 정보를 탐색할 수 있으며, 멀 ○ | ✕
티미디어 요소를 활용하여 지식을 구성할 수 있다. [06 중등 21번]

329 하이퍼미디어 수업은 학습자의 방향감 상실이나 인지 과부하를 야기할 수 있다. ○ | ✕

[06 중등 21번]

330 원격 교육은 학습의 질 관리와 평가가 용이하다. [99 중등 11번]   ○ | ✕

331 원격 교육은 온라인 멀티미디어 코스웨어를 제공할 수 있으며 대규모 집단에서도 개별 학습이 가능하다. [01 중등 28번]   ○ | ✕

332 다음과 같은 방식으로 진행한 학습 체제는 온라인 프로젝트 학습이다.   ○ | ✕

> 학생들은 학급 홈페이지에 교사가 게시한 학습 내용을 수업 시간 전에 스스로 학습하였다. 교실 수업 시간에는 교사의 안내에 따라 그 학습 내용을 토대로 토론을 진행하였다. 수업이 끝난 후에는 교사가 제시한 토의 주제에 대하여 홈페이지 게시판에 의견을 제시하였다.

Answer 326. ✕   327. ○   328. ○   329. ○   330. ✕   331. ○   332. ✕

정답 및 해설 500p

메가쌤

교육학 출제 이론 공략서
필수편 & 확인편

PART 04

교육평가

CHAPTER 1 | 교육평가의 유형
CHAPTER 2 | 교육평가 모형
CHAPTER 3 | 평가 방법 선정과 개발
CHAPTER 4 | 평가 결과의 활용
확인편

PART 04 교육평가

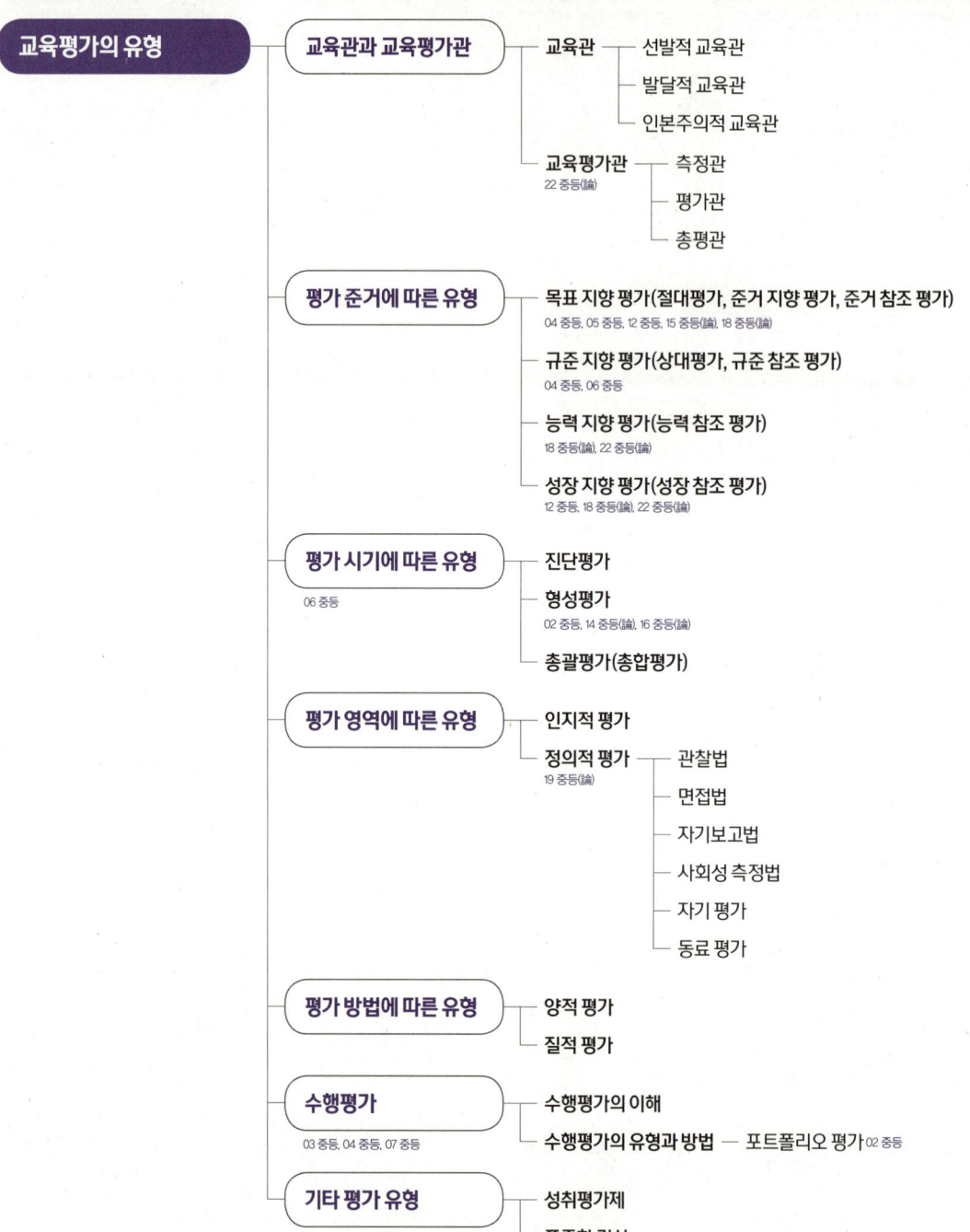

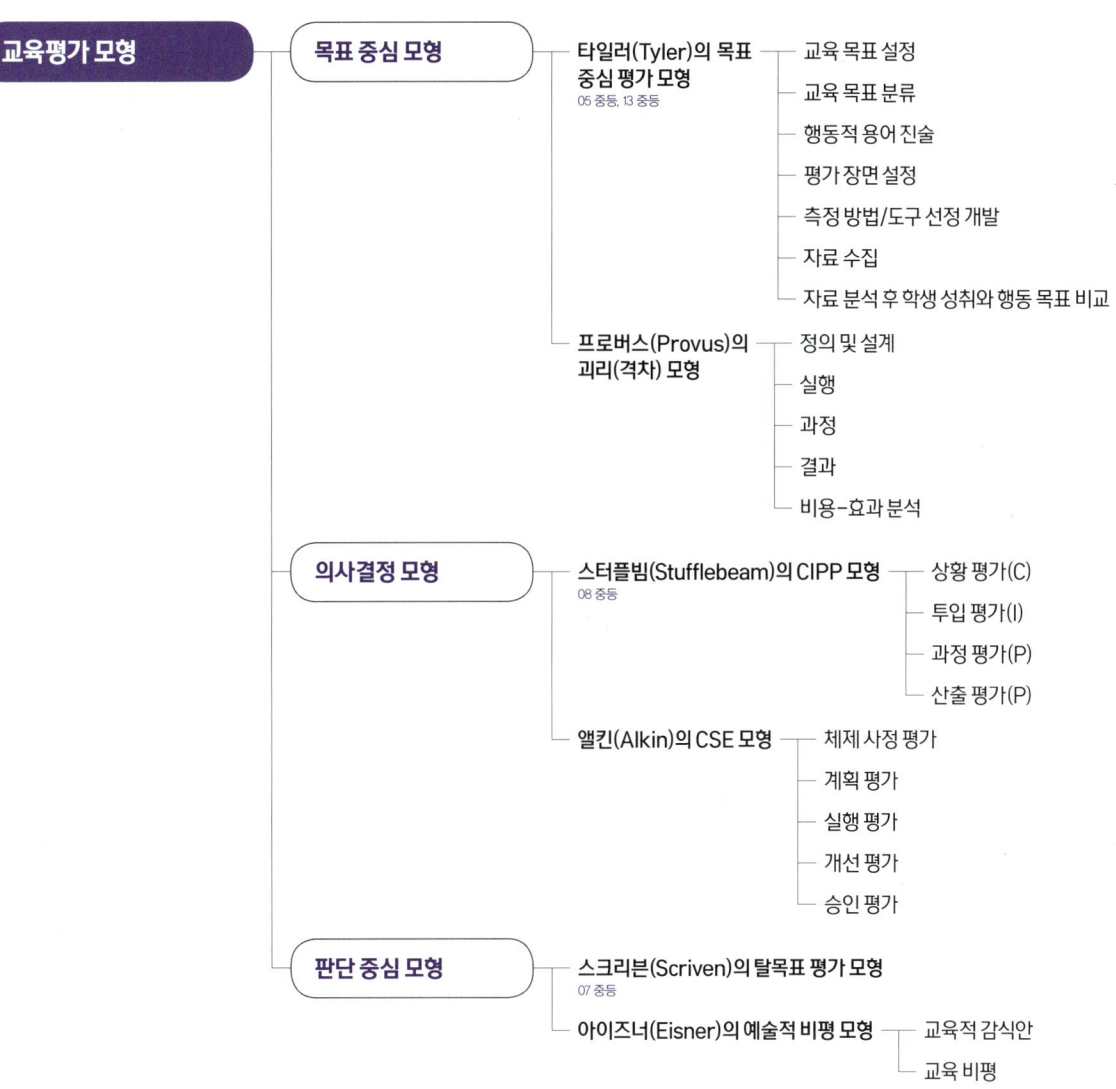

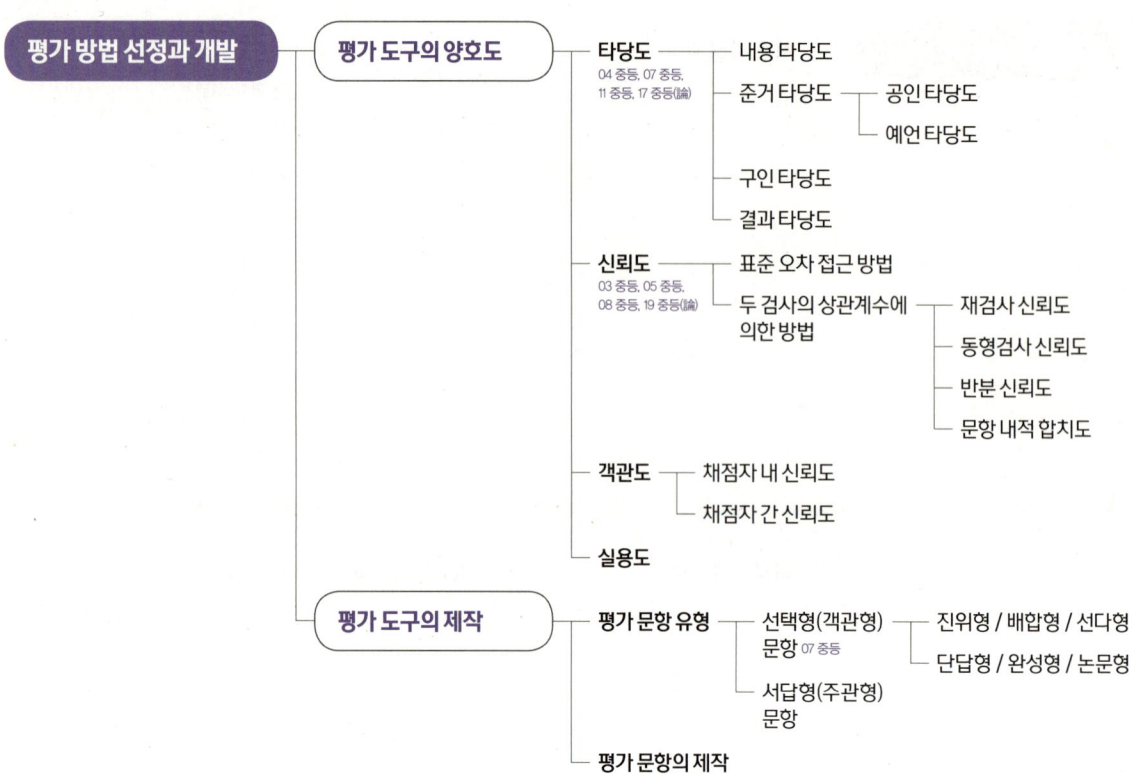

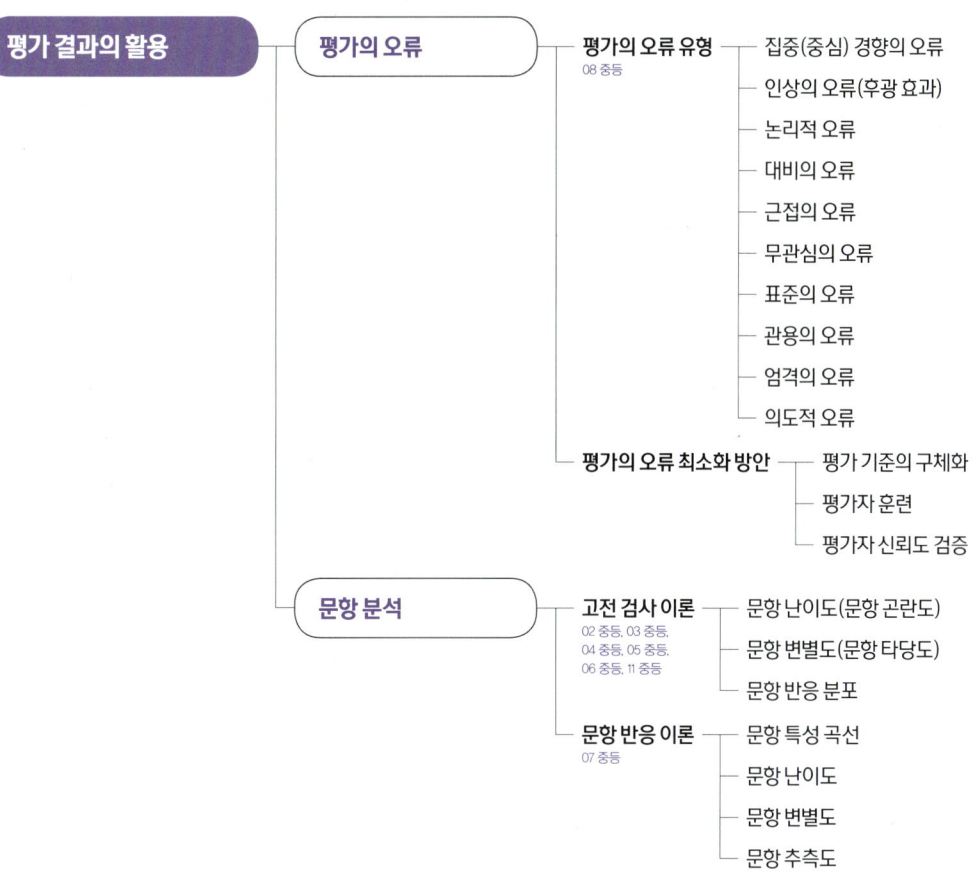

CHAPTER 1 교육평가의 유형

출제 Point

2022학년도 중등 논술
송 교사가 총평의 관점에서 학생을 진단할 수 있는 실행 방안 2가지 제시

01 교육관과 교육평가관

1 교육관

구분	선발적 교육관	발달적 교육관	인본주의적 교육관
기본 입장	• 인간의 지적 능력은 타고난 것이므로 변하지 않으며, 소수의 집단만 교육 가능(유전론) • 교육을 통한 인간의 행동 변화 가능성에 대해 부정적	• 적절한 교수·학습 환경이 제시된다면 누구나 교육 목표 달성 가능(환경론) • 교육을 통한 인간의 행동 변화 가능성에 대해 긍정적	• 인간은 환경과 능동적으로 상호 작용하는 존재 • 교육은 인성적 성장, 통합을 통한 자아실현의 과정 • 학생의 자율적·적극적 학습 참여 강조
학업 실패의 책임	학생	교사	학생과 교사
평가 목적	• 개인차 변별 • 소수의 우수자 선발	• 수업 목표의 달성 • 완전 학습	• 학생의 전인적 특성 파악 • 학생의 자아실현
평가 유형	규준 지향 평가	목표 지향 평가	수행평가
관련 검사관	측정관	평가관	총평관

2 교육평가관 [22 중등(論)]

구분	측정관 (Measurement)	평가관 (Evaluation)	총평관 (Assessment)
의미	일정한 규칙에 따라 대상의 속성에 수치를 부여하는 것으로, 학습자의 특성을 양적으로 표현하는 관점	교육 목표에 비추어 학습자의 성취도를 파악하는 관점	다양한 방법을 통해 인간의 특성을 종합적·전체적으로 판단하는 관점
교육관	선발적 교육관	발달적 교육관	인본주의적 교육관
인간 행동에 대한 관점 (인간관)	• 안정성 • 고정적 • 불변성	• 불안정성 • 가변성	환경과의 역동적 상호 작용을 통한 변화
검사의 강조점	신뢰도와 객관도	내용 타당도	구인 타당도

증거 수집 방법	• 표준화 검사 • 양적 방법	• 변화의 증거를 수집할 수 있는 다양한 방법 • 양적·질적 방법	• 상황에 비춘 변화의 증거를 수집할 수 있는 다양한 방법 • 양적·질적 방법
환경 변인 (환경관)	측정의 방해 요인으로, 통제함	행동 변화의 중요한 자원으로, 적극적으로 활용함	행동 변화의 중요한 자원으로, 적극적으로 활용함
결과의 활용	선발, 분류, 예언, 실험	배치와 진급을 위한 분류, 교육 프로그램의 효과 판정	선발, 분류, 예언, 실험, 역할에 따른 개인의 진단

CHAPTER 1 교육평가의 유형

출제 Point

2018학년도 중등 논술
박 교사가 제안하는 평가 유형의 명칭과 이 유형에서 개인차에 대한 교육적 해석 1가지

> 박 교사: 동의합니다. 그러기 위해서는 평가 결과를 해석하고 판단하는 기준도 달라질 필요가 있습니다. 예컨대 학생의 상대적 위치가 어느 정도인지를 판단하기보다는 미리 설정한 학습 목표에 도달했는지 여부를 중시하는 평가 유형이 적합해 보입니다.

2015학년도 중등 논술
준거 지향 평가의 개념을 설명하고, 장점 2가지만 제시

> 수업 설계를 잘 하는 것 못지않게 수업 결과를 평가하는 것 또한 중요합니다. 여러분이 어떤 평가 기준을 활용하느냐에 따라 평가 유형이 달라질 수 있습니다. 자칫하면 평가로 인해 학생들 사이에 서열주의적 사고가 팽배하여 서로 경쟁만 하는 문제가 발생할 수 있습니다. 이를 보완할 수 있는 평가 유형에 대해 고민해 볼 필요가 있습니다.

2012학년도 중등 객관식 13번
김 교사의 행동을 잘 설명해 주는 교육평가 유형

> 김 교사는 영어 시험에서 T점수로 40점 미만에 해당하는 학생을 찾아내어 특별 보충 학습 프로그램에 참가하도록 하였다.

ㄴ. 준거 참조 평가

2006학년도 중등 객관식 24번
규준 참조 평가(Norm-referenced evaluation)에 관한 진술
② 학생 상호 간의 점수 경쟁을 조장할 수 있다.
③ 개인의 집단 내 상대적 위치에 대한 정보 파악이 용이하다.
④ '수·우·미·양·가'의 평어를 부여할 때는 미리 정해 놓은 각 등급의 배당비율을 따른다.

---

02 평가 준거에 따른 유형

1 목표 지향 평가(절대평가, 준거 지향 평가, 준거 참조 평가)
[04 중등, 05 중등, 12 중등, 15 중등(論), 18 중등(論)]

(1) 개념
① 학생들이 성취해야 할 학습 목표에의 도달 여부와 그 정도를 확인하고자 하는 평가
② 절대적 기준인 학습 목표에 비추어 학생의 점수를 절대적으로 해석하는 평가
③ 주어진 학습 목표를 준거로 학생 개개인의 성취 수준을 판단하는 평가

(2) 특징
① 발달적 교육관: 충분한 학습 시간과 학습 조건만 제공하면 대부분의 학생이 주어진 학습 목표에 도달할 수 있다는 발달적 교육관에 근거함
② 평가 도구의 타당도 중시: 학습 목표의 달성 여부를 판단하므로 평가 도구가 학습 목표를 얼마나 충실히 측정하느냐에 대한 평가 도구의 타당도를 중시함
③ 부적편포 전제: 대부분의 학생이 학습 목표를 달성할 것으로 기대하므로 평가의 결과가 부적편포를 이룰 것으로 가정함
④ 교수 과정 개선: 교육 개선의 방향과 전략을 결정할 수 있는 자료를 마련함

(3) 장단점

장점	단점
• 학생의 수업 목표 도달 정도와 달성 또는 미달 목표 파악 가능	• 평가 기준이 되는 학습 목표의 성취 기준을 설정하기 어려움
• 교수·학습 프로그램의 효과를 파악하여 평가와 교수·학습 과정의 연결이 가능함	• 집단 내의 상대적 위치를 알 수 없으므로 개인차 변별이 어려움
• 학생의 학습 결손에 대한 파악으로 완전 학습 가능	• 모든 학생이 학습 목표에 도달하는 것을 전제하므로 도달 가능한 목표를 최저 수준으로 요구함
• 석차보다는 지적 성취를 강조하고, 경쟁보다 협동 학습을 중시하는 건전한 학습 분위기 조성	• 부적편포를 전제하므로 점수의 통계적 활용 불가능
• 학생 대부분의 기준 도달을 목표로 삼으므로 학생에게 성취감 제공	

2 규준 지향 평가(상대평가, 규준 참조 평가) [04 중등, 06 중등]

(1) 개념
① 학생 개개인이 받은 점수를 상대적 기준인 규준에 비추어 판단하는 평가
② 개인의 점수가 다른 학생들의 점수에 의해 상대적으로 결정되는 평가
③ 개인의 점수를 집단 내 상대적 위치로 나타내는 평가

(2) 특징

① **선발적 교육관**: 학생의 성취도를 변별하여 학생의 능력에 맞는 수준의 교육을 해야 한다는 선발적 교육관에 근거함
② **평가 도구의 신뢰도 중시**: 학생 개개인의 특성을 오차 없이 측정하여 이를 변별하는 데 초점을 두므로 평가 도구의 신뢰도를 중시함
③ **정규분포 전제**: 개인차의 변별에 관심을 두므로 평균을 중심으로 좌우 대칭인 정규분포를 전제함
④ **우수자 선발**: 학습 목표에 도달할 수 있는 학생은 많지 않으므로 평가를 통한 소수의 우수자 선발을 목표로 함

> **출제 Point**
>
> **2004학년도 중등 객관식 6번**
> 규준 지향 평가와 준거 지향 평가를 비교한 것으로 적절한 것은?
>
> | 규준 지향 평가 | 준거 지향 평가 |
> |---|---|
> | ③ 선발적 교육관 | 발달적 교육관 |

(3) 장단점

장점	단점
• 집단 내에서의 상대적 위치를 명확히 파악할 수 있으므로 엄밀한 개인차 변별 가능 • 학생들을 서로 비교하므로 경쟁을 통한 외재적 동기 유발 가능 • 객관적인 검사 도구를 사용하므로 교사의 편견 배제	• 상대적 위치만 파악할 수 있으므로 학습 목표의 달성 정도 파악 불가 • 학생 개인의 학습 결손을 파악할 수 없으므로 이에 대한 교정이나 보충 학습 실시 불가 • 시험에 나올 것만 가르치고 학습하는 선택적 교수·학습 조장 • 지나친 경쟁심을 조장하여 학생 상호 간의 질투와 시기를 유발함으로써 학생의 정서적 불안과 비인간화 초래 • 학습 목표의 달성 여부와 관계없이 항상 일정한 비율의 실패자 발생

(4) 목표 지향 평가와의 비교 [04 중등]

구분	규준 지향 평가	목표 지향 평가
평가 방향	교사가 의도한 목표의 달성 여부	개인의 성취가 소속된 집단에서 어느 정도의 위치에 있는지 판단
교육관	선발적 교육관	발달적 교육관
인간관	자극에 대해 반응하는 수동적 유기체	목표를 추구하고 목표 달성 과정을 즐기는 존재
관심사	상대적 우열, 상대적 위치, 개인 간 득점의 변량	설정된 학습 목표의 성취 또는 달성
개인차	• 개인차는 불가결한 현상 • 개인 간의 상대적 점수의 차가 크면 클수록 엄밀하고 정확한 상대적 비교 가능	• 개인차는 교육의 누적적 실패에서 오는 결과 • 교육의 작용과 노력에 의해 극복 가능
평가와 학습 과정	평가는 교수·학습 과정과의 유기적 관련이 없음	평가는 교수·학습 과정에 도움을 주는 중요한 변수
평가 도구	신뢰도 중시	내용 타당도 혹은 목표 타당도 중시

CHAPTER 1 교육평가의 유형

출제 Point

2022학년도 중등 논술
송 교사가 활용할 수 있는 평가 결과의 해석 기준 2가지를 각각 그 이유와 함께 제시

> 좋은 생각입니다. 그리고 우리 학교에서는 평가 결과로 학생 간 비교를 하지 않으니 학기 말 평가에서는 다양한 기준을 활용해 평가 결과를 해석해 보실 것을 제안합니다.

2018학년도 중등 논술
김 교사가 제안하는 2가지 평가 유형의 개념

> 김 교사: 네, 저도 그렇게 생각합니다. 그리고 말씀하신 유형 외에 능력 참조 평가와 성장 참조 평가도 제안할 수 있겠네요.

2012학년도 중등 객관식 13번
박 교사의 행동을 잘 설명해 주는 교육 평가 유형

> 박 교사는 국어 시험에서 학기 초에 83점, 학기 중간에 84점, 학기 말에 85점을 얻은 A학생보다 학기 초에 60점, 학기 중간에 70점, 학기 말에 80점을 얻은 B학생이 더 많이 향상되었다는 사실을 고려하여 B학생을 더 긍정적으로 평가하였다. (단, 국어 시험 점수는 동간성이 있다고 가정한다.)

ㄷ. 성장 참조 평가

3 능력 지향 평가(능력 참조 평가) [18 중등(論), 22 중등(論)]

(1) 개념
① 학생의 능력에 비추어 얼마나 최선을 다하였는지에 초점을 맞추는 평가
② 개인의 능력과 수행 결과를 비교하여 성적을 판정하는 평가

(2) 특징
① 점수가 같더라도 능력이 낮은 학생이 능력이 높은 학생보다 높은 평가를 얻을 수 있음
② 학생 개인이 자신의 능력을 얼마나 발휘하였느냐에 관심을 가지는 개별적 평가

(3) 장단점

장점	단점
• 개별 학생의 능력에 따라 평가가 이루어지므로 개별 평가 가능 • 능력의 발휘 정도에 대한 정보를 얻을 수 있으므로 평가의 교수적 기능 촉진 • 학생의 내적 동기를 유발하고, 자기주도 학습 촉진 • 능력에 비추어 최선을 다하면 좋은 평가를 받을 수 있으므로 능력이 낮은 수준의 학생도 동기화 가능	• 추상적 개념의 능력을 조작적으로 정의하기 어렵고, 학생의 능력을 정확하게 측정할 수 없음 • 평가의 형평성에 문제가 발생할 수 있으므로 선발 및 배치와 같은 행정적 기능을 위해 활용할 수 없음 • 학습 과제에 필수적으로 요구되는 능력을 명확하게 규정하기 어려움

4 성장 지향 평가(성장 참조 평가) [12 중등, 18 중등(論), 22 중등(論)]

(1) 개념
① 초기 능력 수준에 비추어 평가 시점에서의 최종적 능력 수준이 얼마나 향상되었는지에 초점을 두는 평가
② 학생이 교육과정을 통해 과거에 비해 얼마나 성장하였는지에 관심을 두는 평가

(2) 특징
① 개인의 내적 차이를 강조하며, 학생에게 학업 증진의 기회 부여
② 학업 성취도가 낮은 학습자도 사전 평가 시점과 사후 평가 시점의 수준에 큰 차이가 있다면 좋은 성적을 받을 수 있음

(3) 장단점

장점	단점
• 배워야 할 것을 배웠는지에 대해 평가하므로 진정한 의미의 교수적 평가 가능 • 성장의 정도에 대한 정보를 제공하므로 학생 스스로 학습의 내적 가치 인식 • 학업 부진 학생의 성장에 대한 정보 제공 • 개인의 능력 향상을 중시함에 따라 개별화 학습 촉진 • 긍정적인 자기효능감, 자기개념, 자아존중감 형성	• 성적의 의미를 왜곡시킬 가능성이 있음 • 최저 수준의 목표 도달에 무관심하므로 공교육의 목표인 완전 학습과 상충함 • 평가의 형평성에 문제가 발생할 수 있으므로 선발 및 배치와 같은 행정적 기능을 위해 활용할 수 없음 • 학생들이 좋은 성적을 받기 위해 사전 검사에서 일부러 낮은 점수를 받을 수 있음

5 평가 준거에 따른 교육평가 유형의 비교

구분	목표 지향 평가	규준 지향 평가	능력 지향 평가	성장 지향 평가
평가 방향	교사가 의도한 목표의 달성 여부	소속된 집단에서의 위치 파악	최대 능력 발휘	능력의 변화
교육 신념	완전 학습	개인차 인정	개별 학습	개별 학습
비교 대상	준거와 수행	개인과 개인	수행 정도와 소유 능력	성장, 변화의 정도
교육관	발달적 교육관	선발적 교육관	-	-
평가 준거	개인의 학습 목표 달성도	집단 학업 성취의 평균값에 의한 상대적 서열	개인의 수행 정도와 소유 능력	개인의 성장, 변화의 정도
이용도	자격 부여	분류, 선발, 배치	최대 능력 발휘	학습 향상
평가 기능	교수적 기능	행정적 기능	교수적 기능	교수적 기능

CHAPTER 1 교육평가의 유형

➕ 출제 Point

2006학년도 중등 객관식 26번
〈보기〉의 교사 행동을 진단평가, 형성평가, 총합평가와 가장 적절하게 짝지은 것

〈보기〉
ㄱ. 수업 중에 학습 오류 수정을 위하여 쪽지 시험을 실시하였다.
ㄴ. 수업 계획을 수립하기 위하여 학생의 기초 학습 능력과 선수 학습 정도를 파악하였다.
ㄷ. 기말고사를 실시하여 성적을 부여하였다.

2016학년도 중등 논술
김 교사가 실시하려는 평가 유형의 기능과 효과적인 시행 전략 각각 2가지

- 평가 시점에 따라 적절한 평가 방법을 마련할 것
- 진단평가 이후 교수·학습이 진행되는 중간에 평가를 실시할 것
- 총괄평가 실시 전 학생의 학습 진전 상황에 관한 정보를 수집·분석할 것

2014학년도 중등 논술
수업에 소극적인 학생들의 학습 동기를 유발하기 위한 방안을 형성평가 활용 측면에서 2가지

박 교사: 아, 그렇군요. 그런데 선생님, 요즘 저는 수업 방법뿐만 아니라 평가에서도 고민거리가 있어요. 저는 학기 중에 수시로 학업 성취 결과를 점수로 학생들에게 알려 주고 있는데요. 이렇게 했을 때 성적이 좋은 몇몇 학생을 제외하고는 나머지 학생들은 자신의 성적을 보고 실망하는 것 같아요.
최 교사: 글쎄요, 평가 결과를 선생님처럼 그렇게 제시할 수도 있겠죠. 하지만 학습 동기를 유발하기 위해서는 평가를 어떻게 활용하느냐가 중요해요.

2002학년도 중등 객관식 17번
- 수업 도중에 실시한다.
- 학습 단위에 관련된 학생의 진보 상태를 교사와 학생에게 피드백한다.
- 학습 단위의 구조에 따라 오류를 확인함으로써 교수 방법을 수정·보완하는 데 필요한 정보를 수집하기 위해 실시한다.

03 평가 시기에 따른 유형 [06 중등]

1 진단평가

(1) 개념
① 교수·학습 전 학생의 선수 학습 정도와 수준을 진단하기 위해 실시하는 평가
② 학생의 수준과 특성에 맞는 수업 내용과 교수 방법을 선택하기 위해 실시하는 평가

(2) 특징
① 선수 학습 정도(출발점 행동) 확인: 학습 목표 달성에 필요한 선수 학습 정도를 확인함
② 교과 목표의 성취 수준 확인: 앞으로 가르치려는 교과 목표의 성취 수준을 확인하여 학생 수준에 맞는 교과 목표나 교수 프로그램을 제공함
③ 학업 실패에 대한 교육 외적 원인 확인: 학생의 학업 실패에 대한 교육 외적 원인이 되는 신체적·정서적·환경적 요인을 확인함
④ 학생의 전반적 특성 확인: 학생의 전반적인 지능, 적성, 흥미, 동기, 태도 등을 확인하여 개별화 수업을 극대화함

2 형성평가 [02 중등, 14 중등(論), 16 중등(論)]

(1) 개념
① 교육 프로그램을 더 나은 방향으로 형성하고 발전시키기 위한 평가
② 교수·학습이 진행되는 상황에서 교사와 학생에게 피드백을 제공하고, 수업을 개선하기 위해 실시하는 평가

(2) 특징
① 학습 속도의 개별화: 각 학습 요소에 대한 성취 여부를 판단하므로 학습자 개인에 맞는 학습을 유도함
② 학습 곤란의 진단: 학습 과제에서의 성취 여부를 파악하므로 학습 곤란의 원인을 밝힘
③ 학습 동기의 촉진: 학습 결과에 대한 지식과 교정 학습을 위한 기회와 자료를 제공하고, 고무적이고 자세한 피드백을 제공함으로써 학습 동기를 촉진시킴
④ 교수·학습 방법의 개선: 수업에 대한 학생의 반응 정보를 통해 교수 전략과 학습 방향 개선에 도움을 줌

(3) 효과적 시행
① 목표 지향 평가: 학습 목표에 기초한 목표 지향 평가를 통해 학습 목표의 달성 정도를 평가함
② 수시로 실시: 평가를 수시로 실시하여 학생의 능력 향상을 확인하고 수업을 점검함
③ 피드백 제공: 교수·학습 과정의 각 단계에서 학생에게 피드백을 제공하고, 필요한 경우 교정 학습을 하여 학습 효과를 극대화함

④ 교사 직접 제작: 진행 중인 수업 프로그램에서 필요한 정보를 얻으려는 것이므로 수업을 진행 중인 교사가 제작하는 것이 가장 바람직함
⑤ 최종 성적에 미반영: 학생에게 평가 부담을 줄여 주기 위해 평가 결과를 최종 성적에 반영하지 않음
⑥ 교정 학습: 평가를 실시하는 것 자체만으로 피드백 효과가 생기는 것은 아니므로 교정이라는 후속 조치가 따르지 않으면 형성평가의 목적을 제대로 달성할 수 없음

(4) 평가 도구 제작 시 유의 사항

① 행동 항목을 포함한 문항 제작: 목표 분류에 나타난 행동 항목을 모두 포함해야 함
② 다양한 형식의 문항 제작: 내용 및 행동 목표에 따라 다양한 형식의 문항을 제작해야 함(논문형은 부적절함)
③ 학습 위계에 따른 문항 제작: 하위 단계의 문항에서 정답을 맞히는 것이 상위 단계의 문항을 학습하는 데 필요한 조건이 되도록 학습 위계에 따라 문항을 제작해야 함

3 총괄평가(종합평가)

(1) 개념

① 일련의 학습 과제나 교과의 학습이 끝난 후에 학습 목표의 달성 여부를 총합적으로 판정하기 위해 실시하는 평가
② 주어진 학습 과제에 대한 일정한 기간(단원, 학기, 학년 등)의 수업이 종결되었을 때, 그동안의 학습 성과를 총괄적으로 사정하는 평가

(2) 특징

① 학업 성적의 판정: 학생의 학업 성취 수준을 결정하기 위한 점수의 배정과 판정
② 장래 성적의 예측: 다음 학습 과제의 수행에서 학생의 성공 여부 예언
③ 집단 간의 성적 비교: 학생 개인의 성적을 산출할 뿐만 아니라 학습 집단 전체로서의 성적 산출 가능
④ 자격의 인정: 교과목의 이수 또는 교육과정의 수료 등 자격을 인정하는 데 사용
⑤ 교수 방법에의 활용: 다음 학년의 수업이 시작될 때, 학생 혹은 학급 집단을 어느 정도의 수준에서 가르쳐야 할 것인지에 대한 판단

CHAPTER 1 교육평가의 유형

4 진단평가, 형성평가, 총괄평가의 비교

구분	진단평가	형성평가	총괄평가(종합평가)
시기	교수·학습 활동 시작 전	교수·학습 활동 진행 중	교수·학습 활동이 끝난 후
기능	• 선수 학습 정도 확인 • 학습 전 성취 수준 결정 • 학습 곤란의 원인 진단 • 학생의 전반적 지능, 적성, 흥미 확인	• 성취 여부 확인 • 학습 곤란의 원인 진단 • 피드백과 교정 제공 • 교수 방법 개선 • 학습 동기 촉진	• 성적 판정 및 자격 부여 • 장래 성적 예측 • 집단 간 성적 비교
강조점	• 인지적·정의적·운동적 행동 • 신체적·환경적·심리적 요인	• 인지적 행동 • 정의적 특성	인지적 행동
검사 도구 형태	• 표준화 학력 검사 • 표준화 진단 검사 • 관찰 및 체크리스트	학습 목표에 맞게 교사가 제작한 형성평가 도구	• 총괄평가 도구 • 표준화 학력 검사
문항 난이도	대부분 쉬운 문항 (선수 기능 및 능력 진단)	미리 구체화할 수 없음	• 미리 구체화할 수 없음 • 다양한 수준의 난이도를 갖는 문항
평가 기준	규준 지향 및 목표 지향	목표 지향	목표 지향, 필요에 따라 규준 지향

04 평가 영역에 따른 유형

1 인지적 평가

(1) 개념

지식, 이해력, 적용력, 분석력, 종합력, 평가력과 같은 학생의 인지적 사고 과정에 대한 평가

(2) 특징(문항 개발)

① 학습 목표와 내용을 정확히 파악해야 함
② 문항의 타당도를 위하여 수험자의 독해력과 어휘력 수준을 고려해야 함
③ 문항의 유형에 따른 특징, 장단점, 복잡성 등을 고려해야 함
④ 수험자에게 미칠 수 있는 부정적 영향을 고려해야 함

2 정의적 평가 [19 중등(論)]

(1) 개념

학생의 태도, 가치관, 자아개념, 자기효능감, 학습 동기, 도덕성 등의 정의적 특성에 대한 평가

(2) 특징(필요성)

① 전인 교육의 실현: 정의적 평가를 통해 학생의 전인적 발달을 꾀하며 전인 교육의 이상을 실현함
② 학업 성취의 주요 요인: 정의적 특성은 학업의 촉진제 역할을 하므로 지적 학업 성취에서 중요한 요인으로 작용함
③ 교육 프로그램의 개선: 학생의 흥미, 태도, 가치 등 교육 방법이나 내용 등 교육 프로그램을 개선하는 데 중요한 정보를 제공함

(3) 종류

종류	내용

관찰법	• 학생의 행동을 관찰하고 해석하여 학생의 정의적 특성을 평가하는 방법
	• 관찰 결과 기록 방법
	  – 일화 기록: 학생의 유의미한 행동을 구체적으로 기록하는 방법
	  – 체크리스트(Checklist): 관찰하려는 행동을 열거한 목록을 바탕으로 행동 여부를 체크하는 방법
	  – 평정법(평정척도): 행동의 정도·빈도를 평가하는 방법(숫자 평정척도, 도식 평정척도, 기술식 평정척도)
	• 관찰 시 유의 사항
	  – 관찰 행동 단위, 관찰 내용, 기준 설정 등이 계획된 관찰이어야 함
	  – 객관적인 태도로 관찰하고, 신뢰도, 객관도, 타당도가 높아야 함
	  – 관찰 결과는 반드시 기록해야 함

CHAPTER 1 교육평가의 유형

출제 Point

2019학년도 중등 논술
#3에 언급된 척도법의 명칭과 이 방법을 적용하기 위하여 진술문을 작성할 때 유의할 점 1가지

#3 모둠을 구성할 때 태도나 성격 같은 정의적 요소도 반영해야겠어. 진술문을 몇 개 만들어 설문으로 간단히 평가하고 신뢰도는 직접 점검해 보자. 학생들이 각 진술문에 대한 반응을 등급으로 선택하면 그 등급 점수를 합산할 수 있게 해 주는 척도법을 써야지. 설문 문항으로 쓸 진술문을 만들 때 이 척도법의 유의점은 꼭 지키자.

면접법	언어적 상호 작용을 매개로 학생의 정보를 수집하는 방법 예) 면대면 면접, 전화 면접, 화상 면접, 구조화된 면접, 비구조화된 면접 등
자기보고법	• 감정, 태도, 신념, 가치 등을 학생 스스로 표현하거나 기술하는 방법 • 종류 　- 질문지: 질문에 응답하도록 하는 방법(자유반응형, 선택형) 　- 척도법: 상호 관련된 진술문이나 형용사쌍으로 구성된 척도로 측정하는 방법 *리커트(Likert) 척도 [19 중등(論)]: 모든 진술문에 반응하도록 한 다음, 모든 진술문의 평정 점수를 합산해 정의적 특성의 점수로 간주하는 방법으로, 진술문 작성 시 긍정적 진술문과 부정적 진술문으로 구성하여야 하며, 중립적 진술문은 포함하지 않음
사회성 측정법	집단 내에서 학생이 다른 학생들에게 어떻게 수용되고 있는가를 평가하는 방법
자기 평가	평가하고자 하는 특성의 목록과 평가 기준에 따라 학생 스스로 평가하는 방식
동료 평가	수업 중에 나타난 동료 학생들의 태도와 자세 등에 대해 잘한 점, 배울만한 점, 개선해야 할 점을 평가하는 방식

05 평가 방법에 따른 유형

1 양적 평가

(1) 개념

① 수량화된 자료를 수집하고, 통계적 방법을 이용하여 기술·분석하는 평가 방법
② 평가 대상을 수량화하는 경험적·실증적 탐구의 평가 방법

(2) 장단점

장점	단점
• 과학적이고 체계적이므로 신뢰성 보장 • 간결하고 분명한 결과를 통해 객관성 확보	• 평가 대상을 전체적으로 조망하거나 심층적으로 평가하지 못함 • 결과 중심의 평가로, 결과에 관심을 기울임

2 질적 평가

(1) 개념

① 수량화되지 않은 자료를 수집하여 분석·이해·판단하는 평가 방법
② 평가와 관련된 당사자들의 상호 주관적 이해를 바탕으로 평가 대상을 사실적으로 기술하고 해석하는 현상학적·해석적 탐구의 평가 방법

(2) 장단점

장점	단점
• 평가 대상에 대한 전체적·종합적 평가 가능 • 과정 중심의 평가로, 결과뿐만 아니라 과정에도 관심을 기울임	• 평가자의 주관이 개입될 소지가 많아 객관성을 확보하기 어려움 • 평가 결과를 일반화하기 어려움

3 양적 평가와 질적 평가의 비교

구분	양적 평가	질적 평가
탐구 방법	경험적·실증적 탐구	현상적·해석적 탐구
평가 도구	신뢰도 강조(자료의 수치화)	타당도 강조(자료의 의미)
평가 중점	객관성 강조	상호 주관성 강조
평가 목적	일반성 강조	특수성 강조
탐구 논리	연역법	귀납법
결과 분석	통계(과학적 방법) 분석	해석적 분석
자료 수집	실험적 방법, 질문지 등	참여 관찰, 심층 면접
과정과 결과	결과 중심	과정 중심

CHAPTER 1 교육평가의 유형

출제 Point

2007학년도 중등 객관식 15번
수행평가의 도입 배경에는 학생의 지적 능력과 정의적 특성에 대한 평가를 통합하고자 하는 의도가 있다. 이러한 의도를 가장 충실히 반영한 것
④ 모둠의 협동을 요구하는 과학 실험 과제를 제시하고 학생의 행동을 교사가 관찰하여 평정하는 평가

2004학년도 중등 객관식 8번
수행평가를 실시할 때 유의할 사항
④ 객관도를 높이기 위해 동일한 문항을 여러 명이 채점하게 한다.

2003학년도 중등 객관식 17번
수행평가의 특징
② 높은 타당도
③ 과정(Process)에 대한 평가
④ 실제적인 상황에서의 평가

06 수행평가 [03 중등, 04 중등, 07 중등]

1 수행평가의 이해

(1) 개념
① 교사가 학생이 학습 과제를 수행하는 과정이나 결과를 직접 관찰하고, 관찰 결과를 토대로 학생의 능력을 판단하는 평가 방식
② 학생 스스로 자신의 지식이나 기능을 나타낼 수 있도록 답을 작성하거나, 발표하거나, 산출물을 만들거나, 행동으로 나타낼 것을 요구하는 평가 방식

(2) 특징
① 정답의 구성을 요구하는 평가: 학생이 문제의 정답을 선택하게 하는 것이 아니라, 스스로 정답을 구성하게 하거나 행동으로 나타내도록 함
② 실제 상황에서의 평가: 실제 상황 속에서 교육 목표의 달성 여부를 파악함
③ 결과와 과정을 중시하는 평가: 교육의 결과뿐만 아니라 교육의 과정도 함께 중시함
④ 종합적·전체적·지속적 평가: 학생 개인의 변화·발달 과정을 종합적으로 평가하기 위해 전체적이면서도 지속적으로 이루어짐
⑤ 집단에 대한 평가: 개인 단위의 평가뿐만 아니라 개인이 소속된 집단에 대한 평가도 중시함
⑥ 개별 학습을 촉진하는 평가: 학생의 지적 수준을 진단하여 이해 수준을 향상시킴으로써 개별 학습을 촉진함
⑦ 전인적 평가: 학생의 인지적 영역뿐만 아니라, 정의적·신체적 영역에 대한 종합적·전인적 평가를 중시함
⑧ 고등 사고 능력의 평가: 창의, 비판, 종합과 같은 고등 사고 능력의 평가를 중시함
⑨ 전문적·주관적 평가: 관찰과 판단을 통해 이루어지므로 교사의 전문적·주관적 판단이 중요하게 적용됨

(3) 설계 시 유의 사항
① 신뢰도 확보: 주관적 평가이므로 신뢰도를 확보하기 위해 다수의 채점자 확보, 명확한 채점 기준, 채점자 훈련 등이 필요함
② 타당도 확보: 학생들의 능력과 기술을 직접 측정하므로 타당도를 확보하기 위해 교육 목표 및 교육 내용과 관련성이 있는 과제를 제시해야 함
③ 다양한 학습 성과 평가: 채점에 시간과 노력이 많이 소요되므로 다양한 학습 성과를 평가할 수 있어야 함
④ 실제적 과제: 학생의 지식과 능력을 실제 상황에서 평가할 수 있어야 함

2 수행평가의 유형과 방법

종류	내용
서술형 및 논술형 검사	답이라고 생각하는 지식이나 의견 등을 직접 서술하도록 하는 평가 방식
구술시험	특정 주제에 대하여 의견이나 생각을 발표하도록 하여 학생의 준비도, 이해력, 표현력, 판단력, 의사소통 능력 등을 직접 평가하는 방식
토론법	서로 다른 의견을 제시할 수 있는 토론 주제에 대하여 찬·반 토론을 하도록 한 다음, 토론을 위해 준비한 자료의 다양성이나 충실성, 토론 내용의 충실성과 논리성, 토론 진행 방법 등을 총체적으로 평가하는 방식
실기 시험	실제 상황에서 지식이나 기능을 직접 행동으로 나타내도록 요구하는 평가 방식
실험·실습법	직접 실험·실습을 하도록 한 후, 결과 보고서를 제출하도록 하는 평가 방식
면접법	평가자가 학생과 직접 질문하고 대답하는 과정을 통해 평가하는 방식
관찰법	학생의 실제 수행을 관찰하여 평가하는 방식
자기 평가 및 동료 평가 보고서법	• 자기 평가 보고서법: 스스로 학습 과정이나 학습 결과에 대한 자세한 평가 보고서를 작성·제출하도록 하여 평가하는 방식 • 동료 평가 보고서법: 동료 학생들이 상대방을 서로 평가하며 평가 보고서를 작성·제출하도록 하여 평가하는 방식
연구 보고서법	학생의 능력이나 흥미에 적합한 주제를 선택하고, 그 주제에 대해 자료를 수집하고 분석·종합하며 연구 보고서를 작성·제출하도록 하여 평가하는 방식
개념지도 작성법	개념지도를 작성하도록 함으로써 개념들의 관계에 대한 학생의 이해가 어떻게 변화해 가고 있는지를 평가하는 방식
포트폴리오 평가 [02 중등]	관심, 능력, 진도, 성취, 성장 등의 증거인 학생의 작품을 지속적·체계적으로 모아 놓은 작품집을 평가하는 방식

출제 Point

2002학년도 중등 객관식 20번
포트폴리오 평가를 사용하여 평가하기에 적합한 자료

일기장, 연습장, 미술 작품집, 과제 일지

CHAPTER 1 교육평가의 유형

3 수행평가의 장단점

장점	단점
• 종합적·전인적 평가로, 학생의 인지적 영역뿐만 아니라 정의적·심동적 영역까지 평가 가능 • 학생이 과제를 수행하는 과정과 결과를 동시에 평가할 수 있으며, 평가와 교수·학습이 통합된 형태로 운영 가능 • 실생활과 밀접한 과제를 제공하므로 학생의 학습 동기와 흥미 유발 • 학생 스스로 과제를 선택하고 수행 과정과 결과에 대해 평가하므로 자기주도적 학습 능력 신장 • 개인 평가뿐만 아니라 집단에 대한 평가가 가능하므로 협동 학습을 유도하여 전인 교육 도모 • 실제적 과제 수행 과정에서 고등 사고 능력이 요구되므로 고등 사고 능력 측정에 적합함	• 평가 도구의 개발과 평가 실시, 채점 등에 많은 시간과 노력 소요 • 수행 과정과 결과를 모두 평가하므로 채점과 평가가 어려움 • 채점자의 주관이 개입될 소지가 많으므로 평가 결과의 신뢰도가 낮고, 객관성, 정확성이 떨어짐

07 기타 평가 유형

1 성취평가제

(1) 개념

① 국가 교육과정에 근거하여 개발된 교과목별 성취 기준과 성취 수준에 따라 학생의 학업 성취 수준을 평가하는 방식
② 서열 위주의 상대평가에서 벗어나 학생 개인이 특정 과목에 대하여 무엇을 어느 정도로 성취하였는가를 등급으로 평가하는 제도

(2) 특징

① 학생이 무엇을 알고, 무엇을 할 수 있는지에 대한 정보를 제공함
② 사전에 설정된 학습 목표에 근거하여 학생의 성취를 평가함
③ 협동 학습이 가능하며, 창의·인성 개발을 위한 수업 방식을 활성화할 수 있음

2 표준화 검사

(1) 개념

표준화된 제작 절차, 검사 내용, 검사의 실시 조건, 채점 과정 및 해석에 의해 객관적으로 행동을 측정하는 검사 방법

(2) 특징

① 대규모적·전문적·체계적: 측정 전문가에 의해 제작되므로 제작 규모가 크고, 절차가 전문적·체계적임
② 검사 내용의 표준화: 대규모로 실시하기 위한 것으로, 검사 내용의 표준화가 엄격하게 이루어짐
③ 조건의 표준화: 표준화된 조건 아래 검사가 실시될 수 있도록 일정한 지시와 검사 시간 및 검사 환경의 제한이 요구됨
④ 채점 과정의 표준화: 채점상의 주관이나 편견을 배제하기 위하여 채점 절차를 엄격히 규정하고, 채점의 객관성을 유지하기 위하여 객관식 문항을 사용함
⑤ 해석의 표준화: 검사 결과를 누구나 동일하게 해석할 수 있도록 해석 절차와 해석 방법을 엄밀하게 규정함

(3) 기능

① 예측: 인간의 행동 특성을 예측할 수 있음
② 진단: 인간의 장단점을 파악하여 현재의 능력과 문제점을 진단할 수 있음
③ 조사: 특정 집단의 일반적인 경향을 조사할 수 있음
④ 배치: 개성이나 적성을 발견하여 적성에 따른 지도와 배치를 할 수 있음
⑤ 프로그램 평가: 프로그램의 효과를 평가할 수 있음

CHAPTER 1 교육평가의 유형

(4) 한계

① 목표의 포괄적 측정 불가: 40~50개의 문항으로 한 학기 또는 한 학년의 모든 목표를 포괄적으로 측정할 수 없음

② 선택적 교수·학습: 검사를 교수의 기준으로 생각하여 관련 내용만을 충실하게 다룰 경우 선택적 교수·학습이 이루어지면서 검사 자체가 교육 내용을 결정할 수 있음

③ 일부분에 대한 정보 제공: 학생의 능력과 특성 일부분에 대한 정보만 제공하므로 다른 정보와의 관련 속에서 종합적으로 검토해야 함

④ 오차 발생 가능: 오차가 있을 수 있으므로, 한 번의 검사 결과로 학생의 특성을 판단해서는 안 됨

개념을 현장에 적용한 사례 살펴보기

실전 적용

247p, 252p

❶ 생활기록부 분석을 통한 교육평가 이해

본인의 생활기록부를 바탕으로 다음 활동을 수행해 보자.
1) 영역(자율, 진로, 봉사, 동아리, 교과 등)별 평가의 유형 및 목적을 분석해 보자.
2) 평가 내용이 자신의 역량을 제대로 측정했는지, 측정하지 못한 부분은 무엇인지 분석해 보자.
3) 영역별 적절한 평가 유형을 생각해 보자.

❷ 수행평가의 실제

다음은 한국교육과정평가원에서 제시한 '과정을 중시하는 수행평가'의 실시 과정과 과정별 점검 사항의 일부이다. 수행평가를 실시하는 과정에서의 주요 점검 사항을 확인해 보자.

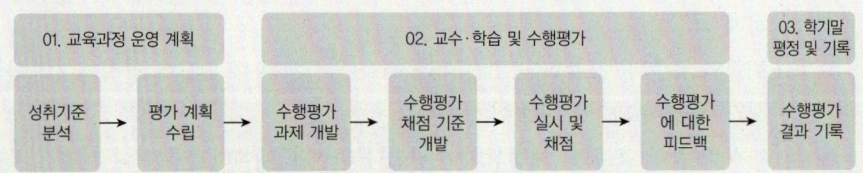

1) 수행평가 채점 기준 개발 단계의 점검 사항

- 학생에게 수행평가에 대한 사전 안내를 하였는가?
- 교수·학습과 연계하여 수행평가를 시행하였는가?
- 학생의 인지적·정의적 성장과 발달 과정을 관찰하고 누가 기록하였는가?
- 채점 기준표에 근거하여 공정하고 신뢰롭게 채점하였는가?
- 평가 결과를 공개하고 이의 신청 기간을 안내하였는가?

2) 수행평가 실시 및 채점 단계의 점검 사항

- 채점 기준이 성취기준에서 요구하는 도달 목표에 맞게 제시되었는가?
- 채점 기준에는 수행평가 과제 유형에 적절한 평가 요소, 배점, 세부 내용 등이 제시되었는가?
- 채점 기준이 학생의 인지적·정의적 성장과 발달 과정을 파악할 수 있도록 개발되었는가?
- 채점 기준은 학생의 결과 산출 혹은 응답 수준을 변별할 수 있도록 작성되었는가?
- 채점 기준을 미리 학생 및 학부모에게 안내하였는가?

CHAPTER 2 교육평가 모형

01 목표 중심 모형

1 타일러(Tyler)의 목표 중심 평가 모형 [05 중등, 13 중등]

(1) 개념

명세적으로 진술된 행동 목표를 기준으로 교육 프로그램에 의한 교육 목표의 달성 정도를 평가하는 모형

(2) 절차

교육 목표 설정 → 교육 목표 분류 → 행동적 용어 진술 → 평가 장면 설정 → 측정 방법/도구 선정 개발 → 자료 수집 → 자료 분석 후 학생 성취와 행동 목표 비교

(3) 장단점

장점	단점
• 교육 목표를 행동 용어로 진술하여 명확한 평가 기준 제시 • 교육 목표의 달성 정도가 평가 내용이므로 교육 목표, 교육 내용, 교육평가 간 논리적 일관성 유지 • 교사들이나 교육 프로그램의 개발자들에게 교육 활동에 대한 책무성을 부여함	• 행동적 용어로 진술하기 어려운 정의적 특성 변화에 대한 평가가 어려움 • 교육 목표가 미리 선정되어 있으므로 부수적 잠재적인 교육 효과에 대한 평가 불가능 • 결과에 대한 평가를 지나치게 강조하여 비교육적인 사태를 초래할 수 있음

2 프로버스(Provus)의 괴리(격차) 모형

(1) 개념

교육 프로그램이 달성하고자 하는 목표와 실제 수행 수준 사이의 괴리를 분석하는 데 주안점을 둔 모형

(2) 절차

① 정의 및 설계: 프로그램의 투입, 과정, 산출 변인 기술과 각각의 표준 설정
② 실행: 평가 표준(목표)과 준거의 열거 및 적합도(설계와의 일치 여부) 확인
③ 과정: 계획한 변화의 발생 여부를 확인할 자료 수집
④ 결과: 목표 달성 여부와 정도의 확인, 표준과의 불일치 여부와 정도 파악
⑤ 비용-효과 분석: 비용-효과 측면에서 투입된 예산, 인력, 시간, 노력 등을 대안적 프로그램과 비교·분석

+ 출제 Point

2013학년도 중등 객관식 12번
타일러의 목표 중심 평가 모형 단계

• 1단계: 학교의 교육 목표를 설정한다.
• 2단계: 설정된 교육 목표를 분류한다.
• 3단계: 분류된 교육 목표를 행동적 용어로 진술한다.
• 4단계: 교육 목표의 달성 여부를 확인할 수 있는 장면이나 조건을 설정한다.
• 5단계: 측정 방법 및 도구를 선정 또는 개발한다.
• 6단계: 측정을 통하여 자료를 수집한다.
• 7단계: 수집된 자료를 분석하여 학생의 성취를 행동 목표와 비교한다.

2005학년도 중등 객관식 18번
목표 중심 평가의 장점

ㄱ. 교육 목표를 행동적 용어로 진술하여 명확한 평가 기준을 제시한다.
ㄴ. 교육 목표, 교육 내용, 교육평가 간의 논리적 일관성을 유지해 준다.

(3) 특징
① 목표를 평가의 준거로 삼고, 목표와 수행 성과가 불일치하는 부분과 그 정도를 확인하는 것을 중시함
② 프로그램을 관찰하는 동시에 프로그램의 개선에 직접적으로 기여할 수 있음
③ 프로그램을 개발 단계별로 평가하므로 CIPP 모형과 비슷한 측면이 있음

02 의사결정 모형

1 스터플빔(Stufflebeam)의 의사결정촉진(CIPP) 모형 [08 중등]

(1) 개념

평가를 의사결정의 대안을 판단하는 데 유용한 정보를 서술, 획득, 제공하는 과정으로 보고, 상황, 투입, 과정, 산출의 측면에서 4가지 평가 유형을 제시하는 모형

(2) 평가 유형(CIPP 모형)

평가 유형	내용	의사결정 유형
상황 평가 (Context Evaluation)	• 목표를 설정하는 '계획' 의사결정에 도움을 주기 위한 평가 • 프로그램과 관련된 내외적 상황(맥락), 대상 집단의 요구 분석을 통해 교육 목표에 합리적 기초와 이유 제공	계획 의사결정 (교육 프로그램의 목표 설정)
투입 평가 (Input Evaluation)	• 선정된 목표를 달성하는 데 적합한 전략과 절차를 설계하려는 '구조화' 의사결정에 도움을 주기 위한 평가 • 교육 목표를 달성하기 위해 적합한 전략, 절차, 인적·물적 자원 등에 관한 정보를 수집하여 제공	구조화 의사결정 (목표 달성을 위해 필요한 전략, 절차, 설계 결정)
과정 평가 (Process Evaluation)	• 수립된 전략과 설계를 행동으로 옮기려는 '실행' 의사결정에 도움을 주기 위한 평가 • 프로그램의 계획대로 실행되고 있는지 점검하고, 관련된 정보를 수집하여 피드백 제공	실행 의사결정 (구조화된 전략과 절차 실행)
산출 평가 (Product Evaluation)	• 목표 달성 정도를 평가하고 프로그램의 존속 혹은 변경 여부를 판단하려는 '재순환' 의사결정에 도움을 주기 위한 평가 • 프로그램의 전반적 효과 및 목표 달성 정도를 평가하여 지속 여부 결정을 도움	재순환 의사결정 (프로그램의 지속 여부 결정)

(3) 장단점

장점	단점
• 의사결정과 평가 간 체계적 접근이 가능함 • 의사결정자에게 유용한 정보를 제공하여 올바른 의사결정을 도움	• 의사결정 과정이 명확하지 않고, 의사결정 방법에 대한 정의를 제공하지 않음 • 의사결정자에게 필요한 정보를 제공할 뿐 평가 대상의 가치에 대해 평가하지 않음

출제 Point

2008학년도 중등 객관식 16번
스터플빔(Stufflebeam)의 CIPP 모형에 해당하는 설명

ㄷ. 평가자의 역할은 최종적인 가치 판단이 아니라, 충분한 정보를 수집·제공하는 것이다.
ㄹ. 조직의 관리 과정 및 의사결정을 중심으로 평가 활동을 수행해야 한다는 점을 강조한다.

CHAPTER 2 교육평가 모형

2 앨킨(Alkin)의 CSE(Center for the Study of Evaluation) 모형

(1) 개념

평가를 의사결정자가 여러 대안 중 적절한 것을 선택할 수 있도록 의사결정 영역을 확인하고, 결정에 필요한 정보를 선택, 수집, 분석하는 과정으로 보는 모형

(2) 절차

절차	내용
체제 사정 평가 (Systems Assessment Evaluation)	• 학생, 지역 사회, 국가, 학계의 요구를 확인하여 교육을 통해 기대하는 요구와 체제 및 현상의 차이를 확인하고 비교하는 평가 • 특정 상황에 필요한 교육 목표 선정을 위해 교육 목표의 폭과 깊이를 결정하는 데 필요한 정보를 수집하는 과정 • CIPP 모형의 상황 평가와 유사한 기능
계획 평가 (Planning Evaluation)	• 체제 사정 평가에서 선정된 교육 목표를 충족시키기 위한 방안 중 가장 효과적인 방안을 선택하는 데 필요한 정보를 수집하는 과정 • CIPP 모형의 투입 평가와 유사한 기능
실행 평가 (Implementation Evaluation)	프로그램이 실제 계획했던 대로 실행되고 있는가에 관심을 기울이고, 프로그램의 개선을 위한 의사결정에 도움이 되는 정보를 제공하는 과정
개선 평가 (Improvement Evaluation)	• 프로그램의 진행 과정에 직접 개입하여 문제점을 파악하고 수정·보완하여 프로그램의 개선을 위한 의사결정에 도움이 되는 정보를 제공하는 과정 • CIPP 모형의 과정 평가와 유사한 기능
승인 평가 (Certification Evaluation)	• 의사결정자에게 프로그램의 질에 대한 종합적인 결과를 제시함으로써 프로그램의 채택 여부를 결정할 수 있도록 도움을 주는 평가 • CIPP 모형의 산출 평가와 유사한 기능

03 판단 중심 모형

1 스크리븐(Scriven)의 탈목표 평가 모형 [07 중등]

(1) 개념

평가는 평가자의 전문성을 이용하여 프로그램의 가치와 장점을 체계적으로 판단하는 활동으로, 프로그램이 의도한 효과뿐만 아니라 부수적인 효과까지 포함하여 실제 효과를 판단하는 과정이라고 보는 모형

(2) 특징

① 목표 중심 평가와 탈목표 평가: 의도한 효과를 평가하는 목표 중심 평가뿐만 아니라 목표 이외의 부수적인 효과를 평가하는 탈목표 평가를 중시함

② 비교 평가와 비비교 평가: 프로그램 자체의 가치·장단점·효과 등을 따지는 비비교 평가뿐만 아니라, 다른 프로그램의 가치·장점·효과 등을 비교하는 비교 평가를 중시함

③ 내재적 준거와 외재적 준거에 의한 평가: 프로그램에 내재된 기본 속성(목표, 내용 선정과 조직)인 내재적 준거에 의한 과정 평가뿐만 아니라, 프로그램이 발휘하는 기능적 속성(실제 운영 상황, 프로그램의 효과)인 외재적 준거에 의한 결과 평가를 실시함

④ 형성평가와 총괄평가의 구별: 진행 중인 수업을 개선하기 위해 실시하는 형성평가와 이미 완성된 수업의 가치를 종합적으로 판단하는 총합평가를 구별하여 판단함

⑤ 목표 자체의 가치 평가: 정해진 목표의 성취 정도뿐만 아니라 목표 그 자체의 가치도 판단함

(3) 장단점

장점	단점
• 의도한 목표의 달성 정도뿐만 아니라 교육 과정 중에 발생하는 잠재적 결과까지 포함한 실제 효과 평가 가능 • 다양한 평가 방법을 활용하여 교육의 결과를 총체적으로 판단하는 전문적 평가 중시	• 각각 다른 판단 준거를 사용하여 내린 성과를 같게 생각할 가능성이 있음 • 판단의 타당성을 검증할 수 있는 방법이 없음

2 아이즈너(Eisner)의 예술적 비평 모형

(1) 개념

평가자의 주관적인 전문성을 바탕으로 프로그램, 조직, 성과, 활동 등을 판단하고자 하는 접근 방식으로, 예술 작품을 비평할 때 전문가들이 사용하는 절차와 기술을 교육평가에 적용한 모형

출제 Point

2007학년도 중등 객관식 13번
스크리븐(M. Scriven)의 판단 모형을 활용할 수 있는 평가 방안
① 비교 평가와 비(非)비교 평가
③ 목표 중심 평가와 탈목표(goal-free) 평가
④ 내재적 준거에 의한 평가와 외재적 준거에 의한 평가

CHAPTER 2 교육평가 모형

(2) 특징
① 평가자의 전문성: 평가 대상을 전문가의 입장에서 비판적으로 기술, 해석, 평가함
② 질적 평가: 자료의 통계적 해석을 지양하고, 평가자의 전문성, 경험에 입각한 질적 평가를 중시함
③ 참 평가: 실제적 과제를 중심으로 실생활의 문제 해결 능력을 평가하는 참 평가를 강조함

(3) 교육적 감식안과 교육 비평
① 교육적 감식안: 평가하고자 하는 교육 현상의 미묘하면서도 중요한 자질을 인식하는 능력
② 교육 비평: 교육적 감식안을 통해 인식한 것을 비판적인 글로 표현한 것으로, 기술, 해석, 평가의 측면을 가짐
  - 기술: 교육 현상을 사진과 같이 사실 그대로 표현하는 것
  - 해석: 교육 현상이 지닌 의미와 중요성을 설명하는 것
  - 평가: 기술하고 해석한 현상에 대해 교육적 가치를 발견하고 질적으로 판단하는 것

(4) 장단점

장점	단점
• 전문가의 자질과 통찰력을 충분히 활용한 평가를 할 수 있음 • 교육과정의 질적 개선이 가능함 • 전문가의 자질을 충분히 활용하여 일반인들은 알기 어려운 교육 현상을 인식할 수 있음	• 평가 과정이 전문가에 의해 좌우되므로 주관성을 배제하기 어려움 • 편견과 부정이 개입될 소지가 있음 • 엘리트주의에 빠질 우려가 있음

CHAPTER 3 평가 방법 선정과 개발

01 평가 도구의 양호도

1 타당도 [04 중등, 07 중등, 11 중등, 17 중등(論)]

(1) 개념
① 무엇을 재고 있는지의 문제로, 평가 도구가 재려고 의도한 것을 얼마나 충실히 측정하고 있는가의 정도
② 검사 목적에 얼마나 부합하는가의 문제로, 검사의 진실성·정직성을 의미함

(2) 종류

종류		내용
내용 타당도		• 평가 도구가 평가하려는 내용을 얼마나 충실히 측정하고 있는가와 관련된 타당도 • 검사 문항이 측정하고자 하는 전체 내용을 잘 대표할 수 있도록 표집되어 있는 정도(표집 타당도) • 내용의 논리적 분석에 근거하며, 측정하고자 하는 분야의 전문가가 주관적으로 판단함(주관적 타당도) • 이원목표 분류표를 활용하여 타당도를 높일 수 있음 • 전문가마다 각기 다른 견해로 인해 내용 타당도에 대한 각기 다른 검증 결과를 얻을 수 있으며, 계량화되지 않으므로 타당성의 정도를 수치화하기 어려움
준거 타당도	공인 타당도	• 새로운 검사 도구를 제작할 때 기존 검사와의 유사성을 기준으로 타당도를 검증하는 방법 • 현재의 준거와 공통된 요인에 관심을 가지며, 새로운 연구의 가능성, 이론을 탐색할 때 사용함 • 객관적 정보를 제공하나, 기존에 타당성을 인증받은 검사가 없는 경우 평가가 불가능함
	예언 타당도	• 피험자의 미래 행동이나 특성을 얼마나 정확하고 완전하게 예언하는가를 판단하는 타당도 • 적성 검사와 같이 예언을 주된 기능으로 하는 검사에 사용함 • 객관적 정보를 제공하나, 준거 점수를 수집하는 데 많은 시간이 필요함
구인 타당도		• 조작적으로 정의한 구인을 얼마나 충실히 재고 있는가와 관련된 타당도 • 인간의 심리적 특성 또는 성질(구인)을 과학적 개념으로 분석하고 의미를 부여하는 과정 • 많은 종류의 경험적 증거나 통계적 자료와 같은 광범위한 증거가 필요하며, 상관계수법, 실험 설계법, 요인 분석 등의 통계적 방법을 통해 추정함

출제 Point

2017학년도 중등 논술
D교사가 고려하고 있는 타당도의 유형과 개념 제시

> 학생 참여 중심 수업에서도 평가의 타당도는 여전히 중요합니다. 타당도에는 준거 타당도와 구인 타당도 등이 있습니다. 그러나 저는 이원분류표를 작성해 평가가 교육 목표에 부합하는지를 확인하는 방법으로 타당도를 높이는 방안을 고려하고 있습니다.

2011학년도 중등 객관식 13번
김 교사가 출제 과정에서 고려한 타당도

> 중학교에서 국어를 가르치고 있는 김 교사는 다음과 같은 방법으로 학기말 시험 문제를 출제하였다. 우선 이원분류표에 근거하여 수업 목표 및 교수·학습 과정에서 중요하게 다루었던 내용들을 확인하였으며, 이것들을 중심으로 학기말 시험 문제를 출제하였다. 시험 문제를 출제한 후 국어 교과 전문가와 협의하여 자신이 출제한 문항들이 대표성을 가지고 있는 문항 표집인지 점검하였다.

① 내용 타당도

2007학년도 중등 객관식 18번
A라는 교육 목표의 달성 여부를 알아보기 위해 문항 a가 작성되었을 때, 이 문항의 내용 타당도 또는 목표 지향 타당도의 관점에서 진술한 내용

① 문항 a를 틀린 사람은 목표 A를 달성하지 못했을 수 있다.

2004학년도 중등 객관식 7번
학생이 제기하고 있는 검사의 양호도 판단 기준

> 교사: 이번 시험은 수업 시간에 배운 공식만 알면 풀 수 있는 아주 쉬운 문제였지요?
> 학생: 저도 그 공식은 잘 아는데, 시험에 나온 어휘들이 너무 어려워서 문제를 이해할 수 없었어요. 이번 시험은 수학보다 국어를 잘 하는 학생한테 유리한 것 같아요.

② 타당도

CHAPTER 3 평가 방법 선정과 개발

+ 출제 Point

2019학년도 중등 논술
#3에 언급된 김 교사가 사용할 신뢰도 추정 방법 1가지의 명칭과 개념

> #3 그리고 평가를 한 번만 실시해서 신뢰도를 추정해야 할 텐데 반분검사 신뢰도는 단점이 크니 다른 방법으로 신뢰도를 확인해 보자.

2008학년도 중등 객관식 18번
내적 일관성 신뢰도(Internal Consistency Reliability)에 대한 설명
① 호이트(Hoyt) 신뢰도는 분산 분석 방법을 사용해서 신뢰도를 추정한다.
② 검사를 한 번만 실시하고도 검사의 신뢰도를 추정할 수 있는 방법이다.
③ 반분검사 신뢰도의 경우 검사를 양분하는 방법에 따라 신뢰도 계수가 다르게 추정된다.

2005학년도 중등 객관식 16번
검사-재검사 신뢰도 추정
① 검사 실시 간격에 따라 결과가 다르다.
② 기억 및 연습 효과가 결과에 영향을 미친다.
④ 동일한 검사 환경, 검사 동기, 검사 태도의 조성이 어렵다.

결과 타당도	• 검사 결과에 대한 가치 판단으로, 검사의 교육적·사회적 파급 효과 등을 바탕으로 검사 도구의 타당도를 평가하는 방법 • 검사가 의도한 결과와 원래 의도하지 않은 결과, 긍정적 결과와 부정적 결과, 실제적 결과와 잠재적 결과에 대한 원인에 초점을 두고 검사의 타당성을 판단함

2 신뢰도 [03 중등, 05 중등, 08 중등, 19 중등(論)]

(1) 개념

① 어떻게 재고 있는지의 문제로, 평가 도구가 '얼마나 정확하게', '얼마나 오차 없이' 측정하고 있는가의 정도
② 평가 도구가 측정하고 있는 정도의 일관성, 항상성, 신빙성

(2) 추정 방법

종류		내용
표준 오차 접근 방법		단일한 측정 대상을 동일한 평가 도구로 여러 번 측정한 결과가 어느 정도 같은지를 알아보는 방법

두 검사의 상관계수에 의한 방법	재검사 신뢰도 (안정성 계수)	• 개념: 한 개의 검사를 같은 집단에 두 번 실시하여 그 전후의 결과에서 얻은 점수를 기초로 신뢰도를 추정하는 방법
		• 장점: 신뢰도 추정 방법이 간단함
		• 단점
		  – 검사를 두 번 실시해야 함(동일한 검사 환경 조성 어려움)
		  – 시간 간격이 짧으면 기억 및 연습 효과로 신뢰도가 과대 추정될 수 있으며, 시간 간격이 길면 피험자의 능력이나 성숙의 효과로 신뢰도가 과소 추정될 수 있음

	동형검사 신뢰도 (동형성 계수)	• 개념: 동일한 능력을 측정하는 두 개의 동형검사를 같은 집단에 두 번 실시하여 얻은 두 점수를 기초로 신뢰도를 추정하는 방법
		• 장점: 검사의 시간 간격이 문제되지 않으므로 기억 및 연습 효과 통제 가능
		• 단점
		  – 검사를 두 번 실시해야 함(동일한 검사 환경 조성 어려움)
		  – 문항이 거의 같거나 완전히 같은 동형검사를 제작하기 어려움

	반분 신뢰도 (동질성 계수)	• 개념: 한 개의 검사를 한 집단에 실시한 후 문항을 두 개의 동형검사로 분리하여 얻은 점수를 기초로 신뢰도를 추정하는 방법
		• 장점: 한 번의 검사로 신뢰도 추정 가능
		• 단점
		  – 검사를 두 부분으로 나누는 방법에 따라 신뢰도가 다르게 추정될 수 있음
		  – 속도 검사의 경우 신뢰도 계수가 과대 추정될 수 있음

문항 내적 합치도 (동질성 계수)	• 개념: 문항을 각각 독립된 한 개의 검사로 간주한 후 그들 사이의 합치성, 동질성, 일치성을 종합하여 신뢰도를 추정하는 방법 • 장점: 한 번의 검사로 신뢰도 추정 가능 • 단점: 검사 문항의 개발이 어려움

(3) 향상 방법

① 검사의 길이(문항 수): 검사의 길이(문항 수)가 증가할수록 신뢰도가 높음
② 문항 난이도: 문항 난이도가 적절할수록 신뢰도가 높음(50%)
③ 문항 변별도: 문항 변별도가 높을수록 신뢰도가 높음
④ 검사 내용의 범위: 검사 문항의 측정 범위가 좁을수록 신뢰도가 높음
⑤ 검사의 속도: 검사 시간을 충분히 줄수록 신뢰도가 높음
⑥ 반응 범위: 반응 점수 범위가 클수록, 답지 수가 많을수록 신뢰도가 높음

(4) 타당도와 신뢰도의 관계

한 검사가 측정하는 전체 영역(검사 점수)		
타당도	비타당도 부분	오차 점수 (잡음)
신뢰도(신호)		

① 신뢰도가 있어야 타당도가 보장되므로 신뢰도는 타당도의 필요조건이 됨
② 신뢰도가 높다고 해서 반드시 타당도가 높아지는 것은 아니므로 타당도는 신뢰도의 충분조건이 됨

3 객관도

(1) 개념

채점자 신뢰도로, 채점자가 주관적 편견 없이 얼마나 공정하게 채점하는가의 정도

(2) 종류

① 채점자 내 신뢰도: 한 채점자가 같은 문항에 대해 여러 번 채점한 결과가 일치하는 정도
② 채점자 간 신뢰도: 한 문항에 대해 여러 채점자의 채점 결과가 일치하는 정도

(3) 향상 방법

① 명확한 채점 기준(루브릭, Rubric)을 미리 정해두어야 함
② 채점 기준을 위해 모범 답안지를 만들어 두어야 함
③ 편견이나 오차가 작용하지 않도록 답안 내용에 충실하여 채점해야 함
④ 답안지는 학생 단위가 아닌 문항 단위로 채점해야 함
⑤ 가능하면 여러 사람이 채점하고, 결과 점수를 평균하여 종합해야 함

4 실용도

(1) 개념

    ① 검사 도구의 실용적 가치 정도

    ② 검사 도구가 비용, 시간, 노력 등을 적게 들여 목표를 충실하게 달성하는 정도

(2) 향상 방법

    ① 검사의 실시 및 채점 방법과 결과의 해석, 활용이 용이해야 함

    ② 비용, 시간, 노력이 절약되어야 함

02 평가 도구의 제작

1 평가 문항 유형

구분	선택형(객관형) 문항 [07 중등]	서답형(주관형) 문항
개념	지시문 및 문두와 함께 여러 개의 선택지를 제시하여 적합한 정답지를 선택하도록 하는 문항	문두만 제시하고 학생에게 답을 쓰도록 하는 형식의 문항
종류	진위형, 배합형, 선다형	단답형, 완성형, 논문형
강조점	정확한 지식	종합적 이해
적합한 경우	• 검사 집단이 큰 경우 • 평가의 객관성을 유지해야 하는 경우	• 검사 집단이 작은 경우 • 학생의 태도를 파악해야 하는 경우
반응의 특징	문항이 요구하는 지식	문항이 요구하는 지식과 구상력, 표현력 등
반응의 자유도	좁음	넓음
채점의 객관도	높음	낮음
문항의 타당도	유지 가능	유지 어려움
출제 소요 시간	많음	적음
채점 소요 시간	적음	많음

CHAPTER 3 평가 방법 선정과 개발

2 평가 문항의 제작

(1) 문항 제작 절차

① 평가 목표 설정 → ② 이원목표 분류표 작성 → ③ 출제 문항 제작 → ④ 지시문 작성 → ⑤ 문항 편집 → ⑥ 예비 검사의 실시 및 수정·보완 → ⑦ 최종 문항의 편집과 인쇄

(2) 문항 제작 시 유의 사항

선택형(객관형) 문항	서답형(주관형) 문항
• 쉬운 용어로 간결하고 분명하게 서술하여 출제 의도가 학생에게 정확하게 전달되어야 함 • 정답은 분명하고, 오답은 그럴듯하게 만들어야 함 • 한 개의 문항에는 단일한 아이디어만을 포함해야 함 • 문항에서 정답에 대한 단서를 주지 말아야 함	• 채점 기준이나 문항 점수를 미리 제시해야 함 • 채점 시 여러 사람이 공동으로 채점해야 함 • 학생 단위가 아닌 문항 단위로 채점해야 함

개념을 현장에 적용한 사례 살펴보기

실전 적용!

268p

교실 현장에서의 서·논술형 평가 활용

교실 현장에서 서·논술형 평가의 타당도를 고려한 효과적 시행과 성적 처리 방안을 확인해 보자.

1) 수업 시간 내 수행평가에서 서·논술형 평가 실시로 수업 평가 연계성을 강화한다.
2) 시행 시기, 시간, 시험 정보에 대한 안내 등 시행 여건이 학급별로 동일하도록 설계하고 추진한다.
3) 학업 성적 관리 지침과 소속 학교의 관리 지침을 준수하고, 교사 협의회를 통해 성적 처리 과정과 세부 사항을 마련한다.
4) 채점 후 학생들에게 결과와 근거를 안내하고 성적 자료를 보관한다.

(출처: 한국교육과정평가원)

CHAPTER 4 평가 결과의 활용

01 평가의 오류

1 평가의 오류 유형 [08 중등]

종류	내용
집중(중심) 경향의 오류	• 극단적인 점수를 피하기 위해 평가 결과가 중간 부분에 모이는 경향 • 평정하려는 특성의 수준을 정확히 변별하지 못하거나 평가자의 훈련이 부족할 때 발생 • 평가 기준을 명확하게 하고, 중간 평정의 간격을 넓게 잡아야 함
인상의 오류 (후광 효과)	• 평가 대상의 인상이 평정에 영향을 주는 오류 • 하나의 특성(인상)이 관련 없는 다른 특성에 영향을 미치는 오류 • 평가 대상자에 대한 평가자의 선입견에 따라 발생하는 오차 • 평가 기준에 따라 여러 사람이 공동으로 평가해야 함
논리적 오류	• 논리적으로 전혀 관계가 없는 두 가지 행동 특성을 관련이 있는 것으로 판단하여 평가하는 오류 • 전혀 다른 두 가지 행동 특성을 관련되는 것으로 파악하여 평가하는 오류 • 객관적 사실과 자료에 기초하여 평가하고, 평가 요소에 대해 명확히 정의해야 함
대비의 오류	• 평가 특성을 평가자 자신이 지닌 특성과 비교하여 평가하는 오류 • 평가 특성을 평가자의 주관적인 견해에 따라 해석하여 평가하는 오류 • 평가자가 평가 대상에게 자신을 투사시켜 평가하는 데서 발생 • 평가 기준을 명확하게 하고, 평가자에 대한 교육과 훈련이 필요함
근접의 오류	• 비교적 유사한 항목들이 비슷하게 모여 있으면 같은 점수를 주는 오류 • 여러 특성을 연속적으로 평가하는 경우 이전의 평가가 이후의 평가에 영향을 미치는 것 • 비슷한 성질을 가진 평가 요소는 시간적·공간적 간격을 두고 평가해야 함
무관심의 오류	• 평가자가 비평가자의 행동을 자세히 관찰하지 못할 때 발생하는 오류 • 다수의 학생으로 구성된 학급에서 교사가 학생의 행동에 무관심한 경우 발생
표준의 오류	• 점수를 주는 표준이 평가자마다 달라서 발생하는 오류 • 평가자가 표준을 어디에 두느냐에 따라 생기는 오류로, 어떤 평가자는 표준이 높고 어떤 평가자는 표준이 낮기 때문에 발생 • 평가 기준을 구체적으로 명시함으로써 오류를 줄일 수 있음
관용의 오류	평가자의 평가 기준이 후하여 발생하는 것으로, 평가자가 비평가자에게 전반적으로 높은 점수를 주는 오류
엄격의 오류	평가자의 평가 기준이 인색하여 발생하는 것으로, 평가자가 비평가자에게 전반적으로 낮은 점수를 주는 오류
의도적 오류	특정 대상을 의도적으로 좋거나 혹은 나쁘게 평가하는 오류

출제 Point

2008학년도 중등 객관식 17번
평정법(Rating Scale Method)에 의해서 학생의 수행을 평가할 때, 평정자에 의해 발생할 수 있는 오류의 유형 설명

ㄱ. 논리적 오류(Logical Error)는 전혀 다른 두 가지 행동 특성을 비슷한 것으로 생각해서 평정하는 경향을 말한다.
ㄴ. 후광 효과(Halo Effect)는 평정 대상에 대해 가지고 있는 특정 인상을 토대로 또 다른 특성을 좋게 또는 나쁘게 평정하는 경향을 말한다.
ㄷ. 집중 경향의 오류(Error of Central Tendency)는 아주 높은 점수나 낮은 점수는 피하고 평정이 중간 부분에 지나치게 자주 모이는 경향을 말한다.

합격선배 Tip

인상의 오류와 후광효과를 따로 제시하기도 하는데, 이는 언급한 학자가 다를 뿐 같은 개념이다.

CHAPTER 4 평가 결과의 활용

2 평가의 오류 최소화 방안

(1) 평가 기준의 구체화

① 평가 대상의 행동 특성을 명확하게 정의하고, 관찰 가능한 구체적 평가 기준을 명시함
② 학생의 학습 결과물이나 성취 정도를 평가하기 위해 사전에 공유되는 기준인 루브릭(Rubric)을 활용하여 평가 기준의 객관성을 확보함

(2) 평가자 훈련

① 평가 시 발생할 수 있는 오류에 관한 정보를 제공하여 평가자를 훈련함
② 평가자는 평가의 오류를 정확하게 숙지하고, 오류에 빠지지 않도록 객관적으로 평가함

(3) 평가자 신뢰도 검증

평가자 내 신뢰도, 평가자 간 신뢰도 등을 산출하여 평가 결과의 신뢰도와 객관도를 확인함

02 문항 분석

1 고전 검사 이론 [02 중등, 03 중등, 04 중등, 05 중등, 06 중등, 11 중등]

(1) 문항 난이도(문항 곤란도)

① 개념: 한 문항의 쉽고 어려운 정도

$$P(\text{문항 난이도}) = \frac{R(\text{정답자 수})}{N(\text{전체 학생 수})} \times 100$$

② 해석 방법
- 문항 난이도(P)의 범위는 $0 \leq P \leq 100$으로, 문항 난이도(P)가 높으면 쉬운 문항이고 낮으면 어려운 문항에 해당함
- 규준 지향 평가(상대평가)에서는 문항 난이도(P)가 50%일 때 가장 이상적이며, 최대 변별이 가능함
- 목표 지향 평가(절대평가)에서는 문항 난이도(P)가 100%일 때 교수·학습이 성공한 증거로 보고, 0%이면 교수·학습을 개선해야 할 증거로 봄

(2) 문항 변별도(문항 타당도)

① 개념: 한 문항이 상위 집단과 하위 집단의 학생을 변별하는 정도

$$DI(\text{문항 변별도}) = \frac{RH(\text{상위 집단 정답자 수}) - RL(\text{하위 집단 정답자 수})}{\frac{N(\text{전체 학생 수})}{2}}$$

② 해석 방법
- 문항 변별도(DI)의 범위는 $-1 \leq DI \leq +1$로, +1에 가까울수록 변별력이 높은 바람직한 문항에 해당함
- 문항 변별도(DI)가 0인 경우 변별력이 없는 문항(상위 집단 정답자 수=하위 집단 정답자 수)에 해당하며, 문항 변별도(DI)가 −인 경우 역변별 문항(하위 집단 정답자 수>상위 집단 정답자 수)에 해당함
- 규준 지향 평가(상대평가)에서는 성적이 높은 학생과 낮은 학생을 분명하게 가려낼 수 있는 문항으로 구성해야 함
- 목표 지향 평가(절대평가)에서는 성공 학생과 실패 학생을 변별할 수 있는 문항으로 구성해야 함

(3) 문항 반응 분포

① 개념: 문항별 학생들의 반응 분포로, 답지에 대한 학생들의 반응을 분석하여 문항의 답지가 의도했던 기능이나 역할을 파악하는 것

② 해석 방법
- 정답지에 50%가 반응하고, 나머지 오답지에 골고루 반응할 때 바람직한 문항으로 볼 수 있음
- 정답지에는 하위 집단 학생 수보다 상위 집단 학생 수가 많을 때 바람직함

출제 Point

2004학년도 중등 객관식 10번
검사 문항을 개선하기 위해 실시하는 문항 분석에 관한 설명
① 문항(답지) 반응 분포는 오답지 매력도에 관한 정보를 제공한다.
② 문항에 대한 정답자 비율로 산출되는 난이도 지수는 수험자 집단에 따라 변할 수 있다.
④ 검사 점수가 낮은 하위 집단이 높은 상위 집단에 비해 정답을 고른 수험자의 수가 더 많을 때, 그 문항은 변별 기능을 제대로 하지 못한 것이다.

CHAPTER 4 평가 결과의 활용

2 문항 반응 이론 [07 중등]

(1) 문항 특성 곡선

① 개념: 학생의 능력 수준에 따라 문항을 맞힐 확률을 나타내는 S자형 곡선

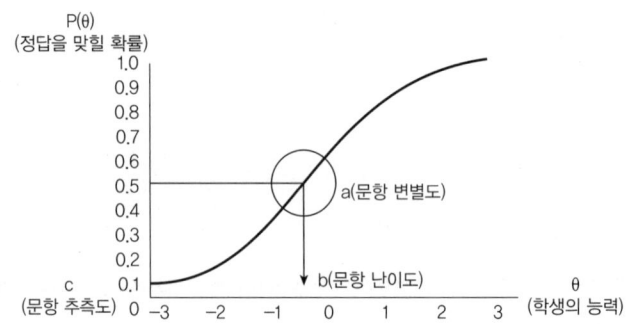

② 해석 방법
- 학생의 능력(θ)은 $-3 \leq \theta \leq +3$ 사이에 위치하며, 정답을 맞힐 확률($P(\theta)$)은 $0 \leq P(\theta) \leq 1$ 사이에 위치함
- 문항 특성 곡선에 의해 문항 난이도와 문항 변별도가 규정됨

(2) 문항 난이도(b)

① 개념: 문항의 답을 맞힐 확률이 0.5에 대응하는 능력 수준
② 해석 방법
- 문항 난이도(b)는 문항 특성 곡선의 위치로 나타내며, 오른쪽에 위치할수록 어려운 문항에 해당함
- 문항 난이도(b)는 일반적으로 $-2 \leq b \leq +2$ 사이에 위치하며, 값이 커질수록 어려운 문항에 해당함

(3) 문항 변별도(a)

① 개념: 문항 난이도를 나타내는 점에서 문항 특성 곡선의 기울기
② 해석 방법
- 문항 특성 곡선의 기울기가 가파를수록 문항 변별도(a)가 높고, 기울기가 완만할수록 문항 변별도(a)가 낮음
- 문항 변별도(a)는 일반적으로 $0 \leq a \leq +2$ 사이의 값을 가지며, 값이 클수록 바람직한 문항에 해당함

(4) 문항 추측도(c)

① 개념: 능력이 전혀 없는 학생이 문항의 답을 맞힐 확률
② 해석 방법
- 문항 추측도(c)는 높을수록 바람직하지 않은 문항에 해당함
- 일반적으로 4지 선다형 문항에서 문항 추측도(c)는 0.2를 넘지 않음

3 고전 검사 이론과 문항 반응 이론의 비교

구분		고전 검사 이론	문항 반응 이론
문항 난이도	개념	전체 학생 중 정답자의 비율	문항의 답을 맞힐 확률이 0.5에 대응하는 능력 수준
	범위	$0 \leq P \leq 100$	$-2 \leq b \leq +2$
	해석	값이 클수록 쉬운 문항	값이 클수록 어려운 문항
문항 변별도	개념	문항 점수와 전체 학생의 총점 간 상관계수	문항 난이도를 나타내는 점에서 문항 특성 곡선의 기울기
	범위	$-1 \leq DI \leq 1$	$0 \leq a \leq +2$
	해석	+1에 가까울수록 바람직한 문항	기울기가 가파를수록 바람직한 문항

확인편 | O/X로 출제 이론 Check!

CHAPTER 1 | 교육평가의 유형

교육평가관 ▶ 측정관, 평가관, 총평관
평가 준거에 따른 유형 ▶ 목표 지향 평가, 규준 지향 평가, 능력 지향 평가, 성장 지향 평가
평가 시기에 따른 유형 ▶ 진단평가, 형성평가, 총괄평가(총합평가)
수행평가 ▶ 수행평가의 이해, 수행평가의 유형과 방법

333 총평관의 주된 관심거리는 평가의 신뢰도이다. [97 초등 16번] ○ | ×

334 목표 지향 평가는 개인차를 변별하는 데 기본 목적을 둔다. [97 중등 06번] ○ | ×

335 목표 지향 평가는 학습자의 구체적인 성취 행동에 초점을 맞춘다. [97 중등 06번] ○ | ×

336 목표 지향 평가에서 평가 기준의 근거는 전체 집단의 성적 분포이다. [02 초등 31번] ○ | ×

337 최저 성취 수준에 미달되는 학생들을 대상으로 특별 보충 학습을 하기 위해 학기말 고사를 실시하고자 할 때는 서열을 산출하기 위한 규준의 작성이 필요하다. [04 초등 09번]   O | X

338 목표 지향 평가에서는 검사 문항의 대표성에 유의해야 한다. [04 초등 09번]   O | X

339 다음 학부모가 원하는 정보를 제공하는 데 가장 적합한 평가 유형은 목표 지향 평가이다. [06 초등 07번]   O | X

> 교사: 주현이는 반에서 10등쯤 합니다.
> 학부모: 저는 등수보다 우리 아이가 무엇을 할 줄 아는지를 더 알고 싶어요. 두 자리 수 뺄셈을 제대로 할 줄 아는지, 그런 것들을 좀 알고 싶어요.

340 규준 지향 평가는 개인차 범위의 극대화를 통해 엄밀하고 정확한 측정을 시도한다.   O | X
[99 중등 39번]

Answer 333. × 334. × 335. ○ 336. × 337. × 338. ○ 339. ○ 340. ○

341 규준 지향 평가는 목표 달성 여부보다는 학생 간의 상호 비교에 몰두하므로 교수·학습 과정의 개선에 의미 있는 시사를 주기 어렵다. [99 중등 39번]   ○ | ✕

342 규준 지향 평가의 규준이란 교과에서 설정한 학습 목표이다. [06 중등 24번]   ○ | ✕

343 규준 지향 평가는 학생 상호 간의 점수 경쟁을 조장할 수 있다. [06 중등 24번]   ○ | ✕

344 규준 지향 평가는 발달적 교육관에 근거한 절대평가이다. [04 중등 06번]   ○ | ✕

345 준거 지향 평가는 정규분포를 기대한다. [04 중등 06번]   ○ | ✕

346 규준 지향 평가는 부적편포를 기대한다. [04 중등 06번] ○ | ×

347 규준 지향 평가에서의 원점수는 규준에 따라 상대적으로 해석된다. [07 초등 18번] ○ | ×

348 준거 지향 평가에서의 원점수는 설정된 기준에 따라 일정한 의미를 지닌다.
[07 초등 18번] ○ | ×

349 다음 내용과 관련된 평가 유형은 능력 지향 평가이다. [12 중등 13번] ○ | ×

> 국어 시험에서 학기 초에 83점, 학기 중에 84점, 학기 말에 85점을 얻은 A학생보다 학기 초에 60점, 학기 중에 70점, 학기 말에 80점을 얻은 B학생이 더 많이 향상되었다는 사실을 고려하여 B학생을 더 긍정적으로 평가하였다. (단, 국어 시험 점수는 동간성이 있다고 가정한다.)

Answer 341. ○ 342. × 343. ○ 344. × 345. × 346. × 347. ○ 348. ○ 349. ×

350 능력 지향 평가는 학생들이 자신의 능력 수준에서 그 능력을 얼마나 발휘하느냐에 관심을 둔 평가이다. [09 초등 17번]

351 성장 지향 평가는 학생들의 성장 단계를 고려해 학년별 성취 목표의 달성 여부에 관심을 둔 평가이다. [09 초등 17번]

352 학생이 시험에서 84점을 얻었을 때, '학생이 얻은 84점은 과거보다 향상된 점수인가'에 대한 교사의 관심의 참조틀은 성장 참조이다. [10 초등 50번]

353 학생이 시험에서 84점을 얻었을 때, '이 학생이 84점을 받았는데 다른 학생들의 점수는 어떤가?'에 대한 교사의 관심의 참조틀은 규준 참조이다. [10 초등 50번]

354 성장 참조 평가는 교수·학습 과정을 통한 변화에 관심을 두며, 초기 능력 수준에 비해 얼마만큼 능력의 향상을 보였느냐를 강조하는 평가이다. [09 초등 17번]

355 수업 시작 전에 학생의 학습 준비도를 확인하기 위해 진단평가를 실시한다.
[12 초등 20번]

356 수업을 진행하면서 수업 내용과 관련된 학생들의 오류와 문제점을 확인해서 피드백하기 위해 형성평가를 실시할 수 있다. [12 초등 20번]

357 김 교사가 약수와 배수를 가르치기 전에 덧셈, 뺄셈, 곱셈, 나눗셈 등에 관련된 문제로 구성된 간단한 시험을 실시하였을 때, 시험을 실시한 이유는 시험 보는 기술을 훈련시키기 위해서이다. [02 초등 34번]

358 진단평가를 통해 진행 중인 수업의 수업 방법 개선을 위한 정보를 얻을 수 있다.
[07 영양 05번]

359 진단평가를 통해 교수·학습이 시작되기 전 학습자의 흥미, 적성, 태도 등을 파악할 수 있다. [07 영양 05번]

Answer 350. ○ 351. × 352. ○ 353. ○ 354. ○ 355. ○ 356. ○ 357. × 358. × 359. ○

360 형성평가는 평가 도구 제작 시 최소 성취 기준에 근거하여 문항을 출제한다. ○ | ×
[03 초등 06번]

361 형성평가는 평가 전문가가 개발한 표준화 검사를 평가 도구로 활용한다. [03 초등 06번] ○ | ×

362 수행평가는 타당도에 비해 신뢰도를 강조하는 평가이다. [99 중등 추가 57번] ○ | ×

363 수행평가는 지식과 기능을 실제 활용할 수 있는 능력에 대한 평가이다. [99 중등 추가 57번] ○ | ×

364 수행평가는 표준화된 검사 도구에 의한 평가이다. [99 중등 추가 57번] ○ | ×

365 수행평가는 학생의 지적 능력과 정의적 특성에 대한 평가를 통합하기 위해 도입되었다. [07 중등 15번] ○ | ✕

366 수행평가를 실시할 때 타당도를 높이기 위해서는 간접적인 평가 방법을 사용해야 한다. [04 중등 08번] ○ | ✕

367 수행평가를 실시할 때 객관도를 높이기 위해서는 동일한 문항을 여러 명이 채점하도록 해야 한다. [04 중등 08번] ○ | ✕

368 수행평가를 실시할 때 신뢰도를 높이기 위해서는 채점자 간 사전 교육을 삼가야 한다. [04 중등 08번] ○ | ✕

369 수행평가는 신뢰도가 높다. [03 중등 17번] ○ | ✕

Answer 360. ○   361. ✕   362. ✕   363. ○   364. ✕   365. ○   366. ✕   367. ○   368. ✕   369. ✕

정답 및 해설 501~502p

370 포트폴리오법은 학습자 자신이 지속적·체계적으로 작성하거나 만든 개인별 작품집 또는 서류철 등을 근거로 평가하는 방법이다. [01 중등 11번] ○ | ✕

371 포트폴리오 평가에서 포트폴리오에 포함될 내용은 학생이 결정해야 한다. ○ | ✕
[00 대구·경북 초등보수 74번]

372 포트폴리오를 이용한 수행평가는 전통적인 인식론보다는 구성주의 인식론에 바탕을 둔다. [05 초등 42번] ○ | ✕

373 하나의 수행평가 과제에서는 한 가지 학습 성과만을 평가할 수 있도록 과제를 구조화해야 한다. [09 초등 15번] ○ | ✕

374 수행평가 과제 제작 시 교육 목표 및 교육 내용과의 관련성을 확인하여 수행평가 과제의 타당성을 확보하도록 해야 한다. [09 초등 15번] ○ | ✕

CHAPTER 2 | 교육평가 모형

목표 중심 모형 ▸ 타일러의 목표 중심 평가 모형, 프로버스의 괴리(격차) 모형
의사결정 모형 ▸ 스터플빔의 CIPP 모형, 앨킨의 CSE 모형
판단 중심 모형 ▸ 스크리븐의 탈목표 평가 모형, 아이즈너의 예술적 비평 모형

375 목표 중심 평가는 교육 목표를 행동적 용어로 진술하여 명확한 평가 기준을 제시할 수 있다. [05 중등 18번]　　　　　　　　　　　　　　　　　　　　　　　　○ | ×

376 목표 중심 평가는 교육 목표, 교육 내용, 교육평가 간의 논리적 일관성을 유지해 준다.　　○ | ×
[05 중등 18번]

377 목표 중심 평가는 교육 목표로 설정되지 않은 부수적 교육 활동에 대한 평가가 용이하다. [05 중등 18번]　　　　　　　　　　　　　　　　　　　　　　　　　　　　　○ | ×

378 타일러의 교육평가 모형에서는 목표 달성 여부를 확인하기 위해 프로그램에 참여한 학생들의 학업 성취도를 평가한다. [11 초등 14번]　　　　　　　　　　　　　　○ | ×

Answer　370. ○　371. ×　372. ○　373. ×　374. ○　375. ○　376. ○　377. ×　378. ○

정답 및 해설 502p

379 스크리븐의 교육평가 모형은 프로그램 개선을 위한 의사결정을 돕는 데 주된 목적이 있으며, 이를 위해 상황, 투입, 과정, 산출의 네 가지 측면에서 프로그램을 평가한다.
[11 초등 14번]

380 스크리븐의 교육평가 모형에서는 프로그램의 부수적인 효과까지 평가 항목에 포함하여 분석한다. [11 초등 14번]

381 스크리븐의 판단 모형을 활용하여 학교의 '특기 적성 교육' 프로그램을 평가하고자 할 때, 경험 과학적 평가와 예술 비평적 평가를 활용할 수 있다. [07 중등 13번]

382 스터플빔의 CIPP 모형에서 평가자의 역할은 최종적인 가치 판단이 아니라, 충분한 정보를 수집·제공하는 것이다. [08 중등 16번]

383 스터플빔의 CIPP 모형은 조직의 관리 과정 및 의사결정을 중심으로 평가 활동을 수행해야 한다는 점을 강조한다. [08 중등 16번]

384 스터플빔의 CIPP 모형에서 맨 처음 실시해야 하는 평가는 상황 평가이다.

[00 강원 · 전남 초등보수 70번]

○ | ×

CHAPTER 3 | 평가 방법 선정과 개발

평가 도구의 양호도 ▶ 타당도, 신뢰도, 객관도, 실용도
평가 도구의 제작 ▶ 평가 문항 유형, 평가 문항의 제작

385 어느 학교에서 효(孝)에 대한 지식을 알아보는 지필 검사의 결과로 효행 학생을 선발하였다면, 이는 평가 조건 중 객관도를 위배한 것이다. [99 중등 04번]

○ | ×

386 수학 시험에 나온 어휘들이 너무 어려워서 수학보다 국어를 잘하는 학생한테 유리하였다면, 이는 평가 조건 중 신뢰도를 위배한 것이다. [04 중등 07번]

○ | ×

387 검사가 너무 어렵거나 쉬우면 신뢰도는 낮아진다. [09 초등 16번]

○ | ×

Answer 379. × 380. ○ 381. ○ 382. ○ 383. ○ 384. ○ 385. × 386. × 387. ○

정답 및 해설 502p

388 객관도는 채점자가 편견 없이 얼마나 공정하게 채점하느냐의 문제와 관련된다. ○ | ×
[09 초등 16번]

389 높은 타당도는 높은 신뢰도의 선행 조건이다. [09 초등 16번] ○ | ×

390 타당도는 무엇을 측정하느냐의 문제로, 반드시 준거의 개념이 수반된다. [09 초등 16번] ○ | ×

391 신뢰도는 어떻게 측정하느냐의 문제로, 얼마나 오차 없이 측정하고 있느냐를 뜻한다. ○ | ×
[09 초등 16번]

392 검사 도구를 제작할 때 교육 목표 이원목표 분류표를 작성하면 검사의 내용 타당도를 ○ | ×
높일 수 있다. [07 초등 20번]

393 새로 개발한 지능 검사와 이미 타당성을 인정받고 있는 표준화된 지능 검사와의 상관 계수를 추정하는 것은 내용 타당도를 확인하기 위함이다. [11 초등 13번]

394 성격심리학을 전공한 전문가 집단에게 성격 검사 문항에 대한 내용 분석을 의뢰한 것은 내용 타당도를 확인하기 위함이다. [11 초등 13번]

395 불안 수준 검사의 타당도를 검증하기 위해 불안 수준을 구성하는 3개 하위 요인 간의 상관 계수를 추정하는 것은 예언 타당도를 확인하기 위함이다. [11 초등 13번]

396 대학 수학 능력 시험의 타당도를 검증하기 위해 대학 수학 능력 시험 점수와 대학 학점 간의 상관 계수를 추정하는 것은 예언 타당도를 확인하기 위함이다. [11 초등 13번]

397 '중간고사 대체용으로 활용한 표준화 검사의 신뢰도가 교사가 제작한 중간고사용 검사의 신뢰도보다 높았다.'는 진술은 표준화 검사가 교사가 제작한 검사보다 교실에서의 수업 내용을 많이 반영하고 있다는 뜻이다. [10 초등 16번]

Answer 388. ○ 389. × 390. ○ 391. ○ 392. ○ 393. × 394. ○ 395. × 396. ○ 397. ×

398 동일한 시험을 동일한 학생들에게 일정한 시간과 간격을 두고 두 번 실시하였을 때, 두 시험 점수의 일치되는 정도가 높다면 검사의 객관도가 높은 것이다. [99 중등 추가 45번]   O | X

399 재검사 신뢰도 추정은 기억 및 연습 효과가 결과에 영향을 미친다. [05 중등 16번]   O | X

400 재검사 신뢰도는 검사 문항을 반으로 나누어 신뢰도를 추정하는 방법이다. [05 중등 16번]   O | X

401 평가 결과의 신뢰도 확인을 위해 동시에 실시한 동형 검사 신뢰도 계수를 산출하였을 때, 문항의 동질성이 동형 검사 신뢰도 계수의 크기에 큰 영향을 미친다. [01 중등 25번]   O | X

402 동형의 두 선택형 검사를 개발하여 임의로 선정된 5명의 학생들에게 두 검사를 모두 실시한 후 학생들을 성적순으로 나열한 결과가 다음과 같다면, 검사의 신뢰도가 높은 것이다. [02 초등 32번]   O | X

- 검사1: 김정희, 나연수, 최인철, 한인수, 박인영
- 검사2: 최인철, 한인수, 나연수, 박인영, 김정희

403 신뢰도는 타당도를 높이기 위한 필요충분조건이다. [97 중등 10번] ○ | ✕

404 누구나 다 맞힐 수 있는 아주 쉬운 문항보다 변별도가 높은 질 좋은 문항의 수를 늘리면 검사의 신뢰도가 높아진다. [12 초등 21번] ○ | ✕

405 충분히 문항을 검토하고 답할 수 있도록 문항 수를 줄이면 검사의 신뢰도가 높아진다. [12 초등 21번] ○ | ✕

406 지난 중간고사 범위까지 모두 포함시켜 시험 범위를 넓히면 검사의 신뢰도가 높아진다. [12 초등 21번] ○ | ✕

407 논술 시험지 답안을 채점할 때 수험자의 이름을 가리고, 복수의 채점자가 채점한 결과를 합하여 평균을 내면 타당도를 확보할 수 있다. [95 중등 28번] ○ | ✕

Answer 398. ✕ 399. ○ 400. ✕ 401. ○ 402. ✕ 403. ✕ 404. ○ 405. ✕ 406. ✕ 407. ✕

정답 및 해설 502~503p

408 서술형 문항의 객관적인 채점을 위해 학생 단위가 아니라 문항 단위로 채점한다. ○ | ×
[01 초등 60번]

409 선택형 문항 제작 시 문항의 질문에 정답을 암시하는 내용을 포함시키지 않아야 한다. ○ | ×
[03 초등 07번]

410 선택형 문항을 작성할 때 정답이 분명히 드러나지 않도록 오답지의 매력도를 높여야 한다. ○ | ×
[07 중등 14번]

CHAPTER 4 | 평가 결과의 활용

평가의 오류 유형 ▶ 집중(중심) 경향의 오류, 인상의 오류(후광 효과), 논리적 오류, 대비의 오류, 근접의 오류, 무관심의 오류, 표준의 오류, 관용의 오류, 엄격의 오류, 의도적 오류
평가의 오류 최소화 방안 ▶ 평가 기준의 구체화, 평가자 훈련, 평가자 신뢰도 검증
문항 분석 ▶ 고전 검사 이론, 문항 반응 이론

411 논리적 오류는 전혀 다른 두 가지 행동 특성을 비슷한 것으로 생각해서 평정하는 경향을 말한다. ○ | ×
[08 중등 17번]

412 표준의 오류는 평정 대상에 대해 가지고 있는 특정 인상을 토대로 또 다른 특성을 좋게 또는 나쁘게 평정하는 경향을 말한다. [08 중등 17번]   ○ | ✕

413 집중 경향의 오류는 아주 높은 점수나 낮은 점수를 피하고 평정이 중간 부분에 지나치게 자주 모이는 경향을 말한다. [08 중등 17번]   ○ | ✕

414 김 교사가 '철수가 평가장에 들어올 때부터 첫 느낌이 좋지 않았어요. 그래서 연기력도 별로인 것 같아 낮은 점수를 주었어요.'와 같이 철수를 평가하였을 때, 김 교사는 근접의 오류를 범하고 있다. [11 초등 16번]   ○ | ✕

415 문항 반응 분포는 오답지 매력도에 관한 정보를 제공한다. [04 중등 10번]   ○ | ✕

416 문항에 대한 정답자 비율로 산출되는 난이도 지수는 수험자 집단에 따라 변할 수 있다. [04 중등 10번]   ○ | ✕

Answer 408. ○   409. ○   410. ✕   411. ○   412. ✕   413. ○   414. ✕   415. ○   416. ○

417 한 문항에서 검사 점수가 높은 상위 집단과 낮은 하위 집단의 수험자가 모두 정답을 골랐을 때 변별도는 1이 된다. [04 중등 10번]   ○ | ✕

418 검사 점수가 낮은 하위 집단이 높은 상위 집단에 비해 정답을 고른 수험자의 수가 더 많을 때, 그 문항은 변별 기능을 제대로 하지 못한 것이다. [04 중등 10번]   ○ | ✕

419 문항 변별도가 음수로 나온 문항은 수정하거나 검사에서 제외해야 한다. [10 초등 13번]   ○ | ✕

420 검사의 변별력을 높이기 위해 문항 난이도가 0과 1인 문항을 많이 포함시켜야 한다. [10 초등 13번]   ○ | ✕

Answer 417. ×   418. ○   419. ○   420. ×

출제 이론 공략서

필수편 & 확인편

PART 05

교육심리

CHAPTER 1 | 학습자의 인지적 특성
CHAPTER 2 | 학습자의 정의적 특성(동기)
CHAPTER 3 | 학습자의 발달
CHAPTER 4 | 학습 이론
CHAPTER 5 | 적응과 부적응
확인편

PART 05 교육심리

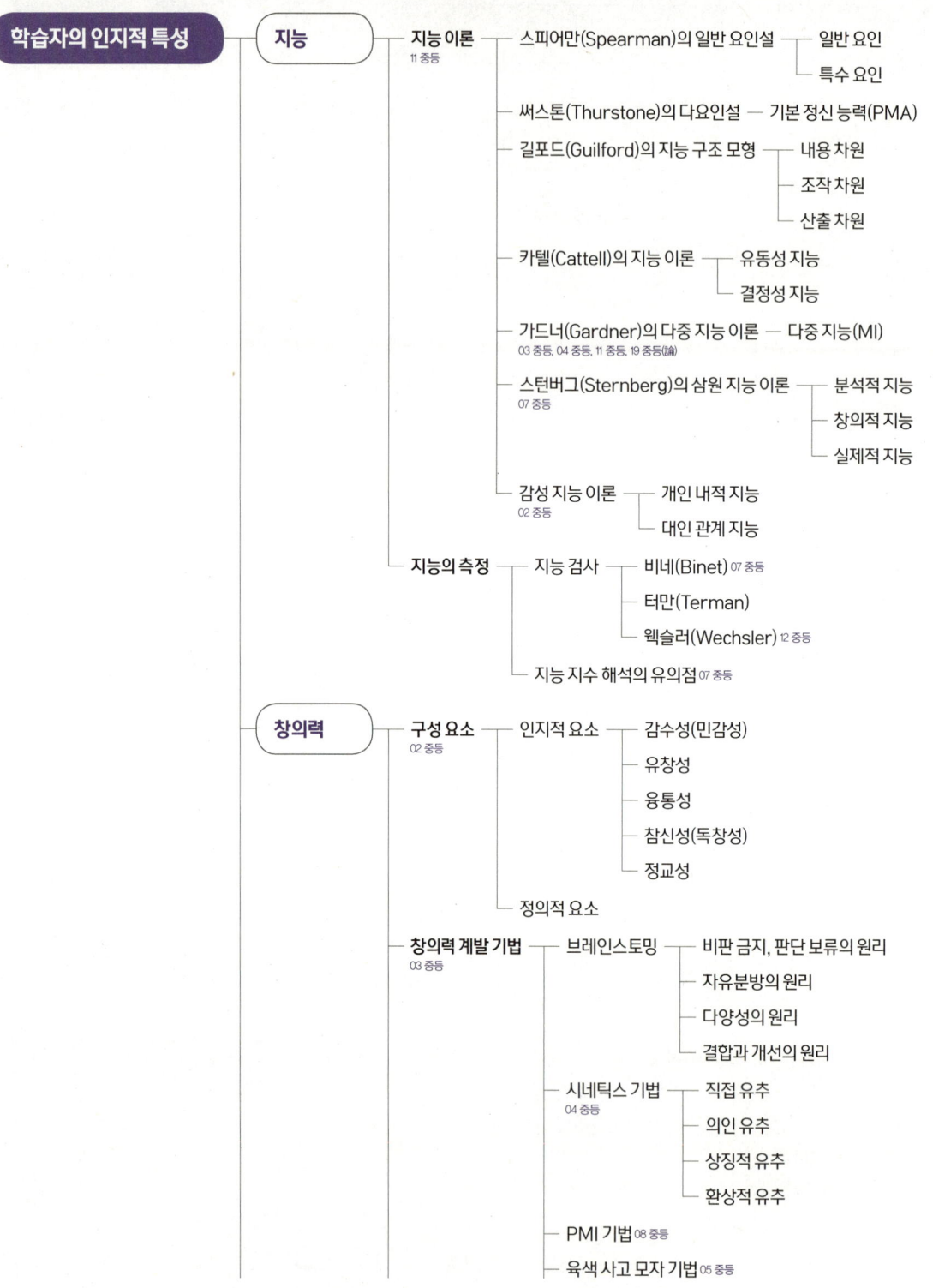

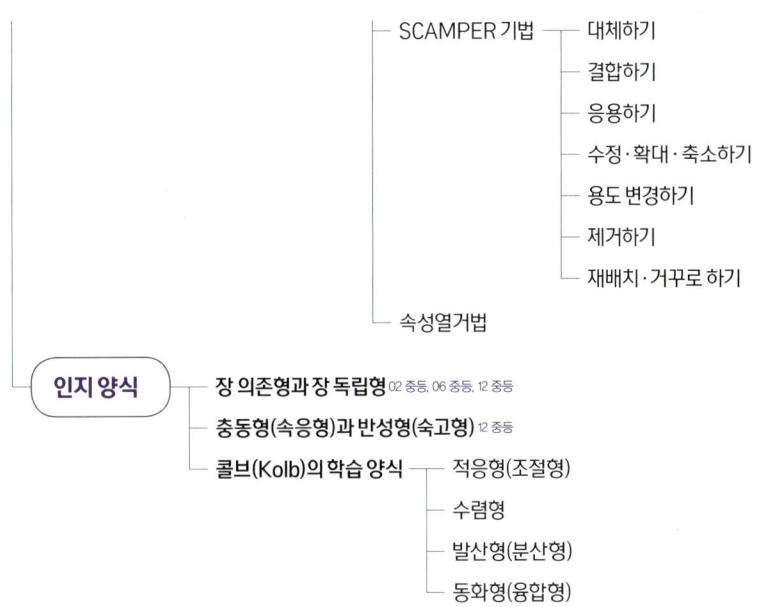
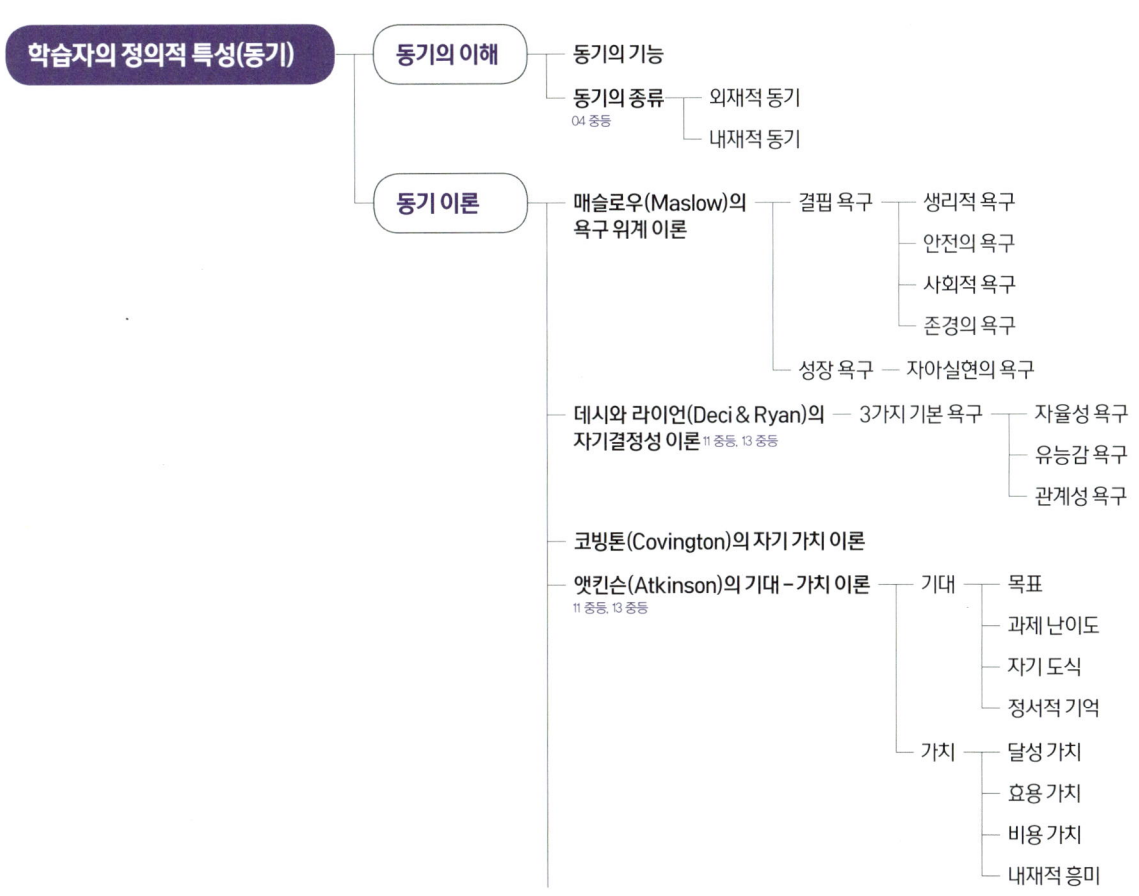

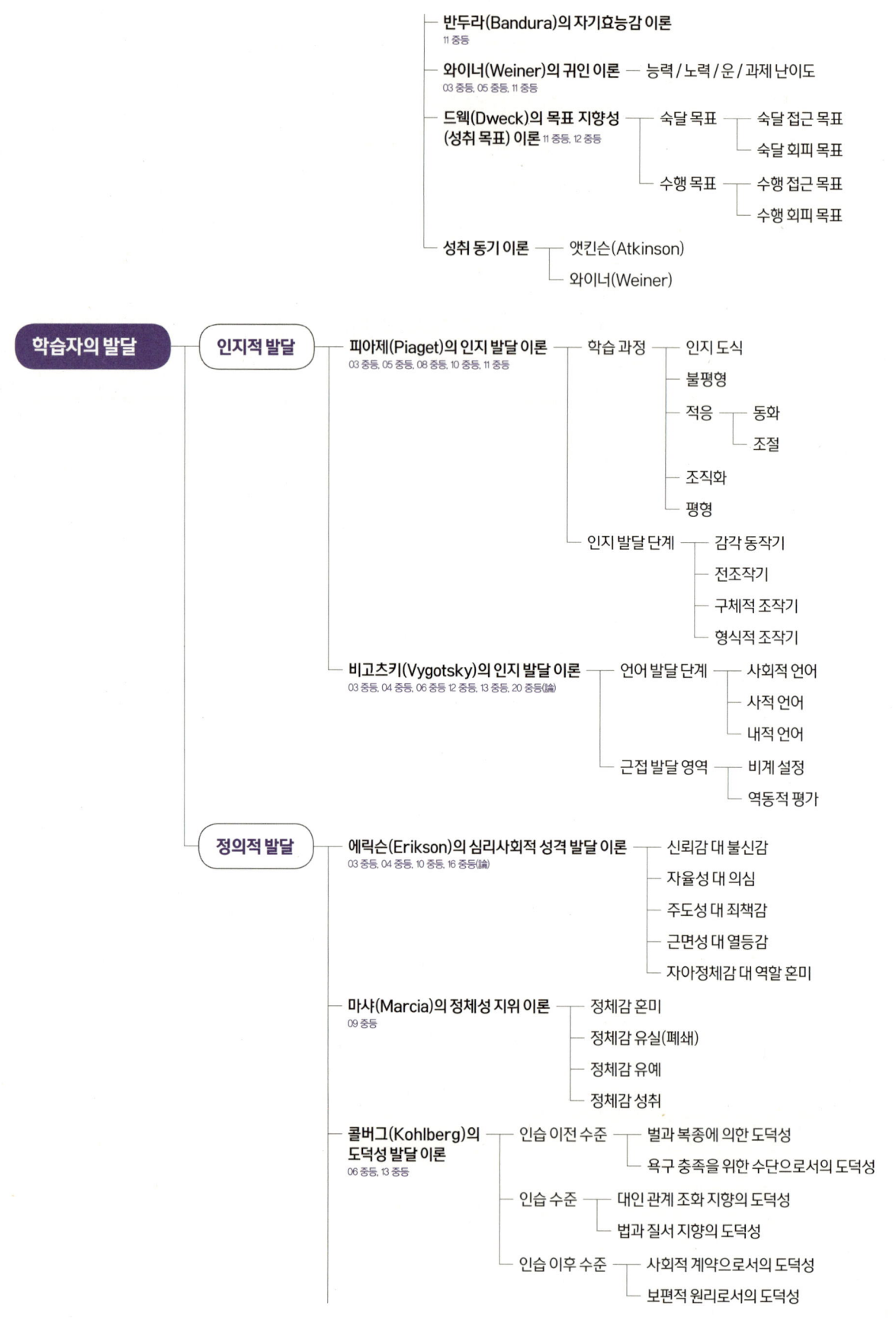

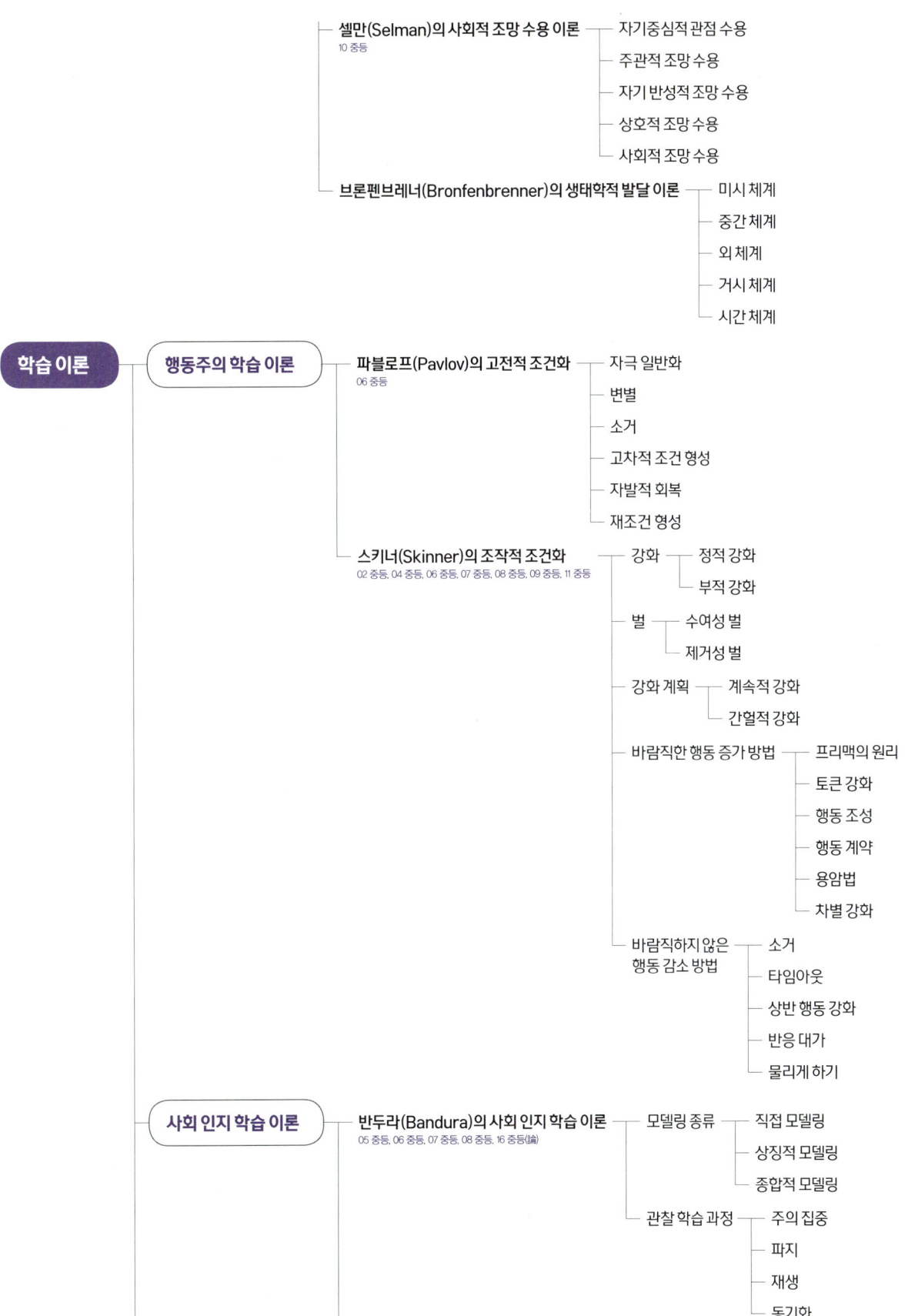

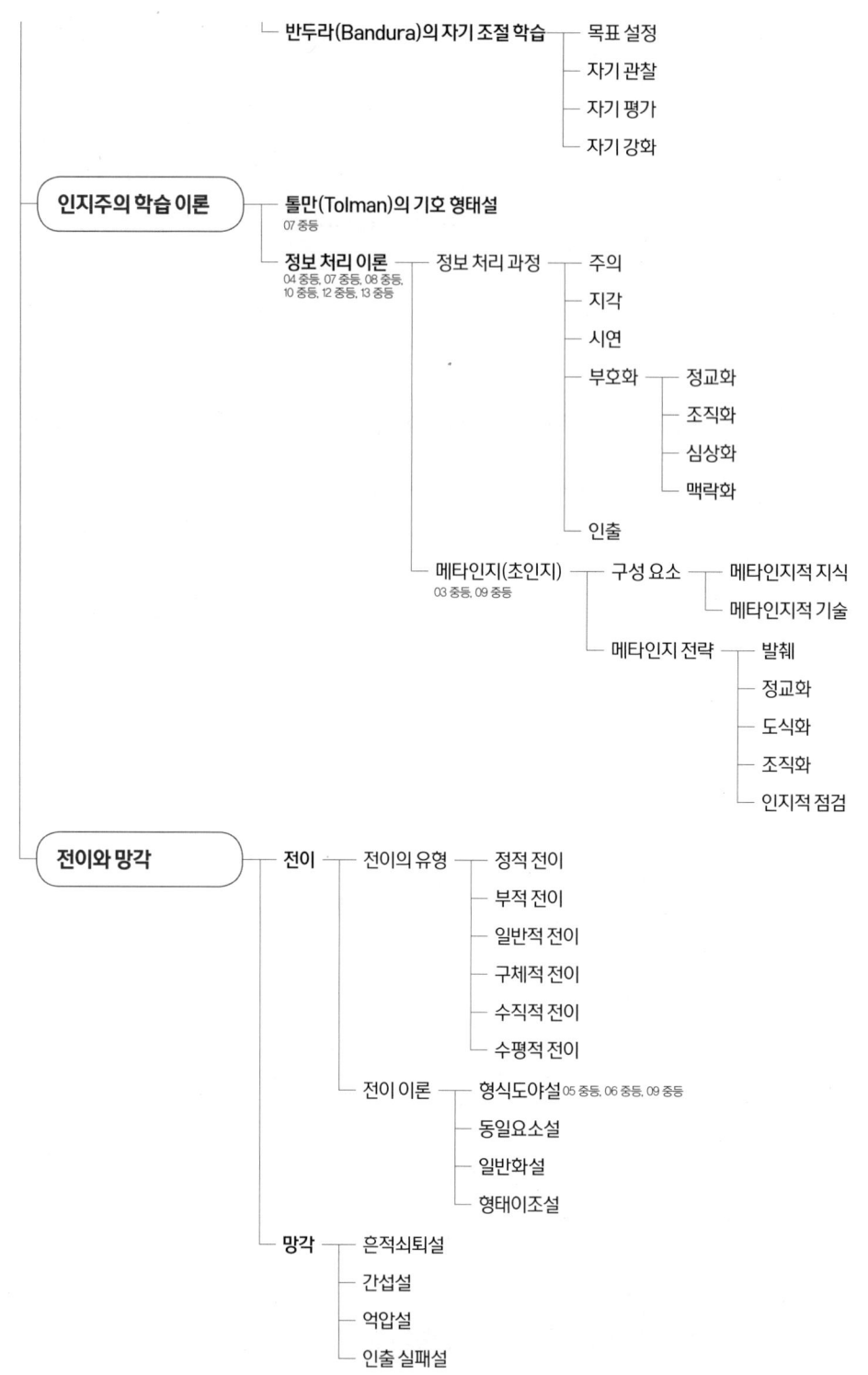

CHAPTER 1 학습자의 인지적 특성

출제 Point

2011학년도 중등 객관식 23번
교사의 견해에 근거가 되는 지능 이론가

최 교사: 우리 반 영철이는 IQ가 높아서인지 공부를 참 잘해요. 과목별 점수로 봐도 영철이가 거의 전교 1, 2등 이잖아요. 머리가 좋으니까 나중에 어떤 직업을 갖더라도 잘할 거예요.
강 교사: 영역별 지능도 중요하지만, 제 생각엔 지능이 한 가지 경로로만 발달하지는 않는 것 같아요. 기억력처럼 뇌 발달과 비례하는 능력들도 있지만, 언어 이해력과 같은 것들은 문화적 환경과 경험에 의해 발달하잖아요.

② 최 교사: 스피어만(Spearman), 강 교사: 카텔(Cattell)

01 지능

1 지능 이론

(1) 전통 지능 이론 [11 중등]

구분	내용

스피어만 (Spearman)의 일반 요인설	• 지능은 일반 요인(g요인)과 특수 요인(s요인)으로 구성된 단일 능력
	
	     구분 | 내용
	   일반 요인 (g요인) | – 내용을 초월하여 공통적으로 작용하는 능력
	                                – 이해력이나 아이디어를 관계 짓는 능력
	   특수 요인 (s요인) | – 특정 영역의 문제 해결에 사용되는 능력
	                                – 구체적인 과제에만 관여하는 능력
	
	• 일반 요인(g요인)을 강조하고, 지능이 높은 학습자는 전 교과에서 높은 성취를 보일 것으로 기대함

써스톤 (Thurstone)의 다요인설	• 지능은 단일한 능력이 아닌 서로 관련된 몇 개의 기본 정신 능력(PMA; Primary Mental Ability)으로 구성됨(단어 유창성, 언어 이해, 공간, 수리, 귀납 추리, 기억, 지각) • 개인마다 뛰어난 능력이 다르므로 지능의 개인차에 대한 진단과 이해가 필요함

길포드 (Guilford)의 지능 구조 모형	지능은 '내용(5가지), 조작(6가지), 산출(6가지)' 세 가지 차원의 하위 요소들이 형성한 180개의 복합 요인으로 구성됨
	
	   구분 | 내용
	   내용 차원 | 조작의 대상(시각, 청각, 상징, 언어, 행동)
	   조작 차원 | 내용에 대한 정신적 조작 활동(인지, 기억 저장, 기억 파지, 수렴적 사고, 확산적 사고, 평가)
	   산출 차원 | 조작의 결과(단위, 유목, 관계, 체계, 변환, 함의)

카텔(Cattell)의 지능 이론	일반 요인(g요인)을 유동성 지능과 결정성 지능으로 구분함
	
	   구분 | 내용
	   유동성 지능 | – 선천적으로 타고나는 지적 능력(유전적 요인)
	                                   예 암기력, 추리력, 기억력
	                                   – 인생 초기에 급격히 발달하고, 청년기 이후 연령이 증가함에 따라 감소함
	   결정성 지능 | – 후천적 경험에 의해 발달한 지적 능력(환경적 요인)
	                                     예 언어 능력, 문제 해결 능력
	                                   – 연령이 증가함에 따라 증가함

(2) 가드너(Gardner)의 다중 지능 이론 [03 중등, 04 중등, 11 중등, 19 중등(論)]

① 개념: 지능은 단일 능력이 아닌 9개의 상호 독립적인 지능으로 구성되어 개인마다 구성 형태가 다양하며, 교육을 통해 계발 가능하다고 보는 이론

② 다중 지능(MI)

구분	내용
언어 지능	언어의 활용과 관련된 능력(시인, 문학 작가)
음악 지능	음악을 이해하고 표현하는 능력(성악가, 작곡가)
논리 수학 지능	논리적 사고, 추론, 수학적 계산 능력(수학자, 논리학자)
공간 지능	공간적 세계를 지각·수정·창조하는 능력(건축가, 공학자)
신체 운동 지능	신체를 이용하여 문제를 해결하는 능력(운동 경기자, 무용가, 미술가)
개인 내적 지능	자신에 대한 이해, 통찰, 통제 능력(심리학자, 수도자)
대인 관계 지능	타인을 이해하고 타인에 대한 동기화와 협동 방법을 아는 사회적 능력(교사, 정치가)
자연 관찰 지능	동식물과 사물을 관찰하여 공통점과 차이점을 파악하는 능력(생물학자, 동물학자, 식물학자)
실존 지능	종교적 사고를 할 수 있는 능력(종교인, 철학자)

③ 학습 전략

구분	내용
교육과정	9가지 지능을 고려한 다양한 교육과정을 구성하고, 통합 교육을 통해 지능을 고루 발달시키는 전인 교육 실시
교수 방법	개인차를 고려한 개별화 교육 실시
평가	다양한 지능을 측정하기 위한 수행평가 실시

(3) 스턴버그(Sternberg)의 삼원 지능 이론 [07 중등]

① 개념: 지능은 분석적 지능, 창의적 지능, 실제적 지능으로 구성되어 있으며, 세 가지 지능이 균형 있게 연결된 지능을 성공 지능으로 보는 이론

② 성공 지능

구분	내용	
분석적 지능 (성분적 요소)	습득한 지식을 문제 해결에 적용하는 능력으로, 정보를 분석·평가·비교하는 데 필요한 지능	
	구분	내용
	상위 요소 (메타 요소)	문제 해결을 위해 계획, 점검, 평가하는 고등 정신 과정
	수행 요소	상위 요소의 계획에 따라 실제 과제를 수행하는 정신 과정
	지식 습득 요소	상위 요소와 수행 요소를 고려하여 문제 해결에 필요한 새로운 지식이나 문제 해결 방법을 학습하는 정신 과정

출제 Point

2019학년도 중등 논술
가드너(Gardner)의 다중 지능 이론 관점에서 A, B학생의 공통적 강점으로 파악된 지능의 명칭과 개념

> 평소에 A학생은 언어 능력이 뛰어나고 B학생은 수리 능력이 우수하다고만 생각했는데, 오늘 모둠 활동에서 보니 다른 학생을 이해하고 도와주면서 상호 작용을 잘하는 두 학생의 모습이 비슷했어. 이 학생들의 특성을 잘 살려서 모둠을 이끌도록 하면 앞으로 도움이 될 거야.

2011학년도 중등 객관식 23번
교사의 견해에 근거가 되는 지능 이론가

> 송 교사: 우리 반 순희는 언어와 수리 교과는 잘하지만, 음악이나 체육은 재능이 없어 보여요. 친구들하고 잘 어울리지도 못해요. 그런 것을 보면 지능이 높다고 뭐든 잘하는 것 같지는 않아요. 그리고 공부뿐만 아니라 인간관계 능력이나 다른 것들도 지적 능력에 포함되는 것이 아닐까요? 결국, 영역별로 지적 능력이 따로 있는 것 같아요.

② 송 교사: 가드너(Gardner)

2004학년도 중등 객관식 12번
교사가 활용한 지능 이론

> 박 교사는 지난 여름 방학 직무 연수에서, 학습자에게는 최소한 한 가지 이상의 우세한 지능 영역이 있으므로 학습자에게 약한 영역을 지도할 때 그에게 '상대적으로 우세한 영역의 지능을 활용'할 수 있도록 교수·학습 활동을 다양화하는 것이 보다 효율적이라는 점을 시사하는 이론을 접했다. 박 교사는 그때 대중가요를 좋아하고 음악은 잘하지만, 글짓기를 싫어하는 미영이를 떠올렸다. 개학 후 미영이를 위해 좋아하는 노래의 가사를 창의적으로 바꾸어 보게 하고, 작은 음악회를 개최할 수 있도록 안내하는 교수·학습 활동을 구성하였다.

① 다중 지능 이론

2003학년도 중등 객관식 35번
지능 이론에 대한 설명

③ 다중 지능(MI) 이론: 지능은 언어 지능, 음악 지능 등 서로 다른 독립적이고 상이한 유형의 능력으로 구성되어 있다.

2007학년도 중등 객관식 30번
지능에 관한 학자의 업적

③ 스턴버그(Sternberg)는 분석력, 창의력 등을 포함하는 성공 지능 이론을 제안하였다.

CHAPTER 1 학습자의 인지적 특성

+ 출제 Point

2009학년도 중등 객관식 23번
가드너(Gardner)의 다중 지능 이론과 스턴버그(Sternberg)의 성공 지능 이론의 공통점

ㄱ. 인간의 지능을 사회·문화적 맥락을 고려하여 이해한다.
ㄹ. 학교 수업과 평가는 학생의 강점 지능을 활용하고 약점 지능을 교정·보완하는 데 초점을 맞추어야 한다고 강조한다.

2002학년도 중등 객관식 35번
최근에 대두된 다중 지능(Multiple Intelligence), 정서 지능(Emotional Intelligence), 도덕 지능(Moral Intelligence), 성공 지능(Successful Intelligence)에 관한 논의들은 지능을 어떤 능력으로 보려고 하는가?
③ 실제적 삶의 영위 능력

구분		내용
창의적 지능 (경험적 요소)		경험과 관계된 창조적 지능
창의적 지능 (경험적 요소)	통찰력 (신기성)	새로운 과제를 효과적으로 다루는 능력 - 선택적 부호화: 중요하고 적절한 정보에 주의를 기울이는 능력 - 선택적 결합: 서로 관련이 없는 요소를 연결하여 새로운 것을 창출하는 능력 - 선택적 비교: 이미 존재하는 것을 새롭게 바라봄으로써 새로운 것을 유추하는 능력
창의적 지능 (경험적 요소)	자동화	익숙한 과제를 효과적으로 다루는 능력
실제적 지능 (맥락적 요소, 상황적 요소)		현실 환경에 적응하고, 환경을 변화시키거나 보다 나은 환경을 선택하는 능력으로, 실제 상황에 대한 문제 해결 지능(실제적 적응 능력, 사회적 유능성)

(4) 가드너와 스턴버그의 지능 이론 비교 [09 중등]

구분	가드너	스턴버그
공통점	• 지능은 단일한 능력이 아닌 여러 가지 복합 지능으로 구성됨 • 지능을 사회·문화적 맥락을 고려하여 이해함 • 학생의 강점 지능을 활용하고 약점 지능을 교정·보완하는 수업과 평가 강조	
차이점	• 지능의 구조(영역) 강조 • 지능은 상호 독립적인 여러 개의 지능으로 구성됨	• 지능의 작용 과정 강조 • 지능은 상호 관련 있는 3개의 하위 요인으로 구성됨

(5) 감성 지능(EQ, 정서 지능) 이론 [02 중등]

① 개념: 자신과 타인의 감정을 정확히 인식·평가·표현하는 능력
② 구성 요소

구분		내용
개인 내적 지능	자신의 감정 이해 능력	자신의 감정을 빨리 인식하는 능력
개인 내적 지능	자신의 감정 조절 능력	자신의 감정을 조절하고 전환하는 능력
개인 내적 지능	자신의 동기 부여 능력	목표 달성을 위해 자신을 동기화시키는 능력
대인 관계 지능	타인의 감정 이해 능력	타인의 감정을 읽을 줄 아는 공감 능력
대인 관계 지능	대인 관계 관리 능력	타인과 효과적인 관계를 유지하는 능력

2 지능의 측정

(1) 지능 검사

구분	내용
비네(Binet) [07 중등]	학습 부진아를 가려내기 위해 아동의 지적 발달 수준을 정신 연령(MA)으로 표현한 언어성 검사를 통해 기억력, 상상력, 주의 집중력, 이해력 등의 정신 능력을 측정
터만 (Terman)	• 지능 지수(IQ)를 학생의 정신 연령(MA)과 생활 연령(CA)을 대비시킨 비율로 제안(스탠포드 – 비네 검사) $$지능\ 지수(IQ) = \frac{정신\ 연령(MA)}{생활\ 연령(CA)} \times 100$$ • 연령이 동일한 학습자와 그렇지 않은 학습자 비교에서 문제 발생
웩슬러 (Wechsler) [12 중등]	• 한 사람의 지능을 동일한 연령 집단 내에서의 상대적 위치로 규정한 편차 IQ를 제안 • 언어적 검사와 비언어적(동작성) 검사를 종합한 검사(WISC 검사)

(2) 지능 지수 해석의 유의점 [07 중등]

① 지능 지수는 지능을 나타내는 하나의 지표일 뿐 지능과 동일하지 않음
② 지능 지수는 상대적 지적 수준을 나타낼 뿐 절대적 지능에 해당하지 않음
③ 지능 지수를 단일 점수가 아닌 점수 범위로 이해해야 함
④ 지능 지수를 고정된 점수가 아닌 변화 가능한 점수로 인식해야 함
⑤ 지능 지수만을 근거로 한 영재아 또는 저능아 등의 낙인은 금지해야 함

(3) 플린 효과(Flynn Effect)

교육의 확대, 지능 검사의 반복 효과, 조기 교육 등으로 인해 세대가 반복될수록 지능 검사의 점수가 높아지는 현상

출제 Point

2012학년도 중등 객관식 22번
교사 견해의 근거가 되는 지능 검사

김 교사: 지난번에 현우와 연수에게 언어성 검사와 동작성 검사로 이루어진 지능 검사를 실시한 결과, 두 학생의 지능 지수가 유사하게 나온 것을 보니 두 학생의 지적 능력은 비슷하다고 보아도 좋을 것 같아요.

④ 김 교사: K–WISC–Ⅲ

CHAPTER 1 학습자의 인지적 특성

출제 Point

2002학년도 중등 객관식 31번
창의성과 관련한 진술
① 유창성은 창의성의 주요 요소이다.

2003학년도 중등 객관식 38번
창의성을 기르기 위한 수업 상황에서 교사가 사용할 수 있는 활동
나. 일상적, 보편적 아이디어를 새롭게 변형, 조합, 개선시킨다.
라. 변형, 조합, 은유, 유추적 결합 등으로 창의적 사고의 의미를 알게 한다.

2004학년도 중등 객관식 15번
- 고든(Gordon) 등에 의해 제안되었으며, 창의적인 사람들이 무의식적으로 사용하는 전략들을 활용하는 것이다.
- 당연한 것으로 받아들이던 대상이나 요소에 대해 의문을 가져 본다.
- '내가 만일 새롭게 고안된 병따개라면 어떤 모양이 되고 싶은가?'와 같이 사람이 문제의 일부분이 되어 봄으로써 새로운 관점을 창출한다.
- 동·식물이 스스로를 보호하고 있는 방법에서 아이디어를 얻어 신변 안전 장치를 개발할 수도 있다.

② 시네틱스(Synectics)

02 창의력

1 창의력의 이해

(1) 개념

새롭고, 유용하고, 가치 있는 것을 생산해 내는 능력

(2) 구성 요소 [02 중등]

① 인지적 요소

구분	내용
감수성(민감성)	문제 상황을 민감하게 지각하는 능력
유창성	일정 시간 내에 많은 아이디어를 산출하는 능력
융통성	일정 시간 내에 다양한 범주의 아이디어를 산출하는 능력
참신성(독창성)	참신하고 독특한 아이디어를 산출하는 능력
정교성	다듬어지지 않은 아이디어를 구체화하거나 명확하게 조직하는 능력

② 정의적 요소
- 새롭고, 복잡하고, 어려운 문제를 선호하는 경향
- 모호성을 참는 경향
- 실패에 대한 부담이 적고, 약간의 위험 부담을 즐기는 경향
- 관행에 대한 동조를 거부하는 경향
- 자신의 경험에 대한 개방적 경향

2 창의력 계발 기법 [03 중등]

구분	내용
브레인스토밍	• 오스본(Osborn)이 제안한 기법으로, 창의적 아이디어를 산출하기 위해 자유롭게 아이디어를 제안하고 토의하는 기법 • 4가지 기본 원리 – 비판 금지, 판단 보류의 원리: 판단이나 평가는 유보해야 함 – 자유분방의 원리: 다양한 아이디어를 자유롭게 이야기해야 함 – 다양성의 원리: 가능한 많은 아이디어를 제시해야 함 – 결합과 개선의 원리: 다른 아이디어와 결합하여 새로운 아이디어를 제시해야 함
시네틱스 (Synectics) 기법 [04 중등]	• 고든(Gordon)이 제안한 기법으로, 유추를 통해 친숙한 것을 생소한 것으로, 생소한 것을 친숙한 것으로 보이도록 만드는 과정을 거쳐 창의성을 증진시키는 기법 • 유추 기법 <table><tr><td>구분</td><td>내용</td></tr><tr><td>직접 유추</td><td>직접적이고 객관적인 유추 방법</td></tr><tr><td>의인 유추</td><td>문제나 사물을 사람으로 의인화하는 유추 방법</td></tr></table>

	상징적 유추	상징을 활용하는 유추 방법
	환상적 유추	비현실적인 유추를 사용하는 유추 방법

PMI 기법 [08 중등]	드 보노(De Bono)가 제안한 기법으로, 아이디어의 긍정적인 면(Plus)과 부정적인 면(Minus)과 흥미로운 점(Interesting)을 생각해 보는 기법
육색 사고 모자 기법 [05 중등]	• 드 보노(De Bono)가 제안한 기법으로, 6가지 사고를 나타내는 색깔의 모자를 쓰고, 모자에 해당하는 사고를 해 보는 기법 • 한정된 역할을 제시하므로 자유로운 사고가 가능하며, 주의 집중을 유도할 수 있음

SCAMPER 기법

• 오스본(Osborn)과 에버를(Eberle)이 제안한 기법으로, 아이디어를 이끌어 내기 위한 체계적인 질문 방법
• 7가지 질문

구분	내용
대체하기 (Substitute)	고정적인 시각을 바꾸기 위해 기존의 것을 다른 것으로 대체하도록 하는 질문
결합하기 (Combine)	두 가지 이상을 결합하여 새로운 것을 만들어 내도록 유도하는 질문
응용하기 (Adapt)	어떤 것을 다른 목적의 용도에 맞게 응용해서 적용하도록 하는 질문
수정·확대·축소하기 (Modify, Magnify, Minify)	어떤 것을 수정, 확대, 축소하도록 하는 질문
용도 변경하기 (Put to other uses)	어떤 것을 전혀 다른 용도로 사용하도록 하는 질문
제거하기 (Eliminate)	어떤 것의 일부 또는 전체를 제거하도록 하는 질문
재배치·거꾸로 하기 (Rearrange, Reverse)	어떤 것의 순서, 모양, 위치, 기능 등을 재배치하거나 거꾸로 해 보는 질문

속성열거법	크로퍼드(Crawford)가 제안한 기법으로, 주어진 문제가 가진 명사적·형용사적·동사적 속성을 열거하고, 그중 하나의 속성을 선택하여 개선점을 찾고, 가장 좋은 아이디어를 선택하는 기법

출제 Point

2008학년도 중등 객관식 29번
• 아이디어, 건의, 제안 등을 처리하는 창의적인 기법으로 사용된다.
• 학생들은 단순히 어떤 아이디어를 좋아하거나 좋아하지 않는다고 판단하지 않는다.
• 학생들에게 어떤 아이디어에 대하여 먼저 좋은 점을 생각하고, 다음에는 나쁜 점을 생각하며, 마지막으로 좋지도 나쁘지도 않지만 주목할 만한 가치가 있다고 생각되는 점을 살펴보도록 하여 사고의 방향을 안내한다.

① 드 보노(De Bono)의 PMI

2005학년도 중등 객관식 31번
• 측면적/수평적 사고(Lateral Thinking)를 하게 함
• 감정적, 객관적, 긍정적 측면 등의 사고를 한 번에 한 가지씩 할 수 있도록 돕는 도구를 사용함

④ 육색 사고 모자(Six Thinking Hats)

CHAPTER 1 학습자의 인지적 특성

03 인지 양식

1 장 의존형과 장 독립형: 위트킨(Witkin) [02 중등, 06 중등, 12 중등]

(1) 개념
주어진 상황에서 정보를 받아들이는 양식에 따라 장 의존형과 장 독립형으로 구분함

(2) 학습 유형

구분	장 의존형	장 독립형
개념	정보를 인지할 때 주변의 장(배경)에 영향을 많이 받는 인지 양식	정보를 인지할 때 주변의 장(배경)에 영향을 별로 받지 않는 인지 양식
특징	• 대상을 전체적으로 파악 • 직관적인 경험에 근거 • 기존의 구조 수용 • 외적 보상 등에 의한 외적 동기 유발 • 사회적 성향 • 동료 학습 선호 • 사회 과학 선호	• 대상을 독립적으로 파악 • 분석적 능력에 근거 • 상황을 재조직하고 구조화 • 개인의 목표 추구를 통한 내적 동기 유발 • 개인적 성향 • 개별 학습 선호 • 수학, 자연 과학 선호
교수 전략	• 협동 학습, 토의 학습 활용 • 외적 보상 제공 • 구조화된 학습 자료 제시	• 강의법 활용 • 목표를 스스로 설정하도록 함 • 비구조화된 학습 자료 제시

2 충동형(속응형)과 반성형(숙고형): 케이건(Kagan) [12 중등]

(1) 개념
과제 해결에 대한 반응 시간과 반응 오류를 기준으로 충동형과 반성형으로 구분함

(2) 학습 유형

구분	충동형(속응형)	반성형(숙고형)
개념	문제에 대한 반응 시간은 빠르지만, 반응 오류가 많은 유형	문제에 대한 반응 시간은 느리지만, 반응 오류가 적은 유형
특징	• 생각나는 대로 단순하게 답을 제시 • 빠르게 답을 제시하지만, 정확성이 떨어지고 실수가 많음 • 낮은 학업 성취도	• 여러 대안을 탐색하고 검토하여 적절한 답을 제시 • 느리게 답을 제시하지만, 오류와 실수가 적음 • 높은 학업 성취도
교수 전략	인지적 자기 교수법을 활용하여 신중하게 사고하도록 함	어려운 문제는 건너뛰게 하고, 문제 해결에 필요한 시간을 제한

출제 Point

2012학년도 중등 객관식 24번
(가)의 내용에 부합하는 학습 양식 이론에 대한 설명

> 강 교사: 학생들마다 공부하는 방식에 차이가 있는 것 같아요. 어떤 사물을 지각할 때 (가) 그 사물의 배경이 되는 맥락의 영향을 많이 받고 배경과 요소들을 연결 지어 지각하는 학생이 있는 데 반해, 맥락의 영향을 별로 받지 않고 사물의 요소를 분리하여 지각하는 학생이 있는 것 같아요.

ㄴ. (가): 장 독립형 학습자는 과제와 관련된 구체적인 상황이 주어지지 않아도 분석적 능력을 요구하는 학습 과제를 잘 해결하는 경향이 있다.

2006학년도 중등 객관식 10번
장독립적 학습자와 비교할 때 장의존적 학습자의 특성
① 실제 상황이 함께 제시되는 학습 과제를 잘 해결한다.
② 요소들 간의 관계가 분명한 학습 내용을 잘 이해한다.
④ 학습 상황을 부분으로 나누기보다는 전체로 지각한다.

2002학년도 중등 객관식 21번
장의존적(Field-dependent) 학생에게 가장 적합한 학습 환경
① 선형적인 CAI 프로그램, 구조화된 과제 제공

2012학년도 중등 객관식 24번
(나)의 내용에 부합하는 학습 양식 이론에 대한 설명

> 윤 교사: 강 선생님이 이야기한 학습 양식의 차이 외에도 어떤 자극에 대한 (나) 반응 속도는 느리지만 사려가 깊어서 정확한 반응을 하는 학생도 있는 것 같아요.

ㄷ. (나): 충동형과 반성형의 학습 양식을 판별하는 방법으로 케이건(Kagan)의 같은 그림 찾기(Matching Familiar Figure) 검사가 있다.
ㄹ. (나): 충동형 학습 양식을 반성형 학습 양식으로 수정하기 위한 방법으로 매켄바움(Meichenbaum)의 자기 교수법(Self-instruction)이 있다.

3 콜브(Kolb)의 학습 양식

(1) 개념

학습자의 정보 지각 방식과 정보 처리 방식에 따라 4가지 학습 모형을 제시하고, 학습 유형을 적응형, 발산형, 수렴형, 동화형으로 구분함

(2) 4가지 학습 모형

구분		내용
정보 지각 방식	구체적 경험	직접 경험한 일을 통해 학습하며, 사람들과의 관계를 중시함
	추상적 개념화	분석적·논리적으로 접근하고, 체계적 계획을 수립함
정보 처리 방식	능동적 실험	실제로 문제에 접근하여 문제를 해결하며, 실험을 지향함
	반성적 성찰	판단하기 전 주의 깊게 관찰하고, 내향적 경향을 보임

(3) 4가지 학습 유형

구분		정보 처리 방식	
		능동적 실험	반성적 관찰
정보 지각 방식	구체적 경험	적응형(조절형): 새로운 경험을 추구하고, 새로운 상황에 잘 적응하며, 모험적이고 위험을 두려워하지 않는 유형	발산형(분산형): 상상력이 뛰어나고, 여러 관점에서 조망하며, 많은 아이디어를 제시하는 유형
	추상적 개념화	수렴형: 가설 설정과 연역적 추리에 익숙하며, 사고의 실제적 적용이 가능한 유형	동화형(융합형): 사고와 이해에 초점을 두어 귀납적 추론이 가능하며, 논리적이고 정확한 이론적 모델의 제작이 가능한 유형

개념을 현장에 적용한 사례 살펴보기

실전 적용

303p

가드너(Gardner)의 다중 지능 이론을 통한 학생의 특성 파악하기

담임이 되어 새로운 학급을 맡는다면 가장 먼저 학급 학생들의 특성을 파악해야 한다. 가드너의 다중 지능 이론을 활용하여 학생 이해의 폭을 넓혀보자.

1) 학생들의 과목별 성적을 참고하되, 다양한 과제에 대한 수행을 지속적으로 관찰해 보자.
2) 가드너의 다중 지능에 따라 언어 지능, 음악 지능, 논리 수학 지능 등으로 구성된 표를 만들고, 각 지능별로 두드러진 능력을 나타내는 학생을 확인해 보자.
3) 결과를 바탕으로 학생들의 강점 지능과 약점 지능을 확인해 보자.

CHAPTER 2 학습자의 정의적 특성(동기)

출제 Point

2004학년도 중등 객관식 13번
내재적 동기 수준이 높은 학습자를 위한 지도 방법
② 학습 과제에 대한 기대와 호기심을 갖게 한다.
③ 과제 선택의 기회를 주어 자기주도적 학습 환경을 제공한다.
④ 학습자의 수준보다 약간 높은 수준의 곤란도를 가진 학습 과제를 제시하여 도전감을 유발한다.

01 동기의 이해

1 동기의 개념과 기능

(1) 개념

학습자가 가진 목표 지향적 활동이 유발되고 지속되는 과정

(2) 기능

① 목표 지향: 학습 목표를 지향하여 행동하도록 도움
② 행동 촉진 및 유지: 학습하려는 노력과 힘을 증가시켜 학습 활동과 지속을 가능하게 함

2 동기의 종류 [04 중등]

구분	내용
외재적 동기	외부에서 비롯되는 동기로, 과제 수행의 결과가 가져다 주는 보상이나 벌에서 비롯되는 동기
내재적 동기	내부에서 비롯되는 동기로, 과제 활동 자체가 보상인 동기

02 동기 이론

1 매슬로우(Maslow)의 욕구 위계 이론

(1) 개념

학습자가 가진 욕구가 동기화에 영향을 준다고 보는 이론으로, 인간의 욕구를 위계화하여 하위 욕구가 충족되어야 다음 상위 욕구가 등장한다고 봄

(2) 욕구 위계 5단계

단계		내용
결핍 욕구	생리적 욕구	욕구 단계의 출발점으로, 인간이 생존하는 데 필요한 기본적인 욕구 예 의식주·성·수면 욕구
	안전의 욕구	위험한 상황에서 자신을 보호하고, 불안으로부터 벗어나고자 하는 욕구 예 법·질서·안정에 대한 욕구
	사회적 욕구	가족, 친구, 집단과 친밀한 관계를 맺고자 하는 욕구 예 집단에의 소속감, 우정
	존경의 욕구	타인으로부터 인정받고자 하는 욕구 예 승진, 직책
성장 욕구	자아실현의 욕구	자신의 잠재적인 능력을 실현하며 일생의 목표를 성취하고자 하는 욕구 예 일의 성취, 도전적 직무

2 데시와 라이언(Deci&Ryan)의 자기결정성 이론 [11 중등, 13 중등]

(1) 개념

자신의 행동을 자율적으로 결정하고자 하는 자기결정성 욕구에 의해 동기화된다고 보는 이론으로 자율성, 유능감, 관계성의 3가지 기본 욕구로 이루어져 있는 자기결정성은 내재적 동기를 제공함

(2) 3가지 기본 욕구

구분	내용
자율성 욕구	자신이 원하는 바에 따라 행동하려는 욕구
유능감 욕구	능력 있는 사람이기를 원하고, 능력이 향상되고자 하는 욕구
관계성 욕구	타인과 원만한 관계를 맺고 싶어 하는 욕구

출제 Point

2013학년도 중등 객관식 24번
최 교사가 활용하고 있는 동기 유발 활동에 부합하는 동기 이론

최 교사: 미영아, 다음 주에 배울 6단원의 주제들이 조금 어렵긴 하지만, 이 중 어떤 주제를 언제 발표할지 정해서 알려 줄래?
미영: 맞아요. 6단원 내용이 어려운 것 같아요. 하지만 해 볼 만한 것 같아요. 저는 6단원 중에서 '조선 시대의 통치 체제'에 대해 준비해서 발표할게요. 발표는 다음 주 수요일에 할게요.

⑤ 자기결정성 이론

CHAPTER 2 학습자의 정의적 특성(동기)

출제 Point

2013학년도 중등 객관식 24번
최 교사가 활용하고 있는 동기 유발 활동에 부합하는 동기 이론

> 은미: 선생님, 처음에는 역사가 재미있어서 열심히 했는데, 요즘에 배우는 고려 시대 내용은 재미도 없고 너무 어려운 것 같아요.
> 최 교사: 그래? 그런데 내가 생각하기로는 잘 하고 있는 것으로 보이는데……. 그리고 너는 고고학자가 꿈이잖아. 아마 지금 배우고 있는 고려 시대 내용은 너에게 중요하고 앞으로 도움이 많이 될 거야.

⑤ 기대-가치 이론

2011학년도 중등 객관식 25번
(다)에 나타난 학생의 동기 상태

> (다) 기상 관측과 관련된 직업을 갖고 싶다고 마음먹으니 과학 과목이 매우 중요하게 여겨졌고, 영어는 다른 나라의 문화를 알게 되니 재미있어서 더 열심히 하게 되었다.

③ (다): 기대-가치 이론 중 가치 요인으로 동기를 증진시키고 있다.

(3) 자기결정성을 높이기 위한 방안

구분	내용
자율성 욕구	학습 과제나 목표 설정 등에 선택권을 부여하는 등 스스로 결정할 수 있는 학습 환경이나 기회를 제공함
유능감 욕구	도전적 과제와 긍정적 피드백을 제공하여 능력이 향상되고 있다는 믿음을 제공함으로써 성공적인 과제 수행의 경험을 제공함
관계성 욕구	무조건적인 긍정적 존중, 협동 학습 등을 통해 친밀한 사회 관계를 형성하도록 함

(4) 자기결정성을 높이기 위한 평가의 활용 방안

① 분명한 목표 수준을 제공하고, 목표 수준과 일치하도록 평가를 실시함
② 평가를 자주 실시하여 성공할 경우 유능감을 확인하도록 하고, 실패할 경우 교정 학습을 통해 성공 기회를 제공함
③ 평가 결과에 대한 자세한 피드백을 제공함
④ 학생들 간의 사회적 비교를 피하고, 가장 낮은 점수를 한두 개 제외하도록 허용함
⑤ 협동 학습 평가 시 집단 보상을 실시함

3 코빙톤(Covington)의 자기 가치 이론

(1) 개념

모든 사람은 자신을 가치 있는 유능한 존재로 인식하길 원하며, 이러한 자기 가치를 보호하려는 인간의 욕구가 동기를 유발한다고 보는 이론

(2) 자기 장애 전략

자기 가치를 보호하기 위한 전략으로, 주로 실패의 원인을 노력 부족이나 통제 불가능한 외적 요인에 귀인함으로써 자기 가치를 보호함
예 성취 불가능한 목표 설정하기, 매우 낮은 학습 목표 설정하기, 소극적으로 참여하기

4 앳킨슨(Atkinson)의 기대-가치 이론 [11 중등, 13 중등]

(1) 개념

학습자가 자신이 성공할 것이라는 기대와 그 기대에 부여하는 가치에 의해 동기화된다고 보는 이론

(2) 동기화 요소

구분	내용		
기대	과제 수행 시 성공 가능성에 대한 개인의 신념과 판단		
	구분	내용	
	목표	수행해야 할 과제의 목표로, 구체적이고 단기적일수록 성공에 대한 기대가 높아짐	
	과제 난이도	과제 난이도에 대한 지각으로, 어떻게 지각하느냐에 따라 성공에 대한 기대가 달라짐	
	자기 도식	자신의 성격과 정체성을 반영하는 신념으로, 긍정적 자기 도식을 가진 학생일수록 성공에 대한 기대가 높아짐	
	정서적 기억	과거의 경험을 통해 과제에 대해 갖게 되는 감정으로, 과제에 대한 성공 경험이 있을 경우 성공에 대한 기대가 높아짐	
가치	과제 가치에 대한 신념으로, 과제를 수행하는 이유		
	구분	내용	
	달성 가치	과제 수행에 대해 개인이 부여하는 가치로, 과제가 삶에 중요한 가치가 있다고 생각될 때 동기가 촉진됨	
	효용 가치	자신의 활동이나 전공이 미래의 목표 도달에 유용할 것이라는 믿음으로, 과제가 효율성을 가질 때 동기가 촉진됨	
	비용 가치	개인이 과제에 참여하기 위해 포기해야 하는 것에 대한 고려로, 가치가 비용보다 높을 때 동기가 촉진됨	
	내재적 흥미	과제 자체에 대한 흥미로, 흥미를 느낄 때 동기가 촉진됨	

5 반두라(Bandura)의 자기효능감 이론 [11 중등]

(1) 개념

특정 과제를 성공적으로 수행할 수 있다는 자신의 능력에 대한 믿음인 자기효능감이 학습 동기에 강한 영향을 미친다고 보는 이론

(2) 자기효능감의 영향

구분	자기효능감이 높은 학생	자기효능감이 낮은 학생
과제	도전적 과제를 선택함	도전적 과제를 회피함
노력	목표 달성에 어려움이 있더라도 더 많이 노력함	목표 달성에 어려움이 있는 경우 덜 노력하고 쉽게 포기함
전략	효과적 학습 전략	비효과적 학습 전략
귀인	노력 부족으로 귀인함	능력 부족으로 귀인함

CHAPTER 2 학습자의 정의적 특성(동기)

+ 출제 Point

2005학년도 중등 객관식 29번
와이너(Weiner)의 귀인 이론(Attribution Theory)에 적용해 볼 때, A, B 유형에 해당되는 학생

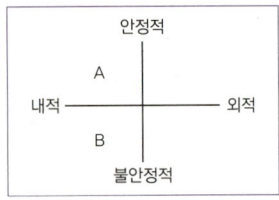

② A: ㄱ. "난 역시 똑똑해", B: ㄷ. "이번엔 공부를 너무 안 했어!"

2003학년도 중등 객관식 39번
정의적 특성과 학습의 관계에 대한 설명
④ 실패의 원인을 능력보다 노력 부족에 돌리는 학생은 다음 시험을 위해 더 노력한다.

2012학년도 중등 객관식 25번
학습 동기의 성취 목표 이론에 근거할 때, 영희가 보여주는 목표 지향성의 특성에 부합하는 것

영희는 자신의 능력이 다른 사람의 능력과 어떻게 비교되느냐에 주된 관심을 갖고 있고, 학교에서 높은 성적을 받아 자신의 능력이 뛰어나다는 것을 보여주기 위해 공부한다.

ㄱ. 개인의 지적 능력은 변하지 않는다는 관점을 갖기 쉽다.
ㄹ. '우리 반 광수보다 더 높은 점수 받기'와 같은 목표를 설정한다.

6 와이너(Weiner)의 귀인 이론 [03 중등, 05 중등, 11 중등]

(1) 개념
학업 성취의 성공과 실패의 원인을 무엇으로 보느냐에 따라 학습 동기에 영향을 미친다고 보는 이론

(2) 귀인의 3가지 차원
① 소재: 성공과 실패의 원인이 어디(내부/외부)에 위치했는지의 차원
② 안정성: 성공과 실패의 원인이 시간의 경과에 따라 변화되는지의 차원
③ 통제: 성공과 실패의 원인을 자신이 통제 가능한지의 차원

귀인	귀인의 차원		
	소재	안정성	통제
능력	내부	안정	통제 불가능
노력	내부	불안정	통제 가능
운	외부	불안정	통제 불가능
과제 난이도	외부	안정	통제 불가능

(3) 귀인의 유형

구분		바람직한 귀인 유형	바람직하지 않은 귀인 유형
귀인	성공 시	높은 능력	운
	실패 시	노력 부족	능력 부족
정서와 기대	성공 시	유능감, 성공에 대한 기대 증가	무관심, 성공에 대한 기대 감소
	실패 시	죄책감, 성공에 대한 기대 유지	무능감, 성공에 대한 기대 감소
과제 참여		과제에 적극적으로 참여함	과제 참여에 노력하지 않음

(4) 귀인 훈련 프로그램
① 노력 귀인: 성공과 실패의 원인이 노력에 있다고 귀인하는 방법
② 전략 귀인: 성공과 실패의 원인이 학습 전략에 있다고 귀인하는 방법
③ 포기 귀인: 충분한 노력과 학습 전략 모두 시도했는데 실패했다면, 포기를 유도해 새로운 길을 모색해 보도록 하는 방법

7 드웩(Dweck)의 목표 지향성(성취 목표) 이론 [11 중등, 12 중등]

(1) 개념
학생의 목표 지향성이 학습 동기에 영향을 미친다고 보는 이론으로, 목표를 어디(숙달 목표, 수행 목표)에 두느냐에 따라 결과가 달라진다고 봄

(2) 목표의 유형

① 숙달 목표: 과제의 숙달 및 이해의 증진 등 학습 활동 자체에 초점을 두는 목표

구분	내용
숙달 접근 목표	과제의 숙달 및 학습 과정과 학습 활동의 이해에 초점을 두는 목표
숙달 회피 목표	과제를 숙달하지 못하는 것을 회피하는 것에 초점을 두는 목표

② 수행 목표: 본인의 능력 과시와 타인에게 보이기 위한 점수 중심의 목표

구분	내용
수행 접근 목표	타인과 비교하여 상대적으로 유능해 보이려는 목표
수행 회피 목표	능력이 부족해 보이는 것을 회피하려는 목표

③ 과제 회피 목표: 최소한의 노력으로 과제를 대충 수행하려는 목표
④ 사회적 목표: 자신이 속한 집단에서의 신뢰와 책임감을 가진 목표

(3) 숙달 목표 지향을 위한 방법

① 도전적 과제 제공: 능력 범위 안에서 해결 가능한 도전적 과제를 제공함
② 협동 학습 활용: 구성원 모두의 과제 숙달과 학습 수준 향상을 중요하게 여기는 협동 학습을 활용함
③ 숙달에 초점을 둔 피드백이나 보상 제공: 학생의 능력 향상과 숙달에 초점을 맞추어 피드백과 보상을 제공함
④ 자기 평가 활용: 타인과의 경쟁을 피하고 스스로 평가하도록 하는 자기 평가를 활용함

8 성취 동기 이론: 앳킨슨(Atkinson), 와이너(Weiner)

(1) 개념

성취 동기는 도전적이고 어려운 과제를 성취하려는 것으로, 학업 성취에 대한 동기가 동기화를 결정한다고 보는 이론

(2) 앳킨슨(Atkinson)의 성취 동기 이론

성공 추구 동기가 높은 학생은 성공 가능성이 높은 중간 정도 난이도의 과제를 선택하고, 실패 회피 동기가 높은 학생은 너무 쉽거나 어려운 과제를 선택함

(3) 와이너(Weiner)의 성취 동기 이론

성공 추구 동기가 높은 학생은 실패 시 성취 동기가 증가하고, 실패 회피 동기가 높은 학생은 성공 시 성취 동기가 증가함

CHAPTER 3 학습자의 발달

출제 Point

2011학년 중등 객관식 24번
피아제(Piaget)의 인지 발달 이론

- '불평형'은 오류가 생기는 상황에 직면할 때 일어난다.
- '불평형'은 인지적 성장을 고무하기에 알맞은 정도로 유지되어야 한다. 그 이유는 문제가 너무 단순해서 학생들이 지루해 해서도 안 되고, 교수 내용을 이해할 수 없어서 뒤처져서도 안 되기 때문이다.
- 주먹만 한 스티로폼과 손톱만 한 유리구슬을 물속에 담그기 전과 후를 학생들에게 보여주었을 때, 학생들은 그 상황에서 '일어나야 한다고 생각하는 일'과 '실제로 일어나는 일' 사이의 '불평형'을 경험한다.

2010학년 중등 객관식 24번
피아제(Piaget) 인지 발달 이론의 형식적 조작 단계에서 나타나는 사고의 특징

- 구체적인 경험과 관찰의 한계를 넘어서, 제시된 정보에 기초해서 내적으로 추리한다.
- 사고에 대한 사고, 즉 메타 사고(Meta-thinking)의 과정을 통해 자신의 사고 내용에 대해 숙고하는 과정이다.
- 문제를 해결하는 과정에서 기존의 지식을 새로운 장면에 쉽게 적용하거나 새로운 지식을 창조하는 일에 깊이 관여한다.
- '할아버지와 할머니의 관계는 아버지와 어머니의 관계에 해당한다.'와 같이 대상들 간의 관계를 유추하는 과정에서 작용한다.

④ 반성적 추상화(Reflective Abstraction)

01 인지적 발달

1 피아제(Piaget)의 인지 발달 이론 [03 중등, 05 중등, 08 중등, 10 중등, 11 중등]

(1) 개념

인지 발달은 인간과 환경의 상호 작용을 통해 인지구조가 질적으로 변화하는 과정(인지적 구성주의)

(2) 학습 과정

구분		내용
인지 도식 (Schema)		외부 환경에 대한 이해의 틀
불평형		새로운 정보와 기존의 인지 도식 간 불균형 상태
적응	동화	기존의 인지 도식에 새로운 정보를 포함하는 인지 과정
	조절	기존의 인지 도식을 새로운 정보에 맞게 변화시키는 인지 과정
조직화		새로운 인지 도식이 기존의 인지 도식과의 조정을 통해 인지구조의 일부가 되는 과정
평형		동화와 조절을 통해 적절한 인지적 균형을 이룬 상태

(3) 인지 발달 단계

단계	내용
감각 동작기 (출생~2세)	감각 운동을 통해 세상을 지각·이해하는 시기 • 대상 영속성: 대상이 시야에서 사라져도 계속 존재한다는 개념
전조작기 (2~7세)	지각이 아동의 사고를 지배하는 시기 • 직관적 사고: 지각에 의존하는 사고 • 상징적 사고: 부모나 TV 속 인물을 모방하는 사고 • 자기중심적 사고: 타인의 관점을 고려하지 않는 주관적 사고 • 물활론적 사고: 모든 사물이 생명력을 가지고 있다고 보는 사고 • 자기중심적 언어(집단 독백) 사용

구체적 조작기
(7~8세)
	구체적인 사물에 대한 논리적·조작적 사고가 가능한 시기
	• 탈중심화: 대상의 다양한 측면을 고려함
	• 보존 개념 발달: 물체의 모양이 변경되어도 물리적 특성은 동일하다는 개념
	  – 가역성: 처음의 상태로 돌이켜 사고할 수 있음
	  – 동일성: 대상의 동일한 양을 알 수 있음
	  – 상보성: 대상의 특징을 비교하고 종합하는 능력으로, 한 차원의 변화는 다른 차원의 변화에 의해 보상됨을 알 수 있음
	• 분류 능력: 대상을 다양한 특성에 따라 위계적으로 분류하거나 배열할 수 있음

형식적 조작기
(11세 이후)
	구체적인 사물 없이도 추상적이고 개념적인 사고가 가능한 시기
	• 추상적 사고: 구체적인 사물에서 벗어나 추상적인 주제에 대해 사고할 수 있는 능력
	• 반성적 추상화: 구체적 경험 없이 제시된 정보를 통해 유추하는 사고 과정
	• 가설 연역적 사고: 가설을 설정하고 설정된 가설을 검증함으로써 정보를 수집하고 문제를 해결할 수 있는 사고
	• 자기중심적 사고
	  – 상상적 청중: 타인이 자신만 주시하고 있다고 믿는 사고
	  – 개인적 우화: 자신의 경험이나 생각은 오직 자신만이 겪는다고 믿는 사고
	• 조합적 사고: 문제 해결에 필요한 요인들을 체계적으로 조합하여 문제를 해결하는 사고

(4) 교수 방법

① 발견 학습 제공: 아동이 직접 사고하고 탐구하며 발견할 수 있는 환경 조성
② 협동 학습 제공: 또래와의 상호 작용 기회 제공
③ 도전적 과제 제공: 도전적 과제를 제공하여 인지적 불평형 유발
④ 인지 발달 수준 고려: 인지 발달 수준에 적합한 교육 내용 제공

출제 Point

2005학년 중등 객관식 28번
피아제(Piaget) 이론의 인지 발달 기제와 관련된 예화이다. ㉠, ㉡, ㉢에 해당되는 개념

> 현아는 모둠 학습 과제를 위해 디지털 카메라를 꺼내어 작동시켜 보았더니 고장이 나 있었다. 그래서 어머니께서 빌려다 주신 것을 사용하게 되었다. ㉠ 낯선 제품이었지만 평소 자기의 카메라를 다루던 방식으로 전원 스위치를 눌렀더니 작동이 되었다. 그러나 ㉡ 풍경 모드로 전환하는 방식이 예전의 자기 것과는 달라 당황스러웠다. 현아는 ㉢ 기능 버튼을 이리저리 눌러 보고 새로운 제품의 사용 방법을 익혔다. 그 결과 그 제품을 자유로이 다룰 수 있게 되었다.

③ ㉠ 동화, ㉡ 비평형화, ㉢ 조절

2003학년도 중등 객관식 34번
〈보기〉와 같은 인지 발달 단계의 학생에게 가장 적합한 교수 방법

> • 가설 연역적 사고와 명제적 사고가 가능하다.
> • 실험을 통한 과학적 원리의 탐색이 가능하다.
> • 비현실적인 것에 대한 상상과 추론이 가능하다.

④ 이해에 선행하여 관련 스키마를 구성하고, 이를 활용하여 체계적으로 문제를 해결하도록 유도한다.

CHAPTER 3 학습자의 발달

출제 Point

2020학년도 중등 논술
비고츠키(Vygotsky) 지식론의 명칭, 이 지식론에서 보는 지식의 성격 1가지와 교사와 학생의 역할 각각 1가지

- 교과서에 주어진 지식이 진리라는 생각이나, 지식은 개인이 혼자 만드는 것이라는 생각에서 벗어나는 것이 중요하며, 이와 관련하여 비고츠키의 지식론이 많은 시사점을 줄 수 있음
- 이 지식론의 관점에서 보면, 교사와 학생의 역할도 기존의 강의식 수업에서의 역할과는 달라질 필요가 있음

2013학년도 중등 객관식 22번
학자의 견해와 부합하는 것

이 학자는 전통적인 지능 검사의 한계를 지적하면서 근접 발달 영역(Zone of Proximal Development)이라는 개념을 처음으로 주장했다. 연수 이후 문 교사는 학생들이 혼자서 해결할 수는 없지만 타인의 도움을 받으면 해결할 수 있는 근접 발달 영역에서 학습이 가장 효과적으로 이루어지며, 이 영역이야말로 교수·학습 및 평가 활동에서 강조되어야 한다고 생각하게 되었다.

ㄴ. 적절한 학습이 인지 발달을 촉진한다.
ㄷ. 개인의 발달을 이해하기 위해서는 그 개인이 속해 있는 사회·문화적 환경을 이해하는 것이 중요하다.

2012학년도 중등 객관식 16번
비고츠키(Vygotsky)의 근접 발달 영역(ZPD) 아이디어를 교수·학습 과정에 적용한 것에 대한 설명

① 교수·학습 과정은 잠재적 발달 수준을 새로운 실제적 발달 수준이 되도록 변환시키는 과정이다.
③ 근접 발달 영역 범위는 학습자의 발달 수준과 교사의 조력 방법 등에 따라서도 달라질 수 있으므로 이를 고려한 교수설계가 필요하다.
④ 교수·학습 과정에 인지적 도제 이론의 모델링(Modeling), 코칭(Coaching), 스캐폴딩(Scaffolding), 성찰(Reflection) 등의 활동을 적용할 수 있다.
⑤ 잠재적 발달 수준에 도달한 학습자는 새로운 근접 발달 영역에서 교사나 유능한 학생의 도움을 받아 학습 활동을 하게 된다.

2 비고츠키(Vygotsky)의 인지 발달 이론

[03 중등, 04 중등, 06 중등, 12 중등, 13 중등, 20 중등(論)]

(1) 개념
인지 발달은 사회·문화적 맥락에서 타인과의 사회적 상호 작용을 통해 일어나는 과정(사회적 구성주의)

(2) 언어와 인지 발달
① 기능: 사회적 상호 작용의 매개체, 인식의 도구 제공, 자신의 사고와 행동 조절
② 언어 발달 단계

구분	내용
사회적 언어	타인의 행동을 통제하기 위해 감정을 전달하는 초보적 언어
사적 언어 (자기중심적 언어)	자신의 사고와 행동을 조절하기 위해 자신에게 하는 혼잣말
내적 언어	자기중심적 언어가 내면화되어 마음속에서 사용되는 언어

(3) 근접 발달 영역

단계	내용
근접 발달 영역 (ZPD; Zone of Proximal Development)	실제적 발달 수준과 잠재적 발달 수준 사이의 영역으로, 아동이 혼자서는 해결할 수 없지만, 성인이나 유능한 또래의 도움으로 성공할 수 있는 영역
비계 설정 (Scaffolding)	근접 발달 영역 내에서 제공되는 도움으로, 학습자 스스로 과제를 수행할 수 있도록 도움을 점차 감소시켜야 함 • 구성 요소: 공동의 문제 해결, 상호 주관성, 따뜻한 반응, 자기 조절 증진하기, 근접 발달 영역 안에 머물게 하기 • 방법: 모델링, 소리 내어 생각하기, 질문, 과제 범위의 조정 등
역동적 평가	타인의 도움을 받아 새로운 내용을 학습할 수 있는 능력, 즉 잠재 능력에 대한 평가

(4) 교수 방법

① 비계 설정 활용: 학생이 문제 해결에 어려움을 겪을 때 적절한 비계 설정을 통해 도움 제공
② 협동 학습 제공: 유능한 또래와의 상호 작용을 위해 이질 집단의 협동 학습 제공
③ 역동적 평가 실시: 역동적 평가를 통해 학생의 근접 발달 영역 발견

3 피아제와 비고츠키 이론의 비교 [07 중등]

구분	피아제	비고츠키
학습자	능동적 존재	
지식관	인지적 구성주의	사회적 구성주의
발달	상호 작용을 통한 발달	
	개인 내부에서 일어나는 인지적 과정	성인이나 유능한 또래와의 상호 작용 과정
발달과 학습	발달이 학습에 선행함	학습이 발달에 선행함
교사	안내자	촉진자(조력자)
평가	정적 평가	역동적 평가

+ 출제 Point

2012학년도 중등 객관식 22번
박 교사 견해의 근거가 되는 평가 접근

> 박 교사: 제가 보기에 현우와 연수는 발달 잠재력이 서로 다른 것 같은데, 혼자서 과제를 해결할 수 있는 발달 수준과 도움을 받아서 과제를 해결할 수 있는 발달 수준을 모두 평가하여 이를 비교하는 것이 더 타당하다고 생각합니다.

④ 역동적 평가(Dynamic Assessment)

2006학년도 중등 객관식 6번
유치원생인 수진이는 퍼즐 문제를 해결하면서 "아니야, 그것은 맞지 않아, 이렇게 하면 어떨까? 여기로? 아니다. 차라리 저기가 어떨까? 그다음에는 어떻게 하지?"라고 혼잣말을 하였다. 수진이의 행동을 비고츠키(Vygotsky)의 견해에 비추어 해석
② 언어가 사고로 내면화되는 과정이다.

2004학년도 중등 객관식 16번
비고츠키(Vygotsky)의 인지 발달에 관한 견해
① 인지 발달은 사회·문화적 맥락의 영향을 받는다.
② 인지 발달은 변증법적 교류에 의해 이루어진다.
③ 근접 발달 영역은 잠재적(Potential) 발달 수준과 실제적(Actual) 발달 수준 사이의 영역을 의미한다.

2003학년도 중등 객관식 37번
비고츠키(Vygotsky)의 언어와 사고 발달에 대한 설명
① 어려운 문제를 해결할 때, 내적 언어의 사용 빈도가 증가한다.
② 아동의 지적 발달은 내적 언어와 사회적 언어 모두에 영향을 받는다.
③ 2세 경이 되면 사고와 언어가 결합되어, 언어는 점차 합리적으로 표현된다.

2007학년도 중등 객관식 28번
인지 발달에 관한 피아제(Piaget)와 비고츠키(Vygotsky)의 관점 비교

> ㄱ. 피아제는 개인 내부에서 새로운 지식이 어떻게 구성되는가에 관심을 두었으나, 비고츠키는 문화의 맥락 안에서 정신적 도구가 어떻게 매개되는가에 관심을 두었다.
> ㄷ. 피아제는 교사가 아동의 평형화를 깨뜨리는 경험을 제공해야 한다는 점을 시사하였으나, 비고츠키는 교사가 아동에게 발판을 제공하고 상호 작용을 안내해야 한다는 점을 시사하였다.

CHAPTER 3 학습자의 발달

출제 Point

2016학년도 중등 논술
에릭슨(Erikson)의 정체성 발달 이론에 제시된 개념 1가지

진로 지도	• 진로를 결정하지 못한 학생의 경우 성급한 진로 선택을 유보하게 할 것 • 학생에게 다양한 진로를 접할 수 있는 충분한 탐색 기회를 제공할 것

2010학년도 중등 객관식 25번
청소년기의 심리적 발달 특징에 대한 학자들의 견해
③ 에릭슨(Erikson)은 심리사회적 발달 이론에서 정체감 위기를 겪고 있는 청소년들의 지배적인 심리 상태를 심리적 유예라고 명명하였다.

2004학년도 중등 객관식 17번
에릭슨(Erikson)의 자아정체감(Ego-identity) 발달에 관한 견해
③ 심리적 유예기는 정체감 형성을 위해 대안적인 탐색을 계속 진행하는 시기이다.

2003학년도 중등 객관식 32번
에릭슨(Erikson)의 심리사회적 발달 이론 중, 각 단계에서 직면하는 위기와 단계별로 획득해야 할 기본 덕목

발달 단계	위기	기본 덕목
	(적응적·부적응적 대처 양식)	
③ 청년기	자아정체감 대 역할 혼미	충성심

합격선배 Tip
성격 발달 단계를 모두 외우기보다는 먼저 청소년기인 근면성 대 열등감, 자아정체감 대 역할 혼미에 집중하여 암기하자.

02 정의적 발달

1 에릭슨(Erikson)의 심리사회적 성격 발달 이론
[03 중등, 04 중등, 10 중등, 16 중등(論)]

(1) 개념
성격 발달을 심리적 요인과 사회·문화적 요인의 상호 작용 결과로 보는 이론

(2) 성격 발달 단계

단계	내용	주요 덕목
신뢰감 대 불신감 (0~1세)	• 어머니와의 관계가 중요한 단계 • 부모로부터 일관성 있는 사랑을 받으면 신뢰감이 형성되지만, 부적절하고 일관성이 없으면 불신감이 형성됨	희망
자율성 대 의심 (2~3세)	• 아버지와의 관계가 중요한 단계 • 부모가 아동의 자발적인 행동을 칭찬하면 자율성이 형성되지만, 지나친 통제와 과잉보호를 하면 수치심을 느끼고 자신의 능력을 의심하게 됨	의지
주도성 대 죄책감 (4~5세)	• 가족 관계가 중요한 단계 • 자율성을 부여하면 주도성이 발달하지만, 지나치게 통제하면 죄책감을 형성함	목적
근면성 대 열등감 (6~11세)	• 이웃과 학교와의 관계가 중요한 단계 • 아동의 성취에 대해 격려하고 칭찬하면 근면성이 발달하지만, 과제 실패나 노력을 비웃으면 열등감을 갖게 됨	능력
자아정체감 대 역할 혼미 (12~18세)	• 동료와 지도자와의 관계가 중요한 단계 • 정해진 기준 내에서 독립성을 높이는 시도를 허용하면 자아정체감이 발달하지만, 자신의 역할을 선택하지 못하면 역할 혼미를 겪게 됨 • 심리적 유예: 정체감 위기를 겪고 있는 심리 상태로, 자신에 대한 결정을 보류하고 대안적 탐색을 진행하는 시기	충성

2 마샤(Marcia)의 정체성 지위 이론 [09 중등]

(1) 개념
위기와 수행(참여, 전념)을 기준으로 정체성 지위를 4가지 유형으로 분류한 이론

(2) 정체성 지위 유형(정체감 유형)

구분		위기 (직업과 가치관 선택에 고민과 갈등을 겪었는가?)	
		Yes	No
수행 (적절한 활동에 참여하였는가?)	Yes	정체감 성취: 직업이나 가치관의 문제에 대해 스스로 탐색하고 선택함으로써 정체성을 확립한 상태	정체감 유실(폐쇄): 다른 사람의 정체감에 근거하여 그들과 비슷한 선택을 하는 상태
	No	정체감 유예: 정체감 위기의 상태에서 진로 선택을 유보함으로써 의사결정을 하지 못한 상태	정체감 혼미: 직업이나 가치관의 선택에 대한 문제에 관심이 없는 상태

출제 Point

2009학년도 중등 객관식 26번
마샤(Marcia)가 구분한 정체감 지위(Identity Status) 중 ⓒ에 해당하는 정체감 지위의 특징

- 마샤의 정체감 지위 이론을 확인하기 위하여 메일만(Meilman)이 수행한 횡단 연구 결과이다.
- 각 연령별로 연구 대상이 네 가지 정체감 지위(혼미, 유실, 유예, 확립)에서 차지하는 비율을 다음의 그래프로 제시하였다.

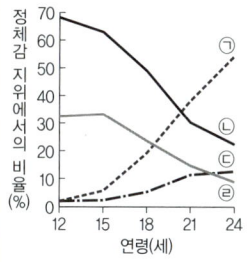

- 이 결과에 대해 메일만은 "청소년 후기가 되어야 대부분의 청소년들이 정체감을 확립한다."라고 주장하였다.
- ⊙은 각 연령별로 정체감을 확립한 청소년들의 비율 변화를 나타내는 그래프이다. ⓒ, ⓒ, ⓔ 역시 각 연령별로 특정 정체감 지위에서 차지하는 비율의 변화를 나타낸 것이다.

⑤ 정체감 위기를 겪고 난 다음, 특정 역할이나 과업에 몰두하지 못하는 상태이며, 정체감 확립에 도달하기 위한 과도기적 단계로 적극적으로 정체감을 탐색하려고 한다.

CHAPTER 3 학습자의 발달

출제 Point

2013학년도 중등 객관식 23번
'콜버그(Kohlberg)의 도덕성 발달 수준'의 인습 수준에 대한 설명

ㄴ. 법이나 규칙을 준수하고 사회 질서를 유지하는 행위를 옳은 행위라고 판단한다.
ㄹ. 다른 사람을 도와주고 기쁘게 해주며, 다른 사람으로부터 인정받는 것을 도덕적 판단의 기초로 삼는다.

2006학년도 중등 객관식 11번
콜버그(Kohlberg)의 도덕 발달 단계 중 일부 단계의 도덕적 판단 근거 순서

ㄱ. 물질적 보상과 벌
ㄴ. 타인의 칭찬과 인정
ㄷ. 사회적 관습과 벌
ㄹ. 보편적 도덕 원리와 양심

① ㄱ - ㄴ - ㄷ - ㄹ

3 콜버그(Kohlberg)의 도덕성 발달 이론 [06 중등, 13 중등]

(1) 개념
도덕성이란 옳고 그름에 대한 도덕적 판단 능력으로, 도덕적 갈등 상황에서의 도덕적 판단 능력을 바탕으로 발달 과정을 설명하는 이론

(2) 도덕성 발달 단계

단계		내용
인습 이전 수준	1단계	벌과 복종에 의한 도덕성: 신체적·물리적 결과에 따른 판단
	2단계	욕구 충족을 위한 수단으로서의 도덕성: 상호 교환의 관계로 자신의 욕구 충족에 근거한 판단
인습 수준	3단계	대인 관계 조화 지향의 도덕성: 자신이 속한 사회 구성원들에게 인정이나 승인을 받기 위한 판단
	4단계	법과 질서 지향의 도덕성: 사회가 정한 법이나 질서에 근거한 판단
인습 이후 수준	5단계	사회적 계약으로서의 도덕성: 사회 전체가 합의한 기준으로, 사회적 유용성이나 합리성에 따라 법과 질서를 변경할 수 있다는 판단
	6단계	보편적 원리로서의 도덕성: 스스로 선택한 보편적 원리에 의한 판단

(3) 교육적 적용
① 역할 놀이 활용: 여러 인물이 되어 다른 사람의 입장을 이해하도록 하는 역할 놀이를 활용함
② 도덕적 딜레마 토론법 활용: 도덕적 인지 갈등을 유발하는 상황을 제시하고, 토론을 통해 도덕적 논쟁을 하도록 함(+1 전략)

(4) 길리건(Gilligan)의 도덕성 발달 이론
남성 중심의 윤리관에 대한 대안으로 배려와 책임 중심의 도덕적 판단을 강조하는 배려의 윤리를 제시함

4 셀만(Selman)의 사회적 조망 수용 이론(사회 인지 발달 이론) [10 중등]

(1) 개념
사회적 조망 수용 능력이란 사회 관계를 인지하는 것으로, 타인의 사고와 의도, 정서 등을 추론하여 이해하는 사회적 조망 수용 능력의 발달이 성숙한 사회 행동을 가능하게 한다고 보는 이론

(2) 조망 수용 능력의 발달 단계

단계		내용
0단계	자기중심적 관점 수용 (3~6세)	자기중심적으로 타인을 보기 때문에 타인의 관점을 인식하지 못함(전조작기)

1단계	주관적 조망 수용 (6~8세)	자신과 타인의 관점이 다를 수 있다는 것을 인식하지만, 타인의 입장을 고려하지 못함(구체적 조작기)
2단계	자기 반성적 조망 수용 (8~10세)	자신의 행동을 타인의 관점에서 생각할 수 있으나, 자신과 타인의 관점을 동시에 고려하지 못함(구체적 조작기)
3단계	상호적 조망 수용 (10~12세)	제3자의 입장에서 자신과 타인을 동시에 이해할 수 있음(형식적 조작기)
4단계	사회적 조망 수용 (12~15세)	사회적 가치 체계에 근거하여 자신과 타인의 관점을 이해하고 판단할 수 있음(형식적 조작기)

5 브론펜브레너(Bronfenbrenner)의 생태학적 발달 이론

(1) 개념
개인을 둘러싼 5가지 체계가 발달에 영향을 미친다고 보는 이론

(2) 5가지 체계

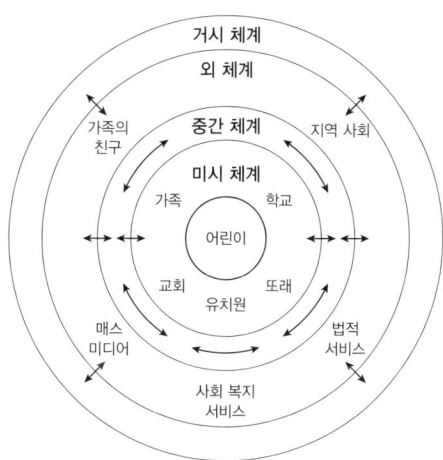

단계	내용
미시 체계 (Micro System)	아동의 발달에 직접적으로 영향을 미치는 환경 예) 부모(가족), 또래 관계, 학교
중간 체계 (Meso System)	미시 체계 사이의 연결이나 상호 관계 예) 가정과 학교의 관계, 부모와 친구의 관계
외 체계 (Exo System)	아동이 직접 접촉하지는 않지만, 간접적으로 영향을 미치는 환경 예) 부모의 직업, 사회 복지 기관, 대중 매체
거시 체계 (Macro System)	아동이 속한 문화적 환경 예) 법, 관습
시간 체계 (Chrono System)	전 생애에 발생하는 변화와 사회·문화·역사적 환경의 변화 예) 가족 구조의 변화, 직업관의 변화, 기술의 변화

CHAPTER 4 학습 이론

01 행동주의 학습 이론

1 파블로프(Pavlov)의 고전적 조건화 [06 중등]

(1) 개념

중립 자극과 무조건 자극을 결합시켜 제공함으로써 조건 자극만으로도 조건 반응을 유발하는 수동적 조건 형성 이론

(2) 조건 형성 과정

① 조건 형성 전: 무조건 자극 → 무조건 반응
  - 무조건 자극: 자동적으로 생리적 반응이나 정서적 반응을 유발하는 자극 예 고기
  - 무조건 반응: 무조건 자극에 의해 유발된 자동적 반응 예 침 분비

② 조건 형성: 중립 자극 + 무조건 자극 → 무조건 반응
  - 중립 자극: 행동에 아무런 영향을 주지 않는 자극 예 종소리

③ 조건 형성 후: 조건 자극 → 조건 반응
  - 조건 자극: 조건 형성 이후 생리적 반응이나 정서적 반응을 유발하는 자극
  - 조건 반응: 조건 자극에 의해 학습된 반응

(3) 조건 형성 과정에서의 주요 현상

구분	내용
자극 일반화	조건 자극과 유사한 자극에도 동일한 반응을 보이는 현상
변별	유사한 자극을 구분하여 각기 다른 반응을 보이는 현상
소거	무조건 자극이 주어지지 않고 조건 자극만 반복적으로 제공할 경우, 조건 자극이 주어져도 조건 반응이 유발되지 않는 현상
고차적 조건 형성	서로 다른 조건 자극 사이의 연합으로 새로운 조건 반응을 만들어 내는 현상
자발적 회복	조건 반응이 소거된 이후 조건 자극이 제시되면 조건 반응이 다시 살아나는 현상
재조건 형성	자발적 회복 이후 조건 자극과 무조건 자극을 짝지어서 지속적으로 제시하면, 조건 반응이 원래의 강도로 유발되는 현상

출제 Point

2006학년도 중등 객관식 9번
조건화 과정에서 무조건 자극, 중립 자극 및 조건 자극에 해당하는 요소

> 1995년에 가영이는 A중학교에 입학하였다. 그곳에서 가영이는 담임 선생님의 칭찬을 받으면서 즐거운 학교생활을 보냈고, 성적도 향상되었다. 3년이 경과한 1998년에 가영이는 고등학교에 진학하였는데, 등하교 시 전에 다녔던 A중학교를 지날 때마다 그 학교에서의 좋은 일들이 떠올라 유쾌해졌다.

	무조건 자극	중립 자극	조건 자극
③	칭찬	A중학교 (입학 시)	A중학교 (1998년)

(4) 부적응 행동 수정 방안

구분	내용
소거	무조건 자극 없이 조건 자극만 제시하여 조건 반응을 점차 사라지게 하는 방법
체계적 둔감법	학습자가 느끼는 불안감에 대해 교사가 이완 훈련과 불안 위계를 사용하여 학습자의 불안을 줄여주는 방법
역조건 형성	부정적 반응의 원인이 되는 조건 자극에 긍정적인 반응을 일으킬 수 있는 조건 자극을 결합시켜 바람직한 조건 반응으로 대치하는 방법
혐오 치료	바람직하지 않은 반응을 유발하는 자극과 혐오 자극을 함께 제시하는 방법
내폭 요법	공포나 불안을 유발하는 조건 자극을 상상하도록 하는 방법
홍수법	공포나 불안을 유발하는 조건 자극을 장시간 경험시키는 방법

2 스키너(Skinner)의 조작적 조건화

[02 중등, 04 중등, 06 중등, 07 중등, 08 중등, 09 중등, 11 중등]

(1) 개념

능동적 행동 뒤에 제시되는 결과에 의해 조작적 행동을 조건화하는 이론

(2) 강화와 벌

구분	내용	
강화	• 개념: 어떤 행동의 빈도를 증가시키는 것 • 조건: 강화는 자주, 반응 후에 즉시, 바람직한 반응을 할 때에만 주어야 함 • 유형	
	구분	내용
	정적 강화	반응 후에 칭찬, 상장 등의 강화물(보상)을 제시하여 바람직한 행동의 발생 빈도를 증가시키는 것
	부적 강화	반응 후에 불쾌 자극을 제거하여 바람직한 행동의 발생 빈도를 증가시키는 것
벌	• 개념: 어떤 행동의 발생 빈도를 감소시키는 것 • 유형	
	구분	내용
	수여성 벌	반응 후에 불쾌 자극을 제시하여 바람직하지 못한 행동의 발생 빈도를 감소시키는 것
	제거성 벌	반응 후에 강화물(보상)을 제거하여 바람직하지 못한 행동의 발생 빈도를 감소시키는 것

출제 Point

2011학년도 중등 객관식 28번
(나)에서 김 교사가 학생들의 문제를 해결하기 위해 활용한 상담 기법

> (나) 수정이는 시험 때가 되면 너무 예민해지고 압박감을 많이 느낀다. 김 교사는 이완 훈련과 불안 위계를 사용하여 수정이의 시험 불안을 줄이고자 하였다.

② 체계적 둔감법

2008학년도 중등 객관식 32번
수업에서 활용한 상담 기법

> 김 교사는 수학 시간에 ⓒ 학생들이 문제를 맞게 풀 때마다 칭찬을 하고 스티커 한 장을 주며 네 장 이상 모으면 자기가 하고 싶은 활동을 해도 좋다고 허락하였다. ⓒ 문제를 풀지 않고 떠들거나 다른 행동을 하는 학생에게는 교실 뒤편에 서서 김 교사가 풀어 놓은 방정식을 보도록 하였다.

② ⓒ 토큰 강화, ⓒ 타임아웃

2006학년도 중등 객관식 7번
놀기를 좋아하고 수학 공부를 싫어하는 민지에게 어머니께서는 "수학 공부를 2시간 하면, 1시간 놀 수 있도록 해 주겠다"고 말씀하셨다. 민지의 어머니가 적용한 강화 기법

④ 프리맥(Premack) 원리

2004학년도 중등 객관식 11번
강화 계획의 유형

> 스티커 10장을 모으면 '환경왕' 메달을 수여하기로 하고, 교실 바닥의 쓰레기를 줍거나 거울을 닦는 등 환경 미화를 위한 바람직한 행동을 한 번 할 때마다 스티커를 하나씩 주었다.

① 고정 비율

CHAPTER 4 학습 이론

(3) 강화 계획

① 강화 계획의 유형

구분			내용
계속적 강화			매 행동마다 강화하는 것
간헐적 강화	간격 강화	고정 간격 강화	일정 시간마다 강화하는 것
		변동 간격 강화	불규칙한 시간에 따라 강화하는 것
	비율 강화	고정 비율 강화	정해진 반응 횟수마다 강화하는 것
		변동 비율 강화	불규칙한 반응 횟수에 따라 강화하는 것

② 강화 계획의 효과
- 계속적 강화는 학습자가 새로운 과제를 학습하는 학습의 초기 단계에 효과적임
- 간헐적 강화는 이미 학습된 행동을 유지하는 데 효과적임

(4) 행동 수정 기법(응용 행동 분석)

구분		내용
바람직한 행동 증가 방법	프리맥의 원리	좋아하는 행동을 이용하여 덜 좋아하는 행동을 강화하는 방법
	토큰 강화	토큰(쿠폰, 스티커 등)을 통해 행동을 강화하는 방법
	행동 조성	차별적 강화를 통해 목표 행동을 단계적으로 형성하는 방법
	행동 계약	특정 행동에 대해 사전에 계약을 맺고, 계약에 따라 자극을 제공하면서 행동을 수정하는 방법
	용암법	스스로 목표 행동을 할 수 있도록 도움을 점차 줄여 나가는 방법
	차별 강화	여러 행동 중 하나의 행동을 골라 선택적으로 강화하는 방법
바람직하지 않은 행동 감소 방법	소거	바람직하지 않은 행동을 할 때 강화를 중단하거나 무시하는 방법
	타임아웃	바람직하지 않은 행동을 할 때 다른 장소에 일시적으로 격리시키는 방법
	상반 행동 강화	바람직하지 않은 행동과 반대되는 바람직한 행동을 강화하는 방법
	반응 대가	바람직하지 않은 행동을 할 때마다 강화물을 박탈하는 방법
	물리게 하기	바람직하지 않은 행동을 지칠 때까지 반복하게 하는 방법

02 사회 인지 학습 이론

1 반두라(Bandura)의 사회 인지 학습 이론 [05 중등, 06 중등, 07 중등, 08 중등, 16 중등(論)]

(1) 개념

직접적인 자극이나 강화를 받지 않고, 사회적 환경 속에서 타인의 행동을 관찰하고 모방하는 것만으로도 학습이 일어날 수 있다고 보는 이론

(2) 관찰 학습(모델링)

① 개념: 모델을 관찰함으로써 나타나는 행동, 인지, 정서의 변화

② 모델링 종류

구분	내용
직접 모델링	교사가 직접 보여주는 지적 또는 신체적 행동을 단순하게 모방
상징적 모델링	책, 연극, 영화, TV에 등장하는 주인공의 행동을 모방
종합적 모델링	잘한 행동의 부분을 종합

③ 관찰 학습 과정

구분		내용
주의 집중		모방하고자 하는 모델의 행동에 주의를 기울이는 단계
파지		관찰한 행동을 상징적 표상으로 기억하는 단계
재생		기억한 행동을 머릿속으로 연습하거나 실제 행동으로 나타내 보는 단계
	구분	내용
	직접적 강화	반응 뒤에 제공되는 정적 자극에 의해 주어지는 강화
	간접적 강화 (대리 강화)	다른 사람이 강화를 받는 모습에 의해 주어지는 강화
	자기 강화	스스로 자신에게 부여하는 내적인 강화
동기화		강화에 의해 동기화되는 단계로, 학습된 행동을 실제 행동으로 보이기 위한 단계

④ 관찰 학습의 효과
- 모방을 통해 새로운 행동을 학습할 수 있음
- 이미 학습한 내용을 실제로 행동해 볼 수 있음
- 자신의 행동에 대해 스스로 부여한 억제가 강화될 수 있음
- 모델의 정서 표출을 관찰함으로써 정서적 반응이 변화될 수 있음

+ 출제 Point

2016학년도 중등 논술
반두라(Bandura)의 사회 인지 학습 이론에 제시된 개념 1가지

진로지도	• 선배들의 진로 체험담을 들려줌으로써 간접 경험 기회를 제공할 것 • 롤모델의 성공 혹은 실패 사례를 제공할 것

2008학년도 중등 객관식 30번
사회 학습 이론(Social Learning Theory)에 기초한 것

ㄴ. 관찰 학습(Observational Learning)
ㄹ. 자기 조절 학습(Self-regulated Learning)

2007학년도 중등 객관식 35번
김 교사의 학급 행동 관리 전략을 뒷받침하는 가장 적절한 이론

김 교사는 학생들에게 수업 중에 질문이나 대답을 할 때는 손을 들어 허락을 받은 후 발표를 하도록 규칙을 정하였다. 그는 수업 첫날에 질문하고 대답하는 요령에 대해 적절한 시범을 보이고, 질문이나 대답을 할 때 손을 드는 학생들을 적극적으로 칭찬하였다. 그러자 1주일 후에는 학급의 모든 학생들이 이 규칙을 따르기 시작하였다.

③ 사회 학습 이론

2006학년도 중등 객관식 16번
반두라(Bandura)의 관찰 학습 과정의 단계

- 인지적 내적 시연(Rehearsal)이 이루어진다.
- 관찰된 모델의 행동이 시각적이거나 언어적인 형태로 부호화된다.
- 관찰된 모델의 행동에 따라 자신이 행동하는 것을 마음 속으로 상상해 본다.

① 파지

2005학년도 중등 객관식 30번
다음은 반두라(Bandura)의 관찰 학습 과정에 관한 모형도이다. 이를 한 학생이 연예인의 행동을 모방하게 되는 과정에 적용해 볼 때, B단계에 해당되는 설명은?

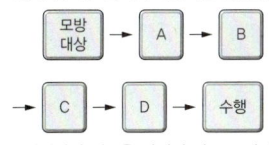

① 연예인의 행동을 상징적 기호로 저장한다.

CHAPTER 4 학습 이론

2 반두라(Bandura)의 자기 조절 학습

(1) 개념
목표를 달성하기 위해 자신의 인지, 정서, 행동을 스스로 계획·조절·통제하는 것

(2) 구성 요소

구분	내용
목표 설정	학습자 스스로 적절한 목표를 설정하고, 구체적인 계획을 세움
자기 관찰	자신의 전략, 동기, 행동을 스스로 관찰하며 점검함
자기 평가	자신이 설정한 목표를 기준으로 자신의 수행 정도를 평가함
자기 강화	자기 평가를 바탕으로 목표 달성 여부에 따라 스스로 강화나 벌을 제공함

03 인지주의 학습 이론

1 톨만(Tolman)의 기호 형태설 [07 중등]

(1) 개념

학습은 목적과 수단의 관계를 의미하는 기호를 배우는 것으로, 기호(Sign) – 형태(Gestalt) – 기대(Expectation)의 관계를 가진다고 보는 이론

(2) 특징

구분	내용
잠재 학습	유기체에 잠재되어 있지만 행동으로 나타나지 않는 학습으로, 강화에 의해 수행으로 전환되므로 강화 없이도 학습이 일어날 수 있음
장소 학습	유기체는 목표물의 위치에 대한 장소를 학습함

출제 Point

2007학년도 중등 객관식 31번
톨만(Tolman)이 실시한 미로 학습 실험에서 보상의 유형에 따른 과제의 수행 결과

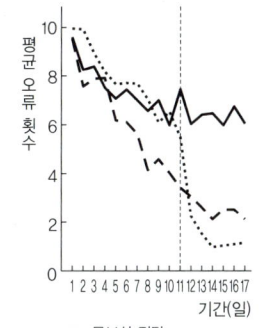

③ 보상을 받지 않아도 과제의 학습은 어느 정도 일어난다.

CHAPTER 4 학습 이론

출제 Point

2013학년도 중등 객관식 25번
(가)와 (나)의 수업 활동에서 활용하고 있는 심리학적 개념

(가) 수업이 시작되어도 학생들이 수업에 주의를 기울이지 않아 항상 고민이던 사회과 강 교사는 다음 날 몽골 문화를 주제로 하는 수업을 위해 몽골인 복장을 하고 교실로 들어갔다. 그러자 어수선하고 소란스럽던 학생들이 강 교사에게 집중하기 시작했다.
(나) 언어적 설명에 의존하여 수업을 하는 과학과 윤 교사는 수업 시간에 학생들 대부분이 자신의 수업을 이해하지 못해 고개를 갸우뚱거리는 모습이 마음에 걸렸다. 다음 날 윤 교사는 식물의 뿌리와 관련된 수업을 할 때, 곧은 뿌리와 수염뿌리에 대해 언어로 설명하면서 동시에 배추와 마늘의 뿌리가 있는 사진을 보여 주는 방식으로 학생들의 이해를 도와주었다.

⑤ (가) 칵테일 파티 효과(Cocktail Party Effect), (나) 이중 처리(Dual Processing)

2012학년도 중등 객관식 23번
앳킨슨과 쉬프린(Atkinson & Shiffrin)의 정보 처리 모형에 근거할 때, 학생들의 부호화를 촉진하기 위한 교사의 교수 활동 중 조직화 전략에 해당되는 것

ㄴ. 우리나라의 주요 하천에 대한 학습을 촉진하고자 하천의 흐르는 방향, 특징 등의 범주로 묶은 도표를 제시하면서 설명하였다.
ㄹ. 식물에 대한 학습을 촉진하고자 식물을 크게 종자식물과 포자식물로, 다시 종자식물을 속씨식물과 겉씨식물로 구분한 위계도(位階圖)를 사용하여 설명하였다.

2010학년도 중등 객관식 16번
음식 만들기 수업에 교사가 적용한 교수 기법 중 정보 처리 이론과 관련이 깊은 것

ㄱ. 자료를 제시하고 요리법을 설명하면서 중요한 부분에 밑줄을 그어 주의를 유도하였다.
ㄴ. 음식을 만드는 데 필요한 재료 목록을 제시하고 유사한 항목끼리 묶어 기억하도록 하였다.
ㄷ. 음식을 만드는 주요 과정을 랩 가사로 만든 후 학생이 익숙한 노래 가락에 맞추어 부르게 하였다.

2 정보 처리 이론 [04 중등, 07 중등, 08 중등, 10 중등, 12 중등, 13 중등]

(1) 개념

인간의 인지 과정을 컴퓨터의 정보 처리 과정에 비유하여 정보가 투입·기억·인출되는 과정으로 설명하는 이론

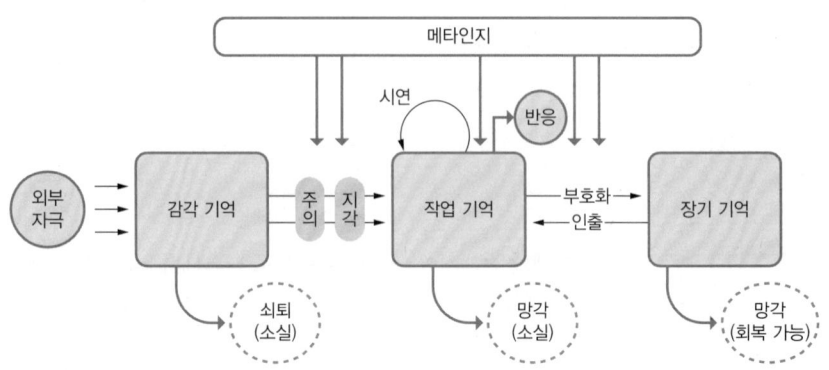

(2) 정보 저장소(기억 저장소)

구분	내용

감각 기억	• 개념: 외부로부터 들어온 자극과 정보를 최초로 저장하는 장소
	• 특징
	  – 용량은 무제한이나, 정보는 1~4초 정도 저장됨
	  – 주의를 기울인 정보만 작업 기억으로 전이됨

작업 기억 (단기 기억)	• 개념: 감각 기억을 통해 들어온 정보를 일시적으로 저장하는 장소 • 특징: 용량은 제한적이며(5~9개의 정보), 정보는 20초 정도 저장됨 • 용량 한계 극복 방법(인지 부하 이론) | 구분 | 내용 | |---|---| | 청킹 | 개별적 정보를 보다 크고 의미 있는 단위로 묶는 것 | | 자동화 | 의식적인 노력 없이 정보를 능숙하게 처리하는 것 | | 이중 처리 | 시각과 청각 정보 등을 결합하는 것 | | 유지 시연 | 별다른 조작 없이 정보를 유지하기 위해 반복적으로 되뇌이는 것 |
장기 기억	• 개념: 부호화를 거친 작업 기억의 정보를 영구적으로 저장하는 장소 • 특징: 무제한의 용량과 영구적 지속 시간 • 장기 기억의 유형 | 구분 | 내용 | |---|---| | 일화 기억 | 개인적인 경험에 대한 기억 | | 의미 기억 | 사실, 개념, 원리, 법칙 등에 대한 장기 기억 | | 절차 기억 | 무엇을 어떻게 하는가의 방법에 관한 기억 | • 도식 이론: 장기 기억 속의 지식들은 조직화되어 연관을 맺으면서 체계적인 도식으로 저장됨

- 도식의 개념: 기억 속에 축적된 조직화된 지식의 구조
- 도식의 기능: 중요한 정보에 주의를 기울이도록 하고, 저장된 정보를 회상하는 데 도움이 되며, 문제 해결을 촉진함

(3) 정보 처리 과정

구분	내용
주의	• 특정 정보에 선택적으로 주의를 집중하는 것 예) 칵테일 파티 효과: 시끄러운 파티에서도 자신의 이름은 잘 들리는 것으로, 자신에게 의미 있는 정보에만 주의를 기울이는 현상 • 주의 집중 전략: 강조, 사진, 시범, 도표, 질문하기, 밑줄 긋기 등
지각	자극에 의미를 부여하고 반응하는 것
시연	정보의 형태를 유지하기 위해 마음속으로 또는 소리를 내어 정보를 반복하는 것
부호화	• 제시된 정보를 처리 가능한 형태로 변형하는 것 • 부호화 전략 | 구분 | 내용 | |---|---| | 정교화 | 새로운 정보를 기존에 가지고 있던 정보와 연결하는 것 | | 조직화 | 관련 있는 정보를 범주화·유형화하는 것 | | 심상화 | 정보에 대한 이미지를 머릿속에 표상하는 것 | | 맥락화 | 정보를 장소, 감정, 사람 등의 물리적·정서적 맥락과 함께 학습하는 것 |
인출	장기 기억에 저장된 정보를 작업 기억으로 꺼내어 쓰는 것

출제 Point

2008학년도 중등 객관식 31번
장기 기억에 저장되어 있는 지식의 유형

- 절차적 지식의 기본 단위이다.
- '만일 ~, 그러면 ~'의 형식으로 표현된다.
- 특정한 조건하에서 드러내야 할 행위를 나타낸다.

④ 산출(Production)

2007학년도 중등 객관식 32번
인간 정보 처리 모형에서 기억 장치 (나)의 특징에 대한 설명

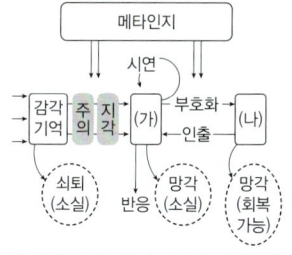

③ 명제와 산출 등에 기초한 다양한 형태의 정보망과 도식적 지식으로 이루어져 있다.

2004학년도 중등 객관식 14번
학습자의 정보 처리 과정에 관한 모형이다. ㉠과 관련된 설명

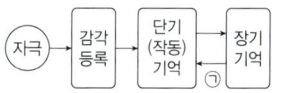

④ 생각이 날 듯 말 듯 혀끝에서 맴도는 현상이 발생할 수 있다.

CHAPTER 4 학습 이론

> **출제 Point**
>
> **2009학년도 중등 객관식 14번**
> 인지 전략 또는 초인지 전략과 이를 활용한 수업 방법
> ③ 인지적 점검(Monitoring): 오답 공책을 만들어 자신의 부족한 부분에 대해 확인하고 그 원인을 분석하도록 하였다.
>
> **2003학년도 중등 객관식 36번**
> 현아는 갑자기 자신이 읽고 있는 자료를 이해하지 못하고 있다는 막연한 느낌을 가졌다(A). 그리고 무엇이 잘못되었는지를 확실히 파악하기 위해 어떻게 해야 할지 방법을 생각했다(B). 그래서 현아는 자료를 꼼꼼히 읽으며 살펴보았다(C). 그 후 자신이 왜 글을 읽는지, 개념 파악이 잘 되지 않는지를 다시 생각해 보고 (D), 부분 부분을 읽어보기 시작하였다(E).
> ① A 초인지, B 초인지, C 인지, D 초인지, E 인지

(4) 메타인지(초인지) [03 중등, 09 중등]

① 개념: 자신의 인지 과정을 스스로 조절하고 통제하는 정신 활동(인지에 대한 인지, 사고에 대한 사고)

② 구성 요소

구분	내용
메타인지적 지식	인지 과정에 대한 지식으로, 자신의 인지 능력, 과제 특성, 학습 전략에 대해 알고 있는 것
메타인지적 기술	인지 과정을 조절하고 통제하는 능력

구분	내용
계획	활동의 순서를 결정하고, 적절한 인지 전략이나 활동 방법을 선택함
점검	자신의 인지적 상태와 인지 전략의 진행 상태를 점검함
조절	부적절한 인지 전략과 학습 방법을 수정함
평가	자신의 인지 상태의 변화 정도와 목표 도달 정도, 인지 전략의 유용성 등을 평가함

③ 메타인지 전략

구분	내용
발췌	학습 내용의 핵심을 추출하는 기법
정교화	정보를 구체적·실체적으로 나타냄으로써 정보를 늘려 나가는 기법
도식화	정보를 장기 기억에 저장하기 위해 구조화하는 기법
조직화	정보에 구조를 부과하기 위해 내용을 묶음으로 나누는 기법
인지적 점검	학습을 제대로 하고 있는지 점검하고 통제하는 기법

④ 메타인지와 학업 성취
- 자신의 이해를 점검함으로써 학습 내용에 대한 정확한 지각을 높임
- 스스로 주의 집중에 효과적인 학습 환경을 창조함
- 학습 과제에 적합한 유의미한 부호화 전략을 사용함

04 전이와 망각

1 전이

(1) 개념
① 하나의 맥락에서 이해한 학습 결과를 다른 맥락에 적용하거나 응용할 수 있는 능력
② 선행 학습이 새로운 학습 혹은 문제 해결에 영향을 미치는 것

(2) 유형

구분	내용
정적 전이	이전의 선행 학습이 다른 상황의 학습을 촉진시키는 것
부적 전이	이전의 선행 학습이 다른 상황의 학습을 방해하는 것
일반적 전이	어떤 상황에서 배운 지식이나 기술을 유사하지 않은 새로운 상황에 적용하는 것
구체적 전이	어떤 상황에서 배운 지식이나 기술을 유사한 상황에 적용하는 것
수직적 전이	보다 상위 수준의 과제를 해결하기 위해 이전에 학습한 하위 수준의 개념을 적용하는 것
수평적 전이	선행 학습 내용이 후행 학습 내용과 동일하지는 않지만, 비슷한 과제의 수행으로 일어나는 것

(3) 전이에 영향을 미치는 요인
① 수업 시간: 특정 주제에 많은 시간이 부여될수록 전이의 가능성이 높아짐
② 유의미 학습: 빠른 정보의 저장과 새로운 상황에 적용하는 전이를 도움
③ 연습 기회와 다양한 사례: 다양한 상황에서 연습 기회를 제공하고, 다양한 구체적 사례를 제공할수록 전이에 도움이 됨
④ 두 상황의 유사성: 이전 상황과 새로운 상황이 유사할수록 전이에 도움이 됨

(4) 전이 이론

구분	내용
형식도야설 [05 중등, 06 중등, 09 중등]	• 형식(교과)을 통해 일반 정신 능력이 잘 훈련되면 전이가 잘 일어난다고 보는 이론(교과 중심 교육과정) • 신체 훈련을 통해 근육을 단련하듯 정신 능력도 훈련이 가능함(능력심리학)
동일요소설	• 최초 학습 상황과 새로운 상황에 동일한 요소가 포함되어 있으면 전이가 잘 일어난다고 보는 이론 • 학교 교육은 현실 생활에 관련된 내용을 다루어야 함(경험 중심 교육과정)
일반화설	• 새로운 상황에 적용하거나 일반화할 수 있는 법칙 또는 원리가 전이에 도움이 된다고 보는 이론 • 학교 교육은 의미 있는 개념이나 일반 원리를 가르쳐야 함(학문 중심 교육과정)

출제 Point

2009학년도 중등 객관식 11번
형식도야(Formal Discipline) 이론과 지식의 구조(Structure of Knowledge) 이론에 공통적으로 해당하는 설명
③ 교과에서 획득된 지식 또는 능력의 전이를 가정하고 있다.

2006학년도 중등 객관식 12번
최 교사의 견해와 가장 일치하는 것

> 진영: 학교에서는 실생활에 도움도 되지 않는 수학을 왜 그렇게 많이 가르치지요?
> 최 교사: 수학 공부가 당장 쓸모는 없어 보여도 논리력을 길러주어 그 능력을 장래 여러 가지 일에 발휘할 수 있게 해주기 때문이지. 마치 운동을 열심히 하면 근력이 길러져서 힘든 일을 더 잘할 수 있는 것과 같은 이치지.

③ 형식도야(Formal Discipline)설

2005학년도 중등 객관식 10번
형식도야론(Formal Discipline Theory)에 관한 설명

ㄷ. 능력심리학(Faculty Psychology)에 이론적 기반을 둔다.
ㄹ. 재미없고 어려운 교과를 힘들여 공부하는 이유를 정당화한다.

CHAPTER 4 학습 이론

형태이조설	• 전체적인 상황 관계나 형태를 이해하는 것이 전이에 도움이 된다고 보는 이론(형태주의 심리학) • 학생 스스로 관계를 파악하고 다양한 상황에 적용할 수 있도록 해야 함(학문 중심 교육과정, 발견 학습)

2 망각

(1) 개념

간섭의 일종으로, 장기 기억에서 작업 기억으로 인출되지 않는 현상

(2) 망각의 원인

구분	내용
흔적쇠퇴설	학습이 이루어지면 뇌에 흔적이 형성되지만, 계속적인 연습이 없다면 흔적은 사라지게 되므로 망각이 일어남
간섭설	이전의 학습이나 새로운 학습이 기억을 방해함으로써 망각이 일어남 • 선행 간섭: 이전의 학습이 새로운 학습을 방해하는 것 • 후행 간섭: 새로운 학습이 이전의 학습 내용에 혼란을 초래하는 것
억압설 (의도된 망각)	자아를 위협하는 의도적인 억압 때문에 기억이 의식의 세계로 나오지 않음으로써 망각이 일어남
인출 실패설	장기 기억의 정보를 단기 기억으로 전환하지 못한 경우 망각이 일어남

개념을 현장에 적용한 사례 살펴보기

실전 적용

332p, 333p

❶ 메타인지 수행평가

메타인지를 활용하는 학생은 보다 높은 학업 성취를 나타낸다. 실제 학급에서 학생의 메타인지를 평가하기 위한 수행평가를 계획해 보자.

예 1) 모둠별 학습을 통해 학습한 수업 내용을 바탕으로 문제를 직접 출제하고 답안을 작성해 보도록 한다.
2) 다른 모둠이 출제한 문제를 풀어보고 스스로 채점 및 평가한다.

❷ 융합적 지식을 활용한 탈 맥락적 학습

전이는 하나의 맥락에서 이해한 학습 내용을 다른 맥락에 적용하거나 응용할 수 있는 능력을 의미한다. 다음 사례를 참고하여 자신의 교과에서 탈 맥락적 학습에 활용 가능한 융합적 지식이 무엇이 있을지 고민해 보자.

> 고대 그리스 아테네는 직접 민주주의를 시행하였다. 이때 직접 민주주의가 가능할 수 있었던 지리적 조건-산악지대 지형으로 적은 인구의 도시국가 형태 유지-을 함께 설명해 주면 지식의 전이에 도움이 된다.

CHAPTER 5 적응과 부적응

01 적응

1 방어 기제 [05 중등, 06 중등]

(1) 개념

극복하기 어려운 현실에 당면하였을 때, 현실을 왜곡시켜 자기를 보존하려는 무의식적 책략

(2) 종류

구분	내용
보상	단점을 감추기 위해 장점을 개발하는 것 예 수학 성적이 좋지 않은 학생이 운동을 열심히 하는 경우
승화	사회적으로 가치 있는 목적을 향해 노력함으로써 억압 당한 욕구를 충족하는 것 예 아이를 낳지 못하는 부부가 고아원에서 봉사하는 경우

합리화	그럴듯한 이유를 들어 자신의 행동이나 일의 결과에 대한 정당함을 내세우는 것
	• 신포도형: 목표를 달성하는 데 실패한 사람이 처음부터 원하지 않았다고 변명하는 것
	  예 대학에 떨어진 학생이 처음부터 대학에 갈 생각이 없었다고 말하는 경우
	• 달콤한 레몬형: 바라지 않았던 결과임에도 불구하고 현재의 결과가 원하던 것이라고 주장하는 것
	  예 지방으로 좌천된 사람이 시망이 살기 더 좋다고 하는 경우

투사	자신의 잘못을 남에게 뒤집어씌우는 것
	• 감정의 투사: 자신의 감정이나 욕구가 상대에게 있다고 여기는 것
	  예 친해지고 싶지 않은 친구가 오히려 자신을 싫어한다고 주장하는 경우
	• 책임의 전가: 일의 원인이나 책임을 다른 사람이나 대상에게 있다고 여기는 것
	  예 시험에서 낮은 점수를 받은 원인을 교사의 탓으로 돌리는 경우

반동 형성	자신의 욕구와 다르게 행동하는 것 예 싫어하는 사람을 지나치게 칭찬하는 경우
치환	생각한 대상을 다른 대상으로 바꾸는 것 예 엄마한테 혼난 형이 동생에게 화풀이하는 경우
동일시	타인의 태도, 신념, 가치 등을 채택함으로써 만족을 느끼는 것 예 연예인의 행동을 흉내 내는 경우

CHAPTER 5 적응과 부적응

2 도피 기제

(1) 개념
정서적 긴장이나 불안감을 해소하기 위하여 현실을 벗어나 정서적 안정을 추구하려는 행동

(2) 종류

구분	내용
고립	숨어버리는 것
퇴행	이전 발달 단계의 행동으로 돌아가서 자신의 욕구를 충족시키려는 것
백일몽	공상의 세계로 도피하여 안정을 얻는 것
억압	무의식적으로 내면의 세계에 문제를 은폐시키는 것
고착	문제 상황에서 벗어나지 못하는 것
거부	현실에 대한 지각을 인정하기를 거부하는 것

02 부적응

1 욕구 좌절

(1) 개념

욕구가 내적 혹은 외적 문제로 인해 충족되지 않고 저지된 상태

(2) 특징

학습에서 기대한 성취 수준에 이르지 못하면 욕구 좌절을 경험하게 되며, 계속되는 학업 실패와 좌절은 학습된 무기력을 발생시키므로 욕구 좌절을 경험한 학생에게는 성공 경험을 제공해야 함

2 갈등

(1) 개념

두 가지 이상의 대립된 욕구나 충동이 공존하는 상태

(2) 갈등 유형

구분	내용
접근-접근형	정적 유의성을 가진 욕구가 충돌하는 경우 예 명예도 얻고 싶고, 돈도 얻고 싶은 경우
회피-회피형	부적 유의성을 가진 욕구가 충돌하는 경우 예 명예도 싫고, 돈도 싫은 경우
접근-회피형	정적 유의성과 부적 유의성이 충돌하는 경우 예 돈은 많이 벌고 싶지만, 세금은 내기 싫은 경우
이중 접근-회피	바람직한 결과와 불쾌한 결과를 동시에 가진 두 가지 목표들 사이에서 일어나는 갈등

확인편 | O/X로 출제 이론 Check!

> **CHAPTER 1 | 학습자의 인지적 특성**
>
> **지능** ▶ 지능 이론(스피어만, 써스톤, 길포드, 카텔, 가드너, 스턴버그), 지능의 측정(비네, 터만, 웩슬러)
> **창의력** ▶ 창의력의 구성 요소(인지적 요소, 정의적 요소), 창의력 계발 기법(브레인스토밍, 시네틱스 기법, PMI 기법, 육색 사고 모자 기법, 스캠퍼 기법, 속성열거법)
> **인지 양식** ▶ 장 의존형/장 독립형, 충동형(속응형)/반성형(숙고형), 콜브의 학습 양식

421 다음 내용에 근거하는 지능 이론은 스턴버그의 지능 이론이다. [11 중등 23번] ○ | X

> 우리 반 영철이는 IQ가 높아서인지 공부를 참 잘해요. 과목별 점수로 봐도 영철이가 거의 전교 1, 2등이잖아요. 머리가 좋으니까 나중에 어떤 직업을 갖더라도 잘할 거예요.

422 다음 내용에 근거하는 지능 이론은 가드너의 다중 지능 이론이다. [11 중등 23번] ○ | X

> 우리 반 순희는 언어와 수리 교과는 잘하지만, 음악이나 체육은 재능이 없어 보여요. 친구들하고 잘 어울리지도 못해요. 그런 것을 보면 지능이 높다고 뭐든 잘하는 것 같지는 않아요. 그리고 공부뿐만 아니라 인간관계 능력이나 다른 것들도 지적 능력에 포함되는 것이 아닐까요? 결국, 영역별로 지적 능력이 따로 있는 것 같아요.

423 다음 내용에 근거하는 지능 이론은 길포드의 지능 구조 모형이다. [11 중등 23번] ○ | X

> 지능이 한 가지 경로로만 발달하지는 않는 것 같아요. 기억력처럼 뇌 발달과 비례하는 능력들도 있지만, 언어 이해력과 같은 것들은 문화적 환경과 경험에 의해 발달하잖아요.

424 카텔의 유동성 지능은 환경적·문화적·경험적 영향에 의해 발달하는 지능으로, 자신의 학습과 경험을 적용하여 획득한 능력을 말한다. [11 초등 02번] ○ | X

425 길포드의 지능 구조 모형에서 볼 때, 다음 문제를 해결하기 위해 사용한 지적 능력은 상징, 수렴적 사고, 유목에 해당한다. [01 초등 43번]

> 다음의 (　)에 알맞은 숫자는 무엇일까요?
> 2, 4, 6, (　)
> 정답: 8

426 철수는 공부할 때 방해를 받지 않기 위해 방문에 '공부 중'이란 팻말을 걸어두었다. 스턴버그의 삼원 지능 이론에서 볼 때 이는 경험적 지능과 관계 있는 행동이다.
[06 초등 36번]

427 서로 관련되지 않은 사실들을 조합하여 새로운 아이디어를 생성하는 창의적 능력은 스턴버그의 삼원 지능 이론에서 상황적 하위 이론에 부합하는 능력이다. [08 초등 02번]

428 기존의 지능 개념과 유사한 것으로, 추상적이고 학업적인 문제 해결에 관여하는 메타인지적 능력은 스턴버그의 삼원 지능 이론의 분석적 지능에 부합하는 능력이다.
[08 초등 02번]

429 스턴버그의 삼원 지능 이론에서 실제적 지능이란 현실 상황에 적응하거나 상황을 선택·변형하는 능력으로, 일상의 문제 해결 능력이나 사회적 유능성과 같은 지능을 말한다. [11 초등 02번]

Answer 421. ×　422. ○　423. ×　424. ×　425. ○　426. ×　427. ×　428. ○　429. ○

430 가드너의 다중 지능 이론에서는 여러 지능이 상호 독립적이며 각각의 상대적 중요성이 동일하다고 가정한다. [11 초등 02번]   ○ | ×

431 다음 내용에서 박 교사가 활용한 지능 이론은 가드너의 다중 지능 이론이다.   ○ | ×
[04 중등 12번]

> 미영이는 대중가요를 좋아하고 음악은 잘하지만, 글짓기를 싫어한다. 박 교사는 미영이를 위해 좋아하는 노래의 가사를 창의적으로 바꾸어 보게 하고, 작은 음악회를 개최할 수 있도록 안내하는 교수·학습 활동을 구성하였다.

432 가드너의 다중 지능 이론에 따르면 지능은 언어 지능, 논리 수학 지능, 대인 관계 지능, 음악 지능, 개인 내적 지능 등 여러 지능 영역이 있으며, 학생 개개인에 따라 각기 뛰어난 지능 영역이 있다고 본다. [01 중등 51번]   ○ | ×

433 가드너의 다중 지능 이론은 지능의 작용 과정보다는 지능의 독립적 구조를 밝히는 데 주력하고 있다. [09 중등 23번]   ○ | ×

434 가드너의 다중 지능 이론에 따르면 학교 수업과 평가는 학생의 강점 지능을 활용하고 약점 지능을 교정, 보완하는 데 초점을 맞추어야 한다. [09 중등 23번]   ○ | ×

435 가드너는 감성 지능(EQ), 도덕 지능(MQ), 성공 지능(SQ)과 같은 새로운 지능 이론들이 출현하는 데 기여하였다. [00 초등 33번]

436 가드너의 다중 지능 이론은 교육에 있어 학습자의 발달 수준을 고려하여 교육의 전체적인 과정을 계획하여야 한다는 시사점을 준다. [00 초등보수 22번]

437 최근에 대두된 다중 지능, 정서 지능, 도덕 지능, 성공 지능에 관한 논의들은 지능을 실제적 삶의 영위 능력으로 보려고 한다. [02 중등 35번]

438 가드너의 지능 이론을 적용한 교육 프로젝트는 인지 능력뿐만 아니라 작업 양식에도 관심을 갖는다. [04 초등 21번]

439 플린 효과는 인간의 지능 검사 점수가 해를 지날수록 점차 낮아지는 세계적인 경향을 말한다. [11 초등 02번]

Answer 430. ○ 431. ○ 432. ○ 433. ○ 434. ○ 435. ○ 436. ○ 437. ○ 438. ○ 439. ×

정답 및 해설 504p

440 창의성이 높은 학생일수록 자신을 개방하려는 경향이 적다. [02 중등 31번] ○ | ✕

441 유창성은 창의성의 주요 요소이다. [02 중등 31번] ○ | ✕

442 창의성을 기르기 위한 수업 상황에서 교사는 브레인스토밍을 통하여 논리적 판단력과 비판력을 기르는 활동을 사용할 수 있다. [03 중등 38번] ○ | ✕

443 스캠퍼 기법은 고든 등에 의해 제안되었으며, 당연한 것으로 받아들이던 대상이나 요소에 대해 의문을 가지는 기법이다. [04 중등 15번] ○ | ✕

444 PMI 기법은 학생들에게 어떤 아이디어에 대하여 먼저 좋은 점을 생각하고, 나중에는 나쁜 점을 생각하며, 마지막으로 좋지도 나쁘지도 않지만 주목할 만한 가치가 있다고 생각되는 점을 살펴보도록 하여 사고의 방향을 안내하는 기법이다. [08 중등 29번] ○ | ✕

445 드 보노의 PMI 기법을 수업에 적용하여 디지털 카메라에 대해 긍정적인 측면, 부정적인 측면, 주목할 만한 측면을 차례로 생각해 보게 할 수 있다. [12 초등 26번]

446 스캠퍼 기법은 측면적/수평적 사고를 하게 하고, 감정적, 객관적, 긍정적 측면 등의 사고를 한 번에 한 가지씩 할 수 있도록 돕는 도구를 사용하는 기법이다. [05 중등 31번]

447 장 독립적 학습자와 비교할 때 장 의존적 학습자는 요소들 간의 관계가 분명한 학습 내용을 잘 이해한다. [06 중등 10번]

448 반성형 학습자의 경우 반응 속도가 빠르지만 반응 오류를 범하고, 충동형 학습자의 경우 반응 속도는 느리지만 사려가 깊어서 정확한 반응을 한다. [12 중등 24번]

449 콜브의 4가지 학습 유형에서 동화형은 계획 실행에 뛰어나고, 새로운 경험을 추구하고, 새로운 상황에 잘 적응하며 지도력이 탁월하다. [11 초등 50번]

Answer 440. × 441. ○ 442. × 443. × 444. ○ 445. ○ 446. × 447. ○ 448. × 449. ×

CHAPTER 2 | 학습자의 정의적 특성(동기)

동기의 종류 ▶ 외재적 동기, 내재적 동기
동기 이론 ▶ 매슬로우의 욕구 위계 이론, 데시와 라이언의 자기결정성 이론, 코빙톤의 자기 가치 이론, 앳킨슨의 기대-가치 이론, 반두라의 자기효능감 이론, 와이너의 귀인 이론, 드웩의 목표 지향성 이론, 성취 동기 이론

450 학습자의 내재적 동기를 유발시키기 위해 성취에 대한 만족감을 느낄 수 있는 기회를 제공한다. [99 중등 25번]   ○ | ×

451 내재적 동기 수준이 높은 학습자에게는 학습 과정보다 결과의 중요성을 강조한다.   ○ | ×
[04 중등 13번]

452 성공 추구 동기가 실패 회피 동기보다 강한 학습자가 과제를 성공하였을 경우에는 동기가 감소하고, 과제를 실패하였을 때는 동기가 증가한다. [01 초등 44번]   ○ | ×

453 드웩의 목표 지향성(성취 목표) 이론에 근거할 때, 영희의 목표 유형은 숙달 목표이다.   ○ | ×
[12 중등 25번]

> 영희는 자신의 능력이 다른 사람의 능력과 어떻게 비교되느냐에 주된 관심을 갖고 있고, 학교에서 높은 성적을 받아 자신의 능력이 뛰어나다는 것을 보여주기 위해 공부한다.

454 드웩의 목표 지향성(성취 목표) 이론에서 숙달 목표를 지향하는 사람은 학습 과제를 선택할 때 도전적이고 새로운 과제를 선호한다. [12 중등 25번] ○ | ×

455 와이너의 귀인 이론에 따르면 시험이 끝난 직후 "난 역시 똑똑해!"와 같이 말하는 학생은 안정적이고 외적인 귀인 유형에 해당한다. [05 중등 29번] ○ | ×

456 와이너의 귀인 이론에 따르면 시험이 끝난 직후 "이번엔 공부를 너무 안 했어!"와 같이 말하는 학생은 불안정적이고 내적인 귀인 유형에 해당한다. [05 중등 29번] ○ | ×

457 귀인 이론은 학습자가 자신의 성취 결과에 대한 원인을 어디에 무엇이라고 지각하는지를 안다면 미래의 학업 성취도를 예측할 수 있다고 가정한다. [94 중등 10번] ○ | ×

458 귀인 이론은 학습 결과에 대한 책임을 학생 자신의 내부에 존재하는 가변적이고 통제 가능한 요인인 노력에서 찾도록 한다. [00 초등 45번] ○ | ×

Answer 450. ○   451. ×   452. ○   453. ×   454. ○   455. ×   456. ○   457. ○   458. ○

459 다음 대화에서 최 교사가 활용하고 있는 동기 유발 활동에 부합하는 동기 이론은 귀인 이론이다. [13 중등 24번] ○ | ×

> 은미: 선생님, 처음에는 역사가 재미있어서 열심히 했는데, 요즘에 배우는 고려시대 내용은 재미도 없고 너무 어려운 것 같아요.
> 최 교사: 그래? 그런데 내가 생각하기로는 잘 하고 있는 것으로 보이는데…. 그리고 너는 고고학자가 꿈이잖아. 아마 지금 배우고 있는 고려시대 내용은 너에게 중요하고 앞으로 도움이 많이 될 거야.

460 다음 대화에서 최 교사가 활용하고 있는 동기 유발 활동에 부합하는 동기 이론은 강화 이론이다. [13 중등 24번] ○ | ×

> 최 교사: 미영아, 다음 주에 배울 6단원의 주제들이 조금 어렵긴 하지만, 이 중 어떤 주제를 언제 발표할지 정해서 알려 줄래?
> 미영: 맞아요. 6단원의 내용이 어려운 것 같아요. 하지만 해 볼 만한 것 같아요. 저는 6단원 중에서 '조선시대의 통치 체제'에 대해 준비해서 발표할게요. 발표는 다음 주 수요일에 할게요.

461 자기결정성 이론에 따르면 학생들의 자율성, 유능감, 관계 유지 욕구를 자극하고 충족시키면 그들의 내재적 동기가 높아진다. [11 초등 04번] ○ | ×

462 경수의 학습 행동에 대한 김 교사의 견해와 부합하는 동기 이론은 자기 가치 이론이다. [12 초등 05번] ○ | ×

> 경수는 선생님이나 다른 학생들의 평가에 민감하게 반응한다. 그는 특히 선생님에게 부정적인 평가를 받을까 봐 전전긍긍하며, 무엇보다 실패에 대한 불안이 크다. 이 때문에 중요한 시험을 앞두고서도 공부를 하지 않거나 과제를 마지막까지 미루어 자신의 능력을 제대로 드러내지 못하는 경향이 있다. 김 교사는 경수가 이처럼 자기 장애 전략을 사용하는 것은 자기존중감을 보호하려는 동기를 지니고 있기 때문이며, 경수가 이러한 전략을 계속 사용할 경우 심각한 결과를 초래할 수도 있다고 판단하였다.

CHAPTER 3 | 학습자의 발달

인지적 발달 ▶ 피아제의 인지 발달 이론, 비고츠키의 인지 발달 이론
정의적 발달 ▶ 에릭슨의 심리사회적 성격 발달 이론, 마샤의 정체성 지위 이론, 콜버그의 도덕성 발달 이론, 셀만의 사회적 조망 수용 이론, 브론펜브레너의 생태학적 발달 이론

463 피아제의 인지 발달 이론에서 평형화는 인지구조를 균형 있게 유지하려는 경향성을 의미한다. [07 영양 12번]   ○ | ×

464 피아제의 인지 발달 이론에 따르면 새로운 카메라를 사용할 때 평소 자기의 카메라를 다루던 방식으로 작동시키는 것은 조절에 해당한다. [05 중등 28번]   ○ | ×

465 피아제의 인지 발달 이론에 근거할 때 불평형은 인지적 성장을 고무하기에 알맞은 정도로 유지되어야 한다. [11 중등 24번]   ○ | ×

466 피아제의 평형화는 학습에서 사회적 상호 작용의 중요성을 강조한다. [08 중등 28번]   ○ | ×

Answer 459. ×   460. ×   461. ○   462. ○   463. ○   464. ×   465. ○   466. ×

정답 및 해설 505p

467 피아제의 인지 발달 이론에서 발달 단계의 순서에는 개인차가 있다. [95 중등 15번] ○ | ✕

468 피아제의 이론에 따르면 도식은 동화와 조절을 통해 평형을 유지하려는 선천적 경향이다. [97 중등 17번] ○ | ✕

469 피아제의 인지 발달 단계 가운데 형식적 조작기에는 명제 중심의 사고가 가능하다.
[00 중등 37번] ○ | ✕

470 피아제의 인지 발달 이론에서 구체적 조작기에는 대상 영속성의 개념을 습득한다.
[00 강원·전남 초등보수 68번] ○ | ✕

471 피아제의 인지 발달 이론에서 전조작기에는 언어 발달, 불가역성, 자기중심성 등의 특징이 나타난다. [93 중등 11번] ○ | ✕

472 아이가 공을 가지고 놀다가도 그 공이 안 보이는 곳으로 굴러 가버리면 공이 자기 손에 쉽게 닿은 가까운 곳에 있어도 그 공을 찾으려 하지 않는 현상은 불가역성으로 설명할 수 있다. [99 중등 추가 21번]   ○ | ×

473 피아제의 인지 발달 단계에서 구체적 조작기는 논리적 사고가 가능하고 언어 사용이 복잡해지는 시기로, 분류 및 서열 조작 능력을 갖추는 시기이다. [99 초등 16번]   ○ | ×

474 피아제 인지 발달 이론의 형식적 조작기에서 나타나는 가설 연역적 사고는 메타사고의 과정을 통해 자신의 사고 내용에 대해 숙고하는 과정으로, 대상들 간의 관계를 유추하는 과정에서 작용한다. [10 중등 24번]   ○ | ×

475 인지 발달 이론에 근거할 때, 학생의 발달 수준과 과제의 복잡성을 연계시켜야 한다. [99 중등 43번]   ○ | ×

476 형식적 조작기에서는 가설 연역적 사고와 명제적 사고가 가능하며, 비현실적인 것에 대한 상상과 추론이 가능하다. [03 중등 34번]   ○ | ×

Answer 467. × 468. × 469. ○ 470. × 471. ○ 472. × 473. ○ 474. × 475. ○ 476. ○

477 형식적 조작기의 학생에게는 이해에 선행하여 관련 스키마를 구성하고, 이를 활용하여 체계적으로 문제를 해결하도록 하는 교수 방법이 적합하다. [03 중등 34번]   O | X

478 아동의 자기중심적 언어의 사용은 단순히 자기만의 생각을 표현하는 것이 아니라 문제 해결을 위한 사고의 도구임을 강조한 학자는 피아제이다. [00 초등 20번]   O | X

479 비고츠키에 따르면 아동은 근접 발달 영역(ZPD) 내에서 문제를 파악해야 하고, 교사나 다른 아동과의 상호 작용에 의해 제공된 발판을 필요로 한다. [00 초등 20번]   O | X

480 비고츠키가 주장한 사적 언어는 인지적 미성숙의 표시이다. [01 초등 41번]   O | X

481 사적 언어는 언어가 사고로 내면화되는 과정이다. [06 중등 06번]   O | X

482 비고츠키는 언어가 사고를 발달시키기보다는 사고가 언어 발달을 촉진한다고 보았다. ○ | ×
[05 초등 15번]

483 비고츠키에 따르면 사고는 언어에 선행하므로, 인지 발달이 적절한 수준에 이르지 못하면 언어 학습의 효과가 없다. [03 중등 37번] ○ | ×

484 비고츠키 인지 발달 이론의 실제적 발달 수준은 부모나 교사의 도움을 받아 과제를 해결할 수 있는 능력 수준을 의미한다. [04 중등 16번] ○ | ×

485 비고츠키 이론에 따르면 교사와 학생의 언어적 상호 작용이 중요하다. [00 중등 58번] ○ | ×

486 피아제는 문화의 맥락 안에서 정신적 도구가 어떻게 매개되는가에 관심을 두었으나, 비고츠키는 개인 내부에서 새로운 지식이 어떻게 구성되는가에 관심을 두었다. ○ | ×
[07 중등 28번]

Answer 477. ○ 478. × 479. ○ 480. × 481. ○ 482. × 483. × 484. × 485. ○ 486. ×

487 피아제는 교사가 아동의 평형화를 깨뜨리는 경험을 제공해야 한다는 점을 시사하였으나, 비고츠키는 교사가 아동에게 발판을 제공하고 상호 작용을 안내해야 한다는 점을 시사하였다. [07 중등 28번] ○ | ✕

488 에릭슨의 자아정체감 발달에 관한 견해에서 심리적 유예기는 정체감 형성을 위해 대안적인 탐색을 계속 진행하는 시기이다. [04 중등 17번] ○ | ✕

489 에릭슨은 심리사회적 발달 이론에서 정체감 위기를 겪고 있는 청소년들의 지배적인 심리 상태를 심리적 유예라고 명명하였다. [10 중등 25번] ○ | ✕

490 마샤가 제시한 청소년기의 정체감 상태 중에서 정체감 위기를 경험하지 않고, 어떤 일을 하더라도 왜 하는지 모르는 상태는 정체감 유실 상태이다. [05 초등 14번] ○ | ✕

491 정체감 유예 상태는 정체감 위기를 겪고 난 다음, 특정 역할이나 과업에 몰두하지 못하는 상태이며, 정체감 확립에 도달하기 위한 과도기적 단계로 적극적으로 정체감을 탐색하려고 한다. [09 중등 26번] ○ | ✕

492 정체감 성취 상태는 정체감 위기를 겪고 난 다음, 자기 삶의 가치 혹은 목표를 확고하게 정한 상태이다. [09 중등 26번] ○ | ✕

493 콜버그의 도덕성 발달 이론에 따르면 도덕성은 '타인의 칭찬과 인정' → '물질적 보상과 벌' → '사회적 관습과 법' → '보편적 도덕 원리와 양심'의 도덕적 판단 근거의 순으로 발달한다. [06 중등 11번] ○ | ✕

494 콜버그의 도덕성 발달 이론에서 자신의 욕구가 옳고 그름을 결정하는 기준이 되는 단계는 3단계(착한 소년-착한 소녀 지향)이다. [07 초등 05번] ○ | ✕

495 콜버그의 도덕성 발달 단계에 비추어 볼 때, 다음과 같이 주어진 상황에 대답한 아동이 속하는 단계는 처벌 복종 지향 단계이다. [02 초등 13번] ○ | ✕

> • 상황: 한 남자의 부인이 죽어가고 있었다. 부인을 살릴 수 있는 약은 있지만 너무 비싸고, 그것을 조제한 약사가 싼 가격에 약을 팔려고 하지 않았다. 어쩔 수 없어 남자는 그 약을 훔치려고 계획하였다. 이 행위가 정당한 것인가? 그렇지 않은가?
> • 아동의 대답: 만일 남자가 약을 훔친다면 그것은 잘못된 것이다. 그렇게 하면 경찰에게 잡혀서 감옥에 갈 것이기 때문이다.

496 콜버그의 도덕성 발달 단계의 인습 수준에서는 법이나 규칙을 융통성 있는 도구로 생각하며, 개인의 권리를 존중하고 사회 전체가 인정하는 기준을 준수하는 것이 옳은 행위라고 판단한다. [13 중등 23번] ○ | ✕

Answer 487. ○ 488. ○ 489. ○ 490. ✕ 491. ○ 492. ○ 493. ✕ 494. ✕ 495. ○ 496. ✕

497 셀만은 조망 수용 이론에서 형식적 조작 과제를 통과한 청소년들의 조망 수용 능력이 사회 정보적(주관적) 조망 수준에 머물러 있다고 설명하였다. [10 중등 25번] ○ | ×

498 브론펜브레너의 생태학적 이론에 따르면 개인의 발달에 영향을 미치는 지배적인 환경은 연령 증가에 따라 미시 체계에서 바깥층의 체계로 점차 이동한다. [12 초등 01번] ○ | ×

CHAPTER 4 | 학습 이론

행동주의 학습 이론 ▶ 파블로프의 고전적 조건화, 스키너의 조작적 조건화
사회 인지 학습 이론 ▶ 반두라의 사회 인지 학습 이론, 반두라의 자기 조절 학습
인지주의 학습 이론 ▶ 톨만의 기호 형태설, 정보 처리 이론
전이와 망각 ▶ 전이의 유형, 전이 이론, 망각

499 행동주의적 관점에서 인간은 환경에 반응하는 존재이다. [99 중등 07번] ○ | ×

500 고전적 조건 이론에서 조건화의 초기에는 특정한 조건 자극에 대한 조건 반응은 이 조건 자극과 유사한 다른 자극에 의해서도 유발되는데, 이를 일반화라고 한다. ○ | ×
[94 중등 09번]

501 고전적 조건 이론에서 조건화가 형성된 후에 무조건 자극은 주지 않고 조건 자극만을 계속 제시하면 조건 반응은 점차 약해지고 마침내 반응 자체가 일어나지 않게 된다. [94 중등 09번]

502 학생이 소란을 피울 때 자유시간을 박탈하는 것은 스키너의 조작적 조건 형성 이론에서 강화물을 제공하여 불쾌한 자극을 제거하는 방법에 해당한다. [04 초등 15번]

503 간헐적 강화는 학생들의 문제 행동이나 부적응 행동을 약화시키거나 수정하기 위한 방법으로 사용된다. [96 중등 17번]

504 환경 미화를 위한 바람직한 행동을 한 번 할 때마다 스티커를 하나씩 주고 스티커 10장을 모으면 '환경왕' 메달을 수여하기로 한 강화 계획의 유형은 고정 간격 강화이다. [04 중등 11번]

505 수학 시간에 5개의 문제를 잘 풀어 담임 선생님으로부터 칭찬을 받았고, 국어 시간에도 3개의 문제를 잘 풀어 칭찬을 받았을 때, 담임 선생님이 사용한 강화 계획은 변동 비율 강화이다. [01 초등 45번]

Answer 497. × 498. ○ 499. ○ 500. ○ 501. ○ 502. × 503. × 504. × 505. ○

506 행동주의 관점에서 강화를 사용하고자 할 때 새로운 주제의 초기 학습 단계라면 계속 강화 계획보다 간헐 강화 계획을 사용한다. [11 중등 22번]　　　　　　　　　　　○ | ✕

507 행동주의 관점에서 강화를 사용하고자 할 때 학습이 진행되는 동안 점진적으로 강화의 제시 횟수를 줄이고 제시 간격을 넓힌다. [11 중등 22번]　　　　　　　　　　　○ | ✕

508 수학 문제를 다 풀면 학생들이 좋아하는 만화 영화를 보여준다는 것은 계속 강화의 원리를 사용한 것이다. [02 초등 19번]　　　　　　　　　　　○ | ✕

509 반두라의 사회 인지 이론에서 학생들은 사회적 상황 속에서 타인의 행동을 관찰하고 모방함으로써 학습한다고 주장한다. [08 초등 03번]　　　　　　　　　　　○ | ✕

510 반두라의 사회 학습 이론에서는 발견 학습과 탐구 학습을 강조한다. [00 초등 02번]　　　　　　　　　　　○ | ✕

511 반두라의 관찰 학습 과정에서 관찰된 모델의 행동이 시각적이나 언어적인 형태로 부호화되는 단계는 파지 단계이다. [06 중등 16번]   ○ | ×

512 메타인지는 정신 체계의 의식적이고 반성적인 부분으로, 효율적 정보 처리를 위한 전략을 선택하고 적용하며 모니터한다. [09 초등 02번]   ○ | ×

513 지각에 실패할 경우 생각이 날 듯 말 듯 혀끝에서 맴도는 설단 현상이 발생할 수 있다.   ○ | ×
[04 중등 14번]

514 설명 내용을 표로 정리해 주는 것은 교사가 학습자에게 수업을 통해 학습한 지식의 의미를 심화 또는 확대해 주는 정교화 전략에 해당한다. [01 중등 35번]   ○ | ×

515 국어 시간에 곤란을 겪었던 학생이 다음 시간인 음악 수업에서도 싫증을 느끼는 것은 부적 전이로 설명할 수 있다. [93 초등 05번]   ○ | ×

Answer 506. × 507. ○ 508. × 509. ○ 510. × 511. ○ 512. ○ 513. × 514. × 515. ○

정답 및 해설 506~507p

516 형식도야론은 능력심리학에 이론적 기반을 둔다. [05 중등 10번] ○ | ✕

517 다음에 나타난 최 교사의 견해와 일치하는 것은 형식도야설이다. [06 중등 12번] ○ | ✕

> 진영: 학교에서는 실생활에 도움도 되지 않는 수학을 왜 그렇게 많이 가르치지요?
> 최 교사: 수학 공부가 당장 쓸모는 없어 보여도 논리력을 길러주어 그 능력을 장래 여러 가지 일에 발휘할 수 있게 해주기 때문이지. 마치 운동을 열심히 하면 근력이 길러져서 힘든 일을 더 잘할 수 있는 것과 같은 이치지.

518 학습의 전이를 높이기 위해 지식을 다양한 사례에 적용해 보도록 한다. [01 중등 22번] ○ | ✕

CHAPTER 5 | 적응과 부적응

적응 ▶ 방어 기제, 도피 기제
부적응 ▶ 욕구 좌절, 갈등

519 다음 사례에서 보람이가 사용한 방어 기제는 투사이다. [05 중등 32번] ○ | ✕

> 보람이는 학급 임원으로 선출되기를 기대했다. 그러나 아무도 추천하지 않아 후보에도 오르지 못했다. 선거가 끝난 후 보람이는 스스로에게 다음과 같이 말하였다.
> "임원이 되면 공부할 시간이 없을텐데, 잘된 거야."

520 지난 기말시험에 실패하게 된 원인을 시험 문제와 담당 교사의 탓으로 돌렸을 때 사용한 방어 기제는 반동 형성이다. [99 중등 추가 09번]   ○ | ×

521 진영이가 싫지만 오히려 진영이가 자기를 싫어한다고 생각하는 민수의 방어 기제는 투사이다. [08 초등 08번]   ○ | ×

522 좋아하는 운동선수의 사진을 벽에 붙이고, 운동선수의 행동을 흉내 내는 방어 기제는 동일시이다. [01 중등 60번]   ○ | ×

523 민호에게 동생이 태어난 이후로 민호가 나이에 어울리지 않게 손가락을 빨고, 바지에 오줌을 싸는 등의 행동을 다시 하게 되었을 때, 민호의 도피 기제는 억압이다.   ○ | ×
[11 초등 07번]

Answer 516. ○   517. ○   518. ○   519. ×   520. ×   521. ○   522. ○   523. ×

메가쌤
교육학 출제 이론 공략서
필수편 & 확인편

PART 06

생활지도 및 상담

CHAPTER 1 | 생활지도와 상담의 이해
CHAPTER 2 | 상담 이론
CHAPTER 3 | 진로 이론
확인편

PART 06 생활지도 및 상담

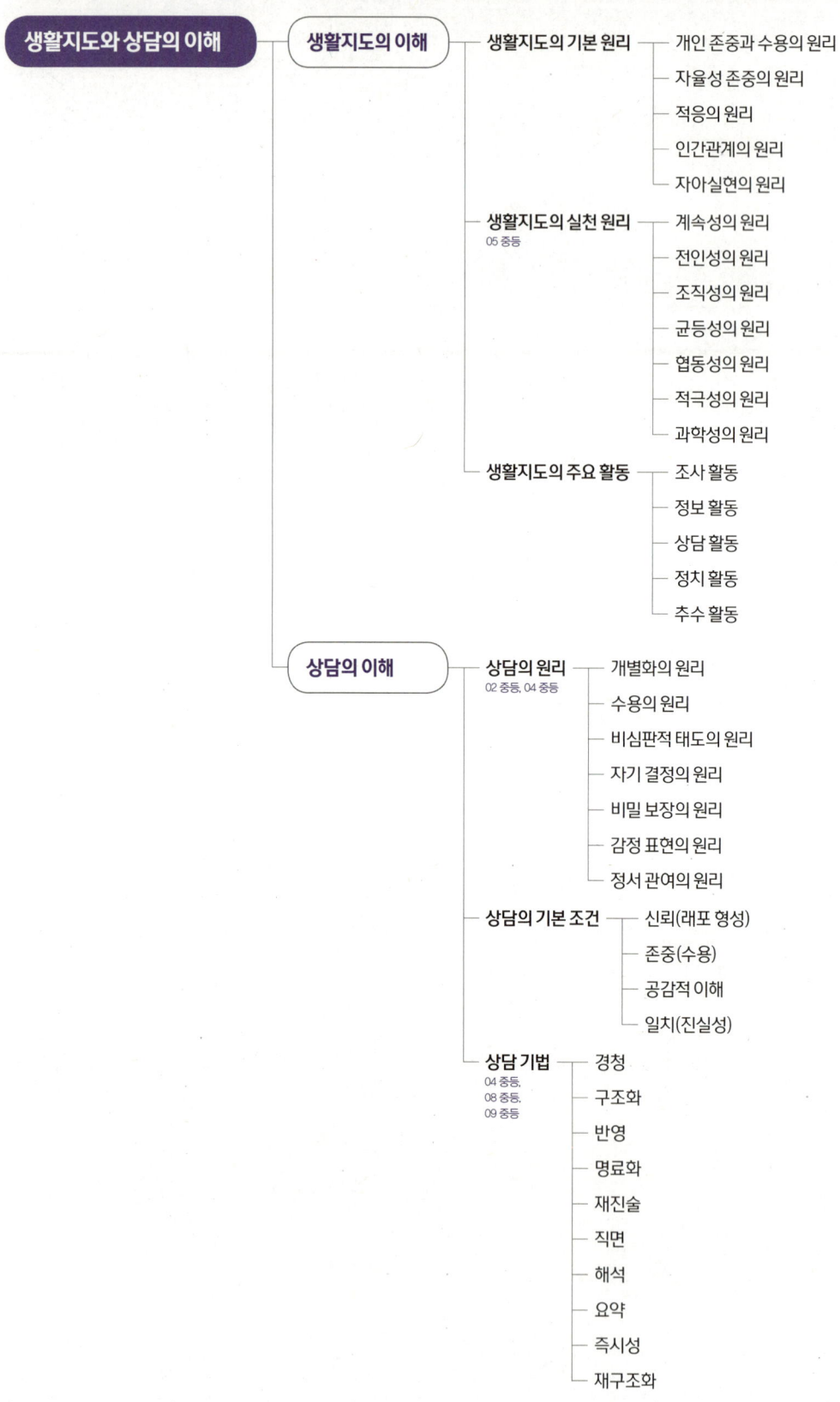

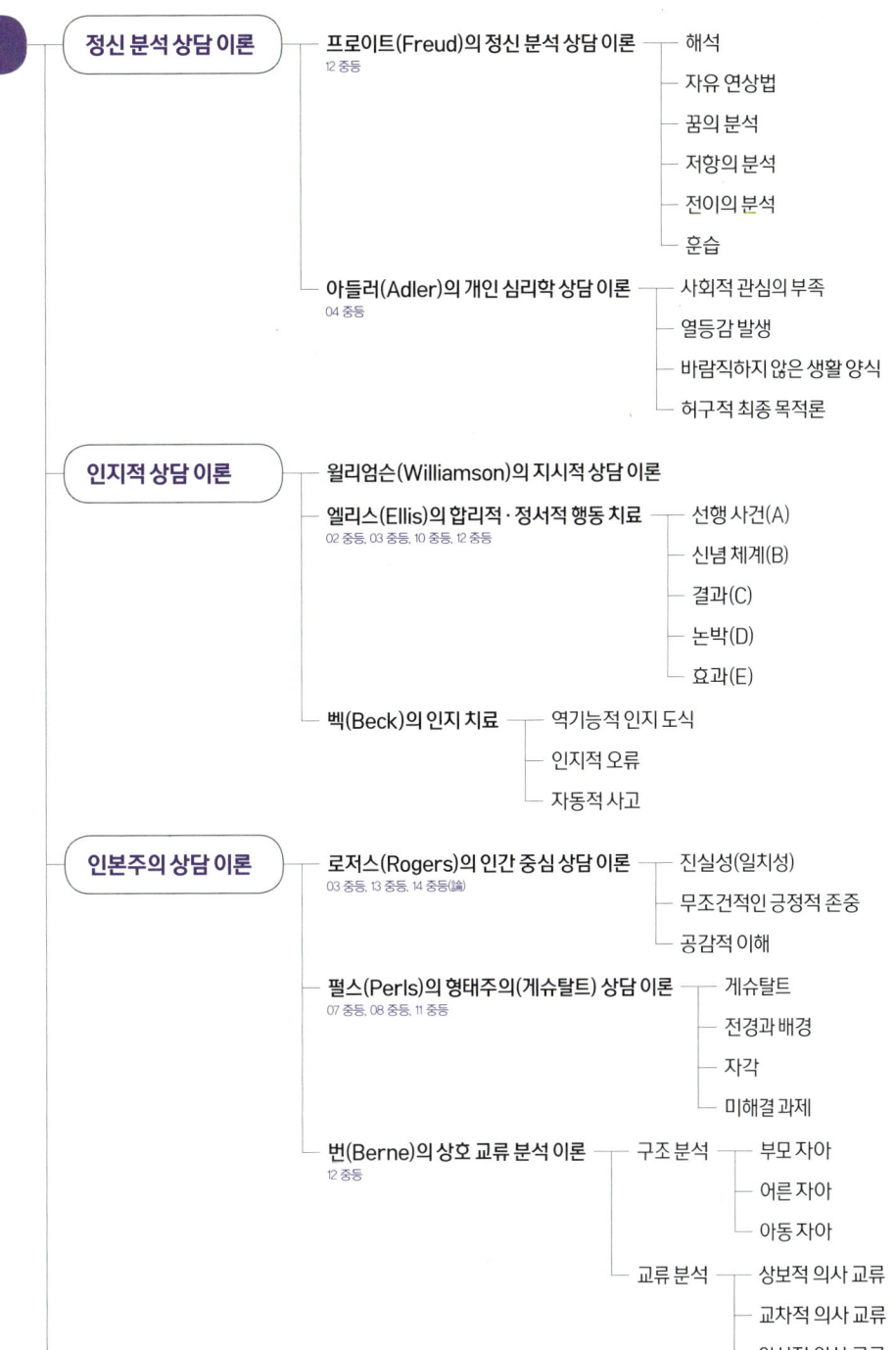

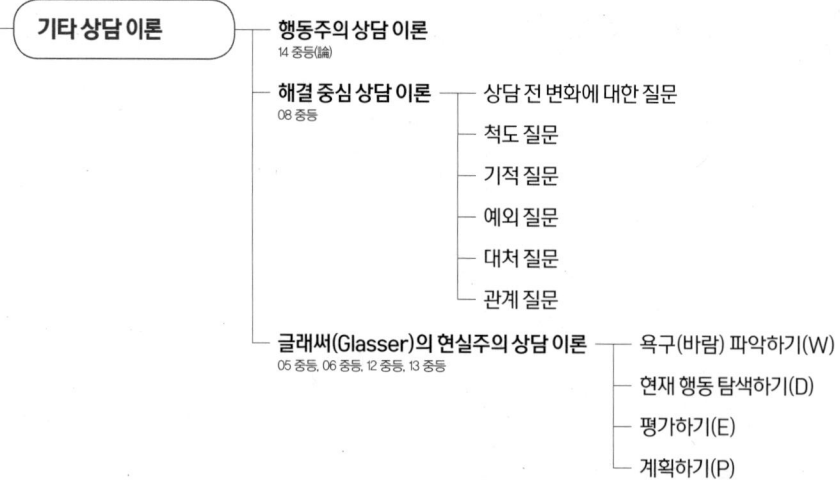

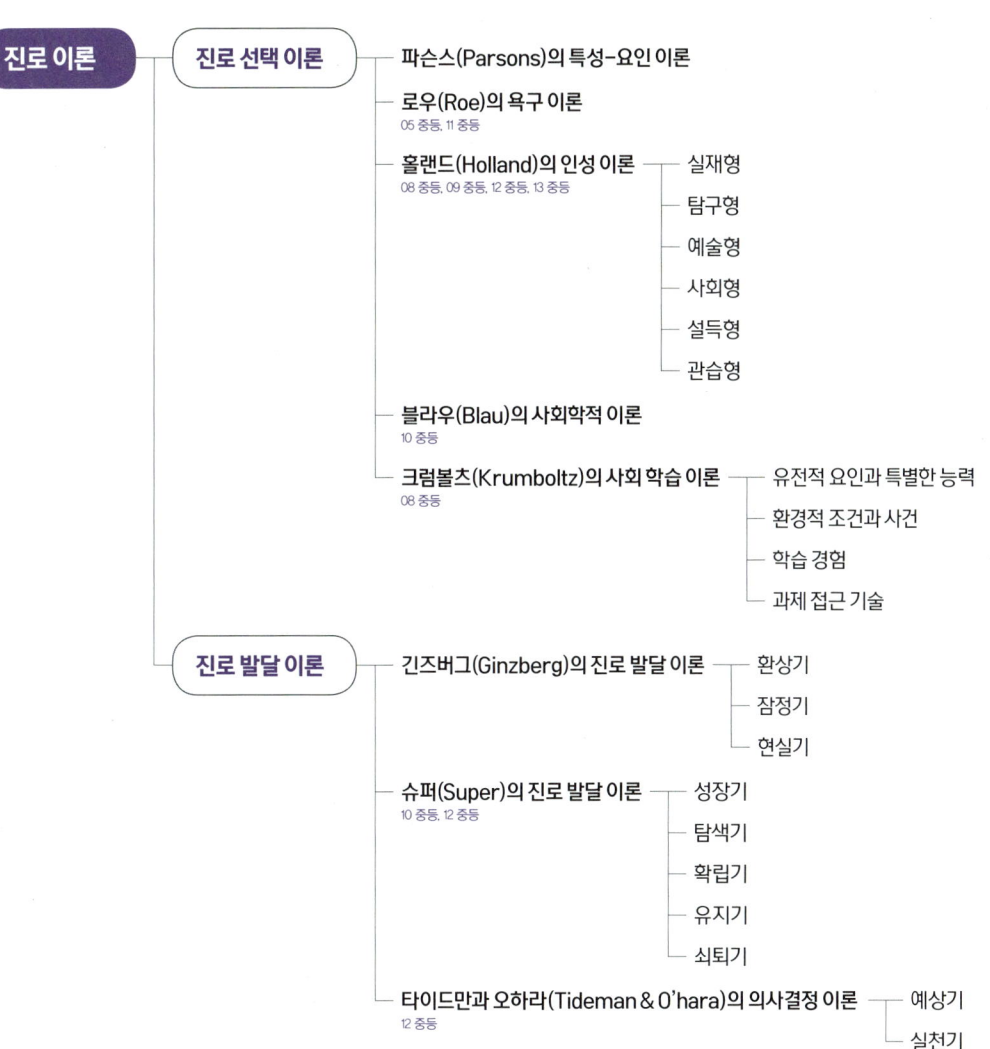

CHAPTER 1 생활지도와 상담의 이해

출제 Point

2005학년도 중등 객관식 33번
생활지도의 원리를 바르게 실천하고 있는 예

ㄱ. A교사는 담임 학급의 학생들에게 학교 폭력 예방을 위한 집단 활동을 전개하였다.
ㄴ. B교사는 진학 지도를 위해 학생들의 적성 검사와 학업 성취도 검사 결과를 활용하였다.

01 생활지도의 이해

1 생활지도의 기본 원리

원리	내용
개인 존중과 수용의 원리	학생 개인의 가치와 존엄성을 인정하고 한 인간으로서 존중하며, 있는 그대로 받아들여야 함(민주적 원리)
자율성 존중의 원리	학생 스스로 문제의 핵심을 파악하고 해결 가능한 방안을 탐색하여 최종적인 결정을 내릴 수 있도록 해야 함
적응의 원리	학생 자신과 현실을 이해하고, 생활에 능동적으로 적응할 수 있도록 해야 함
인간관계의 원리	교사와 학생 간의 참다운 인간관계가 성립되어야 함
자아실현의 원리	모든 개인이 자아실현을 할 수 있도록 도와야 함

2 생활지도의 실천 원리 [05 중등]

원리	내용
계속성의 원리	한 번으로 끝나지 않고, 진학, 진급, 취직 등 졸업 후에도 계속되어야 함
전인성의 원리	개인의 특수한 생활 영역이나 기능 등 일부만을 다루는 것이 아니라, 전인적 발달을 도모함
조직성의 원리	전문 상담 교사를 중심으로 생활지도를 위한 구체적 조직을 설치하여 효율적인 운영을 해야 함
균등성의 원리	문제 학생이나 부적응 학생뿐만 아니라 모든 학생을 대상으로 해야 함
협동성의 원리	담임 교사나 상담 교사뿐만 아니라 학교, 가정, 지역 사회의 상호 유기적 관계를 바탕으로 한 협력이 필요함
적극성의 원리	소극적인 치료나 교정보다 적극적인 예방과 지도에 중점을 두어야 함
과학성의 원리	구체적이고 객관적인 자료 수집을 근거로 진행해야 함

3 생활지도의 주요 활동

활동	내용
조사 활동	학생 개인의 이해에 필요한 기초적 자료를 조사하고 수집하는 활동
정보 활동	학생의 문제 해결과 적응에 필요한 정보 및 자료를 제공하는 활동
상담 활동	상담자와 내담자 간의 상담 기법을 통해 개별적인 문제를 해결하는 활동
정치 활동	상담 결과를 이용하여 학생들을 적재적소에 배치하는 활동
추수 활동	정치 활동 후 학생들이 잘 적응하고 있는지 사후 점검하는 활동

CHAPTER 1 생활지도와 상담의 이해

출제 Point

2004학년도 중등 객관식 18번
교사는 상담을 통해 알게 된 학생에 관한 사적인 정보를 원칙적으로 유출해서는 안 되지만 비밀 보장의 원칙을 파기할 수 있는 상황과 같은 예외적인 경우가 있다.

ㄱ. 법정의 요구가 있을 때
ㄴ. 내담 학생이 성 학대받은 사실을 알게 되었을 때
ㄷ. 내담 학생이 스스로에게 해를 입히려는 의도를 밝혔을 때
ㄹ. 내담 학생이 부모에게 상습적으로 매를 맞는다는 사실을 알게 되었을 때

2002학년도 중등 객관식 39번
교사와 학생과의 상담 과정
① "안녕하세요? 무슨 일로 찾아 왔나요? 무슨 걱정이라도 있나요?"
② "오늘 상담은 오후 3시까지 약 50분간 합니다."
③ "내가 도움을 줄 수는 있지만, 최종적인 문제 해결은 학생 스스로가 해야 합니다."

02 상담의 이해

1 상담의 원리 [02 중등, 04 중등]

원리	내용
개별화의 원리	내담자의 개별적인 특성을 참고해야 함
수용의 원리	내담자를 있는 그대로 수용해야 함
비심판적 태도의 원리	중립을 유지하고, 심판하려는 태도를 보이지 않아야 함
자기 결정의 원리	내담자가 스스로 선택하고, 의사결정을 할 수 있도록 도와야 함
비밀 보장의 원리	내담자와의 상담 내용은 발설하지 않아야 함 (단, 내담자가 위험에 처한 경우, 내담자가 사회에 위해를 가할 경우, 법정 요구가 있는 경우는 예외에 해당함)
감정 표현의 원리	내담자가 감정 표현을 자유롭게 할 수 있는 허용적인 상담 분위기를 조성해야 함
정서 관여의 원리	내담자의 정서, 내적인 감정 상태, 반응을 참고해야 함

2 상담의 기본 조건

조건	내용
신뢰(래포 형성)	신뢰가 형성되기 위해서는 상담자와 내담자 간 믿을 수 있는 분위기(래포)가 형성되어야 함
존중(수용)	상담자가 내담자를 그대로 받아들이는 무조건적이고 긍정적인 존중을 해야 함
공감적 이해	상담자가 내담자의 감정과 경험을 정확하게 이해해야 함
일치(진실성)	상담자는 내담자에게 정직해야 하며, 내담자에게 자신의 경험과 감정을 솔직하게 표현해야 함

3 상담 기법 [04 중등, 08 중등, 09 중등]

기법	내용
경청	내담자의 말이나 감정뿐만 아니라 말 속에 담겨 있는 의미와 내면의 감정과 입장에도 귀를 기울이는 기법
구조화	상담자가 상담의 시작 단계에서 제반 규정과 한계 등에 대해 설명하는 기법
반영	내담자의 감정, 생각, 태도를 상담자가 다른 참신한 말로 부언해 주는 기법
명료화	문제에 대한 내담자의 진술 내용이 모호하거나 분명하지 않을 때 상담자가 자신의 언어로 명확하게 말해 주거나 내담자에게 분명하게 말해 달라고 요청하는 기법
재진술	내담자의 말을 그대로 되풀이하는 기법
직면	내담자가 깨닫지 못하거나 인정하기를 거부하는 생각·느낌에 주목하도록 하는 기법
해석	내담자의 암시적 대화 내용, 행동 간의 관계를 찾아내어 내담자가 미처 깨닫지 못한 내면적 갈등, 특정 행동의 원인에 대한 설명이나 연관성 여부를 지적하는 기법
요약	내담자의 언어적 표현들을 서로 엮어 공통적인 주제 혹은 유형을 밝혀내고, 두서없이 나열된 내용을 정리해 주는 기법
즉시성	'지금-여기'에서 일어나는 일에 직면하도록 하는 기법
재구조화	다른 사람의 행동을 다른 관점에서 보도록 유도함으로써 합리적인 사고를 하도록 하는 기법

출제 Point

2008학년도 중등 객관식 33번
상담 교사가 '재진술'을 사용하여 학생과 상담하려고 한다. 다음 빈칸에 들어갈 알맞은 반응

> 학생: 친구들이 저만 따돌리고, 선생님들께서도 저에게 관심이 없어요.
> 교사: _____

① 친구들이 너만 따돌리고 선생님께서도 너에게 관심이 없단 말이구나.

2004학년도 중등 객관식 19번
다음의 진로 지도 상황에서 교사가 적용한 상담 기법

> 학생: 우리 엄마 아빠는 제가 의과대학에 진학해서 의사가 되기를 바라세요. 하지만 어려서부터 제 꿈은 좋은 선생님이 되는 것이었거든요. 저는 사범대학에 진학해서 학생들을 잘 가르치고 지도하는 정말 좋은 선생님이 되는 꿈을 이루고 싶어요.
> 교사: 네가 장차 의사가 되었으면 하는 부모님의 기대와 교사가 되려는 너의 꿈이 일치하지 않아서 많이 혼란스러운가 보구나. 너는 네 꿈을 이루기 위해 의과대학보다는 사범대학에 진학하고 싶은가 본데…….
> 학생: 맞아요, 선생님. 저는 꼭 사범대학에 진학하고 싶은데, 부모님을 어떻게 설득해야 할지 모르겠어요. 저는 지금까지 한 번도 부모님 말씀을 거역한 적이 없었거든요.

① 반영

실전 적용

개념을 현장에 적용한 사례 살펴보기
367p

조사 활동에서의 개인 정보 보호

생활지도에서의 조사 활동은 학생을 이해하는 데 필요한 정보를 수집하는 활동으로, 교사는 학생에 대한 정보를 수집하는 과정에서 개인 정보 보호 규정을 준수해야 한다. 교육 분야의 개인 정보 보호 규정을 확인하여 수집해서는 안 되는 학생 정보를 구분하고, 학생을 정확하게 이해하기 위한 방안을 구상해 보자.

CHAPTER 2 상담 이론

출제 Point

2012학년도 중등 객관식 26번
상담 이론에 대한 설명

> ㄱ. 프로이트(Freud)의 정신 분석 상담 이론은 집단 무의식을 강조하며, 주요한 상담 기법 중의 하나로 자유 연상을 사용한다.

2004학년도 중등 객관식 20번
교칙을 위반한 학생의 문제 행동의 원인에 대해 설명한 상담 기록에 적용된 상담 접근 방법

> 상습적으로 다른 학생들에게 폭력을 휘두르는 영철이의 행동은 자신의 열등감을 극복하고 우월해지고자 하는 동기가 표출된 결과이다. 이러한 행동은 자신을 알아주지 않는 주위 사람들에 대해 공격성을 나타냄으로써 자신도 중요한 사람이 될 수 있을 것으로 여기는 문제 행동으로 볼 수 있다.

③ 개인 심리학적 접근

01 정신 분석 상담 이론

1 프로이트(Freud)의 정신 분석 상담 이론 [12 중등]

(1) 개념

인간의 부적응 행동이 무의식의 억압된 욕구에서 비롯된다고 보고, 내담자의 무의식의 세계를 의식화하여 문제를 치료하려는 상담 이론

(2) 상담 목표

① 무의식의 의식화: 자신의 무의식에 대해서 아는 것, 무의식을 의식으로 끌어 올리는 것
② 자아(Ego) 기능의 강화: 자아 기능을 강화하여 현실적이고 합리적으로 적응하도록 함

(3) 상담 기법

기법	내용
해석	내담자의 무의식에 억압되었던 분노, 상처, 갈등을 의식화하기 위한 방법
자유 연상법	내담자가 떠오르는 것을 그대로 이야기할 수 있도록 돕는 방법
꿈의 분석	꿈을 분석하여 무의식의 내용을 밝히고, 내면을 통찰하여 문제의 원인이 무엇인지를 밝히는 방법
저항의 분석	저항을 분석하여 내담자가 무의식적으로 숨기거나 두려워하는 대상에 대한 정보를 얻고, 이를 이해하여 통찰하도록 도움을 주는 방법
전이의 분석	전이는 내담자가 타자와의 갈등으로 인한 분노나 억압된 감정 등을 상담자에게 표출하는 것으로, 전이를 분석하여 내담자가 이겨낼 수 있도록 도움을 주는 방법
훈습	내담자가 상담 과정에서 느낀 통찰을 현실 생활에 적용하여 스스로의 변화를 일으키는 방법

2 아들러(Adler)의 개인 심리학 상담 이론 [04 중등]

(1) 개념

인간의 부적응 행동은 비정상적인 방법으로 열등감을 해소하려고 할 때 발생한다고 보고, 내담자의 생활 양식을 파악하여 바람직한 방향으로 바꾸도록 재교육하는 상담 이론

(2) 상담 목표

① 사회적 관심 향상: 내담자의 문제 해결을 위해 사회적 관심을 갖도록 함
② 바람직한 생활 양식으로의 변화: 내담자의 생활 양식을 파악하여 바람직한 방향으로 바꾸도록 함

(3) 부적응 행동의 원인

① 사회적 관심의 부족: 사회적 관심이란 사회적 존재로서 타인에 대한 공동체감을 느끼는 것으로, 사회적 관심이 부족할 때 부적응 행동이 발생함
② 열등감 발생: 열등감이란 해결할 수 없는 문제에 직면했을 때 발생하는 것으로, 극복 과정에서 자신의 능력을 개발하고 성장할 수 있으나, 열등감이 우리의 삶을 지배할 경우 열등감 콤플렉스에 빠질 수 있음
③ 바람직하지 않은 생활 양식: 생활 양식이란 삶에 대한 개인의 기본적 지향이나 성격으로, 사회적 관심이 부족할 경우 바람직하지 않은 생활 양식을 형성할 수 있음

종류	내용
지배형	독단적·공격적·활동적이지만, 사회적인 인식에 관심이 거의 없는 유형
기생형	자신의 욕구 충족을 위해 타인에게 의존하는 유형
회피형	사회적 관심이 부족하고, 일상에 참여하는 활동을 하지 않는 유형
사회형	심리적으로 건강한 사람의 표본으로, 사회적 관심이 많아서 자신과 타인의 욕구를 동시에 충족시키는 유형

④ 허구적 최종 목적론: 허구나 이상이 현실보다 더 효과적으로 사람을 움직이게 한다는 것으로, 비현실적인 삶의 목표는 부적응 행동의 원인이 됨

(4) 상담 기법

기법	내용
격려하기	열등감을 극복할 수 있도록 격려함으로써 내담자가 자신의 장점을 인식하고 용기를 가질 수 있도록 함
'마치 ~처럼' 행동하기	내담자가 새로운 행동을 하는 것을 두려워할 경우, 행동을 해낼 수 있는 것처럼 생각하게 함
자기 모습 파악하기	내담자가 자신의 모습을 있는 그대로 인식하게 함
수프에 침 뱉기	내담자의 잘못된 생각에 침을 뱉음으로써 이후 같은 생각이나 행동을 할 때 편안함을 느끼지 못하게 함
단추 누르기	내담자에게 긍정적인 사건과 부정적인 사건을 번갈아 상상하게 하여, 자신의 선택으로 원하는 감정을 만들 수 있음을 인식하게 함
역설적 기법	내담자를 약하게 만드는 생각·행동을 의도적으로 과장하게 함

CHAPTER 2 상담 이론

출제 Point

2012학년도 중등 객관식 26번
상담 이론에 대한 설명

> ㄴ. 엘리스(Ellis)의 합리·정서·행동 상담 이론(REBT)은 신념 체계를 강조하며, 주요한 상담 기법 중의 하나로 논박을 사용한다.

2010학년도 중등 객관식 27번
상담 이론에 대한 설명

> ㄱ. 합리적 정서적 행동 치료(REBT)에서는 정서적 문제를 유발하는 원인이 사건 자체가 아니라 그 사건에 대한 비합리적인 신념 때문이라고 본다.

2002학년도 중등 객관식 38번
교사의 상담 이론

> • 철수는 항상 남보다 공부를 잘 하고 선생님으로부터 인정받아야 한다고 생각하고 있다.
> • 그래서 철수는 성적이 떨어지거나 선생님으로부터 꾸중을 들으면 심하게 좌절을 한다.
> • 교사는 상담 과정에서 철수가 가지고 있는 신념은 현실성이 없음을 깨우치려고 노력하고 있다.
> • 교사는 철수에게 '남으로부터 항상 인정받고 있는 사람'이 있으면 예를 들어 보라고 말하기도 한다.

④ 합리적·정서적·행동적 상담 이론

02 인지적 상담 이론

1 윌리엄슨(Williamson)의 지시적 상담 이론

(1) 개념

상담자가 교사 혹은 조언자의 역할을 하면서 내담자에게 객관적이고 정확한 정보를 제공하여 내담자가 합리적이고 효과적인 선택과 결정을 할 수 있도록 돕는 상담 이론

(2) 상담 과정

① 분석: 내담자에 대한 정보와 자료를 수집함
② 종합: 분석 단계에서 얻은 자료를 정리하고 배열하여 활용 가능하도록 정리함
③ 진단: 정리한 자료를 통해서 내담자의 문제를 확인하고 원인을 발견함
④ 예진: 문제 해결을 예측함
⑤ 상담: 상담자와 내담자가 만나서 문제 해결의 탐색이 이루어지는 단계로, 상담자는 내담자가 문제를 해결할 수 있도록 조력자 역할을 함
⑥ 추수 지도: 상담의 결과를 평가하고, 문제가 발생하는 경우 다시 돕는 과정

2 엘리스(Ellis)의 합리적·정서적 행동 치료(REBT) [02 중등, 03 중등, 10 중등, 12 중등]

(1) 개념

인간의 부적응 행동이 비합리적 신념에서 비롯된다고 보고, 내담자의 비합리적 신념을 합리적 신념으로 변화시키는 상담 이론

(2) 상담 과정(ABCDE 모형)

상담 과정	내용
선행 사건 (Activating Event)	개인의 정서적 문제를 야기한 사건이나 현상
신념 체계 (Belief System)	환경적 자극이나 선행 사건에 의해 내담자에게 형성된 신념
결과 (Consequence)	선행 사건과 신념에 의해 나타난 정서적·인지적·행동적 결과
논박 (Dispute)	내담자의 비합리적 신념에 대한 반박(논리성, 현실성, 실용성)
효과 (Effect)	논박을 통해 합리적 신념으로 바뀐 후 내담자에게 나타나는 상담의 결과

(3) 상담 기법

상담 기법	내용
인지적 기법	내담자의 비합리적 신념에 대해 논리성, 현실성, 실용성에 근거하여 논박하는 방법
정서적 기법	• 무조건적인 수용: 인간은 누구나 불완전한 존재라는 것을 수용하도록 하는 방법 • 수치심 공격하기: 수치스러운 행동을 억지로 시킴으로써 수치심에 대해 무뎌지게 하는 연습 • 유머: 유머를 통해 비합리적 사고를 보여줌으로써 심각한 문제가 아님을 깨닫게 하는 방법
행동적 기법	체계적 둔감법, 모델링, 강화 기법 등

3 벡(Beck)의 인지 치료

(1) 개념

인간의 부적응 행동은 개인의 부정적 인지 도식 때문에 발생한다고 보고, 부적절한 사고 패턴을 변화시켜 긍정적인 사고를 갖도록 하는 상담 이론

(2) 부적응 행동의 원인

역기능적 인지 도식을 가진 사람이 일상에서 스트레스와 부정적 사건을 겪게 되면, 인지적 오류를 일으켜 부정적인 내용으로 자동적 사고를 하게 되며 발생함

주요 개념	내용	
역기능적 인지 도식	자신, 타인, 세상 등에 대한 당위적·완벽주의적·비현실적 신념	
인지적 오류	현실을 제대로 지각하지 못하거나 의미를 왜곡하여 받아들이는 것	
	종류	내용
	임의적 추론	충분한 근거 없이 성급하게 결론을 내리는 것
	선택적 추상화	중요한 요소들은 무시한 채 사소한 부분에만 초점을 맞추어 전체의 의미를 해석하는 것
	과잉 일반화	한 번의 사건이나 경험에 근거하여 일반적인 결론을 내리는 것
	과대 평가·과소 평가	어떤 사건이나 경험을 지나치게 과대 평가하거나 과소 평가하는 것
	개인화	관련 없는 외부 사건을 자신과 관련시키는 것
	이분법적 사고	모든 사건이나 경험을 이분법적인 범주의 하나로 해석하는 것(흑백논리)
자동적 사고	의식적 노력 없이 자발적으로 일어나는 사고	

> 💡 **합격선배 Tip**
>
> 엘리스 이론과 벡의 이론에서는 부적응 행동의 원인이 비합리적이고 부적절한 사고에 있다고 보았다.

CHAPTER 2 상담 이론

(3) 상담 기법

상담 기법	내용
특별한 의미 이해하기	내담자가 사용하는 부정적인 단어의 의미에 대해 질문함으로써 상담자가 내담자의 사고를 이해하는 방법
절대성에 도전하기	내담자가 사용하는 절대성 단어를 파악하여 내담자의 생각이 잘못되었음을 깨닫게 하는 방법
재귀인하기	책임감을 느낄 필요가 없음에도 느끼는 내담자를 위해 정확한 인과관계를 정리하고, 책임 유무를 생각해 보도록 하는 방법
장단점 열거하기	내담자의 신념이나 행동에 대한 장단점을 열거하도록 하여 흑백논리에서 벗어나게 하는 방법

03 인본주의 상담 이론

1 로저스(Rogers)의 인간 중심 상담 이론 [03 중등, 13 중등, 14 중등(論)]

(1) 개념
인간은 스스로 성장할 수 있는 잠재 능력이 있으므로 내담자 스스로 자신의 문제를 해결하도록 돕는 상담 이론

(2) 상담 목표
① 실현 경향성 성취: 실현 경향성이란 자신의 잠재력을 실현하려는 타고난 경향성으로, 내담자 스스로 문제를 해결하도록 도와 자기실현을 하도록 함
② 충분히 기능하는 인간: 진정한 자신의 모습을 발견하고 끊임없이 성장하며 자기실현을 하는 사람

(3) 부적응 행동의 원인
의미 있는 타인으로부터 인정받기 위해 가치 조건화된 자기개념이 현실적 경험과 불일치할 때 발생함
① 자기개념: 자신이 어떤 사람인가에 대한 개인의 인식
② 가치 조건화: 양육자의 양육 태도와 평가에 따라 형성되는 외부적인 조건화

(4) 상담 기법

상담 기법	내용
진실성(일치성)	내담자와의 관계에서 경험하는 것을 솔직하게 그대로 표현하는 것
무조건적인 긍정적 존중	내담자의 내면 경험을 있는 그대로 무조건적으로 존중하고 수용하는 것
공감적 이해	상담자가 내담자의 감정을 자신의 감정인 것처럼 느끼는 것

2 펄스(Perls)의 형태주의(게슈탈트) 상담 이론 [07 중등, 08 중등, 11 중등]

(1) 개념
과거의 미해결 과제가 현재에 대한 자각을 방해한다고 보고, 내담자가 현재 느끼고 경험하는 것을 무엇이 방해하는지 알도록 도움으로써 내담자가 '지금-여기'를 경험할 수 있도록 돕는 상담 이론

(2) 부적응 행동의 원인
개인의 경험이 게슈탈트(Gestalt)를 형성하는 과정에서 전경과 배경을 명확히 구분하지 못하여(접촉-경계 혼란) 완결된 형태의 게슈탈트를 형성하지 못하거나 자연스럽게 조정·해결하지 못할 경우 발생함

출제 Point

2014학년도 중등 논술
인간 중심 상담 관점에서의 기법 논의

2013학년도 중등 객관식 26번
로저스(Rogers)의 인간 중심 상담 이론에 따른 상담자의 태도로서 공감(Empathy), 수용(Unconditional Positive Regard), 진정성(Genuineness)에 관한 설명
① 진정성은 자신의 감정과 경험을 주관적으로 표현하는 것이다.
② 공감, 수용, 진정성을 내담자에게 얼마나 잘 지각하게 하느냐가 중요하다.
③ 공감은 객관적인 현실보다 내담자가 지각한 현실에 초점을 두는 것이다.
⑤ 수용은 내담자의 '자기실현 경향성(Self-actualization Tendency)'을 인정하고 신뢰하는 것이다.

2003학년도 중등 객관식 41번
내담자 중심 상담 이론
③ 인간주의적 접근으로 무조건적 수용과 인정을 통해 내담자의 문제 해결 과정을 돕는다.

2011학년도 중등 객관식 27번
① 미해결 과제는 현재에 대한 자각(Awareness)을 방해한다고 본다.

2008학년도 중등 객관식 34번
게슈탈트(Gestalt) 상담 이론의 특징
② 미해결 사태를 해결하기 위해 전경과 배경의 자연스러운 교체를 강조한다.

2007학년도 중등 객관식 33번
다음 진술의 내용과 관련된 상담 이론에서 주로 적용하는 상담 기법

> 상담은 내담자가 알아차림(Awareness)을 통해 '지금-여기'의 감정에 충실하거나 미해결 과제를 자각하고 표현하게 하여 비효율적인 감정의 고리에서 벗어나도록 돕는 것을 목표로 삼는다.

① 빈 의자 기법

CHAPTER 2 상담 이론

출제 Point

2012학년도 중등 객관식 26번
상담 이론에 대한 설명

ㄷ. 번(Berne)의 교류 분석 상담 이론은 세 가지 자아 상태(부모, 성인, 아동)를 강조하며, 주요한 상담 기법 중의 하나로 구조 분석을 사용한다.

주요 개념	내용
게슈탈트 (Gestalt)	개체의 욕구나 감정이 하나의 의미 있는 전체로 조직된 것
전경과 배경	• 전경: 사람이 대상을 지각할 때 지각의 초점이 되는 부분 • 배경: 관심 밖으로 물러나는 부분
자각	개체가 자신의 욕구나 감정을 지각하고, 그것을 게슈탈트로 형성하여 전경으로 떠올리는 행위
미해결 과제	개체가 게슈탈트를 형성하지 못했거나 형성된 게슈탈트가 적절히 해소되지 못하여 배경으로 물러나지 못하고, 전경으로 계속 떠오르려는 상태

(3) 상담 기법

상담 기법	내용
빈 의자 기법	빈 의자를 두고 상대방이 앉아 있는 것처럼 가정하여 내담자가 다루고자 하는 문제를 독백, 방백, 역할 바꾸기 등을 통해 이야기하는 방법
감정에 머무르기	내담자가 불쾌한 감정이나 기분을 이야기하며 도망치고 싶은 욕구를 느끼는 순간, 내담자로 하여금 그 감정에 그대로 머무르며 체험하기를 요구하는 방법
환상 기법	실제 장면을 연상하는 환상을 통해 '지금-여기'로 경험을 재현하는 방법

3 번(Berne)의 상호 교류 분석 이론 [12중등]

(1) 개념

내담자의 성격을 구성하는 자아 상태와 타인과의 의사소통 과정을 분석함으로써 자신을 이해하도록 하고, 이를 바탕으로 건전한 인간관계를 형성하도록 돕는 상담 이론

(2) 상담 기법

① 구조 분석: 내담자의 자아 유형을 분석하여 자신을 이해할 수 있도록 함

자아 유형	내용
부모 자아 (Parent Ego)	프로이트(Freud) 이론의 초자아(Super-ego)에 해당하는 개념으로, 자신이나 타인에게 강요나 명령을 하는 자아 상태 • 비판적 부모 자아: 부모의 윤리, 도덕, 가치 판단의 기준을 내면화한 것으로, 배타적이고 강압적이며, 교훈적인 방식으로 기능함 • 양육적 부모 자아: 부모가 자녀를 양육하는 말이나 행동을 내면화한 자아로, 동정적이고 상냥하며, 수용적이고 보호적인 면을 지님
어른 자아 (Adult Ego)	프로이트(Freud) 이론의 자아(Ego)에 해당하는 개념으로, 현실적이고 객관적인 방법으로 문제를 해결하며 다른 두 자아 상태를 중재하는 자아 상태

아동 자아 (Child Ego)	프로이트(Freud) 이론의 원초아(Id)에 해당하는 개념으로, 어린아이와 같이 충동적으로 흥미를 추구하는 자아 상태 • 자유 아동 자아: 내면에서 자연스럽게 느끼는 감정을 언어나 비언어적 표현을 통해 표현하며, 윤리나 도덕과 관계없이 즐거움을 추구함(본능적, 직관적, 감정적, 행동적) • 순응적 아동 자아: 자유 아동 자아가 부모나 권위자에 의해 훈련된 것으로, 부모나 권위자의 관심을 얻기 위해 그들의 요구에 복종함(순응적, 소극적, 의존적)

② 교류 분석: 내담자의 의사소통 유형을 분석하여 부적절한 교차적 의사 교류나 암시적 의사 교류를 중단하도록 함

교류 유형	내용
상보적 의사 교류	자극과 반응이 서로 동일한 자아에서 이루어짐에 따라 평행을 이루는 의사 교류로, 건강한 인간관계에서 나오는 자연스러운 의사소통
교차적 의사 교류	자극과 반응이 서로 다른 자아에서 이루어짐에 따라 교차를 이루는 의사 교류로, 갈등을 유발할 수 있는 의사소통
암시적 의사 교류	겉으로 표현되어 나타나는 사회적 자아와 실제로 내면에서 기능하는 심리적 자아가 서로 다른 의사 교류로, 숨겨진 심리적 메시지에 주의하지 않으면 진의를 이해할 수 없는 의사소통

③ 게임 분석: 반복되는 이면 교류 상황을 분석하여 내담자가 상대방과 친밀감을 갖고 교류할 수 있도록 도움
④ 각본 분석: 내담자의 생활 각본을 분석하여 부정적인 생활 자세를 '자기 긍정-타인 긍정'의 생활 자세로 변화시킴

생활 자세 유형	내용
자기 긍정-타인 긍정 (I'm OK, you're OK)	자신과 타인에 대해 긍정적으로 생각하는 생활 자세 (승리자의 각본)
자기 긍정-타인 부정 (I'm OK, you're not OK)	타인을 부정적으로 생각하는 생활 자세
자기 부정-타인 긍정 (I'm not OK, you're OK)	자신을 부정적으로 생각하는 생활 자세
자기 부정-타인 부정 (I'm not OK, you're not OK)	모든 것을 부정적으로 생각하는 생활 자세

CHAPTER 2 상담 이론

출제 Point

2014학년도 중등 논술
행동 중심 상담 관점에서의 기법 논의

2008학년도 중등 객관식 35번
김 교사가 적용한 상담 이론

철수: 인터넷 게임을 너무 많이 하고 지각을 자주 하니까 성적이 말이 아니에요.
김 교사: 그래, 인터넷 게임 시간을 줄이고, 지각을 하지 않았으면 좋겠단 말이지? 그런데 게임 시간과 지각을 줄일 자신이 있니? 완전히 줄일 수 있는 것을 100점으로 하면 몇 점을 줄 수 있어?
철수: 인터넷 게임 줄이기는 80점 정도 자신 있고요, 지각 안 하기는 95점 정도 자신 있어요.
김 교사: 철수야, 네가 원하는 대로 이루어진다면 너에게 어떤 일이 일어날 것 같아?
철수: 당연히 성적이 오르겠죠. 부모님이 제일 좋아하실 것 같아요. 요즘 집안 분위기가 별로 안 좋아요. 그런데 제가 성적이 오르고, 게임도 덜 하고, 부모님이 기뻐하실 것 같아요.

② 해결 중심 상담

04 기타 상담 이론

1 행동주의 상담 이론 [14 중등(論)]

(1) 개념

인간의 부적응 행동은 후천적으로 학습된 것으로 보고, 문제 행동의 수정을 통해 바람직한 행동을 학습하도록 돕는 상담 이론

(2) 상담 기법

상담 기법		내용
고전적 조건 형성	체계적 둔감법	불안 위계표에 따라 불안이 낮은 장면부터 이완 훈련을 시작하여 높은 장면으로 올라가면서 불안을 감소시키는 방법
	역조건 형성	제거하려는 문제 행동과 불쾌 경험을 짝지어 문제 행동에 대한 매력을 반감시키는 방법
	홍수법	가장 높은 수준의 자극에 오랫동안 지속적으로 노출시킴으로써 시간이 경과함에 따라 혐오나 불안을 극복하게 하는 방법
조작적 조건 형성	토큰 강화	내담자가 목표 행동을 달성했을 때 토큰을 주어 바람직한 행동을 유도하는 방법
	프리맥의 원리	빈도가 높은 행동을 이용하여 빈도가 낮은 행동을 강화하는 방법
	행동 계약	상담자와 내담자가 의논하여 정해진 기간 내에 해야 할 행동을 계약하고, 계약 조건이 지켜지면 정해진 보상을 제공하여 행동을 강화하는 방법
관찰 학습	모델링	바람직한 행동을 관찰하고 모방하여 행동하게 하는 방법

2 해결 중심 상담 이론 [08 중등]

(1) 개념

문제의 원인을 밝히기보다는 학생이 가진 자원을 활용한 해결 방법에 중점을 두어 단기간에 해결 방안을 구축하도록 돕는 상담 이론

(2) 상담 기법

상담 기법	내용
상담 전 변화에 대한 질문	상담을 약속한 후부터 상담하러 오기까지 어떤 변화를 경험했는지를 질문하는 방법
척도 질문	문제의 심각성, 목표의 성공 가능성 등을 수치로 표현하도록 질문하는 방법
기적 질문	문제가 해결된 상태를 상상해 보도록 질문하는 방법
예외 질문	문제가 일어나지 않은 예외적 상황을 찾아내도록 질문하는 방법
대처 질문	그동안의 어려움을 어떻게 대처해 왔는지 질문하는 방법

| 관계 질문 | 내담자와 중요한 관계에 있는 사람의 시각에서 내담자의 문제를 바라보도록 질문하는 방법 |

3 글래써(Glasser)의 현실주의 상담 이론 [05 중등, 06 중등, 12 중등, 13 중등]

(1) 개념
내담자의 욕구를 파악하고 바람직한 방식으로 충족할 수 있도록 하는 상담 이론

(2) 부적응 행동의 원인
개인의 기본 욕구에서 비롯된 바람이 무엇인지를 파악하지 못하거나 파악했다 하더라도 그 바람을 바람직한 방식으로 충족시키지 못할 때 발생함

주요 개념	내용
기본 욕구	인간은 다섯 가지 기본 욕구(생존, 소속, 힘, 즐거움, 자유)를 가지고 태어나며, 이를 충족하기 위해 자신의 행동을 통제하고 선택함

이론	내용
통제 이론	인간은 모든 행동을 스스로 통제할 수 있으며, 자신의 기본 욕구를 충족하기 위해 자신의 행동을 통제함
선택 이론	인간은 모든 행동을 스스로 선택할 수 있으며, 자신의 기본 욕구를 충족하기 위해 어떤 행동을 선택함
전행동 (전체 행동) 이론	• 인간의 전행동은 '활동, 생각, 느낌, 신체 반응'의 네 가지로 구성되어 있으며, 이들 구성 요소는 서로 유기적으로 관련되어 있음 • 활동이나 생각은 인간이 통제할 수 있으나, 느낌이나 신체 반응은 통제가 어려움

바람직한 방식 (3R)	내담자의 기본 욕구를 파악한 후에는 3R 기준의 바람직한 방식으로 충족할 수 있도록 도와야 함

기준	내용
현실성 (Reality)	자신의 욕구 충족이 현실적인 것인지, 즉 현실에서 실현 가능하고 수용 가능한지 고려하는 것
책임감 (Responsibility)	자신의 욕구 충족이 타인의 욕구 충족을 방해하지 않는 범위 내에서 책임감 있는 행동인지 고려하는 것
옳고 그름 (Right or Wrong)	자신의 욕구 충족이 타인에게 피해를 주지 않는 옳은 행동인지 고려하는 것

출제 Point

2013학년도 중등 객관식 27번
글래써(Glasser)와 우불딩(Wubbolding)의 현실주의 상담에서 사용되는 4단계 상담 과정

ㄱ. 내담자의 책임 있는 행동 계획하기
ㄴ. 내담자의 욕구 파악하기
ㄷ. 내담자의 현재 행동 탐색하기
ㄹ. 내담자 자신의 행동 평가하기

④ ㄴ-ㄷ-ㄹ-ㄱ

2006학년도 중등 객관식 14번
〈보기〉와 같은 절차에 따라 상담을 실시한 김 교사의 상담 기법

단계 1: 김 교사는 내담자인 선미가 무엇을 원하는지 그리고 상담을 통하여 무엇을 기대하는지를 물었다. 이에 선미는 급우들의 따돌림에서 벗어나 좋은 관계를 맺고 싶다고 답하였다.
단계 2: 김 교사는 선미가 급우들에게 무슨 행동을 어떻게 하고 있는지를 탐색하였다.
단계 3: 김 교사는 선미에게 급우 관계를 개선하기 위해 얼마나 노력했는지, 급우를 대하는 자신의 행동이 얼마나 적절했는지 등을 스스로 평가해 보도록 도왔다.
단계 4: 김 교사는 선미의 급우 관계를 개선하기 위해 선미가 앞으로 실천해야 할 구체적 방안과 계획을 수립하도록 도왔다.

① 현실요법

CHAPTER 2 상담 이론

(3) 상담 과정 - 우볼딩(Wubbolding)의 WDEP

상담 과정	내용
욕구(바람) 파악하기 (Want)	내담자가 자신이 무엇을 원하는지 구체적이고 명확하게 알 수 있도록 '무엇을 원하는가?'라고 질문하여 자신의 욕구를 탐색하도록 도움
현재 행동 탐색하기 (Doing)	내담자에게 '무엇을 하고 있는가?'라고 질문하여 내담자가 실제적인 욕구 충족을 위해 어떤 행동을 하고 있는지를 탐색함
평가하기 (Evaluating)	내담자가 3R을 기준으로 자신의 행동을 스스로 평가할 수 있도록 도움
계획하기 (Planning)	내담자의 행동 중 잘못된 행동을 찾아 바람직한 방법으로 자신의 욕구를 충족할 수 있도록 계획함

CHAPTER 3 진로 이론

01 진로 선택 이론

1 파슨스(Parsons)의 특성-요인 이론

(1) 개념

개인적 흥미나 능력이 직업의 특성과 일치하여 직업을 선택하게 된다는 이론

(2) 상담 과정

① 분석: 학생에 관한 자료를 수집하여 특성을 파악함
② 종합: 수집된 자료를 종합하여 특성을 총체적으로 이해함
③ 진단: 학생이 당면하고 있는 진로 선택의 문제를 진단함
④ 예측: 가능한 대안을 검토하고, 결과를 예측함
⑤ 상담: 최선의 대안을 선택하고, 현재 또는 미래의 바람직한 적응을 위한 준비를 도움
⑥ 추수 지도: 바람직한 행동 계획을 수행할 수 있도록 계속적으로 지도함

2 로우(Roe)의 욕구 이론 [05 중등, 11 중등]

(1) 개념

매슬로우(Maslow)의 욕구 위계 이론에 영향을 받아 부모-자녀 간의 상호 작용을 통해 발달되는 개인의 욕구 구조가 직업 선택에 영향을 미친다는 이론

(2) 부모-자녀 간의 상호 작용 유형과 직업 지향성

부모-자녀 간의 상호 작용 유형(부모의 양육 방식)			직업 지향성
감정적 집중	과잉 보호적 분위기	자녀를 지나치게 보호하며, 부모에게 의존하기를 기대함	인간 지향적 직업 (문화직, 서비스직, 비즈니스직, 예술직)
	과잉 요구적 분위기	자녀에게 높은 성취를 요구하고 엄격한 훈련을 시킴	
수용	애정적 분위기	자녀와의 관계가 튼튼하며, 자녀에게 사려 깊은 격려를 함	
	무관심한 분위기	자녀를 수용하기는 하나, 자녀와의 관계가 밀착되지 않음	비인간 지향적 직업 (기술직, 과학직, 옥외 활동직)
회피	무시적 분위기	자녀와 접촉하려고 하지 않으며, 부모로서의 책임을 회피함	
	거부적 분위기	자녀의 신체적·심리적 필요를 충족시켜 주려는 노력을 하지 않음	

> **출제 Point**
>
> **2011학년도 중등 객관식 26번**
> 로우(Roe)의 욕구 이론에 관한 설명
>
> > ㄴ. 부모와 자녀의 관계에 따라 자녀의 성격이 형성되고, 이는 직업 선택에 영향을 준다고 본다.
> > ㄹ. 새로운 직업 분류 체계를 개발함으로써 직업 선호도 검사, 직업 흥미 검사, 직업명 사전 개발에 영향을 주었다.
>
> **2005학년도 중등 객관식 36번**
> 교사가 학생들에게 진로 지도 활동을 시작하면서 소개한 내용
>
> > 인생 초기에 어떤 방식으로 양육되었고, 어떤 경험을 했느냐는 여러분이 장차 어떤 직업을 택하게 되는가에 중요한 영향을 미칩니다. 부모가 자녀를 대하는 양상에 따라 세 가지 심리적 환경이 조성됩니다. 냉담한(Cold) 가정 분위기, 온정적 또는 냉담한(Warm or Cold) 가정 분위기, 온정적(Warm) 가정 분위기가 그것들입니다. 〈중략〉 수용이나 거부 또는 과잉 보호나 과잉 요구에 대한 여러분의 감정이 인간 지향적이거나 비인간 지향적인 생활 양식을 발전시키게 됩니다. 이는 결국 여러분들로 하여금 특정한 직업을 선택하도록 하는 진로 지향성을 형성하도록 합니다.
>
> ③ 로우(Roe)의 욕구 이론

CHAPTER 3 진로 이론

출제 Point

2013학년도 중등 객관식 28번
홀랜드(Holland)의 진로 이론에 관한 설명

ㄱ. 직업적 행동은 성격과 환경의 상호 작용의 결과이다.
ㄴ. 직업을 선택할 때 자신의 태도와 가치관에 맞는 직업 환경을 선호한다.
ㄹ. 직업 환경을 실재적(Realistic), 탐구적(Investigative), 예술적(Artistic), 사회적(Social), 설득적(Enterprising), 관습적(Conventional) 환경으로 분류한다.

2009학년도 중등 객관식 30번
㉠과 ㉡에 해당되는 직업적 성격 특성

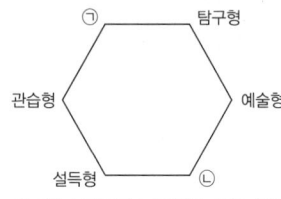

㉠ 기계를 만지거나 조작하는 것을 좋아하며, 몸을 움직이는 활동을 선호한다.
㉡ 다른 사람들과 어울리는 것을 좋아하고, 다른 사람들을 도와주는 활동을 선호한다.

(3) 의의와 한계

① 의의: 새로운 직업 분류 체계를 개발함으로써 직업 선호도 검사, 직업 흥미 검사, 직업명 사전 개발 등에 영향을 줌
② 한계
  • 성격 형성과 직업 선택의 요인들에 대한 구체적·실질적 근거 부족
  • 진로 상담을 위한 구체적 절차 부재

3 홀랜드(Holland)의 인성 이론 [08 중등, 09 중등, 12 중등, 13 중등]

(1) 개념

개인의 성격 유형과 직업 환경을 각각 6가지로 분류하고, 성격 유형이 직업 선택에 중요한 영향을 미친다는 이론

(2) 직업적 성격 유형론

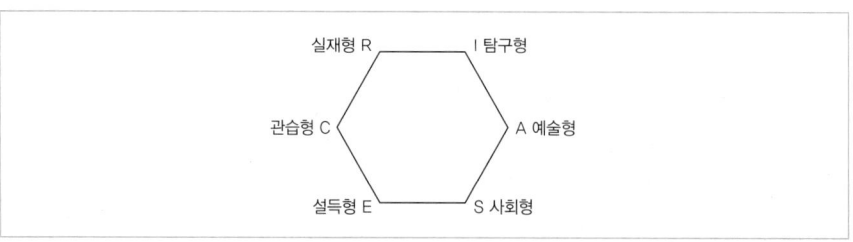

유형	특징	선호 직업
실재형	기계, 도구, 동물에 관한 체계적인 조작 활동을 좋아하지만, 사회적 기술이 부족함	기술자
탐구형	분석적이고 호기심이 많고 조직적이며 정확하지만, 리더십 기술이 부족함	과학자
예술형	표현이 풍부하고 독창적이지만, 반순응적이고 규범적인 기술이 부족함	음악가, 미술가
사회형	다른 사람들과 함께 일하거나 다른 사람들을 돕는 것을 즐기지만, 도구와 기계를 포함하는 질서 정연하고 조직적인 활동을 싫어함	사회 복지가, 교육자, 상담가
설득형	조직 목표나 경제적 목표를 달성하기 위해 타인을 설득하는 활동을 즐기지만, 상징적이고 체계적인 활동을 싫어하며 과학적인 능력이 부족함	기업 경영인, 정치가
관습형	자료를 체계적으로 잘 처리하고 기록을 정리하거나 자료를 재생산하는 것을 좋아하지만, 심미적인 활동을 피함	사서

4 블라우(Blau)의 사회학적 이론 [10 중등]

(1) 개념

개인을 둘러싼 가정, 학교, 지역 사회 등의 사회·문화적 환경이 직업 선택에 큰 영향을 미친다는 이론

(2) 특징

① 개인이 통제할 수 없는 사회적 요인이 직업 선택에 중요한 영향을 미침
② 진로 상담 시 내담자 가정의 사회·경제적 지위, 가정의 영향력, 학교, 지역 사회 등을 고려해야 함

5 크럼볼츠(Krumboltz)의 사회 학습 이론 [08 중등]

(1) 개념

진로 선택은 개인의 유전적 요인과 특별한 능력, 환경적 조건과 사건, 학습 경험, 과제 접근 기술의 상호 작용으로 이루어진다는 이론

(2) 진로 결정 요인

진로 결정 요인	내용
유전적 요인과 특별한 능력	인종, 성별, 신체적 특징 등 개인의 진로 기회를 제한하는 타고난 특질
환경적 조건과 사건	취업 및 훈련 기회, 교육 제도 등 개인의 진로 선택, 기술 개발, 활동, 진로 선호 등에 영향을 미치는 환경에서의 특정한 사건
학습 경험	개인이 과거에 학습한 경험 • 도구적 학습 경험: 어떤 행동이나 인지적인 활동에 대한 강화를 받을 때 나타남(조작적 조건 형성) • 연합적 학습 경험: 이전에 경험한 중립 사건이나 자극이 비중립 사건 및 자극과 연결될 때 나타남(고전적 조건 형성) • 대리적 학습 경험: 타인의 행동을 관찰하거나 모방할 때 나타남
과제 접근 기술	개인이 환경에 대처하며 미래를 예견하는 능력이나 경험

출제 Point

2010학년도 중등 객관식 28번
진로 이론에 대한 설명

ㄹ. 블라우(Blau)의 사회학적 이론에 따르면 가정, 학교, 지역 사회 등의 사회적 요인이 직업 선택에 큰 영향을 미친다.

2008학년도 중등 객관식 36번
진로 상담에 관련된 설명
④ 크럼볼츠(Krumboltz)는 진로 의사결정에 영향을 미치는 요인들의 상호 작용을 중시하였다.

CHAPTER 3 진로 이론

02 진로 발달 이론

1 긴즈버그(Ginzberg)의 진로 발달 이론

(1) 개념

직업 선택은 일회적으로 이루어지는 것이 아니라 장기간에 걸쳐 이루어지는 일련의 발달 과정이라고 보는 이론

(2) 진로 발달 단계

단계	내용
환상기 (6~10세)	자신의 능력이나 현실적 여건보다 흥미와 욕구를 중시하며, 개인의 욕구와 충동이 직업 선택과 동일시되어 자신이 원하면 무엇이든지 될 수 있다고 생각하는 단계
잠정기 (11~17세)	진로 선택 과정에서 개인의 흥미, 능력, 가치관 등을 고려하는 단계 • 흥미 단계: 좋아하는 것과 싫어하는 것에 대하여 명확하게 인식함 • 능력 단계: 흥미 분야에 대한 자신의 능력을 시험해 보려 하고, 직업의 보수·교육·훈련에 대하여 인식함 • 가치 단계: 다양한 요인을 고려하고 자신의 주관적 가치관에 비추어 직업 선호와 유형을 평가함 • 전환 단계: 직업의 외적 요인에 주의를 기울이며, 이전 시기보다 좀 더 현실적인 측면을 강조함
현실기 (18~22세)	자격 요건이나 교육 기회와 같은 현실적 요인과 개인적 요인을 고려하여 타협하고, 실제로 직업을 선택하는 단계 • 탐색 단계: 취업 기회를 탐색하고 경험을 쌓으려 노력함 • 구체화 단계: 직업 목표를 구체화하고, 개인의 내적 요인과 직업의 현실적인 외적 요인을 고려하여 타협함 • 특수화 단계: 보다 세밀한 계획과 세분화된 의사결정을 통해 결정함

2 슈퍼(Super)의 진로 발달 이론 [10중등, 12중등]

(1) 개념

진로 발달은 인간의 전 생애에 걸쳐 이루어지는 연속적인 과정으로, 개인의 직업 발달 과정을 자아실현의 과정으로 보는 이론

(2) 진로 발달 단계

단계	내용

성장기
(출생~14세)
	• 가정이나 학교에서의 중요한 타인과 동일시함으로써 자아개념이 발달하는 시기
	• 초기에는 욕구와 환상이 지배적이지만, 점차 흥미와 능력을 중요시함
	  - 환상기: 욕구가 지배적이며, 환상적인 역할 수행을 중요시함
	  - 흥미기: 개인의 취향이 활동의 목표와 내용을 결정함
	  - 능력기: 능력을 중요시하며, 직업의 요구 조건을 고려하게 됨

탐색기
(15~24세)
	• 직업에 대한 계획을 세우고, 수행 방법을 고려하여 직업을 탐색하는 시기
	• 학교 활동, 여가 활동 등을 통해 자아를 검증하고 역할을 수행하며 직업을 탐색함
	  - 잠정기: 욕구, 흥미, 능력, 가치, 직업 기회 등을 고려하여 잠정적인 진로를 선택함
	  - 전환기: 취업에 필요한 훈련 또는 교육을 받으며, 현실적 요인을 중요시함
	  - 시행기: 자신에게 적합해 보이는 직업을 선택하여 최초로 직업을 갖게 됨

확립기
(25~44세)
	• 자신에게 적합한 직업 분야를 발견하고, 그 분야에서 영구적인 위치를 확보하기 위해 노력하는 시기
	• 직접적인 직업 경험을 통해 진로 선택에 대한 확신을 지님
	  - 시행기: 자신이 선택한 직업 분야가 적합하지 않을 경우 적합한 직업을 발견할 때까지 변동이 있음
	  - 안정기: 진로 유형이 분명해짐에 따라 안정된 위치를 굳히기 위한 노력을 함

유지기 (45~64세)	직업 세계에서 확고한 위치가 확립되고, 이를 유지하기 위한 노력을 하는 시기
쇠퇴기 (65세 이후)	직업 활동에 변화가 오면서 일의 효율이 감소하고, 은퇴를 준비하는 시기

> **출제 Point**
>
> **2012학년도 중등 객관식 28번**
> 진로 이론에 대한 설명
>
> ㄷ. 슈퍼(Super)의 진로 이론: 진로 발달은 인간의 전 생애에 걸쳐서 이루어지며, 15~17세 시기는 자신의 욕구, 흥미, 능력 등을 고려하여 잠정적인 진로를 선택하는 탐색기에 해당된다.

CHAPTER 3 진로 이론

출제 Point

2012학년도 중등 객관식 28번
진로 이론에 대한 설명

ㄹ. 타이드만과 오하라(Tideman & O'Hara)의 진로 이론: 직업 발달이란 직업 자아정체감을 형성해 나가는 계속적 과정이며, 직업 자아정체감은 의사결정을 되풀이하는 과정에서 성숙된다.

3 타이드만과 오하라(Tideman & O'hara)의 의사결정 이론 [12 중등]

(1) 개념

진로 발달(직업 발달)은 직업 자아정체감을 형성해 나가는 계속적 과정이며, 직업 자아정체감은 의사결정을 되풀이하는 과정에서 성숙된다는 이론

(2) 진로 발달 단계

과정	내용
예상기	• 탐색기: 진로 목표를 설정하고, 대안을 탐색하고, 능력과 여건을 평가하는 시기 • 구체화기: 가치관, 보수 등 직업 요건을 고려하여 구체적으로 진로를 준비하는 시기 • 선택기: 이전 단계의 영향을 받아 진로를 선택하는 시기 • 명료화기: 의사결정에 대해 분석하고 검토하는 시기
실천기	• 순응기: 새로운 상황에 대한 수용적 자세와 인정과 승인에 대한 욕구를 지닌 시기 • 개혁기: 직업 상황에서 인정을 받으며, 의견을 강력하게 주장하는 시기 • 통합기: 조직의 요구와 자신의 욕구를 균형 있게 조절하고, 타협과 통합을 통해 직업 자아정체감이 발달하는 시기

실전 적용!

개념을 현장에 적용한 사례 살펴보기
381p

비대면 수업 상황에서의 진로 교육

최근 코로나19로 비대면 수업이 진행되면서 외부 체험이 불가능해짐에 따라 진로 교육 실시에 어려움이 많다. 또한 온라인 진로 교육은 오프라인 수업보다 만족도가 낮다는 학생들의 설문 결과도 있었다. 그렇지만 온라인 진로 교육이 단점만 있는 것은 아니다. 인터넷을 통해 전세계 기업과 연결이 가능하다는 장점도 있다. 이러한 온라인 수업 상황에서 어떤 온라인 매체를 이용하여 어떤 진로 수업을 진행할 수 있을지 생각해 보자.

Note

확인편 | O/X로 출제 이론 Check!

> **CHAPTER 1 | 생활지도와 상담의 이해**
>
> **생활지도의 실천 원리** ▶ 계속성의 원리, 전인성의 원리, 조직성의 원리, 균등성의 원리, 협동성의 원리, 적극성의 원리, 과학성의 원리
> **생활지도의 주요 활동** ▶ 조사 활동, 정보 활동, 상담 활동, 정치 활동, 추수 활동
> **상담의 원리** ▶ 개별화의 원리, 수용의 원리, 비심판적 태도의 원리, 자기 결정의 원리, 비밀 보장의 원리, 감정 표현의 원리, 정서 관여의 원리
> **상담의 기본 조건** ▶ 신뢰(래포 형성), 존중(수용), 공감적 이해, 일치(진실성)
> **상담 기법** ▶ 경청, 구조화, 반영, 명료화, 재진술, 직면, 해석, 요약, 즉시성, 재구조화

524 생활지도는 문제 학생만을 대상으로 한다. [99 중등 23번] O | X

525 생활지도는 예방보다 치료에 역점을 둔다. [93 중등 14번] O | X

526 생활지도의 원리 중 문제성이 있는 학생뿐만 아니라 전체 학생의 가능성을 최대한으로 발달시키는 데 중점을 두는 것은 적극성의 원리이다. [93 초등 27번] O | X

527 생활지도는 학생의 전인적 발달에 초점을 둔다. [96 중등 16번] O | X

528 졸업생과 중도 탈락자들의 문제를 상담하는 것은 추수 활동에 해당한다. [99 초등 15번]   O | X

529 학생 이해를 돕기 위한 각종 실태 분석 및 수집은 생활지도의 정보 활동에 해당한다.   O | X
[99 초등 15번]

530 교사가 철수의 희망과 소질을 고려하여 방과 후에 실시되는 특기·적성 교육 프로그램 중에서 바둑반에 들도록 하였다면, 이는 생활지도의 추수 활동에 해당한다.   O | X
[99 초등 추가 12번]

531 상담자는 상담을 통해 알게 된 내담자의 정보에 대해서 비밀을 보장할 책임이 있다.   O | X
[04 초등 14번]

532 상담을 통해 알게 된 학생에 관한 사적인 정보는 어떤 일이 있어도 유출해서는 안 된다. [04 중등 18번]   O | X

Answer 524. ✕   525. ✕   526. ✕   527. ○   528. ○   529. ○   530. ✕   531. ○   532. ✕

533 다음에서 상담 교사가 사용한 상담 기법은 재진술이다. [08 중등 33번]　　　　　　　　　　　○ | ×

> 학생: 친구들이 저만 따돌리고, 선생님들께서도 저에게 관심이 없어요.
> 교사: 친구들이 너만 따돌리고 선생님들께서도 관심이 없단 말이구나.

534 다음의 상담 사례에서 교사가 사용한 상담 기법은 명료화이다. [08 초등 07번]　　　　　　　　○ | ×

> 학생: 어제 오빠랑 싸웠다고 엄마에게 혼났어요. 전 억울해요.
> 교사: 엄마에게 혼나서 억울하다는 거구나.

535 다음 대화의 김 교사가 활용하고 있는 상담 기법은 재진술이다. [09 중등 27번]　　　　　　○ | ×

> 철수: 친구들이 모두 저를 싫어하는 것 같아요. 저한테는 아무도 말을 걸지 않아요.
> 김 교사: 친구들과 친하게 지내고 싶은데 철수에게 말을 거는 친구가 없어 속상한가 보구나.

536 다음 대화의 김 교사가 활용하고 있는 상담 기법은 해석이다. [09 중등 27번]　　　　　　　　○ | ×

> 김 교사: 친구들이 철수를 싫어한다는 것은 어떻게 알게 되었지?
> 철수: 그냥 알아요. 직접 듣지는 않았지만 느낌으로 알아요.
> 김 교사: 철수 얘기를 들어보니 선생님 생각에는 그것이 사실이라기보다 철수 혼자서 그럴 거라고 짐작하고 있는 것 같구나.

537 다음 대화에서 교사가 사용한 상담 기법은 명료화이다. [02 초등 20번]　　　　　　　　　　　　　　　　○ | ✕

> 학생: 지난 밤 꿈에 저는 아버지와 사냥을 갔어요. 제가 글쎄 사슴인 줄 알고 총을 쏘았는데, 나중에 가까이 가 보니 아버지가 죽어 있었어요. 그래서 깜짝 놀라 잠을 깼어요.
> 교사: 혹시 아버지가 일찍 사고로 세상을 떠났으면 하는 생각이 마음 한구석에 있었던 것 아닌가요?

538 상담 교사가 내담 학생이 미처 깨닫지 못하고 있거나 인정하기를 거부하는 생각과 느낌에 대해 주목하도록 하는 것으로서, 언어적 행동과 비언어적 행동이 불일치되는 점을 깨닫게 하기 위해 사용되는 상담 기법은 해석이다. [99 중등 추가 38번]　○ | ✕

539 다음 대화에서 최 교사가 사용한 상담 기법은 직면이다. [11 초등 08번]　　　　　　　　　　　　　　　　　　　○ | ✕

> 재영: 선생님, 저는 엄마 잔소리 때문에 괴로워요. 엄마는 칭찬은 않고 늘 꾸중만 하세요.
> 최 교사: 엄마가 잔소리하고 야단만 쳐서 속상한 모양이구나. 그런데 그건 너에 대한 엄마의 관심의 표현일 거야. 너를 많이 사랑해서 그러시는 게 아닐까?

540 다음 대화에서 상담 교사가 사용하고 있는 상담 기법은 즉시성이다. [07 초등 11번]　　　　　　　　　　　　　　○ | ✕

> 학생: 애들이 저를 놀리고 때려요. 선생님이라면 어떻게 하시겠어요? 선생님이 시키시는 대로 할게요.
> 상담 교사: 글쎄, 지금까지 네가 하는 이야기를 들어보면, 너한테 어떤 문제들이 있는지만 계속 이야기하고 있어. 방금 전에 말한 문제뿐 아니라 이전에 말했던 문제들도 내가 어떻게 생각하는지 물어보고, 또 내가 시키는 대로 하겠다고 계속 이런 식으로 말하고 있거든. 선생님은 자세한 내용을 모르니까 당황스럽고 또 마치 너한테 해결책을 줘야 할 것 같은 기분이 들어서 부담스럽기도 하구나.

Answer　533. ○　534. ✕　535. ✕　536. ○　537. ✕　538. ✕　539. ✕　540. ○

541 교사와 학생과의 상담 과정에서 "너무 걱정하지 말아요. 솔직하게 말해주기만 하면 내가 해결해줄 겁니다."라는 교사의 반응은 바람직하지 않다. [02 중등 39번]   ○ | ✕

CHAPTER 2 | 상담 이론

정신 분석 상담 이론 ▸ 프로이트의 정신 분석 상담 이론, 아들러의 개인 심리학 상담 이론
인지적 상담 이론 ▸ 윌리엄슨의 지시적 상담 이론, 엘리스의 합리적·정서적 행동 치료, 벡의 인지 치료
인본주의 상담 이론 ▸ 로저스의 인간 중심 상담 이론, 펄스의 형태주의(게슈탈트) 상담 이론, 번의 상호 교류 분석 이론
기타 상담 이론 ▸ 행동주의 상담 이론, 해결 중심 상담 이론, 글래써의 현실주의 상담 이론

542 프로이트의 정신 분석 상담 이론은 주요한 상담 기법 중의 하나로 자유 연상을 사용한다. [12 중등 26번]   ○ | ✕

543 다음 상담 기록에 적용된 상담 접근 방법은 개인 심리학적 접근이다. [04 중등 20번]   ○ | ✕

> 상습적으로 다른 학생들에게 폭력을 휘두르는 영철이의 행동은 자신의 열등감을 극복하고 우월해지고자 하는 동기가 표출된 결과이다. 이러한 행동은 자신을 알아주지 않는 주위 사람들에 대해 공격성을 나타냄으로써 자신도 중요한 사람이 될 수 있을 것으로 여기는 문제 행동으로 볼 수 있다.

544 아들러는 상담 이론에서 열등감, 생활 양식, 허구적 최종 목적론을 강조하였다.
[07 초등 07번]

545 다음 대화에서 엘리스의 합리적·정서적 행동 치료의 ABCDE 상담 모형 중 B단계에 해당하는 것은 (라)이다. [08 초등 09번]

> (가) 교사: 어떤 이야기를 하고 싶니?
>   아동: 너무 화가 나서 죽겠어요.
> (나) 교사: 무슨 일이 있었길래 그러니?
>   아동: 호영이가 다른 애랑만 놀아요.
> (다) 교사: 어떤 생각이 들어 화가 난 걸까?
>   아동: 호영이는 나랑만 놀아야 해요.
> (라) 교사: 호영이는 정말 너랑만 놀아야 될까?
>   아동: 꼭 그렇지는 않지만……. 나랑 많이 놀면 좋겠어요.

546 심리 검사나 면접을 통해 문제를 진단한 후 전문가가 이를 기초로 처방이나 조언을 직접 해 주는 상담 기법은 현실 요법이다. [00 중등 23번]

Answer 541. ○ 542. ○ 543. ○ 544. ○ 545. × 546. ×

[547~550]

> (가) 나는 입학 시험에 떨어졌다.
> (나) 부모님께 죄책감이 들고 자신에게 절망감이 들었다.
> (다) 방 안에서만 지내면서 아무도 만나지 않았다.
> (라) 입학 시험에서 떨어진 것은 곧 파멸이라 생각했기 때문이었다.
> (마) "떨어진 아이들도 많은데 유독 너만 파멸이라고 생각하면 되겠느냐"라는 어머니의 말씀을 듣고, "나는 왜 시험에 떨어지면 파멸이라고 생각했지?"라고 스스로 반문했다.
> (바) 시험에 떨어진 것이 자랑은 아니지만, 그것이 곧 파멸은 아니라는 생각이 들었다.
> (사) 시험에 떨어진 것이 불쾌하지만 절망하지는 않게 되면서, 내 실력에 맞는 다른 학교를 알아보게 되었다.

547 (가)~(사)의 상황에서 엘리스의 합리적·정서적 행동 치료의 비합리적 신념에 해당하는 것은 (바)이다. [03 중등 40번]   ○ | ✕

548 (가)~(사)의 상황에서 엘리스의 합리적·정서적 행동 치료의 결과에 해당하는 것은 (마)이다. [03 중등 40번]   ○ | ✕

549 (가)~(사)의 상황에서 엘리스의 합리적·정서적 행동 치료의 논박에 해당하는 것은 (라)이다. [03 중등 40번]   ○ | ✕

550 (가)~(사)의 상황에서 엘리스의 합리적·정서적 행동 치료의 효과에 해당하는 것은 (가)이다. [03 중등 40번]   ○ | ✕

551 다음 내용에서 교사는 정신 분석적 상담 이론에 근거하여 상담한다. [02 중등 38번]

> 철수는 항상 남보다 공부를 잘하고 선생님으로부터 인정받아야 한다고 생각하고 있다. 그래서 철수는 성적이 떨어지거나 선생님으로부터 꾸중을 들으면 심하게 좌절을 한다. 교사는 상담 과정에서 철수가 가지고 있는 신념은 현실성이 없음을 깨우치려고 노력하고 있다. 교사는 철수에게 '남으로부터 항상 인정받고 있는 사람'이 있으면 예를 들어 보라고 말하기도 한다.

552 상담 교사가 학생의 반응을 '자동적 사고'로 해석하고, 과대 일반화·임의적 추론·낙인 찍기의 개념을 사용하여 학생과 상담하였을 때, 상담 교사가 취한 상담 접근 방법은 현실 치료이다. [06 초등 39번]

553 글래써의 현실주의 상담 이론에서 인간은 행동을 선택할 수 있고, 이미 행한 모든 행동은 선택에 의해 이루어진 것으로 본다. [09 초등 06번]

554 글래써의 현실주의 상담 이론의 전행동 중에서 인간이 통제할 수 있고, 행동의 방향을 잡아주는 것은 활동과 신체 반응이다. [09 초등 06번]

555 현실주의 상담 이론에서는 엄격하고 폭력적인 아버지 밑에서 자라 폭력적이고 반항적인 아이로 변한 민호의 부적응 행동(폭력)을 결핍된 힘의 욕구를 충족하기 위해 폭력이라는 잘못된 방법을 선택한 것으로 본다. [10 초등 05번]

Answer 547. × 548. × 549. × 550. × 551. × 552. × 553. ○ 554. × 555. ○

556 글래써와 우볼딩의 현실주의 상담에서 사용되는 상담 과정은 '내담자의 욕구 파악하기 → 내담자의 책임 있는 행동 계획하기 → 내담자의 현재 행동 탐색하기 → 내담자 자신의 행동 평가하기'의 순서대로 진행된다. [13 중등 27번]   ○ | ✕

557 글래써의 현실주의 상담 이론에서는 인간의 5가지 기본 욕구(소속감, 힘, 즐거움, 자유, 생존)를 강조하며, 주요한 상담 기법 중의 하나로 생활 양식을 분석한다.
[12 중등 26번]   ○ | ✕

558 번의 교류 분석 상담 이론은 3가지 자아 상태(부모, 성인, 아동)를 강조하며, 주요한 상담 기법 중의 하나로 구조 분석을 사용한다. [12 중등 26번]   ○ | ✕

559 인간주의적 상담 기법은 상담자와 내담자의 공감적 관계를 중시한다. [01 중등 54번]   ○ | ✕

560 인간 중심 상담 이론가인 로저스가 주장한 공감적 이해는 상담자가 내담자를 평가·판단하지 않고, 내담자가 나타내는 감정이나 행동 특성들을 있는 그대로 수용하며, 내담자를 소중히 여기고 존중하는 태도를 의미한다. [00 초등 09번]   ○ | ✕

561 게슈탈트 상담 이론은 자유와 책임, 삶의 의미, 죽음과 비존재, 진실성을 강조한다. ○ | ✕

[08 중등 34번]

562 인간 중심 상담은 3R(책임감, 현실, 옳고 그름)을 강조하며, 책임감 있는 사람이 정신적으로 건강하다고 본다. [11 중등 27번] ○ | ✕

563 정신 분석적 상담 이론은 자아가 무의식적 충동을 조절하기 위해 방어 기제를 사용한다는 점을 강조한다. [11 중등 27번] ○ | ✕

564 행동 중심 상담 이론은 미해결 과제가 현재에 대한 자각을 방해한다고 본다. ○ | ✕

[11 중등 27번]

565 형태주의(게슈탈트) 상담 이론은 상담자로 하여금 내담자가 최종 목표 행동에 도달하도록 행동 조형을 사용할 것을 강조한다. [11 중등 27번] ○ | ✕

Answer 556. ✕ 557. ✕ 558. ○ 559. ○ 560. ✕ 561. ○ 562. ✕ 563. ○ 564. ✕ 565. ✕

정답 및 해설 509~510p

566 인간 중심 상담 이론은 상담자의 진솔성, 무조건적인 긍정적 존중, 공감적 이해를 강조한다. [11 중등 27번]   ○ | ×

567 시험 불안과 관련된 내담자의 방어 기제를 해석하는 것은 행동주의적 상담 기법에 해당한다. [06 초등 38번]   ○ | ×

568 시험 불안을 보이는 학생에게 불안 위계 목록을 작성하고 단계적으로 둔감화시키는 것은 행동주의적 상담 기법에 해당한다. [06 초등 38번]   ○ | ×

569 내담자 중심 상담 이론은 인간주의적 접근으로 무조건적 수용과 인정을 통해 내담자의 문제 해결 과정을 돕는다. [03 중등 41번]   ○ | ×

570 인본주의 상담 이론에서는 인간의 문제가 주위환경에 대한 개인의 인지적 해석으로부터 생겨난다고 본다. [00 초등보수 12번]   ○ | ×

571 인본주의 상담 이론은 상담의 목표로서 경험에 대한 개방성, 실존적 삶, 자유 의식과 창조성을 중시한다. [00 초등보수 12번]　　○ | X

CHAPTER 3 | 진로 이론

진로 선택 이론 ▸ 파슨스의 특성–요인 이론, 로우의 욕구 이론, 홀랜드의 인성 이론, 블라우의 사회학적 이론, 크롬볼츠의 사회 학습 이론

진로 발달 이론 ▸ 긴즈버그의 진로 발달 이론, 수퍼의 진로 발달 이론, 타이드만과 오하라의 의사결정 이론

572 로우의 욕구 이론은 개인의 직업적 성격 유형을 직업 환경과 연결시킨 육각형 모형에 기반한다. [11 중등 26번]　　○ | X

573 로우의 욕구 이론은 부모와 자녀의 관계에 따라 자녀의 성격이 형성되고, 이는 직업 선택에 영향을 준다고 본다. [11 중등 26번]　　○ | X

574 로우의 욕구 이론은 냉담한 양육 환경에서 성장한 사람은 인간 지향적인 직업을 선택하게 된다고 본다. [11 중등 26번]　　○ | X

Answer　566. ○　567. X　568. ○　569. ○　570. X　571. ○　572. X　573. ○　574. X

575 홀랜드는 성격 유형과 환경 유형을 각각 6가지로 구분하고, 책무성 수준에 따라 직업 분류 체계를 만들었다. [12 중등 28번] ○ | ×

576 타이드만과 오하라의 진로 이론에 따르면 직업 발달이란 직업 자아정체감을 형성해 나가는 계속적 과정이며, 직업 자아정체감은 의사결정을 되풀이하는 과정에서 성숙된 다. [12 중등 28번] ○ | ×

577 홀랜드의 진로 이론에서는 직업적 행동을 성격과 환경의 상호 작용 결과라고 보았다. [13 중등 28번] ○ | ×

578 홀랜드의 진로 이론은 직업 환경을 실재적, 탐구적, 예술적, 사회적, 설득적, 관습적 환경으로 분류한다. [13 중등 28번] ○ | ×

579 홀랜드의 직업적 성격 유형 중 실재형에 해당하는 사람이 선택하는 대표적인 직업으로는 정치가, 판사, 관리자 등이 있다. [13 중등 28번] ○ | ×

580 홀랜드의 직업 성격 여섯 가지 유형 중 실재적 유형은 호기심이 많고 분석적이며 논리적인 활동을 선호한다. [12 초등 06번] ○ | ×

581 홀랜드의 직업 성격 여섯 가지 유형 중 관습적 유형은 세밀하고 조심성이 많으며 자료를 기록, 정리, 조직하는 활동을 선호한다. [12 초등 06번] ○ | ×

582 수퍼의 발달 이론에서는 직업 선택이 부모-자녀 관계에서 형성된 개인의 성격과 욕구 구조에 의해서 결정된다고 본다. [10 중등 28번] ○ | ×

583 파슨스의 특성 요인 이론에서는 자아개념을 중요시하며, 진로 선택을 타협과 선택이 상호 작용하는 적응 과정으로 본다. [10 중등 28번] ○ | ×

584 크럼볼츠는 진로 의사결정에 영향을 미치는 요인들의 상호 작용을 중시하였다. [08 중등 36번] ○ | ×

Answer 575. × 576. ○ 577. ○ 578. ○ 579. × 580. ○ 581. ○ 582. × 583. × 584. ○

정답 및 해설 510p

메가쌤
교육학
출제 이론 공략서
필수편 & 확인편

PART 07

교육사회학

CHAPTER 1 | 교육사회학 이론
CHAPTER 2 | 교육과 사회
CHAPTER 3 | 평생 교육과 다문화 교육
확인편

PART 07 교육사회학

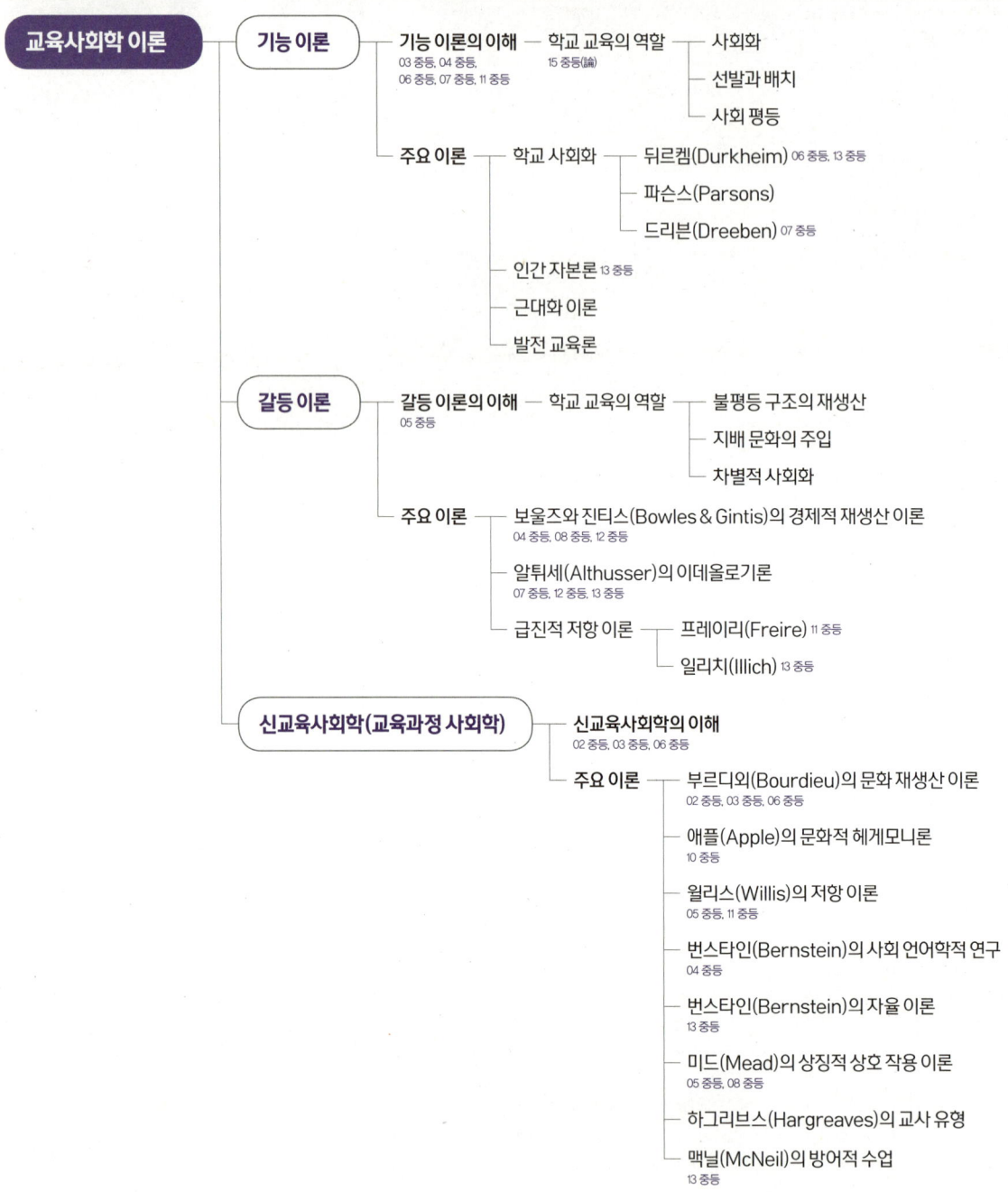

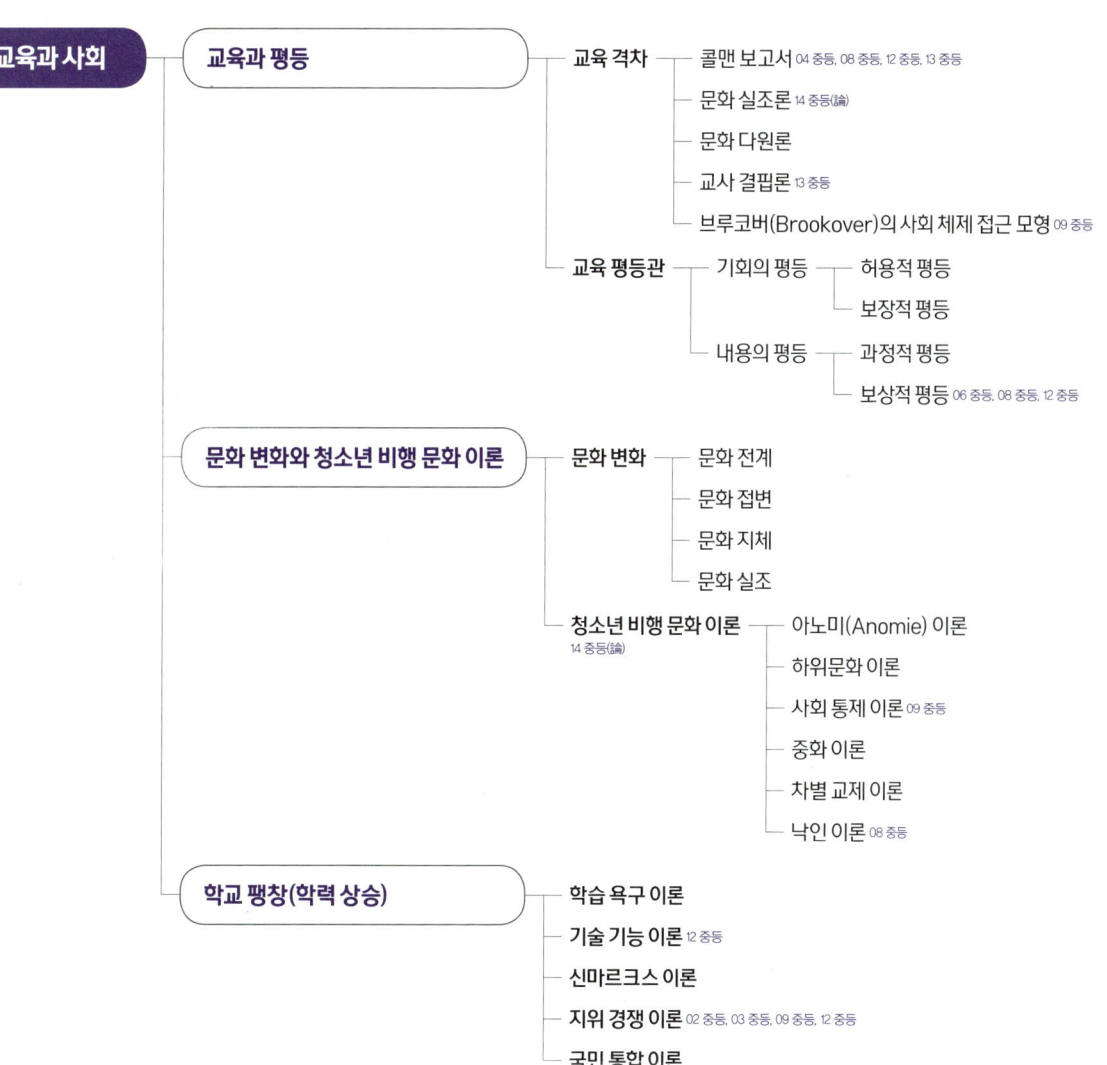

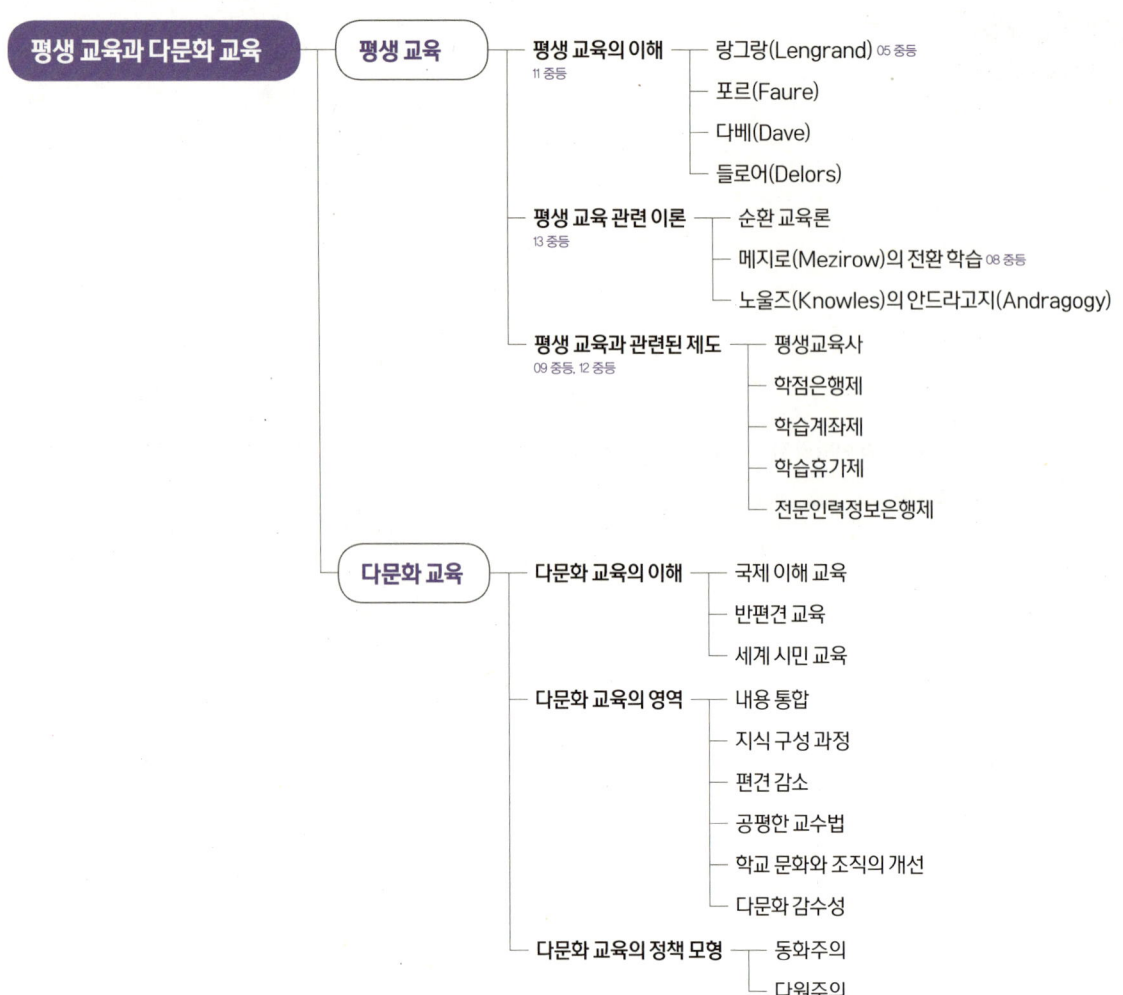

PART 07

교육사회학

CHAPTER 1 교육사회학 이론

출제 Point

2011학년도 중등 객관식 30번
학교 교육의 사회적 기능에 대한 관점에 대한 설명

> 사회를 구성하고 있는 각 요소는 전체의 존속에 공헌한다. 각 구성 요소들은 서로 영향을 미치는 상호 의존적 관계에 있으며, 전체적으로 조화롭게 통합되어 있다. 지각·정서·가치관·신념 체계의 주요 부분에 대해서 사회 구성원들 사이에 합의가 이루어져 있다. 교육은 전체 사회의 한 구성 요소이며, 전체 사회의 존속과 유지에 공헌한다.

① 학교 교육의 주요 기능은 사회화에 있다.
② 사회 체제 존속에 필요한 규범 교육을 강조한다.
③ 학교 교육은 업적주의 사회 기반을 공고히 한다.
④ 대표적 이론가로 뒤르켐(Durkheim)과 파슨스(Parsons)가 있다.

2007학년도 중등 객관식 39번
학교 교육과 사회의 관계에 관한 기능론적 설명

> ㄱ. 학교 교육은 중요한 사회적 선발 장치이다.
> ㄹ. 학교의 교육 내용은 보편적 가치와 사회 구성원의 합의에 기초하여 선정되는 것이다.

2004학년도 중등 객관식 41번
기능주의 교육관
① 학교는 교육 기회의 균등을 통해 공정한 사회 이동을 촉진한다.
② 학교는 사회 문제의 해결과 사회 발전을 도모하는 제도적 수단이다.
④ 학교의 교과 내용은 보편적 가치와 사회 구성원의 합의에 의해 이루어진다.

2003학년도 중등 객관식 44번
집단 간 학업 성취 수준의 차이에 대한 기능론적 입장

> 가. 능력별 수업을 통해 집단 간 학업 성취 수준의 차이를 감소시킬 수 있다.
> 나. 우수한 교사를 농촌 지역에 배치하면, 지역적 학업 성취의 차이를 감소시킬 수 있다.

01 기능 이론

1 기능 이론의 이해 [03 중등, 04 중등, 06 중등, 07 중등, 11 중등]

(1) 개념
사회를 유기체에 비유하여 사회가 어떻게 유지·존속되는지를 설명하는 이론

(2) 사회에 대한 관점

구분	내용
구조와 기능	사회는 유기체와 마찬가지로 여러 부분으로 구성되어 있으며, 각 부분은 사회 전체의 유지와 존속을 위해 각각의 기능을 수행함
통합	사회의 각 부분은 유기적으로 통합되어 있으며, 한 부분의 변화가 다른 부분에 영향을 미치는 상호 의존적 관계를 맺음
안정	사회는 균형과 안정을 유지하려는 힘을 지니고 있으며, 사회를 구성하는 각 부분은 자신의 기능을 수행함으로써 전체의 안정과 통합, 균형과 질서를 유지함
합의	사회의 중요한 가치나 신념은 사회 구성원 간의 합의를 통해 이루어지며, 사회적 연대를 중시함

(3) 학교 교육의 역할 [15 중등(論)]

구분	내용
사회화	• 학교 지식은 사회 구성원의 보편적 합의에 의한 것으로, 사회에서의 역할 수행에 필요한 지식, 기술, 가치 등을 포함함 • 학교 교육은 학생에게 기존 사회의 생활 양식과 사회적으로 합의된 가치와 규범을 전수함 • 학교 교육을 통해 학생이 기존 사회에의 적응과 사회의 유지·발전을 위한 소양을 함양하도록 함
선발과 배치	• 학교는 능력이나 소질에 따라 학생을 분류하고 선발하여 교육함 • 학교는 분류된 학생들에게 서로 다른 경험을 제공하고, 학생들을 사회의 적재적소에 배치함
사회 평등	• 학생의 능력에 따른 차등적 보상을 통해 계층 간의 이동을 보장함 • 학교 교육은 사회 계층 이동의 수단으로써 사회의 평등 실현에 기여함

2 주요 이론

(1) 학교 사회화

구분	내용		
뒤르켐 (Durkheim) [06 중등, 13 중등]	• 사회적 유대와 결합을 통한 사회 질서 유지 강조 • 사회화 관점에서의 학교 교육: 교육은 비사회적 존재인 아동을 사회적 존재로 만드는 과정 • 사회화 유형: 보편적 사회화와 특수적 사회화로 구분하고, 보편적 사회화에 중점을 둠		
	구분	내용	
	보편적 사회화	- 전체 사회 집단의 보편적 가치와 규범 습득 - 한 사회의 공통된 감성과 신념의 내면화 - 사회 특성 유지, 구성원 간 동질성 확보 가능	
	특수적 사회화	- 특정 직업 집단의 가치와 규범, 능력의 습득 - 직업 세계가 요구하는 신체적·도덕적·지적 특성의 내면화 - 산업화의 영향으로 사회가 점차 분화·발전함에 따라 다양한 직업 교육이 요구됨	
파슨스 (Parsons)	• 사회 체제 이론: 사회는 체제로 구성되어 있으며, 체제 요소 간의 상호 의존성을 통해 사회가 존속됨 • 학교의 기능: 학교는 사회의 도덕과 규범이 반영된 사회 체제의 하나로, 역할 사회화와 사회적 선발 기능을 수행함		
	구분	내용	
	역할 사회화	아동이 성인이 되어 담당하게 될 역할을 수행하기 위해 필요한 능력과 태도를 내면화하는 것(뒤르켐의 '특수적 사회화')	
	사회적 선발	학생들의 인지적·인성적 차원의 학업 성취 수준에 따라 사회적으로 역할을 배분하는 것	

출제 Point

2015학년도 중등 논술
기능론적 관점에서 학교 교육의 선발·배치 기능 및 한계 각각 2가지만 제시

> 먼저 교사로서 우리는 학교 교육의 기능을 이해해야 합니다. 지금까지 학교는 학생들이 사회 구성원으로서 올바로 성장할 수 있는 보편적 가치와 규범을 가르쳐 왔습니다. 그러나 최근 사회는 학교 교육에 다양한 요구를 하게 되면서 학교가 세분화된 직업 집단의 교육 요구를 충족시켜 주기를 원하고 있고, 학교 교육의 선발·배치 기능에 다시 주목하고 있습니다. 그러므로 여러분은 학교 교육의 선발·배치 기능을 이해하는 한편, 이것이 어떤 한계를 갖는지도 생각해야 할 것입니다.

2013학년도 중등 객관식 29번
학교 교육의 사회적 기능에 관한 이론을 주장한 학자

> 김 교사: 저는 현대 사회에서 학교 교육은 매우 중요한 사회적 기능을 하고 있다고 생각합니다. 학생들에게 한 사회가 축적한 규범과 가치를 내면화시키고, 장차 일하게 될 직업 세계에 필요한 지식과 기술을 가르쳐 주거든요.

③ 뒤르켐(Durkheim)

2006학년도 중등 객관식 34번
뒤르켐(Durkheim)의 교육론

ㄱ. 교육은 사회화의 기능을 수행한다.
ㄷ. 학교 교육은 사회적 기능을 수행하기 때문에 국가가 관여해야 한다.

CHAPTER 1 교육사회학 이론

출제 Point

2007학년도 중등 객관식 37번
드리븐(Dreeben)의 학교 사회화

> 특정성은 학년이 높아짐에 따라 흥미와 적성에 맞는 분야의 교육에 집중함으로써 학생들이 학습하게 되는 것이다.

2013학년도 중등 객관식 29번
학교 교육의 사회적 기능에 관한 이론을 주장한 학자

> 이 교사: 그렇지요. 게다가 학교 교육을 많이 받게 되면 더 많은 지식과 기술을 습득하게 되고 업무 생산성도 향상되잖아요. 이런 생산성의 향상이 결국 소득 증대로 이어진다고 봐야죠.

③ 슐츠(Schultz)

- 학교의 기능: 학생들을 산업 사회에서 요구하는 사회인으로 만듦
- 규범 학습 강조: 학생들은 학교 교육을 통해 산업 사회가 요구하는 네 가지 규범을 습득함

구분	내용
드리븐 (Dreeben) [07 중등]	
보편성	모두에게 적용되는 보편적인 규범으로, 동일 연령의 학생들은 동일한 내용·과제 학습과 동일한 규칙의 적용을 통해 학습함
특수성 (특정성)	예외적 상황에 따라 규칙을 적용하는 규범으로, 학생들은 학년이 높아질수록 흥미와 적성에 따라 학습을 선택 또는 집중하는 교육과정과 개인의 상황에 따른 예외적 규칙의 적용을 통해 학습함
독립성	스스로 과제를 수행하고 결과에 대해 책임지는 규범으로, 학생들은 공식적 시험이나 부정행위에 대한 처벌 등을 통해 학습함
성취성	개인의 성취에 따라 대우를 받는다는 규범으로, 학생들은 과제의 성과에 따라 다르게 제공되는 보상을 통해 학습함

(2) 인간 자본론: 슐츠(Schultz), 베커(Becker) [13 중등]

① 개념: 인간이 교육을 통해 지식과 기술을 갖추게 될 때 개인의 생산성이 증가하고, 개인적 측면의 생산성 증대를 통해 국가적 측면에서 사회적·경제적 발전이 이루어질 수 있다는 이론

② 배경
- 인간은 태어나면서부터 일정한 잠재적 자본을 갖고 있음
- 교육은 미래에 되돌려 받을 수 있는 인간 자본에 대한 투자로, 교육을 통해 인간 자본이 발달함

③ 학력 상승
- 학력에 따른 수입의 차이는 교육에 의한 생산성의 차이로, 교육을 많이 받은 사람에게 더 많은 보상이 주어지는 것을 정당화함
- 교육에 대한 투자는 사회적 생산성과 수익을 보장하므로 학교 교육이 발달하고 팽창하게 됨

④ 한계
- 고학력자가 자신의 학력 수준에 비해 낮은 지위의 직업에 종사하게 되는 과잉 학력 현상을 설명할 수 없음
- 고용 과정에서 학력은 선발 장치로 작용할 뿐이라는 선발 가설 이론을 설명할 수 없음
- 시장 구조는 상위 이동이 가능한 1차 시장 구조와 상위 이동이 불가능한 2차 시장 구조로 구분되며 교육적 혜택은 1차 시장 구조에 집중되어 있다는 이중 노동 시장 이론을 설명할 수 없음

(3) 근대화 이론: 맥클랜드(McClelland), 인켈스(Inkeles)

학교는 대표적인 근대화 기관으로, 사회 구성원들이 근대화 기관(학교)에서 근대적 가치를 함양함으로써 사회의 근대화가 이루어진다는 이론

(4) 발전 교육론

국가가 계획적으로 교육을 시행하여 교육을 국가의 정치·경제·사회의 발전을 위한 수단으로 활용한다는 이론

CHAPTER 1 교육사회학 이론

02 갈등 이론

출제 Point

2005학년도 중등 객관식 38번
갈등 이론과 관련된 진술
① 학교 교육이 기존의 계급 구조를 재생산한다고 본다.

2012학년도 중등 객관식 30번
(가)가 나타내는 개념

(가) 학교에서 교장과 교사, 교사와 학생, 학생과 학생, 학생과 학업 사이의 관계는 위계적 노동 분업을 그대로 본뜨고 있다. 자본주의 기업체의 노동 분업처럼 학교 제도도 정교하게 구분된 위계적 권위와 통제 체제를 가지고 있으며, 경쟁과 외적인 보상 체계가 참여자들의 관계를 지배한다.

① 대응원리

2008학년도 중등 객관식 40번
보울즈와 진티스((Bowles&Gintis)의 대응 이론(Correspondence Theory)에서 바라본 교육과 노동의 사회적 관계에 대한 설명
① 학생과 노동자는 각각 학습과 노동으로부터 소외되어 있다.
② 학교에서의 성적 등급은 작업장에서의 보상 체제와 일치한다.
③ 작업장에서의 사회적 관계는 학교에서의 사회적 관계에 그대로 반영되어 있다.

2004학년도 중등 객관식 42번
보울즈와 진티스(Bowles&Gintis)의 경제적 재생산론에 나타난 학교 교육관
② 학교 교육은 능력주의(Meritocracy) 이념을 통해 계급적 모순을 은폐하고 있다.

1 갈등 이론의 이해 [05 중등]

(1) 개념

사회를 개인 간 또는 집단 간의 경쟁과 갈등의 연속으로 설명하는 이론

(2) 사회에 대한 관점

구분	내용
갈등	사회는 활발한 긴장과 갈등이 일어나는 곳으로, 무한한 인간의 욕망에 비해 한정된 사회 자원(희소성)과 사회 계급 간의 권력 차이 등으로 인해 갈등이 일어남
변화, 변동	갈등은 사회 진보의 원동력으로, 사회는 항상 집단 간의 계속적 투쟁과 갈등으로 인한 변화의 과정에 있음
강제, 억압	사회 유지는 권력 집단의 강제에서 비롯된 것으로, 지배 집단은 피지배 집단을 억압함으로써 사회를 유지함

(3) 학교 교육의 역할

구분	내용
불평등 구조의 재생산	학교 교육은 지배 집단의 문화를 정당화하고 기존의 불평등한 사회 구조를 재생산함으로써 계급 구조와 불평등을 정당화함
지배 문화의 주입	• 학교 지식은 지배 집단의 이익을 반영하여 기존 질서의 정당성을 강조함 • 학교 교육을 통해 지배 집단의 문화 자본을 전수함
차별적 사회화	학교 교육은 피지배 집단의 학생들에게 기존의 사회 구조에 순응하는 태도를 학습시킴

2 주요 이론

(1) **보울즈와 진티스(Bowles&Gintis)의 경제적 재생산 이론** [04 중등, 08 중등, 12 중등]

① 개념: 학교 교육이 대응 원리에 따라 자본주의 사회의 불평등한 계급 구조를 재생산한다고 보는 이론

② 대응 이론(상응 이론, 대응 원리): 학교 교육의 구조는 자본주의 경제 체제의 생산 구조와 서로 대응함

경제 체제의 생산 구조	학교 교육의 구조
• 노동자는 작업 내용을 결정할 수 없음 • 외적 보상인 임금을 얻기 위한 노동 • 분업화된 노동 현장 • 다양한 수준의 직업 구조	• 학생은 교육과정을 결정할 수 없음 • 외적 보상인 졸업장을 얻기 위한 교육 • 과목별로 구분된 지식 • 다양한 수준의 교육

③ 차별적 사회화: 학교는 학생 개인이 속한 계급에 따라 차별적으로 사회화시킴
- 하위 계급: 노동자에게 필요한 복종, 순응, 시간 엄수 등의 통제된 행동과 규칙 준수를 강조함
- 상위 계급: 경영자에게 필요한 독립심, 창조력, 리더십 등 내면화된 통제 규범을 강조함

(2) 알튀세(Althusser)의 이데올로기론 [07 중등, 12 중등, 13 중등]

① 개념: 전통적 마르크스 이론에서 상부 구조의 하나였던 국가를 국가 기구 개념으로 확대하고, 억압적(강제적) 국가 기구와 이념적(이데올로기적) 국가 기구로 구분함

구분	내용
억압적(강제적) 국가 기구	강제적 힘을 행사하여 사회 질서를 통제하는 국가 기구 예 사법 제도, 군대, 경찰, 교도소 등
이념적 (이데올로기적) 국가 기구	자본주의의 생산 관계를 효율적으로 재생산하기 위해 이데올로기를 지원하는 국가 기구로, 물리적 강제력보다 피지배 계급의 동의를 통해 사회 구성원들에게 영향력을 행사함 예 종교(교회), 교육(학교), 가족, 정치, 언론 매체 등

② 학교 교육: 학교는 이념적 국가 기구로서 체제의 재생산에서 핵심적인 역할을 수행하며, 의무 교육은 가장 강력한 재생산 장치로 볼 수 있음

③ 상대적 자율성 이론: 상부 구조는 하부 구조에 종속되지 않으며 상대적으로 자율성을 지니고 있음

(3) 급진적 저항 이론

구분	내용
프레이리 (Freire) [11 중등]	• 기존의 전통적 학교 교육에서의 은행 저축식 교육을 비판하고, 이에 대한 대안으로 문제 제기식 교육을 주장함 - 은행 저축식(저금식, 예금식) 교육: 은행 예금과 같이 언젠가는 필요할 것으로 생각하여 무의미한 지식을 축적하는 교육으로, 교사는 학생에게 지식을 주입하고 학생은 지식을 받아들이는 일방적 교육을 통해 억압자의 가치관을 내면화하는 침묵의 문화를 재생산함 - 문제 제기식 교육: 인간이 객체로서의 존재로 전락하게 되는 비인간화를 극복하기 위한 교육으로, 교사와 학생은 대화를 통해 공동으로 문제를 탐구하여 맥락적 지식을 도출함으로써 불평등한 사회 구조를 타파할 수 있는 힘을 기름 • 비판적 문해 교육을 통한 의식화와 속박으로부터의 인간 해방을 강조함 - 의식화: 사회·문화적 현실을 비판적으로 인식하고, 보다 나은 사회로의 발전에 적극적으로 참여할 수 있도록 개인의 의식을 자극하고 일깨워줌 - 인간 해방: 인간 존재가 주체가 되는 인간성의 회복

출제 Point

2012학년도 중등 객관식 30번
(나)가 나타내는 개념

(나) 자본주의 사회는 생산 관계의 재생산을 통해 유지된다. 이는 가족, 교회, 학교, 언론, 문학, 미디어 등에 의해 자본주의적 생산 관계의 유지에 필요한 지식, 기술, 태도, 가치 등이 전달되기 때문에 가능하다. 특히 학교는 자본주의 사회에 복종하는 순치된 노동력을 재생산하는 핵심 장치이다.

① 이데올로기적 국가 기구

2007학년도 중등 객관식 42번
알튀세(Althusser)는 학교가 이데올로기적 국가 기구로서 사회적 기능을 수행한다고 보았다. 이데올로기적 국가 기구로서 학교가 억압적 국가 기구와는 달리 가족이나 언론 매체와 유사한 기능을 수행하는 것은 강제력보다는 동의를 통해 그 구성원들에게 영향력을 행사한다는 것을 의미한다.

2011학년도 중등 객관식 32번
프레이리(Freire)의 문제 제기식 교육에 대한 설명
① 학생은 비판적으로 사고하는 사람으로 육성되어야 한다고 하였다.
② 학생의 탐구를 막는 것은 마치 폭력을 행사하는 것과 같다고 본다.
③ 학생에게 지식을 수동적으로 축적하게 하는 교육 방식을 비판하였다.
⑤ 학생이 역사적 맥락에서 자신의 삶을 파악할 수 있게 교육하는 것이 중요하다고 본다.

합격선배 Tip

프레이리는 문해 교육을 통해 글을 읽을 수 있도록 함으로써 불평등한 사회를 의식화시키고, 사회에 저항하여 인간 해방을 이룰 수 있다고 주장하였다. 즉, 문해 교육은 의식화를 위한 수단이 되는 것이다.

CHAPTER 1 교육사회학 이론

출제 Point

2013학년도 중등 객관식 34번
다음 내용을 공통으로 포함하는 개념과 그 개념을 제안한 학자

- 학습자가 학습에 필요한 자료에 쉽게 접근할 수 있도록 한다.
- 함께 학습하기를 원하는 학습 동료를 쉽게 찾을 수 있도록 지원한다.
- 학습자가 원하는 전문가, 준전문가, 프리랜서 등 교육자들의 인명록을 갖추어 놓는다.
- 기능을 가지고 있는 사람들의 인명록을 비치하여 기능 교환이 이루어질 수 있도록 한다.

① 학습망(Learning Webs), 일리치(Illich)

일리치 (Illich) [13 중등]	• 학교 교육을 비판하며 학교가 해체되어야 한다고 보았고, 혁명으로서의 탈학교 사회화를 제안함 　- 의무 교육은 학교 교육을 통해서만 올바른 지식을 획득할 수 있다고 믿게 함으로써 학습 형태를 왜곡함 　- 의무 교육은 일정한 연령의 아동들을 집단화함으로써 비인간적 아동기를 강요함 • 학교 교육에 대한 대안으로 학습의 네트워크를 통한 다양한 학습 방법과 과정의 학습망(Learning Webs)을 주장함

학습망 유형	내용
교육 자료에 대한 참고 자료망	학습자가 학습에 필요한 자료에 접근할 수 있음
교육자에 대한 참고 자료망	학습자가 원하는 전문 교육자의 인명록을 확인할 수 있음
동료 연결망	함께 학습하기를 원하는 학습 동료를 쉽게 찾을 수 있음
기술 교환망	기능을 소유한 사람들의 인명록을 통해 기능 교환이 이루어질 수 있음

03 신교육사회학(교육과정 사회학)

1 신교육사회학의 이해 [02 중등, 03 중등, 06 중등]

(1) 개념

교육과정, 교사와 학생의 상호 작용 등 교육의 내적 요소에 관해 사회학적으로 접근·분석하는 관점

(2) 특징

① 학교 지식(교육과정)이 구성되는 사회적·역사적 조건에 관심을 가짐
② 교육 내용(교육과정)의 객관성·중립성에 의문을 제기함
③ 교육 내용으로서의 지식을 사회학적으로 접근하고, 지식은 사회의 지배 구조, 세력 관계 등이 반영되어 선별적으로 조직된 것이라고 봄

2 주요 이론

(1) 부르디외(Bourdieu)의 문화 재생산 이론 [02 중등, 03 중등, 06 중등]

① 개념: 학교는 지배 집단의 문화 자본을 재생산하고 정당화하는 역할을 수행함으로써 지배 집단에 유리한 기존 질서를 재생산함
② 문화 자본: 가정의 계급적 배경에 의해 상속받는 문화적 가치 체계

구분	내용
객관화된 문화 자본	책, 그림, 예술품 등 법적 소유권의 형태로 존재하는 문화 자본
제도화된 문화 자본	졸업장, 학위, 자격증 등 사회적 희소가치의 분배 기준이 되는 공식적 문화 자본
아비투스(체화된) 문화 자본	초기 사회화 과정에서 계급적 환경에 따라 자연스럽게 지속적으로 체득되어 내면화된 취향, 생활 양식

③ 상징적 폭력: 지배 계급의 문화를 보편적 가치를 지니는 것처럼 보이게 하여 모든 계급의 학생에게 강요하는 것으로, 상징적 폭력을 통해 불평등한 사회 질서를 유지하고, 자본주의 사회 구조를 합법화함

(2) 애플(Apple)의 문화적 헤게모니론 [10 중등]

① 개념: 지배 집단이 지닌 의미와 가치 체계인 헤게모니(Hegemony)를 지닌 사회의 상부 구조가 학교 교육을 통제한다는 이론
② 학교 교육: 학교는 문화적·이념적 헤게모니의 매개자로서 표면적·잠재적 교육과정을 통해 지배 집단의 헤게모니를 전수하여 불평등 구조를 재생산함

출제 Point

2006학년도 중등 객관식 32번
교과서 내용에 대한 비판적 교육과정 사회학자들의 관점

> 김 교사: 우리나라 국사 교과서는 너무 지배층의 관점에 치우쳐 서술되어 있어요. 예를 들면 '만적의 난'과 같은 용어는 지배층의 관점을 단적으로 드러내 주고 있거든요.
> 이 교사: 필자가 남자로 구성되어 있어서 여성의 역사적 활동에 대한 서술이 적고, 그것도 현모양처의 모델을 제시하는 데 중점을 두고 있어서 남성 편향적 역사관을 반영하고 있다고 할 수 있어요.

2006학년도 중등 객관식 36번
다음의 가상적 사례를 가장 잘 설명해주는 이론

> 가난한 집안에서 태어난 철수는 대중음악을 즐겨 들으며 성장하였고, 부유한 집안에서 태어난 영훈이는 고전음악을 즐겨 들으며 성장하였다. 그런데 학교 음악 시간에는 대중음악보다 고전 음악을 주로 가르친다. 고전 음악에 익숙한 영훈이는 음악 시간이 즐겁고 성적도 좋지만, 그렇지 못한 철수는 음악 시간이 지루하고 성적도 좋지 못하다.

② 부르디외(Bourdieu)의 문화 자본론

2003학년도 중등 객관식 45번
부르디외(Bourdieu)의 문화적 재생산론(Cultural Reproduction Theory)의 관점
③ 상징적 폭력을 통해 학교 교육이 사회적으로 정당화된다.

2010학년도 중등 객관식 30번
다음 내용과 공통적으로 관련된 개념

- 애플(M. Apple)이 교육사회학 이론에 활용한 그람시(Gramsci)의 개념이다.
- 학교는 지배 이데올로기를 정당화하는 역할을 한다.
- '학교 교육이 교육의 기회를 공정하게 제공하고 능력에 따라 사회 계층을 결정하게 한다.'고 믿게 하는 지배력 행사 방식이다.

⑤ 헤게모니(Hegemony)

CHAPTER 1 교육사회학 이론

┿ 출제 Point

2011학년도 중등 객관식 29번
교사가 회고하는 다음 학생의 삶을 가장 잘 설명하는 이론

> 그 학생은 학창 시절 말썽을 많이 피웠지. 비슷한 또래들과 몰려다니면서 싸움도 자주 하고, 각종 교칙을 밥 먹듯이 위반했어. 수업을 시시하다고 하면서 방해하기도 하고, 공부 잘 하는 애들을 계집애 같다고 놀려 대기도 했어. 반면에 자기 부류의 애들은 사내답다며 우쭐댔지. 자기는 육체노동직에 종사하는 아버지처럼 사나이답게 살고 싶다고 했지. 나중에 보니 그 학생은 스스로 진학을 포기하고 자기 아버지와 같이 육체 노동직을 선택하더라고.

① 저항 이론

2005학년도 중등 객관식 41번
윌리스(Willis)의 저항 이론에서 노동자 계급의 자녀가 다시 노동자 계급이 되는 이유

④ 남성우월주의적인 육체노동 문화를 자신의 이상적 가치관으로 받아들이기 때문에

2004학년도 중등 객관식 44번
다음의 내용과 관련 깊은 학자

> 진석은 대화할 때, 논리적이며 추상적이고 문법과 문장 규칙이 정확한 정교화된 언어를 구사하고 있다. 이와 달리 철수는 문법과 문장이 부정확하고 의미가 분명하지 않은 제한된 언어를 사용하고 있다. 이러한 언어 능력 차이로 인해 학교에서 진석은 철수보다 학업 성적이 우수한 것으로 나타났다.

③ 번스타인(Bernstein)

---

(3) 윌리스(Willis)의 저항 이론 [05 중등, 11 중등]

① 개념: 학교는 불평등한 기존의 계급 구조를 재생산하는 곳이 아니라 저항과 반학교 문화를 만들어 내는 곳이라고 보는 이론

② 저항의 근거
- 인간은 지배 이데올로기를 단순하게 수용하는 존재가 아닌 능동적으로 해석하고 저항하는 존재로, 노동 계급의 학생들은 기존의 학교 문화에 저항하기 위해 간파와 제약을 통해 반학교 문화를 형성함

주요 개념	내용
간파	자신이 처한 삶의 조건과 위치를 꿰뚫어 보는 것으로, 노동 계급의 학생들은 자본주의의 모순과 학교 교육의 허구성을 꿰뚫어 봄으로써 반학교 문화를 형성함(직업 세계에 대한 정보와 경험이 학교 교육의 내용과 다르다는 것을 터득함)
제약	간파의 발전과 표출을 혼란시키고 방해하는 이데올로기적 장애 요소로, 간파는 제약을 통해 중지되기도 하며, 실제로 불평등 구조를 타파하는 데 제약이 생김
반학교 문화	노동 계급의 학생들이 자발적으로 형성한 문화로, 학교의 권위와 지적 활동의 가치 및 규칙 등 기존의 학교 문화를 거부하고 저항하는 문화

- 노동 계급의 자녀가 다시 노동 계급이 되는 것은 자신의 문화와 이질적인 학교 문화에 능동적·적극적으로 저항하기 위한 행위

(4) 번스타인(Bernstein)의 사회 언어학적 연구 [04 중등]

① 개념: 사회 언어학적 연구를 통해 계층 간 언어의 차이가 학업 성취에 미치는 영향을 분석함

② 계층에 따른 언어 사용 방식

구분	내용
정교화된 어법	중류 계층(상류 계급) 이상은 논리적·추상적 단어를 사용하고, 문법과 문장 규칙을 정확하게 구사하는 정교한 어법을 사용함
제한된 어법	하류 계층(노동 계급)은 의미가 분명하지 않은 단어를 사용하고, 문법과 문장을 부정확하게 구사하는 제한된 어법을 사용함

③ 계층 간 언어의 차이가 학업 성취에 미치는 영향: 학교에서 사용하는 언어는 정교한 어법으로, 노동 계급의 학생보다 상류 계급의 학생들에게 더 익숙한 언어이므로 상류 계급 학생들의 학업 성취가 더 높게 나타남

(5) 번스타인(Bernstein)의 자율 이론 [13 중등]

① 개념: 학교는 상대적 자율성을 지닌 기관으로, 지배 계급의 문화를 그대로 재생산하는 것이 아니라 나름의 독특한 문화를 재생산한다고 보는 이론

② 교육과정의 조직: 교육과정의 조직 원리에는 사회 질서의 기본 원리가 반영됨에 따라 학생들에게 해당 원리를 내면화시킴
- 분류: 과목 간, 전공 분야 간, 학과 간의 구분 등 내용 사이의 관계 및 경계 유지의 정도
- 구조: 과목 또는 학과 내 조직의 문제로, 가르칠 내용과 가르치지 않을 내용의 구분이 뚜렷한 정도, 교사와 학생의 상호 작용 관계(교과에 대한 교사의 통제) 등

③ 교육과정과 수업 유형

구분		집합형 교육과정	통합형 교육과정
교육과정	조직	강한 분류(종적 관계)	약한 분류(횡적 관계)
	교류	과목 간, 전공 분야 간, 학과 간의 상호 관련이나 교류가 없음	과목 간, 전공 분야 간, 학과 간의 교류가 활발함
	예시	분과형 교육과정	중핵 교육과정
	운영	교사와 학생의 참여가 적음	교사와 학생의 재량권 확대
	사회와의 관계	교육과 경제적 생산 간의 경계가 강함(교육의 자율성 강화)	교육과 경제적 생산 간의 경계가 약함(교육의 자율성 약화)
수업 유형		보이는 교수법(가시적 교수법) • 전통적 교육에서의 교수법 • 지식의 전달과 성취 강조 • 위계질서가 뚜렷한 학습 내용 • 놀이와 학습을 엄격하게 구분 • 객관적 평가 방법 중시 • 교사의 재량권 축소	보이지 않는 교수법(비가시적 교수법) • 진보주의 교육에서의 교수법 • 학습자의 내적 변화 강조 • 위계질서가 뚜렷하지 않은 학습 내용 • 놀이와 학습을 엄격히 구분하지 않음 • 과정을 고려한 평가 방법 중시 • 교사의 재량권 확대

(6) 미드(Mead)의 상징적 상호 작용 이론 [05 중등, 08 중등]

인간은 자율성을 지닌 능동적 존재로 언어와 같은 상징을 통해 상호 작용하면서 주관에 따라 행동한다는 이론으로, 교실에서 일어나는 교사와 학생 간의 상호 작용을 중시함

(7) 하그리브스(Hargreaves)의 교사 유형

① 개념: 미드(Mead)의 상징적 상호 작용 이론에 근거하여 교사와 학생 간의 상호 작용 과정을 묘사하고, 교사의 자아개념에 따라 학생을 규정하는 교사 유형을 세 가지로 분류함

출제 Point

2013학년도 중등 객관식 32번
번스타인(Bernstein)의 교육과정 사회학 이론에 근거하여, ○○고등학교 교육과정 운영의 특성

> ○○고등학교에서는 A, B, C 과목의 경계가 뚜렷하게 구분되지 않아서 이 교과를 담당하는 세 명의 교사는 담당 교과에 얽매이지 않고 자유롭게 상호 교류한다. 또한 세 명의 교사는 차시마다 가르칠 내용을 정하지 않고 학생들의 흥미나 수업 상황에 따라 융통성 있게 조정한다. 수업에서 다루는 주제에 대한 시간 배정도 엄격하지 않다.

⑤ 약한 분류(Classification)와 약한 구조(Frame)의 통합형 교육과정을 운영하고 있다.

2008학년도 중등 객관식 37번
교육사회학적 관점

> 교육은 기계에 맞는 톱니바퀴를 만드는 것이 아닙니다. 삶의 방식은 개인의 선택에 따르는 것으로 매우 다양합니다. 성적이 부진하더라도 그것을 중요한 문제로 삼을지 여부는 학생의 인식에 달려 있습니다. 학생이 학업 성적의 가치를 높게 인식하면 열심히 공부할 것이고, 그렇지 않다면 다른 가치 있는 활동에 전념할 것입니다. 교사가 할 일은 학생 자신이 상황을 어떻게 인식하는가에 따라서 사회적 현실이 달라진다는 생각을 갖게 하고, 그에 대한 책임을 다하도록 학생을 격려하는 것입니다.

④ 상호 작용론적 관점

2005학년도 중등 객관식 39번
학생의 진술을 설명하는 이론

> 우리 담임 선생님은 '화끈한 선생님'이다. 놀 때 놀게 하고 공부할 때 공부하게 한다. 인기가 정말 좋다. 담당 과목이 어려운 수학이지만 모두들 열심히 공부한다. 하지만 옆 반 선생님은 정말 종잡을 수 없다. 애들은 '이상한 선생님'이라고 부른다. 언제 야단칠지 도무지 알 수 없고, 언제 조용히 해야 하는지 알 수 없기 때문에 모두들 선생님의 눈치를 살피게 된다.

④ 상징적 상호 작용론

CHAPTER 1 교육사회학 이론

② 교사 유형

구분	내용
맹수 조련사형	학생은 난폭한 존재이므로 교사가 필요한 지식을 가르쳐 교양 있는 인간(모범생)으로 훈련시켜야 한다고 생각하는 권위주의적 유형으로, 교사는 담당 교과의 충분한 전문적 지식을 갖추어야 하고 학생은 교사의 지시에 충실히 따라야 한다고 생각함
연예인형	교사는 학생의 흥미와 학습 동기를 중시하고 다양한 교수법을 활용하는 등 학생들이 즐겁게 배울 수 있도록 해야 한다고 생각하는 유형으로, 학생과 비형식적인 관계를 유지하기 위해 노력함
낭만주의자 (낭만가)형	앎에 대한 인간의 자연적 경향성을 전제로 교사는 학습에 대한 학생의 자율적 선택권을 보장하고 스스로 선택할 수 있도록 다양한 학습 기회를 만들어야 한다고 생각하는 유형으로, 학생과 신뢰와 애정을 바탕으로 한 관계를 유지하기 위해 노력함

(8) 맥닐(McNeil)의 방어적 수업 [13 중등]

① 개념: 교사가 학생들의 불만을 줄여 질서나 규율을 유지하는 데 초점을 두는 소극적 수업 방식으로, 교사는 학생들로부터 자신을 지키기 위해 독특한 방식으로 교육 내용을 제시하거나 학생의 반응을 줄이는 방식으로 수업을 진행함

② 방어적 수업 전략

구분	내용
단편화	학습 내용을 서로 연결되지 않는 목록으로 환원시키고, 단편적인 지식만 설명하는 것
신비화	복잡한 주제의 논의를 막기 위해 수업 내용을 매우 신비한 것 또는 어려운 것처럼 다루는 것
생략	어렵거나 논란이 있을 만한 내용을 생략하여 가르치지 않는 것
방어적 단순화	어려운 주제는 깊이 들어가지 않고 간단히 언급만 하고 넘어가는 것

출제 Point

2013학년도 중등 객관식 30번
맥닐(McNeil)의 연구 결과에서 설명하고 있는 수업 전략

사회과 교사가 학생들의 능력이나 수업에 대한 관심이 부족하다고 생각할 때 즐겨 사용하는 수업 전략이다. 이것의 주요 특징은 교사가 수업 시간에 정치적으로 덜 민감하거나 논쟁의 여지가 적은 주제를 선택한다는 점이다. 이 수업 전략을 사용할 때, 교사는 학생들에게 '빈칸 채우기' 형태의 연습문제를 풀게 하거나 주제의 개요만을 말해 주는 방식을 취한다. 이러한 과정을 통해 교사가 중요한 주제를 수업 시간에 다루었다고 학생들이 느끼게 한다.

⑤ 방어적 단순화(Defensive Simplification)

> 개념을 현장에 적용한 사례 살펴보기

실전 적용!

408p

기능 이론으로 학교 이해하기

1) 학교의 개별 조직과 기능을 나열해 보자.
   예) 교장, 교무부, 학년부, 담임 등
2) 학교 개별 조직의 관계를 고려하여 학교의 운영 과정을 이야기해 보자.

CHAPTER 2 교육과 사회

01 교육과 평등

1 교육 격차

구분	내용
콜맨 보고서 (Coleman Report) [04 중등, 08 중등, 12 중등, 13 중등]	• 개념: 학교의 교육 조건보다 학생의 가정 환경이 학업 성취에 더 많은 영향을 미친다고 봄 • 학업 성취에 영향을 미치는 가정 배경 | 구분 | 내용 | |---|---| | 경제적 자본 | 부모의 직업이나 소득 등 부모의 경제적 지원 | | 인적 자본 (인간 자본) | 부모의 학력과 같은 부모의 인지적 수준 | | 사회적 자본 | 자녀에 대한 부모의 관심(신뢰, 유대감)이나 부모의 사회적 관계 - 가정 내 사회적 자본: 자녀에 대한 부모의 관심 등 - 가정 외 사회적 자본: 부모의 친구 관계 등 |
문화실조론 [14 중등(論)]	• 개념: 교육 격차는 가정의 문화적 환경의 결핍과 이로 인한 인지 양식, 언어 능력의 결핍으로 인해 나타난다고 보는 이론 • 전제: 서구 산업 사회 백인 중산층의 문화를 우월한 것으로 보는 문화 우월주의적 관점 • 대책: 실조된 문화적 측면을 보상하기 위해 추가적인 교육을 제공하는 보상 교육 정책을 시행
문화다원론	• 개념: 학교가 특정 계층의 문화를 가르침으로써 해당 문화에 익숙하지 않은 다른 문화권의 학생들의 학업 성취가 낮게 나타난다는 이론 • 전제: 문화에는 우열이 없으며, 각 집단은 독특한 문화를 가진다는 문화 상대주의적 관점 • 대책: 학교 교육과정은 여러 집단의 문화를 균형 있게 다루어야 함

출제 Point

2013학년도 중등 객관식 31번
학업 성취 결정 요인의 관점에 대한 설명

> (가) 학업 성취는 학생의 가정 배경에 달려 있다. 부모의 사회·경제적 지위가 높은 학생일수록 더욱 우수한 능력을 갖춘 상태에서 학교에 입학한다. 또한 학교 교육의 과정에서도 부모의 사회·경제적 지위가 높은 학생일수록 높은 학업 성취를 나타내며, 그 지위가 낮은 학생일수록 낮은 학업 성취를 나타낸다.

① (가)는 헤드 스타트 프로그램(Head Start Program)과 같은 보상 교육의 필요성에 대한 근거가 된다.
② (가)는 학생의 가정 배경과 학업 성취의 관계에 관한 콜맨 보고서(Coleman Report, 1966)의 연구 결과와 일치한다.

2012학년도 중등 객관식 29번
사회적 자본에 대한 콜맨(Coleman)의 설명

> 사회적 자본은 사람들 사이의 사회적 관계에서 형성된다. 가정을 중심으로 사회적 자본을 정의한다면, 좁게는 가정 내 부모와 자녀의 관계이고, 넓게는 부모가 가정 밖에서 맺고 있는 사회적 관계의 전체이다. 실증 연구를 수행하고자 할 때, 가정의 사회적 자본은 부모의 친구 관계, 어머니의 취업 여부, 자녀 교육에 대한 기대 수준, 이웃과의 교육 정보 교류 정도 등과 같은 변인을 통하여 측정될 수 있다.

2004학년도 중등 객관식 43번
학업 성취 결정 요인 중 하나인 가정 배경 중 사회 자본의 예
④ 부모와 자녀 사이의 상호 신뢰와 유대감

2014학년도 중등 논술
학생들이 수업에서 소극적으로 행동하는 문제를 문화 실조 관점에서 진단

CHAPTER 2 교육과 사회

출제 Point

2013학년도 중등 객관식 31번
학업 성취 결정 요인의 관점에 대한 설명

(나) 교사가 학생을 어떻게 범주화하느냐가 학생의 성적에 영향을 준다. 교사는 대개 학생을 우수 학생, 중간 학생, 열등 학생으로 구분하고 집단별로 상이한 관심과 기대를 드러낸다. 교사가 성적이 향상될 것으로 기대한 학생의 성적은 실제로 향상되는 경향이 있으며, 이 기대 효과는 저학년과 하위 계층 출신 학생들에게 더 뚜렷하게 나타난다.

④ (나)는 교사의 기대가 학생들에게 자성예언(Self-fulfilling Prophecy)으로 작용함을 보여 준다.
⑤ (나)는 학생에 대한 교사의 범주화 방식이 교사와 학생 간 상호 작용에 영향을 주었음을 시사한다.

2009학년도 중등 객관식 34번
학교에 대한 브루코버(Brookover)와 그 동료들의 사회 체제 접근 모형에 관한 설명

ㄱ. 학교의 사회·심리적 풍토를 강조한다.
ㄹ. 학교를 분석하기 위해 투입-과정-산출 모형을 도입한다.
ㅁ. 학교 구성원 상호 간의 역할 지각, 기대, 평가 등을 강조한다.

교사 결핍론 [13 중등]	• 개념: 교육 격차는 교사·학생의 대인 지각 등 교육 내적 요인의 차이에서 비롯된다는 이론 • 관련 이론 – 로젠탈과 제이콥슨(Rosenthal & Jacobson)의 자기충족적 예언: 학생에 대한 교사의 기대 수준이 학생의 학업 성취에 영향을 줌(피그말리온 효과) – 블룸(Bloom)의 완전 학습 이론: 학습 격차는 교사의 교수·학습 방법에서 기인한 것으로, 교사의 교수·학습 방법과 학습 시간이 적절하다면 학생들은 높은 학습 효과를 달성할 수 있음 – 리스트(Rist)의 연구: 교사의 사회 계층에 따른 학생 구분이 학업 성취에 영향을 줌
브루코버 (Brookover)의 사회 체제 접근 모형 [09 중등]	• 개념: 교사의 기대, 교사의 평가, 이에 대한 학생의 지각, 학생의 무력감 등 학교의 사회·심리적 풍토가 학업 격차에 영향을 준다는 이론 • 투입-과정-산출 모형 – 투입 변인: 학생과 교직원의 특성 – 과정 변인: 학교의 사회적 구조, 학교의 사회적 풍토 – 산출 변인: 학습 효과

2 교육 평등관

구분		내용
기회의 평등	허용적 평등	• 모든 사람에게 교육 받을 기회를 동등하게 보장하는 것 ㉠ 의무 교육 제도 • 성별·인종·신분 등에 의한 제도적 차별을 제거함으로써 동등한 출발점 행동을 보장하는 것 • 개인의 능력에 따른 결과의 차별 인정
	보장적 평등	취학을 가로막는 경제적·사회적·지리적 제반 장애를 제거하여 누구나 학교에 다닐 수 있는 실질적 교육 기회를 보장하는 것 ㉠ 교육비가 없어 학교를 보내지 못하는 경우를 대비하여 무상 의무 교육을 제공함 ㉠ 도서 산간 지역에 통학 차량을 제공함
내용의 평등	과정적(조건적) 평등	학교 시설, 교사의 질, 교육과정, 교육 방법 등 학교 환경에 있어 학교 간 차이를 없애는 것 ㉠ 고교 평준화 정책
	보상적(결과적) 평등 [06 중등, 08 중등, 12 중등]	• 교육 받은 결과의 평등이 보장되어야 한다는 것으로, 교육을 받은 결과인 도착점 행동이 같은 것 • '능력이 낮은 학생들에게 더 많은 자원과 노력을 투입해야 한다.'는 역차별의 원리에 근거하여 가정의 조건적 결손을 사회가 보상해야 함 ㉠ 저소득층의 방과후 수업, 농어촌 지역 특별 전형 제도, 교육복지우선지원사업 등

> **출제 Point**
>
> **2012학년도 중등 객관식 33번**
> 교육복지우선지원사업에 대한 설명
>
> • 이것은 보상적 평등관에 입각해 있다.
> • 이것의 목적은 소득 분배 구조 악화, 빈곤층 비중 확대, 지역별 계층 분화 현상 등이 심화됨에 따라, 경제적 취약 집단을 비롯한 교육취약 아동·청소년의 교육적 성취를 제고하는 데 있다.
> • 이것의 내용에는 저소득층 학생이 취약한 환경에서 비롯된 어려움을 극복할 수 있도록 학습, 문화·체험, 심리·정서, 복지 등과 같은 영역의 프로그램이 포함된다.
>
> **2008학년도 중등 객관식 39번**
> 미국 존슨 대통령이 하워드 대학에서 한 연설의 취지에 부합하는 교육 정책
>
> 오랫동안 쇠사슬에 묶였던 사람들을 갑자기 풀어준 뒤, '맘대로 뛰어보라.'며 달리기 출발선에 세운다면 그것은 공정한 교육 정책이 아니다.
>
> ③ 농어촌 자녀 특별 전형 제도 확대
>
> **2006학년도 중등 객관식 35번**
> 교육에서 보상적(補償的) 평등관에 관한 설명
>
> ④ 사회·경제적 지위가 낮은 집단의 교육적 결손을 해소하려는 평등관이다.

CHAPTER 2 교육과 사회

출제 Point

2014학년도 중등 논술
일지 내용을 바탕으로 철수의 학교 부적응 행동의 원인을 청소년 비행 이론에서 2가지만 선택하여 설명

> 우리 반 철수가 의외로 반 아이들과 잘 지내지 못하는 것 같아 마음이 쓰인다. 철수와 1학년 때부터 친하게 지냈다는 학급 회장을 불러서 이야기를 해 보니 그렇지 않아도 철수가 요즘 거칠어 보이는 동네 친구들과 어울려 다니는 모습을 자주 보게 되어 학급 회장도 걱정을 하던 중이라고 했다. 그런 데다 철수가 반 아이들에게 괜히 시비를 걸어 싸움이 나게 되면, 그럴 때마다 아이들이 철수를 문제라고 하니까 그 말을 들은 철수가 더욱 더 아이들과 멀어지고 제멋대로 행동한다고 한다. (중략) 행동이 좋지 않은 친구들과 몰려다니며 그 아이들의 행동을 따라 해서 철수의 행동이 더 거칠어진 걸까? 1학년 때 담임 선생님 말로는 가정 형편이 그리 넉넉하지 않고 부모님이 철수에게 신경을 쓰지 못함에도 불구하고 행실이 바른 아이였다고 하던데, 철수가 왜 점점 변하는 걸까?

02 문화 변화와 청소년 비행 문화 이론

1 문화 변화

구분	내용
문화 전계	• 문화가 다음 세대로 전수되고 계승되는 것 • 한 개인이 태어나서 자신이 속한 사회의 문화를 내면적으로 익히는 학습 과정(사회화)
문화 접변	• 한 문화가 다른 문화와의 접촉을 통해 한쪽 또는 양쪽의 문화가 변화하는 것 • 서로 다른 문화가 직접적·계속적으로 접촉하면서 서로의 문화 요소가 전파되어 새로운 양식의 문화로 변하는 현상
문화 지체	• 가치관, 종교, 규범 등의 비물질 문화의 변화 속도가 기술 등의 물질 문화의 변화를 따르지 못하는 현상 • '물질 문명의 변화에 비하여 비물질적, 정신적 문화 요소의 변동 속도가 느리기 때문에 나타나는 혼란' (오그번)
문화 실조	• 개인이 소속된 사회에서 규정하는 인간의 바람직한 발달을 도모하는 데 필요한 문화적 환경이 결핍된 것 • 인간의 발달 과정에서 요구되는 문화적 요소의 결핍이나 과잉, 시기의 부적절성 등으로 인하여 인지, 정서, 사회성 발달 등에 부정적인 영향이 나타나는 현상

2 청소년 비행 문화 이론 [14 중등(論)]

구분	내용		
아노미(Anomie) 이론: 머턴(Merton)	• 사회의 문화 목표와 제도화된 수단 간의 괴리(아노미) 현상으로 인해 비행이 발생한다고 보는 이론 　- 문화 목표: 사회의 모든 구성원이 바람직하다고 생각하는 것 　- 제도화된 수단: 문화 목표를 달성하는 데 합당한 방법 • 적응 양식		
	구분	내용	
	동조형	문화 목표와 제도화된 수단을 수용하는 이상적 적응 방식 예 성실한 학생, 근면한 사회인	
	혁신형	문화 목표를 수용하지만 제도화된 수단을 거부하는 범죄 유형 예 시험의 부정행위, 횡령, 탈세 등의 범죄 행위	
	의례형	문화 목표는 거부하지만, 제도화된 수단은 수용하는 유형 예 무기력한 관료, 불평불만이 많은 학생	
	도피형	문화 목표와 제도화된 수단을 모두 거부하는 유형 예 약물 중독자, 알코올 중독자 등	
	반역형	문화 목표와 제도화된 수단을 모두 거부하고, 새로운 문화 목표와 수단으로 대체하는 유형 예 급진적 사회 운동가, 히피 등	

하위문화 이론: 코헨(Cohen)	• 주류 문화는 중산층 기준에 의해 형성되어 있으므로 하류 계층의 학생들은 상대적으로 불리한 입장에 처하게 되어 비행을 저지르게 된다는 이론 • 하류 계층의 학생들은 중산층의 지배 문화에 대항하는 대응적 성격의 하위문화를 형성함	
사회 통제 이론: 허쉬(Hirschi) [09 중등]	• 사회적 유대는 비행 통제의 대표적 기제로, 사회적 유대가 약화될 때 비행이 발생한다고 보는 이론 • 사회적 유대 요소	
	구분	내용
	애착	부모, 또래 등의 의미 있는 타인에게 정서적으로 밀착된 정도
	전념(수행)	사회적 보상이 높은 목표를 설정하고, 목표를 달성하기 위해 끈기 있게 전념하는 것
	참여(몰두)	관례적 활동에 투입하는 시간의 양
	신념	사회의 규범과 가치를 내면화하는 것
중화 이론: 맷자와 사이케스 (Matza&Sykes)	• 일탈 행동을 하는 학생들은 자신의 행위가 잘못된 것을 알면서도 중화 기술을 사용하여 비행을 저지른다고 보는 이론 • 중화 기술	
	구분	내용
	책임 부정	일탈의 책임을 가정 환경이나 친구 등의 외적 요인으로 전가함으로써 합리화하는 기술
	가해 부정	자신의 행동으로 상해를 입거나 피해를 본 사람이 없다는 이유로 일탈을 합리화하는 기술
	피해자 부정	피해자는 피해를 입어 마땅하며, 자신의 행동은 피해자가 받아야 하는 정당한 행동이라고 합리화하는 기술
	범죄 통제자에 대한 비난	비난자를 비난함으로써 일탈을 합리화하는 기술
	높은 충성심에의 호소	보다 높은 상위 가치나 대의명분에 호소함으로써 자신의 일탈 행동을 충성심을 위한 것으로 합리화하는 기술
차별 교제(접촉) 이론: 서더랜드(Sutherland)	비행 행동에 대해 호의적인 집단과 자주 접촉하게 되면 비행의 기술을 학습하고 일탈 동기를 내면화함으로써 비행 행동을 하게 된다는 이론	
낙인 이론: 레머트(Lemert), 베커(Becker) [08 중등]	• 상징적 상호 작용 이론에 기초한 이론으로, 우연히 저지른 잘못이 비행으로 낙인(Labeling) 찍힌 사람은 자신을 일탈자로 규정하여 의식적이고 상습적으로 비행을 저지르게 된다는 이론 • 낙인 과정 – 모색(추측): 교사가 학생을 만나 첫인상을 형성하는 단계 – 명료화(정교화): 첫인상이 실제와 같은지 확인하는 단계 – 공고화(고정화): 학생을 범주화하여 공고화하는 단계	

출제 Point

2009학년도 중등 객관식 29번
박 교사와 같이 청소년 비행에 접근하는 이론

A중학교에서 박 교사가 맡고 있는 반의 많은 학생들은 지각과 무단결석을 일삼고 학교 폭력을 비롯한 크고 작은 말썽을 피웠다. 문제의 원인을 찾던 박 교사는 다른 아이들과는 달리 문제 행동을 일으키지 않는 재민이를 주목하였다. 관찰 결과 박 교사는 재민이가 교우 관계가 좋고 부모와의 관계도 친밀할 뿐만 아니라 이웃과도 사이좋게 지낸다는 것을 알게 되었다. 이에 박 교사는 재민이 주변에 있는 좋은 친구와 부모, 이웃이 재민이가 문제 행동을 자제하도록 하는 데 중요한 역할을 하고 있다고 생각하게 되었다.

⑤ 사회 통제 이론

2008학년도 중등 객관식 41번
낙인 이론(Labeling Theory)에 관한 설명
② 낙인의 주요 요인에는 성, 인종, 외모, 경제적 배경 등이 있다.
③ 낙인에 따른 교사의 차별적인 기대는 학생의 자기 지각에 영향을 준다.
④ 낙인 이론은 학교에서 교사와 학생 간의 상호 작용을 연구하는 데 활용된다.

CHAPTER 2 교육과 사회

출제 Point

2004학년도 중등 객관식 47번
㉠~㉢과 같은 배경에서 진행된 학교 교육의 팽창을 설명해 줄 수 있는 이론

> 가상의 나라 에듀니아는 제2차 세계대전 종전과 함께 식민통치에서 벗어나면서, ㉠ 신생 독립 국가의 국민에게 요구되는 정체성을 고취시킬 목적으로 초등 교육을 중심으로 교육 기회를 크게 확대하였다. 그리고 경제 개발이 본격화되어 ㉡ 농경 사회에서 산업 사회로 이행되면서 중등 교육과 고등 교육에 대한 수요도 자연스럽게 증가하였다. 특히 전통적으로 이 나라 국민들이 학력(學歷)을 ㉢ 특권적 직업이나 정치적 권력의 획득을 위한 수단으로 간주해 왔기 때문에, 시간이 지날수록 고등 교육에 대한 수요는 더욱 크게 증가하였다.

② 기술 기능 이론 ③ 지위 경쟁 이론 ④ 국민 통합 이론

2012학년도 중등 객관식 31번
교사의 설명에 부합하는 학력 상승 이론

> 강 교사: 학교는 산업 사회를 지탱하는 핵심 장치입니다. 사람들의 학력이 높아지는 원인은 직종이 다양해지고 각 직업에서 요구하는 지식의 수준이 높아지는 데 있어요. 우리 시대가 유능한 인재를 요구하고 있으니, 학교는 인재 양성에 매진해야 합니다.

③ 기술 기능 이론

2012학년도 중등 객관식 31번
교사의 설명에 부합하는 학력 상승 이론

> 정 교사: 저는 그렇게 생각하지 않습니다. 직업 구조의 변화가 학력 상승을 유발하기는 하지만 그것만으로는 충분한 설명이 되지 못합니다. 남보다 한 단계라도 높은 학력을 가지고 있는 것이 좋은 직업 획득에 도움이 되는 상황을 생각해 보세요. 학력 상승은 그 결과로 발생하는 현상입니다.

③ 지위 경쟁 이론

2009학년도 중등 객관식 32번
콜린스(Collins)의 계층 경쟁론에 대한 설명

> ㄷ. 학력 상승의 원인에 대한 기술 기능 이론의 설명에 들어 있는 모순 및 한계점을 비판한다.
> ㄹ. 고등 교육의 팽창 등 학력 인플레이션이나 과잉 교육 현상의 원인을 설명하는 데 관심이 많다.

03 학교 팽창(학력 상승) [04 중등]

구분	학교 팽창의 원인	한계
학습 욕구 이론	인간은 학습 욕구를 가지고 있으며, 학교는 인간의 학습 욕구를 충족시켜 주는 기관이므로 인구의 증가와 경제 수준의 상승으로 학습 욕구가 증가함에 따라 학교 팽창이 발생함	• 오늘날의 학교는 학생의 학습 욕구를 충족시켜 주는 기관으로 볼 수 없음 • 현대 사회의 학교는 교육 기관으로서의 기능을 제대로 수행하지 못함
기술 기능 이론 [12 중등]	기술의 발달과 이로 인한 직업의 전문화에 따라 학교 팽창이 발생함	• 학력 수준에 비해 낮은 직업에 종사하는 과잉 학력 현상을 설명하지 못함 • 전공과 관련이 없는 일을 하게 되는 교육과 고용의 불일치 현상을 설명하지 못함
신마르크스 이론	학교 교육 제도는 자본주의 경제 체제를 유지하기 위한 핵심적인 장치로, 자본주의 경제 체제를 유지하기 위한 의무 교육의 실시로 학교 팽창이 발생함	• 교육을 자본가 계급의 이익을 위한 것만으로 단정하므로 학습자의 이익과 같은 교육의 다른 측면에 무관심함 • 교육을 경제 체제를 유지하기 위한 수단적 기능의 관점으로만 바라봄
지위(계층) 경쟁 이론 [02 중등, 03 중등, 09 중등, 12 중등]	학력은 사회적 지위 획득의 수단으로, 더 높은 학력을 위한 경쟁으로 학교 팽창이 발생함 예) 졸업장 병, 학력 인플레이션, 과잉 학력 현상	• 학교 팽창을 경쟁의 결과로만 파악하므로 학교 교육의 내용적 측면을 경시함 • 학교 교육의 긍정적 측면을 무시함 • 경쟁의 긍정적 측면을 무시함
국민 통합 이론	교육은 국민으로서의 정체성을 형성시키는 요인으로, 국가의 형성과 국민 통합의 필요성 때문에 실시된 의무 교육으로 인해 학교 팽창이 일어남	• 국가 형성 초기의 초등 교육과 중등 교육의 확대는 설명할 수 있으나, 고등 교육의 팽창을 설명하는 데 한계가 있음 • 학력 수준에 비해 낮은 직업에 종사하는 과잉 학력 현상을 설명하지 못함

개념을 현장에 적용한 사례 살펴보기

실전 적용!
419p

교육 격차 해소를 위한 교육 정책 찾아보기

각 시·도 교육청은 교육 격차를 줄이기 위해 다양한 교육 정책을 실시하고 있다. 교육 격차 해소를 위한 교육청의 교육 정책을 찾아보고, 해당 정책이 격차 해소에 도움이 될지 이야기를 나눠보자.

예) 사회적 배려 대상자 특례 입학

CHAPTER 3 평생 교육과 다문화 교육

01 평생 교육

1 평생 교육의 이해 [11 중등]

(1) 개념

일생을 통한 교육으로 전 생애를 통한 수직적 교육과 가정, 학교, 사회에 걸쳐서 이루어지는 수평적 교육을 통합한 교육

(2) 대표 학자

구분	내용
랑그랑 (Lengrand) [05 중등]	• 평생 교육은 학습자가 필요로 할 때 언제든지 접근할 수 있어야 하며, 앎과 삶이 통합된 학습을 지원하는 것을 강조함 • 분절된 교육 제도를 연계하고 통합하는 평생 교육의 필요성을 제시함
포르 (Faure)	• 미래 사회가 지향해야 할 교육 형태는 평생 교육이며, 교육 제도의 개혁 방향으로 학습사회 건설을 제안함 • 초·중등 및 고등 교육 제도와 교육의 틀을 개혁함으로써 교육의 지평을 넓힐 것을 강조함
다베 (Dave)	• 평생 교육은 변화하는 사회에서의 적응과 생활의 질적 향상을 추구하는 교육으로, 개인과 집단의 삶의 질을 향상하는 데 목적이 있음 • 평생 교육의 핵심적 특성 – 총체성(전체성): 형식적 교육과 비형식적 교육의 통합 – 통합성: 수직적 교육과 수평적 교육의 통합으로서 전 생애를 통한 교육 – 유연성(융통성): 학습 내용, 방법 등의 융통성과 다양한 여건과 제도의 조성 – 민주성: 모든 사회 구성원에게 평등한 교육 기회 제공
들로어 (Delors)	• 21세기 교육의 핵심을 생활을 위한 학습에 두고, 실천을 위한 교육적 원리로 '네 개의 학습 기둥'을 제시함 • 네 개의 학습 기둥 | 구분 | 구분 | | --- | --- | | 알기 위한 학습 | 지식의 습득을 위한 학습(지식 교육) | | 행동하기 위한 학습 | 환경에 대한 능력 획득을 위한 학습(직업 교육) | | 존재하기 위한 학습 | 전인적 발전을 통한 인격의 완성을 위한 학습 | | 함께 살기 위한 학습 | 다른 사람과 조화로운 삶을 영위하기 위한 학습 |

출제 Point

2011학년도 중등 객관식 33번
평생 교육의 발전에 공헌한 학자들의 주장

- 랑그랑(Lengrand): 「평생 교육(L'éducation permanente)」(1965)을 통해 평생 교육은 학습자가 필요로 할 때 언제든지 접근할 수 있어야 하며, 앎과 삶이 통합된 학습을 지원하는 것을 강조하였다. 이를 위해 분절되었던 각 교육 제도들을 연계하고 통합하는 사회적 시스템의 필요성을 역설하였다.
- 포르(Faure): 「존재를 위한 학습(Learning To Be)」(1972)을 통해 새 시대 교육 제도의 개혁 방향으로 '학습사회 건설'을 제안하였다. 이 보고서는 초·중등 및 고등 교육 제도와 교육의 틀을 개혁함으로써 교육의 지평을 넓힐 것을 강조하였다.
- 들로어(Delors): 「학습: 그 안에 담긴 보물(Learning: The Treasure Within)」(1996)을 통해 21세기를 준비하는 네 개의 학습 기둥을 제시했다. 네 개의 학습 기둥은 알기 위한 학습, 행동하기 위한 학습, 존재하기 위한 학습, 함께 살기 위한 학습이다.

2005학년도 중등 객관식 42번
랑그랑(Lengrand)의 평생 교육에 관한 견해

① 계획적·의도적인 학습뿐만 아니라 우발적인 학습도 중시한다.
② 교사의 권위에 의존하기보다는 학생의 주도성을 중시한다.
③ 전통문화의 전달보다는 끊임없는 자기발전을 중시한다.

CHAPTER 3 평생 교육과 다문화 교육

출제 Point

2013학년도 중등 객관식 33번
(가)와 (나)에 해당하는 평생 교육 관련 개념

(가) OECD 교육혁신센터(CERI)에서 제안한 개념으로, 정규 교육을 마친 성인이 언제든지 직업 능력 향상과 갱신을 위한 교육을 받을 수 있도록 기존의 학교 교육 시스템과 직업 능력 계발 교육을 유기적으로 통합한 교육 체제를 의미한다. 이것은 성인의 생산성 증진과 지속적인 고용 가능성을 지원하기 위해 학습과 일 사이의 긴밀한 연계를 강조한다.
(나) 노울즈(M. Knowles)가 제안한 개념으로, 아동·청소년을 대상으로 하는 교육과 대비된다. 이것은 학습자의 자율성 및 자기 주도성, 학습에서의 경험, 현장 중심의 학습 등을 중시한다.

③ (가) 순환 교육(Recurrent Education)
  (나) 안드라고지(Andragogy)

2008학년도 중등 객관식 42번
성인 학습 이론 중 다음의 특성에 가장 부합되는 이론

- 경험, 비판적 성찰, 발달이 핵심 요소이다.
- 학습자의 내부에서 발생하는 인지적 과정을 집중적으로 규명한다.
- 자신을 구속하는 자기 신념, 태도, 가치로부터 자신을 해방시킨다.

③ 전환 학습(Transformative Learning)

2 평생 교육 관련 이론 [13 중등]

구분	내용
순환 교육론	OECD가 제안한 교육 정책 모델로, 정규 학교를 졸업한 성인들에게 직업과 관련된 새로운 지식과 기술을 교육하는 것

메지로(Mezirow)의 전환 학습 [08 중등]	• 우리가 당연히 받아들이던 준거 틀을 보다 포괄적·개방적·성찰적인 것으로 전환하는 과정
	• 전환 학습 유형
	  – 도구적 학습: 학습에 사용된 전략과 방법을 중심으로 학습의 효과성 판단
	  – 실제적 학습: 타인과의 관계와 규범에 대한 이해와 반성
	  – 해방적 학습: 비판적 인식을 통한 편견으로부터의 해방과 새로운 삶으로의 진입

노울즈(Knowles)의 안드라고지(Andragogy)	• 성인을 교육하는 학문으로, 성인 학습자가 자율적·자기 주도적으로 자신의 목적과 경험에 따라 학습을 구성함 • 페다고지와 안드라고지의 비교

구분	페다고지	안드라고지
학습자	의존적 존재	자기 주도적으로 성숙하는 존재
교사	학습 내용과 시기, 방법 결정	학습 촉진자의 역할 수행
학습자의 경험	중요하지 않음	자신뿐만 아니라 다른 사람에게도 학습 자원으로 활용 가능
학습 방법	강의, 과제 부여 등의 전달식 학습 방법	실험, 토의 등의 학습 방법
교육에 대한 관점	교과 내용을 습득하는 과정으로, 교과 과정은 논리적·체계적으로 조직됨	학습자가 자신의 잠재력을 계발하는 과정으로, 학습 경험은 능력 개발을 중심으로 조직됨

3 평생 교육과 관련된 제도 [09 중등, 12 중등]

구분	내용
평생교육사	평생 교육의 기획, 진행, 분석, 평가, 교수 업무를 수행하는 전문 인력
학점은행제	학교 내외에서 이루어지는 다양한 학습 활동을 학점으로 인정하여 학위 취득을 가능하게 하는 제도
학습계좌제	평생 교육을 촉진하고 인적 자원의 개발·관리를 위하여 개인의 학습 경험을 종합적으로 관리하는 제도
학습휴가제	국가·지방자치단체와 공공기관의 장 또는 각종 사업의 경영자가 소속 직원의 평생 학습 기회 확대를 위해 유급 또는 무급의 학습휴가를 실시하는 제도
전문인력정보은행제	강사에 관한 인적 정보를 수집하여 제공, 관리하는 제도

출제 Point

2012학년도 중등 객관식 32번
평생 교육과 관련된 제도와 그에 대한 설명
① 평생교육사: 평생 교육의 기획, 진행, 분석, 평가, 교수 업무를 수행하는 전문 인력
② 학점은행제: 학교 내외에서 이루어지는 다양한 학습 활동을 학점으로 인정하여 학위 취득을 가능하게 하는 제도
③ 학습계좌제: 평생 교육을 촉진하고 인적 자원의 개발·관리를 위하여 개인의 학습 경험을 종합적으로 관리하는 제도
⑤ 학습휴가제: 국가·지방자치단체와 공공기관의 장 또는 각종 사업의 경영자가 소속 직원의 평생 학습 기회 확대를 위해 유급 또는 무급의 학습휴가를 실시하는 제도

2009학년도 중등 객관식 33번
평생 학습 제도

- 국가의 총체적인 인적 자원 관리를 위한 장치
- 국민의 개인적 학습 경험을 종합적으로 집중 관리하는 제도
- 모든 성인의 다양한 교육과 학습 활동을 누적·기록하는 '종합교육·학습기록부'

① 학습계좌제

CHAPTER 3 평생 교육과 다문화 교육

02 다문화 교육

1 다문화 교육의 이해

(1) 개념
① 다양한 인종, 민족, 계층, 문화 집단의 학생들이 균등한 교육적 기회를 보장받고, 긍정적인 문화 교류적 태도와 인식, 행동을 발달시키도록 돕는 교육
② 자기 문화에 대한 정체성을 바탕으로 타 문화에 대해 개방적·이해적 태도를 길러 미래의 문화 사회에 적응하도록 돕는 교육
③ 국가 내 민족·인종 간의 갈등을 해소하기 위해 다양한 개인과 집단의 문화 정체성을 인정하는 교육

(2) 관련 교육
① 국제 이해 교육(EIU; Education for International Understanding): 국가 간의 우호주의와 인권 및 기본적 자유에 기초하여 국제 이해와 협력을 위해 이루어지는 평화 교육
② 반편견 교육(Anti-bias Education): 다문화 교육의 일환으로 성, 인종, 민족 등에 상관없이 모든 사람을 존중하도록 교육함으로써 편견에 적극적으로 대응하는 능력을 길러주는 교육
③ 세계 시민 교육(GCE; Global Citizenship Education): 인류 보편적 가치에 해당하는 세계 평화, 인권 문화 다양성 등에 대해 폭넓게 이해하고 실천하는 책임 있는 시민을 양성하는 교육

2 다문화 교육의 실제

(1) 다문화 교육의 영역

구분	내용
내용 통합	• 사회의 다양한 집단과 구성원의 역사, 문화, 가치와 관련된 내용을 교육과정에 반영함 • 다양한 문화 콘텐츠를 사용하여 문화적 다양성을 통합적으로 활용하여 제시함
지식 구성 과정	• 지식이 구성되는 과정에 문화적 관점이나 편견이 영향을 미친다는 사실을 학생들에게 이해시킴 • 개인이나 집단의 인종, 민족 등의 요인이 지식의 형성 과정에 어떤 영향을 미치는지를 학생들이 이해하도록 도움
편견 감소	• 타 문화 집단에 대한 긍정적이고 우호적인 태도와 가치가 발달할 수 있도록 교수법과 자료를 활용함 • 편견 감소 전략을 활용하여 소수 집단에 대한 편견을 감소시키고 집단 간의 긍정적인 태도 형성을 도움
공평한 교수법	• 다양한 학생들의 배움에 적합한 교수법을 사용함 • 다양한 학생들의 평등한 학업 성취를 위한 교수법을 개발함

학교 문화와 조직의 개선	• 다양한 학생들이 교육적 평등과 문화적 능력을 경험할 수 있도록 학교의 문화와 조직을 재구조화함 • 교직원의 태도, 인식, 신념이나 교육과정 및 교과 내용, 교수 학습 방법 등을 개선함 • 다양한 학생들이 학교에서 균등하게 역량을 발휘할 수 있는 학교 문화를 창출함
다문화 감수성	• 다양한 문화적 환경에서 타인과 조화롭게 관계를 맺고 소통할 수 있는 태도와 가치, 행동 역량 • 다문화 수용성과 문화 간 감수성의 요소를 포괄하는 개념 　- 다문화 수용성: 자신과 다른 구성원이나 문화에 편견을 갖지 않고 자신의 문화와 동등하게 인정하며, 조화로운 공존 관계를 설정하기 위해 협력하고 노력하는 태도 　- 문화 간 감수성: 문화적 차이에 반응하여 형성되는 인지적·정서적 특성이나 행동 경향성으로, 특정한 고정관념에 고착되지 않고 상대방의 입장에서 문화적으로 공감할 수 있는 능력과 태도

> 합격선배 Tip
>
> 최근 다문화 교육에서 다문화 감수성이란 용어가 등장하면서, 다문화 감수성 증진을 위한 교육과정 연구가 활발히 이루어지고 있다.

(2) 다문화 교육의 정책 모형

구분	내용
동화주의	• 소수 집단을 주류 문화에 통합(동화, 융합)시키는 과정으로의 동화를 강조하는 관점 　예 문화 '용광로' 정책 • 소수 집단의 문화에 대한 가치를 무시하고, 열등한 존재로 파악한다는 비판을 받음
다원주의 (다문화주의)	• 소수 집단이 자신의 문화적 정체성을 유지하면서 공존하는 것을 허용하는 관점 　예 문화 '샐러드 볼', '모자이크' 정책 • 소수 집단 문화의 고유한 가치를 인정하며, 문화적 다양성의 관점에서 다문화 교육을 강조함

개념을 현장에 적용한 사례 살펴보기

428p

실전 적용

다문화 학생 지도 방법 연구

다문화 학생이 증가함에 따라 실제 교육 현장에서 다문화 학생을 마주할 확률이 높아지고 있다. 담임을 맡은 학급의 다문화 학생을 어떻게 지도할 것인지 다음 조건을 고려하여 계획을 세워보자.

1) 다문화 학생의 의사소통 능력
2) 다문화 학생의 학업 능력
3) 다문화 학생의 가정 환경
4) 다문화 학생을 위한 학교 및 교육청 프로그램

확인편 | O/X로 출제 이론 Check!

CHAPTER 1 | 교육사회학 이론

기능 이론의 이해 ▶ 학교 교육의 역할(사회화, 선발과 배치, 사회 평등), 학교 사회화, 인간 자본론, 근대화 이론, 발전 교육론

갈등 이론의 이해 ▶ 학교 교육의 역할(불평등 구조의 재생산, 지배 문화의 주입, 차별적 사회화), 보울즈와 진티스의 경제적 재생산 이론, 알튀세의 이데올로기론, 급진적 저항 이론

신교육사회학의 이해 ▶ 부르디외의 문화 재생산 이론, 애플의 문화적 헤게모니론, 윌리스의 저항 이론, 번스타인의 사회 언어학적 연구, 번스타인의 자율 이론, 미드의 상징적 상호 작용 이론, 하그리브스의 교사 유형, 맥닐의 방어적 수업

---

585 기능론적 관점에서 학교는 자본주의 사회의 생산 관계를 재생산하는 데 기여한다. O | X
[06 중등 30번]

586 기능론적 관점에서 학교 교육은 중요한 사회적 선발 장치이다. [07 중등 39번] O | X

587 기능론적 관점에서 학교의 교육 내용은 보편적 가치와 사회 구성원의 합의에 기초하여 선정되는 것이다. [07 중등 39번] O | X

588 기능주의 교육관에서 학교는 교육 기회의 균등을 통해 공정한 사회 활동을 촉진한다. O | X
[04 중등 41번]

589 기능주의 교육관에서 학교는 사회 문제의 해결과 사회 발전을 도모하는 제도적 수단이다. [04 중등 41번]

590 기능주의 교육관에서 학교는 지배 집단 문화를 전수하는 기관으로 사회 안정화를 도모한다. [04 중등 41번]

591 드리븐의 학교 사회화에서 독립성은 학년이 높아짐에 따라 흥미와 적성에 맞는 분야의 교육에 집중함으로써 학생들이 학습하게 되는 것이다. [07 중등 37번]

592 파슨스의 구조 기능주의적 관점에서 학교 교육의 주요 기능은 지식의 사회적 구성이다. [07 영양 35번]

593 다음 교사의 주장에 부합하는 이론은 지위 경쟁 이론이다. [11 초등 34번]

> 김 교사: 국가 차원에서 교육의 양과 질을 계획적으로 조절하는 것은 당연합니다. 이 과정에서 적지 않은 비용이 투입되기는 하지만, 경쟁력 있는 인재를 양성하고 합리적 가치를 지향하는 사회가 형성되어 결과적으로 국가적 이익이 창출되는 것이지요.

Answer 585. ×　586. ○　587. ○　588. ○　589. ○　590. ×　591. ×　592. ×　593. ×

594 기능론적 관점에서 학교는 구성 요소의 기계적 결합으로 형성된다. [00 초등보수 22번] ○ | ×

595 기능론적 관점에서 학교는 능력 있는 사람들을 선발하여 적재적소에 배치한다. ○ | ×
[00 초등보수 22번]

596 다음은 학교 교육의 사회적 기능에 대한 기능론적 관점의 설명이다. [11 중등 30번] ○ | ×

> 사회를 구성하고 있는 각 요소는 전체의 존속에 공헌한다. 각 구성 요소들은 서로 영향을 미치는 상호의존적 관계에 있으며, 전체적으로 조화롭게 통합되어 있다. 지각·정서·가치관·신념 체계의 주요 부분에 대해서 사회 구성원들 사이에 합의가 이루어져 있다. 교육은 전체 사회의 한 구성 요소이며, 전체 사회의 존속과 유지에 공헌한다.

597 기능 이론의 대표적 이론가로 뒤르켐과 파슨스가 있다. [11 중등 30번] ○ | ×

598 기능 이론의 입장에서 학교 교육은 업적주의 사회 기반을 공고히 한다. [11 중등 30번] ○ | ×

599 기능 이론의 입장에서 학교 교육은 사회 체제 존속에 필요한 규범 교육을 강조한다. ○ | ✕

[11 중등 30번]

600 갈등론에서는 학교 교육이 지적 능력을 함양하기보다 지배 집단의 가치와 규범을 주입하고 있다고 본다. [98 중등 30번] ○ | ✕

601 갈등 이론은 학교 교육이 기존 계급 구조를 재생산한다고 본다. [05 중등 38번] ○ | ✕

602 보울즈와 진티스의 대응 이론에 따르면 지식의 단편화와 분업을 통해 학생과 노동자의 임무가 효율적으로 확대된다. [08 중등 40번] ○ | ✕

603 보울즈와 진티스의 경제적 재생산론에서는 학교 교육이 하위 계급의 학생에게 비판적 의식을 심어주고 있다고 본다. [04 중등 42번] ○ | ✕

Answer 594. ✕ 595. ○ 596. ○ 597. ○ 598. ○ 599. ○ 600. ○ 601. ○ 602. ✕ 603. ✕

604 보울즈와 진티스의 경제적 재생산론에서는 학교 교육이 능력주의 이념을 통해 계급적 모순을 은폐하고 있다고 본다. [04 중등 42번] ○ | ×

605 다음 내용이 나타내는 개념은 대응 원리이다. [12 중등 30번] ○ | ×

> 학교에서 교장과 교사, 교사와 학생, 학생과 학생, 학생과 학업 사이의 관계는 위계적 노동 분업을 그대로 본뜨고 있다. 자본주의 기업체의 노동 분업처럼 학교 제도도 정교하게 구분된 위계적 권위와 통제 체제를 가지고 있으며, 경쟁과 외적인 보상 체계가 참여자들의 관계를 지배한다.

606 알튀세는 학교가 동의보다는 강제력을 통해 그 구성원들에게 영향력을 행사한다고 보았다. [07 중등 42번] ○ | ×

607 프레이리의 문제제기식 교육의 입장에서 학생은 비판적으로 사고하는 사람으로 육성되어야 한다. [11 중등 32번] ○ | ×

608 프레이리의 문제제기식 교육은 학생에게 지식을 수동적으로 축적하게 하는 교육 방식을 비판하였다. [11 중등 32번] ○ | ×

609 일리치, 라이머 등이 제기한 탈학교론에서는 학교 사회에서의 폭력이나 소외가 교육의 순기능을 능가하는 부작용을 낳고 있다고 본다. [02 초등 45번]   ○ | ✕

610 탈학교론은 학교 교육을 통한 성공의 신화를 깨기 위해 학교 교육을 해체하여야 한다고 본다. [02 초등 45번]   ○ | ✕

611 갈등론적 시각의 교육 사회학자의 관점에서 교육과정은 지금까지 인류가 발전·축적한 문화로 구성된다. [01 중등 20번]   ○ | ✕

612 교육과정 사회학 관점에서의 지식은 교육적으로 보편적인 가치를 지니지 않는다. [02 초등 42번]   ○ | ✕

613 교육과정 사회학은 교육을 특정 시대에 특정 계층에 의해 요구된 지식을 선택·조직화하는 현상이라고 보았다. [93 중등 06번]   ○ | ✕

Answer 604. ○   605. ○   606. ✕   607. ○   608. ○   609. ○   610. ✕   611. ✕   612. ○   613. ○

정답 및 해설 511p

614 신교육사회학에서 지식은 사회적으로 구성되며, 지식의 가치는 사회적으로 위계화되어 있다. [03 중등 48번]　　　　　　　　　　　　　　　　　　　　　　　○ | ✕

615 신교육사회학에서 지식의 본질은 사회적·역사적으로 변화되지 않는다. [03 중등 48번]　　○ | ✕

616 영 등이 전개한 신교육사회학에서 학생 능력에 대한 교사의 기대는 학생의 사회·경제적 배경에 의해 영향을 받는다고 본다. [00 초등 52번]　　　　　　　　　　　　　○ | ✕

617 다음 내용은 갈등론적 관점에서 분석한 내용이다. [02 중등 41번]　　　　　　　　　　○ | ✕

> 미술 교과서에 한국 미술이 아닌 서양 미술이, 음악 교과서에 국악이 아닌 양악이 중심적 위치를 차지하고 있다.

618 학교 교육과정이 하류 계층보다 중·상류 계층의 문화를 더 많이 반영하고 있어 하류 계층 학생보다 중·상류 계층 학생의 학업 성취가 더 높은 현상을 설명하는 데 적합한 교육 이론은 상징적 상호 작용론이다. [02 중등 47번]　　　　　　　　　　○ | ✕

619 브루디외의 문화 재생산론에서 학업 성취는 가정에서 습득한 문화의 영향을 받는다. ○ | ×

[06 초등 16번]

620 브루디외의 문화 재생산론에 따르면 졸업장, 학위, 자격증은 제도화된 문화 자본에 속한다고 본다. [06 초등 16번] ○ | ×

621 '수업 시간에 선생님이 해외 여행 경험을 발표하라고 해서 여러 학생들이 다양한 나라의 여행 경험을 발표했으나 현영이는 외국에 가본 적이 없어서 창피했다.'는 현영이의 경험은 부르디외가 주장한 상징적 폭력에 해당하는 사례이다. [11 초등 37번] ○ | ×

622 '민철이는 집안이 갑자기 경제적으로 어려워져 전학을 하게 되었는데 상급생들이 인사를 안 한다고 자주 때려서 그 학교가 싫어졌다.'는 민철이의 경험은 부르디외가 주장한 상징적 폭력에 해당하는 사례이다. [11 초등 37번] ○ | ×

623 다음에서 찾아볼 수 있는 자본은 인간 자본이다. [11 초등 35번] ○ | ×

> 철수 아버지는 철수에게 틈틈이 박물관이나 클래식 연주회에 다녀오도록 하고, 교양 서적도 자주 읽도록 하여 견문을 넓히게 한다.

Answer 614. ○ 615. × 616. ○ 617. × 618. × 619. ○ 620. ○ 621. ○ 622. × 623. ×

624 다음에서 찾아볼 수 있는 자본은 경제적 자본이다. [11 초등 35번]   O | X

> 영희 부모님은 영희와 대화를 많이 한다. 대화 시간을 늘리기 위해 텔레비전을 없앴고, 가급적 식구들이 함께 식사를 한다. 영희도 집안의 화목이 공부하는 데 큰 도움이 된다고 자주 말한다.

625 아비투스는 학교 교육이 교육의 기회를 공정하게 제공하고 능력에 따라 사회 계층을 결정하게 한다고 믿게 하는 지배력 행사 방식이다. [10 중등 30번]   O | X

626 다음 내용과 관련된 학자는 애플이다. [04 중등 44번]   O | X

> 진석은 대화할 때, 논리적이며 추상적이고 문법과 문장 규칙이 정확한 정교화된 언어를 구사하고 있다. 이와 달리 철수는 문법과 문장이 부정확하고 의미가 분명하지 않은 제한된 언어를 사용하고 있다. 이러한 언어 능력 차이로 인해 학교에서 진석은 철수보다 학업 성적이 우수한 것으로 나타났다.

627 번스타인이 학업 성취에서 노동 계급의 자녀들은 중류 계급의 자녀들에 비해 불리하다고 주장한 이유는 부모의 교육 수준이 낮아 자녀의 학교 과제를 제대로 도와줄 수 없기 때문이다. [10 초등 33번]   O | X

628 번스타인의 교육과정 사회학 이론에서는 분류가 약할수록 교육과정이 사회·경제적 요구에 민감하게 반응하여 변화한다고 보았다. [06 초등 14번]   O | X

629 번스타인의 교육과정 사회학 이론에 근거할 때, 다음 ○○ 고등학교는 약한 분류와 약한 구조의 집합형 교육과정을 운영하고 있다. [13 중등 32번] ○ | ×

> ○○ 고등학교에서는 A, B, C 과목의 경계가 뚜렷하게 구분되지 않아서 이 교과를 담당하는 세 명의 교사는 담당 교과에 얽매이지 않고 자유롭게 상호 교류한다. 또한 세 명의 교사는 차시마다 가르칠 내용을 정하지 않고 학생들의 흥미나 수업 상황에 따라 융통성 있게 조정한다. 수업에서 다루는 주제에 대한 시간 배정도 엄격하지 않다.

630 교사가 회고하는 다음 학생의 삶은 경제 재생산론으로 설명할 수 있다. [11 중등 29번] ○ | ×

> 그 학생은 학창 시절 말썽을 많이 피웠지. 비슷한 또래들과 몰려다니면서 싸움도 자주 하고, 각종 교칙을 밥 먹듯이 위반했어. 수업을 시시하다고 하면서 방해하기도 하고, 공부 잘하는 애들을 계집애 같다고 놀려 대기도 했어. 반면에 자기 부류의 애들은 사내답다며 우쭐댔지. 자기는 육체 노동직에 종사하는 아버지처럼 사나이답게 살고 싶다고 했어. 나중에 보니 그 학생은 스스로 진학을 포기하고 자기 아버지와 같이 육체 노동직을 선택하더라고.

631 윌리스가 『노동 학습』에서 제시한 노동 계급의 학생들은 모범생들을 수동적인 존재로 간주하며 배척한다. [07 초등 33번] ○ | ×

632 윌리스가 『노동 학습』에서 제시한 노동 계급의 학생들은 반 학교 문화를 형성하는 자율적·능동적 존재이다. [07 초등 33번] ○ | ×

633 윌리스가 『노동 학습』에서 제시한 노동 계급의 학생들은 노동 계급의 처지를 벗어나기 위하여 스스로 포부 수준을 높게 설정한다. [07 초등 33번] ○ | ×

Answer 624. × 625. × 626. × 627. × 628. ○ 629. × 630. × 631. ○ 632. ○ 633. ×

634 구조 기능론적 관점에서 교사가 할 일은 학생 자신이 상황을 어떻게 인식하는가에 따라 사회적 현실이 달라진다는 생각을 갖게 하고, 그에 대한 책임을 다하도록 학생을 격려하는 것이다. [08 중등 37번]   O | X

635 맥닐의 방어적 수업에서는 토론식 수업을 통해 학생과 활발하게 상호 작용한다.   O | X
[06 초등 15번]

636 맥닐의 방어적 수업에서는 복잡한 논의를 막기 위해 수업 내용을 신비화한다.   O | X
[06 초등 15번]

637 다음은 맥닐의 연구 결과에서 설명하고 있는 수업 전략 중 하나로, 이 수업 전략에 해당하는 것은 방어적 단순화이다. [13 중등 30번]   O | X

> 사회과 교사가 학생들의 능력이나 수업에 대한 관심이 부족하다고 생각할 때 즐겨 사용하는 수업 전략이다. 이것의 주요 특징은 교사가 수업 시간에 정치적으로 덜 민감하거나 논쟁의 여지가 적은 주제를 선택한다는 점이다. 이 수업 전략을 사용할 때, 교사는 학생들에게 '빈칸 채우기' 형태의 연습문제를 풀게 하거나 주제의 개요만을 말해 주는 방식을 취한다.

CHAPTER 2 | 교육과 사회

교육 격차 ▶ 콜맨 보고서, 문화 실조론, 문화 다원론, 교사 결핍론, 브루코버의 사회 체제 접근 모형
교육 평등관 ▶ 허용적 평등, 보장적 평등, 과정적 평등, 보상적 평등
청소년 비행 문화 이론 ▶ 아노미 이론, 하위문화 이론, 사회 통제 이론, 중화 이론, 차별 교제 이론, 낙인 이론
학교 팽창 ▶ 학습 욕구 이론, 기술 기능 이론, 신마르크스 이론, 지위 경쟁 이론, 국민 통합 이론

638 '콜맨 보고서에 따르면 학교 효과는 미미하다.'라는 말의 뜻은 학교에서의 우등생이 사회에서의 우등생이 된다는 보장이 없다는 뜻이다. [00 중등 54번]

639 다음 사례에 나타난 학업 성취도와 가정 환경의 관계를 가장 잘 설명해 주는 이론은 아노미 이론이다. [10 초등 34번]

> 진영이의 학업 성적은 매우 우수하다. 사실 진영이의 가정은 경제적으로 어렵고, 부모님의 교육 수준도 낮은 편이다. 그렇지만 부모님이 자녀 교육에 대해 관심과 열의가 높아서, 평소 진영이의 공부를 잘 도와주는 것은 물론 대화도 자주 나눈다.

640 콜맨의 사회 자본과 인적 자본의 개념에 기초할 때, 철수네 가정의 인적 자본과 사회적 자본은 모두 강하다. [08 중등 38번]

> 철수는 서울 중심지의 작은 셋집에서 다섯 식구와 함께 살고 있는 중학교 2학년생이다. 부모님의 학력은 중졸이고 수입은 넉넉하지 않지만 화목한 가족 관계는 이웃의 모범이 될 정도이다. 철수는 반에서 1등을 놓친 적이 없으며, 작년에는 전국 수학경시대회에서 금상의 영예를 안았다.

641 콜맨의 사회적 자본에는 부모의 친구 관계, 자녀 교육에 대한 기대 수준 등이 포함된다. [12 중등 29번]

Answer 634. × 635. × 636. ○ 637. ○ 638. × 639. × 640. × 641. ○

642 도서 지역 출신의 A군이 지방 자치 단체에서 통학을 위한 배편을 무상으로 지원받게 됨에 따라 집에서 육지의 고등학교를 다닐 수 있게 되었을 때, 이는 기회의 허용적 평등에 해당한다. [08 초등 21번]   ○ | ✕

643 고등학교 무상의무교육 제도는 교육 기회의 보장적 평등과 관련이 있다. [10 초등 35번]   ○ | ✕

644 교육에서 보상적 평등관은 누구에게나 취학 기회를 개방해야 한다는 평등관이다.   ○ | ✕
[06 중등 35번]

645 학습 부진 학생을 위해 별도의 교재를 만들어 방과 후 보충 지도를 하는 것은 보상적 평등관을 실현하기 위한 것이다. [02 중등 48번]   ○ | ✕

646 농어촌 학생을 위한 대학 특례 입학 제도는 교육 기회의 허용적 평등을 실현하기 위한 것이다. [01 초등 11번]   ○ | ✕

647 저소득층 학생이 취약한 환경에서 비롯된 어려움을 극복할 수 있도록 학습, 문화·체험 등과 같은 영역의 프로그램을 포함하는 교육복지우선지원사업은 보상적 평등관에 입각해 있다. [12 중등 33번]   O | X

648 대학의 팽창에 대한 다음 설명과 관련 있는 이론은 지위 경쟁 이론이다. [09 초등 20번]   O | X

> 한국 사회가 지식 기반 사회로 진입함에 따라 고급 인력에 대한 수요가 증가하였다. 국가는 이러한 고급 인력의 수요에 부응하기 위하여 대학교의 설립과 대학 정원의 확대를 허용하였으며, 그 결과 대학이 팽창하였다.

649 다음 내용에 부합하는 학력 상승 이론은 기술 기능 이론이다. [12 중등 31번]   O | X

> 학교는 산업 사회를 지탱하는 핵심 장치입니다. 사람들의 학력이 높아지는 원인은 직종이 다양해지고 각 직업에서 요구하는 지식의 수준이 높아지는 데 있어요. 우리 시대가 유능한 인재를 요구하고 있으니, 학교는 인재 양성에 매진해야 합니다.

650 학습 욕구 이론에 따르면 학력 상승은 남보다 한 단계라도 높은 학력을 가지고 있는 것이 좋은 직업 획득에 도움이 되기 때문에 발생하는 현상이다. [12 중등 31번]   O | X

651 학력이 취업 및 결혼을 결정하는 중요한 요소이므로 모든 사람이 상급 학교 졸업장을 받기 위해 온갖 노력을 경주한다고 보는 학력 상승 이론은 기술 기능 이론이다.   O | X

[01 초등 15번]

Answer 642. ✗   643. ○   644. ✗   645. ○   646. ✗   647. ○   648. ✗   649. ○   650. ✗   651. ✗

CHAPTER 3 | 평생 교육과 다문화 교육

평생 교육의 이해 ▶ 랑그랑, 포르, 다베, 들로어
평생 교육 관련 이론 ▶ 순환 교육론, 메지로의 전환 학습, 노울즈의 안드라고지
평생 교육과 관련된 제도 ▶ 평생교육사, 학점은행제, 학습계좌제, 학습휴가제, 전문인력정보은행제

652 랑그랑은 평생 교육을 사회 전체가 교육의 기회를 제공하는 것으로 보았다. ○ | ×
[06 초등 19번]

653 랑그랑은 평생 교육에 관하여 학교 교육과 분리된 형태의 성인 교육을 중시하였다. ○ | ×
[05 중등 42번]

654 최근 평생 교육은 학교 교육과 사회 교육 간의 연계성을 강조하고 있다. [00 초등 15번] ○ | ×

655 평생 교육은 학교 교육 이외에 교육을 받을 수 있는 기회를 확대시킨다. [95 중등 04번] ○ | ×

656 다양한 직업이 등장하고 평생 직장의 개념이 약화됨에 따라 평생 교육의 중요성이 강조되고 있다. [06 중등 33번] ○ | ✕

657 유네스코 보고서(1996)에서는 알기 위한 학습, 존재하기 위한 학습, 행동하기 위한 학습. 활력화를 위한 학습을 평생 교육의 '네 가지 기둥'으로 제시하였다. [08 초등 26번] ○ | ✕

658 평생 교육 체제에서의 학교도 사회 교육을 담당해야 한다. [00 강원·전남 초등보수 27번] ○ | ✕

659 평생 학습 사회는 자기주도적 학습력의 신장을 지향한다. [02 중등 42번] ○ | ✕

660 검정고시제도는 학교 밖에서 이루어지는 다양한 형태의 학습과 자격을 학점으로 인정하고, 학점이 누적되어 일정 기준을 충족하면 학위 취득을 가능하게 함으로써 열린 교육 사회, 평생 학습 사회를 구현하기 위한 제도이다. [07 영양 41번] ○ | ✕

Answer 652. ○ 653. ✕ 654. ○ 655. ○ 656. ○ 657. ✕ 658. ○ 659. ○ 660. ✕

661 우리나라의 현행 학점은행제는 다양한 경로를 통해 취득한 개인의 학습 경험을 학점으로 인정하고 이를 누적시켜 학위를 받을 수 있게 하는 제도이다. [00 중등 33번]   ○ | ×

662 직업 능력 인증제는 국민의 평생교육, 특히 취업자의 계속 교육을 촉진하기 위해 개별적으로 취득한 학력, 학위, 자격 등 인증된 학습 경험과 학교 외 교육 등에서 얻은 학습 경험을 누적하여 기록·관리하고 이를 객관적으로 인증하기 위한 제도이다.   ○ | ×

[05 초등 50번]

663 학습계좌제는 인적 자원의 효율적 개발과 관리를 위해 개인의 일생에 걸친 총체적 학습 경험을 종합적으로 누적하여 집중 관리하는 제도이다. [09 초등 21번]   ○ | ×

664 순환 교육은 학교에서의 학습과 일터에서의 학습이 상호 보완적으로 이루어진다.   ○ | ×

[08 초등 24번]

665 순환 교육은 OECD 교육 혁신 센터에서 제안한 개념으로, 정규 교육을 마친 성인이 언제든지 직업 능력 향상과 갱신을 위한 교육을 받을 수 있도록 기존의 학교 교육 시스템과 직업 능력 계발 교육을 유기적으로 통합한 교육 체제이다. [13 중등 33번]   ○ | ×

666 포르는 「존재를 위한 학습」을 통해 새 시대 교육 제도의 개혁 방안으로 '학습 사회 건설'을 제안하였다. [11 중등 33번]   ○ | ✕

667 랑그랑은 「평생 교육」을 통해 평생 교육은 학습자가 필요로 할 때 언제든지 접근할 수 있어야 하며, 앎과 삶이 통합된 학습을 지원하는 것을 강조하였다. [11 중등 33번]   ○ | ✕

Answer 661. ○ 662. ✕ 663. ○ 664. ○ 665. ○ 666. ○ 667. ○

PART 08

교육사 및 교육철학

CHAPTER 1 | 한국 교육사
CHAPTER 2 | 서양 교육사
CHAPTER 3 | 교육철학
확인편

PART 08 교육사 및 교육철학

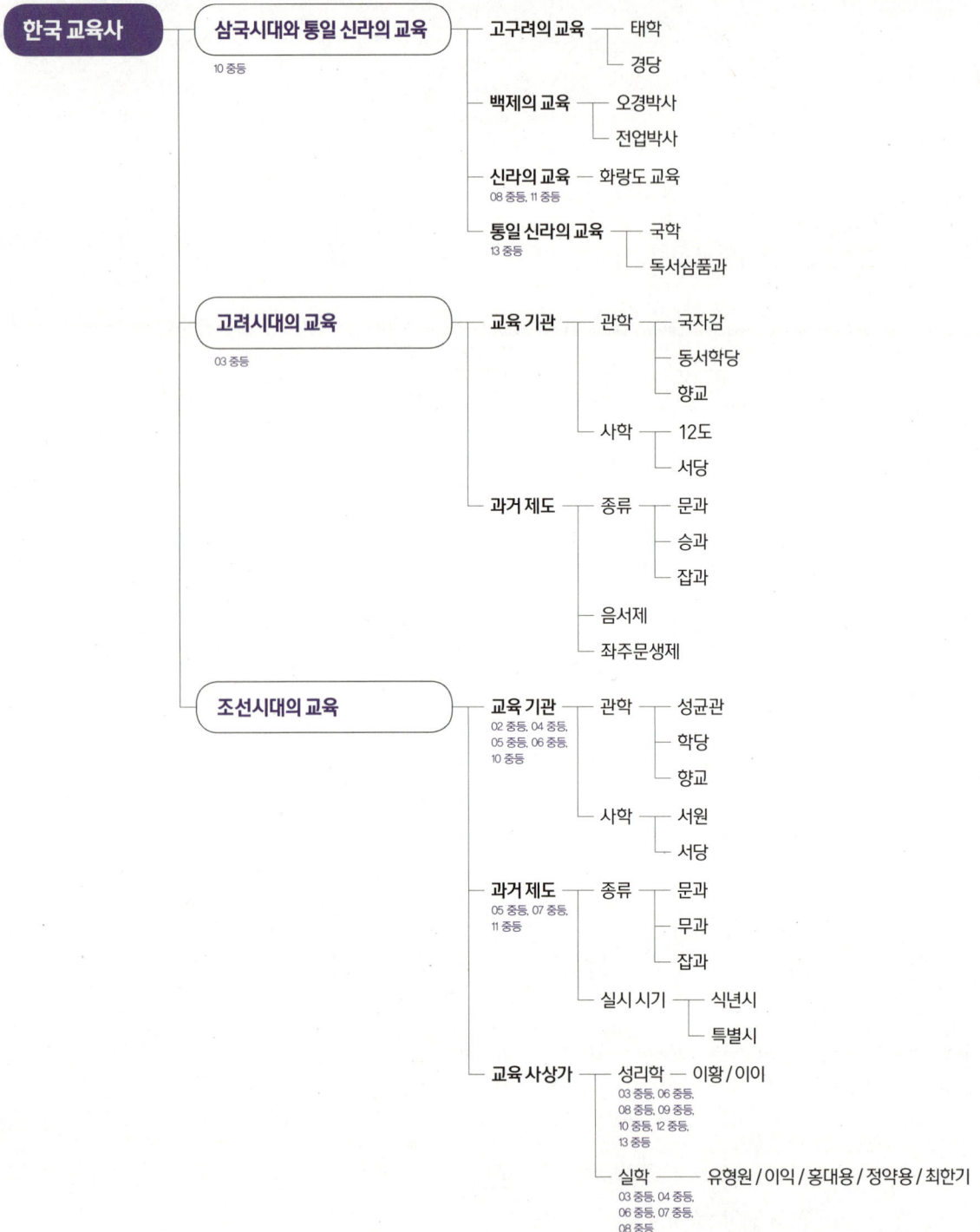

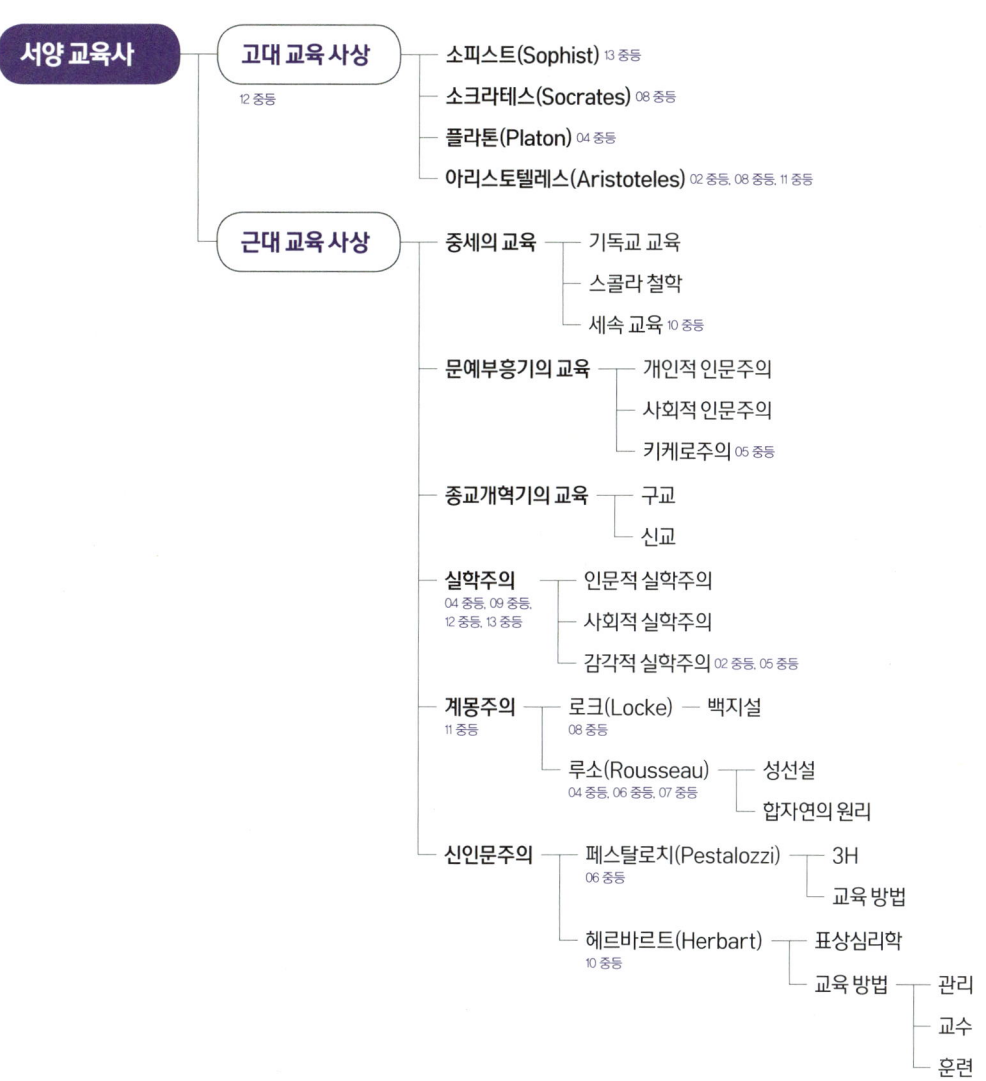

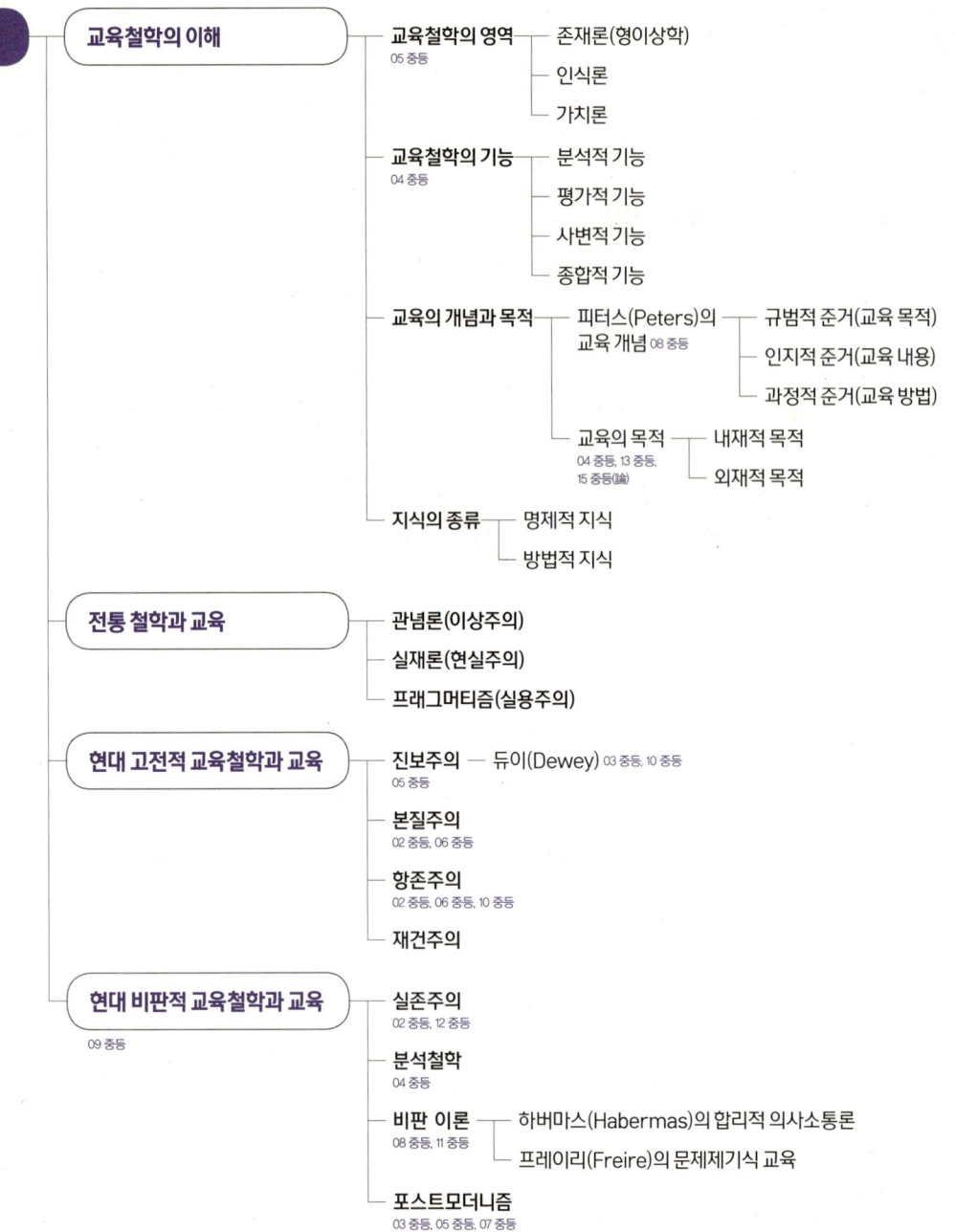

PART 08

교육사 및 교육철학

CHAPTER 1 한국 교육사

01 삼국시대와 통일 신라의 교육 [10 중등]

1 고구려의 교육(교육 기관)

구분		태학	경당
개념		소수림왕 2년(372)에 설립된 관학이자 고등 교육 기관	평양 천도 이후 일반 평민층이 자제의 교육을 위해 각처에 설립한 교육 기관
특징	교육 대상	중앙 관료나 귀족 자제	일반 평민층
	교육 목적	관리 양성	문무를 겸비한 인재 양성
	교육 내용	오경과 삼사	경전과 무술 교육

2 백제와 신라의 교육

(1) 백제의 교육(박사)

① 경학(經學)에 관한 오경박사
② 의학·역학 등의 각종 전문 분야에 관한 전업박사

(2) 신라의 교육(화랑도 교육) [08 중등, 11 중등]

① 개념: 청소년을 대상으로 국가에서 필요로 하는 인재를 양성하기 위한 민간 교육 기관(청소년 단체)
② 특징
  • 교육 이념: 풍류 사상(세속오계)
  • 교육 대상: 15~18세의 진골 출신 귀족
  • 교육 목적: 문무를 겸비한 인재 양성
  • 교육 내용: 무술 교육, 호연지기 교육

3 통일 신라의 교육 [13 중등]

(1) 국학

① 개념: 신문왕 2년에 설립된 통일 신라 최고의 고등 교육 기관
② 특징
- 교육 대상: 대사(大舍) 이하의 관등 소지자나 관등이 없는 15~30세의 젊은이
- 교육 목적: 유교 이념의 교육과 관리 양성
- 교육 내용: 논어와 효경

(2) 독서삼품과

① 개념: 통일 신라시대의 인재 선발 방식으로, 과거에 준하는 시험
② 특징
- 선발 방법: 독서의 성적에 따라 상·중·하의 삼품과 특품으로 구분
- 교육적 의의: 과거 제도의 선구적 제도

CHAPTER 1 한국 교육사

02 고려시대의 교육 [03 중등]

1 교육 기관

교육 기관		내용
관학	국자감	인재 양성을 목적으로 성종 11년에 설립된 고려 최고의 교육 기관 • 입학 자격: 신분에 따른 차별 • 교육 내용: 경사 6학 • 교육 방법: 문답식 교수법
	동서학당	원종 2년(1261)에 설립된 국립 중등 교육 기관
	향교	지방에 설립된 국립 중등 교육 기관
사학	12도	개경에 설립된 12개의 사립 고등 교육 기관
	서당	지방에 설립된 서민 자제 대상의 사립 초등 교육 기관

2 과거 제도

(1) 종류

① 문과
  • 제술과: 시, 글을 짓는 문예 시험
  • 명경과: 유교 경전의 통달을 평가하는 경전 시험
② 승과: 승려 시험
③ 잡과: 전문 기술 시험

(2) 음서제와 좌주문생제

① 음서제: 5품 이상 관리의 자제를 과거 없이 관리로 채용한 제도
② 좌주문생제: 고시관인 지공거(좌주)와 급제자인 문생의 밀접한 관계

03 조선시대의 교육

1 교육 기관 [02 중등, 04 중등, 05 중등, 06 중등, 10 중등]

교육 기관		내용
관학	성균관	인재 및 고급 관리 양성을 목적으로 한양에 설립된 국립 고등 교육 기관 • 입학 자격: 상재생(생원시와 진사시 합격자), 하재생(사학 성적 우수자, 음서 제도) • 교육과정(구재지법): 『대학』→『논어』→『맹자』→『중용』→『예기』→『춘추』→『시경』→『서경』→『역경』 • 교육 방법: 강의, 반복 학습, 문답법
	학당	태종 11년에 설립된 국립 중등 교육 기관
	향교	지방의 군·현마다 설립된 국립 중등 교육 기관
사학	서원	성리학의 연구 및 교육을 위해 지방에 세워진 사립 학교
	서당	기초 교육을 실시하는 사설 초등 교육 기관 • 입학 자격: 7~8세부터 15~16세 정도의 일반 서민 • 교육 내용: 강독, 제술, 습자 • 교육 방법: 개별 교수의 무학년 교육 제도, 언어 설명적 교수 방법

2 과거 제도 [05 중등, 07 중등, 11 중등]

(1) 종류

① 문과
  • 소과(생진과): 생원시와 진사시로 구분되는 성균관 입학 시험으로, 초시-복시의 2단계로 진행됨
  • 대과(문과): 문관 선발 시험으로, 초시-복시-전시의 3단계로 진행됨
② 무과: 무관 선발 시험으로, 초시-복시-전시의 3단계로 진행됨
③ 잡과: 기술관 선발 시험으로, 초시-복시의 2단계로 진행됨

(2) 실시 시기

① 식년시: 3년마다 실시하는 정기 시험
② 특별시: 필요에 의해 실시하는 비정기적 시험(증광시, 별시 등)

CHAPTER 1 한국 교육사

3 교육 사상가

(1) **성리학 – 이황과 이이** [03 중등, 06 중등, 08 중등, 09 중등, 10 중등, 12 중등, 13 중등]

구분		이황	이이
세계관		• 이기이원론적 주리론 • 지행병진설	• 이기일원론적 주기론 • 지행합일설
핵심 사상		경(敬) 사상	성(誠) 사상
교육관	목적	위기지학	위인지학
	방법	격물, 거경궁리, 자심자득	입지, 수렴, 독서 교육
영향		위정척사	실학

(2) **실학** [03 중등, 04 중등, 06 중등, 07 중등, 08 중등]

사상가	내용
유형원	신분제 타파, 중앙과 지방의 이원적 4단계 학제안, 공거제
이익	과거 제도 개혁
홍대용	실용 교육, 과학 기술 교육, 의무 교육, 신분 차별 철폐
정약용	『아학편』 편찬, 실용주의 교육론, 오학론
최한기	기일원론적 기학(통기와 추측), 생활 중심 교육

CHAPTER 2 서양 교육사

01 고대 교육 사상 [12 중등]

1 소피스트(Sophist) [13 중등]

구분	내용
기본 사상	주관적·상대적 진리관
교육 목적	훌륭한 웅변가 양성(처세술을 위한 교육)
교육 내용	수사학 및 웅변술
교육 방법	주입식·암기식 교육

2 소크라테스(Socrates) [08 중등]

구분	내용
기본 사상	보편적·객관적·절대적 진리관
교육 목적	지덕복합일의 도덕적 인간 양성
교육 내용	덕(德), 보편적 진리
교육 방법	대화법(문답법) • 반어법: 학생의 고정관념을 깨뜨리기 위한 질문 • 산파법: 학생이 스스로 진리에 도달하도록 유도하는 질문
교육적 의의	질문법, 토의법, 발견 학습, 탐구 학습에 영향을 줌

출제 Point

2012학년도 중등 객관식 1번
고대 그리스 시대의 교육 사상에 대한 설명
① 소크라테스(Socrates)는 교수 방법으로서 반어법과 문답법을 활용하였다.
③ 이소크라테스(Isocrates)는 논증과 변론을 통한 수사학 교육을 강조하였다.
⑤ 아리스토텔레스(Aristoteles)는 최고선으로서의 행복을 추구하기 위해 지성적 삶과 습관 형성을 중시하였다.

2013학년도 중등 객관식 4번
고대 그리스 시대의 이소크라테스(Isocrates) 교육 사상에 대한 진술
① 수사학을 통해서 덕을 함양하고 영혼을 고상하게 만들 수 있다고 보았다.
② 공공의 선과 행복에 기여하는 훌륭한 웅변가를 양성하는 데 주요 목적을 두었다.
④ 철학자 양성에 주요 목적을 둔 플라톤의 아카데미아 교육에 대해 비판적인 입장을 취하였다.
⑤ 웅변가가 되기 위해서는 수사학의 원리와 기술뿐만 아니라 문학, 논리학, 역사 등 일반적인 지식도 갖추어야 한다고 보았다.

2008학년도 중등 객관식 1번
소크라테스(Socrates)에 관한 진술로부터 추론할 수 있는 학습자에 대한 이해

• 일방적인 지식 전수 대신에 문답법을 사용했다.
• "학습은 지식을 상기(想起)하는 것이다."라고 주장했다.

② 학습자는 탐구하는 능력을 지닌 존재이다.

CHAPTER 2 서양 교육사

출제 Point

2004학년도 중등 객관식 32번
플라톤(Platon)의 교육 사상에 대한 설명
② 교육의 최종 단계는 선의 이데아를 획득하는 것이다.

2011학년도 중등 객관식 5번
교사의 견해를 뒷받침하는 고대 그리스 철학자

> 학생: 선생님, 아는 것과 행동하는 것이 반드시 일치하지는 않는 것 같습니다.
> 교사: 그 둘 사이의 불일치 문제는 고대 그리스어 아크라시아(Akrasia)에 해당하는데, 이 단어는 본래 자제력이 없다는 의미를 가진단다.
> 학생: 자제력은 어디서 오는 것인가요?
> 교사: 자제력은 앎에서 오는 것이 아니라, 감정이나 정서에서 오는 것이지.
> 학생: 그럼 도덕이 합리성에만 의존하는 것은 아니네요?
> 교사: 그렇지. 도덕성은 합리성 그 이상을 의미하고, 거기엔 정서의 문제가 함께 자리하는 셈이지.

⑤ 아리스토텔레스(Aristoteles)

2008학년도 중등 객관식 2번
고대 아리스토텔레스(Aristoteles)의 교육론과 근대 로크(Locke)의 교육론에서 찾을 수 있는 공통점
① 체육, 덕육, 지육의 통합적인 교육을 주장한다.
③ 인간은 정치적(사회적) 존재라는 것을 전제로 한다.
④ 학습뿐만 아니라 훈련과 습관의 중요성도 함께 강조한다.

2002학년도 중등 객관식 8번

> • 인간의 영혼은 신체적 힘의 총화로서 신체가 없이는 존재할 수 없다.
> • 교육은 참된 윤리적 생활을 가능하게 하는 것으로 정치적 문제와 관련되어 있다.
> • 본성, 습관, 이성이 함께 해야 교육이 가능하다.

④ 아리스토텔레스(Aristoteles)

3 플라톤(Platon) [04 중등]

구분	내용
기본 사상	• 이상주의(관념론): 도덕적·사회적 이상의 실현 • 이원론적 세계관: 현상계와 이데아의 세계
교육 목적	선의 이데아 획득을 통한 훌륭한 시민 양성
교육 내용	계급에 따른 교육 단계론(『국가론』)

계급	4주덕	교육 내용
철인	지혜(이성)	변증법, 철학
군인	용기(격정)	4과(음악, 기하학, 수학, 천문학)
노동자	절제(욕망)	군사 훈련
	정의	기초 교육(체육, 음악, 3R's)

구분	내용
교육 방법	대화법, 4단계 교육
교육적 의의	여성 교육 및 공교육, 엘리트주의 교육 강조

4 아리스토텔레스(Aristoteles) [02 중등, 08 중등, 11 중등]

구분	내용
기본 사상	• 현실주의(실재론): 현실 속에 내재된 이상 • 일원론적 세계관: 개별적 존재 속에 내재된 이데아
교육 목적	행복한 삶
교육 내용	• 교육의 3요소: 본성(자연), 습관(인격), 이성 • 인간의 발달 단계에 따른 교육 단계 　- 신체 교육: 신체 훈련 　- 인격 교육(도덕적 교육): 4과, 음악 등을 통한 도덕적 습관 형성 　- 지력 교육(이성 교육): 심리학, 철학 등을 통한 이성적 훈련
교육 방법	귀납법, 3단계 교육
교육적 의의	자유교육(인문교육) 강조

02 근대 교육 사상

1 중세의 교육

구분	내용
기독교 교육	• 주정주의, 금욕주의, 내세주의, 순종주의의 교육 사상 • 문답 학교, 고급문답 학교, 본산 학교, 수도원 학교
스콜라 철학	기독교 신앙의 정당성을 입증하기 위한 이성의 계발과 기독교 지식의 체계화
세속 교육 [10 중등]	기사 교육, 대학, 시민 교육(도제 교육)

2 문예부흥기의 교육(인문주의 교육)

구분	내용
개인적 인문주의	개인 중심의 인문주의로, 그리스의 자유 교육을 바탕으로 자유인과 교양인 양성 추구
사회적 인문주의	사회 개혁적 성격의 인문주의로, 종교 교육과 도덕 교육을 통한 사회 공동체의 개혁 추구
키케로주의 [05 중등]	고대 언어와 문학의 형식을 강조한 편협하고 형식적인 언어 중심의 교육

3 종교개혁기의 교육

구분	내용
구교	정신적 구원과 도덕적 개선의 종교적 도덕주의에 따라 도덕적으로 무장한 인재 양성 추구
신교	내세의 영광된 생활을 위한 준비로서 가치로운 현재 생활의 추구와 공교육의 강조

4 실학주의 [04 중등, 09 중등, 12 중등, 13 중등]

구분	내용
인문적 실학주의	고전의 과학적·역사적·사회적 정보 습득 추구
사회적 실학주의	사회 생활의 구체적인 경험을 통한 교양 있는 신사(Gentleman) 양성 추구
감각적 실학주의 [05 중등]	인간에 대한 과학적 탐구를 강조하고, 과학적 방법론을 통한 과학적 지식의 습득 추구 예) 코메니우스(Comenius) [02 중등]

CHAPTER 2 서양 교육사

출제 Point

2008학년도 중등 객관식 2번
고대 아리스토텔레스(Aristoteles)의 교육론과 근대 로크(Locke)의 교육론에서 찾을 수 있는 공통점
① 체육, 덕육, 지육의 통합적인 교육을 주장한다.
③ 인간은 정치적(사회적) 존재라는 것을 전제로 한다.
④ 학습뿐만 아니라 훈련과 습관의 중요성도 함께 강조한다.

2007학년도 중등 객관식 5번
루소(Rousseau)의 교육관에서 강조되는 사항

> ㄱ. 발달 단계론
> ㄴ. 고상한 야인(Noble Savage)
> ㄷ. 소극교육론
> ㅁ. 남녀별학(男女別學)

2006학년도 중등 객관식 48번
서양 교육에서 전체주의 교육과 대비되는 인간 중심주의 교육의 성격을 지닌 것
③ 자연주의 교육

2004학년도 중등 객관식 34번
루소(Rousseau)의 『에밀』

> 창조주의 손에서 나올 때 만물은 선하나 인간의 손에 들어오면서 만물은 타락하기 시작한다. 인간은 무엇 하나 원래의 자연 상태 그대로 놓아두는 것을 좋아하지 않는다. 우리 인간은 연약한 상태에서 태어난다. 그러므로 강한 인간이 되기 위해 그리고 태어날 때에 가지지 못한 능력을 갖추기 위해 교육을 필요로 한다. 우리는 세 종류의 교사를 통해 교육을 받는다. 세 교사의 가르침이 일치하고 같은 목표를 향하여 나아갈 때에 사람은 올바른 인간이 될 수 있다. 그런데 자연의 교육은 전혀 우리가 어떻게 할 수 있는 것이 아니다. 사물의 교육은 몇 가지 점에서만 우리가 어떻게 할 수 있다. 인간의 교육만이 우리가 마음대로 할 수 있는 교육이기는 하지만 그것도 그렇게 마음대로 할 수 있는 것은 아니다.

5 계몽주의 [11 중등]

(1) 로크(Locke) [08 중등]

구분	내용
교육 사상	• 백지설(Tabula Rasa): 인간의 타고난 마음은 흰 종이와 같아 원하는 모양대로 만들어낼 수 있음 • 경험론: 모든 관념과 지식은 감각적 경험과 내적 성찰에 의해 획득됨(교육만능설)
교육 목적	신사의 양성
교육 내용	• 체육: 신체의 건강을 전제로 인간의 정신이 형성됨 • 덕육: 욕망을 억제하고 이성에 따라 행동할 수 있는 능력을 기르는 것으로, 절제·금기·엄격한 훈련의 필요성 강조 • 지육: 덕을 쌓고 사고하는 습관을 기르기 위한 수단
교육 방법	연습을 통한 지적 능력의 도야(형식도야설)
교육적 의의	학교 교육의 부정, 부모에 의한 가정 교육 강조

(2) 루소(Rousseau) [04 중등, 06 중등, 07 중등]

구분	내용
교육 사상	성선설, 자연주의, 합리주의
교육 목적	• 개인의 자연적 본성 보전 • 사회적 제약에서 벗어나 자신의 삶을 살아가는 자연인의 육성(고상한 야인)
교육 내용	발달 단계에 따른 교육 • 유아기: 신체 단련 • 아동기: 감각 교육 • 소년기: 지식 교육 • 청년기: 도덕·종교 교육
교육 방법	아동의 자발적 성장을 도와주는 소극적 교육(자연에 의한 교육) 합자연의 원리에 의한 교육 - 자연에 의한 교육: 자연적으로 타고난 능력의 자발적 성숙 - 인간에 의한 교육: 자연적 능력을 신장시키기 위한 교사의 노력과 방법 - 사물에 의한 교육: 직접적인 경험과 환경을 통한 교육
교육적 의의	아동 중심 교육, 여성 교육 반대(남녀별학)

6 신인문주의

(1) 페스탈로치(Pestalozzi) [06 중등]

구분	내용
교육 사상	루소(Rousseau)의 교육관 계승(인간성 계발)
교육 목적	• 인간의 모든 능력, 3H(Head, Heart, Hand)의 조화로운 계발 　– 머리(Head): 지적 능력 　– 가슴(Heart): 도덕적 능력 　– 손(Hand): 신체적 능력 • 인간성 계발을 통한 사회 개혁
교육 내용	• 수(數): 수학 및 논리 능력 • 형(形): 도형 및 공간 능력 • 어(語): 언어 및 표현 능력
교육 방법	• 자발성의 원리: 아동의 내재적 소질을 스스로 발전시킬 수 있도록 도와야 한다는 원리 • 조화의 원리: 지적 능력, 신체적 능력, 도덕적 능력의 조화로운 발달을 추구해야 한다는 원리(도덕적 능력 중심) • 방법의 원리: 인간성 발달 과정에 적합한 최적의 방법에 따라 교육해야 한다는 원리 • 직관의 원리: 아동의 직접적인 경험과 체험을 추구해야 한다는 원리 • 사회의 원리: 사회 생활과 사회적 관계의 힘을 교육에 활용해야 한다는 원리
교육적 의의	전인 교육과 노작 교육 강조

(2) 헤르바르트(Herbart) [10 중등]

구분	내용
교육 사상	표상심리학 • 인간의 마음을 표상의 결합체로 보고, 표상이 인간의 인식 구조에 어떻게 결합되는지를 설명하는 심리학 • 표상은 우리의 영혼 속에 들어와 있는 사물이나 사건에 대한 영상 또는 이미지를 의미함 • 새로운 표상이 기존의 표상과 결합할 때 이를 통각이라 하고, 통각은 학습을 의미함
교육 목적	도덕성 함양 • 내면적 자유: 도덕적 행위를 결정하는 개인의 의지가 자유라고 생각하는 것 • 완전성(완벽성): 의지를 통해 행동이 실천될 수 있도록 강력, 충실, 조화의 세 조건을 구비하는 것 • 선의지(호의): 다른 사람의 행복을 자신의 의지 대상으로 삼는 것 • 권리: 다른 사람의 의지를 나의 의지와 동등하게 존중하는 것 • 형평(공정성): 자신이 행한 선과 악에 따라 응분의 보상 또는 대가를 받아야 한다고 생각하는 것

출제 Point

2006학년도 중등 객관식 49번
- 아동의 흥미와 노력을 중시한다.
- 교육 방법은 직관의 원리에 따른다.
- 아동을 성인의 축소판으로 보지 않는다.
- 교육 목적을 지식·도덕·기능의 조화로운 발달에 둔다.

① 페스탈로치(Pestalozzi)

2010학년도 중등 객관식 1번
김 교사의 교수 행위를 헤르바르트(Herbart)의 '교수 단계론'에 따라 순서대로 배열

ㄷ. '시의 구조' 개념과 관련된 내용 요소를 세분하여 학생들에게 명료하게 설명하였다.
ㄱ. '시(詩)의 구조'를 학생들이 이미 배운 시에 관한 지식과 관련지어 설명하였다.
ㄹ. '시의 구조'를 구성하고 있는 지식들 사이에 체계적인 질서가 있음을 설명하였다.
ㄴ. 이번 시간에 배운 '시의 구조' 개념을 새로운 시에 적용하여 해석할 수 있도록 설명하였다.

CHAPTER 2 서양 교육사

교육 내용	다면적 흥미 강조
	• 흥미의 개념: 사물에 주의를 기울이게 함으로써 사물의 표상이 의식 속에 두드러지게 나타날 수 있도록 하는 것
	   - 원초적 주의: 강한 자극에 무의식적으로 주의를 기울이게 되는 것
	   - 통각적 주의: 특정 대상에 선택적으로 주의를 기울이는 것
	• 흥미의 종류
	   - 지적인 흥미: 자연물의 대한 지식과 관련된 흥미로, 물리적 세계와의 접촉을 통하여 획득(경험적 흥미, 사변적 흥미, 심미적 흥미)
	   - 윤리적 흥미: 마음에 대한 공감과 관련된 흥미로, 다른 사람과의 사회적 교섭을 통하여 획득(공감적 흥미, 사회적 흥미, 종교적 흥미)
	• 흥미의 형성 조건
	   - 전심: 마음이 하나의 대상에 집중하여 개념을 명확히 파악하는 것
	   - 치사: 전심의 과정을 통하여 파악한 대상을 다른 관념들과 비교하면서 조정하고 관계를 맺는 것

교육 방법	• 관리: 교수의 전 단계로, 맹목적 욕망과 충동을 억제하여 일정한 질서를 유지하기 위한 교육 방법
	   - 소극적 방법: 위협, 벌
	   - 적극적 방법: 권위, 사랑
	• 교수: 교육 목적 달성을 위한 최선의 방법
	   - 명료화: 학습해야 할 주제를 명료하게 제시함
	   - 연합: 새로운 주제를 이미 알고 있는 것들과 관련지어 해석하고 이해할 수 있도록 함
	   - 체계: 새롭게 배운 내용을 기존의 지식 체계 내에서 자리 잡도록 함
	   - 방법: 새롭게 배운 내용을 활용하여 새로운 문제에 적용함
	• 훈련(훈육): 교재를 매개로 하지 않고, 직접적으로 아동의 도덕적 품성을 도야하는 방법
	예 교사의 모범

실전 적용

개념을 현장에 적용한 사례 살펴보기
463p

학교 안 노작 교육

노작 교육은 일의 교육적 가치를 가르치는 교육으로, 학생들의 자발적·능동적 정신과 신체 작업을 중심 원리로 삼는 교육 활동이다. 실제 학교에서는 텃밭 가꾸기, 공작소 설치 등의 활동을 통해 노작 교육을 실천하고자 노력하고 있다. 학교에서 실천하고 싶은 노작 교육 활동과 해당 활동을 통해 학생들에게 제공할 수 있는 교육적 가치를 생각해 보자.

CHAPTER 3 교육철학

01 교육철학의 이해

1 교육철학의 영역 [05 중등]

구분	내용
존재론 (형이상학)	존재의 본질, 궁극적인 실재에 대한 탐구(참으로 실재하는 것은 무엇인가?)
인식론	지식의 근거, 본질, 구조, 방법에 대한 탐구(참된 앎은 무엇인가?)
가치론	가치의 본질에 대한 탐구(무엇이 선(善)이고 미(美)인가?)

2 교육철학의 기능 [04 중등]

구분	내용
분석적 기능	교육과 관련된 언어의 개념과 논리적 근거를 고찰하는 기능
평가적 기능	평가 기준에 입각하여 교육 이론에 대한 수용 여부를 판단하는 기능
사변적 기능	다양한 교육의 문제를 해결하기 위해 새로운 이론, 원리 등을 창출하여 제언하는 기능
종합적 기능	교육에 관한 다양한 이론이나 관점을 종합적으로 이해하는 기능

3 교육의 개념과 목적

(1) 피터스(Peters)의 교육 개념 [08 중등]

① 교육의 정의
- 미성숙한 아동을 인간다운 삶의 형식 안으로 입문시키는 과정(성년식)
- 교육의 개념 안에 붙박여 있는 가치를 도덕적으로 온당한 방법에 의해 의도적으로 전달하는 행위

② 교육의 준거

구분	내용
규범적 준거 (교육 목적)	교육 목적과 관련된 것으로, 교육은 내재적 가치를 추구하는 활동이어야 함
인지적 준거 (교육 내용)	규범적 준거의 내용을 구체화한 것으로, 교육은 지식, 이해, 인지적 안목(지식의 형식)을 포함해야 함
과정적 준거 (교육 방법)	규범적 준거의 실현 방법을 제시한 것으로, 교육은 학습자의 최소한의 의식과 자발성을 전제하여 이루어져야 하고, 아동의 흥미와 이익을 고려해야 함

출제 Point

2005학년도 중등 객관식 4번
A와 B 두 교사의 철학적 관심 영역

> A교사: 나는 지식의 전달자로서 지식의 속성, 진리의 요건, 인간이 지식을 획득하는 과정에 대해 관심이 있다.
> B교사: 나는 인성을 지도하는 사람으로서 선악에 관한 인간의 인식과 선악을 구분하는 기준에 대해 관심이 있다.

③ A교사: 인식론, B교사: 가치론

2004학년도 중등 객관식 40번
적용된 철학적 탐구 방법

> '똑똑하다'는 말은 여러 가지 의미로 사용될 수 있다. 이 말은 경우에 따라서 학교 성적이 우수하다는 뜻으로, 실생활에서 부딪히는 문제를 잘 처리한다는 뜻으로 사용될 수 있다. 심지어는 영악하다는 뜻으로도 사용될 수 있다. 그러므로 '똑똑하다'는 말을 들었을 때에 우리는 그 말이 어떤 뜻으로 사용되는 것인가 하는 의문을 가질 수 있으며, 똑똑하다는 것은 과연 무엇인가 하는 의문을 가질 수도 있다. 나아가 우리는 '똑똑하다'는 말이 '영리하다', '뛰어나다'라는 것과 같은 유사한 다른 말과 의미상의 차이는 무엇인지 궁금해 할 수 있다.

① 분석적 방법

2008학년도 중등 객관식 11번
피터스(Peters)가 제시한 교과의 '선험적 정당화(Transcendental Justification)'에 관한 설명

② 교과를 배우지 않은 사람은 정당화 문제를 제기할 수 없다.
③ 공적 전통에의 입문이라는 개념과 밀접한 관련을 맺게 된다.
④ 교과의 정당화를 요청한 사람에게 요청의 논리적 가정을 밝혀준다.

CHAPTER 3 교육철학

출제 Point

2015학년도 중등 논술
자유교육 관점에서의 교육 목적 논술

2004학년도 중등 객관식 3번
'슬기'가 교육 내용에 부여하는 가치

> 슬기: 아니. 우리가 왜 학교에서 이런 내용을 배우는지 모르겠어. 대학 입학에 필요하기는 하지만 실생활에는 별 쓸모가 없지 않아? 공부 잘 한다고 꼭 부자가 되는 것도 아니고 말이야.

② 외재적 가치

2004학년도 중등 객관식 35번
교육의 내재적 목적에 대한 설명
② 지식 교육을 통한 합리적 마음의 계발 강조

(2) **교육의 목적** [04 중등, 13 중등, 15 중등(論)]

구분	내용
내재적 목적	교육의 개념 혹은 활동 그 자체에 담겨 있는 목적
외재적 목적	교육 그 자체가 목적이 아닌, 다른 활동의 목적을 위한 수단으로 사용되는 것

4 지식의 종류

구분	내용
명제적 지식	'~라는 것을 안다.'와 같이 어떤 명제가 참(眞)임을 아는 지식 • 사실적 지식: 사실이나 현상을 기술하거나 설명하는 지식 • 논리적 지식: 문장을 구성하는 요소 간의 의미상 관계를 나타내는 지식 • 규범적 지식: 평가적 언어를 포함하는 진술로 구성된 지식
방법적 지식	'~을 할 줄 안다.'와 같이 어떤 과제의 절차와 방법에 대한 지식

02 전통 철학과 교육

1 관념론(이상주의)과 실재론(현실주의)

구분		관념론(이상주의)	실재론(현실주의)
개념		관념, 정신, 이성, 이념 등을 우주의 본질적 실재라고 주장하는 철학적 이론	관념론(이상주의)과 대립하는 철학 사조로, 물질을 우주의 본질적 실재로 보는 철학적 이론
교육 원리	교육 목적	• 개인의 완성과 이상 사회 실현 • 정신적 · 절대적 가치의 추구	이상적 생활
	교육 내용	논리학, 형이상학, 미술, 문학 등 정신적 · 이성적 교과(인격 교육, 도덕 교육, 정신 교육)	수학, 자연 과학 등의 과학적 지식
	교육 방법	교사 중심의 교육	관찰, 실험 등의 과학적 방법
	교사관	도덕적 · 문화적 가치의 모범	보편적 지식을 지닌 교육 전문가
	아동관	가치와 개성을 지닌 존재	지성 확장의 자질을 충분히 지닌 존재
한계		• 현대의 과학적 세계관과 동떨어짐 • 산업 사회의 요구에 따른 직업 교육과 기술 교육에 소홀함	• 교사 중심의 주입식 교육 • 보수적 · 전통적 지식의 전달 • 개인차 및 개성 무시

2 프래그머티즘(실용주의)

(1) 개념

경험과 변화를 유일한 실재로 보고, 객관적 · 보편적 실재는 존재하지 않는다고 주장하는 철학적 이론

(2) 교육 원리

구분	내용
교육 내용	현재의 생활(생활 중심 교육)
교육 방법	경험을 통한 지식 획득(경험 중심 교육)
교사관	아동의 학습 활동을 안내하고 조력하는 역할
아동관	수용력과 잠재력을 가진 발전적 성장체(가소성을 지닌 존재)

(3) 한계

① 기본적인 가치와 지식을 등한시함
② 사회에 대하여 지나치게 낙관적인 입장

CHAPTER 3 교육철학

03 현대 고전적 교육철학과 교육

1 진보주의 [05 중등]

(1) 개념

실용주의(프래그머티즘)에 근거한 교육 개혁 운동으로, 아동의 흥미, 욕구, 경험을 존중하는 교육철학

(2) 듀이(Dewey) [03 중등, 10 중등]

① 인간관
- 충동: 생득적·본능적 욕구
- 습관: 환경과의 상호 작용을 통해 획득한 효율적 행동 방식
- 지성: 반성적 사고 능력

② 교육관

구분	내용
경험의 원리	경험과 반성적 사고를 통해 획득한 새로운 지식이 기존의 경험과 결합하여 재구성되는 과정을 성장으로 봄
지성의 원리	지성은 태어날 때부터 본능적으로 타고나는 것으로, 반성적 사고의 계속적 과정을 통해 미성숙한 아동이 스스로 성장하도록 유도함
성장의 원리	아동을 성장 가능성의 미숙성과 자신을 변화시킬 수 있는 가소성을 지닌 존재로 봄
탐구의 원리	문제를 해결하기 위해 가설을 세우고, 자료를 수집하여 가설을 검증함으로써 결론을 이끌어 내는 과정의 탐구를 강조함(문제 해결 학습)
흥미의 원리	흥미란 거리가 있는 두 사물을 연결하는 것으로, 목표 달성의 수단이 되므로 학습은 아동의 흥미와 관련되어야 함

(3) 교육 원리

구분	내용
교육 목적	현실 생활에 적응 가능한 전인적 인간 양성
교육 내용	아동의 발달 단계에 따른 현실 생활의 경험(아동의 욕구와 흥미 반영)
교육 방법	문제 해결 학습, 프로젝트법(구안법)

출제 Point

2005학년도 중등 객관식 1번
진보주의 교육관을 가진 교사

A: 교육의 출발점은 아동이어야 한다. 따라서 모든 교육 활동은 아동의 필요와 흥미를 중심으로 이루어져야 한다.

2010학년도 중등 객관식 4번
듀이(Dewey)의 『민주주의와 교육』의 내용

흥미는 어원적으로 볼 때 '사이에 있는 것', 즉 거리가 있는 두 사물을 관련짓는 것을 뜻한다. 교육의 경우에, 두 사물 사이의 메워야 할 거리는 시간적인 것으로 생각할 수 있다. 어떤 것이 발달하는 데 시간이 걸린다는 것은 너무도 자명하다. 그래서 성장에는 시작 단계가 있고 완성 단계가 있으며 그 사이에 밟아야 할 과정, 즉 중간 과정이 있다. 학습의 경우에, 학생이 현재 갖고 있는 능력과 성향이 학습의 출발 단계가 되며, 교사는 최종적으로 도달하게 될 교육 목표를 설정한다. 이 두 가지 사이에 있는 흥미가 바로 수단(Means)인데, 그것은 학생이 어떤 사물에 몰입하는 상태이다. 이 수단을 통해서만 애초에 시작한 교육 활동이 만족스러운 최종 결과에 도달하게 된다.

2003학년도 중등 객관식 10번
듀이(Dewey)의 교육관
① 교육은 삶의 본질인 성장(成長)과 동일하며, 교육 그 자체 이외의 다른 목적을 가지지 않는다.

합격선배 Tip

루소는 자연주의의 대표 학자이고, 듀이는 자연주의의 전통을 계승한 진보주의의 대표 학자이다. 자연성(천성)을 따르는 교육을 주장한 루소는 아동의흥미에 따라 교육해야 한다고 주장했고, 이는 듀이의 주장과 일치한다. 흔히 루소가 씨를 뿌리고, 듀이가 꽃을 피웠다고 이야기하기도 한다.

2 본질주의 [02 중등, 06 중등]

(1) 개념

교육을 통해 문화를 구성하는 가장 본질적인 것을 다음 세대에 계승함으로써 역사를 전진시키는 원동력을 길러내고자 하는 교육철학

(2) 교육 원리

구분	내용
교육 목적	문화유산의 전달과 미래 생활 준비로서의 교육
교육 내용	본질적인 문화유산 • 초기: 기초 지식(3R's), 인문 과학(교과 중심 교육과정) • 후기: 자연 과학(학문 중심 교육과정)
교육 방법	훈련과 노력 강조 • 초기: 교사 중심 수업(강의법) • 후기: 아동 중심 수업(발견 학습, 탐구 학습)
교사관	교육의 주도권을 가진 존재(주입식 수업)

(3) 한계

① 사회 과학 경시
② 아동의 자발적 참여 의식 약화
③ 종교적 감각 도야의 결여(항존주의 관점에서의 비판)
④ 사회 혁신에 대한 전망의 미흡(재건주의 관점에서의 비판)

3 항존주의

(1) 개념

영원불변의 절대적 진리를 통해 인간의 이성을 계발하고자 하는 교육철학

(2) 교육 원리

구분	내용
교육 목적	이성의 도야를 통한 인간성(도덕성) 회복
교육 내용	고전·일반 교양 교육(교과 중심 교육과정, 아들러의 파이데이아 제안)
교육 방법	모든 사람에게 동일한 목표와 교육과정의 교사 중심 수업
교사관	교육의 주도권을 가진 존재

(3) 한계

① 지식 위주의 교육
② 전인 교육의 소홀
③ 학생의 개성과 욕구 무시

출제 Point

2006학년도 중등 객관식 50번
본질주의 교육관을 가진 교사

최 교사는 민족적 경험이 엄선되어 체계화되었다고 생각하는 교재를 사용하여 교사 중심의 수업을 실시한다. 그리고 수업의 주안점을 학생의 미래 준비를 위한 훈련에 둔다.

2002학년도 중등 객관식 1번
본질주의 교육관을 가진 교사

• 배우는 일은 본래 쉽지 않기 때문에 열심히 노력해야 한다.
• 교사가 이끄는 대로 배우는 것이 중요하다.
• 반복 학습과 암기가 매우 중요하다.
• 교과 및 교재의 논리적 체계에 따라 가르쳐야 한다.

CHAPTER 3 교육철학

4 재건주의

(1) 개념
사회·문화적 위기를 교육을 통한 사회 개조와 이상적 문화 건설로 극복하고자 하는 교육철학

(2) 교육 원리

구분	내용
교육 목적	사회적 자아실현
교육 내용	인간의 경험과 문화유산
교육 방법	집단 활동, 토의법

(3) 한계
① 미래 사회를 세울 가치관에 대한 합의 결여
② 행동 과학의 지나친 강조
③ 민주적 방식에 대한 지나친 기대
④ 교사의 역할에 대하여 지나치게 낙관적인 태도

04 현대 비판적 교육철학과 교육 [09 중등]

1 실존주의 [02 중등, 12 중등]

(1) 개념

현대 문명의 비인간화에 대한 반항으로 등장하여 주체적 존재로서의 인간의 실존과 구조를 밝히고자 하는 교육철학

(2) 교육 원리

구분	내용
교육 목적	개인의 선택과 판단에 의해 행동하고, 이를 책임질 수 있는 자아실현적 인간 형성(전인 교육)
교육 내용	• 학생의 개성과 주체성을 존중하는 학습자 중심의 교육과정 • 죽음, 좌절, 공포, 갈등과 같은 삶의 어두운 측면을 다룸
교육 방법	• 교사와 학생 간의 인격적 만남을 통한 대화 · 참여 • 위기, 각성, 충고, 상담, 모험과 같은 비연속 요소에 의한 성장
교사관	학생의 개성에 맞는 적절한 만남을 예비하는 존재

2 분석철학 [04 중등]

(1) 개념

사고의 명료화를 위해 교육의 개념이나 의미를 분석하여 논리적 관계를 밝히고자 하는 교육철학

(2) 한계

① 교육의 이념이나 목표 정립에 소홀함
② 바람직한 세계관이나 윤리관 확립에 도움을 주지 못함
③ 체험적, 가치 판단적, 사회 · 역사적 요소의 배제로 인간 경험의 실제적 측면 무시

3 비판 이론 [08 중등, 11 중등]

(1) 개념

인간의 자유로운 의식 형성을 억압하고 왜곡시키는 사회적 · 경제적 · 정치적 요인을 분석 · 비판하고, 이러한 억압으로부터 벗어난 자유롭고 합리적인 인간과 사회의 해방을 추구하는 교육철학

+ 출제 Point

2009학년도 중등 객관식 3번
현대 교육철학의 특징에 관한 설명
① 분석적 교육철학은 교육의 주요 개념 및 용어에 대한 철학적 분석을 강조한다.
③ 포스트모더니즘 교육철학은 진리의 상대성을 주장하며, 다원주의적 입장에 서 있다.
⑤ 비판적 교육철학은 현대 사회의 학교 교육에서 나타나는 교육의 불평등과 부정의(不正義)를 드러내는 데 관심이 있다.

2012학년도 중등 객관식 3번
교육관이 기초하고 있는 현대 교육철학 사조

• 학생 개인의 독자적인 삶과 자유를 존중한다.
• 추상적이고 보편적인 인간을 지향하는 교육 목표를 비판한다.
• 관념적인 지식 위주 교육을 비판하고 학생 스스로 각성하여 자아를 발견하는 것을 중시한다.
• 철저한 신념과 확신으로 뭉친 책임감을 지닌 실천가와 개성을 가진 인간을 양성하는 것을 추구한다.

③ 실존주의

2002학년도 중등 객관식 6번
교육 현상을 보는 여러 철학적 관점에 대한 설명
④ 실존주의적 관점은 인간을 자유로운 존재로 고찰한다.

2004학년도 중등 객관식 31번
20세기 후반에 유행했던 서양의 교육철학 사조에 대한 설명
④ 분석주의 교육철학은 교육철학의 학문적 객관성을 추구하였다.

2011학년도 중등 객관식 7번
공통적으로 영향을 끼친 현대철학 사조

• 특정 사회의 정치 · 경제 구조가 교육에 미치는 영향에 관한 분석
• 교육에서 발생하는 억압 관계와 인간 소외 문제를 개선하는 방안 마련
• 교육의 과정에서 왜곡된 의사소통을 합리적인 의사소통으로 전환시키려는 시도
• 교육 이념의 사회적 발생 조건을 학문적으로 밝히고 그 잘못된 영향을 드러내려는 시도

② 비판 이론

CHAPTER 3 교육철학

출제 Point

2008학년도 중등 객관식 4번
- 철학은 사변적인 학문인 동시에 실천적인 학문이다.
- 철학의 핵심 과제는 인식과 행위의 가능성과 한계를 엄격하게 따지는 것이다.
- 교육철학은 교육 이론과 교육 실천에 숨어 있는 이데올로기적 전제를 드러냄으로써 교육의 자율성을 추구한다.

① 비판적 교육철학

2007학년도 중등 객관식 8번
포스트모더니즘(Postmodernism)의 주요한 특징
ㄱ. 다원주의
ㄴ. 반정초주의(Anti-foundationalism)
ㄹ. 소서사(Little Narrative)의 정당화

2005학년도 중등 객관식 12번
포스트모더니즘(Postmodernism) 교육과정 이론에 가장 부합되는 교사의 활동
③ 수업 시간에 문화적 다원주의 또는 상대주의를 강조한다.

2003학년도 중등 객관식 11번
포스트모더니즘(Postmodernism)의 입장
③ 보편적 지식의 전달보다 국지적 지식의 이해를 더 중시한다.

(2) 교육 원리

구분	내용
교육 목적	자율적이고 의식화된 인간의 육성을 통한 이상 사회 건설
교육 내용	정치 교육, 인문 교육, 여성 해방 교육, 사회 과학 교육, 이상 사회 구상
교육 방법	학교와 사회의 관계 회복, 학습자의 교육 주체성 존중, 갈등 현장 견학 등

(3) 교육 사상가

① 하버마스(Habermas)의 합리적 의사소통론
- 교육 목적: 이성에 의한 합리적 사회 건설
- 교육 방법: 합리성을 갖춘 의사소통(정보 공유, 인격 존중, 대등한 관계의 토론)

② 프레이리(Freire)의 문제제기식 교육

4 포스트모더니즘 [03 중등, 05 중등, 07 중등]

(1) 개념

모더니즘을 극복하기 위한 사회·문화·예술의 총체적 운동으로, 20세기 이후 탈산업 사회의 특징을 대변하는 문화 논리

(2) 특징

① 반합리주의(반이성주의): 인간의 이성 혹은 합리성의 절대성을 거부하고, 개인의 감정과 정서를 중요시함
② 상대적 인식론: 진리의 보편타당성을 부정하고, 모든 인식 활동은 상대적 관점에서 이루어진다고 주장하며, 지식은 상대적으로 달라진다는 반정초주의를 표방함
③ 유희적 행복감의 향유: 이성적이거나 합리적인 것의 추구를 위해 번민하는 것보다 유희나 감정을 즐기며 행복을 누리는 것이 바람직함
④ 소서사에 대한 관심: 대서사를 거부하고, 여성 문제, 인종 문제, 빈민 문제 등의 소서사에 관심을 가짐

(3) 교육 원리

구분	내용
교육 목적	다양한 교육 목표 추구
교육 내용	다양한 관심과 가치가 반영된 교육과정(영 교육과정)
교육 방법	토론, 협동 학습, 탐구 학습, 창의적 문제 해결 학습
아동관	학습 내용을 재해석하고 재창조하는 능동적·주체적 존재
교사관	교육의 주도권을 가진 존재

개념을 현장에 적용한 사례 살펴보기

실전 적용

468p

마을공동체와의 협력

진보주의 교육을 주장한 올센(Olsen)은 지역 사회 학교를 통해 지역 사회 네트워크 및 콘텐츠를 활용한 학교 중심 교육의 필요성을 강조하였다. 최근 교육 현장에서는 마을 결합형 교육 활동의 확산을 위해 교육청과 지방 자치 단체가 함께 노력하고 있다. 자신이 속한 지역의 인적·물적 자원을 활용하여 시행할 수 있는 마을공동체 교육 활동에 대해 생각해 보자.

확인편 | O/X로 출제 이론 Check!

CHAPTER 1 | 한국 교육사

고구려의 교육 ▶ 태학, 경당
백제의 교육 ▶ 오경박사, 전업박사
신라의 교육 ▶ 화랑도 교육
통일 신라의 교육 ▶ 국학, 독서삼품과
고려시대의 교육 ▶ 관학(국자감, 동서학당, 향교), 사학(12도, 서당), 과거 제도
조선시대의 교육 ▶ 관학(성균관, 학당, 향교), 사학(서원, 서당), 과거 제도, 성리학, 실학

668 다음 사료에서 설명하는 학교는 태학이다. [01 초등 21번] O | X

> 일반 민중이 독서를 좋아하여 가난한 서민들까지도 각기 네거리마다 큰 집을 짓고…… 미혼 자제들이 밤낮으로 여기 모여 글 읽기와 활쏘기를 익힌다. (俗愛讀書 至於衡門養之家 各於 街衢造大屋 …… 子弟未婚之前 晝夜於此讀書習射)
> 　　　　　　　　　　　　　　　　　　　　　　　　　　　　　－舊唐書 東夷 高麗條－

669 고구려의 경당에서는 송경습사 교육이 이루어졌다. [05 초등 03번] O | X

670 고구려 태학의 교재는 유교, 불교, 도교 경전으로 구성되어 있다. [05 초등 03번] O | X

671 백제는 박사 파견 등을 통해 고대 일본의 학문과 교육 발전에 영향을 주었다. O | X
[10 중등 05번]

672 화랑도 교육의 교육 목적은 평상시에는 정치 지도자, 전쟁 시에는 군사 지도자를 양성하는 데 있었다. [99 초등 09번]   ○ | ✕

673 독서삼품과에서 〈오경〉, 〈삼사〉, 〈제자백가서〉에 두루 능통한 경우에는 특별히 발탁하여 등용하였다. [08 초등 27번]   ○ | ✕

674 통일 신라시대에 국학이 설립되자 박사와 조교가 교육을 담당하여 15세부터 30세까지의 학생을 대상으로 유학 경전 등을 가르쳤다. [09 초등 24번]   ○ | ✕

675 향교, 서원, 12도는 오늘날의 사학에 해당한다. [94 중등 02번]   ○ | ✕

676 고려시대의 국자감은 관리의 양성을 목적으로 하였다. [93 초등 13번]   ○ | ✕

Answer 668. ✕ 669. ○ 670. ✕ 671. ○ 672. ○ 673. ○ 674. ○ 675. ✕ 676. ○

정답 및 해설 514p

677 고려의 국자감 입학에는 부모의 신분에 따른 차별이 존재하지 않았다. [00 초등보수 38번] ○ | ×

678 고려시대에는 조선시대의 서당과 유사한 초학자용 교육 시설이 존재하였다.
[03 중등 01번] ○ | ×

679 조선시대 16세기 사림파 선비를 대표하는 이황, 조식, 이이는 위인지학을 위기지학보다 중시하였다. [12 중등 05번] ○ | ×

680 서당은 기초 교육을 담당하였으며, 학습자의 흥미와 학습 지도의 개인차를 존중하였다. [95 중등 11번] ○ | ×

681 공부의 목적을 위기지학과 위인지학으로 구별할 때, 위인지학은 자기 자신의 성찰만이 진정한 공부가 된다. [02 초등 04번] ○ | ×

682 조선 후기 실학 교육은 민족 주체 정신과 실용·실증 정신을 중시하였다. [01 중등 41번] ○ | ×

CHAPTER 2 | 서양 교육사

고대 교육 사상 ▶ 소피스트, 소크라테스, 플라톤, 아리스토텔레스
중세의 교육 ▶ 기독교 교육, 스콜라 철학, 세속 교육
문예부흥기의 교육 ▶ 개인적 인문주의, 사회적 인문주의, 키케로주의
종교개혁기의 교육 ▶ 구교, 신교
실학주의 ▶ 인문적 실학주의, 사회적 실학주의, 감각적 실학주의
계몽주의 ▶ 로크, 루소
신인문주의 ▶ 페스탈로치, 헤르바르트

683 소크라테스의 산파술에 들어 있는 지식 교육에서는 학습자가 지식을 회상해 내도록 교사가 탐구의 과정을 안내하고 필요한 조력을 제공해야 된다. [06 초등 26번] ○ | ×

684 소크라테스는 일방적인 지식 전수 대신에 문답법을 사용하였으며, 학습자를 탐구하는 능력을 지닌 존재로 보았다. [08 중등 01번] ○ | ×

685 플라톤의 『국가론』에 제시된 교육 체제에서는 모든 계층의 사람에게 교육을 실시한다. [00 초등 05번] ○ | ×

Answer 677. × 678. ○ 679. × 680. × 681. × 682. ○ 683. ○ 684. ○ 685. ×

정답 및 해설 514p

686 플라톤의 교육 사상에 따르면 학문을 탐구하는 목적은 변화의 모습을 파악하는 데 있다. [04 중등 32번]   ○ | ×

687 아리스토텔레스는 본성, 습관, 이성이 함께 해야 교육이 가능하다고 보았다.   ○ | ×
[02 중등 08번]

688 이소크라테스는 공공의 선과 행복에 기여하는 훌륭한 웅변가를 양성하는 데 주요 목적을 두었다. [13 중등 04번]   ○ | ×

689 소크라테스는 선의 실천이 선행되어야 선의 본질을 이해할 수 있다고 주장하였다.   ○ | ×
[08 초등 31번]

690 아리스토텔레스는 최고선으로서의 행복을 추구하기 위해 지성적 삶과 습관 형성을 중시하였다. [12 중등 01번]   ○ | ×

691 서양 중세의 대학은 학생과 교사의 동업 조합(guild)을 모태로 하여 성립되었다. ○ | ×

[07 영양 29번]

692 르네상스 시기의 인문주의 교육은 자유교육을 통하여 완전한 인간과 선량한 시민을 길러내고자 하였다. [11 초등 31번] ○ | ×

693 르네상스 시기 키케로의 문체를 작문의 유일한 표본으로 삼은 사람들은 언어적 형식주의에 빠져있다는 비판을 받았다. [11 초등 31번] ○ | ×

694 르네상스 시대의 인문주의 교육은 고대의 자유교육을 복원시켰다. [00 중등 51번] ○ | ×

695 종교개혁으로 인한 유럽의 교육 변화로 의무교육 사상의 형성이 촉진되었다. ○ | ×

[05 초등 10번]

Answer 686. ×   687. ○   688. ○   689. ×   690. ○   691. ○   692. ○   693. ○   694. ○   695. ○

정답 및 해설 514~515p

696 실학주의는 감각적 경험을 올바른 지식의 획득 통로로 보았으며, 고전 공부의 목적을 인간의 삶에 대한 이해를 통하여 교육의 현실적 적합성을 추구하기 위한 것으로 보았다. [09 중등 04번]   ○ | ✕

697 실학주의는 이성에 의해 모든 것을 판단하는 합리적 인간을 이상적 인간상으로 보았다. [13 중등 01번]   ○ | ✕

698 실학주의는 구체적 사물에 대한 직접적 경험을 강조하고, 현실 생활에 대한 이해와 교육의 현실적 적합성을 중시하였다. [13 중등 01번]   ○ | ✕

699 감각적 실학주의는 여행이나 사회생활을 통한 학습을 강조하였다. [04 중등 33번]   ○ | ✕

700 18세기 서양 계몽주의 교육에서는 감정이나 종교적 계시보다 합리성을 기르는 데 초점을 두었다. [11 중등 06번]   ○ | ✕

701 루소는 아동 개인의 특성에 따라 교육 방법을 달리할 것을 주장하였다. [98 중등 04번]   ○ | ×

702 루소의 교육 사상에 따르면 교육은 자연적인 발달 순서에 맞춰 단계적으로 실행해야 한다. [01 초등 26번]   ○ | ×

703 다음 교수 행위를 헤르바르트의 '교수 단계론'에 따라 순서대로 배열하면 'ㄷ → ㄴ → ㄱ → ㄹ'이다. [10 중등 01번]   ○ | ×

> ㄱ. '시의 구조'를 학생들이 이미 배운 시에 관한 지식과 관련지어 설명하였다.
> ㄴ. 이번 시간에 배운 '시의 구조' 개념을 새로운 시에 적용하여 해석할 수 있도록 설명하였다.
> ㄷ. '시의 구조' 개념과 관련된 내용 요소를 세분화하여 학생들에게 명료하게 설명하였다.
> ㄹ. '시의 구조'를 구성하고 있는 지식들 사이에 체계적인 질서가 있음을 설명하였다.

CHAPTER 3 | 교육철학

교육철학의 영역 ▶ 존재론(형이상학), 인식론, 가치론
교육의 목적 ▶ 내재적 목적, 외재적 목적
전통 철학과 교육 ▶ 관념론(이상주의), 실재론(현실주의), 프래그머티즘(실용주의)
현대 고전적 교육철학과 교육 ▶ 진보주의, 본질주의, 항존주의, 재건주의
현대 비판적 교육철학과 교육 ▶ 실존주의, 분석철학, 비판 이론, 포스트모더니즘

704 가치론은 지식의 속성, 진리의 요건, 인간이 지식을 획득하는 과정에 대해 관심이 있다. [05 중등 04번]   ○ | ×

Answer 696. ○ 697. × 698. ○ 699. × 700. ○ 701. ○ 702. ○ 703. × 704. ×

705 가치론은 선악에 관한 인간의 인식과 선악을 구분하는 기준에 대해 관심이 있다. ○ | ×
[05 중등 04번]

706 교육의 외재적 목적이란 교육의 본질적 가치가 논리적으로 실현된 것을 가리킨다. ○ | ×
[00 중등 57번]

707 교육의 내재적 목적이란 교육의 개념 속에 함의된 교육의 가치 지향을 가리킨다. ○ | ×
[00 중등 57번]

708 교육의 내재적 목적은 교양 교육과 실용적 교육의 조화를 강조하는 것이다. [04 중등 35번] ○ | ×

709 진보주의 교육관에 따르면 모든 교육 활동은 아동의 필요와 흥미를 중심으로 이루어 ○ | ×
져야 한다. [05 중등 01번]

710 듀이의 '행함으로써 배운다(Learning by Doing)'는 말을 통해 교육은 경험을 재구성하는 것임을 알 수 있다. [01 중등 21번] ○ | ✕

711 진보주의 교육관은 자연주의 교육철학의 연장으로 볼 수 있다. [95 중등 09번] ○ | ✕

712 다음의 최 교사는 진보주의 교육관에 근거하고 있다. [06 중등 50번] ○ | ✕

> 최 교사는 민족적 경험이 엄선되어 체계화되었다고 생각하는 교재를 사용하여 교사 중심의 수업을 실시한다. 그리고 수업의 주안점을 학생의 미래 준비를 위한 훈련에 둔다.

713 본질주의는 반복 학습과 암기를 중요시하며, 교사 중심의 수업으로 교과 및 교재의 논리적 체계에 따라 가르쳐야 한다고 주장한다. [02 중등 01번] ○ | ✕

714 다음 내용과 관련된 교육 사조는 본질주의이다. [03 초등 15번] ○ | ✕

> 교사는 학생을 대화에 참여시킴으로써 학생이 스스로 사고하도록 격려한다. 교사는 학생에게 그의 견해를 묻고 다른 견해를 제시하며, 그중에서 어느 하나의 견해를 선택하도록 한다. 이를 통해 학생은 진리가 인간에게 부여되는 것이 아니라, 인간에 의해 선택되는 것임을 알게 된다. 이보다 더 중요한 것은 학생은 학습 활동의 장면에 있어서 방관자가 아니라 주인공이 된다는 것이다.

Answer 705. ○ 706. ✕ 707. ○ 708. ✕ 709. ○ 710. ○ 711. ○ 712. ✕ 713. ○ 714. ✕

정답 및 해설 515p

715 실존주의 교육에서는 '나와 너'의 인격적 만남, 인문학 및 예술 영역의 교과, 인간의 비연속적 형성 가능성 등을 강조한다. [07 중등 04번]   ○ | ×

716 분석적 교육철학은 교육의 주요 개념 및 용어에 대한 철학적 분석을 강조한다.   ○ | ×
[09 중등 03번]

717 분석철학은 교육의 가치 지향성을 충분히 고려하지 못하고, 언어의 투명성을 지나치게 신뢰한다는 비판을 받는다. [07 초등 52번]   ○ | ×

718 포스트모더니즘 교육철학은 진리의 상대성을 주장하며, 다원주의적 입장을 갖는다.   ○ | ×
[09 중등 03번]

719 포스트모더니즘은 다원주의, 보편주의, 소서사의 정당화라는 주요 특징을 갖는다.   ○ | ×
[07 중등 08번]

720 포스트모더니즘은 보편적 지식의 전달보다 국지적 지식의 이해를 더 중시한다.   ○ | ✕

[03 중등 11번]

Answer 715. ○   716. ○   717. ○   718. ○   719. ✕   720. ○

메가쌤

교육학 출제 이론 공략서
필수편 & 확인편

확인편
정답 및 해설

PART 01 교육과정
PART 02 교육행정
PART 03 교육공학 및 교육 방법
PART 04 교육평가
PART 05 교육심리
PART 06 생활지도 및 상담
PART 07 교육사회학
PART 08 교육사 및 교육철학

PART 01 교육과정

CHAPTER 1 교육과정 개발

확인편 50~57p

001 ×	002 ○	003 ×	004 ○	005 ×	006 ○
007 ×	008 ○	009 ×	010 ○	011 ○	012 ○
013 ×	014 ×	015 ○	016 ○	017 ○	018 ×
019 ○	020 ×	021 ×	022 ○	023 ×	024 ×
025 ○	026 ○	027 ○	028 ○	029 ○	030 ×
031 ×	032 ○	033 ○	034 ○	035 ×	036 ×
037 ×	038 ○	039 ○			

001
블룸은 인지적 영역 목표를 복잡성의 수준에 따라 6가지 수준으로 분류하였다.

003
크래쓰월은 정의적 영역 목표를 내면화의 수준에 따라 5가지 수준으로 분류하였다.

005
타일러가 아닌 블룸의 주장이다. 블룸은 교육 목표가 인지적, 정의적, 심동적 영역으로 구분되어야 한다고 주장하였다.

006
교육 내용의 선정 원리에는 만족의 원리(흥미의 원리), 기회의 원리, 학습 가능성의 원리, 타당성의 원리, 중요성의 원리, 사회적 유용성의 원리 등이 있다.

007
기회의 원리이다. 학습 가능성의 원리는 학생들이 학습할 수 있는 교육 내용을 선정해야 한다는 원리이다.

009
적용된 내용 조직 원리는 계열성과 계속성(수직적 연계성)이다.

011
수평적 내용 조직 원리의 통합성에 해당한다. 통합성은 교육 내용의 관련성을 바탕으로 하나의 교과나 단원으로 묶는 것을 의미한다.

012
수직적 내용 조직 원리의 계열성에 해당한다. 계열성은 학생들이 교육 내용을 배우는 순서를 의미한다.

013
교육 내용 선정·조직 준거 중 계열성과 관련이 있다. 범위는 특정한 시점에서 학생들이 배우게 될 내용의 폭과 깊이를 의미한다.

014
타일러 모형은 교육 목표의 효율적 달성을 지나치게 강조하여 교육 내용이 목표 달성을 위한 수단이 되었다는 비판을 받는다.

017
타바의 교육과정 개발 모형의 단원 개발 단계는 학생 요구 진단 → 목표 설정 → 내용 선정 → 내용 조직 → 교육 경험 선정 → 교육 경험 조직 → 평가 대상·방법·수단 결정 → 균형성과 계열성 검증의 순으로 이루어진다.

018
반응 평가 모형은 스테이크가 제안한 평가 모형이다.

020
워커는 수요자의 요구 분석이 아닌 교육과정 정책 관련 자료와 개발 참여자들의 의견을 기초로 교육 목표를 설정해야 한다고 주장하였다.

021
숙의 단계에 해당한다. 설계 단계는 숙의 단계에서 선택한 대안을 실천 가능한 것으로 구체화하는 단계이다.

022
워커의 교육과정 개발 모형은 참여자들의 의견을 수렴한 후 이를 실천하기 위한 대안을 구체화한다.

023
설계 단계에 해당한다. 숙의 단계는 다양한 대안에 대한 논쟁을 거쳐 합의의 과정에 이르는 단계이다.

024
워커의 교육과정 개발 모형은 실제적·서술적 교육과정 개발 모형에 속한다. 워커는 타일러의 모형이 합리적·처방적·절차적인 것을 비판하면서 실제 상황에서의 교육과정 개발 과정을 설명하였다.

025
강령 단계는 참여자들이 다양한 견해(강령)를 표방하는 단계로, 토대를 다지는 중요한 단계이다.

026
워커의 교육과정 개발 모형은 순서에 구애받지 않는 역동적이고 융통성 있는 모형이다.

027
파이너는 자신과 타인의 교육 경험을 분석하여 교육 상황을 이해하고 자아 성찰을 촉진하는 자서전적 방법론을 주장하였고, 심미적 관점에서의 교육과정 탐구를 강조하였다.

028
회귀 단계는 자신의 실존적 경험을 회상하면서 기억을 확장하고, 과거의 경험을 상세히 묘사하는 단계이다. 내면의 목소리에 귀를 기울이고, 자기에게 주어진 현재의 의미를 자문하는 단계는 종합 단계이다.

030
적합한 교육 목표는 문제 해결 목표이다.

031
표현적 결과는 아이즈너가 제시한 교육 목표 중 별도의 조건이나 정답이 없는 목표로, 어떤 활동을 하는 도중이나 종료 후에 얻게 되는 목표를 의미한다.

032
아이즈너는 행동 동사로 진술된 행동 목표뿐만 아니라 정의되지 않은 목표도 고려해야 한다고 주장하였다.

034
스킬벡의 교육과정 개발 모형의 프로그램 구성 단계에서는 교수·학습 활동과 수단의 설계, 적절한 연구 장면의 설계, 인사 발령과 역할 분담 등이 이루어진다.

035
워커의 교육과정 개발 모형에 대한 설명이다. 스킬벡은 교육과정 개발에서 참여를 강조하였다.

036
설명 → 해석 → 적용 → 관점 → 공감 → 자기인식의 순으로 제시하였다.

037
비판적이고 통찰력 있는 견해는 '관점'이다.

CHAPTER 2 교육과정 유형

확인편 58~65p

040 ○	041 ○	042 ×	043 ×	044 ×	045 ○
046 ○	047 ○	048 ○	049 ×	050 ○	051 ×
052 ○	053 ×	054 ○	055 ×	056 ○	057 ○
058 ○	059 ×	060 ×	061 ○	062 ○	063 ×
064 ×	065 ×	066 ×	067 ○	068 ○	069 ×
070 ×	071 ○	072 ○	073 ○	074 ×	075 ○
076 ○	077 ○	078 ○			

040
잠재적 교육과정은 공식적 교육과정에서 계획하지 않았으나, 학생들이 학교에서 은연중에 배우게 되는 교육 결과로서 경험된 교육과정이다.

042
표면적 교육과정은 이론·지식과 관련이 있으며, 잠재적 교육과정은 생활 기능과 관련이 있다.

043
표면적 교육과정은 단기적·일시적인데 비하여 잠재적 교육과정은 장기적·반복적인 경향이 있다.

044
주어진 사례는 표면적 교육과정과 관련이 있다.

049
주어진 사례는 영 교육과정과 관련이 있다. 영 교육과정은 수업에서 배제됨에 따라 학생들이 학습하지 못한 교육과정이다.

051
주어진 내용에 부합하는 교육과정은 영 교육과정이다. 아이즈너는 배울 가치가 있음에도 불구하고 의도적으로 배제한 교육과정을 영 교육과정이라고 명명하였다.

053
교사의 전문성과 자율성을 향상시킬 수 있는 교육과정은 교사들을 교육과정 편성·운영에 참여시키는 교육과정이다.

055
학교 수준 교육과정의 편성에서 중요하게 고려해야 할 것은 학교의 실정과 학생의 특성, 교사의 적극적인 참여이다.

059
학문 중심 교육과정의 특징이다. 교과 중심 교육과정과 학문 중심 교육과정은 학생들의 지적 성장을 강조한다는 공통점이 있다.

060
교과 중심 교육과정의 유형 중 하나인 광역형 교육과정이다. 분과형 교육과정은 각 교과마다 교과의 선을 유지하며, 교과 간 연관 없이 독립적으로 조직하는 교육과정이다.

063
경험 중심 교육과정의 유형 중 하나인 생성 교육과정이다. 활동 중심 교육과정은 학생의 활동을 학습 과정으로 보는 교육과정이다.

064
경험 중심 교육과정의 유형 중 하나인 생성 교육과정이다. 상관형 교육과정은 교과 중심 교육과정의 유형 중 하나로, 교과의 선은 유지하되, 유사 과목을 상호 관련하여 조직하는 교육과정이다.

065
경험 중심 교육과정의 유형 중 하나인 중핵 교육과정이다. 광역형 교육과정은 교과 중심 교육과정의 유형 중 하나로, 유사한 교과들을 포괄하여 하나의 과목으로 통합·조직하는 교육과정이다.

066
중핵 교육과정은 중핵 과정과 주변 과정이 결합된 교육과정으로, 전통적 교과의 구분을 없애 체계적 학습이 어렵다는 단점이 있다.

068
학문 중심 교육과정에서는 학문을 구성하고 있는 기본 개념과 원리 등을 논리적 구조에 따라 체계적으로 조직한 지식의 구조를 강조한다.

069
주어진 사례는 학문 중심 교육과정과 관련이 있다. 학문 중심 교육과정에서는 학생의 능동적 탐구를 통해 일반적 원리를 발견하는 발견 학습을 강조한다.

070
학문 중심 교육과정에서는 실생활과 분리된 순수 지식만을 강조한다.

071
학문 중심 교육과정은 나선형 교육과정으로, 교육의 내용의 깊이와 폭을 확대·심화되도록 조직한다.

074
구성주의 교육과정의 관점이다. 인간 중심 교육과정은 학생들이 학교생활을 하는 동안 겪게 되는 의도적·비의도적 경험을 강조한다.

075
구성주의 교육과정에서는 학생이 실제 생활에서 당면하는 실제적 과제를 중시하며, 학생의 주체적·자기반성적 삶과 사회적 참여를 강조한다.

078
구성주의에서 지식이란 학생이 속한 역사적·문화적·사회적 상황을 바탕으로 하여 만드는 것으로 본다.

CHAPTER 3 교육과정 운영과 실제

확인편 66~69p

079 ×　080 ○　081 ○　082 ○　083 ×　084 ○
085 ○　086 ○　087 ×　088 ×　089 ○　090 ×
091 ○　092 ×

079
연간 수업 시수는 교사가 준수해야 할 최소 수업 시수로, 교사의 판단에 따라 감축하여 운영할 수 없다.

083
스나이더의 교육과정 실행의 형성적 관점에 대한 설명이다.

087
결과 단계가 아닌 강화 단계이다. 결과 단계는 새 교육과정이 학생에게 미칠 영향에 대해 관심이 있는 단계이다.

088
전자의 관심 수준은 결과 단계이고, 후자의 관심 수준은 운영 단계이다. 결과 단계는 운영 단계보다 높은 단계에 해당한다.

090
교사와 학습자의 교실 행동 요인들은 과정 변인이다.

092
물리적 환경 요인들은 상황 변인이다.

PART 02 교육행정

CHAPTER 1 교육행정의 이해와 발달 과정

확인편 124~129p

093 × 094 × 095 ○ 096 × 097 ○ 098 ○
099 ○ 100 ○ 101 × 102 ○ 103 × 104 ×
105 ○ 106 × 107 ○ 108 × 109 ○ 110 ×
111 ○ 112 ○ 113 × 114 ○

093
부합하는 교육행정에 대한 관점은 조건정비론이다. 조건정비론은 교육행정을 교육 목표를 효율적으로 달성하기 위한 모든 인적·물적 조건을 정비·확립하는 수단적·봉사적 활동으로 보는 관점이다.

094
조건정비론에 대한 설명이다. 행정과정론은 행정이 이루어지는 순환적 경로(과정)에 초점을 두고 교육행정을 행정이 이루어지는 과정으로 보는 관점이다.

096
효율성의 원리란 교육행정의 투입에 대한 산출을 높이는 것을 말한다.

101
ㄱ은 행동과학론에 대한 설명이다. 과학적 관리론은 작업 과정을 분석하여 과학적으로 관리하면 조직의 능률과 생산성을 극대화할 수 있다는 이론이다.

103
ㄷ은 과학적 관리론에 대한 설명이다. 체제론은 학교 사회를 하나의 체제로 보고, 학교 사회를 구성하는 요소들과 그것의 구조와 기능을 파악하여 학교를 체계적으로 이해하려는 접근 방법이다.

104
인간관계론을 따르거나 중시하는 학교 관리자의 행동이다. 과학적 관리론을 따르거나 중시하는 학교 관리자는 학교 관리에 있어 비용-편익의 효율성을 강조할 가능성이 높다.

106
과학적 관리론에서는 인간이 금전적 보상이나 처벌의 위협에서 일할 동기를 얻는다고 본다.

108
인간관계론에 대한 설명이다.

110
실험 결과, 학교조직의 운영에서 교원 간 인간관계의 중요성을 시사한다.

113
체제론에 대한 설명이다. 체제론 중 겟젤스와 구바의 사회 과정 이론에서는 사회 체제 내의 인간 행위를 인성과 역할의 상호 작용으로 본다.

CHAPTER 2 동기 이론

확인편 129~131p

115 ○ 116 × 117 ○ 118 ○ 119 ○ 120 ×
121 ○ 122 ○ 123 × 124 ×

116
ㄴ에 해당하는 것은 성장 욕구이다. 앨더퍼의 성장 욕구는 인간이 성장하고 발전하며 자신의 잠재력을 최대한으로 발휘하고자 하는 내적 욕구로, 매슬로우의 자아실현 욕구와 존중 욕구가 포함된다.

120
보수는 직무 불만족을 초래하고 부정적 직무 태도를 갖게 하는 위생 요인으로, 충족된다고 해서 반드시 직무 만족을 가져오는 것은 아니다. 교사의 직무 만족감 증진에 기여하는 동기 요인에는 성취, 성취에 대한 인정, 학생의 존경 등이 있다.

122
수석교사제는 교사의 직무를 수직적으로 확장해 승진 기회를 제공하고, 교사의 동기를 촉진시키기 위한 제도이다.

123
주어진 내용에 부합하는 동기 이론은 브룸의 기대 이론이다. 목표 설정 이론은 개인이 목표를 어떤 형태로 설정하는가에 따라 목표를 추진하고자 하는 동기가 달라진다는 이론이다.

124
가장 중시하는 인간의 욕구는 타인과의 비교를 통한 형평의 욕구이다. 애덤스의 공정성 이론은 개인이 타인에 비해 얼마나 공정한 대우를 받는가에 초점을 둔 사회적 비교 이론이다.

CHAPTER 3 학교조직론

확인편 132~140p

125 ×	126 ×	127 ×	128 ×	129 ○	130 ○
131 ×	132 ×	133 ○	134 ×	135 ×	136 ○
137 ×	138 ○	139 ×	140 ○	141 ○	142 ×
143 ○	144 ○	145 ×	146 ○	147 ○	148 ○
149 ×	150 ×	151 ○	152 ×	153 ○	154 ×
155 ×	156 ×	157 ×	158 ×	159 ×	160 ×

125
비공식조직은 비합리적인 의사결정을 통해 공식조직의 혼란을 야기할 수 있다는 역기능을 갖는다.

126
계선조직은 현실적·실제적·보수적이며, 참모조직은 이상적·이론적·비판적·개혁적이다.

127
계선조직은 안정적이고, 참모조직은 신축적이다.

128
계선조직이 참모조직보다 강력한 통솔력을 발휘할 수 있다.

131
유형 Ⅲ(강압조직)에 대한 설명이다. 유형 Ⅳ(사육조직)은 조직과 고객 모두 선택권을 갖지 못하는 조직으로, 법적으로 존립을 보장받는다.

132
사육조직(온상조직)에 해당한다. 사육조직에는 공립 학교, 정신 병원, 형무소 등이 있다.

134
공립 학교에 대한 설명이다. 사립 초·중학교는 야생조직에 해당한다.

135
학교조직에 가까운 유형은 G이다. G는 규범조직으로, 규범적 권력을 사용하여 구성원의 헌신적 참여를 유도한다.

137
관련된 기본 유형은 전문적 관료제이다. 기계적 관료제는 기술구조층이 조직의 핵심 부분이며, 작업 과정의 표준화가 주요 조정 기제인 대규모 조직이다.

139
이완조직(이완결합체제)에 대한 설명이다. 이완조직은 부서들 간에 상호 관련성은 있지만, 구조적으로 느슨하게 결합되어 있어 각각 독립성을 유지하고 있는 조직이다.

142
학교조직을 이완결합체제의 관점에서 설명한 내용에 해당한다.

145
코헨 등에 의하면, 학교는 구성원의 참여가 유동적이고, 목적과 교수·학습 기술이 불분명한 무질서 조직이다.

149
전문적 관료제에 대한 설명이다.

150
조직화된 무질서 조직에 대한 설명이다.

152
개방적 풍토에 대한 설명이다. 개방적 풍토는 교사가 자발적으로 목표 달성에 헌신하며, 사회적 욕구를 충족시키는 조직풍토이다.

154
폐쇄풍토에 대한 설명이다. 일탈풍토는 교장은 개방적이고 교사에게 관심이 많으며 지원적이지만, 교사는 교장을 무시하거나 비협조적인 태도를 보이고, 교사 간에도 불화가 발생하여 헌신적이지 않은 풍토이다.

155
학교장이 X이론에 입각한 부정적·수동적 인간관을 가졌을 때 취할 수 있는 전략이다. Y이론은 긍정적·능동적 인간관을 가정하므로 학교장은 교사들의 업무를 지원하고 촉진하기 위해 학교조직을 정비하는 등의 전략을 취할 수 있다.

156
맥그리거의 Y이론에 대한 설명이다.

157
사례와 관련된 학교문화 유형은 기계문화이다. 기계문화에서는 교사를 목표 달성을 위한 하나의 기계로 본다.

158
협력형에 해당하는 설명이다. 순응형은 좋은 인간관계를 유지하기 위해서 자신의 욕구 충족은 포기하고, 상대방의 갈등이 해소되도록 노력하는 전략이다.

159
'라'의 순응형에 대한 설명이다. '나'의 협력형은 양측 모두에게 이익을 주는 최선의 전략이다.

160
자기뿐만 아니라 상대방의 관심사마저 무시하는 회피형이 효과적이다. 경쟁형은 신속한 결정이 요구되는 긴급할 때, 중요한 사항이지만 인기 없는 조치가 요구될 때 효과적이다.

165
높은 과업 중심과 높은 관계 중심의 행동 유형이 효과적이다.

167
주어진 상황을 설명하기에 적합한 리더십 이론은 리더십 대용 상황 이론이다. 리더십 대용 상황 이론은 지도자의 리더십이 상황에 따라 대체하거나 억제될 수 있다는 이론으로, 김 교장은 이전 학교와 다른 새로운 학교의 상황으로 인해 리더십을 효과적으로 발휘하지 못하고 있다.

168
변혁적 리더십에 대한 설명이다. 변혁적 리더십은 구성원의 성장 욕구를 자극하여 동기화시킴으로써 태도와 신념을 변화시키고, 새로운 비전과 장기 계획을 수립하여 개인과 조직의 발전을 동시에 추구하는 리더십이다.

172
분산적 리더십은 지도자, 구성원, 상황 간의 상호 작용에 의해 리더십이 분산되어 발휘되는 것을 의미한다.

176
슈퍼 리더십에 대한 설명이다.

CHAPTER 4 지도성 이론

확인편 141~144p

161 ○	162 ○	163 ○	164 ○	165 ×	166 ○
167 ×	168 ×	169 ○	170 ○	171 ○	172 ×
173 ○	174 ○	175 ○	176 ×		

161
지도자와 구성원의 관계(㉠), 과업 구조(㉢), 지위 권력(㉤)이 상황 요인에 해당한다.

163
상황 이론은 유동적이고 변화하는 요인들의 상호 작용적 관점에서 리더십을 설명한다.

164
구성원의 성숙 수준이 높을 경우 지도자의 낮은 과업 지향성 행동(위임형)이 효과적이다.

CHAPTER 5 장학행정

확인편 145~147p

177 ○	178 ×	179 ×	180 ○	181 ×	182 ×
183 ○	184 ○	185 ×	186 ×		

178
컨설팅장학에 대한 설명이다. 임상장학은 교사의 수업 기술 향상을 주된 목적으로, 수업 분석을 강조한다.

179
임상장학에 대한 설명이다. 자기장학은 교사 개인이 자신의 전문적 발달을 위하여 스스로 체계적인 계획을 세우고 실천하는 장학이다.

181
전통적 장학의 특징이다. 동료장학은 교사의 자율성과 협동성에 기초하여 둘 이상의 동료 교사가 서로 수업을 관찰한 후 결과에 대해 상호 조언하며 함께 연구하는 장학이다.

182
인간자원장학에 대한 설명이다. 발달장학은 교사의 발전 정도에 따라 다른 장학 방법을 적용하여 발전 수준을 높여 나가는 장학이다.

185
자기장학에 대한 설명이다. 약식장학은 단위학교의 교장이나 교감이 교사들의 수업 및 학급 경영 활동을 관찰하고, 이에 대해 교사들에게 지도·조언을 제공하는 장학이다.

186
컨설팅장학에 대한 설명이다.

CHAPTER 6 의사결정과 의사소통

확인편 148~151p

187 ×	188 ○	189 ×	190 ○	191 ×	192 ○
193 ×	194 ○	195 ○	196 ×	197 ○	198 ×
199 ○	200 ○	201 ×	202 ×		

187
의사결정의 참여적 관점에 대한 설명이다. 합리적 관점은 의사결정을 목표 달성을 위한 수많은 대안 중 최적의 대안을 선택하는 것으로 본다.

189
교장이 선택한 의사결정 모형은 합리 모형이다. 합리 모형은 의사결정을 위해 필요한 모든 지식과 정보를 수집하고, 이를 객관적으로 분석·종합하여 최적의 대안을 선택하는 모형이다.

190
만족 모형은 합리성의 한계를 전제로, 의사결정자의 주관적 입장에서 문제에 대한 최선의 해결보다는 만족스러운 해결책을 찾는 모형이다.

191
점증 모형의 특징이다. 점증 모형은 기존의 정책이나 의사결정을 점진적으로 수정해 나가는 모형이다.

193
최적 모형에 해당하는 설명이다. 최적 모형은 합리성과 초합리성을 동시에 고려하여 최적치를 추구하는 규범적 모형이다.

196
후자는 점증 모형을 활용하는 모형이다.

198
교사의 개인적인 이해관계가 높을 경우 참여에 대한 관심은 높아진다.

201
적응성(융통성)의 원칙이다. 적응성(융통성)의 원칙은 전달하는 내용이 구체적인 상황에 적응 가능한 현실 적합성을 가져야 한다는 것이며, 명료성의 원칙은 전달하는 내용이 명확해야 한다는 것이다.

202
교사가 속한 영역은 Ⅱ 영역이다. Ⅱ 영역은 타인에게는 잘 알려져 있지만, 스스로는 잘 모르는 맹목적 영역이다. 독단형 의사소통으로 인해 자신의 주장을 앞세우고 타인의 의견은 불신·비판하여 수용하지 않는다.

CHAPTER 7 교육기획과 교육재정

확인편 152~153p

| 203 × | 204 × | 205 × | 206 × | 207 ○ | 208 × |
| 209 × | 210 × | | | | |

203
가장 먼저 기준 연도와 추정 연도의 산업 부문별, 직종별 인력 변화를 추정해야 한다. 인력 수요에 의한 접근 방법은 경제 성장에 필요한 인적 자본의 중요성에 대한 인식을 바탕으로 경제 성장을 뒷받침하는 인력 수요를 예측하여, 이를 충족시킬 수 있도록 교육적 측면의 공급을 조절해 나가는 접근 방법이다.

204
교육재정의 운영은 재정의 '확보 → 배분 → 지출 → 평가'의 순으로 이루어진다.

205
충족성의 원리에 해당한다. 자구성의 원리는 지방 자치 단체 스스로 필요한 재원을 확보하기 위한 노력이 필요하다는 원리이다.

206
효율성의 원리에 해당한다. 효과성의 원리는 평가 단계에서 요구되는 것으로, 투입된 재원이 설정된 교육 목표의 달성과 교육의 질적 향상을 가져오도록 해야 한다는 원리이다.

208
일치하는 예산 편성 기법은 영 기준 예산제도(ZBBS)이다. 영 기준 예산제도는 전년도 사업을 그대로 인정하지 않고 학교 목표에 따라 새롭게 재평가함으로써 우선순위를 정하고, 한정된 우선순위별 사업에 배분하여 결정하는 제도이다.

209
관련된 예산 편성 기법은 품목별 예산제도(LIBS)이다. 기획 예산제도는 장기적 기획과 단기적 예산 편성을 결합시켜 한정된 재원을 합리적으로 배분하는 제도이다.

210
단위학교 예산제도(SBBS)에 대한 설명이다. 단위학교 예산제도(SBBS)는 교육부에서 일반적으로 관장하던 재정권을 단위학교에 이양함으로써 단위학교의 자율성·책무성·효과성을 향상하고자 하는 제도이다.

215
조직개발기법(OD)에 대한 설명이다. 조직개발기법은 행동과학적인 지식과 기술을 활용하여 조직의 목적과 개인의 욕구를 결부시킴으로써 조직 전체의 변화와 발전을 도모하려는 계획적·체계적 조직 관리 기법이다.

216
과업평가계획기법은 과업 달성을 위한 세부 과업을 수행 단계와 단계에 따른 활동으로 나누어 인과 관계를 분석한 후, 과업 추진 공정을 플로 차트(Flow Chart)로 그려 합리적이고 체계적으로 과업을 수행하는 방법이다.

218
총체적 질 관리(TQM)에 대한 설명이다. 총체적 질 관리는 조직의 생산성과 효율성을 제고하기 위하여 조직 구성원 전원이 참여하여 고객의 욕구와 기대를 충족시키거나 증가시키도록 지속적으로 개선해 나가는 활동이다.

CHAPTER 8 학교·학급 경영

확인편 154~155p

211 ○ 212 ○ 213 × 214 × 215 × 216 ○
217 ○ 218 × 219 ○

211
단위학교 책임경영제는 단위학교의 자율성 및 책무성을 강조하기 위해 학교의 운영을 단위학교에 위임하여 학교가 자율적으로 학교를 운영할 수 있게 한 제도이다.

212
학교운영위원회는 학생과 학부모 및 지역 사회의 요구를 학교 교육에 적극적으로 반영하여 학교 운영에 대한 정책 결정의 민주성·합리성·투명성을 제고하고, 학교의 자율성과 책무성을 강화하는 제도이다.

213
학교운영위원회는 교원 위원, 학부모 위원, 지역 사회 인사 위원으로 구성된다.

214
목표관리기법(MBO)에 대한 설명이다. 목표관리기법은 조직 구성원들이 공동으로 참여하여 목표를 설정하고, 목표를 달성하기 위해 역할을 분담하며, 기준에 따라 성과를 평가한 후 보상하는 관리 기법이다.

PART 03 교육공학 및 교육 방법

CHAPTER 1 교육공학

확인편 204~207p

220 ×　221 ○　222 ×　223 ○　224 ○　225 ×
226 ×　227 ×　228 ×　229 ×　230 ○　231 ×
232 ○　233 ○　234 ○　235 ○　236 ×

220
전달 내용(메시지)은 내용, 요소, 구조, 코드, 처리로 구성된다.

222
구조에 해당한다. 구조는 선택된 내용을 어떤 순서로 어떻게 조직하여 전달할 것인가와 관련된 것이고, 처리는 선택된 코드와 내용을 어떤 방법과 형식으로 전달할 것인가와 관련된 것이다.

225
공통된 경험의 장이 많을수록 효과적인 의사소통이 이루어진다.

226
가장 먼저 교수매체를 적용할 학습자의 제반 특성을 분석해야 한다. 교수매체를 활용하기 위한 수업 설계 모형의 ASSURE 모형에서는 학습자의 특성 분석 → 목표 진술 → 매체의 선정 및 제작 → 매체의 활용 → 학습자의 반응 → 평가의 단계로 구분한다.

227
학습자의 특성 분석 단계에서는 학습자의 일반적 특성, 출발점 행동, 학습양식을 분석한다.

228
목표 진술 단계에서는 수업이 끝난 후 학습자가 무엇을 할 수 있는가를 관찰 가능한 행위 동사로 구체적으로 진술해야 한다.

229
매체의 활용 단계 중 사전 검토 단계에 해당한다. 매체의 활용 단계는 선정한 매체를 실제 수업에서 효과적으로 제시하는 방법의 계획 단계로, 사전 검토, 자료 준비, 환경 준비, 학습자 준비, 학습 경험 제공의 세부 단계로 진행된다.

230
매체의 활용 단계 중 환경 준비 단계에 해당한다.

231
매체의 활용 단계 중 학습 내용과 교수매체에 관한 정보를 제공하는 학습자 준비 단계에 해당한다. 학습자의 참여 유도 단계는 학습자의 반응을 유도하기 위한 방법을 모색하는 단계이다.

234
매체 속성 연구는 인지주의 패러다임에 근거한 매체 연구로, 매체가 가진 속성이 학습자의 인지 과정에 미치는 영향에 관한 연구이다.

236
매체 활용의 경제성 연구에 대한 설명이다.

CHAPTER 2 교수설계 모형

확인편 208~213p

237 ○　238 ○　239 ○　240 ×　241 ○　242 ○
243 ○　244 ×　245 ○　246 ○　247 ○　248 ×
249 ×　250 ○　251 ×　252 ○　253 ×　254 ×
255 ○　256 ×　257 ×　258 ×

240
수업 목표는 학습자의 입장에서 학습되어야 할 행동이 진술되어야 한다.

244
총괄평가는 교수 설계자가 아닌 외부 평가자에게 의뢰하여 실시한다.

248
(가)는 평가 도구 개발 단계로, 수행 목표를 준거로 수업 후 학습자의 성취 수준을 판단할 수 있는 준거 지향 평가를 개발한다.

249
(나)는 교수 전략 개발 단계에 해당하지만, (다)는 교수 자료 개발 단계에 해당한다.

250
(라)는 형성평가 실시 단계로, 현장 평가, 소집단 평가, 일대일 평가 등을 이용하여 개발한 교수 자료를 실제 수업에서 사용하기 전에 시범적으로 적용해 보는 단계이다.

251
군집 분석을 사용해야 한다. 군집 분석은 언어 정보의 학습 과제 분석 방법으로, 과제를 군집별로 묶는 기법이다. 위계 분석은 지적 기능, 운동 기능의 학습 과제 분석 방법으로, 과제를 달성하기 위해 필요한 여러 기능을 상위 기능과 하위 기능으로 분석하는 기법이다.

253
태도와 관련된 학습 과제는 통합 분석을 사용한다. 통합 분석은 위계 분석과 군집 분석을 동시에 활용하는 기법이다.

254
언어 정보의 학습 과제는 군집 분석을 한다.

256
직무 연수 프로그램은 직무 수행 능력 향상을 위한 프로그램이므로 교사의 지식과 기능 부족으로 초래된 요구를 선정해야 한다.

257
(가)는 문제/프로젝트로, 프로젝트와 관련된 사례 등이 포함된다. 성찰하기 도구와 개념도 그리기 도구는 각각 대화/협력 도구와 인지적 도구에 포함된다.

258
(나)는 학습자의 학습 활동을 지원하는 3개의 교수 활동으로, 비계 설정, 모델링, 코칭을 의미한다.

CHAPTER 3 교수 방법

확인편 214~219p

259 ×	260 ×	261 ×	262 ○	263 ○	264 ○
265 ×	266 ×	267 ○	268 ×	269 ○	270 ○
271 ○	272 ○	273 ×	274 ○	275 ×	276 ○
277 ○					

259
김 교사가 활용한 토의 유형은 공개 토의(포럼)이다. 공개 토의는 1명의 전문가가 청중을 대상으로 공개 연설한 후, 청중과 질의응답하며 토의를 진행하는 방식이다.

260
세미나에 대한 설명이다. 단상 토의는 특정 주제에 대해 다양한 의견을 가진 2~5명의 전문가가 강연식으로 각자의 전문적인 견해를 발표한 후 발표자 간 좌담 토론을 하는 방식이다.

261
배심 토의에 대한 설명이다. 대담 토의는 주제에 대하여 3~4명의 청중 대표와 3~4명의 전문가 대표가 청중 앞에서 사회자의 진행에 따라 토의하는 방식이다.

263
강의법은 교사의 해설이나 설명에 의해 이루어지는 교사 중심의 수업 방식으로, 지식과 기능의 체계적·논리적 전달이 가능하다.

264
프로젝트 학습은 실제 생활과 관련된 주제를 학생 스스로 선정하여 수행하면서 구체적인 결과물을 만들어 내는 교수 방법으로, 고등 정신 능력 획득에 적합하다.

265
자기주도적 학습에 대한 설명이다. 문제 해결 학습은 듀이(Dewey)가 제안한 학습 방법으로, 학생이 생활하고 있는 현실적인 장면에서 당면하는 여러 문제를 해결해 나가는 과정에서 지식, 기능, 태도, 기술 등을 종합적으로 획득하도록 하는 학습 방법이다.

266
자기주도적 학습에서는 자기 평가를 통해 학습 결과에 대한 책임이 학생에게 부여된다. 자기주도적 학습은 학생 스스로 학습 과정을 관리하는 것으로, 학생이 수업 목표를 설정하고, 학습 자원을 확인하며, 중요한 학습 전략을 선택하고, 학습 결과를 평가하는 일련의 작업을 수행하는 과정이다.

268
우수한 동료 학생 등을 학습 보조원으로 활용하여 학생의 개별 학습을 돕는다.

269
적성·처치 상호 작용 모형에서는 학생 개인의 적성에 따라 효과적인 교수 방법이 다르므로 서로 다른 교수 방법을 처방함으로써 교수 효과를 극대화하고자 한다.

271
직소 I (Jigsaw I) 모형에서는 개인별로 성적을 부여하므로 과제의 상호 의존성은 높지만, 보상 의존성은 낮다.

273
직소 Ⅰ(Jigsaw Ⅰ) 모형에서는 집단 점수를 산출하거나 집단 보상이 주어지지 않는다.

275
팀 보조 개별 학습(TAI) 모형의 절차이다. 함께 학습하기(LT) 모형은 주어진 과제를 집단별로 수행하고 집단별로 보상을 부여하는 모형으로, 개별 시험에서 소속된 집단의 평균 점수를 부여하므로 집단 내 다른 학생의 성취 점수가 개인의 성취 점수에 영향을 준다.

276
무임 승객 효과는 학습 능력이 낮은 학생이 적극적으로 학습에 참여하지 않아도 학습 능력이 높은 학생의 성과를 공유하는 것을 의미한다. 봉 효과는 학습 능력이 높은 학생이 자신의 성과를 공유하고 싶지 않아 학습 참여에 적극적이지 않게 되는 것을 의미한다.

277
자율적 협동 학습은 학급 전체의 과제를 소주제로 나누고, 같은 소주제를 선택한 학생들끼리 팀을 구성하여 팀별로 학습한 후 동료 및 교사에 의해 팀 기여도 평가 등의 다면적 평가를 실시하는 모형이다.

CHAPTER 4 교수·학습 이론

확인편 220~233p

278 × 279 ○ 280 ○ 281 ○ 282 ○ 283 ○
284 ○ 285 × 286 ○ 287 ○ 288 ○ 289 ×
290 ○ 291 ○ 292 × 293 ○ 294 × 295 ○
296 × 297 × 298 ○ 299 ○ 300 × 301 ○
302 ○ 303 ○ 304 × 305 ○ 306 ○ 307 ×
308 ○ 309 × 310 × 311 × 312 × 313 ○
314 ○ 315 ○ 316 ○ 317 ○ 318 × 319 ×
320 ○ 321 ○ 322 × 323 ○ 324 × 325 ○
326 × 327 ○ 328 ○ 329 ○ 330 × 331 ○
332 ×

278
학습 기회와 학습 지속력이 포함된다. 학습 기회는 일정한 학습 과제를 학습할 수 있도록 학습자에게 허용된 시간을 의미하며, 학습 지속력은 학습자가 스스로 인내력을 발휘하여 학습에 보다 많은 시간을 할당하려는 의욕과 태도를 의미한다.

280
인지조직 강화 단계에서는 통합적 조정의 원리를 적용하여 학습자의 능동적인 수용 학습을 촉진시킨다.

285
언어 정보에 해당한다. 언어 정보는 사실, 개념, 원리 등을 언어로 표현할 수 있는 능력이다.

289
자극 제시 단계에 대한 설명이다. 학습 안내 제시 단계에서는 이전 정보와 새로운 정보를 통합시켜 장기 기억에 저장할 수 있도록 돕는 통합 교수를 실시한다.

292
촉진하고자 하는 학습 활동은 선택적 지각에 해당한다. 의미론적 부호화는 학습 안내 제시 단계의 수업 활동을 통해 촉진할 수 있다.

294
개념 기억에 해당한다. 기억은 사실, 개념, 절차, 원리 등의 언어 정보를 기억하고 그대로 재생하는 것을 의미하고, 활용은 개념, 절차, 원리를 실제 상황에서 사용하는 것을 의미한다.

296
메릴의 내용 요소 제시 이론은 인지적 내용 요소를 교수하는 방법을 구체적으로 제시한 미시적 교수 설계 이론으로, 지식의 전체적·통합적 이해와는 관련이 없다.

297
(가)는 법칙을 의미한다. 법칙은 교사가 개념, 절차, 원리 등 일반적인 내용을 설명해 주는 것이다.

298
(나)는 연습을 의미한다. 연습은 일반성이 적용된 특정 사례를 찾도록 요구하는 것이다.

300
교수의 조건은 교수 설계자나 교사가 통제할 수 없는 제약 조건에 해당한다.

304
요약자에 대한 설명이다. 종합자는 학습한 내용을 연결하고 통합시키기 위한 전략 요소이다.

307
관련성과 관련된 수업 전략이다. 주의집중에서는 지각적·탐구적 주의 환기 전략이나 다양성 전략을 활용한다.

308
자신감 범주의 개인적 통제감 증대 전략에 해당한다.

309
만족감 범주의 자연적 결과 강조 전략에 해당한다. 자연적 결과 강조 전략은 학습자의 내적 동기를 유지시키기 위해 습득한 지식을 실제 상황에 적용해 보는 기회를 제공하는 것이다.

310
탐구 단계에 해당한다. 모델링은 전문가인 교사가 과제 수행의 시범을 보이고, 학습자가 이를 관찰하도록 하는 단계이다.

311
스캐폴딩은 학습자의 과제 수행 과정에서 교사가 도움(발판)을 제공하는 것으로, 구체적이고 간접적인 도움을 제공하되, 학습자가 과제 수행에 익숙해지면 점차 도움을 감소시켜 나가야 한다.

312
인지적 유연성 이론에 해당하는 설명이다. 인지적 유연성은 복잡하고 비구조화된 과제와 학습 환경을 제공하여 복잡하고 다차원적인 개념의 지식을 재현하도록 함으로써 상황에 맞게 지식을 재구성하는 인지적 유연성을 획득하도록 하는 방법으로, 하이퍼미디어를 통한 정보 제시 방법을 강조한다.

314
실행공동체는 공동의 주제 및 목적을 가진 사람들이 자발적으로 모여 서로 간의 신뢰를 바탕으로 열정을 공유하고 상호 작용하면서 배우고 성장하는 공동체로, 학습은 실행공동체에 참여함으로써 이루어지며, 정당한 주변적 참여의 과정을 통해 발생한다.

317
정착 수업 이론은 비디오, 컴퓨터 등의 매체를 활용하여 실제 상황을 모사한 이야기 형태의 문제를 제공하고, 학습자 스스로 문제를 해결하도록 함으로써 현실 상황에서 활용 가능한 지식을 학습하는 방법이다.

318
문제 중심 학습에서는 과정 중심의 성찰적 평가를 강조한다.

319
문제 중심 학습은 상대주의적 인식론인 구성주의 학습 이론을 중심으로 교육한다.

322
상보적 교수에 대한 설명이다. 상보적 교수는 비고츠키의 사회적 구성주의 이론을 바탕으로 개발된 독서 지도 이론으로, 교사와 학습자, 학습자 간의 대화를 통해 독해 전략을 배우는 방법이다.

324
(가)는 사용 가능한 정보원을 파악하고, 정보원을 이용해 정보를 찾는 정보 탐색 전략 단계이다.

326
멀티미디어는 비선형적 정보를 제공한다.

330
원격 교육은 학습의 질 관리와 평가가 어렵다는 단점이 있다.

332
두 가지 이상의 학습 방법을 결합한 것으로, 주로 온라인과 오프라인 학습이 혼합된 교육 방식의 블렌디드 러닝에 해당한다.

PART 04 교육평가

CHAPTER 1 교육평가의 유형

확인편 274~282p

333 ×	334 ×	335 ○	336 ×	337 ×	338 ○
339 ○	340 ○	341 ○	342 ×	343 ○	344 ×
345 ×	346 ×	347 ○	348 ○	349 ×	350 ○
351 ×	352 ○	353 ○	354 ○	355 ○	356 ○
357 ×	358 ×	359 ○	360 ○	361 ×	362 ×
363 ○	364 ×	365 ○	366 ×	367 ○	368 ×
369 ×	370 ○	371 ×	372 ○	373 ×	374 ○

333
총평관은 다양한 방법을 통해 인간의 특성을 종합적·전체적으로 판단하는 관점으로, 주된 관심거리는 구인 타당도이다.

334
규준 지향 평가의 목적에 해당한다. 목표 지향 평가는 교사가 의도한 목표의 달성 여부에 목적을 둔다.

336
목표 지향 평가에서는 성취 목표를 평가의 기준으로 삼는다.

337
실시하고자 하는 평가는 목표 지향 평가로, 서열을 산출하기 위한 규준의 작성은 규준 지향 평가에서 필요하다.

338
목표 지향 평가에서는 검사 문항이 측정하고자 하는 전체 내용을 잘 대표할 수 있도록 표집되어 있는 내용 타당도를 중시한다.

339
목표 지향 평가를 통해 학습 목표에의 도달 여부와 그 정도에 대한 정보를 제공해야 한다.

342
규준 지향 평가에서 일반적으로 사용되는 규준은 집단의 평균 점수로, 학생 개개인이 받은 점수를 상대적 기준인 규준에 비추어 평가한다.

344
규준 지향 평가는 선발적 교육관에 근거한 상대평가이다.

345
준거 지향 평가는 대부분의 학생이 학습 목표를 달성할 것으로 기대하므로 평가의 결과가 부적편포를 이룰 것으로 가정한다.

346
규준 지향 평가는 개인차의 변별에 관심을 두므로 평균을 중심으로 좌우 대칭인 정규분포를 전제한다.

349
초기 능력 수준에 비추어 평가 시점에서의 최종적 능력 수준이 얼마나 향상되었는지에 초점을 두는 성장 지향 평가에 대한 설명이다. 능력 지향 평가는 학생의 능력에 비추어 얼마나 최선을 다하였는지에 초점을 맞추는 평가이다.

351
주어진 학습 목표를 준거로 학생 개개인의 성취 수준을 판단하는 준거 지향 평가에 대한 설명이다.

357
김 교사가 실시한 평가는 진단평가로, 진단평가는 교수·학습 전 학생들의 선수 학습 정도를 파악하기 위해 실시한다.

358
형성평가에 대한 설명이다. 형성평가는 교수·학습이 진행되는 상황에서 교사와 학생에게 피드백을 제공하고, 수업을 개선하기 위해 실시하는 평가이다.

361
표준화 검사는 진단검사 또는 총괄평가에서 활용한다. 형성평가에서는 학습 목표에 맞게 교사가 제작한 도구를 활용한다.

362
수행평가는 타당도를 강조하는 평가로, 평가 결과의 신뢰도가 낮다.

364
수행평가는 학생 스스로 자신의 지식이나 기능을 나타낼 수 있도록 답을 작성하거나, 발표하거나, 산출물을 만들거나, 행동으로 나타낼 것을 요구하는 평가 방식이다.

366
타당도를 높이기 위해서는 학생들의 능력과 기술을 직접 측정할 수 있는 직접적인 평가 방법을 사용해야 한다.

368
신뢰도를 높이기 위해서는 채점자 간 사전 교육을 실시해야 한다.

369
수행평가는 신뢰도가 아닌 타당도가 높다. 수행평가는 어떤 채점자가 채점하느냐에 따라 채점의 결과가 달라질 수 있기 때문에 채점 결과의 신뢰도와 객관도가 낮다.

371
포트폴리오에 포함될 내용은 학생과 교사가 함께 결정하여 상호 작용을 통한 적극적 교수·활동이 이루어지도록 해야 한다.

373
수행평가는 채점에 시간과 노력이 많이 소요되므로 다양한 학습 성과를 평가할 수 있어야 한다.

CHAPTER 2 교육평가 모형

확인편 283~285p

375 ○ 376 ○ 377 × 378 ○ 379 × 380 ○
381 ○ 382 ○ 383 ○ 384 ○

376
교육 목표를 세운 후 이에 맞는 교육 내용을 구상하고 교육 내용에 따른 평가가 이루어지므로 논리적 일관성을 유지할 수 있다.

377
교육 목표로 설정하지 않은 교육 활동에 대해서는 관심을 두지 않는다.

379
스터플빔의 CIPP 모형에 대한 설명이다. 스크리븐의 교육평가 모형은 탈목표 평가 모형으로, 평가자의 전문성을 이용하여 프로그램의 가치와 장점을 체계적으로 판단한다.

380
스크리븐의 교육평가 모형은 프로그램이 의도한 효과뿐만 아니라 부수적인 효과까지 포함하여 실제 효과를 평가하는 탈목표 평가를 중시한다.

382
스터플빔의 CIPP 모형은 평가를 의사결정의 대안을 판단하는 데 유용한 정보를 서술, 획득, 제공하는 과정으로 본다.

384
CIPP 모형은 상황 평가 → 투입 평가 → 과정 평가 → 산출 평가 순으로 이루어진다.

CHAPTER 3 평가 방법 선정과 개발

확인편 285~290p

385 × 386 × 387 ○ 388 ○ 389 × 390 ○
391 ○ 392 ○ 393 × 394 ○ 395 × 396 ○
397 × 398 × 399 ○ 400 × 401 ○ 402 ×
403 × 404 ○ 405 × 406 × 407 × 408 ○
409 ○ 410 ×

385
타당도를 위배한 것이다. 타당도는 무엇을 재고 있는지의 문제로, 평가 도구가 재려고 의도한 것을 얼마나 충실히 측정하고 있는가의 정도이다. 객관도는 채점자 신뢰도로, 채점자가 주관적 편견 없이 얼마나 공정하게 채점하는가의 정도이다.

386
타당도를 위배한 것이다.

389
신뢰도가 있어야 타당도가 보장되므로 신뢰도가 타당도의 필요조건이 된다.

393
공인 타당도를 확인하기 위함이다. 공인 타당도는 준거 타당도의 하나로, 새로운 검사 도구를 제작할 때 기존 검사와의 유사성을 기준으로 타당성을 검증한다.

394
내용 타당도는 평가 도구가 평가하려는 내용을 얼마나 충실히 측정하고 있는가와 관련된 타당도로, 내용의 논리적 분석에 근거하여 측정하고자 하는 분야의 전문가가 주관적으로 판단한다.

395
구인 타당도를 확인하기 위함이다. 구인 타당도란 평가 도구가 조작적으로 정의한 구인을 얼마나 충실히 재고 있는가와 관련된 타당도이다. 예언 타당도는 평가 도구가 피험자의 미래 행동이나 특성을 얼마나 정확하고 완전하게 예언하는가를 판단하는 타당도이다.

397
신뢰도는 어떻게 재고 있는지의 문제로, 평가 도구가 '얼마나 정확하게', '얼마나 오차 없이' 측정하고 있는가의 정도이다. 따라서 표준화 검사의 신뢰도가 교사가 제작한 검사의 신뢰도보다 높았다는 진술은 표준화 검사가 교사가 제작한 검사보다 재고자 하는 특성을 일관성 있게 측정하고 있다는 뜻이다.

398
한 개의 검사를 같은 집단에 두 번 실시하여 그 전후의 결과에서 얻은 점수를 기초로 신뢰도를 추정하는 재검사 신뢰도 방법으로, 검사의 신뢰도가 높은 것이다. 객관도는 채점자 신뢰도로, 채점자가 주관적 편견 없이 얼마나 공정하게 채점하는가의 정도이다.

400
반분 신뢰도에 대한 설명이다.

402
신뢰도는 평가 도구가 측정하고 있는 정도의 일관성, 항상성, 신빙성을 의미한다. 두 검사의 결과가 일치하지 않으므로 해당 검사의 신뢰도는 낮은 것이다.

403
신뢰도는 타당도의 필요조건이며, 타당도는 신뢰도의 충분조건이다.

404
문항 수가 증가할수록, 문항 변별도가 높을수록 검사의 신뢰도가 높아진다.

405
문항 수가 증가할수록 신뢰도가 높아진다.

406
검사 문항의 측정 범위가 좁을수록 신뢰도가 높아진다.

407
객관도의 향상 방법에 해당한다. 객관도를 향상시키기 위해서는 편견이나 오차가 작용하지 않도록 답안 내용에 충실하여 채점하고, 여러 사람이 채점하여 결과 점수를 평균하여 종합해야 한다.

410
선택형 문항 제작 시 정답은 분명하고, 오답은 그럴듯하게 만들어야 한다.

CHAPTER 4 평가 결과의 활용

확인편 290~293p

411 ○　412 ×　413 ○　414 ×　415 ○　416 ○
417 ×　418 ○　419 ○　420 ×

412
인상의 오류(후광 효과)에 대한 설명이다. 표준의 오류는 점수를 주는 표준이 평가자마다 달라서 발생하는 오류이다.

414
인상의 오류(후광 효과)에 대한 설명이다. 근접의 오류는 비교적 유사한 항목들이 비슷하게 모여 있으면 같은 점수를 주는 오류이다.

415
문항 반응 분포는 문항별 학생들의 반응 분포로, 답지에 대한 학생들의 반응을 분석하여 문항의 답지가 의도했던 기능이나 역할을 파악하는 것이다.

416
고전 검사 이론에서의 문항 난이도는 전체 학생 수에 대한 정답자 수로 산출되므로 수험자 집단에 따라 변할 수 있다.

417
문항 변별도(DI)는 $\dfrac{\text{상위 집단 정답자 수} - \text{하위 집단 정답자 수}}{\dfrac{\text{전체 학생 수}}{2}}$ 로 산출되므로 상위 집단 정답자 수와 하위 집단 정답자 수가 같을 경우 변별도는 0이 된다.

418
하위 집단 정답자 수가 상위 집단 정답자 수보다 많은 경우 변별도는 음수(−)로, 역변별 문항에 해당한다.

420
문항 난이도가 0과 1인 문항은 각각 모든 학생이 정답을 맞히지 못한 문항과 모든 학생이 정답을 맞힌 문항이므로 검사의 변별력을 낮춘다.

PART 05 교육심리

CHAPTER 1 학습자의 인지적 특성

확인편 338~343p

421 ×	422 ○	423 ×	424 ×	425 ×	426 ×
427 ×	428 ○	429 ○	430 ○	431 ○	432 ○
433 ○	434 ○	435 ○	436 ○	437 ○	438 ○
439 ×	440 ×	441 ○	442 ×	443 ×	444 ○
445 ○	446 ×	447 ○	448 ×	449 ×

421
지능이 높은 학습자는 전 교과에서 높은 성취를 보일 것으로 기대하는 스피어만의 일반 요인설에 근거한다. 스턴버그는 지능이 분석적 지능, 창의적 지능, 실제적 지능으로 구성된다고 보았다.

422
가드너의 다중 지능 이론에서는 지능이 언어 지능, 음악 지능, 대인 관계 지능 등 9개의 상호 독립적인 지능으로 구성된다고 보았다.

423
카텔의 지능 이론에 근거한다. 카텔은 일반 요인을 선천적 요인과 관련된 유동성 지능과 환경과 경험에 의해 발달하는 결정성 지능으로 구분하였다.

424
결정성 지능에 대한 설명이다. 유동성 지능은 선천적으로 타고나는 지적 능력을 의미한다.

425
상징, 수렴적 사고, 관계에 해당한다. 유목은 정보를 공통적인 성질로 분류하는 것을 의미하며, 관계는 둘 이상의 정보 사이의 상호 관련을 인지하는 것을 의미한다.

426
실제적 지능과 관계 있는 행동이다. 실제적 지능은 실제 상황에 대한 문제 해결 능력을 의미하며, 경험적 지능은 경험과 관계된 창조적인 지능을 의미한다.

427
경험적 하위 이론에 부합하는 능력이다. 스턴버그는 인간의 지능을 성분적 하위 이론(분석적 지능), 경험적 하위 이론(창의적 지능), 상황적 하위 이론(실제적 지능)으로 나누었다.

431
가드너는 누구나 강점 지능과 약점 지능을 가지고 있다고 보아 강점 지능을 계발하고 약점 지능을 보완하는 수업 방식에 관심을 가졌다.

433
스턴버그는 지능의 작용 과정을 강조한 반면, 가드너는 지능의 구조(영역)를 강조하였다.

436
학습자 개개인이 가진 독특한 지적 능력들이 계발될 수 있도록 다양한 교육 내용과 방법을 계획하여야 한다는 교육적 시사점을 준다.

439
플린 효과는 교육의 확대, 지능 검사의 반복 효과, 조기 교육 등으로 인해 세대가 반복될수록 지능 검사의 점수가 높아지는 현상을 말한다.

440
창의성이 높은 학생은 자신의 경험에 대한 개방적 경향을 지닌다.

442
브레인스토밍은 오스본이 제안한 창의력 계발 기법으로, 창의적 아이디어를 산출하기 위해 자유롭게 아이디어를 제안하고 토의하는 기법이다.

443
시네틱스 기법에 대한 설명이다. 시네틱스 기법은 고든이 제안한 기법으로, 유추를 통해 친숙한 것을 생소한 것으로, 생소한 것을 친숙한 것으로 보이도록 만드는 과정을 거쳐 창의성을 증진시키는 기이다. 스캠퍼 기법은 오스본과 에버를이 제안한 기법으로, 아이디어를 이끌어 내기 위한 체계적인 질문 방법이다.

446
육색 사고 모자 기법에 대한 설명이다. 육색 사고 모자 기법은 드 보노가 제안한 기법으로, 6가지 사고를 나타내는 색깔의 모자를 쓰고, 모자에 해당하는 사고를 해 보는 기법이다.

448
전자는 충동형 학습자, 후자는 반성형 학습자이다.

449
적응형(조절형)에 대한 설명이다. 동화형(융합형)은 사고와 이해에 초점을 두어 귀납적 추론이 가능하며, 논리적이고 정확한 이론적 모델의 제작이 가능한 유형이다.

CHAPTER 2 학습자의 정의적 특성(동기)

확인편 344~346p

450 ○ 451 × 452 ○ 453 × 454 ○ 455 ×
456 ○ 457 ○ 458 ○ 459 × 460 × 461 ○
462 ○

451
내재적 동기는 내부에서 비롯되는 동기로, 과제 활동 자체가 보상인 동기이므로 학습 결과보다 학습 과정의 중요성을 강조해야 한다.

452
와이너의 성취 동기 이론에 따르면 성공 추구 동기가 높은 학생은 실패 시 성취 동기가 증가한다.

453
본인의 능력 과시와 타인에게 보이기 위한 점수 중심의 수행 목표이다.

455
학생은 성공의 원인을 자신의 높은 능력에 귀인하고 있으며, 능력은 안정적이고 내적인 귀인 유형에 해당한다.

459
앳킨슨의 기대-가치 이론에 해당한다. 최 교사는 과제의 달성 가치와 효용 가치를 강조하여 은미의 동기를 유발한다.

460
데시와 라이언의 자기결정성 이론에 해당한다. 최 교사는 미영에게 학습 과제의 선택권을 부여함으로써 자율성 욕구를 충족시킨다.

462
자기 가치 이론에 따르면 모든 사람은 자신을 가치 있는 유능한 존재로 인식하길 원하며, 이러한 자기 가치를 보호하려는 인간의 욕구가 동기를 유발한다고 본다.

CHAPTER 3 학습자의 발달

확인편 347~354p

463 ○ 464 × 465 ○ 466 × 467 × 468 ×
469 ○ 470 × 471 ○ 472 × 473 ○ 474 ×
475 ○ 476 ○ 477 ○ 478 × 479 ○ 480 ×
481 ○ 482 × 483 × 484 × 485 ○ 486 ×
487 ○ 488 ○ 489 ○ 490 × 491 ○ 492 ○
493 × 494 × 495 ○ 496 × 497 × 498 ○

463
평형은 동화와 조절을 통해 적절한 인지적 균형을 이룬 상태를 의미한다.

464
기존의 인지 도식에 새로운 정보를 포함하는 동화에 해당한다. 조절은 기존의 인지 도식을 새로운 정보에 맞게 변화시키는 인지 과정이다.

466
인지적 구성주의에 기반한 것으로, 환경과의 상호 작용을 강조한다.

467
인지 발달 시기의 차이는 있으나, 발달 순서에는 차이가 없다.

468
평형에 대한 설명이다. 도식은 외부 환경에 대한 이해의 틀을 의미한다.

470
대상 영속성의 개념 습득은 감각 동작기에서 이루어진다. 구체적인 사물에 대한 논리적·조작적 사고가 가능한 구체적 조작기에는 보존 개념이 발달한다.

472
대상이 시야에서 사라져도 계속 존재한다는 대상 영속성이 발달하지 않은 것으로 설명할 수 있다.

474
구체적 경험 없이 제시된 정보를 통해 유추하는 사고 과정의 반성적 추상화에 대한 설명이다. 가설 연역적 사고는 가설을 설정하고 설정된 가설을 검증함으로써 정보를 수집하고 문제를 해결할 수 있는 사고이다.

477
형식적 조작기에는 문제 해결에 필요한 요인들을 체계적으로 조합하여 문제를 해결하는 조합적 사고가 가능하다.

478
비고츠키에 대한 설명이다. 비고츠키는 자신의 사고와 행동을 조절하기 위해 자신에게 하는 혼잣말인 사적 언어(자기 중심적 언어)를 강조하였다.

480
피아제는 자기 중심적 언어(집단 독백)를 인지적 미성숙의 표시로 보았으나, 비고츠키는 사적 언어(자기 중심적 언어)가 자신의 행동과 사고를 안내한다고 보았다.

482
피아제는 사고가 언어 발달을 촉진한다고 주장한 반면, 비고츠키는 언어가 사고를 발달시킨다고 보았다.

483
비고츠키는 언어가 사고에 선행하며, 사적 언어가 내적 언어로 발달하면서 사고를 발달시킬 수 있다고 보았다.

484
잠재적 발달 수준에 대한 설명이다.

486
피아제는 개인 내부에서 일어나는 인지적 과정에 관심을 두었고, 비고츠키는 사회·문화적 맥락에서 성인이나 유능한 또래와의 상호 작용 과정에 관심을 두었다.

490
정체감 혼미 상태에 대한 설명이다. 정체감 유실 상태는 다른 사람의 정체감에 근거하여 그들과 비슷한 선택을 하는 상태이다.

493
'물질적 보상과 벌 → 타인의 칭찬과 인정 → 사회적 관습과 법 → 보편적 도덕 원리와 양심'의 도덕적 판단 근거의 순에 따라 도덕성이 발달한다.

494
욕구 충족을 위한 수단으로서의 도덕성에 해당하는 2단계이다. 3단계(착한 소년-착한 소녀 지향)에는 자신이 속한 사회 구성원들에게 인정이나 승인을 받기 위한 판단으로서의 대인 관계 조화 지향의 도덕성이 해당한다.

496
인습 이후 수준의 5단계인 사회적 계약으로서의 도덕성에 해당한다. 인습 수준은 대인 관계 조화 지향의 도덕성(3단계)과 법과 질서 지향의 도덕성(4단계)가 해당한다.

497
사회 정보적 조망 수준은 자신과 타인의 관점이 다를 수 있다는 것을 인식하지만, 타인의 입장을 고려하지 못하는 수준으로 구체적 조작기에 해당한다.

CHAPTER 4 학습 이론

확인편 354~358p

499 ○	500 ○	501 ○	502 ×	503 ×	504 ×
505 ○	506 ×	507 ○	508 ×	509 ○	510 ×
511 ○	512 ○	513 ×	514 ×	515 ○	516 ○
517 ○	518 ○

501
무조건 자극이 주어지지 않고 조건 자극만 반복적으로 제공할 경우, 조건 자극이 주어져도 조건 반응이 유발되지 않는 소거 현상이 일어난다.

502
소란을 피울 때(바람직하지 못한 행동) 자유시간(강화물)을 박탈하는 것은 반응 후에 강화물을 제거하여 바람직하지 못한 행동의 발생 빈도를 감소시키는 제거성 벌에 해당한다.

503
간헐적 강화는 가끔씩 강화를 제공하는 것으로, 이미 학습된 행동을 유지하는 데 효과적인 방법이다.

504
정해진 반응 횟수마다 강화하는 고정 비율 강화에 해당한다. 고정 간격 강화는 일정 시간마다 강화하는 것이다.

506
학습자가 새로운 과제를 학습하는 학습의 초기 단계에는 계속적 강화가 효과적이며, 간헐적 강화는 이미 학습된 행동을 유지하는 데 효과적이다.

508
프리맥의 강화 원리를 사용한 것이다. 프리맥의 원리는 좋아하는 행동을 이용하여 덜 좋아하는 행동을 강화하는 방법이고, 계속 강화의 원리는 매 행동마다 강화를 제공하는 방법이다.

510
모방 학습과 관찰 학습을 강조한다.

513
설단 현상은 인출의 실패 과정에서 발생할 수 있다.

514
관련 있는 정보를 범주화·유형화하는 조직화 전략에 해당한다. 정교화는 새로운 정보를 기존에 가지고 있던 정보와 연결하는 것이다.

515
부적 전이는 이전의 선행 학습이 다른 상황의 학습을 방해하는 것을 의미한다.

CHAPTER 5 적응과 부적응

확인편 358~359p

519 × 520 × 521 ○ 522 ○ 523 ×

519
그럴듯한 이유를 들어 자신의 행동이나 일의 결과에 대한 정당함을 내세우는 합리화를 사용하였다. 투사는 자신의 잘못을 남에게 뒤집어씌우는 것을 의미한다.

520
사용한 방어 기제는 투사이다. 반동 형성은 자신의 욕구와 다르게 행동하는 것을 의미한다.

521
자신의 감정이나 욕구가 상대에게 있다고 여기는 감정의 투사를 사용하고 있다.

522
동일시는 타인의 태도, 신념, 가치 등을 채택함으로써 만족을 느끼는 방어 기제이다.

523
사용한 도피 기제는 퇴행이다. 퇴행은 이전 발달 단계의 행동으로 돌아가서 자신의 욕구를 충족시키려는 것이며, 억압은 무의식적으로 내면의 세계에 문제를 은폐시키는 것이다.

PART 06 생활지도 및 상담

CHAPTER 1 생활지도와 상담의 이해

확인편 388~392p

524 × 525 × 526 × 527 ○ 528 ○ 529 ×
530 × 531 ○ 532 × 533 ○ 534 × 535 ×
536 ○ 537 × 538 × 539 × 540 ○ 541 ○

524
생활지도는 문제 학생이나 부적응 학생뿐만 아니라 모든 학생을 대상으로 해야 한다.

525
생활지도는 소극적인 치료나 교정보다 적극적 예방과 지도에 중점을 두어야 한다.

526
균등성의 원리에 대한 설명이다. 적극성의 원리는 소극적인 치료나 교정보다 적극적 예방과 지도에 중점을 두어야 한다는 것이다.

527
생활지도의 실천 원리 중 전인성의 원리에 해당한다.

529
학생 개인의 이해에 필요한 기초적 자료를 조사하고 수집하는 조사 활동에 해당한다. 정보 활동은 학생의 문제 해결과 적응에 필요한 정보 및 자료를 제공하는 활동이다.

530
상담 결과를 이용하여 학생들을 적재적소에 배치하는 정치 활동에 해당한다. 추수 활동은 정치 활동 후 학생들이 잘 적응하고 있는지 사후 점검하는 활동이다.

532
내담자와의 상담 내용은 발설하지 않아야 하지만, 법정의 요구가 있을 때, 내담 학생이 성 학대를 받은 사실을 알게 되었을 때 등은 예외에 해당한다.

533
재진술은 내담자의 말을 그대로 되풀이하는 기법이다.

534
재진술을 사용하였다. 명료화는 문제에 대한 내담자의 진술 내용이 모호하거나 분명하지 않을 때 상담자가 자신의 언어로 명확하게 말해 주거나 내담자에게 분명하게 말해 달라고 요청하는 기법이다.

535
철수의 말을 그대로 되풀이하지 않고 철수 내면의 감정을 나타내고 있으므로 반영을 사용하였다. 반영은 내담자의 감정, 생각, 태도를 상담자가 다른 참신한 말로 부언해 주는 기법이다.

536
해석은 내담자의 암시적 대화 내용과 행동 간의 관계를 찾아내어 내담자가 미처 깨닫지 못한 내면적 갈등과 특정 행동의 원인에 대한 설명이나 연관성 여부를 지적하는 기법이다.

537
직면을 사용하였다. 직면은 내담자가 깨닫지 못하거나 인정하기를 거부하는 생각·느낌에 주목하도록 하는 기법이다.

538
직면에 대한 설명이다.

539
재구조화를 사용하였다. 재구조화는 다른 사람의 행동을 다른 관점에 보도록 유도함으로써 합리적인 사고를 하도록 하는 기법이다.

540
즉시성은 '지금-여기'에서 일어나는 일에 직면하도록 하는 기법이다.

541
상담자는 내담자가 스스로 선택하고, 의사결정을 할 수 있도록 도와야 한다.

CHAPTER 2 상담 이론

확인편 392~399p

542 ○	543 ○	544 ○	545 ×	546 ×	547 ×
548 ×	549 ×	550 ×	551 ×	552 ×	553 ○
554 ×	555 ○	556 ×	557 ×	558 ○	559 ○
560 ×	561 ×	562 ×	563 ○	564 ×	565 ×
566 ○	567 ×	568 ○	569 ○	570 ×	571 ○

542
프로이트의 정신 분석 상담 이론은 인간의 부적응 행동이 무의식의 억압된 욕구에서 비롯된다고 보고, 내담자의 무의식의 세계를 의식화하여 문제를 치료하려는 상담 이론으로, 주요한 상담 기법에는 해석, 자유 연상법, 꿈의 분석 등이 있다.

543
아들러의 개인 심리학 상담 이론은 인간의 부적응 행동은 비정상적인 방법으로 열등감을 해소하려고 할 때 발생한다고 보고, 내담자의 생활 양식을 파악하여 바람직한 방향으로 바꾸도록 재교육하는 상담 이론이다.

545
(라)는 내담자의 비합리적 신념에 대해 반박하는 논박(D)에 해당한다. 엘리스의 ABCD 모형은 선행 사건(A), 신념 체계(B), 결과(C), 논박(D), 효과(E)를 의미한다. (가)는 결과(C), (나)는 선행 사건(A), (다)는 신념 체계(B)에 해당한다.

546
지시적 상담에 대한 설명이다. 지시적 상담은 상담자가 교사 혹은 조언자의 역할을 하면서 내담자에게 객관적이고 정확한 정보를 제공하여 내담자가 합리적이고 효과적인 선택과 결정을 할 수 있도록 돕는 상담자 중심의 상담이다.

547
(바)는 논박을 통해 바뀐 합리적 신념에 해당한다.

548
(마)는 내담자의 비합리적 신념에 대한 반박인 논박에 해당한다. 결과는 선행 사건과 신념에 의해 나타난 정서적·인지적·행동적 결과로, (나)와 (다)가 이에 해당한다.

549
(라)는 내담자의 비합리적 신념에 해당한다.

550
(가)는 개인의 정서적 문제를 야기한 선행 사건에 해당한다. 효과는 논박을 통해 합리적 신념으로 바뀐 후 내담자에게 나타나는 상담의 결과를 의미하므로 (사)가 이에 해당한다.

551
교사는 합리적·정서적 행동 치료에 근거한다. 합리적·정서적 행동 치료는 인간의 부적응 행동이 비합리적 신념에서 비롯된다고 보고, 내담자의 비합리적 신념을 합리적 신념으로 변화시키는 상담 이론이다.

552
인지 치료이다. 인지 치료는 인간의 부적응 행동이 개인의 부정적 인지 도식 때문에 발생한다고 보고, 부적절한 사고 패턴을 변화시켜 긍정적인 사고를 갖도록 하는 상담 이론이다.

554
전행동 중에서 활동이나 생각은 인간이 통제할 수 있으나, 느낌이나 신체 반응은 통제하기 어렵다.

556
현실주의 상담 이론의 WDEP 기법은 욕구 파악하기(W) → 현재 행동 파악하기(D) → 평가하기(E) → 계획하기(P)의 순서대로 진행된다.

557
생활 양식의 분석은 아들러의 개인 심리학 상담 이론의 주요 상담 기법 중 하나이다.

560
무조건적인 긍정적 존중에 대한 설명이다. 공감적 이해는 상담자가 내담자의 감정을 자신의 감정인 것처럼 느끼는 것을 의미한다.

561
실존주의 상담에 대한 설명이다. 게슈탈트 상담 이론은 과거의 미해결 과제가 현재에 대한 자각을 방해한다고 보고, 내담자가 현재 느끼고 경험하는 것을 무엇이 방해하는지 알도록 도움으로써 내담자가 '지금-여기'를 경험할 수 있도록 돕는 상담 이론이다.

562
내담자의 욕구를 파악하고 바람직한 방식으로 충족할 수 있도록 하는 현실주의 상담 이론에 대한 설명이다. 인간 중심 상담은 인간이 스스로 성장할 수 있는 잠재 능력이 있으므로 내담자 스스로 자신의 문제를 해결하도록 돕는 상담 이론이다.

564
형태주의(게슈탈트) 상담 이론에 대한 설명이다.

565
행동주의 상담 이론에 대한 설명이다. 행동주의 상담 이론은 인간의 부적응 행동은 후천적으로 학습된 것으로 보고, 문제 행동의 수정을 통해 바람직한 행동을 학습하도록 돕는 상담 이론이다.

567
정신 분석 상담 기법에 해당한다.

568
체계적 둔감법으로 행동주의 상담 기법에 해당한다.

570
인지 치료에 대한 설명이다.

579
실재형은 기계, 도구, 동물에 관한 체계적인 조작 활동을 좋아하지만, 사회적 기술이 부족하다. 실재형에 해당하 사람이 선택하는 대표적인 직업으로는 기술자가 있다. 정치가, 판사, 관리자 등을 선호하는 유형은 설득형이다.

580
탐구형에 대한 설명이다. 탐구형에 해당하는 사람이 선택하는 대표적인 직업으로는 과학자가 있다.

582
로우의 욕구 이론에 대한 설명이다.

583
수퍼의 진로 발달 이론에 대한 설명이다. 파슨스의 특성 요인 이론은 개인적 흥미나 능력이 직업의 특성과 일치하여 직업을 선택하게 된다는 이론이다.

CHAPTER 3 진로 이론

확인편 399~401p

572 × 573 ○ 574 × 575 × 576 ○ 577 ○
578 ○ 579 × 580 × 581 ○ 582 × 583 ×
584 ○

572
홀랜드의 인성 이론에 대한 설명이다. 로우의 욕구 이론은 매슬로우의 욕구 위계 이론에 영향을 받아 부모-자녀 간의 상호 작용을 통해 발달되는 개인의 욕구 구조가 직업 선택에 영향을 미친다는 이론이다.

574
로우의 욕구 이론은 과잉 보호적, 과잉 요구적, 애정적 분위기의 가정 환경에서 성장한 사람은 인간 지향적 직업을 선택하지만, 무관심하거나 무시적·거부적 분위기에서 성장한 사람은 비인간 지향적인 직업을 선택하게 된다고 본다.

575
홀랜드는 책무성 수준이 아닌 직업적 성격 유형에 따라 직업 분류 체계를 만들었다.

PART 07 교육사회학

CHAPTER 1 교육사회학 이론

확인편 430~440p

585 ×	586 ○	587 ○	588 ○	589 ○	590 ×
591 ×	592 ×	593 ×	594 ×	595 ×	596 ○
597 ○	598 ○	599 ○	600 ○	601 ○	602 ×
603 ×	604 ○	605 ○	606 ×	607 ○	608 ○
609 ○	610 ×	611 ×	612 ○	613 ○	614 ○
615 ×	616 ○	617 ×	618 ×	619 ○	620 ○
621 ○	622 ×	623 ×	624 ○	625 ○	626 ×
627 ×	628 ×	629 ×	630 ×	631 ○	632 ○
633 ×	634 ×	635 ×	636 ○	637 ○	

585
갈등론적 관점에 대한 설명이다. 기능론적 관점에서 학교는 능력이나 소질에 따라 학생을 분류하고 선발하여 교육하는 기능을 수행한다.

590
기능주의 교육관에서 학교 교육은 학생에게 기존 사회의 생활 양식과 사회적으로 합의된 가치와 규범을 전수함으로써 사회 안정화를 도모한다.

591
특수성(특정성)에 대한 설명이다. 독립성은 스스로 과제를 수행하고 결과에 대해 책임지는 규범이다.

592
파슨스의 관점에서 학교 교육의 주요 기능은 역할 사회화와 사회적 선발이다.

593
국가가 계획적으로 교육을 시행하여 교육을 국가의 정치·경제·사회의 발전을 위한 수단으로 활용한다는 발전 교육론에 대한 설명이다. 지위 경쟁 이론은 학력이 사회적 지위 획득의 수단으로, 더 높은 학력을 위한 경쟁으로 학교 팽창이 발생한다는 학교 팽창과 관련된 이론이다.

594
기능론적 관점에서 사회는 유기체와 마찬가지로 여러 부분으로 구성되어 있으며, 각 부분은 사회 전체의 유지와 존속을 위해 각각의 기능을 수행한다고 본다.

602
지식의 단편화와 분업화를 통해 학교와 사회는 개인이 속한 계급에 따라 학생과 노동자의 임무를 제한하여 차별적으로 사회화시킨다.

603
학교 교육은 대응 원리에 따라 자본주의 사회의 불평등한 계급 구조를 재생산할 뿐 학생에게 비판적 의식을 심어주는 것은 아니다.

606
국가 기구를 강제적 힘을 행사하여 사회 질서를 통제하는 억압적 국가 기구와 피지배 계급의 동의를 통해 사회 구성원들에게 영향력을 행사하는 이념적 국가 기구로 구분하였다. 학교는 이념적 국가 기구에 속한다.

610
학교 교육이 학습 형태를 왜곡하고 비인간적 아동기를 강요하므로 학교가 해체되어야 한다고 보았다.

611
갈등론적 관점에서의 교육과정은 지배 집단의 관점이나 의식에 따라 선정된 지식으로 구성된다.

615
교육과정 사회학에서는 지식이 구성되는 사회적·역사적 조건에 관심을 가지고, 지식은 사회의 지배 구조, 세력 관계 등이 반영되어 선별적으로 조직된 것이라고 보았다.

617
교육과정, 교사와 학생의 상호 작용 등 교육의 내적 요소에 관해 사회학적으로 접근·분석하는 신교육사회학 관점에서 분석한 내용이다.

618
학교는 지배 집단의 문화 자본을 재생산하고 정당화하는 역할을 수행함으로써 지배 집단에 유리한 기존 질서를 재생산한다는 브루디외의 문화 재생산 이론으로 설명할 수 있다. 상징적 상호 작용론은 인간이 자율성을 지닌 능동적 존재로 언어와 같은 상징을 통해 상호 작용하면서 주관에 따라 행동한다는 이론이다.

622
상징적 폭력은 지배 계급의 문화를 보편적 가치를 지니는 것처럼 보이게 하여 모든 계급의 학생에게 강요하는 것으로, 물리적 폭력을 의미하지 않는다.

623
가정의 계급적 배경에 의해 상속받는 문화적 가치 체계인 문화 자본에 대한 설명이다. 인간 자본은 부모의 학력과 같은 부모의 인지적 수준을 의미한다.

624
가정 내 사회적 자본에 대한 설명이다. 사회적 자본은 가정 내 사회적 자본과 가정 외 사회적 자본으로 구분되며, 자녀에 대한 부모의 관심 등은 가정 내 사회적 자본에 해당한다.

625
헤게모니에 대한 설명이다. 헤게모니는 사회 체제를 유지하는 수단으로, 지배 집단이 지닌 가치 체계를 의미한다. 아비투스는 계급적 환경에 따라 자연스럽게 지속적으로 체득되어 내면화된 취향, 생활 양식 등을 의미한다.

626
관련된 학자는 번스타인이다. 번스타인은 사회 언어학적 연구를 통해 계층 간 언어의 차이가 학업 성취에 미치는 영향을 분석하였다.

627
번스타인은 학교에서 사용하는 언어는 정교한 어법으로, 노동 계급의 학생보다 중·상류 계급의 학생에게 더 익숙한 언어이므로 상류 계급 학생들의 학업 성취가 더 높게 나타난다고 보았다.

628
번스타인은 교육과정의 조직 원리에 사회 질서의 기본 원리가 반영된다고 보았다. 분류는 과목 간, 전공 분야 간, 학과 간의 구분 등 내용 사이의 관계 및 경계 유지의 정도로, 분류가 약할수록 교육과 경제적 생산 간의 경계가 약하므로 교육의 자율성이 약화된다고 보았다.

629
○○ 고등학교는 과목 간의 교류가 활발하고, 교사와 학생의 재량권이 확대되었으므로 약한 분류와 약한 구조의 통합형 교육과정을 운영하고 있다.

630
학교는 불평등한 저항과 반학교 문화를 만들어 내는 곳이라고 보는 저항 이론으로 설명할 수 있다. 노동 계급의 학생들은 기존의 학교 문화에 저항하기 위해 간파와 제약을 통해 반학교 문화를 형성한다.

633
노동 계급의 학생들은 자신의 문화와 이질적인 학교 문화에 능동적·적극적으로 저항하기 위해 노동 계급을 선택한다.

634
교사와 학생의 상호 작용 등 교육의 내적 요소에 관해 사회학적으로 접근·분석하는 상호 작용론적 관점에 대한 설명이다.

635
맥닐의 방어적 수업은 교사가 학생들로부터 자신을 지키기 위해 독특한 방식으로 교육 내용을 제시하거나 학생의 반응을 줄이는 방식으로 수업을 진행한다.

636
신비화는 맥닐의 방어적 수업 기법 중 하나로, 복잡한 주제의 논의를 막기 위해 수업 내용을 매우 신비한 것 또는 어려운 것처럼 다루는 것이다.

CHAPTER 2 교육과 사회

확인편 441~443p

638 × 639 × 640 × 641 ○ 642 × 643 ○
644 × 645 ○ 646 × 647 ○ 648 × 649 ○
650 × 651 ×

638
콜맨 보고서는 학교의 교육 조건보다 학생의 가정 환경이 학업 성취에 더 많은 영향을 미친다고 보았다. 즉, 학생의 성취도는 학교 시설이나 여건에 따라 크게 달라지지 않는다는 것을 의미한다.

639
가정 환경이 학업 성취에 많은 영향을 미친다는 콜맨의 사회 자본론으로 설명할 수 있다. 아노미 이론은 사회의 문화 목표와 제도화된 수단 간의 괴리(아노미) 현상으로 인해 비행이 발생한다고 보는 이론이다.

640
부모의 학력과 같은 부모의 인지적 수준인 인적 자본은 약하고, 자녀에 대한 부모의 관심이나 부모의 사회적 관계인 사회적 자본은 약하다.

642
교육 기회의 보장적 평등에 해당한다. 보장적 평등은 취학을 가로막는 경제적·사회적·지리적 제반 장애를 제거하여 누구나 학교에 다닐 수 있는 실질적 교육 기회를 보장하는 것이다. 허용적 평등은 모든 사람에게 교육 받을 기회를 동등하게 보장하는 것이다.

644
보상적 평등관은 교육 받은 결과의 평등이 보장되어야 한다는 것으로, 교육을 받은 결과인 도착점 행동이 같은 것을 의미한다.

646
보상적(결과적) 평등관을 실현하기 위한 것이다.

648
관련된 이론은 기술 기능 이론이다. 기술 기능 이론은 기술의 발달과 이로 인한 직업의 전문화에 따라 학교 팽창이 발생한다는 이론이다. 지위 경쟁 이론은 학력을 사회적 지위 획득의 수단으로 보고, 더 높은 학력을 위한 경쟁으로 학교 팽창이 발생한다는 이론이다.

650
지위 경쟁 이론에 대한 설명이다. 학습 욕구 이론은 인간이 학습 욕구를 가지고 있으며, 학교는 인간의 학습 욕구를 충족시켜 주는 기관이므로 인구의 증가와 경제 수준의 상승으로 학습 욕구가 증가함에 따라 학교 팽창이 발생한다고 보는 이론이다.

651
지위 경쟁 이론에 대한 설명이다.

662
평생 교육을 촉진하고 인적 자원의 개발·관리를 위하여 개인의 학습 경험을 종합적으로 관리하는 학습계좌제에 대한 설명이다.
CHAPTER 1 한국 교육사

CHAPTER 3 평생 교육과 다문화 교육

확인편　　　　　　　　　444~447p

652 ○	653 ×	654 ○	655 ○	656 ○	657 ×
658 ○	659 ○	660 ×	661 ○	662 ×	663 ○
664 ○	665 ○	666 ○	667 ○		

653
랑그랑은 분절된 교육 제도를 연계하고 통합하는 평생 교육의 필요성을 제시하였다.

657
알기 위한 학습, 존재하기 위한 학습, 행동하기 위한 학습, 함께 살기 위한 학습을 네 가지 기둥으로 제시하였다.

660
학교 내외에서 이루어지는 다양한 학습 활동을 학점으로 인정하여 학위 취득을 가능하게 하는 학점은행제에 대한 설명이다.

PART 08 교육사 및 교육철학

CHAPTER 1 한국 교육사

확인편 474~477p

668 ×	669 ○	670 ×	671 ○	672 ○	673 ○
674 ○	675 ×	676 ○	677 ×	678 ○	679 ×
680 ×	681 ×	682 ○			

668
고구려의 경당에 대한 설명이다. 경당은 평양 천도 이후 일반 평민층이 자제의 교육을 위해 각처에 설립한 교육 기관으로, 경전과 무술 교육을 통해 문무를 겸비한 인재를 양성하고자 하였다. 태학은 고구려 소수림왕 2년에 설립된 관학이자 고등 교육 기관이다.

669
고구려의 경당에서는 글 읽기와 활쏘기의 송경습사(誦經習射) 교육이 이루어졌다.

670
고구려의 태학에서는 오경과 삼사의 유교 경전을 공부하였다.

673
독서삼품과는 통일 신라 시대의 인재 선발 방식으로, 독서의 성적에 따라 상·중·하의 삼품과 특품으로 구분하여 선발하였다.

674
국학은 통일 신라 최고의 고등 교육 기관으로, 대사 이하의 관등 소지자나 관등이 없는 15~30세의 젊은이를 대상으로 논어와 효경 등을 가르쳤다.

675
향교는 고려시대 국립 중등 교육 기관으로, 관학에 해당한다. 고려시대의 12도와 조선시대의 서원은 사학에 해당한다.

676
국자감은 인재 양성을 목적으로 성종 11년에 설립된 고려 최고의 교육 기관이다.

677
국자감의 입학 자격에는 신분에 따른 차별이 존재하였다.

678
고려시대 서당은 지방에 설립된 서민 자제 대상의 사립 초등 교육 기관으로, 조선시대에 더욱 발달한다.

679
이황은 위기지학을, 이이는 위인지학을 중시했다.

680
조선시대 서당은 기초 교육을 실시하는 사설 초등 교육 기관으로, 개별 교수의 무학년제 교육 제도를 통해 학습하였으나 학습자의 흥미를 존중하지는 않았다.

681
위기지학에 대한 설명이다.

CHAPTER 2 서양 교육사

확인편 477~481p

683 ○	684 ○	685 ×	686 ×	687 ○	688 ○
689 ×	690 ○	691 ○	692 ○	693 ○	694 ○
695 ○	696 ○	697 ×	698 ○	699 ×	700 ○
701 ○	702 ○	703 ×			

685
플라톤은 『국가론』에서 계급에 따른 교육 단계론을 주장함에 따라 엘리트주의 교육을 강조하였다.

686
플라톤은 선의 이데아 획득을 통한 훌륭한 시민 양성을 교육 목적으로 삼았다.

688
이소크라테스는 대표적인 소피스트로, 소피스트는 훌륭한 웅변가 양성을 교육 목적으로 삼았다.

689
소크라테스는 지덕합일의 도덕적 인간의 형성을 교육 목적으로 주장하였다.

692

개인적 인문주의는 그리스의 자유교육을 바탕으로 자유인과 교양인의 양성을 추구하였다.

693

인문주의 교육에서 키케로주의는 고대 언어와 문학의 형식을 강조한 편협하고 형식적인 언어 중심의 교육을 강조하여 타락한 인문주의라는 비판을 받았다.

695

종교개혁을 주도한 신교는 내세의 영광된 생활을 위한 준비로서 가치 있는 현재 생활을 추구하고 공교육을 강조하였다.

697

인간의 합리적·비판적 이성을 강조한 계몽주의에 대한 설명이다.

699

사회생활의 구체적 경험을 통해 교양 있는 신사의 양성을 추구한 사회적 실학주의에 대한 설명이다. 감각적 실학주의는 인간에 대한 과학적 탐구를 강조하고, 과학적 방법론을 통한 과학적 지식의 습득을 추구하였다.

702

루소는 아동의 자발적 성장을 도와주는 소극적 교육(자연에 의한 교육)을 주장하였다.

703

'ㄷ → ㄱ → ㄹ → ㄴ'의 순서로 배열되어야 한다. 헤르바르트는 교육 목적 달성을 위한 최선의 방법으로 '명료화 → 연합 → 체계 → 방법'의 교수단계론을 주장하였다. 먼저 명료화를 통해 학습해야 할 주제를 명료하게 제시하고(명료화), 새로운 주제를 이미 알고 있는 것들과 관련지어 해석하고 이해할 수 있도록 해야 한다(연합). 다음으로 새롭게 배운 내용을 기존의 지식 체계 내에서 자리 잡도록 한 후(체계) 새롭게 배운 내용을 활용하여 새로운 문제에 적용하도록 해야 한다(방법).

CHAPTER 3 교육철학

확인편 481~485p

704 ×	705 ○	706 ×	707 ○	708 ×	709 ○
710 ○	711 ○	712 ×	713 ○	714 ×	715 ○
716 ○	717 ○	718 ○	719 ×	720 ○	

704

지식의 근거, 본질, 구조, 방법에 대해 탐구하는 인식론에 대한 설명이다. 가치론은 가치의 본질에 대해 탐구한다.

706

교육의 내재적 목적에 대한 설명이다. 교육의 외재적 목적은 교육 그 자체가 목적이 아닌, 다른 활동의 목적을 위한 수단으로 사용되는 것을 의미한다.

708

교육의 내재적 목적은 교육의 개념 혹은 활동 그 자체에 담겨 있는 목적으로, 지식 교육을 통한 합리적 마음의 계발을 강조하는 것이다.

709

진보주의는 실용주의에 근거한 교육 개혁 운동으로, 아동의 흥미, 욕구, 경험을 존중하는 교육 철학이다.

710

듀이는 경험과 반성적 사고를 통해 획득한 새로운 지식이 기존의 경험과 결합하여 재구성된다고 보았다.

712

최 교사는 문화유산의 전달과 미래 생활 준비로서의 교육을 강조하는 본질주의 교육관에 근거하고 있다.

714

관련된 교육 사조는 주체적 존재로서의 인간의 실존과 구조를 밝히고자 하는 실존주의이다. 본질주의는 교육을 통해 문화를 구성하는 가장 본질적인 것을 다음 세대에 계승함으로써 역사를 전진시키는 원동력을 길러내고자 하는 교육철학이다.

719

보편주의는 모더니즘의 특징에 해당한다. 포스트모더니즘은 진리의 보편 타당성을 부정하고, 모든 인식 활동은 상대적 관점에서 이루어진다고 주장하며, 지식은 상대적으로 달라진다는 반정초주의를 표방하였다.

720

포스트모더니즘은 대서사를 거부하고, 여성 문제, 인종 문제, 빈민 문제 등의 소서사에 관심을 가진다.

Note